해방이후 재일한인 외교문서 해제집

▌제3권▌

(1945~1969)

동의대학교 동아시아연구소 편저

이경규 임상민 이수경 소명선 박희영 김웅기
엄기권 정영미 이행화 박미아 이재훈 공저

박문사

머리말

　　본 해제집은 동의대학교 동아시아연구소 인문사회연구소 지원사업(2020년 선정, 과제명 「해방이후 재일조선인 관련 외교문서의 수집 해제 및 DB구축」)의 2차년도 성과물이며, 해방이후 재일한인에 관련된 대표적인 사건을 이해하는데 중요하다고 생각되는 외교문서를 선별하여 해제한 것이다. 본 해제집 『해방이후 재일한인 외교문서 해제집』은 1945년부터 1969년까지 한국정부 생산 재일한인 관련 외교문서를 대상으로, 한국정부의 재일한인 정책을 비판적이고 상대적인 관점에서 통합적인 연구를 추진하는 것을 목적으로 간행된 것이다. 제3권에서는 「한국인 원폭피해자 구호」「법적지위협정 시행」「북한송환사업」 등에 관련된 외교문서를 다루었다.

　　현재, 재일한인 사회는 탈식민과 분단의 재일 70년을 지나면서 한일 관계사의 핵으로 남아 있으며, 그만큼 한일과 남북 관계에서 이들 재일한인 사회가 갖는 의미는 강력하다고 할 수 있다. 바꾸어 말하면, 재일한인 사회를 한국과 일본 사이에 낀 지점에서 정치적이고 민족적인 이데올로기를 주입하여 부정적인 이미지로 읽어온 관점은 더 이상 유효하지 않다. 재일한인 사회는 한국과 일본을 상대화시키며 복합적인 의미망을 만들어내고 있기 때문에 오히려 한국과 일본, 그리고 남북 분단의 문제를 새롭게 재조명할 수 있는 위치로 자리매김할 필요가 있다. 특히, 현재 동아시아의 지형도가 급속도로 변화하고 있다는 점에서 남북의 역사적 관계사를 통합적으로 상대화할 수 있는 이른바 중간자로서의 재일한인 연구는 반드시 필요하다. 이에 본 연구팀은 재일한인 사회와 문화가 갖는 차이와 공존의 역학이 한국과 일본, 그리고 북한을 둘러싼 역동적인 관계망 속에서 어떠한 기제로 작동하고 있는지, 한일 양국의 외교문서를 통해서 살펴보고자 하는 것이다.

지금까지 재일한인 관련 외교문서에 대한 선행연구는 한일회담 관련 외교문서를 연구하는 과정 속에서 일부 재일한인의 북한송환사업 및 법적지위협정 문제를 다루고 있을 뿐, 해방이후부터 현재까지의 전체상을 파악할 수 있는 연구는 전무한 상태이다. 특히, 한국인 연구자는 재일한인 연구를 통해 일본의 내셔널리즘을 점검·수정하는 것에 집중한 나머지, 재일한인 사회와 문화에 한국이 어떠한 형태로 개입해 왔는지에 대해서는 그다지 관심을 두지 않았다. 따라서 본 연구팀에서는 한국정부의 재일한인 정책을 비판적이고 상대적인 관점에서 통합적 연구를 추진하기 위해, 한국정부의 재일한인 관련 외교문서는 물론이고 민단을 비롯한 재일한인단체가 발행한 자료를 수집하여 심화연구의 기초적인 자료로 활용할 계획이다. 이를 통해, 재일한인을 연구하는 한국인 연구자의 중립적인 포지션을 비판적으로 사유하고, 한국인의 내셔널리즘까지 포괄적으로 점검·수정할 수 있는 획기적인 토대자료 구축 및 새로운 연구방법론을 모색·제시하고자 한다.

　　본 해제집 제3권에서 다루게 될 외교문서에 대해서 간략히 소개한다. 「한국인 원폭피해자 구호」 관련 문서는 한국원폭피해자원호협회의 설립과정과 구체적인 활동상황, 그리고 일본의 시민단체와의 연대 과정 등을 들여다볼 수 있는 귀중한 자료라 할 수 있다.

　　「법적지위협정 시행」 관련 문서는 1965년 한일기본조약의 부속협정으로 「법적지위협정」이 체결되면서 재일한인의 영주권 문제와 강제퇴거 문제, 본국 귀환 시의 재산 처리 문제 등의 규정을 두게 되는데, 법적지위협정 시행기간 동안에 생산된 문서들이다. 이 문서들은 재일한인들의 법적지위에 관련된 문제점과 그 해결과정을 이해하는데 귀중한 자료가 될 것이다.

　　그리고 「북한송환사업」 관련 문서는 재일한인들이 1959년부터 수차례에 걸쳐 북한으로 향한 전후 최대의 집단이주 과정은 물론, 당시 한국과 일본, 북한 등의 국제적인 역학관계를 이해할 수 있는 문서이다.

　　본 해제 작업은 1년이라는 짧은 기간 동안에 1945년 8월부터 1969년 12월 사이에 한국정부 생산 재일한인 외교문서를 수집·DB 구축해야 했고, 이 시기에는 상태가 양호하지 못한 문서들이 많았다는 점에서 해제 작업 수행에 어려움이 많았던 것이 사실이다. 그러나 동아시아연구소의 인문사회연구소 지원사업 연구팀 멤버들은 끊임없이 방대한 자료들을 조사·수집했고, 정기적인 회의 및 세미나를 통해서 서로의 분담 내용들을 공유·체크하면서 해제집 내용의 완성도를 높이는데 힘을 보냈다.

　마지막으로 관련 자료 수집에 적극적으로 협조해주신 외교부 외교사료관 담당자 선생님들께 진심으로 감사드리며, 방대한 분량의 자료수집과 해제작업의 악전고투를 마다하지 않고 적극적으로 집필에 임해주신 인문사회연구소지원사업 연구팀 멤버들께도 이 자리를 빌려 다시 한번 깊이 감사드린다. 끝으로 이번 해제집 출판에 아낌없는 후원을 해주신 도서출판 박문사에 감사를 드리는 바이다.

2022년 6월
동의대학교 동아시아연구소
소장 이경규

목차

제3부

북한송환사업, 1958~1969

해제집 이해를 위한 부가 설명

　　본 해제집은 해방 이후인 1945년부터 1969년(일부 문서는 사안의 연속성으로 인해 70년대 초반까지 포함)까지 생산된 대한민국 외교문서 중 공개된 재일 한인 관련 사안들을 모아 해제한 것이다. 외무부 파일은 시기와 주제에 따라 분류되어 있으므로 본 해제집의 수록 파일들도 그 기준에 의해 정리된 것이다. 본 해제집은 아래와 같은 기준에 의해 작성되었다.

1. 각 해제문은 제목, 해제 본문 이하 관련 문서를 수록하였다.

2. 관련 문서는 동일 내용의 중복, 재타자본, 문서상태 불량으로 인한 판독 불가, 여러 사안을 모은 문서철 안에서 상호 맥락이 연결되지 않거나 상대적으로 중요도가 덜한 부분은 채택하지 않았다.

3. 관련 문서는 생산 연도순으로 일련번호를 매겼고, 각 문서철의 기능명칭, 분류번호, 등록번호, 생산과, 생산 연도, 필름 번호, 파일 번호(사안에 따라서는 존재하지 않는 것도 있음), 프레임번호 등 외교부의 분류 기준을 그대로 사용하였다.

4. 문서의 제목은 생산문서의 원문대로 인용하거나 핵심 내용을 요약하여 사용하였으나, 제목이 작성되지 않은 경우는 공란으로 두었다.

5. 문서번호는 전술한 이유로 인해 미채택 문서가 있으므로 편집진의 기준대로 일련번호를 부여하였다.

6. 발신처, 수신처, 작성자, 작성일 등은 편집부의 형식을 따라 재배치하였다

7. 인쇄 번짐, 원본 필름의 촬영불량, 판독 불가의 경우 □의 형태로 처리하였으나, 원문에서 판독하기 어렵더라도 동일 사안에서 여러 차례 반복된 단체, 지명, 인명 등은 표기가 명백한 부분을 기준으로 통일성을 기하였고, 오타, 오기 등으로 각기 다르게 표기되었을 경우에는 각주로 이를 처리하였다.

8. 원문의 표기를 그대로 따르는 것을 원칙으로 하였으나, 경우에 따라 임의로 띄어쓰기를 했고 이해에 심각한 지장을 초래하는 경우 주석을 달았다.

제1부
한국인 원폭피해자 구호, 1968~1971

해방이후 재일한인 외교문서 해제집
┃제3권┃ (1945~1969)

제2차 세계대전 종결 직전인 1945년 8월 6일과 9일, 연합군의 항복 요구에도 굴복하지 않고 전쟁을 계속 수행해 온 일본에 대해 미국은 원자폭탄을 투하한다. 인류사상 첫 핵무기 사용으로 가공할 파괴력과 후유증은 70여 년이 지난 현재까지도 지속되고 있다. 일본의 피폭지 히로시마(広島)와 나가사키(長崎)에서는 피폭사자도 포함하여 약 70만 명에 가까운 사람이 원폭 피해를 입었다. 그러나 피폭자 70만 명 중에는 한국인 피폭자 7만 명이 포함되어 있다. 히로시마의 경우 피폭자 42만명 중 5만명이, 나가사키는 27만 명 중 2만 명이 한국인 피폭자로, 피폭자 10명 중 1명이 한국인이었던 셈이다. 한국인 피폭자 7만 명 중 생존자는 3만 명으로, 이들 중 2만 3천 명은 해방 후 귀국한다.

그러나 귀국 후 피폭자 자신도 원폭병이라는 사실을 모른 채 갖가지 병마에 시달리며 살아왔고, 점차 병의 실체를 알아가게 되지만, 원폭병에 대한 의학적 지식이 부족한 한국에서는 치료도 받지 못하고 방치되어왔다. 20년이 넘는 세월을 고통 속에서 살아오던 원폭 피해자들은 한일협정 체결을 전후하여 그들의 실정을 알리는 목소리를 내기 시작했다. 1963년, 히로시마에서 피폭한 이종욱(李鐘郁) 오남연(吳南連) 부부가 처음으로 서울에서 한국정부, 미국대사관, 일본대표부, 신문사에 피폭자의 실정을 호소했다. 그러나 누구도 부부의 목소리에 회답하지 않았다.

이듬해인 1964년 8월, 한국원자력방사선 의학연구소에서 처음으로 국내의 피폭자 수를 파악한다. 피폭자의 신고를 받아서 히로시마에서 피폭한 164명, 나가사키에서 피폭한 39명, 총 203명의 피폭자를 확인하지만, 이들에 대한 후속 조치가 이루어진 것은 아니었다. 여기에 먼저 움직여준 것은 재일본대한민국거류민단(약칭:민단)이었다. 1965년 5월 22일, 민단 히로시마현 지방본부가 25명으로 구성된 〈한국인피폭자 실태조사단〉을 한국에 파견한다. 이들은 일본인 피폭자에 대한 원호 상황을 알리고, 보건사회부, 대한적십자사, 원자력병원 등을 방문하여 한국인 피폭자 실태조사와 의료구제를 호소하는 활동을 전개했다. 그러나 이러한 활동 직후에 체결된 한일협정에서는 원폭피해자문제는 언급조차 되지 않았다.

한일협정 체결 직후인 8월에는 대한적십자사가 새로운 피폭자 신고를 접수한 결과 462명이 추가로 확인되었다. 1년 전에 확인된 피폭자 수를 합산하면 총 665명의 한국인 피폭자의 존재가 밝혀졌지만, 피폭자 수 확인에 머무르고 역시 이들에 대한 구제 활동으로 이어지지는 않았다. 이에 피폭자 스스로가 문제 해결을 위해 움직이기 시작했다.

1966년 8월 31일, 피폭자 김재근(金再根), 서석우(徐錫佑), 배도환(裵度煥), 염수

동(廉壽東)이 피폭자협회 기성회를 결성하고, 이듬해인 1967년 1월에 〈한국인원폭피해자원호협회〉(1971년에 현재의 〈한국인원폭피해자협회〉로 개칭)가 발족하고 7월에는 사단법인 인가를 받게 된다. 그리고 11월 4일에는 이들 원폭피해자 20명이 일본대사관까지 걷는 거리 시위를 하며 일본정부를 향해 보상을 요구했다. 이들의 데모 시위에 대해 일본대사관 측의 답변은 보상문제는 한일협정 체결로 이미 정산이 끝났다는 것이었다.

그러나 이들의 첫 집단 시위는 정부 차원의 교섭을 진행시키는 계기가 되었다. 본 문서철은 상기의 시위 후 한일 양국 정부가 한국인 원폭피해자문제에 관여하기 시작하면서 남긴 기록물이다. 1968년에서 1971년 사이에 생산된 이들 문서에는 양국 정부의 교섭 내용뿐 아니라 일본에서 치료받기 위한 피폭자의 활동과 이들의 행동으로 일본의 시민단체가 구호활동에 나서게 되는 과정, 그리고 〈한국원폭피해자원호협회〉에 관한 상세 정보가 담겨 있어 한국인 원폭피해자문제를 비롯한 과거사 연구에 있어 사료로서의 가치 또한 크다고 볼 수 있다.

본 문서철을 살펴보기 전에 1968년 현재에 이르기까지 원폭피해자에 대한 한국과 일본의 대응 과정을 간단히 정리하면 아래 표와 같다.

	한국	일본
1945	8월 15일, 제2차세계대전 종결, 식민지 지배로부터 해방	8월 6일, 히로시마에 원폭 투하. 42만명의 피폭자 중 한국인 피폭자 5만명 8월 9일, 나가사키에 원폭 투하. 27만명의 피폭자 중 한국인 피폭자 2만명.
1947		3월, 미국이 원자폭탄에 의한 상해 실태 조사 및 기록을 위한 민간기관 원폭상해조사위원회(Atomic Bomb Casualty Commission, ABCC)를 히로시마적십자병원 일부를 빌려 개설.
1950	6월 25일, 한국전쟁 발발(1953년 7월 27일 휴전)	10월, ABCC가 국세조사의 부대조사로 전국원폭생존자조사를 실시하여 일본 전국에서 약 29만 명을 파악.
1951	한국정부, 일본과의 국교정상화 교섭 개시(이듬해인 1952년 2월부터 총 7차례의 본회담을 진행)	9월 8일, 일본정부, 연합국과 샌프란시스코강화조약을 체결, 이에 따라 한국정부와의 국교정상화와 전후처리 교섭 개시
1952		8월 10일, 히로시마에서 〈원폭피해자의 모임〉 결성.

1954		3월 1일, 미국이 태평양 비키니섬 일대에서 수폭실험을 실시, 근처에서 조업 중이던 일본 어선 제5후쿠류마루(第五福竜丸)가 피폭되는 사고가 발생. 8월 8일, 〈원수폭금지서명운동전국협의회〉 결성.
1955		4월 25일, 히로시마 피폭자 3명이 일본정부를 상대로 도쿄지방재판소에 손해배상과 미국의 원폭투하를 국제법 위반으로 보는 소송을 제기(소위 '원폭재판'). 판결은 손해배상청구는 기각되나, 원폭투하가 국제법을 위반했다는 판결을 내림으로써 이후 피폭자원호시책과 원수폭금지운동을 전개하는 데 큰 역할을 하게됨. 이 소송 제기 후인 1957년에는 원폭의료법이 제정되고, 1968년 5월에는 원폭특별조치법이 시행. 8월 6일, 히로시마에서 제1회 원수폭금지세계대회 개최.
1956		8월 10일, 원폭피해자의 전국적인 조직인 〈일본원수폭피해자단체협의회(약칭: 피단협)〉 결성.
1957		3월 31일, 《원자폭탄피폭자의 의료 등에 관한 법률(약칭:원폭의료법)》이 제정, 4월 1일부터 시행. 피폭자로 인정된 사람에게 '피폭자건강수첩'을 교부. 1968년 5월 20일에는 《원자폭탄피폭자에 대한 특별조치에 관한 법률(약칭:원폭특별조치법)》이 제정.
1963	히로시마에서 피폭한 이종욱(李鐘郁) 오남연(吳南連) 부부가 서울에서 한국정부, 미국대사관, 일본대표부, 신문사에 피폭자의 실정을 호소하지만, 회답은 없었음	3월, 재일본대한민국거류민단 히로시마지부 〈모국피폭동포구원대책위원회〉 설치.
1964	8월, 한국원자력방사선의학연구소가 피폭자 등록을 실시해, 히로시마 피폭자 164명, 나가사키 피폭자 39명, 총 203명이 등록.	11월 5일, 도쿄올림픽 관람을 위한 관광비자로 일본을 찾은 한국인 피폭자 박도연(朴道延)이 히로시마시에서 피폭자건강수첩을 교부받아 히로시마적십자병원에서 검진.
1965	5월 22일, 재일본대한민국거류민단 히로시마지부가 25명의 〈한국인피폭자실태조사단〉을 한국에 파견. 일본의 피폭자	11월, 후생성이 처음으로 원폭피폭자실태조사를 전국적으로 실시.

	원호 상황 보고, 보건사회부, 대한적십자사, 원자력병원 등을 방문하여 한국인피폭자 실태조사와 의료구제를 호소하는 활동 전개. 6월 22일, 한일협정(한일기본조약, 한일청구권 및 경제협력협정 등)이 체결되었으나 피폭자에 대한 보상은 없었음. 8월, 대한적십자사가 원폭피해자 접수를 받아 새롭게 462명의 피폭자가 등록.	
1966	8월 31일, 김재근(金再根), 서석우(徐錫佑), 배도환(裵度煥), 염수동(廉壽東)이 피폭자협회 기성회를 결성	
1967	1월 27일, 〈한국원폭피해자원호협회〉 발족, 7월 10일에 보건사회부로부터 사단법인 인가를 받음(1971년 9월 28일, 〈한국원폭피해자원호협회〉는 〈한국원폭피해자협회〉로 개칭). 11월 4일, 상기의 협회 회원 20명이 서울의 일본대사관 앞에서 일본정부를 상대로 배상을 요구하는 첫 시위(이에 대한 대사관 측의 답변은 보상문제는 한일협정에서 정산이 완료되었기 때문에 인도적 입장에서 민간 레벨의 모금운동 등을 도울 의사를 표명).	

상기의 표에서도 알 수 있는 것처럼 일본의 경우, 1957년에 원폭의료법을 제정하여 피폭이 인정되는 자에게 '피폭자건강수첩'을 교부하여 건강진단과 원폭증 치료를 받기 시작했고, 1968년에는 원폭특별조치법을 시행하여 생활과 복지를 지원하고 있다. 이에 반해 한국의 피폭자의 경우, 민간 단체가 원폭피해자수를 파악하기 시작했으나 그들에 대한 구호활동으로 이어지지는 못했기 때문에 원폭피해자가 개별적으로 구제를 호소하는 단계에 머물렀다. 그러던 것이 1967년에 사단법인 〈한국원폭피해자원호협회〉가 발족하면서 그들의 활동이 국내외적으로 반향을 불러오게 된 것이다.

본 문서철은 1968년 3월 2일자 문서에서 시작하여 1971년 9월 6일자가 마지막 문서로 되어있는데, 그 내용은 크게 5가지로 나눌 수 있다.

(1) 1968년 3월부터 8월 사이에 생산된 것으로 한국인원폭피해자문제를 둘러싼 국내의 동향을 주시하고 일본의 상황을 파악하는 단계의 문서들이다. 구체적으로는 〈한국원폭피해자구호협회〉측과 가진 2차례의 면담 기록, 주일공관을 통한 일본 측

상황 보고, 동 시기의 국내외의 신문보도자료, 한국인원폭피해자문제에 관심을 보이는 일본인 인사들의 서한, 일본인의 구호금 및 구호품 내역과 영수증, 외무부 장관에게 보낸 〈한국원폭피해자구호협회〉측의 진정서(진정인 명단 첨부), 1968년 8월 6일에 개최되는 제1회 한국인원폭희생자 진혼 및 위령제 취지문과 초대장, 1968년 8월 현재 피폭자 실태 파악 문서(여기에는 피폭자 등록수(2054명)를 남녀별로 파악하고, 사망자수, 경중환자와 중증환자, 전거주소가 불명인 자 등을 상세히 기록하고 있으며, 등록자별로 성별, 증상, 현주소 등을 작성한 449명의 명단) 등을 담고 있다.

상기 표에서 보건사회부로부터 사단법인 인가를 받은 〈한국원폭피해자원호협회〉의 활동에 주목한 외무부가 협회 이사장에게 보내는 문서로 시작된다. "협회의 제반 활동 및 그에 따르는 문제점"에 관해 이야기를 나누기 위해 협회 이사장 홍순봉(洪淳鳳)에게 내방을 의뢰하고 있다. 이 문서에는 「한국 원폭피해자 위해 주한일인들 성금 모아」(『대한일보』 1968.02.29.)와 「사설: 버림받은 히로시마 원폭피해자」(『대구일보』1968.03.03.)란 제목의 보도자료가 첨부되어 있다. 『대구일보』의 사설에 의하면 1968년 2월 29일, 주한일본대사관측이 재한일본인상공회와 일본인회 등 재한일본인들이 모은 성금을 한국인피폭자 구호를 위해 기탁했고, 일본관계당국에 그들의 실정을 전하고 구호책을 마련하겠다는 약속을 한 것으로 밝혀진다.

이어서 외무부는 3월 13일자로 주일대사에게 「원폭피해자 구호문제」와 〈한국원폭피해자원호협회〉 대표이사겸 부회장인 배도환과의 「면담 기록」을 첨부하여 ① 원폭피해를 입은 재일교포가 자국민들과 동일한 구호를 받고 있는지의 여부 ② ABCC의 성격과 활동내용을 파악하여 한국의 피해자들도 동 기관을 통해 구호가 가능한지 ③ 일본대사관측이 피해자 구호를 위해 민간운동을 전개하겠다고 약속한 내용을 실행하고 있는지를 파악해서 보고하도록 지시를 내리고 있다. 첨부된 「면담 기록」에 의하면, 원폭피해자의 치료와 생활원조를 위해 활동하고 있는 〈한국원폭피해자원호협회〉에 현재까지 등록한 회원은 1,600명이고, 이 단체의 궁극적인 사업 목표는 "의료, 요양, 재활을 목적으로 하는 피폭자 센터를 설치"하는 것으로 기록되어있다.

그리고 현재까지 접촉한 기관이 명기되어 있는데, 1967년 10월에 청와대에 피폭자 긴급구호대책에 관한 탄원서를 제출했고, 국회에 원폭피해자를 위한 특별법 제정 청원서를 제출했으며, 보건사회부와 적십자사에도 구호대책을 호소한 것으로 되어 있다. 일본 측과의 접촉 항목에서는 당시 『쥬고쿠신문(中国新聞)』편집부장 히라오카 다카시(平岡敬)[1]의 활동에 주목하고 있다. 히라오카는 1968년 2월에 내한하여

---

1) 1927년 오사카에서 태어난 히라오카는 일제강점기에 식민지 조선에서 소년기를 보내고 1944

피폭자들의 실태를 조사하고, 일본인 전문의 파견을 논의했으며, 일본대사관 측에도 성의있는 조치를 촉구하고 돌아간 사실을 파악하고 있다. 히라오카의 원폭피해자와의 만남이 일본대사관으로 하여금 이들의 문제에 관심을 가지게끔 변화시켰고, 일본인들의 성금과 구호물자 전달로 이어지게 한 것으로 볼 수 있다.

위와 같은 문서를 통해 1968년 현재, 한국정부는 미국의 민간기관 ABCC(원폭상해조사위원회)의 존재는 물론, 일본의 피폭자지원정책에 관한 정보도 정확히 파악하고 있지 못한 상태로, 한국인 피폭자문제 해결을 위한 초동 단계임을 알 수 있다. 국내에서는 〈한국원폭피해자원호협회〉의 활동을 주시하고, 일본 현지의 동향을 살피는 단계로 외무부와 주일대사가 주고받는 문서에는 현지 보도자료가 자주 첨부되고 있다. 앞서 언급한 『대한일보』와 『대구일보』 기사 외에 아사히신문 안전보장문제조사회 연구원 마에다 히사시(前田寿)의 「'비핵 일본'을 생각하다(「非核日本」を考える)」(『朝日新聞』1968.03.28.), 「'원혼 23년'을 달래」, 「원폭피해자의 슬픔」, 「망각되고 있는 국내의 원폭피해자」(『한국일보』1968.08.07.) 등이 그 예이다. 또한 일본의 민간단체와 민간인이 기부한 성금과 구호품에 대한 세세한 보고 등을 통해 한국인 원폭피해자에 대한 관심이 일기 시작하고 있음을 알 수 있다.

(2) 1968년 10월에 생산된 문서로 히로시마 원폭피해자인 손귀달 여성(당시 38세)이 원폭병 치료를 위해 밀항했다가 체포된 사건을 다루고 있다. 주시모노세키(下関) 영사가 여성의 체포 소식을 보고한 데서 시작되는 관련 문서는 여성의 인적사항(손귀달의 호적등본 첨부), 밀항 경위, 체포 후의 향방(재판 결과, 병원 조사 결과, 귀국 조치, 손귀달 건에 대한 일본 내의 반향·보도자료) 등 상세한 보고가 수 차례 이루어지고 있으며 이와 관련된 문서는 상당수에 달한다.

손귀달 여성의 사건을 정리하면, 9월 30일 소형선을 타고 부산을 출발한 손귀달

년에 경성제국대학에 진학, 재학 중 현지에서 학도동원되어 흥남시에서 패전을 맞이한 이력을 가진 인물이다. 1970년 12월 3일, 원폭 치료를 위해 사가현(佐賀県)에 밀입국한 손진두(孫振斗)의 구호활동에 적극 개입하여 〈손진두의 일본체류와 치료를 요구하는 전국시민의 모임〉이라는 시민단체 결성은 물론, 재판 과정에도 변호사 선임 등의 형태로 도움을 주었다. 이와 같은 한국의 원폭피해자 구호활동에 앞장선 히라오카는 1991년부터 1999년까지 제32대와 33대 히로시마시장을 지냈으며 시장 퇴임 후에도 지속적으로 반핵평화운동에 참여하고 있다. 한국원폭피해자에 관한 연구 형태가 변화하면서 최근에는 이들의 문제를 한일양국의 시민연대의 활동에 초점을 맞추어 분석한 논고가 발표되고 있다. 오은정「'제국의 신민'에서 '재한피폭자'로: 한국 원폭 피해자 운동에서 한일시민연대의 사회문화적 토대와 그 변화」(『기억과 전망』39, 2018, 민주화운동기념사업회), 金鍾勳「韓国被爆者に対する市民団体の援護活動 : 孫振斗裁判と日本市民団体の結成」『地球社会統合科学研究』(11, 2019.09 九州大学大学院地球社会統合科学府バージョン)와 같은 논고에서는 시민연대에서 히라오카의 역할을 조명하고 있다.

여성 외 3명이 야마구치현(山口縣) 북부 해안에 도착, 10월 2일에 일본경찰에 체포된다. 경찰조사를 통해 손귀달 여성은 피폭 당시 히로시마시 전신국 사택에 거주하고 있었고, 전신국 기사였던 부친은 피폭사했으며, 자신은 1945년 9월에 귀환해 부산에서 살고 있으나 이마와 턱에 켈로이드 상처뿐 아니라 어깨와 양쪽 다리 마비와 소화불량 등 신체의 이상증세가 나타나 치료를 위해 밀항했다고 진술했다. 체포 소식이 보도되자 여성의 특별체재 허가를 요청하는 서명운동과 모금운동이 시작되고, 원폭투하 당시 손귀달과 고등학교 동창생이었다는 여성과 8월 6일 2시경 회사 기숙사에서 그녀를 목격했다는 증언자가 나타난다.

10월 12일, 〈원수폭금지일본협의회〉[2]측 변호사가 보석 신청을 하자, 가방면 후 여성의 신병이 협의회 측으로 인수될 것을 우려하여, 14일 김윤희 부영사가 민단 측 변호사와 함께 여성의 사촌(오사카 거주)을 석방 신청인으로 하여 보석 신청을 하고 부영사가 신병인수를 한다.

11월 4일, 야마구치현 지방재판소에서 징역 6개월 집행유예 2년의 판결이 내려지고, 석방 후 야마구치적십자병원에 입원해서 정밀검사를 진행한 결과 원폭증세가 거의 없다는 진단을 받는다. 주일대사의 보고서에 의하면 히로시마원폭병원 당국자의 최종진단결과도 원폭증세가 경미한 것으로 판명되었다고 전하고 있다. 이에 11월 8일, 여성은 아리랑호에 승선하여 모지항(門戸港)을 출발하여 부산으로 돌아간 것으로 기록되어 있다.

그런데 이 사건에 대해 한국정부는 〈원수폭금지일본협의회〉의 관여를 경계하고 있는 정황이 드러나고 있다. 손귀달 사건이 보도되자 10월 4일 〈원수폭금지일본협의회〉가 검찰청 공안부를 방문하여 여성을 즉시 석방해서 치료를 받을 수 있도록 요청한 사실이 주일대사를 통해 보고되자 좌경단체 및 좌경인사의 접촉을 예의주시하고, 석방 후에도 좌익계열이 관여하지 못하도록 하라는 취지의 문서를 보내고 있다.

주시모노세키영사의 보고에는 "10월 10일 該人의 가방면 일시 및 장소, 원폭증세 정도의 진단유무의 사전 확인을 하고 어떠한 경우에도 原水協, 조총련계열이 該人에 접근하는 일이 없도록 該人의 신변보호를 관할 영사관에서 만전을 기하도록 훈령"했

---

2) 1954년 3월 1일, 비키니섬에서의 미국의 수폭실험으로 일본어선 제5후쿠류마루(第五福竜丸)가 피폭 한 사건을 계기로 보수세력과 혁신세력을 포괄하는 형태로 1955년에 결성된 반핵·평화운동을 지향하는 시민단체로, 제1회 원수폭금지세계대회(1955.08.06.)를 개최. 1960년에 미일안보반대 입장을 밝힘으로써 자민당계와 민사당계가 이탈하면서 보수세력은 사라지고, 1965년에는 일본공산당계가 소련과 중국의 핵무기 보유를 옹호하는 입장을 취해 이에 반발한 일파가 탈퇴하여 '핵금회의'라 불리는 〈원수폭금지일본국민회의〉이 새롭게 탄생하게 된다.

다는 문장이 발견된다. 수신일자가 발견되어 있지 않은 주일대사 발신 문서(번호 JAW-10277. 하단에 1968년 12월 31일 일반문서로 재분류되었다는 표기 있음)는 10월 16일에 실시한 일본외무성 아세아국장과의 면담 내용을 보고하고 있는데, 여기에는 대북수출, 한일협력위원회, 법적지위 및 교육관계 실무자 회담, 손귀달 건, 북송문제, 북한방문 일본기자문제 등을 담고 있다. "조총련 및 일본사회당과 공산당 측에서는 빈번히 관계 정부기관을 방문하면서 북송재개, 북한과의 자유왕래 등을 인정하라고 진정"하고 있는 사실을 파악한 주일대사가 아세아국장을 통해 그들의 진정이 받아들여지지 않았음을 확인하고 외무부에 보고하고 있다. 이와 같이 손귀달 사건과 북송사업 재개 움직임이 동일한 지면에 보고되고 있는 것처럼, 한국인원폭피해자문제에 있어서도 좌익계의 정치적인 공작을 우려하는 모습이 포착된다.

(3) 1969년 2월부터 7월에 걸쳐 생산된 문서로 〈핵병기금지평화건설국민회의(약칭:핵금회의)〉의 원조 제의를 비롯한 일본인들의 기부금 전달 관련 문서가 주를 이루고 있다. 핵금회의의 원조금에 대해 〈한국원폭피해자원호협회〉는 원폭피해자센터 건립을 계획하고 건립 장소와 건축비 등을 포함한 사업 개요를 전달하고 있다.

(4) 1970년 11월과 12월에 생산된 문서로 핵금회의가 진행한 한국원폭피해자실정조사와 관련된 내용으로 여기에는 핵금회의의 서한과 조사보고서가 담겨 있다. 핵금회의에서 조사한 보고서에는 1970년 10월 13일부터 5일간 한국노조총연맹, 〈한국원폭피해자원호협회〉, 보건사회부, 피폭자 자활촌 및 재한일본대사관 등을 방문하고 활동사항과 파악한 내용을 보고서로 작성하고 있다.

(5) 1971년 6월부터 8월에 걸쳐 생산된 문서로 한국인 피폭자 치료를 위한 의사단 파한 문제를 다루고 있다. 의사단 파한에 대한 협조를 요청하는 〈피폭자구원일한협의회〉 회장의 1971년 6월 15일자 서한과 同협의회의 규약 전문과 회장, 부회장, 사무국장의 인적사항(생년월일, 본적지, 현주소, 최종학력, 직력, 종교)을 기재한 별첨 서류가 첨부되어 있다. 한편, 협의회측이 보낸 계획서에는 9월 15일부터 10월 10일까지의 구체적인 일정과 진료를 담당할 의사 명단이 명기되어 있다.

이상, 1968년부터 1971년 사이에 생산된 문서를 살펴보았다. 그런데 본 문서철에는 손귀달의 밀항과 관련해서는 상당량의 문서를 확인할 수 있었으나, 한국인원폭피해자의 문제에서 중요하게 평가되고 있는 몇 가지 사항이 발견되지 않고 있다. 예를 들어 1968년 12월에 〈한국피폭자구원한일협의회〉가 제2차세계대전 한국인전몰자 위령제에 〈한국인원폭피해자원호협회〉 부산 지부장 엄분연(嚴粉連)과 서울 거주 회원 임복순(林福順)을 초대한다. 두 여성은 위령제 참석 후 히로시마원폭병원에서 검진을 받은 후, 히로시마시에 '피폭자건강수첩' 교부를 신청한다. 그러나 1969년 2월 14일, 후생성은 두 여성의 수첩 교부 신청을 각하했으며, 5월에는 일본후생성이 치료를 목적으로 하는 일시입국자에게는 원폭의료법과 특별조치법을 적용하지 않는다는 발표를 했다.

그리고 1970년 12월 3일에는 부산의 손진두(孫振斗)가 원폭 치료를 위해 사가현(佐賀縣)에 밀입국하여 체포되는 일이 발생한다. 이 일을 계기로 일본에서는 〈손진두의 일본체류와 치료를 요구하는 전국시민의 모임〉이 결성되고, 구원활동이 전개되었다. 이후 손진두의 '피폭자건강수첩' 교부 신청을 둘러싼 법정다툼이 전개되는데, 이와 관련된 문서가 단 한 건도 존재하지 않는 것은 문서분류상의 착오인지 실제로 상기의 건에 관해서는 문서 생산이 없었던 것인지 확인이 필요한 부분이다.

공개된 문서철 이후의 한국원폭피해자문제의 전개 양상을 살펴보면, 1964년에 관광비자로 도일한 박도연(朴道延)이 히로시마시에서 피폭자건강수첩을 교부받아 히로시마적십자병원에서 검진받은 사례가 있었음에도 불구하고 일본 후생성은 재한피폭자의 원폭 2법의 적용을 용납하지 않았다. 특히 1974년 7월 22일에 후생성이 내린 공중위생국장통달(402호통달)은 재외피폭자가 일본에 와서 수당 지급 신청을 해도 일본을 떠나면 중단되는 주거지 중심의 조치였다. 따라서 수첩은 교부 받아도 일본에 거주하지 않으면 치료를 받을 수 없었다.

그러던 것이 1980년 10월 8일에는 한일 양국 여당간에 합의한 3항목에 대해 양국 정부가 도일치료만 실시하기로 결정하고, 도일치료 실시에 관한 합의서를 작성하게 된다. 합의 내용은 치료기간을 2개월로 하고, 도항비는 한국 정부, 치료비는 일본 정부가 각각 부담하며 합의한 내용의 기한은 5년으로 정하고 있다. 이와 같은 합의 이후 1985년까지 도일치료가 이어졌고 1986년 10월에 일본변호사연합회 인권옹호위원회 재한피폭조사특별위원회가 도일치료의 계속을 요구하는 보고서를 양국 정부에 제출하여 1986년 11월 20일에 도일치료가 완전 중단될 때까지 총 349명의 한국인피폭자가 일본에서 치료를 받았다.

1990년대가 되면 과거사청산문제와 맞물리며 한국인 원폭피해자에 대한 국내의 관심도 높아지게 되고, 1990년 5월 24일에 이루어진 한일정상회담에서 일본정부는 한국인피폭자 의료지원금으로 40억엔 거출을 표명함으로써 이듬해부터는 한일 양국 정부의 합의에 따라 한국인 원폭피해자에게 진료비 지원 등을 통한 복지증진을 도모하는 원폭피해자복지지원사업이 시행된다. 그리고 이후에도 일본 후생성을 상대로 지속해온 법정투쟁의 결과, 2002년 12월, 오사카지방법원이 '402호 통달'이 위법하다는 판결을 내림으로써 피폭자건강수첩을 소지한 재외피폭자도 건강수당을 수급할 수 있게 되었다. 한편, 국내에서는 2016년 5월 29일에 《한국인 원자폭탄 피해자 지원을 위한 특별법(약칭:원폭피해자법)》(법률 제14225호)이 제정되어 이듬해 2017년 5월 30일부터 시행되고 있다(2019년 4월에 일부개정).

대한적십자사의 통계에 의하면 2021년 7월말 기준 생존한 원폭피해자는 2,040명 이며 이들의 평균 연령은 81.6세이다. 이들은 '피폭자건강수첩'을 교부받고, 도일 치료가 가능해졌으며, 진료비 및 보건의료비 지원을 받고 원호수당도 지급되고 있으나 원폭피해자문제와 맞물린 강제징용보상문제는 여전히 과제로 남은 상태이다.

본 문서철은 1968년부터 1971년까지 생산된 문서이므로 이후의 동향은 파악할 수 없다. 그러나 한국원폭피해자 운동이 시작되는 단계에 〈한국원폭피해자원호협회〉의 설립과정과 구체적인 활동내용, 그리고 일본의 시민과 민간단체와의 연대 과정을 들여다볼 수 있는 귀중한 자료라 할 수 있다.

｜ 관련 문서 ｜

한국인 원폭피해자 구호, 1968-71

한국인 원폭피해자 구호, 1968-71

○ ○ ○

기능명칭: 한국인 원폭피해자 구호, 1968-71

분류번호: 722.1JA 1968-71

등록번호: 4104

생산과: 동북아과

생산연도: 1971

필름번호: C-0044

파일번호: 19

프레임번호: 0001-0236

1. 외무부 동북아주과장 서신

일시 1968.3.2.
발신 외무부 동북아주과장 신동원
수신 홍순봉 이사장

　　홍순봉 이사장 귀하

　　전략하옵고.
　　　　아국의 원폭 피해자 구호를 위하여 주야로 부심하고 계신데 대하여 경의를
표합니다.
　　　　취이, 귀 협회의 제반 활동 및 그에 따르는 문제점에 관하여 고견을 들을
기회를 갖고저 하오니 다망하신 중, 일차 당과로 내용하시면 감사하겠습니다.

　　외무부 동북아주과장
　　신동원 배

2. 기안—원폭피해자 구호문제

번호 아북700
시행일자 1968.3.13.
기안자 동북아주관 정해헌
경유수신참조 주일대사
제목 원폭 피해자 구호 문제

　　　　1. "히로시마", "나가사끼"에서 원폭 피해를 받은 아국인들에 대한 치료 내지
구호 문제가 대두되어 최근 주한 일본대사관은 관계관을 "한국원폭 피해자 원호
협회"에 보내어 재한 일본인 유지 명의의 성금을 기탁하는 등 관심을 표명하고
있음이 최근 국내 신문에 보도되였음에 따라서 동북아과에서는 3.8일 동 협회의
관계자를 초치하여 관계 상황에 관하여 질의한 바 있읍니다.

2. 그 결과 본부에서 조치할 수 있는 사항으로는 가) 아직도 일본에 체재하고 있는 피해자교포들에 대하여서도 일본이 원폭자 구호 관계 특별법에 규정된 바에 의거, 자국민에 대하여 제공하고 있는 바와 같은 충분한 구호를 하고 있는지의 여부 확인, 나) 상기 협회의 의하면 일본에서 치료 활동 등 구호 활동을 하고 있다는 미국 기관 ABCC(Atomic Bomb Casualty Commission이라 함)의 성격, 활동 내용을 파악하여 아국 내 피해자들(약 8천명으로 추정된다 함)에 대해서도 동 기관이 치료 내지 구호 활동을 개시하도록 하는 가능성을 타진 다) 일본 대사관의 활동(아국 내 피해자 구호를 위한 민간 운동 전개 지원…별첨 참조)의 귀치 파악 등이 고려되오니 상기 3개항(특히 "가", "나"항)에 관하여 필요한 정보를 수집하시고 그 결과를 조속 알려 주시기 바랍니다.

첨부: 1. 면담기록 1부
      2. "원폭 피해자 구호 문제" 1부. 끝.

첨부-원폭 피해자 구호 문제

원폭피해자 구호 문제

68.3.9.

1. 아국인 피해자 상황: ("한국원폭 피해자 원호 협회" 제공 정보"):

　　가. "히로시마"에서의 사망자 수: 약 4만명

　　나. 아직도 동시에 잔류하고 있는 자 수: 약 1만 2천명

　　다. 현재의 아국내 피해자 추정 수: 약 8천명

　　　　(그 중 1,600명이 정식 등록)

　　　　("나가사끼"의 경우는 통계 미 파악)

2 당부와의 관련 사항:

　　가. 대일 청구권 문제:

　　　　피해자 중 학병 내지 피징용자에 대해서는 대일 보상 문제를 일단 고려할 수 있을 것이나 이는 청구권 협정으로 종결지워졌으므로 법적으로 일본 정부에 제기할 여지는 없다고 봄(정부의 그들에 대한 보상 문제는 국내 문제)

　　나. 일본 대사관의 활동:

일본 대사관은 피해자들의 항의를 계기를 관심을 갖기 시작하여 "재한 일본인 유지" 명의의 성금 15만원을 협회에 기탁해 오며 자국 내에 있어서의 민간 원호 운동 개시를 위한 것이라 하여 "마에다" 참사관이 본국 출장했다 함.

다. 재일교포 피해자 구호 문제:

"히로시마"에 상금 거주하고 있는 대상자 수가 1만 2천명 정도 될 것이라는 바 그들이 일본의 "원자 의료법" 등 법규가 보장한 혜택을 충분히 받고 있는지가 문제임. (법에 대한 무지 등으로 못 받고 있는 자들이 있다고 함. 협회측의 말)

라. 미국기관 ABCC의 원고 문제:

동 기관은 "히로시마". "나가사끼"에 기관을 설치하여 치료 활동 등을 행하고 있다는 바 아국의 관계 협회와는 관계를 맺고 있지 않고 있다 함.

마. "원폭 전시회" 개최 등과 관련한 대미 문제:

상기 협회에 의하면 예산이 확보되면 오는 8.6일에 사망자 4만명에 대한 합동 위령제, 진혼제 및 "원폭 전시회"를 서울에서 개최할 계획이라는 바 이에 대해서는 미국 정부 또는 관계 민간 기관이 많은 관심을 갖게 될 것으로 봄.

3. 고려할 수 있는 당부의 조치 사항:

가. 대일본 대사관:

1) 일본 대사관 활동에 대한 관심 표명(반 비공식적)

2) 재일교포 피해자에 대한 일본 정부 보호 대책에 대한 관심 표명

나. 대주일 대사관

1) 관계 면담 기록 등 참고 사항 통보

2) 재일교포 피해자들에 대한 일측 구원 상황에 관한 정보 수집 지시.

3) ABCC의 성격, 일본 내 활동에 대한 정보 수집 지시

다. 대미국 대사관

1) ABCC의 한국내 활동 가능성 타진(비공식적)

2) 위령제, "원폭 전시회" 개최 계획에 대한 비공식적 의견 교환.

첨부-면담기록

1. 제목: 아국 원폭 피해자 원호 문제

2. 시일, 장소: 68.3.8. 오전 10-12시, 동북아주과
3. 면담자: 신동원 동북아주과장
　　　　 정해헌
　　　　 "한국 원폭 피해자 원호 협회" 대표 이사 겸 부회장 배도환

내용(동 부회장의 의견)
1. 원폭 피해자 상황:
　　원자 폭탄 낙하시 "히로시마시"에 있던 교포(학병, 피징용자 등) 수는 약 6만 명이었던 바 그중 약 4만명이 사망한 것으로 보며 잔여 2만명 중 약 8천명이 귀국했으며 84명은 일인으로 귀화했음. (아직도 잔류한 자들의 수는 약 1만2천명, 그중 3,500-5,000명이 현지 민단에 등록되어 있음) "나가사끼"의 경우에 있어서는 통계가 작성되지 않고 있음.
2. 협회의 발족, 활동:
　　가. 67.1.27일 발족한 후 7.10일 사단법인으로서 정식 인가를 보사부로부터 얻었으며 회원으로서 등록된 자 수는 현재 약 1,600명임. 발족을 위해서는 배도환이 피해자는 아니나 애타적 동기에서 주도적 역활을 했음."
　　나. 협회의 활동을 주로 대상자의 치료, 생활 원조이며 궁극적인 사업 목표는 의료, 요양, 재활을 목적으로 하는 피폭자 센타를 설치하는 것임.
　　다. 협회 운영을 위한 경비는 현재까지는 "배도환" 개인의 사재로 충당해 왔는 바 앞으로의 비용을 위해서는 전국 극장 입장권에 부가하는 기부금 모집 등 방법을 추진하고 있음.
3. 그간의 국내 각 기관과의 접촉 경위:
　　청와대: 피폭자 긴급 구호 대책에 관한 탄원서를 제출(67.10)
　　국회: 보사 분과위에 청원서 제출 예정(30만명의 대상자를 갖고 있는 일본이 제정한 원자 의료법 등과 같은 특별법 제정 문제)
　　보사부: 긴급 환자에 대한 국비 치료, 구호 대상자의 원호를 의정국, 사회국에 요청해 왔으나 생활 보호법에 관계 조항이 없고 전체 요구호 대상자 수가 방대하므로 원폭 피해자만 특별히 구출할 수 없는 입장이라는 반응을 받아 왔음.(정신적이나마 정부의 지원이 아쉽다는 것이 회원들의 심리임)
　　적십자사 : 시설 제한으로 무료 치료는 곤난하나 대상자들이 수용소 또는

요양소 등에 집결하게 되면 어느 정도의 생계 지원(의류, 침구 제공)은 가능할 것이라는 반응을 받았음.

원자력원: 방사능 관계 치료소가 있으나 유료 환자만을 대상으로 하고 있음.

4. 일측과의 접촉

가. 67.11.4일 일부 환자들이 (협회와 협의 없이) 일본 대사관에 가서 항의한 것이 계기가 되어 주한 일본 대사관으로부터 접촉해 옴. 협회 측으로서는 한일 협정 체결 교섭 대상시 대상자 구호 문제가 취급되지 않을 것은 이상하게 생각하는 바 한국 정부에서는 대상자들이 "지쳐서" 항의 내지 문제 제기를 하지 못한 관계상 몰라서 그렇게 되었을 수도 있다고 보겠으나 문제의 중요성을 알고 있는 일본 정부가 본 문제를 취급함이 없이 그대로 넘긴 것을 이해 못할 일이라고 지적한 데 대하여 대사관측은 한일 협정의 "민간 보상금"에 포함되어 있을 것이라는 답변이 있었음(미다니 참사관)

나. 그후 "미다니"가 2.29일 내방하여 어데까지나 민간 "베이스"로 다룸이 좋겠으며 자기측도 민간 구호 운동을 전개할 용의가 있다고 말했음. 자비로서 도일, 치료를 원하는 자가 3,4명, 일본에 있는 친지의 원조로서 도일, 치료하기를 원하는 자가 30명 정도 있음에 비추어 이들의 도일 등의 문제가 논의되었는 바 일측은 대상자 명단을 요청하여 "마에다" 참사관이 그 후 이 관계로 본국에 출장했음.

다. 2월에 "히로시마"의 中國新聞 편집부장 平岡敬가 이 목적으로 내한하여 실태를 조사해 갔는 바 대상자 도일에는 문제가 많을 것이므로 일본의 전문의들로 구성된 의료단을 구성, 내한케 하는 문제가 논의되어 협회로서는 국내 문제 밖의 일이므로 문제점이 있을 것이므로 우선 전문의 1명을 내한케 하여 실정을 알아보는 것이 좋겠다는 의견을 제시하였음. (동 일본인 기자는 대상자들의 비참한 실정을 직접 관찰하고 대사관측에 성의 있는 조치를 취해야 될 것이라고 강력히 촉구했으며 대사관 활동에 큰 자극을 준 듯함. 그 후 서울 주재 일본 특파원 "아사히" "마이니찌" 등 기자가 내방하여 취재함.

라. 그간 일측으로부터 성금을 받았다는 내역은 다음과 같음.

"재한 일본인 유지" 15만원(2.29일 "미다니"가 전달)

"서울 주재 일본 기자 유지" 13,000원(3.5일)

"히로시마 여학원, 히로시마의 기독교 "교회 부인회" 86불 의류 27점 (이
들 성금을 긴급 환자 치료 등 목적에 사용하고 있음. 동부 시립병원에
환자 취급 의뢰)

5. 기타 특기 사항"

　가. 미국의 ABCC는 "히로시마", "나가사끼"에 진료소를 설치하고 있는 바
협회에서는 동 기관에 창립 취지서 등을 보냈으나 반응이 없었음.

　나. 대상자 구호에 관해서는 한, 미, 일 3개국이 관계되고 있는 바, 일본은
"부려먹은" 사람들 입장에서 책임을 지여야 할 것이며 미국은 폭탄투하가 세계
평화 목적을 위한 것이었다 하더라도 실제의 "가해자"로서 책임이 있다고 봄.

　다. 예산이 허락하면 오는 8.6일에 희생자 4만명을 위한 합동 위령제 내지
진혼재를 서울에서 열고 원폭 전시회를 개최코저 함. (그 취지는 일본 등의 좌익
계들의 그것과는 달리 자유 진영의 핵무기 금지를 위한 것이 아니고 인접국인
중공이 핵무기를 발전시키고 있는데 대하여 국민의 경계심을 높이는 데 있음)
끝.

3. 주일대사관 공문- 한국 원폭 피해자 구호 문제

주일대사관
번호 주일정 700-978
일시 1968.3.28.
발신 주일대사
수신 외무부장관
참조 아주국장
제목 한국 원폭 피해자 구호 문제

　연: JAW-03324
　연호로 보고한 "아사히" 신문 발췌 기사 "크립"을 별첨 송부합니다.
　유첨: 상기 신문 "클립" 1매. 끝.

朝日新聞(1968年3月28日)

非核日本を考える。

前田寿　小規模でも非核、地域を実行へ一歩進むために

意見表明を超えて

　国会で「非核決議」をめぐる論議が活発におこなわれているが、私はそれを日本の一方的な意思表明だけでなく、国際的な保障を保った「日本の非核化」の問題として検討することも、これからの重要な問題ではないかと思う。

　非核決議についての野党□の提案は、およそ次のような内容のものである。

　社会・公明・共産三党の「日本の非核武装核兵器禁止に関する決議案」

一、日本は、一切の核兵器を実験、製造、保有、使用しない。また、核兵器の日本への持ち込みを禁止する。

二、日本は、核兵器の使用、実験、製造、貯蔵の全面的禁止の実現、当面、核兵器使用禁止国際協定の採決を准□する。

民社党の「非核宣言ならびに核兵器持込み禁止取決めに関する決議案」

一、日本は、核兵器を開発せず、保有せず、その持込みを許さずという三原則を確認する。

二、日本安全保障条約の運用にあたり、その三原則、とくに日本の□境内に核兵器を持込まないという日米両国の取決めを行う、

　この二つの決議案は一般に「非核」決議案といわれているが、その内容は「非核武装」である。

　そこで国会がかりに右のような決議案を採択したとしても、それは「日本は自らの核兵器によっても、また外国の各景気によっても核武装をしない」という意思宣言のようなものになろう。つまり、それによって、核兵器保有国が日本に対して核兵器攻撃を加えたり、そのような攻撃のおどしから、解放されるわけではない。

「非核化」の構想

　さきに、日本の「非核化」といったのは、日本が核武装をしないうえに、右

のような攻撃ないしそのおどしをうける心配がなくなるような状態を想定してのことである。

　そうした構想は、すでに退去の軍縮交渉でいっくつか表明されている。たとえば、ラバツキー・ボーランド外相が一九五八年二月に明らかにした中部ヨーロッパ非核地域案(第二次ラバツキー案)は、ポーランド、チェコ、東ドイツ、西ドイツの四か国を比較地域として、そこでの核兵器の製造、貯蔵、配備などを禁止するとともに、次のような規定をも含めていた。

　「核兵器を持つ大国は、核兵器を、この地域(右の四ヵ国)の領土に対して、あるいはこの地域に位置するどんな目標に対しても、使用しない義務を負うべきである。こうして、それらの大国は、その地域を、核兵器が存在してはならず、またそこに対して核兵器を使ってはならない領域として、尊重すべき義務を負う」。

　このような考え方が条約に盛込まれたのは、昨年二月に調印された「ラテン・アメリカにおける核兵器の禁止に関する条約(ラ・米非核地域条約)」が初めてである。すなわち同条約の第二付属□定書は、その当事国がラテン・アメリカの非核化の状態を尊重するとともに「同条約の□結国に対し、核兵器を使用しないこと、または使用するとの威嚇(いかく)を行わないことを約束する」と定めている。この条約の」署名国は二十一ヵ国だけであり、かんじんの五つの核兵器保有国(米・ソ・英・仏・中)は署名していない。こういう状況では明らかに「非核化」は不十分だと言わねばならない。

　ところが、米国はさる二月十四日にジョンソン大統領の声明として、右の第二付属□定書に署名する用意があることを明らかにした。もしその署名が行われならば、米国は条約署名二十一ヵ国に対して、核攻撃またはその威嚇をしないと公約するわけである。米国が、部分的にもせよ、核兵器の不使用を約束することになれば、それは画期的なできことである。これまでの米国の立場が「核兵器の使用禁止や不使用の約束は、侵略者を利するだけであろう」などというものだったからである。

　難しいアジア

　このようなラテン・アメリカ方式を、日本とその周辺の地域に適用するすべ

はないものだろうか。

　　アジア・太平洋方面に非核地域を設けようという主張は、かない前から現れ
ている。たとえば、一九五九年一月には、フルシヨンフ・ソ連首相が「極東およ
び全太平洋地方に平和地域、とうぃあけ非核地域を設けなければならない」と
主張した。周恩来中国首相は同年四月に「全東アジア及び太平洋地域における
核兵器禁止・平和地域の設定」を、翌六〇年八月には「アメリカを含む太平洋の
非核地域設定」を訴えた。さらに、六六年五月には、日本社会党の』外交防衛政
策委員会が「アジア・太平洋非核武装・中立ベルト地帯の完成」を提唱した。

　　しかし、そのような提案はこれまでほとんど造成の気配さえみせていな
い。概していえば、すでに核兵器が存在する(配備されている)地域を非核化す
ることはむずかしい。アジア・太平洋方面のように軍事的に重要な地域であれ
ばあるほど、基本的な非核地域設定についての関係国の合意は容易なことでは
ないであろう。

　　ラテン・アメリカにおける核兵器の禁止に関する条約は、「すべての核兵器
保有国による第二付属認定書の署名と批准」など四つの項目を、条約の発効条
件としているため、その完全発効の見込みが立たない。そこである署名国がそ
の四条約を放棄「すると、その国についてだけ条約が発効することになってい
るが、その放棄をした国はまだメキシコだけである。

　　非核地域を設けようという提唱のなかには、自国側と対立ないし対抗してい
る国家、あるいは国家群の軍事的な行動を抑制したり、牽制(けんせい)したりし
ようとする、政略のための主張が多いが、そうしたものは論外としても、一般
にわれわれ日本の周辺を含む地域の非核化は厄介な課題にちがいない。

　　例として、前述の社会党案をとると、それは「朝鮮、日本、フィリピン、イ
ンドシナ三国、ビルマ、タイ、インド、パキスタン、マレーシア、シンガポー
ル、インドネシア各国による非核武装・中立のベルト地帯をつくる……」といっ
ている。しかし、この構想を実行に移す場合、フィリピンの米軍基地に核兵器
が配備されているとすれば、もちろんそれを撤去させるのであろうが、それで
は、そこから程遠くない中国(中華人民共和国)に核兵器が配備されていても、
それは許すというのであろうか。さらに、この地域の海洋に配備されている核
兵器(米ソの艦艇に装備した核兵器)は禁止するのであろうか、しないのであろ
うか。これが禁止される場合も、中国にある核兵器は禁止されないのであろう

か。この「非核武装地帯」の外の太平洋の地域(海域)にある米・ソの核兵器はどうなるのだろうか。とのようにして、つぎつぎと片手落ちをさけようとすれば、核武装禁止地域は次第に拡大され、それは結局、全世界的な規模の核武装禁止問題にまで広がらないであろうか。

新しいプランを

そこで私は、もっと小規模の非核地域をアジアに設ける案を日本で検討することを提唱したい。たとえば、手始めとしてまず、ベトナム戦争が片付いた後のインドシナ半島を、ついでその数年後に朝鮮半島、日本列島「などを非核化しようという構想である。それは、ラバツキー方式やラテン・アメリカ方式を参考にすると同時に、アジアでとくに不安定な地域とその周辺を緩衝地帯化しようという考えも含ませている。それはいうまでもなく、大変むずかしい。いしかし、これからの日本が、米、ソ、中という三つの核大国に囲まれながら、「非核」に徹して生きて行こうとするならば知恵をしばる価値におある課題にだと思う。

日本だけが非核化され、その状態がすべての核保有国、とりわけ米、ソ、中三国によって尊重されることが約束されるならば、結構なことであるが、そのような約束を取りつけることは、ここ当分ムリであろう。そこで三つの核大国がそのような公約をしやすいプランをあみださねばならない。たとえば、核大国も非核地域の緩衝的性格によって利するところがある、というような要素を含める必要があろう。小規模の非核地域を、といのは、そうした理由からである。

朝鮮半島から日本列島、その他を含む東北アジア非核地域をつくるとなると、さすずめ、沖縄にある核兵器が問題となる。だから、沖縄返還問題は、こうした視点からの検討も必要になる。また、もし韓国にも核兵器が現存するのであれば、その処理も考えねばならない。そこに、むずかしさがひそんでいるのであるが、日本による、このような非核地域設定の真剣な検討はそれ自体、日本の平和的意図を現在の非友好諸国に印象づける効果を持つだろう。またこの構想を実現しようとする努力を通じて、アジア、太平洋の平和と安定の一つの前提条件であある中国の国際社会復帰(北京政府の国連代表権獲得など)を促進するという効果をもあげるであろう。

(朝日新聞安全保障問題調査会研究員)

日本の立場

"無菌"めざす"？

　　沖縄返還問題の複雑さについて佐藤首相は二月十九日参院予算委員会で「沖縄返還にからんで、万一箇基地つきという問題がおこれば、国民に信を問うことも必要にある。基地をどう解決するか。率直にいった迷いがある」と答えた。核兵器を日本に持込ませないという従来の基本政策と、日本の安全を守るには米国の「核のカサ」に頼らざるをえないという日米安保堅持の姿勢とが、沖縄の核基地の処理をめぐって首相に判断を迫るからである。

　　日本の安全保障と核兵器との関係について、従来明らかにされてきた政府の立場は、①日本が防衛的な核兵器を持つことは憲法にうより必ずしも禁じられていない②しかし国の政策として核兵器を作らず・持たず・持込ませないの三原則を守る③それには日米安保体制のもとで米国の核の抑止力に頼ることが前提となる。この核を持たず・作らず・持込ませないという政策は、結果だけからみると日本が核兵器の"無菌"地帯になるという意味で、国際的な「非核地域」の構想と一見、似ている。

ラパツキ一案

非核国の立場

　　非核国地域という考え方が、戦後の軍縮交渉で初めて芽ばえたのは中部ヨーロッパであった。そこは東西冷戦の中で、両陳営の軍事的対立の接点に当たっていた。ソ連が最初の人工衛星スプートニクの打上げに成功する二日前の一九五七年十月二日、ラパツキ一・ポーランド外相が第二回国連総会で「ポーランドの安全と欧州の緊張緩和ために、東西両ドイツとポーランドの領土内でそれぞれ核兵器の生産と貯蔵を禁止する」という趣旨の第一次ラパツキ一案を提案した。

　　この提案は東独・チェコ・ソ連の支持を受けたが、当時西側が、西独を含む北大西洋条約機構(NATO)諸国に核装□の中距離弾道弾(IRBM)を□□しようとしていた矢先だけに、この提案を西独へのこのような核配備を封するためのものとして受取った。

　　翌五八年二月に提示された第二次ラパツキ一は非核地域をチェコにまでひとげ、①四ヵ国の領土内では核兵器の製造・保持・持込み・貯蔵・配備と□□□な

ど核発射装置の配置を禁ずる②核保有国はこの危機に対して核攻撃を加えない義務を負う、という二点をあげた。この提案の特徴は、非核地域内の核兵器に対する禁止事項が細部にわたって明示されたことと、非核地域には核攻撃をしなこと(核の不使用)を非核保有国の立場から核大国に要求した点である。この提案はソ連の核使用をも制約するものであった。それに米国はこの提案が優秀な通常兵力を擁するソ連側に利益をもたらすだけであるとして反対した。

　フランスがサハラ砂ばくで第一回の模□実験に成功した一九六〇年、独立したばかりのアフリカ新興諸国の間にアフリカ大陸を非核地域にしようという要求が起った。やがて六九年十二月三日の国連総会でアフ[1]

「核防条約」と「ラテン・アメリカ非核地域条約」の核禁止事項
　核防条約は現在審議中なので、最近の米ソ草案によった。ラ・米非核条約は関係国24ヵ国のうち現在21ヵ国が調印してやり、メキシコ以外はまだ発効してない。

---

1) 이하 사진 잘림

禁止内容		対象国	核防条約の適用地域内	ラ・米非核条約の適用地域内	
核兵器の製造・生産	{	核国	○	×	
		非核国	×	×	
核兵器の所有・保持	{	核国	○	×	
		非核国	×	×	
核兵器を渡すこと・受取ること	{	核国	×	×	
		非核国	×	×	
核兵器の持込み・貯蔵・配備	{	核国	○	×	①
		非核国	○	×	
核兵器の領域通過		核国	○	○	②
核兵器の地下実験	{	核国	○	×	
		非核国	×	×	
非核保有国に対する核攻撃		核国	○	×	③
核のカサで非核保有国の安全を保障		核国	あり④	特に必要なし	
平和利用の核爆発	{	核国	○	○	
		非核国	×	○	⑤
国際原子力機関などの調査	{	核国	受けない	受ける	
		非核国	受ける		

(×印は禁止されるもの、○印は禁止されないもの)

①　は原則として、この地域に□領を持つ米・英・仏・オランダが第１議定書に調印しなければ発効しない。

②　は予備会議で承認された。

③　は原則としてすべての核保有国が第２議定書に調印しなければ発効しない。

④　米、英、ソは国連安保理での核保□決議を約束した。

⑤　はブラジルが強く主張し、米国は国際保□のもとでの平和核爆発と理解している。

4. 면담요록-신동북아 과장과 "미다니" 참사관

신동북아 과장과 주한 일본 대사관 "미다니" 참사관과의 면담 요록

1. 일시: 1968.4.17. 하오 4:50-5:10

2. 장소: 동북아주과

면담내용

　　신동북아과장과 본국 전임 인사차 내방한 "미다니" 참사관 간에 한국내 원폭 피해자 구제 문제에 관하여 의견 교환한 내용은 다음과 같음.

　　가. 의료 협력 문제

　　　　(1) "미다니"는 "기무라" 대사의 지시 및 후원하에 이 문제에 관하여 본국 외무성 측에 협조를 요청하였던 바, 최근 외무성으로부터 의료 협력의 형식이면 고려할 수 있다는 비공식 통보를 받았다 함.

　　　　(2) 그에 의하면 의료 협력은 한국 내 피해자에 대한 시료가 아니고, 원폭 관계 전문 의사가 한국에 드물다는 사실에 감하여 한국의 전문의사 양성을 위한 기술협력을 뜻하는 것이라 함.

　　　　(3) 의료 협력의 첫 단계로서 그는 히로시마(廣島) 대학의 "시미조" 박사로 하여금 6월경 방한케 하여 이곳 실정을 조사케 하고저 하는 바, 그 경비는 외무성의 기밀비에서 지출토록 현재 본국 정부에 상신 중이라 함.

　　　　(4) "미다니"는 의료 협력에는 한국 관계자의 수입 태세가 문제가 되므로 이를 타진코저 원자력원의 안 박사와 면담하였던 바, 안 박사는 한국의 전문 의사 양성을 위한 의료 협력 계획에는 원칙적으로 찬성하나, 그에 따른 한국 내의 치료 문제와 나가서는 생활 보호 문제까지도 거론될 것인데 이에 대한 국내 준비에는 난점이 많음을 지적하고 일측이 구상하는 의료 협력의 구체적인 계획을 먼저 알려줄 것을 요망하였다 함.

　　　　(5) "미다니"는 또한 보건사회부 홍의정 국장을 면담했는 바, 홍국장도 안박사와 같은 의견을 표하면서 상부와 협의하겠다고 했다 함.

　　　　(6) 이상에 대하여 신과장은 현재 일본에 거주하는 한인 원폭 피해자와 한국에 있는 피해자와는 징용 또는 징병 등 피해를 입게된 배경에 아무런 차이가 없음에 감하여, 일본 정부가 재일 한일 피해자에게 주는 치료, 보호 등 혜택을 재한 피해자에도 줄 수 있도록 조치를 강구할 것을 요망하고, 따라서 의료 협력도 전문의 양성에만 국한할 것이 아니라 시료 문제까지 포함하여 계획을 입안할 것을 촉구하였음.

나. 피해자 실태 파악 문제

   (1) "미다니"는 현재 원폭 피해자 원호 협회에 등록되어 있는 수는 1,600 내지 1,700명이라 하는데, 이들을 엄격히 스크리닝하면 요치료 대상은 5, 6백명 정도가 되지 않겠느냐고 말하고, 동 협회의 정확한 대상자 선정이 필요하다고 말함.

   (2) 신 과장은 대상자의 정확한 파악은 필요할 것이라고 말하고, 협회 측에서 적의 전달하겠다고 말함. 끝.

5. 원폭피해자 구호 문제와 관련한 주일대사관 보고

原爆被害者 救護問題와 關聯한 駐日大使館 報告

1. 日本에 滯在하는 我國 被害者의 救護狀況

   가. 一般的 救護狀況(日本 厚生省을 通한 調査)

     被爆當時 在日 我國被害者는 日本人 被害者와 差別없이 醫療給付 手當 等의 救護를 받고 있음(新法에 依하여도 同一한 保護를 받을 것이라 함)

   나. 救護要件

     被爆當時日本居住, 被爆者健康手帖所持, 疾病이 原爆에 依한 것이라는 厚生省大臣의 認定, 現在日本에 居住 等의 事實(國籍은 無關)

   다. 救護內容

     ① 年2回無料診斷 ② 無料醫療給付(我國人 中 永住權所有者-國民保健의 適用, 永住權이 없는 者-勤務會社와 關聯한 健康保險) ③ 醫療手當(月所得 17,200원 以下인 경우 月3,400-1,700원의 手當支給)

2. 原爆被害者 委員會(Atomic Bomb Casualty Commission 假譯)

   가. 性格-美國政府에서 年間 日貨 10億원의 援助로 醫療救護를 目的으로 하는 것이 아니고 患者에 對한 調査와 硏究를 하는 硏究機關임.

   나. 活動內容-同機關 10-15名의 환자에 對하여 10餘年間 追跡調査를 行하고 있음. 同機關에 管轄權移讓(日本에서) 問題는 現段階에서 活潑히 論議되고 있지는 않음.

3. 我國 被爆者에 對한 日本政府 活動의 歸趨 및 救護問題

   가. 被爆疾患者의 渡日治療 可能性

① 日本厚生省은 自國에 歸國한 被爆者中 疾患者中로서 正當하게 日本에 入國하여 外國人登錄을 하고 日本에 居住하면 醫療救護等은 提供할 수 있을 것임(治療를 目的으로 하여 日本에서 入國을 拒否할 것으로 안다고 함)

② 具體的 手續上의 問題가 있음(被爆者 認定, 證據, 證人 등의 問題가 그 中 1個임)

나. 原爆被害者를 爲한 專門醫, 기타 專門家의 派韓 問題

① 昨年 原爆被害者 審議會 會員中 1人이 訪韓하여 實態調査를 하였음 (政府 베이스 依한 것이 아님)

② 政府가 主體가 되려면 財源, 法的根據 및 協定等이 있어야 될 것으로 아는 바 그렇게 되기 위해서는 諸折衷이 必要할 것임

6. 주일대사관 공문—원폭피해자 구호 문제와 관련한 주일대사관 보고

주일대사관
번호 주일정700-1519
일시 1968.5.7.
발신 주일대사
수신 외무부 장관
참조 아주국장
제목 원폭피해자 구호 문제

대: 아북700-11636
대호 지시에 의거하여 그간 당관이 조사한 바를 아래 보고합니다.
1. 일본에 체재하는 아국 피해자의 구호 상황:
　가. 일반적인 구호 상황:
　　　다소 상세한 구호 현황을 조사하기 위하여, 현재, 민단 중앙본부 및 "히로시마", "나가사끼" 현 민단 본부 등을 통하여 조사 중임.
　　　후생성을 통하여 조사한 바에 의하면, 피폭 당시 일본에 거주하고 있은2) 아국 국민은 일본인 피해자와 차별 없이 의료 급부와 수당 등의 구호를 받고

있으며, 현재 국회에 원자폭탄 피폭자의 의료 등에 관한 법률을 보완하는 법이 제출되고 있는데, 신법에 의하여도 역시 동일하게 보호를 받게 될 것이라 함.

나. 구호 요건:

현재, 원폭 피해자에 대한 의료 등 구호의 요건은 피폭 당시 일본에 거주하였으며, 피폭자 건강 수첩을 소지하고, 질병이 원폭의 피폭에 의한다는 후생대신의 인정이 있고, 일본에 거주하고 있는 것 등이라 함. 따라서 국적은 요건으로 하고 있지 않으며 일단 상기 요건을 충족하고 있는 자는 동일하게 의료 및 의료 수당의 구호를 받고 있다 함.

다. 의료 등 구호의 내용:

중요한 것으로, 피폭자에 대한 정기적 건강 진단과, 질환자에 대한 의료 급부와 비용의 부담, 의료 수당의 지불, 및 관계 의료 기관에 대한 보상 등임.

(1) 건강 진단:

피폭 당시 관계 지역에 거주하였던 자에 대하여는 정기적으로 연 2회 무료로 건강 진단을 하며, 본인의 희망에 의하여 역시 무료로 년 2회까지 추가 건강 진단을 함.

(2) 의료 급부:

원자 폭탄의 상해 작용에 의하여 부상을 하던가 질병에 걸려서 현재도 의료 급부를 요하는 자에 대하여, 후생 대신이 인정한 경우에는 무료로 의료를 급부함.

이 경우, 상기 의료 기관에 대하여 국가는 국민 보험 등 사회 보험 규정에서 본인이 지급하는 분에 대하여만 담당하는 것이며, 여하간 본인은 무료로 의료의 지급을 받을 수 있는 것이라 함.

피해 한국인 중에서 영주권을 갖인 자는 국민 보험의 적용을 받을 수 있으므로 아국인은 무료로 의료 급부를 받을 수 있다고 함. 또한 영주권을 갖이지 않은 경우에는, 본인이 회사 등에 근무할 때에는, 회사와 관련되는 건강 보험의 적용을 받으므로 역시 무료 지급을 받음.

(3) 의료 수당:

인정된 환자가 의료 급부를 받았을 때, 월 소득이 17,200원 이하[3)]

---

2) 있던
3) 이하

인 경우에는 월 3,400-1,700원의 수당을 지급받음.

　　라. 신법의 중요 내용:

　　　　현행의 원자폭탄 피폭자 의료 등에 관한 법률은 1967년 법율 제41호로 제정되었는 바, 피폭자 가운데는 사회적으로 생활 능력이 열등한 자라던가, 현실적으로 원자폭탄의 상해작용으로 질환에 있는 자는 특별한 지출이 막대함을 고려하여 현재의 법을 보완하기 위하여, "원자 폭탄 피폭자에 대한 특별 조치에 관한 법율"을 금차 제58차 국회에 제출하고 있는 것임.

　　금차 법안의 중요 내용은, (1) 현행의 관계법에 의하여 후생 대신의 인정을 받은 현실적인 질환자에 대하여 특별 수당을 월 10,000원을 지불하고, (2) 원자폭탄의 영향이 있다고 상정되는 질병에 걸린 자 등 빈한한 자에 대하여 월3,000원의 건강 관리 수당을 지불하며, (3) 현재의 관계법에 의하여 의료 수당을 받고 있는 자에 대하여는 앞으로 신법에 의하여 실시하기로 하는 것 등임.

　　2. 원자폭탄 상호 위원회(가역, ABCC):

　　　가. 성격:

　　　　　미국 정부(미국 아카데미 학사원)에서 년간 일화 10억원의 원조를 받고 원자력 환자에 대한 조사와 연구를 하는 연구 기관임. 따라서 의료적 구호 등을 목적하는 기관은 아님. 동 기관의 연구 자료는 한때 비밀로 하여 일본 국회 등에서도 론의가 있었고 문제가 많았는데, 현재는 동 연구 결과 등에 대하여 일본의 예방 위생 연구소와 협력하기로 하고 있으며, 그 이외에 대하여 공개는 않하고 있는 실정이라 함.

　　　나. 활동 내용:

　　　　　현재 동 기관에 수용되고 있는 환자 수는 10-15명 정도라고 하며, 동 기관에서는 수10년을 두고 추적 조사를 행하고 있음.

　　현재, 상기 기관에 대하여 그 관할권을 일본에 이관해야 할 것이라는 움직임도 있는 것 같으나, 동 기관은 계속 추적 조사를 행하고 있다고 하는 것과 미국 정부로부터 10억원이나 보조금을 받고 있으며 따라서 일본 정부가 이에 대하여 지불 각오를 해야 하는 것등이 문제이기 때문에 활발한 논의를 되고 있지 않는 것 같다 함.

　　3. 아국 피폭자에 대한 일본 정부(대사관) 활동의 귀추:

　　　　대호 공문 첨부의 면담 기록 가운데서 밝힌 재한 일본 유지 등의 구호

활동에 대하여, 외무성 북동아과("마쓰무라" 사무관)는 동 활동은 개일적인[4] 움직임인 것 같은데, 그 동기와 앞으로의 귀추 등에 대하여 조사한 후 연락해 주겠다고 함.

4. 아국에 거주하고 있는 피폭자에 대한 구호 문제

(위의 사실을 조사하면서, 5.1. 한창식 서기관이 후생성 공중 위생국 기획과 담당 "사와에"에게 본건에 관하여도 문의하였던 바, 보고합니다.)

가. 아국 피폭 질환자의 도일 치료 가능성 문제:

아측 질문에 대하여, 상기 후생성 담당자는, 본 문제는 그간 외무성 등에서 관심을 갖이고 문의해 온 적이 있어, 후생성 견해를 회답한 적이 있다 함. 후생성은 자국에 귀국한 피폭자 중 질환자로서 정당하게 일본에 입국하여 외국인 등록을 하고 일본에 거주하게 된다면 현재의 법율 적용하여 외료 구호 등을 제공하는대 반대하지 않을 것이라는 의견을 회신한 바가 있었다고 함. "사와에" 사무관에 의하면, 그러나 자국에 귀국한 피폭 질환자가 처음부터 동 질환의 의료를 목적으로 일본에 입국을 하려할 때는 법무성으로서는 입국을 거부할 것으로 안다고 함. 물론 법무성이 이에 대하여 명백히 밝힌 바는 없으며 공식적인 의미에서는 법무성이 동 문제를 검토중에 있는 것으로 안다고 함.

여하간 후생성으로서는, 당사자가 적법으로 일본에 입국하고 일본에 거주하게 된다면 의료 구호 등 현재 관계 일본 환자들이 받고 있는 바와 같은 구호를 제공해 줄 수는 있다고 보고 있으나, 이때에도 구체적인 수속면의 문제들이 다소 있다고 함. 예컨데, 피폭자 인정과 피폭자라는 증거 및 증인 등 문제가 있다 함. (현재 일본인에 대하여도 40,000여 명이 후생 대신의 인정을 받지 못하고 있는 바, 동 인물에 대한 피폭 증거가 불완전하기 때문이라 함.)

나. 기타

원폭 피해자 전문의사, 기타 전문가 등에 파한 가능성에 대하여, 후생성 담당자는, 작년에 원자폭탄 피폭자 의료 심의회 회원 가운데 한 분이 실태 조사한 적이 있는 것으로 안다고 하고, 그러나 그것은 정부 "베이스"에서 이루어진 것은 아닌 것으로 안다 함. 정부가 주체가 되어 이루어질려면 재원과 법적 근거 및 협정 같은 것이 있으야 할 것으로 아는 바 그렇게 되기 위하여는 여러 가지 절충이 필요할 것이라고 함.

---

4) 개인적인

7. 기안—원폭피해자 원호 협회 면담요록 송부

번호 아북700
시행일자 1968.5.28.
기안자 동북아주과 정주년
경유수신참조 주일대사
제목 원폭피해자 구호

      대: 주일정700-1519 및 JAW-05208
      대호와 관련하여 한국 원폭피해자 원호 협회 화장[5])과 당부 신 동북아주 과장
과의 면담요록(4월 17일 5월 21일자) 사본을 별첨 송부하오니 참고하시기 바랍
니다.
      첨부: 동 면담 기록 사본 각1부. 끝.

면담요록

      일시: 1968.5.21 10:50-11:20
      장소 외무부 동북아주과
      면담자: 당부측: 신동원 동북아주과장
                   정주년
          원폭피해자 원호 협회측: 배도환 회장

내용
      원폭 피해자 원호 협회장(배도환)은 신동북아주과장과 다음과 같은 요지의
면담을 하였음.
1. 배회장은 원폭 피해자들을 위한 집단 수용소 설치에 필요한 대지 확보 문제
   를 해결하기 위하여 보건사회부 장관을 예방, 현재 노력 중에 있다고 말하고,
   기타의 진행 상황을 아래와 같이 설명함.
     가. "미다니" 전 주한 일본대사관 참사관은 대지가 확보되면 원폭 피해자를
        위한 수용소 건축에 소요될 비용을 조달하기 위하여 귀국 후 일본 내에서

---

5) 회장

의 민간적인 거금 운동을 전개하겠다고 약속하였다고 함.

나. 대지가 확보되고 건물이 세워지면 동 건물의 내부 시설은 미국측의 협조
　　를 요청하여 추진할 계획이라고 함.

다. 국내에 있는 제 원조기관(예 AKF, KAVA) 및 적십자 측에서도 원폭 피해자
　　를 위한 수용소가 마련되면 가능한 원조를 제공할 수 있다는 태도라고 함.

라. 원자력 측에서도 원폭 피해자들의 실태조사를 위한 경비를 예산에 반영
　　되도록 노력 중이라 함.

마. 원폭 피해자들을 위한 국내 여론 환기 문제에 있어서도 언론 및 방송기
　　관의 협조를 받을 가능성이 많다고 설명함.

바. 금년 8월경에 원폭 사망자 합동 위령제를 갖고저, 현재 일본 관계 기관
　　측에 사진 등 관계 자료의 송부를 요청 중에 있다 함.

　이상 동 협회의 사업 계획을 설명하면서 무엇보다도 시급한 것은 원폭 피해
자 집단 수용소 설치인 만큼 이에 대한 관계 기관의 협조를 요청하였음.

2. 신 과장은 배 회장의 노고를 치하하면서 외무부로서는 가능한 협조를 현재도
　하고 있을 뿐더러 앞으로도 계속할 것이라고 말하였음.

공람

　한국 원폭피해자 원호 협회 상무이사(김재근)은 68.5.27 오후 3시 신 동북아
주과장을 방문하고 "우에노 히로시"가 동 협회에 보내온 서한을 제시하였음. 동
서한 요지는 아래와 같음.

성명: 우에노 히로시(上野 弘)

주소: 일본 기옥현 여야시 대호 364 무목장내

　　　(日本 埼玉縣 與野市 大戶 364 茂木藏內)

직업: 아마추어 사진기자(동경 사진가 협회)

　상기인은 지난 5월 2일부터 5월 8일까지 방한한 바 있으며 5월 3일에는 한국
원폭 피해자 원호 협회를 예방하여 한국 피폭자 실태에 관하여 문의하였음. (매
일 신문사로부터 취재 의뢰를 받은 듯하다 함)

서한요지

1. 68. 8월 6일경 일본에서 원폭 관계 집회가 열리므로 이 기회에 한국 원폭
　　피해자 협회에서 중상 피해자 2명 정도를 가능한 한 7월말까지 도일케 하여

전문 의사의 치료를 받도록 함.

2. 중상 피해자의 도일을 위하여 왕복 여비(선편), 체재비, 치료비 및 일체의 도일 수속을 책임지겠음.

3. 한국에의 송금 수속(도항비, 수속비용) 관계 등을 고려할 때 조속히 필요한 수속을 취하여야 할 것임.

4. 금번 2명 정도가 도일하여 성공하면 금후 인원을 증원하던가 의사를 한국에 보낼 수도 있음.

5. 금번 한국 원폭 피해자의 도일을 계기로 일본의 신문사, 민간 등의 원조를 의뢰할 것을 결정하였음. 끝.

8. 주오오사카 대한민국 총영사관 공문―원폭 피해자 의연금 송부

주오오사카 대한민국 총영사관
번호 주오총500-1080호
일시 1968.6.12.
발신 주오오사카 총영사
수신 외무부 장관
참조 아주국장
제목 원폭 피해자 의연금 송부

1. 지난 3월 30일 및 5월 10일자 일본 "조일신문"에 연재된 기사 중에서 과거 제2차 대전 중 일본에 끌려와 불행하게도 원폭의 피해를 입은 동포들이 아직도 많이 국내에서 곤란의 길을 걷고 있다는 기사를 읽고 다음과 같이 기탁해 온 무명 인사의 의연금 일화 1,300원과

2. 지난 5월 1일자 본직이 "오오사카" 스미요시 로타리 크럽에 출석하여 한국 경제의 당면 과제와 장래 전망에 대하여 강연한 바 있는 동 로타리 크럽에서도 동 원폭 피해자들에게 전해달라는 의연금 일화 10,000원 계($31.17)을 접수하고 이를 송금하오니 관계부처에서 이첩 조치하여 주시기 바랍니다.

첨부: 1. 1968.5.11일자 "다나가 메쓰오"씨 서한
   2. 1968.5.12일자 무명인사 서한

3. 3.30일자 및 5.1일자 "일본 조일신문" 연재신문기사 1매
4. 송금수표($31.17) 1매 (끝)

1968.5.11일자 "다나가 메쓰오"씨 서한

大阪市東区安土町一丁目十三番地
新日本薬品株式会社
大阪大阪市東区安土町一丁目十三番地
電話 大阪三〇五一～五番
取引銀行 住友銀行粉浜支店・三和銀行瓦町支店
東京 東京都中央区八丁堀三丁目一五番地
電話東京(552)一二二一・一二三二・一二三三番

昭和43年5月11日

冠省
昨十日は公務極めて御多忙中にも拘りもせず、わざわざ住吉ロータリークラブの例会に御臨席御講演賜り誠に有難うございました。
お陰様をもちまして会員一同大いに感銘、貴国に対する認識を改め貴国と友好の一層深まらん事を心から念願いたしております。
尚その節先生の御芳志に対するせめてもの謝意を表わすため薄謝を奉呈いたしました処、固辞されましたので却而失礼申し上げたのではないかと痛心いたしておりますが、何卒意のあるところを御酌みとりの上、御諒怒賜るようお願い申し上げます。
さて、昨十日の新聞紙の報道により過たる第二次大戦中、日本のために御挺身不幸にも原爆に御被爆、今なお苦難の道を歩んでおられる多数の貴国同胞が在国せられておられる事を承知いたし、大変驚きますと共に甚だお気の毒に存じます。
就きましてハ当日先生が固辞せられました御講演料とそれらの方々の救護基金の一部にと存じ、改めて持参させましたので、快く御査収賜りますれば幸甚と存じます。

先ずは右御礼並びにお詫び旁々お願いまで斯々の通りでございます。

末筆ながら貴国並びに先生一層の御発展をお祈り申し上げます。

早々不一

新日本薬品株式会社

取締役社長　田中哲夫

駐大阪大韓民国総領事館

総領事　金鎮弘先生

侍史

1968.5.12일자 무명인사 서한

拝啓　初夏の候、皆々様には益々御清栄の御事とお慶び申上げます。

扨◎三月三十日朝の新聞記事にて貴国原爆被爆者が居られる事を知り、又五月一々日附朝日夕刊にて貴国神戸領事館に一中学生が基金を寄せられた記事を読み、大変嬉しく思ひましたと共に、その勇気の無かった私に大変恥しいと思ひます。私の気持も新聞に出ていました神戸の中学生と全く同じです。

最近思う処あり、禁酒禁煙いたしました。同封いたしました千三百圓少しではありますが、節約いたしました煙草代です。何卒御役に立てばと思ひます。

右、取急ぎ御願ひ迄

敬具

五月十二日　一禁煙生

二伸、適当な送り先不明ですので、何卒よろしく願ひます。

9. 주코오베 영사관 공문—한국 원폭 피폭자 의연금에 대한 보고

주코오베영사관

번호 주코영1470-608

일시 1968.6.15.

발신 주코오베 영사
수신 외무부 장관
제목 한국 원폭 피해자 구원

1. 별첨(1)과 같이 지난 3월 30일자 "아사히" 신문에 한국에 있는 원폭 피해자 상황을 서울 주재 특파원의 기사를 게재한 바 있어 이를 읽은 당지 "코오베" 시내 일중학생이 익명으로 별첨(2)와 같은 서신을 당관에 보내옴과 동시에 한국에 있는 원폭 피해자를 위하여 서달라고 일화 500원을 동봉하여온 바 있음.

2. 일 중학생으로서 한국에 이와 같이 불행자가 많이 있다는 것을 비로서 처음 알게 되어 "일본인으로서 책임을 느낀다"는 등 또는 "누구 따문에[6] 이와 같이 불행하게 되었는가" "일본인으로서 더욱 진지하게 생각해야 할 것이다"는 순수한 심경을 토로함에 감동하여 그간 중학생을 각 방면으로 찾어보았으나 알 길이 없었음.

3. 5월 8일 당관에 인사차 내방한 "아사히" 신문 코오베 지국 기자에게 이 학생을 찾고 있다는 이야기를 전하고 협조하여 줄 것을 요청한 바 5월 10일자 "아사히" 신문 관서지방판에 별첨(3)과 같이 보도된 바 있어 이 기사를 본 후 각지 각 방면에서 익명으로 상당수의 별첨과 같은 편지가 내도함과 아울러 전화 또는 직접 당관을 내방하여 의류물품 등을 보내겠으나 방법을 상의하로 왔음.

4. 그후 계속하여 갸륵한 편지와 같이 기백원씩을 동봉하여 그 중학생의 용감한 행동을 칭찬하면서 일방으로서는 일본인으로서 부꾸로운[7] 일이라고도 진정을 토로하여 왔으며 이어 5.16(4) 동 신문에서도 중간보고차 게재된 바 있음

5. 그 후 당지 일본 청년회의소 회원이 "히로시마"에 가서 원폭 피폭자 치료 시설의 수용 능력을 조사한 바 있으며 소위 성인으로서 중학생의 갸륵한 마음에 오히려 부꾸러움을 금치 못한다는 마음으로 "히로시마" 현 의원을 만나 교섭하는 등 현재 활발히 "히로시마" 청년회의소 회원도 움지고 있음.

6. 우선 첫 단계[8]로서 한국에서 원폭 피해자가 총수 얼마나 있으며 치료 중 환자로서 현재 움지길 수 있는 자가 몇 명이나 되는지 가능한 환자만이라도 일본에 대리고[9] 와서 일본인과 같이 치료를 받게 조치하겠다고 하며 그 사람들

---

6) 때문에
7) 부끄러운
8) 첫 단계
9) 데리고

의 여비에 관하여는 일본 청년회의소 당지 회원이 부담하겠다고 함으로 시급히 조사 회보하여 주시기 바랍니다.

7. 현재 동 신문을 보고 치료비조로서 모인 금액이 별지(5)와 같사오며 현재 당관에서 보관 중임. 지시에 따라 미화로 환산하여 송금하겠읍니다.

8. 아직도 동 중학생은 나타나지 않고 있으므로 각 중학교에 연락하여 계속 찾기에 노력하고 있으나 본 기사 내용과 전말을 한국신문에 보도하여 주시면 그 기사를 "아사히" 신문에 다시 보도하여 익명으로 편지와 다소의 성의글을 보내온 일본인에게 결과를 알려주겠읍니다.

9. 한국원폭피해자원호협회와 보건사회부에 연락하시와 일본에서 민간운동으로 전개될 기색도 있사오니 상기 원폭 피해자로서 움지길 수 있는 자들의 면담과 또한 이 내용을 가능하면 한국신문에 보도된 기사를 보내주시기 바랍니다.

10. 앞으로는 일본 청년회의소에서 주동이 되어 이의 구호사업에 지도 역활을 하게 될 것입니다.

첨부: 관계 신문기사 및 원호금 일람표

10. 진정서

陳情書

우리 原爆被害者들은 그늘진 妄却地帶內서 呻吟한 지 二十餘年만에 우리의 살 길은 우리 스스로가 찾아야겟고 社團法人 韓國原爆被害者援護協會를 組織하고 百方으로 살 길을 찾아서 一年餘 동안 活動을 하여왔으나 우리 政府의 微溫的인 態度와 日本政府의 無誠意한 言動으로 우리는 只今 方向感覺조차 잃고 있는 形便입니다. 그 동안 우리가 活動을 해본 結果로서 그 隘路의 多樣性을 새로히 吷說할 必要도 없이 過去의 日本國內의 與論과 韓國內各新聞의 論調를 보더라도 貴官께서 充分히 知悉하실 줄 思料됩니다. 五萬餘爆死者와 參萬被爆不具者들을 關係國政府들은 어떻게 生覺하고 있는지가 궁금하다기보다 더 深刻한 問題로서 우리는 關係國의 誠意 있는 對答이 切實히 要望되는 바 今般 韓日閣僚會談에서는 議題의 一項으로 採擇하고 直撃한 討議를 하셔서 不遇한 우리 被爆者에게도 不具者로서나마 올바른 人間像을 찾아서 餘生을 보내도록 하고 우리

들 二世들에게도 人間의 尊嚴性을 享有할 수 있는 機會를 마련하여 주시옵기를
玆以伏望합니다.
　　　　一九六八年 八月二十三日
　　　　社團法人 韓國被爆被害者援護協會
　　　　會長 洪淳鳳

外務部長官 貴下

　　　　陳情人
　　　　서울特別市 永登浦區 鷺梁津洞二□
　　　　　　　　金再根
　　　　서울特別市 城北區 城北洞 一○七番地
　　　　　　　　辛泳涷
　　　　오산시 午索洞 二七四番地
　　　　　　　　□□□
　　　　市內 龍山區 漢江路2街 一二七
　　　　　　　　李順云
　　　　서울特別市 東大門區 崇仁洞 二二의一
　　　　　　　　林福順
　　　　서울特別市 城北區 수유동 五三四
　　　　　　　　李貞烈
　　　　서울特別市 永登浦區 梧柳洞 六番地
　　　　　　　　權商敎
　　　　釜山市 東萊區 溫泉洞 參四五番地
　　　　서울特別市 龍山區 厚岩洞三五八番地
　　　　　　　　申方雨
　　　　서울특별시 용산구 한강로一가三五八
　　　　　　　　李喆奎
　　　　서울영등포구 시흥동 六一번지ㅏ
　　　　　　　　김영대
　　　　仁川市 萬石洞五六番地

金有相

西大門區 응암洞 山八番地

　李얌진

西大門區 鷹岩洞八

　金基□

서대문구 응암동 十統三

　林允□

西大門區 응암동 二四의二六

　朱永吉

서울특별시 영등포구 노량진동 三一三

　김관식

서울特別市 東大門區 崇仁洞

　金洪文

서울特別市 東大門區 昌信洞 十五의 三

　李聖康

서울시 성북구 정화동

　김근순

11. 취지문

　오늘 8月6日과 全9日은 第2次世界大戰末期 日本國 廣島市와 長崎市에 聯合軍이 投下한 原子爆彈으로 人類史上 처음 보는 慘狀의 洗禮를 받은 날입니다. 그 當時 우리 同胞로서 學兵 徵用工 或은 勞務者等으로 强制動員되어 人間以下의 苦役에 시달리다가 이날의 不幸 속에 爆死 또는 犧牲된 者 無慮 五萬餘名에 達했읍니다. 그 後 祖國은 解放되고 大韓民國이 樹立된지 20餘年이 지난 동안 우리는 倭政의 惡夢을 깨끗이 씻고 이제 南北統一과 近代化 課業을 成就하기에 一致團結하여 祖國과 民族은 앞으로의 發展과 繁榮을 期約하고 있읍니다.

　이러한 중에도 우리는 第2次世界大戰이 남기고 간 커다란 傷處가 아직도 아무런 收拾策과 對策이 없어 지금도 原爆의 犧牲者들은 그들만의 不幸으로 잊어버린 체 지내왔읍니다. 또한 負傷者들은 가진 家産을 治療費와 바꿔 完治를 바라다 끝내는 病死한 者 不知其數요. 或은 原子病 後遺症으로 勞動力을 잃은 채 病苦와 貧苦에 시달림을 받아 삶의 즐거움조차 잊은지 오래인 不具 目不見의 그늘진 人間像을 우리들 同胞는 여태까지 모른 체 지내온 것이 아닙니까. 이러한 不幸한 同胞에게 오늘이라도 따뜻한 陽地를 마련하여 주셔야 하겠읍니다.

于先 우리는 이날을 마지할 때마다 우리들의 兄弟姉妹들이 魂魄이 二十餘年 동안 異域萬里蒼空에서 輪廻轉生의 길을 찾지 못하고 헤매이고 있음을 가슴 아프게 生覺하여 왔읍니다. 漢民族의 矜持와 同胞愛로써 民族의 앞날을 위하여 이 가엾은 五萬餘 兄弟의 魂魄을 그들이 夢寐에도 잊지 못하던 祖國땅에 모셔다 昇天의 길로 引導하여 怨靈을 慰勞하고자 하는 各界 與論이 沸騰하여 有志諸賢의 協贊으로 祭典을 奉行하고자 하는 바입니다.

1968年7月   日
韓國人原爆犧牲者鎭魂 및 第1回慰靈祭執行委員會

12. 초대장

招待狀

時下炎暑之節에 尊禮萬安하옵심을 仰祝하나이다.

就而 오늘 八月六日과 仝九日은 第二次世界大戰末期 우리 同胞로서 學兵 徵用工 勞務者等으로 日本國 各地에 强制動員되어 있던 中 廣島時와 長崎市에 投下된 原爆의 洗禮를 받은 날입니다.

이날 爆死 또는 犧牲된 五萬餘同胞의 靈魂은 여태 昇天을 못한 채 오늘에 이르렀으니 우리들은 그 가엾고 섭섭한 마음 禁할 바 없었읍니다.

올해 二十三周忌를 마지하여 民族의 矜持로써 今般 有志諸賢의 協贊으로 따듯한 同胞愛에서 左記에 依하여 鎭魂祭 및 第一回 慰靈祭를 奉行하오니 바쁘신 중이라도 掃萬枉臨하여 주시압기 삼가 바랍니다.

　　　　　　記
때 一九六八年八月六日上午拾時
곳 曹溪寺

追而 前夜인 八月五日 夕時부터 鎭魂祭 徹夜讀經會가 奉行됩니다.

　一九六八年七月　日

　　韓國人原爆犧牲者鎭魂祭 및 第一回慰靈祭執行委員會長 金八峰

　　貴下

13. 신문보도-원폭증 환자 밀항

한국일보 10.4. 금요일

原爆症 고치려 密航

日警, 孫女人체포 이마·턱에 傷痕

【東京3日, 鄭泰演 池東旭 특파원】「히로시마」 원폭피해자인 「손존달」[10]여인(38·
釜山市中區 冷泉洞)이 지난 2일 원폭 상처를 수술받기 위해 日本에 밀항했다가
日本 경찰에 체포되었음이 3일 주일대사관에 의해 밝혀졌다.

「손」여인은 지난 2일 하오 다른 4명의 밀입국자와 소형선으로 「야마구찌」縣
「도요우라」(豊浦) 해안에 상륙했다가 주민들의 신고로 출동한 「오구시」(小串)
경찰서에 체포되었다. 「손」여인은 경찰조사에서 원폭 상처를 수술받기 위해 日
本에 밀입국했다고 진술했다. 「손」여인은 턱에 다섯 군데의 「켈로이드」(蟹足腫
=상처가 아문 후에 생기는 개발톱 모양의 단단한 종기) 상처가 있으며 이마에
하나의 「켈로이드」선이 있다. 이런 밀입국 보고를 관할 下關 영사로부터 보고받
은 주일한국대사관은 현지에 담당관을 급파, 정확한 실정을 조사키로 했다. 최
근 갑자기 늘기 시작한 밀입국자는 지난 9월하순부터 10월 3일까지 「야마구찌」
縣 해안에만 50명-.

14. 외무부공문(착신전보)-밀항자 보고

외무부

---

10) 원폭 피해자 밀항자로 잘 알려진 손귀달이지만 이 신문보도에는 손존달로 표기되어 있다. 이
하의 문서에는 손귀달로 나온다.

번호 SIW-1003
일시 051030
수신시간 1968.10.5. □□:□□
발신 주시모노세키 영사
수신 장관

사본 주일대사
연: SIW-1001(동7항 참조)
1. 10.1일 야마구찌현 하기시 부근 해안에 밀항 상륙후 검거되었던 밀항자 4명
(남1, 여3)은 10.4일 야마구찌현 하기지부에 송청되었음.
2. 여자 3명 중 1명은 손귀달(38세) 부산시 부산진구 냉정동)은 여학생 시대
히로시마에서 입은 원폭증을 치료하기 위하여 밀항하였다고 진술하였다고 함.
(아북 정보)

15. 외무부공문(착신전보)−원폭피해자 밀항 관련하여 외무성 북동아과장 보좌와 면담

외무부
번호 JAW-10085
일시 051257
수신시간 1968.10.5. □□:□□
발신 주일대사 대리
수신 장관

사본: 주일대사
원폭피해자 밀항
연: JAW-10078
10.4 호후[11] 김 정무과장은 외무성 마쯔무라 북동아과장 보좌와 면담한 기회에
아측이 본건에 관하여 관심을 가지고 있음을 표명하고 아직 본건에 대한 구체적
인 지시를 본부로부터 받지 못하고 있으나 (1) 본건 손귀달이 원폭 피해자임으

---

11) 오후

로 일본으로부터 연유되는 바가 있는 동시에 한국내에 적절한 치료 기간이 없다는 점. (2) 그와 같은 사람에 대하여 일본 정부가 호의적인 배려를 한다면 양국민 간의 감정 완화에도 유익할 것이라는 점을 들어 일본 정부가 동인에 대한 문제를 호의적으로 취급하여 줄 것을 요망하였음. 일측은 이에 대하여 아측의 설명을 잘 알았다고 하고 법무성 등 관계당국에 아측의 요망을 전달하겠다고 함. (아북, 아교)

16. 외무부공문(착신전보)—원폭피해자 관련 대사관 조사 및 조치사항 보고

외무부
번호 JAW-10086
일시 051257
수신시간 1968.10.5. □□:□□
발신 주일대사 대리
수신 장관

　　사본: 엄주일 대사
　　원폭피해자 밀항
　　연: JAW-10085
표기에 관하여 당관으로서는 우선 관할 시모노세끼 영사관에 연락하여 관계관이 동인이 구속되어 있는 하기시에 출장하여 현지 상황을 파악할 것을 지시하였음. 당관으로서는 우선 조사할 사항으로서 (1) 동인의 밀항 경위(동인의 인적사항, 밀항 동기, 일본 내 친족 상황, 원폭 피해 정도 등 포함) (2) 현지 일본 관계당국이 동인의 처리에 있어서 어떠한 태도를 가지고 있는지 등을 조사하는 동시에 우선 동관계 당국에 대하여는 본건이 특수한 성격을 가진 케이스임을 지적하여 (1) 동인에 대한 처리에 있어서 가능한 한 호의적인 배려를 하여 줄 것과 (2) 특히 동인의 외부인사와의 접촉에 있어서는 공산계열로부터의 접촉을 거절하도록 조치하여 줄 것을 요청하라고 권고하였음. 시모노세끼 영사관측에 의하면 현재 히로시마 및 야마구찌현 민단에서는 동인에 대하여 민단이 협조할 수 있는 방침을 검토하여 보자는 움직임이 있다고 하였음. (아북, 아교)

17. 외무부공문(착신전보)—원수폭 금지 협의회 조사사항 보고

외무부
번호 JAW-10078
일시 051064
수신시간 1968.10.5. 22:22
발신 주일대사
수신 장관

사본: 엄주일 대사
원폭피해 한국여성 밀항(신문보고)
연: JAW-10059
1. 연호에 의해 금5일 아사히 조간 사회면에 1단으로 원수협(공산당) 대표는 4일 최고 검찰청 공안부를 방문하여 표기 한국 여성을 즉시 석방하여 치료를 받을 수 있도록 할라고 요망하였다고 함.
2. 원수폭 금지 협의회 하다나까 마사하루 대표 이사(일조 협회회장)와 요시다 동 협회 사무국장은 4일 상기 공안부를 방문하여 수사 당국이 손귀달을 단순히 밀입국자로서 처리하는 것은 틀린 일이며 책임은 일정부에 있음으로 일본국민의 인도적인 고려해야 할 것이며 따라서 즉시 석방하여 치료를 받도록 해야할 것이라고 요청하였다고 함. 동 원수협회의 조사에 의하면 손은 피폭 당시 미쑤야마 사즈꼬라는 일본 이름을 가지고 있었으며 광도현립 제2고녀에 재학하고 있었다고 함. (아북, 아교)

18. 외무부공문(착신전보)—밀항자(손귀달) 조사 사항 보고

외무부
번호 SIW-1004
일시 071000
수신시간 1968.10.7. 11:□□
발신 시모노세키 영사

수신 장관

사본: 주일대사
연: SIW-1003
1. 연호로 보고한 밀항자 손귀달(원폭 피해자)에 관한 진상을 조사하기 위하여 김훈희 부영사를 야마구치현 하기시에 파견, 동 밀항자를 담당 사또 검사 및 손귀달과 면접케 하였으며 그 결과를 아래와 같이 보고함.
가. 인적사항 및 밀항 경위
성명: 손귀달(38세 여자)
본적: 경남 사천군 사천면 평화동 145
현주소: 부산시 부산진구 내정동[12] 17
(모친과 자녀 2명이 거주하고 있음)
출항일시: 68.9.29 밤
상륙일시: 68.10.1 2000시경
나. 손귀달은 일본 출생이며 피폭 당시 히로시마시 전신국 사택에 거주하고 있었다 함. (동인의 부친은 당시 동 전신국 기사로 근무 중이었으며 피폭시 사망하였다 함)
다. 1945.9월 본국으로 귀환.
라. 동인의 현재 어깨 안 양다리가 마비 상태라고 하며 심한 소화 불량증에 걸려 있다고 함.
마. 동인의 친척 손진순(대판시 이끼노구[13] 이까이노나카 6쪼오메 1번지 거주, 사촌오빠)를 찾아 원폭증을 치료코저 밀항하였다고 함.
2. 현재 일본 원수폭협회 및 야마구치현 야마구치시 소재 원폭피폭자 복지회관 건설 위원회(공히 좌경단체)에서 동인의 치료를 위한 일본 일시 체류허가를 교섭하고 있는 것 같음.
3. 상기 제2항에 비추어 담당 사또 검사에게 손귀달의 밀항사건이 정치적인 문제가 되지 않도록 만약 동인의 일본 내에서의 원폭증 치료와 관련한 일시 체류허가 및 동인의 신병을 인계하는 경우에 있어서는 당 영사관과 사전 협조해 줄 것과 동 밀항자가 특별한 케이스임으로 인도적인 견지에서 호의적으로 취급하

---

12) 냉정동의 오기.
13) 이카이노구의 오기.

여 줄 것을 요청하였음.

4. 본건 사무 대책에 관하여 지시하여 주시기 바람. (아북 정보)

19. 외무부공문(착신전보)- 밀항자(손귀달) 조사 사항 추가 보고

외무부
번호 JAW-10104
일시 071720
발신 주일대사
수신 장관

사본: 엄주일 대사
손귀달 사건
연: SIW-1004, JAW-10086
연호2항 과경[14] 단체의 손귀달 접촉 문제와 관련하여 아래와 같이 추가 보고
함.
(이하는 김부영사로부터 당관이 청취한 것임)
1. 시모노세끼 김윤희 부영사는 5일 하기 입관을 방문하였을 시, 사또 담당 검사
에게 손귀달과 외부와의 접촉을 신중이 하여 줄 것과 동 손을 인도적인 입장에
서 취급하여 줄 것 및 손이 일시 또는 특별 체류 허가가 될 때 어떤 경위에도
한국 영사관을 통하여 줄 것을 요청하였는 바 특히 외부와의 접촉 문제에 대하
여 사또 검사는 자신은 면회를 요청하고 있는 자가 좌경인지 아닌지를 구별을
할 수가 없고 또한 변호사의 자격으로 면회를 요청해 온 때는 이를 거절할 수가
없다고 하였음.
2. 김부영사가 입관을 방문할 때 마침 좌경 변호사로 보이는 자가 손과 면접하
고 있어 김부영사는 동 변호사에 대하여 조사하려 하였던 바 언급을 피하고 사
라졌다고 함. 한편 동지 입관에 의하면 손을 면회하려고 오는 요청이 상당히
많이 내도하고 있고 이들 가운데는 야마구찌 원자피폭자 복지회관 건설위원회

---

14) '좌경'으로 추정.

또는 좌경 대학교수 그룹 등이 있다 하며 이들은 모두 소위 인도주의에 의거한 손의 석방 운동을 전개하고 있는 것 같다 함. 이들 좌경 단체 및 변호사의 현 단계에서의 요청은 손을 기소하지 말고 일단 석방하여 주기 바란다는 것이라 함.
3. 김부영사는 손귀달을 직접 면접하고 외부로부터 면회가 오더라도 함부로 면회에 응하지 말라고 충고하여 두었다 함. 한편 영사관에서는 손귀달의 오빠(대판 거주)에게 연락하였던 바 동인은 2,3일 후에 손을 면회하려 한다고 말하였음.
4. 해당 지구 아측 민단 관계단체의 움직임은 상금 미약한 바 야마구찌 하기 민단 지부는 손을 면회하려 한다는 말을 들었음. 그런데 동 지부 민단은 다분히 사상적 등으로 불순한 바 있어 현재 민단계에서 제명할 것인가 하는 점까지 논의하고 있어 동인들의 방문은 기대할 바가 없다 함. 연호 보고한 히로시마 민단의 모임은 아직 실현되고 있지 않으며 야마구찌 민단에서 움직임을 보이려고 하고 있으나 아직 구체화되고 있지는 않다 함. (아북 아교)

20. 외무부공문(발신전보)-향후 손귀달에 대한 접근 방식 및 주의 사항 지시

외무부
번호 WJA-1087
일시 081815
발신 장관
수신 주일대사

JAW-10085, 10086, 10087
1. 원폭 상해를 치료하기 위하여 밀항 후 일본 관헌에 검거된 "손귀달"의 문제에 대하여는 동 건이 여러가지 복잡한 문제를 내포하고 있는 점을 감안하여 동 문제 처리를 위한 일본 관계 당국의 동향과 기타 일본 내의 실정 등을 충분히 고려하면서 신축성 있는 approach로서 일본 관계 당국의 호의적인 배려 및 적절한 조치를 요청하시기 바람.
2. 특히 해인에 대하여는 적극 영사 보호를 행하는 동시에 특히 현재 일본 좌경 단체인 원수폭 협회 및 좌경 인사들이 해인의 무조건 석방 등을 요구하는 등 적극적인 접근을 시도하므로써 그들의 선전 목적에 이용하려는 움직임을

보이고 있음으로 해인이 이러한 선전에 현혹되지 않도록 조치함과 동시에 일본 관계 당국의 동향과 좌경 계열의 책동 등을 예의 주시하면서, 이에 대처하시고 수시 그 결과를 보고하시기 바람 (아북)

21. 기고문

韓国被爆者の悲劇
原·子·爆·弾·が·生·ん·だ·原·爆·症
柳甫相

二三年前の傷跡

すで二三年まえ原爆投下によって終わりを告げた第二次大戦は、わが民族にもおびただしい悲劇をもたらして解放となった。しかし、その戦禍の傷跡は、被爆人生という悲劇的な戦後人生の出現で、いまだに残っている。

現在のわが国で、当時、広島で原爆を受けた被爆者は八〇〇〇余人を数える。二〇余年にわたって、人の知らない原爆症に悩まされつづけながら、救命の道を訴えている。この恐ろしい病魔が三代まで遺伝することもあとになって発見された。

誰がはじめた戦争で、われわれの血族が犠牲となるのか？人間を廃人同様にする威力を発揮したいまわしい原爆症は、戦争にたいする恐怖の象徴であり、被爆いらいきょうまで生きながらえている被爆者は、その証人である。何の罪もないのに、人間性を忘れた刑罰の十字架を背負って、涙で生きているのである。

これは単に国内の社会的な問題のみならず人類生存の問題であり、ひいては日本にその人道的な救護対策を求めなければならない、人間自身の問題といえよう。

被爆者が永遠の平和の証人となることを人類が希うならば、今日の原爆証人に、死の恐怖でない新しい生命を抱かせて当然であろう。

人間の頭脳が発明した物に、人間が抹殺されるという恐ろしい悲劇。

現代の医学界の脅威となっている原爆後遺症という奇怪な病気。統計によ

れば、韓国にも約一六〇〇人と推算される生命が、原爆症で苦しんでおり、二〇余年間に二六四人の命が、はっきりした病名を訊き歩いているうちに、みじめに死んで行った。

残りの一二〇〇余人の人たちも、余命を予測し難いほどの肉体的な苦痛にもだえながら、廃人の如く生活機能を失いつつある。

原爆症とは、最近になってようやくその輪郭をつかめるようになった、第二次大戦が産み落とした"遺産"である。

原子爆弾をからだに受けたり、放射能を浴びたりして、身体に火傷や外傷を受けた人たちはいうまでもなく、そのあとに生まれた当時とは何ら関係もない二世たちまでが、その患者となっていく、怖ろしいたねを持っている超現代的な病菌……。

遺伝三代を記録しているこの病状は、それこそ身体の各部分に手のつけられないほど散って現われる。

そして、女子被爆者のからだから生まれた子供たちの八〇パーセンントが、奇形児でなければ低能児、精神薄弱者らであり、いくら異常のない健康児として生まれても、かれらは数年もたたないうちにたちまち原爆復遺症にかかって、ほとんどが命をなくすという悲劇を味わわなければならない。

　　　廃人への道

原爆病はだいたい、ある期間潜在していた症状が現われ他の病気と併発するが、被害の軽重にしたがって、あとで現われる症状にも多くの差がある。

これまで様々な形で現われた身体内部、あるいは外部の症状(彼爆者たちにかぎられた)を綜合的に診断できなかった医学界の不勉強は、決して非難することのできない当然のことかもしれない。そのわけは、そうした症状(原爆症)が目立って現われはじめたのは最近のことであり、日本という国、一ヵ国だけに限られた被害だったため、研究の範囲をキャッチしえなかったからだ。

第二次大戦のとき、日本の広島や長崎に投下された原子爆弾の"遺産"が、いまごろになっておもむろに、その怖ろしいありのままの姿を現わしはじめている。

二〇余年過ぎた今日、それは人間抹消(?)の悲劇的な状況を呈しつつ、社会に脅威を与えている。

被爆者たちにだけ現われるこの病気を後遺症というが、季節の変わり目に

多く発生する。症状が現われはじめると、間違いなくそのために死の直前まで恐怖の生を営まなければならない、不治の病である。遺伝三代のおぞましき悪性病菌である原爆後遺症の症状は次のとおりである。内臓障害・胃臓障害・肝臓障害・白血病・胃癌・肺癌・結核・性的障害・貧血・半身不随・不具・言語障害・不妊症などのいろいろな症状をみせながら、しだいに人間的な機能を失って行き、結局は廃人となってしまう。

　当時原爆の被害を受けた人たちの話によれば、首に傷ができると髪が抜け、ところどころの傷口が広がって虫がわいたという。そして、何とかかんとか治療して、そのような外傷がいったんはきれいになおるとはいうけれど、それはあくまでも皮膚だけのことで、時がたつとしだいに先に述べたような身体内部の異常となってはびこり、結局はぶらぶら病いのすえ命を失うのが常である。

　ほとんどの被爆者は精神的な障害を起こす。すなわち、精神病者になるという。そして、大部分は身体の機能を喪失し、外出もできなくなり、完全に見捨てられた生命になる。生にたいする意欲や希望は思いもよらずで、どんどん蝕まれていく肉体を悲観しながら、腕をこまねいてただ死を待つのみ、といった有り様である。

　このように、病気の原因は判明したものの、いまもってそれにたいする治療法とか、予防法さえもない白紙の状態であり、それ以上悪化しないように防ぐ方法さえも判らない状態である。

　この原爆症は部分的にその症状が現われるから、綜合的な診新が難しく、したがって悲劇のたねをそ以上まかないためには、被爆者自身が結婚をしないのが一番良いといわれる。

　現在わが国の被爆者らの病状を統計から見ると、直接原爆の洗礼を受けた一代目がもっともひどく、二代日もやはり大部分がそのような病気にかかっている。

　この病気を、被爆者自身は「一種の恥」であると考えてきたことであろう。それは、自分の病気を公にしたとき襲ってくる、もう一つの社会的な孤立を恐れたあまりのことと思える。もっとも恐ろしい事実は、遺伝性を帯びているということである。だから、結婚生活がどこから見ても不幸なことは明らかな事実といわざるをえない。

結婚は種族保存が目的でないとしても、家庭をきずくことは重要なことである。結婚をして子供たちができた場合、かれらの将来への道を父母はふさいではならない。自分たちはどうであれ、息子や娘が幸福であればそれでよいと考えてきたわが韓国社会の子弟中心的な教育がその理由であったのだろう。社会的な体面とか、名誉などもふくまれていよう。とにかく、結局は体裁が悪かったのである。被爆者たちにいつかは現われる、そのような恐ろしい症状が社会に知れわたることによってもたらされる不幸な人生をおそれたからだとみるのが当たっているようである。

　　それから、もう一つ時間的な問題がある。これまでは原爆症が具体的に問題となったり論議されたりするような社会的雰囲気ができてなかったから、おそらく時機をうかがってきたのであろう。

　　こうして、辛抱してきた二三年の歳月。そのたねは、いまや最後の袋小路にまで追い込まれ、化□して破れてしまったのである。

　　一九六六年になってはじめて、その真相が社会的な問題として提起され、昨年の一九六七年八月七日、ソウルで被爆者援護協会という保護機関が発足した。これまで放置され不毛の地のように、誰の眼にも止まらなかった、この悲劇的な人生が、あちこちに散らばって道に迷ってさすらいの旅をはじめた被爆者たちが、やっと少しは頼りうる対話の機関にめぐり会ったのである。

　　社団法人韓国原爆被害者援護協会として、七月一〇日正式に認可されたこの機関は、会長以下九人の理事がそれぞれ私財を投げ打って、まだどこからも援助を受けることなく、貧しい救済事業を推進している。協会長洪淳鳳氏は、次のように協会発足の趣旨及び保健社会部当局にたいする要請を述べている。

　　「そのような惨状を見、ただ黙ってそのまま放っておくことができず、みちしるべになろうと決心しました。もっとも急ぐことは、緊急な患者たちの入院斡旋と患者たちの越冬準備でしょう。そして、被爆者の援護法をつくってもらいたいということであります。わが協会がもっとも渇望しているのは、三年計画で被爆者センターを建てることで、現在推進中であります」

　　目下、その敷き地を交渉中であるという。

　　被爆者の生活は話にならないほど貧しく、ほとんどの人が労働力を失ったため極貧状態であり、乞食をして暮らしている人たちも多という。なかには、社会的地位もあり経済的にも恵まれた人もいるけれど、かれらは決して自分の

過去を打ち明けたりはしない。教育程度も平均すると中卒が多く、比較的知識水準が低い方である。

二六四番目の死

このような悲劇の原因はどこにあるのだろうか。

いまから二三年まえ、世界第二次大戦が弊わりに近づいた頃に、今日の悲劇はさかのぼる。日帝の過酷な政策によって、約八万五〇〇〇人の韓国の若人が徴用だ、学徒出陣だといって、強制的に動員され玄海灘を越えた。かれらの大部分は広島、長崎等で植民地民族という侮辱的なスローガンのもとに、あらゆる虐待を受けながら生きなければならなかった。

一九四五年八月六日午前八時一五分、広島に原爆が投下され、数日後、長崎にも投下された。

パラドクシカルないい方をすれば、世界史の歯車は原子爆弾という恐ろしい怪物を日本に投下することにより、平和の使徒の任務を果たしたのである。しかし、そこにはあまりにもむごたらしい人類の悲肉がくり広げられた。

数万を数える広島の居留民が悲惨な死に方をした。全市が火の海と化し、おびただしい人たちの生命が永遠に奪われてしまった。命は助かったものの、肉体と精神に無数の傷を残して終わった。

戦争は終わった。泣きながら屈辱の空の下で、父母、あるいは兄弟を埋め、約八〇〇〇人の徴用や学徒兵、労務者として強制動員されたわが同胞が帰国船に乗った。

帰国後、放射線に汚染された傷は、時が経つにつれ、少しずつなおったかにみえた。重患者は治療したあと、まともに見られないほどの酷い不具者となったが、症状の軽い患者はきれいになおるようだった。それはあくまでも身体の外部に現われた傷だけのことであった。帰国した同胞たちは祖国解放の歓びが大きかったため、どんなに苦しくても、被爆した者の悲しみは自分だけの身に秘めて、独り静かに暮らしていた。しかし、恐ろしいたねは、結局、単に表面だけの傷跡にとどまらず、今日の原爆後遺症という不治の病いを生んでしまった。むしろその当時死んでいたなら、何らの恨みもなかっただろうに、という被爆者もいる。

潜在的な病菌というのか、いつどういうふうに発病するか誰も予測できない「原爆後遺症」という病気をいだいたまま被爆者は恐怖の中で暮らさなければ

ならないのである。

　何の罪もない韓国人だった。なぜかれらは自分が犯した罪でもないのに、こんなひどい罰を甘受しなければならないのか。

　一九六七年も暮れて行く、さる一一月二九日、原爆病で苦しんできた二七歳の未婚女性林彩花さんは、とうとう息をひきとった。

　林さんは約八〇〇〇人といわれる被爆者のうちもっとも若く、かの女の死は、解放後死んで行った被爆者の二六四番目にあたる。

　林さんは一九四五年八月、広島で彼爆した、当時五歳であった。放射能を浴びて火傷を負ったが、一七歳の時から発病、今日まで生きながらえてきた。精神病の症状までも現われ、一〇余年を病床で暮らしついに死んだのである。発病の初期は身体のところどころに、はしかのような症状が現われ、一週間も経たないうちにその部分が化□して破れたという。全身がはれあがるなど、原爆ケロイド症状が現われ、林さんは学校も休学した。

　一九六四年からは、情神錯乱症に脱水現象まで現われ、身体が極度に衰弱した。かれこれ一〇余年間、病鹿と闘いながら、これといった治様法もないため、独り寂しく被爆人生を終えた。

22. 외무부공문(착신전보)—손귀달 기소 보고

외무무
번호 SIW-1007
일시 120915
수신시간 68.10.12. 11:10
발신 주시모노세키 영사
수신 장관

　연: SIW-1004
야마구찌현 지방감찰청 사또 히로토시 검사에 의하면,
1. 원폭증 치료를 목적으로 밀항하였다는 손귀달은 10.12일 야마구치현 지방재판소에 기소되었다고 하며,

2. 일본 원폭협회의 "이노키" 변호사와 야마구치 원폭피해자 복지회관 측의 "다이보 무쯔미유 변호사가 금일 중 손귀달의 기소 중지 신청을 할 것으로 예상된다고 함.
(아북 정보)

23. 외무부공문(착신전보)—손귀달 변호사 및 오빠에 대한 조사 내용 보고

외무부
번호 JAW-10169
일시 121310
수신시간 68.10.12. 16:40
발신 주일대사
수신 장관

　　사본: 엄민영 주일대사
　　손귀달건:
　　연: SIW-1007
1. 연호2항 원수협 "이노끼" 변호사와 "야마구찌" 원폭 피해자 복지회관 측의 "오오보(연호 다이보는 정정함)" 변호사는 공히 일본 공산당 당원이라 하며 또한 후자는 일조협회 회원이기도 하다 함. "시모노세끼" 영사관이 연호 "사또오" 검사를 통하여 조회한 바에 의하면 상기 변호사들은 손귀달의 의뢰를 받고 변호인 활동을 하고 있다 한다 함.
2. 상기와 같은 상황에서 "시모노세끼" 김 부영사가 금조 손귀달의 좌계 변호인 의뢰사실을 조사하고 사실이면 동 의뢰를 취소하도록 권유하는 동시에 기타 일측 관계자에 대한 협조 요청차 "하기"로 출장토록 조치함.
3. 한편 대판 총영사관으로 하여금 손귀달의 오빠 손진춘(일분에서는 손익수라 함)에 대하여 손귀달의 보호 의사 및 동인의 재력과 사상 등을 조사시키고 있는 바 현재까지의 결과는 대체로 아래와 같음. 손귀춘[15]은 손귀달의 사촌오빠로서

---

15) 손진춘

대판 소재 "마루나까" 상사의 사장임. 또한 대판 "이꾸노구" 민당[16] 단원이며 대한민국 국민등록은 매치고[17] 있음. 영주권 신청 여부는 조사 중임. 기타 손진춘이가 손귀달의 보호에 대한 의사와 손귀달에 대한 방문 의사 등에 대하여는 조사 중임 (아북, 아교)

24. 외무부공문(착신전보)—손귀달 가방면 및 향후 가능성 보고

외무부
번호 JAW-10176
일시 121705
발신 주일대사 대리
수신 장관

사본: 엄 주일대사 손귀달
연: JAW-10169

1. 금 12일 오후 "시모노세끼" 영사관으로부터 손귀달이가 방면되었다는 보고에 접하여 김 정무과장은 외무성 노다 북동아 과장에 대하여 손이 가방면된 경위를 문의하고 가방면되는 경우 영사관에서 손의 신병을 대판에 있는 손의 오빠 및 아국 영사관에서 보호할 수 있도록 하고 원수협 등 좌익 계열에서 관여하지 못하도록 일본 정부가 조치하여 줄 것을 요청하였음.

2. 노다는 전기에 대하여 법무성 측에 문의한 후 법무성에서는 손을 가방면 하도록 현지 관계관에 지시하였다고 하고(가방면케 된 것은 손이 원폭 중환자이기 때문에 어느 정도의 증세인지 진단하기 위한 것으로 안다고 함. 따라서 손은 일 양일 안에 검찰에서 입관으로 이송된 다음 가방면될 것이라고 함. 노다는 또한 법무성으로서는 앞으로 손의 처리에 관하여는 손의 원폭증 증세를 검사한 다음.

1) 손이 원폭증이 아니거나 경미한 증세에 불과하다면 일반의 예에 따라 강제 퇴거시키고

---

16) 민단
17) 마치고, 끝내고

2) 만일 중증이 판명된다면 치료를 위하여 일본에 체류시킬 것도 고려할 수 있을 것이라는 방침이라고 함. 손의 신병 인수에 관하여는 대관의 손의 오빠 및 영사관에서 보호할 수 있도록 하는 방향으로 조치할 것이라고 함.

3. 당관으로서는 상기를 시모노세끼 영사관에 알리는 동시에 손의 신병에 관하여 동 영사관에서 현지 입관 당국과 접촉하여 상기와 같이 대처할 것을 지시하였음.

4. 상기에 대하여 지시하실 사항이 있으면 지급 회시 바람. (아북 아교)

25. 외무부공문(발신전보)—손귀달 신병 확보 및 진단 병원 조사 지시

외무부
번호 JAW-10135
일시 122000
발신 장관
수신 주일대사

대: JAW-10176
손귀달에[18] 가방면 일시 및 어느 곳에서 그의 원폭 질환 증세의 정도를 진단하게 될 것인지 등을 사전에 정확히 파악하고, 여하한 경우에도 원수협 또는 조청련[19] 계열에서 손에 접근하는 일이 없도록 손에 신병보호에 관활 영사관에서 만전을 기하도록 귀대사관이 각별히 조치하시기 바람. (아이)

26. 신문보도

Court Rules Gov't Should Let N. Koreans Reenter

The Tokyo District Court Friday ruled in effect that the Government

---

18) 손귀달의
19) 조총련

should permit reentry into Japan of Korean residents here after visits to North Korea.

Judge Ryokichi Sugimoto handed down the ruling in a hearing of an administrative litigation suit in which 12 Korean residents here demanded that the Justice Ministry nullify Its decision turning down their applications to reenter Japan after their planned visit to North Korea.

In July Nam Gi Ho, vice chairman of the General As sociation 0f Korean Residents in Japan (Chosen Soren), and 11 others officially sought the ministry's approval of their reentry as they planned to attend celebrations marking the 20th anniversary of the founding of the Korean Democratic People's Republic on Sept. 9.

But on Aug 20 the ministry turned down their applications on grounds that they were not accompanied by passports and therefore did not conform with the relevant Japanese law.

The ministry also said that to allow them to reenter Japan has would be against "national interests" because Japan has no diplomatic relations with North Korea and maintains a policy refusing reentry to Koreans who visit North Korea except for "humane" reasons.

As a result, the 12 Koreans filed suit on Aug. 21 to nullify the ministry's decision.

In making Friday's ruling, Judge Sugimoto said the ministry's contention that an application not accompanied by passports was illegal could not be justified because the Government has issued no passports to Korean residents in Japan.

The freedom to move to a foreign country guaranteed by Article 22 of the Constitution is applicable even to foreign nationals living under the Japanese administrations, he said.

He believed that to leave this country with the intention of returning before the expiration of the legal term of stay here should be considered a temporary trip to a foreign country by a person who has his usual residence here.

The judge reasoned that the freedom to visit a foreign country should not be affected be the problem of whether of not diplomatic relations exist between the two countries.

The ministry is ☐ on ☐s reentry contrary to the "national interests" of Japan, he said.

The Justice Ministry immediately appealed the case to the higher court.

Criticizing the decision at a press interview, Mitsuo Hashizume, section chief of the ministry, said that the particular freedom guaranteed by the Constitution was a different problem from the question of whether or not to allow the reentry of Koreans visiting North Korea.

Frequent visits to North Korea, which professes in the "use of violence" would eventually bring "unfavorable political influence" into Japan, he said.

He said that if these Koreans were allowed to reenter Japan it would adversely affect diplomatic relations between Japan and the Republic of Korea.

Of about 2,000 cases of similar, applications made in the past 10 years, only once in 1965 did the Government approve the reentry of three, Korean residents who visited relatives in North Korea.

Korean Woman Indicted For Entering Illegally

YAMAGUCHI (Kyodo) — The Yamaguchi District Public prosecutor's Office Friday evening indicted a South Korean woman who said she smuggled herself into Japan to receive medical treatment for her "A-bomb disease."

The office said It had decided to indict the woman, Gwi Tal Son, 38, on a charge of illegal entry after it. failed to substantiate her story that he was an A-bomb victim and that she still suffers from, the so-called A-bomb disease.

The office said an examination by a private practitioner in Ogi, Yamaguchi Prefecture, and a Yamaguchi Prison doctor showed that the woman did not have any symptom of A-bomb disease. The doctors gave her a clean bill of health.

Miss Son was accused of stowing away on a two-ton fishing boat at Pusan on the evening of Sept. 30 and arriving on a beach in northern Yamaguchi Prefecture on the following day. She was arrested together with three other Korean stowaways on the beach.

After Miss Son's arrest was reported, a group of volunteers started a signature and fund gathering, drive for the Korean woman to receive a special permit to stay here for medical treatment.

A Japanese woman, meanwhile, told- the local Yamaguchi chapter of the Japan Council Against Atomic and Hydrogen Bombs (Gensuikin) that Miss Son was her high school classmate in 1945 in Hiroshima when the A-bomb was dropped on the city.

Another witness, a 78 years old man, reportedly told the group, he had seen the Korean woman at a company dormitory at about 2 P.M. on Aug 6, 1945 in Hiroshima. The bomb exploded in the morning of that day.

27. 외무부공문(착신전보)—손귀달의 변호사 교체 및 신병인수의 건

외무부
번호 SIW-1008
일시 141100
수신시간 1968.10.14. 13:57
발신 주시모노세끼 영사
수신 장관

　　사본: 주일대사
　　연: SIW-1007
　　손귀달에 관하여 아래와 같이 보고함.
　　1. 연호로 보고한 손귀달의 보석을 신청한 "이누키 다케스케" 및 "오보무쯔" 변호사는 모당 일본 공산당원이며 오보는 소위 일조 협회 야마구찌현 역원임.

2. 상기 변호사의 손의 보석 신청에 따라 만약 보석 담당 판사가 해인의 보석을 결정하는 경우 동 좌익계 변호사의 해임을 시키지 않으면 손이 좌익계 단체 손에 보석될 우려성이 농후하였으므로 부득히 상기 변호사의 해임과 새로운 변호사의 선임이 필요하여 10.12 오후 김윤희 부영사를 야마구치에 파견, 손과 면접 상기 변호사의 해임을 종용하였든 바 해인은 좌익계 변호사인 줄 모르고 그들을 선임했었으나 그들을 해임하겠다고 하였음.

3. 좌익계 변호사가 이미 보석 신청을 하고 있음에 감하여 이에 대항하기 위해서는 해인의 사촌오빠 손진춘이 보석 신청인이 되는 것이 가할 것으로 보고 10.12일 밤 오사카 총영사관 및 오사카 민단장에게 연락, 손진춘이 손귀달의 보석 및 보석시의 신병 인수인이 되도록 설득시켜 10.13일 시모소세끼[20]에 오도록 하였음.

4. 좌익계 변호사는 해임하고 손의 보석을 신청하기 위해서는 부득이 새로운 변호사 선임이 필요하여 "구라시게" 변호사(자민당원)를 결정, 손진춘이 인수인이 되어 10.13일 김윤희 부영사를 재차 손귀달과 면접케 하고 동인의 좌익계 변호사 해임과 또한 구라시게 변호사의 선임서를 야마구치 지방 재판소에 제출시켰음.

5. 손의 보석 여부는 금명간 결정될 것이나 지방 재판소에서 보석이 결정되면 손의 신병은 일단 시모노세기[21] 입관이 인수하게 될 것이며 그후 손진춘에게 인계될 것이다. 이 때는 당영사관이 동 신병인수에 보증을 하도록 입관에서 요구될 것임.

6. 손진춘은 손귀달의 신병인수에 동의하고 구라시게 변호사에 보석에 관한 일정을 위임하고 대판으로 귀가하였음. 그러나 동인은 보석금, 변호사 비용 등에 관하여 일제 언급이 없었으며 손귀달의 신병 인수에 적극적인 태도를 않았음. 따라서 보석금은 야마구치 민단장이 일체 지불하였으며 변호사 비용에 관하여는 추후 보고하겠음.

7. 손진춘에 의하면 오사카 소재 소위 조총련 상공회 사무차장 "카네타니 유키오"가 동인의 집을 방문, 손의 보석 구출에 협력할 것을 제의했으나 이에 응하지 않았다고 함. 이것은 조총련 측에서도 이면공작을 하고 있는 것으로 볼 수 있음.

8. 소직은 금조 시모노세기 입관소장을 방문, 해인이 보석되는 경우에 어디서

---

20) 시모노세키
21) 시모노세키

어떻게 진찰할 것인지 문의하였던 바 현재까지는 이에 대하여 상부 지시는 없고
손을 실제 보석할지 결정하게 될 것이라고 하였음.
9. 본건 계속 보고하겠음. (아북, 정보)

28. 외무부공문(착신전보)―손귀달 등본 송부 요청

외무부
번호 SIW-1009$
일시 141345
수신시간 1968.10.14. □□:□□
발신 주시모네세끼[22] 총영사
수신 장관

　　연: SIW-1008
시모노세끼 입관에서 손귀달(본적 경남 사천군 사천면 평화동145번지, 현주소:
부산시 부산진구 냉정동17번지, 호주: 손용조의 장녀)의 호적등본 1통의 지급
송부 의뢰가 있으니 동 등본을 송부하여 주기 바람. (아북)

29. 외무부공문(착신전보)―손귀달 보석 보고

외무부
번호 SIW-1010
일시 141630
수신일시 68.10.14. 17:48
발신 주시모네세기[23] 영사
수신 장관

---

22) 시모노세키
23) 시모노세키

사본: 주일 엄대사 부장

연: SIW-1008

손귀달에 관하여 아래와 같이 보고함.

1. 금일 아침부터 김윤희 부영사는 구라시게 변호사와 같이 야마구치현 지방재판소에 가서 손의 보석 교섭을 진행하고 있음.

2. 김부영사의 현지 전화보고에 의하면 동 재판소 부근에 이노기 변호사(일공산당원) 사무실이 있으며 그 부근에는 조총련계로 보이는 자 20명이 모여 손을 위한 가두 모금을 하고 있으며 10월 8일부터 11일까지 2만여원(일화) 모금을 하였다고 함. 이누기[24] 변호사등 좌익계 10사람이 손을 면회코저 하였으나 면회를 하지 못하였다고 함.

3. 금일 16시 김부영사가 손의 신병인수인이 되고 보석금 70만원을 적립하고 손을 보석케 되었음.

4. 손의 신병은 금일 19시경 시모네세키[25] 입관으로 이관될 것임.

5. 손의 다음 재판일은 11월 4일로 결정되었음.

6. 시모노세끼 입관으로부터 손의 보석은 15일경 이루워질 것 같음. 본건 계속 보고 위계임. (아북, 정보)

30. 외무부공문(착신전보)—손귀달 관련 신문보고

외무부
번호 JAW-10206
일시 151115
수신시간 68.10.15. 12:25
발신 주일대사
수신 장관

　　사본: 중앙정보부장
　　손귀달건 신문보고

---

24) 이노기
25) 시모노세키

금 15일 조간 "아사히"에는 사회면 1단으로 손을 보석케 하였다고 보도함.
야마구찌 지검으로부터 출입국 관리령 위반 혐의로 야마구찌 지방 재판소에 기소되어 있던 손귀달(38)은 그간 시모노세끼 주재 한국 영사관의 보석 신청에 의하여 10월 14일 오후 5시반 보석이 허가되어, 시모노세기[26] 입국관리 사무소에 옴겼다고[27] 보도함. 시모노세끼[28] 한국 영사관측은 동 손을 우선 동 영사관에 맡겨주기 바란다고 하고 있다 하며 동 영사관 김유희[29] 부영사는 가방면이 결정되면 히로시마의 병원에서 정밀 검사를 받게 하고저 한다고 하고 야마구찌현 원폭 피해자 복지회관과도 협력할 용의가 있다고 하고 있다 함(상기 후단, 김부영사가 복지회관과도 협력할 용의가 있다고 한 말에 관하여 시모노세끼 김부영사에게 조회한 바, 그런 말한 일 없다고 함. 동 건의 최근 진전에 대하여 곧 보고되는 동관 보고를 참고 바람) (아북, 아교)

31. 외무부공문(착신전보)—손귀달 보석 경위 보고

외무부
번호 SIW-1011
일시 151000
수신일시 1968.10.15. 12:25
발신 주시모노세키 영사
수신 장관, 중앙정보부장(사본: 주일대사)

연: SIW-1010
손귀달의 야마구치 지방재판소에서의 보석 경위를 아래와 같이 보고함.
1. 10.14일 0830시 야마구치 지방재판소에 "구라시게" 변호사를 대동, 변호 인계와 보석 신청을 하였던 바 동 재판부는 신병인수인 손진춘(손의 사촌 오빠)는 거주지구가 오사카이며 재정보증 가능 여부와 재판소 담당 판사(후지하라)로서

---

26) 시모노세키
27) 옮겼다고
28) 시모노세키
29) 김윤희의 오기로 보임.

는 인수인에 대하여 이를 인정치 않음을 표명하고, 전 보석 신청에 동의할 것을 말함으로 시간의 여유가 없고 긴박한 상태에 대비

2. 부득이 변호사와 상의, 영사 명의로 손의 신병 인수인이 되기를 결정, 제출하였던 바 본인이 않이고 인감이 없다 하여 불가피 김윤희 부영사의 명의로 신변 인수인이 되어 손의 보석을 신청함.

3. 보석 조건은 손의 신변 보호와 치료 편의를 한다는 것이었음.

4. 보석 신청과 동시에 좌익계 변호인인 이누키 변호사 사무소에 조총련 야마구치현 부위원장, 오고리 지부 위원장등 15명이 출입하였으며,

5. 신문기자를 가장한 일본인 및 재판소 직원들은 앞으로 치료 및 거주 관계 등에 편의 제공을 고려하여 공동으로 치료하자고 제의하여온 것을 거절하였음.

6. 10.14일 1630시 재판부 합의에 의하여 일화 70,000엔의 보석금을 적립하고 보석 결정통지를 받았음.

7. 좌익계 변호사, 야마구치 대학 교수, 신문기자들이 현재까지 가두모금과 서명 운동으로 고생한 사람 등이니 타협할 것을 운운하였으며 앞으로 영사관이 신병 인수 후 조치 등의 탐색에 급급하였음.

8. 좌익계에서 현재까지 그들이 계획한 치료 등에 동의할 것을 말함으로 강력히 이를 거부하였음.

9. 앞으로 손에 대하여는 좌익계의 끈덕진 접근이 예상되며 손의 가방면되어 치료할 시 외부와의 접촉은 차단하는 것은 극히 곤란할 것으로 보임.

10. 시간 관계상 주일대사관으로부터 손의 진찰을 위한 병원 및 경비 등의 지시를 받은 후, 시모노세키 입관에 손의 가방면 신청을 할 계획임. (아북, 정보)

32. 외무부공문(착신전보)-시모노세키 영사관 보고 내용 전달

외무부
번호 JAW-10207
일시 151345
수신시간 1968.10.15. 14:19
발신 주일대사
수신 장관

연SIW-1011

1. 연호 시모노세키 영사관 보고를 참조하시고 당대사관으로서는 사정이 급박함으로 우선 1) 시모노세키 입관에 대한 가방면 신청시 보증인은 한영사 또는 김부영사가 되며 2) 손을 진찰케 할 병원은 야마구치 적십자병원(당지 법무성 관계자가 동 병원을 추천하고 있으며 시모노세키 영사관으로부터도 거리가 가까우므로 적당하다고 생각됨)으로 할 것과, 3) 손의 가방면 기간 중 좌익계로부터의 접촉에 대하여는 최대한 노력하여 이를 배제하도록 지시하였음. 손의 진찰 등에 소요되는 비용에 관하여는 동 액수 등을 조사하여 추후 보고 위계임.

2. 상기에 대하여 특별한 지시있으면 지급 회시 바람. (일정-아북, 정보)

33. 외무부공문(착신전보)−가방면 이후 상황(보증금, 숙소, 병원) 보고

외무부
번호 SIW-1012
일시 151505
수신시간 1968.10.15. 16:28
발신 주시모노세키 영사
수신 장관 부장

사본: 주일대사
연: SIW-1001

1. 10.15일 주일대사관 지시에 의거 소직은 김부영사 야마구치 민단 단장 및 구리시게[30] 변호사를 대동하고 시모노세키 입관 소장을 만나 손의 사촌옵빠[31]인 "손진순[32]"의 위임장을 받고 있는 구라시게 변호사와 소직이 보증을 하고

---

30) 구라시게
31) 오빠
32) 손진춘으로 표기된 경우가 많으나 손진순 표기도 있어 단순 오타인 것으로 보인다.

가방면을 받았음.

2. 시모노세키 입관에 대한 보증금 50,000엔을 야마구치 민단본부에서 일체 적립하였음.

3. 손의 가방면 기간은 1개월간임. 손은 임시 야마구치현 민단부인회 회장집에서 유숙케 하고 있음.

4. 손을 야마구치 적십자 병원에서 정밀진단을 받도록 동 병원과 교섭하였던 바 동 병원에서는 원폭환자를 취급한 일이 없고 히로시마 소재 일본 적십자 병원에 가서 진찰을 받는 것이 좋을 것이라 함으로 병원에 관해서는 대사관과 연락하여 다시 결정을 하고 그 결과를 보고 위계임.

34. 외무부공문(착신전보)—손귀달 병원 및 방송 출연 관련 보고

외무부
번호 JAW-10251
일시 161747
수신시간 1968.10.16. 20:02
발신 주일대사
수신 장관

손귀달 건
1. 손은 현재 가방면되어 야마구찌현 민단 부인회장 집에 유숙시키고 있는 바, 앞으로 히로시마 적십자 병원에서(야마구찌 적십자 병원은 현재는 원폭 관계 질환을 취급하지 않는다고 함) 진찰하는 경우 진찰에 소요되는 비용이 문제인 바 현재 일본 외무성 측을 통하여 무료 진찰의 편의를 강구하여 줄 것을 부탁하고 있으나 관계 법규상 무료 진찰을 하여주기 어렵다는 반응임으로 결국 자비로 진찰케 할 수밖에 없는 사정임. 따라서 동 진찰에 소요되는 비용을 어떠게[33] 할 것인가에 관하여는 당지에서도 여러 가지로 방안을 검토하고 있으나 여의치 않을 경우에는 본국으로부터의 송금을 요청하지 않으면 안 될 것으로 생각됨.

---

33) 어떻게

현지 영사관 보고에 의하면 외부로부터 어느 병원에 입원케 되는 것인지를 모르는 자가 많다는 것이며 따라서 당지로서는 손을 명17일 전기 병원에 입원 진찰케 할 예정임.

2. 한편 당지 NHK, TBC, DBK 등 테레비존 방송국에서 당관에 대하여 손을 테레비에 출연케 하여 한국내 원폭 피해자의 실정을 소개할 수 있도록 협조하여 줄 것을 요청하고 있음. 당관으로서는 1) 손이 아직 진찰을 받지 않은 단계임으로 어느 정도의 증상인지 파악함이 우선 급하다는 점. 2) 손이 가방면된 상황하에서 테레비 같은 데 마음대로 출연할 수 있을지 문제가 있다는 점. 3) 현지 영사관으로서는 손의 신변 보호에 주의를 기우리고 있다는 점 등을 들어 아직 응하지 않고 있는 바, 당관으로서는 일본 관계 당국[34]에서 양해하고 손의 인변본호[35]에 이상이 없을 것이라는 점만을 확실히 한다면 테레비에 출연케 함도 무방하다고 사료함. 이점 즉시 본부의 입장을 회시 바람.

35. 외무부공문(착신전보)—손귀달 근황(병원 치료, 비자, 복지회관원들과 기자들의 접근)

외무부
번호 SIW-1013
일시 181055
수신시간 1968.10.18. 12:08
발신 주시모노세키영사
수신 장관, 중앙정보부장

    연: SIW-1012
    손귀달건:
1. 10.16, 17 양일에 걸처 아사히 아구치 방송국, 니시닛퐁 신문, 보초 신문기자가 손이 어디에 언제 진찰받게 될 것인지를 문의하여 왔음.
2. 야마구치 원폭 피폭자 복지회관(시초 공산당원 변호사를 선임, 손의 보석 신청을 하였던 곳)의 후나즈 마모루, 니시무라 히사시, 오바타 케이스케가 기자를

---

34) 당국
35) 신변보호

동반하고 10.17일 손의 진찰 건에 관하여 문의 및 가두 모금한 5,000엔과 그들의 의견서를 갖이고 당관을 찾어왔으나 이를 거절하였으며 공안조사국 소식에 의하면 상기의 성분은 다음과 같다고 함.

가. 후나즈 마모루: 상기 복지회관 이사이며 야마구치 대학 규욕부[36] 강사임. 동인은 좌경단체 회합에는 매우 열심히 참가하는 자라고 하며 공산당원은 않이라 함.

나. 오바타 케이스케: 일본 기독교단 시모노세키 교회 목사이며 열렬한 평화운동주의자이며 공산당에서 주관하는 회합에는 빠짐없이 참석하는 자이며 공산당계열에 의하여 이용을 당하고 있는 자라 함.

다. 니시무라 히사시: 야마구치 대학 경제학부 조교수이며 상기 복지회관 건설위원임. 동인에 대하여는 그의 성분이 파악되는 대로 추보해 주겟다고 함.

라. 고오즈마 다까에(야마구치 대학 좌파 일본공산당원)가 상기 후마즈 및 니시무라의 이면에 있지 않은가 의심된다고 함.

3. 주일대사관 지시에 의거 오늘 일본 적십자사 "히로시마" 원폭병원에서 진찰받도록 구라시게 변호사를 통하여 야마구치 지방 재판소 및 시모노세키 입관에 손의 여행 체류 허가 신청을 제출하였으나 금일중 동 허가가 내리게 될 것이며 그 후 손은 김윤희 부영사와 같이 히로시마 에보네 상기 병원에 입원시켜 진찰을 받도록 하겠음.

4. 경비의 정확한 액수는 현재 알 수 없으며 이에 관하여 추후 보고하겠음
(아북, 정보, 아교)

36. 외무부공문(발신전보)—손귀달의 치료비용 및 대외적 접촉에 대한 지시

외무부
번호 WJA-10197
일시 191000
발신 외무부 장관
수신 주일대사

---

36) 교육부로 추정.

CH: JAW-10251

1. 원폭 피해자 손귀달의 일본에서의 치료를 위한 비용 문제와 관련하여 우선 다음의 제점을 고려하여야 될 것임.

   가. 현재 한국 내 원폭피해자 구호에 대하여는 보건사회부에서 주관하고 있는 바, 그들에 대한 치료 및 생활 보조에 대한 예산이 없는 관계로 현재 그들은 보호를 받고 있지 못한 실정이며, 또한 원폭증을 치료하는 국내 전문의사 및 의료 기관이 없음.

   나. 만일 해인에 대한 정부 관계기관 또는 기타 특정 기관에서 일시적이나마 보조를 하여주는 경우, 이상과 같은 한국 내 원폭 피해자들의 실정으로 보아 부작용이 생길 우려도 없지 않으며 또한 앞으로 한국 내의 피해자들이 치료를 위하여 일본에의 밀항을 계속 기도하는 사태까지 예상할 수 있는 것임.

2. 따라서 해인의 일본에서의 치료 등은 어디까지나 해인의 친척인 손진춘으로 하여금 1차적으로 부담하도록 조치하는 것이 좋겠으며, 한편 일본 내의 구호 기관 및 유지들이 순수한 의도해서 자발적으로 도움을 하여 오는 경우에는 현지의 실정과 금후에 미칠 영향을 고려하면서 적절히 취급하여야 할 것임.

3. 손귀달의 구호 문제에 대하여는 보사부에도 문의 중에 있음으로 그 결과는 추후 통보할 것임.

4. 해인의 공적 장소 출입 문제에 있어서 대호 2항과 같이 당분간 대외적인 접촉을 보류하도록 하고, 그곳 실정을 참작하면서 적절한 기회에 외부와의 접촉을 허용하도록 하시기 바람. (아북)

---

37. **외무부공문(착신전보)—외무성 아세아국장 면담(대북 수출, 한일 협력 위원회, 법적 지위 및 교육관계 실무자 회담, 손귀달, 북괴 방문 일본기자 문제)**

외무부
번호 JAW-10277
일시 171730
발신 주일대사
수신 장관

안광호 공사는 일측 요청으로 10.16일 오후 4시부터 약 1시간 10분간 외무성을 방문 스노베 아세아국장과 면담하였는 바 면담 내용을 아래와 같이 보고함.

1. 대북괴 공작기계 수출문제:

일측은 정총리 서한에 대한 사또 수상의 회한을 아직 내지 못하고 있는데 동 서한의 주된 내용인 4천만불 거래의 진상을 아직도 완전히 파악되고 있지 않고 있으며 좀더 검토해야 할 점도 있어서 못 내고 있으므로 회한이 늦어지는 사정을 아측에서 양해하여 주기 바란다고 함. 일측은 또한 동 진상을 조사하는 도중에 서독, 서서, 화란 등 서구 국가가 북괴와 상당히 활발한 거래를 하고 있으며 일본의 OFFER가 일본에 주어진 것으로 알려졌다고 부언함. 이에 대하여 아측은 북괴와의 여사한 거래가 절대로 행해져서는 안 된다는 아측의 입장을 다시금 강조하고 설령 일부 서구 국가가 개입된 점에 있다고 하더라도 한일간의 관계로 보아 서구 제국과는 다른 점이 있다는 것을 지적하는 동시에 일측의 선처를 요망하였음.

2. 한일협력위원회 문제:

일측은 최근 들리는 바에 의하면 한일 민간간에서 일본과 자유중국 간의 일화협력위원회 같은 것을 구성하려는 움직임이 있다고 하는데, 만일 그와 같은 민간기구를 만든다면 일본 외무성으로서도 관련되는 바가 있게 되므로 그 추진 내용을 알려주기 바란다고 말하였음. 이에 대하여 아측은 한일 간의 보다 더 긴밀한 협력관계를 위한다는 점에서 양국 민간의 유력인사를 규합하여 일화위원회같은 민간기구를 구성하려는 움직임이 엄대사가 중심이 되어 추진하고 있는 중으로 알고 있다고 하고, 또는 오는 11월 11일경 기시 전수상을 비롯한 일측의 멤버가 된 인사들이 방한할 단계에 있다는 것으로 알고 있으나 자세한 내용은 추후 알려주겠다고 함.

3. 법적지위 및 교육관계 실무자 회담:

일측이 앞으로 어떻게 할 것인지를 문의한 데 대하여 아측은 JAW-10148에 따라 11월 상순에 법적지위 및 교육관계 실무자 회담을 동시 또는 연속하여 필히 개최할 수 있기를 요청한다고 하였음. 일측은 곧 법무성 및 문부성과 협의하여 보겠다고 함.

4. 손귀달 건:

아측이 손의 진찰을 가능하면 무료로 할 수 있도록 일본정부에서 조치해 줄 수 있는지를 문의한 데 대하여 일측은 현재 가방면되어 있는 신분이므로 앞으로 진찰 결과 장기적인 치료가 필요할 때에는 모르나 진찰만은 현재 법적으로 지원할 수 있는 방법이 없다고 하면서 한국측에서 진찰 관계만을 우선 부탁하여 주기 바란다고 말함. 아측은 이에 대하여 아측으로도 여러가지 방안을 연구하고 있지만 일측으로서도 가능한 한 협조할 수 있는 방도를 강구하여 주기 바란다고 말함.

5. 북송문제:

아측이 지난 번 일적이 낸 서한에 대하여 북괴로부터 무슨 반응이 있는지를 타진한데 대하여 일측은 아직 아무런 반응이 없다고 하고 일본으로서는 코롬보 회담시 표시한 입장에서 후퇴하지는 않을 것이나 북괴가 만일 동 입장을 받아드린다면 그에 따라 처리하지 않을 수 없는 입장이라고 말하였음. 일측은 현재 조총련 및 일본사회당과 공산당 측에서는 빈번히 관계 정부기관을 방문하면서 북송재개 북한과의 자유 왕래 등을 인정하라고 진정 등을 하고 있는데, 그러한 진정 등은 받아드리지 않고 있다고 부언함.]

6. 북괴방문 일본기자의 기사 문제:

일측은 북괴를 다녀온 기자들의 기사에 대한 한국내 반향은 어떤지를 문의하였음. 이에 대하여 아측은 아측으로서는 도대체 일본기자의 북괴방문 자체에 강력히 반대하였기 때문에 그러한 기사들은 묵살하고 있다고 말함. (아북, 아교, 통협)

38. 외무부공문(착신전보)-손귀달 입원

외무부
번호 SIW-1014
일시 191200
수신시간 1968.10.19. 15:10
발신 주시모노세기37) 영사
수신 장관

    연: SIW-1013

---

37) 시모노세키

손귀달건

10.19일 오전 손을 일본적십자 히로시마 원폭 병원에서 진찰키 위하여 입원시켰음.

(아북, 정보, 아교)

39. 기안-손귀달 치료비 관련 보건사회부 조치 요청

번호 아북700
시행일자 1968.10.19.
기안자 동북아주과 김용권
경유수신참조 보사부 장관
제목 원폭 피해자 "손귀달"의 일본 밀항

　　1. 손귀달은 원폭증을 치료하기 위하여 지난 9월 말 일본으로 밀항한 후, 일본 관헌에 의하여 검거 구속되고 법원에 기소되었으나 일본 관계 당국에서는 가. 해인이 원폭 피해자임으로 동 병에 대한 진단을 하여야 하며 나. 만일에 진단 결과 병상이 경미한 경우, 일반에 따라 강제퇴거 시키고, 다. 병상이 중한 경우에는 동 치료를 위하여 일본에 체류시키도록 한다는 이유로써 해인을 일단 가방면시키기로 결정하고, 한편 아국 영사관이 보증하여 가방면되었으며, 현재 야마구지[38]현 민단 부인 협회장이 보호 중에 있읍니다.
　　2. 그러나 해인은 현행 일본 법규상, 일본 정부 기관에 의한 무료 치료 및 생활 보조 등은 받을 수 없으며, 다만 진찰 결과 장기적인 치료가 필요할 때에는 모르나, 동 진찰만은 법규상 지원할 수 없다고 함으로 한국측에서 진찰 관계만은 부담하여 줄 것을 바라고 있다 하며, 또한 해인의 진찰 등에 소요되는 송금이 필요하리라는 현지 아국 대사관의 보고가 있음으로, 원폭 피해자들에 대한 구호 업무를 취급하는 귀부의 조치가 필요할 것으로 사료되어 상기 내용에 대한 의견을 문의하오니, 귀부의 견해를 조속 회보하여 주시기 바랍니다.
　　3. 해인의 인적 상황 및 병상
성명: 손귀달(孫貴達, 1933.11.16生)　　성별: 여자

---

38) 야마구치

본적 경남 사천군 사천면 평화동 145

주소: 부산시 부산진구 내정동[39] 17(모친과 자녀 2명 거주)

병상: 어깨와 양다리가 마비 상태이며, 심한 소화불량 중임) 끝.

40. 외무부공문(착신전보)—손귀달 재판 결과 및 병원 조사 결과 보고

외무부

번호 SIW-1102

일시 051000

수신시간 1968.11.5. 10:38

발신 주시모노세끼[40] 영사

수신 장관

　　사본: 주일대사

　　연: SIW-1014

　　손귀달 건

　　1. 11.4일 손귀달은 야마구찌현[41] 지방 재판소에서 6개월 징역에 2년 집행 유예의 판결을 받았음.

　　2. 히로시마 원폭 피해 병원 당국자에 의하면 현재까지의 진찰 결과로서는 원폭 증세는 거의 없다는 것 같다 함.

　　3. 동 병원 당국에서 원폭 증세가 없다는 최종진단을 내리게 되면 손을 즉각 송환시키겠음. (아북, 정보)

41. 외무부공문(착신전보)—손귀달 병원 결과 및 귀국 보고

외무부

---

39) 냉정동의 오기, 이하 동일
40) 시모노세키
41) 야마구치

번호 SIW-1102

일시 081635

수신일시 1968.11.9. 1:46

발신 주시모노세끼 영사

수신 장관

제목 손귀달 건

1. 손귀달은 히로시마 원폭 병원 당국자의 최종진찰 결과 원폭 증세가 경미하다는 것으로 판명되었음.

2. 본인은 즉시 귀국을 희망함으로 68.11.8일 모지항 출항 "아리랑"호에 승선, 자비 귀국시켰음 (아북, 정보)

42. 원폭피해자 손귀달 밀항건

原爆被害者 "손귀달" 密航件

1. 人的狀況

    (1) 姓名: 손귀달(38才女) 孫貴達

    (2) 本籍: 慶南 泗川郡 泗川面 平和洞145

    (3) 住所: 釜山市 釜山鎭區 내정동17

        (母親과 子女2名 居住)

2. 密航經緯

    (1) 出港日時: 68.9.29. 밤

    (2) 上陸日時: 68.10.1. 20:00頃

3. 日本出生이며 被爆 當時 広島市 電信局 社宅에서 居住하였으며 同人의 父親은 同 電信局 技士로 勤務 中 被爆時 死亡, 어깨와 양다리가 麻痺 狀態이며 甚한 消化不良症임

4. 1945. 9月 本國으로 送還

5. 症狀은 어깨와 양다리가 麻痺狀態이며 甚한 消化不良症임.

6. 同人의 親戚(四寸오빠) 손진순[42](大阪市 生野區 이까이노나카 6丁目1番地)을 찾아 病治療를 하고저 密航

7. 山口縣 萩市 抑留中

8. 現地大使館의 接觸(10.4)

    (1) 該人은 原爆被害者이며, 韓國內에 適切한 治療機關이 없다.

    (2) 該人에 對하여 日政府의 好意的인 考慮를 要請하였음.

    (3) 下關領事館에서는 10月5日 日本入管을 訪問하고 擔當 檢事에게 孫女人의 外部와의 接觸을 愼重히 하여 줄 것과 人道的 處遇를 要請하였음.

9. 現地動向

    (1) 日本原水協(共産系) 및 左翼系人士들이 孫女人의 釋放을 위한 交涉을 하고 있으며, 또한 左傾辯護人을 選定하고 該人의 辯護를 擔當케 하는 등 積極的인 活動을 하고 있다고 함.

10. 政府에서는 10月8日 駐日大使館에 訓令하여

    (1) 日本關係當局의 配慮 및 適切한 措置를 日本內의 諸般實情 등을 愼重히 考慮하면서 伸縮性 있는 approach를 함과 同時에 日本關係當局의 動向을 注視報告토록 하고

    (2) 該人에 對한 積極的인 領事保護를 行함과 同時에 該人이 左翼系人士의 策動에 현혹되지 않도록 措置함과 同時에, 左翼系列의 動向을 注視하면서 이에 對處하도록 指示하였음.

    (3) 또한 10月10日 該人의 假放免 日時 및 場所, 原爆症勢 程度의 診斷有無의 事前確認하고 如何한 境遇에도 原水協, 朝總聯系列이 該人에 接近하는 일이 없도록 該人의 身邊保護를 管轄領事館에서 萬全은 期하도록 訓令하였음.

11. 日政府의 反應

    (1) 孫의 假放免은 該人이 原爆症患者임으로 同診斷을 위한 것이고

    (2) 萬一에 病狀이 輕微한 경우, 一般의 例에 따라 强制退去시키고

    (3) 重症인 경우, 同治療를 위하여 日本에 滯留시킬 것임

    (4) 該人의 身邊引受는 該人의 四寸오빠 및 領事館에서 保護할 수 있도록 措置함

12. 손귀달의 "四寸오빠" 손진춘"(손익수라고도 함)의 身元. 大阪所在 "마루나까" 商社의 社長이며 "이꾸노구" 民團々員이며 國民登錄을 畢하고 있음.

13. "손귀달"은 10月12日 定式으로 山口縣 地方裁判所에 起訴되었음.

---

42) 손진춘

(1) 이에 따라 日本原水爆協會의 "이누키[43]" 辯護士와 "오보" 辯護士는 該人의 保釋을 申請하였으며 그들은 各各 共産黨員임

(2) 萬一에 擔當判事가 該人의 保釋을 決定하는 경우, 同左翼系人士들에게 引渡하게 됨으로 我國 領事館에서는 孫女人과 直接面談하고 上記 辯護士의 解任을 종용하였으며 該人은 이에 同意함.

(3) 또한 該人의 四寸오빠를 保釋申請人으로 定하고 同人은 下關까지 出頭하도록 하였음.

(4) 我側에서는 該人의 保釋을 申請하기 위하여 新辯護士 選任을 "구라시게" 辯護士를 定하고 四寸오빠가 引受人이 되도록 하고, 上記 辯護士의 選任書를 山口地方裁判所에서 提出하였음.

(5) 孫의 保釋이 決定되면 下關入管이 引受한 后, 引受人인 四寸오빠에게 引繼될 것이며, 이때 領事館에서 保護할 것임.

(6) 孫진춘은 孫女人의 身邊引受를 同意하였으나 辯護士費用 등에 言及은 回避함으로 山口民團長이 立替支拂하였다고 하며, 朝總聯에서는 孫女人의 保釋에 協力할 것을 提議하는 등 裏面工作을 하고 있다고 함.

14. 下關入管에서는 "손귀달"이 戶籍 등본을 要求하므로 現在內務部에 依賴中임
(以上 10月14日 現在報告임)

15. 10.14日 16:00時 下關領事館의 金副領事가 身柄引受人이 되고 保釋金 70萬원을 積立하고 孫女人이 保釋됨. 其后 19:00時頃 下關入管으로 移管되고 11月4日 裁判이 있을 것이며 下關入管으로부터의 保釋은 15日頃이 될 것이라고 함(10.15日 보고)

16. 孫女人保釋經緯

(1) 山口地方裁判部는 該人의 身柄引受人인 손진춘는 居住地가 大坂[44]이며 財政保證可能與否로 이를 認定할 수 없음으로 前保釋申請에 同意할 뜻을 表明하였음.

(2) 領事館에서는 事態의 緊迫性을 勘案하여 領事館 名儀로 孫의 身柄引受를 要請하였던 바, 本人이 아니고 印鑑이 없음을 理由로 이를 拒絶함에 不得已 김윤희 副領事의 名儀로 身柄引受人이 되어 保釋을 申請함

(3) 保釋條件은 該人의 身邊保護와 治療便宜임.

---

43) 이노키
44) 大阪

(4) 保釋申請과 關聯하여 左系人士 및 朝聯系列 등의 出入이 頻繁하고 該人의 病治療를 共同으로 할 것을 提議하고 한편 左系者들이 街頭募金과 署名運動 등을 하고 있으며 끈덕진 接近을 試圖하고 있음. 該人이 今后 治療時, 外部와의 接觸 차단은 困難視되고 있음.

17. 保釋后 診察을 위한 病院은 山口市 赤十字病院(法務省關係者의 추천)으로 하고서 함. 我國領事館과도 距離가 가깝다고[45) 함.

18. 10.15. 下關入管에 "구라시게" 辯護士와 我國領事가 保證을 하고 假放免되었으며 上記入管에 對한 保證金50,000엔은 山口民團本部에서 立替積立하였음.

19. 假放免期間은 1個月間이며 該人은 山口縣民團婦人會會長집에서 留宿하고 있음.

20. 該人을 廣島赤十字病院에서 診察하는 경우 同診察에 所要되는 費用이 問題인 바, 日外務省과 同無料診察의 便宜提供을 要請하였으나, 關係法規上 困難하다는 反應으로 보아 結局 自費診察方法밖에 없으며 同所要經費가 日本內에서 調達되지 않은 경우에는 本國으로부터의 送金依賴는 考慮하여야 됨

21. 現地 NHK, TBC, DBK 等 TV 放送局에서 該人을 出演시켜 韓國內原爆被害者實情을 紹介하도록 協調要請을 하고 있음.

22. 該人을 廣島原爆病院에서 診察 받도록 山口地方裁判所 및 下關入管에 該人의 旅行滯留許可申請을 냈으며 同許可가 나오면 上記病院에 入院診察토록 한다고 함.

23. 10.19日 孫을 廣島赤十字原爆病院에서 診察키 위하여 入院시켰음.

24. 11.4. 孫貴達은 山口縣地方裁判所에서 6個月 懲役에 2年 執行猶豫判決을 받음. 그리고 廣島原爆病院當局者에 依하면 現在까지의 診察結果로서는 原爆症勢는 거이 없다고 함.

25. 原爆症勢가 없다는 最終診斷을 내리게 되면 該人을 卽刻送還시키겠다고 함.

26. 廣島原爆病院當局者의 最終診斷結果 原爆症勢가 輕微하다는 것이 判明됨

27. 本人의 歸國希望으로 68.11.8.17時 門戶[46)港出港 "아리랑號"으로 歸國시켰음.

---

45) 가깝다고
46) 門司

45. 원폭피해자 구호에 관하여

原爆被害苦 救護에 關하여

1. 現在 僑胞中의 原爆被害者는 原子爆彈被害者醫療等에 關한 法律(1957年 制定)에 依하여 關係醫療機關에서 適切한 治療를 받고 있는 줄로 알고 있으나.

2. 우리나라에 있는 6,000餘名의 原爆被害者에 對하여는 原爆被害治療의 좋은 施設과 技術을 가진 日本關係醫療機關에서 人道的見地에서 國內被害者에 對하여 治療의 機會를 가질 수 있도록 하여줄 것을 外交經路를 通하여 그동안 數次에 걸쳐 要請한 바 있다. 이点에 關하여는 國內原爆被害者救護協會와 連絡이 되어 廣島大學側으로부터 關係醫師1名이 來韓하여 앞으로의 協調를 爲하여 必要事項을 보고 간 일도 있는 바, 앞으로 이러한 方向으로 可能한 모든 努力을 기우릴 것입니다.

46. 보건사회부 공문─손귀달 의료비 지원 불가의 건

보건사회부
번호 지의700
일시 1968.11.13.
발신 보건사회부 장관
수신 외무부장관
제목 원폭피해자 일본 밀항

    1. 아북700-28389(68.10.25)와 관련됩니다.

    2. 원폭 피해자 "손귀달"의 일본 밀항에 따른 진찰에 소요되는 경비 부담에 있어서 당부로서는 불가한 형편이므로 대한적십자사에 이에 대한 협조를 요청 중임을 우선 회보하고 대한적십자로부터의 회신이 있는 즉시 확실한 회신을 하겠사오니 양지하시기 바랍니다. 끝.

보건사회부 장관

47. 주시모노세키 대한민국 영사관 공문-손귀달 진단서 송부(첨부 없음)

주시모노세끼 대한민국 영사관
번호 시영902
일시 1968.11.12.
발신 주시모노세끼 대한민국 영사관 영사
수신 장관
참조 아주국장, 정보국장
제목 밀항자 처리 보고

　연: SIW-1001(68.10.5), SIW-1003(68.10.7), SIW-1102(68.11.8)
　1. 68.10.5일 야마구치현 하기시 부근 해안에 밀항 상륙한 "손귀달" 38세(부산시 부산진구 냉정동 거주)은 그간 히로시마 원폭병원 당국자의 최종진단 결과 원폭 증세가 경미하다는 판명을 받았으며 본인이 즉시 귀국을 희망함으로 68.11.8일 17시 모지항 출항 아리랑호에 승선 자비귀국 시켰읍니다.
　2. 손의 변호사 비용 및 히로시마 원폭병원에 입원 및 진찰비용은 당관에 여사한 경비지출 항목도 없고 함으로 손의 친척과 히로시마현 민단에서 자의 지출토록 조치하였읍니다.
　3. 금후 여사한 원폭병 환자등의 밀항 사례가 없도록 관계 기관에 각별한 조치를 취하여 주시기를 요망합니다.
　유첨: 진단서 1부. 끝.

　주시모노세끼 대한민국 영사관 영사

48. 외무부공문(착신전문)-핵금회의의 원폭피해자에 대한 기부 제의

외무부
번호 JAW-01291
일시 281337
수신시간 69.1.28. 14:36

발신 주일대사
수신 외무부장관

　　1.27 당지 노동조합의 하나인 도메이(민사당계) 초청으로 당지를 방문 중인 한국노총 서윤태 사무차장의 안내로 전기 도메이 기획부장이며 핵병기 금지 평화건설 국민회의(핵금회의) 사무국 차장 겸 총무부장인 이찌기 가주끼(한·일 나무목 향기향 고할고 수목수)씨가 당관 강영규 공사를 방문하고 전기 핵금회의에서는 그간 원폭 피해자를 돕기 위한 자금을 모금한 것이 있는데, 그간 듣는 바에 의하면 한국에도 원폭 피해자들이 많이 있다는 것임으로 동 회의로서는 전기 기금 중 일화 1백만원 정도를 동 한국 내 피해자들에게 기부하려는 생각을 가지고 있다고 말하면서 기부 대상자 및 송금 방법 등에 관하여 문의하였음. 이에 대하여 강공사는 일단 감사의 뜻을 표하면서 이 문제에 관하여는 본국에 문의하여 보겠다고 말하였음. 전기 핵금회의는 현 민사당 소속 참의원 의원인 마쯔시다 마사도씨씨가 추진하고 있는 것으로 자민당 및 민사당의 후원을 받고 있는 단체이며(동 단체의 내용에 관하여는 누차 보고한 바 있음) 다음 파우치 편에 다시금 동 단체 관계자료를 송부 위계인 바 검토하시어 본건 본부의 입장을 회시 바람. 이찌기씨는 또한 금년 4월로 예정되고 있는 동 단체 주관으로 개최되는 아세아 핵금회의에서는 한국에 있는 원폭 피폭자 치료를 목적으로 한 병원설립을 위한 문제도 논의하게 될 것이라고 하였음을 첨언함(아북)

49. 주일대사관 공문(착신전문)–일본 핵금회의의 한국인 원폭피해자에 대한 기부 제의

주일대사관
번호 일정700-361
일시 1969.1.31
발신 주일대사
수신 장관
제목 일본 핵금회의의 한국인 원폭 피해자에 대한 기부 제의

　　연: JAW-01291

1. 표기에 관하여는 연호로 보고한 바 있거니와, 핵금회의 측으로부터 입수한 동 단체 관계 자료를 별첨과 같이 송부하오니 참고하시어 본부의 입장을 회시 바랍니다.

2. 연호로 보고한 내용에 첨가하여 다음 사항을 추가 보고합니다.

    가. 핵금회의에서 그간 원폭 피해자에 대한 원조를 위하여 모금한 기금은 대부분 "도오메이" 소속 노조원들이 각출한 것이라고 함.

    나. 핵금회의 측으로서는 한국측이 바란다면 이미 기부 의사를 표명하고 있는 일화 100만원 외에 계속 원조 내지 협력할 의사를 가지고 있는데, 이를 위하여 가능하면 한국측 접촉 대상 기관으로서는 적십자사 또는 그와 유사한 비교적 권위 있고 공정한 민간 단체와 접촉할 수 있기를 바라고 있음.

    다. 연호 보고 중 "아세아 핵금회의는 착오이고, 동 핵금회의의 일본 국내 관계 회의가 4월에 개최될 예정임. (동 단체로서는 아세아 핵금회의를 당분간 개최하지 않을 것이라고 함)

첨부: 전기 자료. 끝.

50. 기안-일본의 "핵금회의"로부터의 아국 원폭 피해자 원조 제의에 대한 답변

번호 아북700
시행일자 1969.2.7.
기안자 동북아주과 정해헌
경유수신참조 건의
제목 일본의 "핵금회의"로부터의 아국 원폭 피해자 원조 제의

1. 일본의 자민당 및 민사당의 후원을 받고 있으며 주로 민사당계의 노동조합인 "전일본 노동 총동맹"과 제휴하고 있는 "핵금회의" ("핵병기 금지 평화 건설 국민회의")의 사무국 차장이 1.28. 강영규 주일 공사를 심방하여 일화 100만원 정도를 아국의 원폭 피해자를 위하여 기부할 생각이라고 말하며 기부 대상자 및 송금방법에 대하여 문의하여 온 바 있읍니다.

2. 동 핵금회의는 일본 사회당과 공산당이 각각 추진하고 있는 "원수협"(原水協)과 "원수금"(原水禁)에 대항하여 출발한 반공적 색채를 지닌 조직이며, 이

점에 비추어 당부는 1967년 7월에 동회의가 주최한 "제2차 아세아 핵금회의"에 대한 아국 민간인 대표(노총 사무국장) 참석에 정식 동의한 바 있읍니다.

3. 그러나 동 회의는 취지상 모든 핵무기의 폐기를 주장하고 있으므로 우리의 당면 국방 정책상 문제가 있다고 보므로 정부가 동 회의의 취지, 사업에 적극적으로 호응 내지 관여할 수 없다고 생각됩니다.

4. 따라서 본건에 대해서는 정부가 직접 관여함은 피함이 가할 것이나 민간 단체와의 협의는 이를 막을 이유는 없다고 보므로, 관계 민간 단체인 사단법인 "한국 원폭 피해자 원호 협회"와 동 회의가 직접 접촉하여 원조 제의에 대한 결정을 내리도록 하는 방향으로 별첨과 같이 주일대사에게 회보할 것을 건의합니다.

첨부: 회보안. 끝.

첨부-회보안

수신 주일대사
제목 일본의 "핵금회의"로부터의 아국 원폭 피해자 원조 제의

대: JAW-01291, 일정700-361
1. "핵병기 금지 평화 건설 국민 회의"로부터의 아국 원폭 피해자 원조 제의는 성질상 민간 단체가 상호 접촉하여 결정함이 가하리라고 사료되오니 동 단체로 하여금 서울 특별시 용산구 한강로2가 127번지 소재 "한국원폭피해자 원호 협회"(전화4-2432)와 직접 접촉, 결정토록 하시기 바랍니다. (동 단체는 보사부 장관으로부터 1967.11.10. 사단 법인으로서 정식 인가를 받았으며 외국으로부터의 기부금을 종래에도 취급하여 왔음) 동 회의는 반공적 성격을 지니고 있다고는 하나 취지상 모든 핵무기의 폐기를 주장하고 있으므로 우리의 당면 국방 정책상 문제가 있다고 보므로 동 회의 취지와 사업에 정부가 적극적으로 호응 내지 관여할 수는 없다고 봅니다.

2. "한국원폭피해자 원호 협회"에 대해서는 별도로 동 핵금회의로부터 원조 제의가 있었음을 비공식적으로 알려둘 예정임을 첨언합니다. (원조를 받는 경우에도 아무러한 부대조건 내지 양해사항(strings) 없이 기부를 받도록 측면에서

동 협회에 종용할 것을 고려중이오니 참고하시기 바람)

첨부: 동 협회 관계 자료 1부. 끝.

51. 기안─"핵금회의" 기부금에 대한 보건사회부 의견 요청

번호 아북700
시행일자 1969.2.14.
기안자 동북아주과 정해헌
경유수신참조 보건사회부 장관
제목 일본의 "핵금회의"로부터의 아국 원폭 피해자 원조 제의

　　1. 일본의 자민당 및 민사당의 후원을 받고 있으며 주로 민사당계 노동 조합
인 "전일본 노동 총동맹"과 제휴하고 있는 "핵금회의"("핵병기 금지 평화 건설
국민회의")의 사무국 차장이 1.28. 강영규 주일 공사를 심방하여 일화 100만원
정도를 아국의 원폭 피해자를 위하여 기부할 생각이라고 말하며 기부 대상자
및 송금 방법에 대하여 문의하여 온 바 있습니다.
　　2. 동 원조 제의 수락 여부에 대한 귀견을 조속 알려주시고, 또한 수락하는
경우의 기부 대상 기관이 될 아측의 원폭 피해자 구호 단체 또는 기관명을 알려
주시기 바랍니다.
첨부: 주일대사관으로부터의 관계 공문 및 전문 사본 각1통. 끝.

52. 보건사회부 공문─ 핵금회의 의연금 사용계획

보건사회부
번호 지의700-7416
일시 1963.3.19.
발신 보건사회부 장관
수신 외무부 장관

제목 일본 "핵금회의" 의연금 사용계획

　　1. 아북700-2379(69.2.17.)의 회신입니다.
　　2. 사단법인 한국원폭피해자 원호 협회는 당부의 허가를 받은 비영리 법인체로서 제2차 세계대전 당시 일본에서의 원자탄 피폭자 및 동환자들의 원호를 목적으로 하는바 이들의 사업계획의 하나인 피폭자 건립쎈타 건립 및 환자 진료가 시급함을 감안하여
　　3. 일본의 "핵금회의"로부터 우리나라의 원폭 피해자를 위한 기부금을 해법인체에 원조하여 다음과 같은 사업에 사용토록 함이 좋을 것으로 사료됩니다.
　　　　가. 기부대상 기관: 사단법인 한국원폭피해자 원호 협회
　　　　나. 사용계획
　　　　　　원폭피해 긴급환자 진료비 48명분　300,000원
　　　　　　원폭피해자 수용쎈타 설립기금　　　700,000원
　　첨부: 원폭피해자 건립개요 1부. 끝

한국 원폭 피해자 센타 건립촉진 취지문

韓國原爆被害者센타 建立促進趣旨文
三十餘星霜 동안 妄却地帶에 파무처서 呻吟하든 二萬五千餘 韓國人原爆被害者와 爆死한 五萬餘怨靈들은 社團法人 韓國原爆被害者援護協會가 該事業의 開發에 꾸준한 努力을 傾注하므로서 漸次해 빛을 보게 되었읍니다.
幣會가 二年 동안의 活動過程에서 우리 國內言論界의 破格的인 協調와 日本言論人들의 積極的인 聲援으로 國內는 勿論 日本識者들에게 至大한 關心을 喚起햇고 特히 日本識者들은 韓國被爆患者를 招請, 原爆病院에 入院施療할 計劃과 日本醫療團을 韓國에 派遣할 計劃까지도 하여 보았으나 原爆病院入院施療(無料)는 幣會員 患者 二名이 昨年十二月十三日에 日本廣島原爆病院에 入院하여 無料治療를 要請하므로서 日本當局의 無誠意와 怪□이 餘地없이 暴露됨으로서 日本社會有志들에게 많은 衝激과 企劃變更의 契機를 不可避하게 햇으며 醫療團 韓國派遣도 雙方當路者들의 不協和로 實現可能性이 稀薄해짐으로서 原爆療病院의 國內建立緊急性이 提高되고 있읍니다. 幣協會가 始終一貫 主張하는 韓國被爆者센타 建立의 必要性은 贅言의 餘地가 없는 것만큼 우리 政府는 勿論, 日

本, 美國 等의 積極的인 聲援下에 別紙 被爆者센타 建立槪要에 依하여 期心實現 코자 하오니 朝野有志諸賢의 積極協調를 仰望합니다.

一九六九年三月五日
社團法人
韓國原爆被害者援護協會
會長 洪淳鳳

첨부-원폭피해자 센타 건립 개요 설명

被爆者센타 建立槪要說明

場所	京畿道高陽郡神道面三松里 山9外三筆 岱地 22,560坪 地上 建坪 總6,050坪
建築費	總 5億2千九百萬원 全工事費는 日本에서 「세멘트1俵運動」「기와1枚運動」을 展開하여 募金한다 는 約束을 받음

諸般施設은 美國에 要請爲計(大使館과 交涉中)

原爆被害者센타建立槪要

施設名	規模	面積	坪當單價	工事費用	工事別 工事金			備考
					建築工事	暖房衛生	電氣設備	
病院	100 BED	1,800坪	120,000,00	216,000,000,00	⊙85,000,00 153,000,000,00	⊙20,000,00 36,000,000,00	⊙15,000,00 27,000,000,00	
療養院	200人	1,050坪	100,000,00	105,000,000,00	⊙75,000,00 78,750,000,00	⊙15,000,00 15,750,000,00	⊙10,000,00 10,500,000,00	
再活院		800坪	50,000,00	40,000,000,00	⊙40,000,00 32,000,000,00	⊙5,000,00 4,000,000,00	⊙5,000,00 4,000,000,00	
아파트	200世帶	2,400坪	70,000,00	168,000,000,00	⊙55,000,00 132,000,000,00	⊙8,000,00 19,200,000,00	⊙7,000,00 16,800,000,00	
計		6,050坪		529,000,000,00	395,750,000,00	74,950,000,00	58,300,000,00	

53. 외무부공문(발신전보)—핵금회의 기부금에 대한 보건사회부 결정사항 전달

외무부
번호 WJA-03223
일시 251425
발신 외무부장관
수신 주일대사

    대: JAW-01291, 일정700-361
1. 대호로 문의한 "핵금회의"의 원폭 피해자에 대한 원조 제의에 대하여 보건
사회부와 협의한 바, 동부는 한국측 기부 대상 기관으로 "사단법인 한국 원
폭 피해자 원호 협회"를 선정, 동 기부를 접수할 것을 결정하였음.
2. 동 협회는 1967.11.1에 보건사회장관으로부터 제2차세계대전 원폭 피해자
원호를 목적으로 하는 단체로 인가받아(현주소: 서울 특별시 한강로2가 127
번지, 대표자: 홍순봉 넓은 홍, 맑을 순, 새봉) 그동안 외국으로부터의 기부
금을 취급한 바 있으며, 금반 피폭자 수용 쎈타 건립 및 환자 진료 사업을
계획하고, 동 기부금 100만원을 쎈타 설립 기금으로 700,000원, 긴급 환자
진료비 48명분으로 300,000원을 각각 사용하겠다고 함.
3. 대호 공문에 언급된 바와 같이 "핵금회의" 측이 한국측의 권위있고 공정한
민간 단체와 직접 접촉하기를 바란다고 표명한 점에 비추어, "핵금회의"로
하여금 동 "원호 협회"와 직접 접촉할 수 있도록 주선하시기 바람.
4. "원호 협회"에 대해서는 원조를 받는 경우에도 아무러한 부대조건 내지 양해
사항(strings) 없이 기부를 받도록 측면에서 동 협회에 종용할 것임을 첨언하
오니, 이를 유념하여 처리하시기 바람. (아북)

54. 외무부공문(착신전보)—핵금회의 기부금 전달 방식 확인 요청

외무부
번호 JAW-05243
일시 171302
수신일시 1969.5.17. 22:23

발신 주일대사
수신 장관

연: JAW-01291
대: WJA-03223
대호 지시에 따라 당관에서는 핵금회의측에 대하여 한국원폭피해자 원호 협회와 접촉할 것을 권유하고 이에 따라 핵금회의 측은 그간 동 협회와 접촉하여 기부금을 송부할 단계에 있다고 듣고 있음.
동 회의측은 동 기부금을 대사관이 일단 받아(간단한 식 같은 것을 하고) 동 협회에 전달하여 줄 것을 바라고 있는 바, (동 회의 측은 기부 사실이 기부금을 낸 사람들에게 좀더 잘 알려지면 회의측으로서 앞으로의 기부금 모집이라던지 활동 선전에 유익한 점도 있고 그저 간단히 협회에 송금하여 버리는 것보다 좀 좋지 않겠느냐는 점에서 바라는 것이라고 하고 있음)
회의측 희망대로 대사관이 일단 받아 동 협회로 전달하는 방식을 취하여도 무방한지 지급 회시 바람 (일정, 아북)

55. 외무부공문(발신전보)–핵금회의 기부금 전달 방식 지시

외무부
번호 WJA-05221
일시 201735
발신 외무부장관
수신 주일대사

대: JAW-05243
대호 "핵금회의" 기부금 건은 이미 한국 원폭 피해자 원호 협회가 보건사회부의 승인을 얻어 일본 "핵금회의"와 직접 접촉하여 송금 단계에 이른 것임에 비추어, 동 기부금의 전달 방식 등 기술적인 문제에 대하여는 귀지 관계 사정을 고려하여 처리하시기 바람. (아북)

56. 기안-한국 원폭 피해자를 위한 기부금 전달 의뢰

번호 아북700
시행일자 1969.6.20
기안자 동북아주과 김종구
경유수신참조 보건사회부장관
제목 한국 원폭 피해자를 위한 기부금 전달 의뢰

주일대사는 일본국 시즈오까현 시즈오까시에 소재하는 인양자봉사회(引揚者奉仕會 會長 渡辺晋 日本基督敎團 靜岡一番地敎會牧師)로부터 한국원폭피해자 구호를 위하여 모금한 기부금 일화 10만엔을 "재단법인 한국원폭피해자 원호협회"에 전달해 줄 것을 요청해 왔음을 알리어 왔기, 귀부에 이송하오니 동 기부금을 동 "원호 협회"에 전달하여 주시기 바랍니다.

첨부: 한국 외환은행지점 송금 증명서 사본
(송금액: US $277^{78} NO.-011962MT) 끝.

57. 주일대사관 공문-한국 원폭 피해자를 위한 기부금 전달 요청

주일대사관
번호 일정(2)700-2173
일시 1963.6.17.
발신 주일대사
수신 외무부장관
참조 아주국장
제목 한국 원폭 피해자를 위한 기부금 전달 요청

당지 시즈오까현 시즈오까시에 소재하는 인양자봉사회(引揚者奉仕會) (會長: 渡辺晋 日本基督敎團 靜岡一番地敎會牧師)에서는 한국 원폭 피해자 구호를 위한 기부금 일화 10만원을 모금하여 "재단법인 한국원폭피해자 원호협회"에 전달해 주도록 당관에 의뢰하였으므로 동 기부금을 별첨과 같이 송부하오니 선처하여 주시기 바랍니다.

첨부: 한국 외환은행 동경지점 송금 증명서 사본 NO. -011962MT

(송금액: US 277\frac{78}{}$ (일화 10만원 해당) 끝

58. 보건사회부 공문-한국 원폭 피해자를 위한 기부금 송금 요청

보건사회부

번호 지의18539

일시 1969.6.30

발신 보건사회부 장관

수신 외무부 장관

제목 한국 원폭 피해자를 위한 기부금 전달 의뢰

아북700-10939(69.6.21.)로 귀부에서 한국원폭피해자를 위한 기부금을 전달 의뢰한 데 대하여 한국외환은행 지점 송금증명서 사본만이 첨부되어 당부에서는 이를 전달할 수 없는 형편이오니, 당부에 현금을 조속히 송부하여 주시기 바랍니다.

첨부: 한국 외환은행 동경지점 송금 증명서 사본

(송금액 US 277\frac{78}{}$ NO. 011962). 끝

보건사회부 장관

59. 주일대사관 공문-"한국 원폭 피해자 조사 보고서" 송부

주일대사관

번호 일정700-6682

일시 1970.11.30.

발신 주일대사
수신 장관
참조 아주국장
제목 "한국 원폭 피해자 조사 보고서" 송부

　　　당지의 "핵병기 금지 평화 건설 국민회의"에서 송부하여 온 "한국원폭피해자
조사 보고"를 보내오니 참고하시기 바랍니다.
　　첨부: 1. 상기 국민회의 서한 사본 1부.
　　　　　2. 상기 조사 보고서 1부. 끝.

60. 외무부공문—한국 원폭 피해자 조사 보고 송부

외무부
번호 아북700-
일시 1970.12.5.
발신 외무부 장관
수신 보건사회부 장관
제목 한국 원폭 피해자 조사 보고서 송부

　　　일본국의 "핵병기 금지 평화 건설 국민 회의"에서 송부하여온 "한국원폭피해
자 조사 보고"를 1부를 보내오니 업무에 참고하시기 바랍니다.
　　첨부: 1. 상기 국민회의 서한 사본 1부.
　　　　　2. 상기 조사 보고서 1부. 끝.

첨부-한국원폭피해자조사보고

韓國原爆被害者調査報告

(被爆者)

(自活村用地)

韓国原爆破害者調査報告

　韓国被爆者の実情をつかむらめ、小川核察事務局長、一木事務局次長は訪韓中の書記長(核察副議長》、上西総務局長ともども、十三日から数日間にわたり関係方面を訪問した。一行は韓国原爆被害者援護協会をはじめ、保険社会部、被爆者自活村および在韓日本大使館などを訪ね意見を交換してきたが、各方面から受けた印象を概略まとめてみると次のようである。

一、総括として

　韓国には原爆被害者が約一万五千人いると推定されている。韓国では、被爆者に対する国としての援護対策は何一つなく、被爆者は精神的にも生活面でも非常に困っている実情にある。

　三年前、一応、現に生存している被爆者の健康管理のための医療と不具病身者の生計の援護を目的をした韓国被爆者援護協会が被爆者および非被爆者の有志によって設立されてはいるものの、財政難のため、今日までこれという活動はほとんどなく、被爆者数でさえようやく四千二百名を確認したにすぎない状態にある。

　協会役員の話しによると、財政難による活動不能のため、一時は協会の存続さえあやぶまれたようであるが、丁度、この頃、核禁会議からの救援があり、協会としては再建への意欲を燃やし、組織と活動強化の再出発に乗出したということであった。

　さらに、協会がこれからなさなければならない事業は数多くあるが、とにかく、当面の最重要課題は、被爆者の実態調査と全被爆者の結集、会員の会費による運営費ならびに実態調査費の財源確保および自治村の建設などであると強調していた。

　とくに、協会が力を入れていたのは自治村の建設であった。自治村というのは、被爆者の手によって牧場を経営し、そこから上がるいくらかの収益を被爆者の生活費および医療費に当てるというものである。

　自治村にあてる牧場用地一万六千五百坪のひろびろとした土地が、ソオル市から南へ約八〇キロ離れた安城郡にすでに購入されていた。ここの土地は坪当り一〇〇ウォンであり、この土地の購入には核禁会議が今年度□った救援金一〇〇万円(韓貨八〇万ウォン)が充てられていた。

年が明けたら、被爆者の手でこの土地を開墾し本格的牧場に建設すると協会役員の□はにこやかに張り切っていた。

平和憲法という基調下の日本における核に対する考えや原爆被害者への認識と韓国における現体制下のそれとはおよそ隔りがありすぎて想像をはるかに超えたものを感じとることができる。しkあし、韓国の国家建設計画の段階課程で、じょじょにではあるが、各方面の被爆者に対する理解が生まれつつある。関係官庁および各方面のこの芽ばえをさらに大きく具現化するためにも疑念的な運動でなく、小さくてもよい勢力の実績を積み重ねてこそ将来の途がひらけて行くし、当面する現実的運動ではなかろうかとの意欲が協会役員から伺えた。

協会の今後の被爆者対策活動は非常に大変であろうと推察されるし、これから一層物心両面の人道的支援の必要性を強く感じた。核禁会議をはじめ日韓両国の民間団体の政治色を絶対に帯びない善意に溢れる相の手こそが、韓国被爆者の再起の支えになるであろう。

一、関係方面との打合せ(概要)

◇韓国労働組合総連盟との打合せ

十月十三日午後三時から組合事務所において李委員長、韓事務総長他二名の役員と会議。当方からは貳枝同盟書記長(核禁会議副議長)、上西同盟総務局長、小川核禁事務局長、一木事務局次長が出席。

会議の主要議題は、両国の労組の技術協力問題であったが、この席上をかりて、韓国原爆被害者援護会議の諸活動に対する労組としての協力を要望した。この要望に対し、労組に協力を約してくれた。

後述するが、韓国での被爆者対策活動は、現在のところ、政府と世論の支持が薄いなか、容易でないものがある。このためにも、労組のような強固な民主団体の協力を得ることが、被爆者対策活動にとって必要なことと痛感される。

◇韓国労働組合総連盟との打合せ

十月十四日、協会事務所を訪ね、辛協会会長、林副会長他数名の役員と長期間にわたって懇談をもった。懇談の内容をまとめてみると大要次のようである。

（一）

　先ず、核禁会議kらの訪問を非常に待っておられた。

　協会は九月中旬に役員会を開き、辛永沫氏が三代目会長として就任されていた。辛会長は、去る八月核禁会議の招待で来日した方である。

　前の会長である洪氏(初代)、金氏(二代)は両人共被爆者では□く、有志として協会に協力していた人であったが、辛会長は広島の爆心地で被爆した人であり、林副会長以下の各役員全員が被爆者であった。

　協会が、当面もっとも困っているのは財政問題であった。初代会長の洪氏は、二年前、協会の発足にあたり自宅を担保にして協会資金を用立したが、今ではそれも底をつき、その後は、各役員が手出しをして何とか運営しにも限度があり、今年夏頃には、協会の存続が危ぶまれ、協会を解散することが検討にのぼっていたそうである。

　丁度、この時、核禁会議からの招待と救援金一〇〇万円の贈呈に接し、元気百倍、協会存続と新しい視点に立っての活動の方向を改めて決意したそうである。

　いわば、核禁会議が協会の中頃の役割りを果したことになる。

（二）

　協会のこれからの事業活動(後記)は多いが、当面の重要なものとして、㋑被爆者の自活村の建設㋺被爆者の全員確認㋩会員の会費による協会の財政確立などであると強調していた。

　韓国には約一万五千名の被爆者がいると言われているが、現在までに協会への登録している被爆者数は約四千二百名にすぎない。

　韓国の場合、関係役所が未だ協力的では無いことと協会に登録しても何らの恩恵が無いことで、被爆者からの積極的な申し出が無いそうである。しかし、協会が強化され、諸活動が活発化すれば、この点も解消するものと考えられる。

（三）

　協会役員は自活村の建設をもっておられる。自活村とは、被爆者の手によって牧場を□□て、そこから上がる収益を被爆者達の生活費と医療費に充てるのをねらった計画である。

　自活村は、既に、ソオルしから南へ約八〇粁離れた安城群の有名な安城川

の近くの小高い丘、一万六千五百坪の牧場幼稚を購入済であった。この地は、たに牧場地帯に指定された農産地であった。

　核禁会議から救援した一〇〇万円(韓貨八〇万ウォン)がこの土地の購入に充てられていた。この土地は坪当り一〇〇ウォンであるので、百六十万五千ウォンのうち半額が支払済であり、今年の十二月には協会あて登記を移し、明年早早本格的牧場へと開墾を始めると、役員は張り切っておられた。

　土地の開墾には、帰国する明国が残していくブルドーザーの譲り受けを交渉中であり、乳牛はドイツから購入する旨の計画についても説明があった。

　協会の役員としては、核禁会議をはじめ、他の団体から受ける善意の救援金を協会運営に使用することなく、幅九ｓｙあのために生きた使い□□をしたいと□意を示していた。

◇在韓日本大使館訪問

　十月十六日、援護協会役員ともども大使館に金山大使を訪ね、核禁会議と協会との友好関係を説明するとともに韓国被爆者に対する国としてのご支援方を要望してきた。

　金山大使は、韓国被爆者への援助の必要性を認められていたが、要は韓国政府の被爆者に対する姿勢のあり方が先決である旨を指摘されていた。

　金山大使は、韓国被爆者の実情について理解が深く、政府間の援助が容易でない現状では民間にようｒ人道的な援助の情要請を強調されるとともに、大使としての可能な限りの協力を約された。

◇保険社会部(日本の厚生省)訪問

十月十六日、保険社会部に張地方医政課長と□係長を訪ねた。

　社会保険部の担当課ではかなり被爆者への関心も強く、被爆者への救援の急務を感じてはいるようであった。しかし、政府の当面の重要施策と関連する保険社会部の主要政策の対象に被爆者援護対策がはいっていないため、当局としてはどうしようもない旨の説明を述べていた。

　もちろん、政府の諸政策がじょじょにではあるが、被爆者、心身障害者を含め厚生福祉行政を重要視する方向に転換しつつあることも話しを交わす中で伺われた。

◇被爆者の状態

　軽症患者以外の被爆者が悲惨な生活の陥っているのは日本の場合も全く同

じである。しかし、わが国の場合は、被爆者手帳による受診も出来るし、僅かではあるが、被爆者に対し、物的援助が行われている。

　韓国の場合は、国家としての諸対策が皆無であるので、その悲惨さは日本における場合と比にならにあ。

　一家の主人が被爆者であるため、奥さんが稼ぐ日当五〇〇円(邦貨)で五人の生計を立てている類は多い。驚き入る他はなかった。

三、韓国原爆被害者援護協会の現況

協会の設立

　広島と長崎に投下された原爆による韓国の被害は爆死者約五万人と被爆負傷約二万人にのぼるものと推算されています。

　その中約一万五千人が終戦とともに韓国に帰国したものと推定しています。

　このような多数の犠牲者たちの大部分は大戦中徴兵用労務者、徴用工、挺身隊、学兵等で、かつて日本政府が強制的に動員したものであり、その家族も相応数含まれています。

　不具者となり、病身となって帰国したこれらの被爆者はその後も引きつづき原爆症の病いで苦しみ労働力を失った体で生活にも苦しむ二種の痛みのうちにあえぎながら二十有余年過ぎる才月とともに死亡したる数もまた少なくはない。

　これら不幸なる被爆者に対してはいまだ特別なる医療とか療養の機関もなく、また生計上なんらの援護を受けることなく唯に死を待つの惨らしい現状であった。

　これら韓国人被爆者達は、この死境を打開しその自活のみちを求めて組織したのが、社団法人韓国原爆被害者援護協会であります。

協会の目的

　広島と長崎に於ける原爆の投下により被爆を蒙りたる韓国人の被害に対し、各種の実態調査を行ない、爆死者と被害者を明らかにするとともに言に生存している被害者の健康管理のために必要とする医療と療養を施し、且、不具病身者の生計の援護をはかるを目的とする。

協会の事業

㋑被爆者の実態を把握する。

㋺爆死者に対する補償を要求する。

㋩被爆者の医療並び自活村を建立する。

㋥核兵器並に放射能障害に対する知識の普及と国内外の世論を喚起させる。

㋭広島及長崎の被爆前の地図復元運動と提携し被爆者一人々々を確認する。

㋬外国に於ける被爆者援護団体と提携しその角打続状況と援護策を調査する。

㋣その他被爆者の援護に必要と認める事業。

協会の活動

組織の拡大

本部の下に各支部を設置す。

支部名称	所在地	登録会員数
中央支部	ソウル市	一、四五四
釜山支部	釜山市	一二四
慶南支部	陜川市	一、九四〇
慶北支部	大邱市	二九〇
湖南支部	全州市	三七七
		計四、二八〇

実態調査

(1)登録会員の実態調査

(2)検診を受けていない被爆者の診療

(3)未登録の被爆者の実態把握

ハ、世論の喚起と国際交流

協会の会報を発刊し、国内世論の喚起と国際向の交流をはかる。

ニ、被爆者のい立法化

被爆者の医療に関する特別法と生計援護に関する特別法の制定を促す。

当面の課題

１．自活村の建設

２．被爆者の実態調査並びに組織拡大

３．会員による会費及び□□金を以て協会の運営費並びに実態調査費の財源確

保

4．緊急患者の援護実施

5．広島、長崎の地元団体と連絡し□元地図書込み作業に協力すると共に被爆
　　者一人一人の確認(調査作業)

6．保健社会部、赤十字社、放射線研究所等の強力を得て、救護と実態調査を
　　行う。

7．会報(韓国語)、パンフテット(日英文)の発行

8．広島と連結の上、内外科患者各一名の広島病院への入院交渉。原爆映画入
　　所の上、国内上映。

9．対日民間請求権による補償金申請に必要なる資料収集。

10．被爆者援護と協議し、会員の一斎診療。

　　　　　協会の役員

顧問　洪淳鳳・金□尾(両人共、非被爆者前会長)

会長　辛泳洙(以下全員被爆者)

副会長　朴慶沢

理事　趙判石、曹祥永、日光敏、鄭昌袴、李□□、□明燮、鄭尚□、以上無□)

監事　金有相、□琪璋

　　各役員・各団体には、まずますご活躍の事お慶び申し上げます。

　　さて、韓国に居られる被爆者の実情を調査するため、小川事務局長と一木
事務局次長とが、去る十月十三日より十七日まで訪韓しました。現地では、韓
国原爆被害者援護協会をはじめ関係者と時間の許すかぎり懇談会をもち、被爆
者の実情についてかなり詳しく知り得ることが出来ました。

　　懇談会の内容や実情について、とりあえず、概略別紙の通りご報告申し上
げます。

　　なお、別紙別中の三、韓国原爆被害者援護協会の現況(六頁)は、韓国の援護
協会で作成しているパンフレットの写しでございますので、念のため申し添え
ておきます。

核禁発第七号

昭和四十五年十一月十三日

核兵器禁止平和建設国民会議
議長磯村英一
事務局長　小川泰

役員
中央団体　御中
地方核禁

61. 대한민국 국회 공문– 국회의원 임기 만료로 인한 청원서 폐기 통지

대한민국 국회
번호 국사의 제506호
일시　1971.6.30.
발신 의장 이효상
수신 서울 용산구 한강로2가 127(한국 원폭 피해자 원호 협회) 홍순봉
제목 국회의원 임기만료로 인한 청원서 폐기 통지

　　　귀하가 제출한 청원은 제7대 국회의원의 임기가 1971.6.30자로 만료됨에 따라 헌법 제47조 단서의 규정에 의거하여 1971.6.30자로 폐기되었사오니 양지하시기 바랍니다. 끝.

請願書

　　　請願人　서울特別市龍山區漢江路二街一二七
　　　社團法人　韓國原爆被害者援護協會
　　　　　　　會長　洪淳鳳
　　　紹介議員　金在紹議員

請願書

國會議長 閣下

時局收拾에 恒常 앞장서서 健鬪하시는 議長閣下에게 衷心으로 敬意를 表하오며 우리 韓國人原爆被害者들은 議長閣下에게 左記와 如히 請願하오니 特別 詮議하셔서 聽許하여 주시기를 玆以 仰望하나이다.

記

一. 請願趣旨

1. 對日民間請求權에 依한 補償金中에서 八萬餘 韓國人被爆犧牲者에 對하여도 特別報償을 받을 수 있도록 國會에서 應分의 措置를 해주시기를 請願합니다.

2. 八万餘名의 原爆被害死傷者와 汚染圈內에 있는 子女 및 遺家族들의 醫療 및 生活을 保護하는 特別法을 마련하여 病苦와 極貧에서 허덕이며 억울하게 죽어가는 이들을 政府로 하여금 救護하여 措置하여 주시기를 請願합니다.

二. 請願의 理由

1. 太平洋戰爭當時 殘惡無道한 日本의 軍國主義者들은 우리의 아들딸들을 學兵 徵用工 徵用勞務者 挺身隊員 等々의 名目下에 徵發하여 戰線으로 惑은 後方으로 配置하고 人間以下의 待遇로 强制就役을 시키다가 그들이 降腹을 하자 廢履와 같이 내동댕이친 것은 우리가 다 周知하는 바입니다. 그 中에서도 가장 慘酷하고 분한 것은 日本廣島市와 長崎市에서 强制勞動을 當하다가 一九四五年八月六日과 仝月九日에 聯合軍이 投下한 原子爆彈에 五萬餘名의 우리 兄弟가 爆死하고 負傷者가 三萬餘名이나 된다는 事實입니다. 이 많은 負傷者 中에서 解放과 더불어 죽드라도 祖國땅에서 죽겠다고 傷處투성이의 몸을 이끌고 歸國한 同胞數가 約八千名! 이네들은 病苦로 祖國의 光復을 기뻐해볼 겨를도 없이 家産을 팔아가며 病院門을 뚜드리기 數年이 되어도 病은 나아지지 않고 家産만 蕩盡하여 모두 乞人身歲가 되었답니다. 우리 祖國 解放의 歷程이 政治的經濟的社會的 混亂에다가 六·二五事變까지 걸쳐서 이 混亂의 도가니 속에서 이네들의 人間으로서의 尊嚴性이 짓밟히고 漸次 妄却地帶로 暗埋葬되어 가는 것쯤은 九牛의 一毛라 諦念도 했으나, 不治의 病苦와 기난은 相乘的 加速度로 來襲하므로서 只今은 虛脫狀態에서 죽음만 기다리고 잇는 被爆者가 不知其數입니다. 人間의 生命力은 언제나 希望과 더불

어 存在하는 것임인지 이러한 處地에서도 韓日會談에서 原爆被害者 問題가 무겁게 다루어짐으로서 이들은 最小限度라도 옛날의 人間像의 一部라도 찾을 수 있지 않나 하는 한 가닥 希望을 걸고 注視苦待하였으나 이 기막힌 希望조차도 無慘하게 짓밟히고 말았읍니다. 이러한 妄却地帶에서 長々 二十餘年의 그늘진 生活 속에서 臥席終身만 기다리던 그들도 뒤늦게나마 自己의 살길은 自己 스스로가 찾아야 되겠다는 理念下에 뭉쳐서 日本과 美國 等의 市民들에게 愛隣運動을 펴는 한편 우리 政府當局에도 大韓民國々民으로서의 生存權利를 主張 또는 呼訴하기에 이르런 바입니다. 이러한 딱한 處地에 놓여있는 우리는 韓日會談에서 原爆으로 因한 □라고 思料되오니 國會의 權能과 特別詮議로서 善處있아옵기를 茲以 仰望하오며 아울러 參考文書를 別添하는 바입니다.

一九六 年 月 日
請願人 서울特別市龍山區漢江路二街一二七番地
社團法人 韓國原爆被害者援護協會
會長 洪淳鳳

62. 주일대사관 공문– 한국인 원폭 피해자 치료를 위한 의사단 파견에 따른 협조 요청

주일대사관
번호 일영 725-7500
일시 1971.7.2.
발신 주일대사
수신 장관
제목 한국인 원폭 피해자 치료를 위한 의사단 파견

일본 히로시마에 소재하는 피폭자 구원 일한협회는 한국내 피폭자 치료를 위하여 금년 가을 내로 내과의사 2명, 외과의사 2명, 동행자 2명을 한국에 보내어 원폭 피폭자 개료에 협력하겠으니 한국 정부의 협조를 요망하는 별첨과 같은 서한을 접하였기 이첩하오니 관계 당국에 문의하여 선처하여 주시기 바랍니다.

유첨 1. 피폭자구언[47)]일한협의장의 71.6.18. 자 공한사본 1통
     2. 동상   71.6.15 자 공한사본 1통

유첨-피폭자 구원 일한협의장의 71.6.18. 자 공한사본

　　医師団派遣についての要請
　　広島への原爆投下に際し、被爆された韓国人被爆者に対しては、従来特別
の援護措置が講ぜられていないことを遺憾とし、被爆被害者日韓協議会では数
年来そのことについて関心□ち□□け□力してきました。
　　その被爆、特に□□□□□□□□□□の□□を□□しており、速□の援
護を必要とする状況に□□ことを□ら□にしました。このため韓国在住被爆者
を広島に招いて診療することも試みましたが、実施上数多の困難を経験しまし
た。従って韓国在住被爆者のためには、韓国内に被爆者治療センターの実現を
目標とし、原爆症治療に関する両国医師の研究協力・資料交換および両国の国
際親善のため、取敢えず韓国在住被爆者を訪ね、出来得る限り診療治療を行う
ため、広島から原爆症専門医師を派遣することを計画しました。
　　今回は、第一回の企画として官民両方面からの内科・外科各二名、計四名の
医師と二名の同行者による韓国在住被爆者訪問医師団の派遣を実施したいと思
います。この医師団は韓国の関係当局者ならびに被爆者と会合して相互の理解
を深め、診療に協力するほか原爆治療センターの実現を促進するためにも努力
したい所存です。
　　何卒、右記の趣旨を御理解下さって、貴国への医師団派遣が、出来得れば
今年秋に実施され得るよう特別の御高配を賜り度く御願します。
昭和四十六年六月十八日
　　　　　　　　　　　被爆者救援日韓協議会
　　　　　　　　　　　議長　村上忠敬

駐日韓国大使
李澔　殿

---

47) 구원

유첨-피폭자 구원 일한협의장의 71.6.15. 자 공한사본

　　梅雨空にうっとうしい連日にもかかわらず、御活動に敬意を表します。
　　さて、被爆者救援日韓協会議会では過去三年間韓国在住被爆者の救援活動
をつづけてまいりましが、今年度は専門医師団を派遣し診療を行いたいと企画
を進めています。この企画は民間ベースによる善意の運動として推進したい所
存ですが、貴国政府士官の御理解、ご協力がない限り初期の目的は達成し得な
いと考えております。
　　つきましては、別紙の種類の通り貴領事館を経由し、駐日韓国大使館に要
請いたしたいと存じます。よろしく御取り計らいいただきますよう御願いいた
します。
敬具

昭和四十六年六月十五日

　　　　　　　　　　　　　被爆者救援日韓協議会
　　　　　　　　　　　　　議長　　村上忠敬

駐下関韓国領事殿

63. 외무부공문(발신전보)—피폭자 구원 일한협의회 정보 요청

외무부
번호 WJA-0758
일시 080950
발신 장관
수신 주일대사

　　대: 일영-8500(71.7.2)
　　대호건 처리에 참고코저하니 피폭자 구원 일한 협회의의 설립일자, 조직,
성격 및 업적 등을 조사 회보 바람.

64. 기안-한국인 원폭피해자 치료를 위한 일본 의사단 내방

외무부
번호 아북725-
시행일자 71.7.6.
기안책임자 동북아과 손일동
경유수신참조 보건사회부 장관
제목: 한국인 원폭피해자 치료를 위한 일본 의사단 내방

별첨 주일대사관의 공한 사본 및 피폭자 구원 일한협의회 의장의 서한 사본과 같이 일본 "히로시마"에 소재하는 피폭자 구원 일한협의회는 아국 내 원폭피해자를 진료하고 아국 관계당국 및 피폭자와의 상호 이해증진을 위하여 외, 내과 의사 각2명(계4명)과 동행자 2명을 아국에 보낼 계획으로 아국 정부의 의향을 문의하여 왔아오니 동건에 관한 귀부의 견해를 회시 바랍니다.
첨부: 1. 주일대사관의 공한 사본 1부
　　　 2. 피폭 자구원 일한협의장의 71.6.18.자 공한사본 1부
　　　 3. 　　　　　　　 〃 　　　　 71.6.15.자 공한사본 1부.
　　　　　　 끝.

65. 외무부공문-한국인 원폭피해자 치료를 위한 일본 의사단 내방

외무부
번호 아북725-
일시 1971.7.8.
발신 외무부 장관
수신 보건사회부 장관
제목 한국인 원폭피해자 치료를 위한 일본 의사단 내방

별첨 주일대사관의 공한 사본 및 피폭자 구원 일한협의회 의장의 서한 사본과 같이 일본 "히로시마"에 소재하는 피폭자 구원 일한협의회는 아국내 원폭피

해자를 진료하고 아국 관계 당국 및 피폭자와의 상호 이해 증진을 위하여 외, 내과 의사 각 2명(계4명)과 동행자 2명을 아국에 보낼 계획으로 아국 정부의 의향을 문의하여 왔아오니 동건에 관한 귀부의 견해를 회시 바랍니다.

첨부: 1. 주일대사관의 공한 사본 1부
      2. 피폭자구원 일한협의장의 71.6.18.자 공한사본 1부
      3.   〃   71.6.15.자 공한사본 1부. 끝.

66. 보건사회부 공문—한국인 원폭피해자 치료를 위한 일본 의사단 내방

보건사회부
번호 의정725~12645 75-6106
일시 1971.7.19.
발신 보건사회부 장관
수신 외무부 장관 의정과
제목 한국인 원폭피해자 치료를 위한 일본 의사단 내방

　　1. 아북725-12482(71.7.8.)에 관련됩니다.
　　2. 우리나라 원폭피해자에 대한 진료사업을 위하여 일본인 의료단 파견을 제의한 데 대하여 한일 양국 피폭자의 상호 이해증진과 우리나라 피폭자에 대한 치료 및 복지향상을 도모하고 또한 차분야의 전문적인 의료 기술 교류 등에도 큰 도움이 될 것으로 사료되는 것입니다.
　　3. 본사업 추진은 순수한 민간 사업으로 이루어지는 것으로 간주되며 한국 원폭피해자 원호 협회(대표 신영수)가 아국 주최 기관으로 지정될 것임을 당사 국 관계 기관에 통보하시고 이에 관한 세부 계획이 상호교환 되도록 조처하여 주시기 바랍니다. 끝.

67. 주일대사관 공문—피폭자 구원 일한협회에 관한 보고

주일대사관

번호 일영: 725-9076
일시 1971.7.27.
발신 주일대사
수신 장관
참조 아주국장
제목 피폭자 구원 일한협회에 관한 보고

대: WJA-0758
대호 지시에 대하여 아래와 같이 보고하며 참고 자류[48]를 유첨합니다.
1. 설입[49]일자: 1968.10.26.
2. 조직내용:
    가. 피폭자일한협회규약(별첨1. 참조)
    나. 한국측 부회장 최성원(히로시마 민단본부 단장)
                감사 양재식(히로시마 상은 상무이사)
                이사 강문회(히로시마 민단 사무국장)
3. 성격: 피폭자 구원 일한 협회는 "핵금회의파에 속하며 "일본원수폭협의회""
    (日本原水爆協議會-일본공산당계)와는 구별되는 것임.
4. 기타 참고사항: 피폭자구원 일한협회 설립에 관한 시문[50]기사 사본 등 별첨
    물(3.4.)를 참조하시압(영사)
유첨. 별첨물(1,2,3,4) 각1통식. 끝.

별첨#1 피폭자원호일한협의회 규약(안)

被爆者援護日韓協議會規約(案)
第1条 (名称と所在地)
    (1)この組織の名称を被爆者救援日韓協議会といい略称を「被韓協」にす
        る、

---

48) 자료
49) 설립
50) 신문

（2）被韓協の事務所は　　　　　　　　　　　　　　　　　　　　におく。

第2条（目的と事務）

（1）1945年8月6日以降広島市において、原爆被爆者ならびに被爆に起因する韓国原爆被害者を救援することを目的とする。

（2）事項の目的達成の為次の事項を行う。

　① 被爆者の実態を調査する。

　② 被爆者に対する治療及び入院を斡旋する。

　③ 被爆者に□業の指導ならびに斡旋を行う。

　④ 原子病に関する学術研究委員会を構成し、基礎調査を行う。

　⑤ 被爆者のうち生活困窮者を援助する。

　⑥ 其他、必要と認められるもの。

第3条（組織構成）

（1）被韓協はこの会の主旨及び目的に賛同する団体ならびに個人をもって組織する。

（2）□項の他、特別賛助会員を設ける。特別賛助会員とは、目的達成のための学□経験者ならびに相当の寄附行為のあった者を云う。

第4条（総会）

（1）被韓協の諸方針の決定ならびにこの規約の解釈に関する最高の権限は総会にある。

（2）総会は毎年1回、組織上特別に支障のない限り、定期的に　　月に開催する。

（3）定期総会の他、世話人会が特に必要と認めた時、もしくは構成組織または会員の3分の以上から開催の請求があった場合には臨時に開催する。

第5条（世話人会）

（1）世話人会は、総会の統制をうけ、被韓協の名のもとに活動する権限をもつ。

（2）世話人会は、被韓協の日常業務の執行および財政の運営に関する事項の処理を行う。

（3）世話人会の処理事項および活動の経過については、随時会員に報告しなくてはならない。

（4）世話人会は、会長・副会長・事務局長・理事をもって構成し、必要に
応じて随時開催する。

第6条（役員）

（1）被韓協の役員は、構成組織が推せんした候補者の中から次の員数を総
会がその都度決める選出方法で選出する。

　　　　会　　　長1名　　副会長2名
　　　　事務局長1名　　会　計1名
　　　　理　　　事1名　　監　査1名

（2）役員の任期は総会の翌年より翌々年の総会終了の日までとする。

第7条（財政）

（1）目的達成の為には基本財源が必要でありこれの収入は会費ならびに賛
助会員をもって充当する。会費の金額は別に定める。

（2）救援の為の事業経費については

① 援護会員は広く国籍を問わず募る。

② 一般寄附金を募る。

③ 救援金募集の運動を展開する。

等の運動を展開し、善意の浄財をもて充当する。

（3）被韓協の会費は毎月分を月末までに納入することを原則とし、脱会等
による会費の返却は行わない。

（4）救援を目的とした基金は特別会計とし、これの流用は一切行わない。

（5）被韓協の会計年度は毎月　　月1日にはじまり翌年の　　月末日までと
する。

（6）決算報告は会計分類の別に従い、一切の収支の費目と金額および財政
の状況を明かにして、監査の監査報告にもとづく証明を付して、書面に
より1回公表されなくてはならない。

（7）この規約の定めるもののほか会計処理に関しては総会の議を経て別に
定める。

附則

この規約は、昭和43年10月26日より効力をもつ。

別첨#2

会長
村上忠敏
生年月日 　　　明治４０年７月２３日
本籍地 　　　　愛媛県越智郡伯方町大字有津甲七四六－三
現住所 　　　　広島市己斐上二丁目五－二〇
最終学歴 　　　京都帝大理学部宇宙物理学
　　　　　　　昭和六年卒業
職歴 　　　　　京都大学理学部副手
　　　　　　　名古屋金城女子専門学校教授
　　　　　　　名古屋高等工業学校教授
　　　　　　　広島高等師範学校教授
　　　　　　　広島大学助教授
　　　　　　　広島大学教授
　　　　　　　女学院大学学長
宗教 　　　　　キリスト教新教
副会長
谷本清
生年月日 　　　明治４２年６月２７日
本籍地 　　　　香川県坂出市西庄町一三三四一□二
現住所 　　　　広島市上幟町九－一三
最終学歴 　　　アメリカジョージア州エモリー大学院卒
　　　　　　　昭和一五年卒業
職歴 　　　　　流川教会牧師　昭和一八年より
事務局長
稲永久義
生年月日 　　　昭和４年１月２７日
本籍地 　　　　山口県大島郡六島町京三浦八六〇
現住所 　　　　広島市東本浦町七－三一
最終学歴 　　　国際外語英文科中退
　　　　　　　昭和二四年三月
職歴 　　　　　帝人三原工場入社　昭和二四年十月
組合歴 　　　　帝人労組三原支部支部長　昭和三六年一二月
　　　　　　　全□□支部常任委員会議長　昭和三八年五月
　　　　　　　広島地方同盟書記長現在に至る　昭和四二年三月

별첨#3 -신문기사

(右)
韓国被爆者を広島で治療

近く救援組織を結成
広島日韓の平和団体など

(左)

韓国の被害者

広島に招き治療

日韓有志　救援協議会を結成

별첨#4 -신문기사

韓国人被爆者への原爆手帳
市、交付実現へ本腰
山田市長、近く政府と折衝

68. 기안-한국인 원폭피해자 치료를 위한 일본 의사단 내방

번호 아북700-
시행일자 1971.8.10.
기안책임자 동북아과 손일동
경유수신참조 수신처 참조
제목 한국인 원폭피해자 치료를 위한 일본 의사단 내방

    대: 일영725-8500(71.7.2)
    시영746(71.6.25.)
    1. 대호에 관하여 보건사회부는 별첨과 같이 아국 피폭자의 치료 및 복지향상에 도움이 될 것이므로 아국 관계 민간 단체인 한국인 원폭피해자 원호 협회와 연락하여 동 사업을 위한 세부계획을 상호 교환하도록 조치하여 달라는 것입니다.
    2. 따라서 피폭자 구원 일한 협의회로 하여금 상기 협회와 상호 연락하여 동 사업 추진을 위한 세부 계획을 교환 추진하도록 조치 바랍니다. 보사부에서는 동 건에 관하여 상기 협회에 기히 통보하였음을 첨언합니다.
    3. 참고로 동 협회의 주소 및 간부명은 아래와 같습니다.
        주소: 서울 특별시 중구 인현동2가 135-4
            전화: 26-4023
        회장: 신영수
        부회장: 임병택

첨부: 의정725-12645 사본 1부.
끝.

수신처: 주일대사, 주시모노세키영사

69. 외무부공문-한국인 원폭피해자 치료를 위한 일본 의사단 내방

외무부

번호 아북700-
일시 1971.8.10.
발신 외무부 장관
수신 주일대사, 주시모노세키 영사
제목: 한국인 원폭피해자 치료를 위한 일본의사단 내방

　　대: 일영725-8500(71.7.2)
　　　　시영746(71.6.25.)
　　　1. 대호에 관하여 보건사회부는 별첨과 같이 아국 피폭자의 치료 및 복지향상
에 도움이 될 것이므로 아국 관계 민간 단체인 한국 원폭피해자 원호협회와 연락
하여 동 사업을 위한 세부계획을 상호 교환하도록 조치하여 달라는 것입니다.
　　　2. 따라서 피폭자 구원 일한협의회로 하여금 상기 협회와 상호 연락하여 동
사업추진을 위한 세부 계획을 교환 추진하도록 조치 바랍니다. 보사부에서는
동 건에 관하여 상기 협회에 기히 통보하였음을 첨언합니다.
　　　3. 참고로 동 협회의 주소 및 간부명은 아래와 같습니다.
　　　　주소: 서울 특별시 중구 인현동2가 135-4
　　　　　　전화: 26-4023
　　　　회장: 신영수
　　　　부회장: 임병택
　　첨부: 의정725-12645 사본 1부. 끝.

70. 주시모노세끼 대한민국 영사관 공문—피폭자 구원 일한 협의회 의장 서한 및 계획서 송부

주시모노세끼 대한민국 영사관
번호 시영: 984
일시 1971.8.21.
발신 주시모노세끼 영사
수신 장관
참조: 아주국장

제목: 한국인 원폭피해자 치료를 위한 일본의사단

　　1. 피폭자구원 일한 협의회 의장의 서한 및 의사단 파한에 대한 계획서 사본을 별첨과 같이 송부하오니, 관계 기관에 통보하여 주시기 바랍니다.
첨부: 피폭자구원 일한 협의회 의장 서한 및 한국 피폭자 진료 의사단 파견 계획 사본 각2부. 끝.

첨부-파견계획 사본

　　昭和 45年 8月 18日
　　駐下関領事　殿

　　被爆者救援日韓協議会
　　議長　村上忠敏

　　連日の御活躍に敬意を表します。
　　さて、さきに要請いたしました韓国被爆者診療医師団派遣の計画を別紙の通り決定をいたしました。つきましては各□にわたり実行のため御考配たまわりますよう御願い申し上げます。
　　なお、諸般の際、若干の医薬品ならびに診療器具を持参いたしたいと存じますが、諸手続について尾指導たまわりますよう御願いいたします。
　　以上

韓国被爆者診療医師団派遣計画

　　広島への原爆投下に際し被爆された韓国人被爆者に対しては、従来特別の救援措置が講ぜられていないことを□□とし、被爆者救援日韓協議会では数年来そのことについて関心をもちつづき、努力してきました。
　　その結果、特に韓国在住被爆者が原爆症の診療を熱望しており、速急の援護を必要とする状況にあることを明らかにしました。このため、韓国在住被爆者を広島に招いて診療することも試みましたが、実施上□□な困難を経験しま

した。従って韓国在住被爆者のためには、韓国内に被爆者治療センターを設置して診療するのが適当であるため、必要に応じて広島から原爆症専門医師を送って診療に協力すること□□上策と考えるに至りました。

　われわれは韓国内での被爆者治療センターの実現を目標とし、原爆症治療に関する両国医師の研究協力・□□交換および両国の交際□□のため、取敢えず韓国在住被爆者を訪ね、出来得る限り診療治療を行うため、広島から原爆症専門医師を派遣することを計画しました。

　今回は第一回の企画として官民両方面からの内科・外科、計四名の医師と二名の同行による韓国在住被爆者□□医師団の派遣を実施したいと思います。この医師団は韓国の関係当局者ならびに被爆者と会合して相互の理解を深め、診療に協力するほか原爆治療センターの実現を促進するためにも努力したい所存であります。

　一。診療活動認可のための運動
（1）六月十日、核禁広島県会議議長村上忠敏、核禁本部一木事務局次長が駐日大使館金公使を訪ね、□□の□□を行い□力□□を行いました。
（2）六月十八日、稲永事務局長、居留民団広島□□本部姜事務局□駐下関領事館李領事□□□□□□□□□□□□
（3）六月二十九日より□居留民団□、□事務局長が帰国、韓国保険社会部（日本の厚生省）、医□協会（□□会）、韓国被爆者援□協会などの関係者とい現地の□入れ□□などを打□しました。
（4）全日本労働□同盟広島□方同盟、原爆病院、広大□□□、キリスト教医科連盟、核禁国民会議、□□□□会、韓国文化センター、折□の会、居留民団□方本部□の代表者が集まり、六月三十日在韓被爆者救援□□□委員会を発足しました。
（5）□□委員会の中に原□病院（石田内科部長）、広大原□□（渡辺教授）、キリスト教医科□□（□村□□□長）、核禁（稲永事務局長）による小委員会□□成、専門的な立場から具体□を作制しました。

概略の計画

時期　　　　　九月二十日より十月十日までの間
場所　　　　　ソウル　釜山　陜川
派遣の医師　　石田　定　　　　広島原爆病院内科部長
　　　　　　　河村虎太郎　　　河村久右衛門胃腸科内科病院院長
　　　　　　　江崎治夫　　　　広大原医研臨床第一部門長（内科）
　　　　　　　内野治人　　　　広大研医臨床第一部門長（内科）
随員　　　　　福永久義　　　　全日本労働総同盟広島□方同盟事□長
　　　　　　　姜文鄭　　　　　居留民団□□□長

日程

九月十五日日程　　代表団出発
　　　　　　　　　韓国保険社会部、医学協会、援護協会、関係大学病院等、関
　　　　　　　　　係機関との事前折衝と交流を重ね、村上忠敏議長が渡韓す
　　　　　　　　　る。
九月二十日　　　　石田原爆病院内科部長、河村病院長、随員一名渡韓（ソウ
　　　　　　　　　ル）
九月二十一日　　　診療打合せ
九月二二日
　　二三日　　　　石田、河村両医師によるソウルを中心とする被爆者の診療を
　　二四日　　　　実施
九月二五日　　　　医学交流を中心にシンポジュームの開催
九月二六日　　　　釜山に移動
九月二十七日　　　診療打合せ
九月二八日
　　二九日　　　　石田、河村両医師によるソウルを中心とする被爆者の診療
　　三十日
九月三十日　　　　広大原医研、内科第一部門（内科）長、江崎臨床第二部門
　　　　　　　　　（外科）長□□
十月一日　　　　　引続き並びに診療打合せ
十月二日　　　　　陜川に移動
十月三日　　　　　陜川診療打合せ並びに準備
十月四日
　　五日　　　　　内野、江崎両医師による□川を中心とする被爆者の診療
　　六日
十月七日　　　　　釜山に移動
十月八日　　　　　医学交流を中心にシンポジュームの開催
十月十日　　　　　帰国

○診療と併行して日韓両国の放射能医学の交流を行う。

　被爆者との交流を深める。

　援護協会はもとより、韓国各団体との交流を深め、被爆者援護のための理

解を深める活動を進める。

項目	金額	備考
会議費	200,000	準備□シンポジューム他、会□費
旅費	1,400,000	医師、随員、事前打合せ、渡航費を含む
交通費	200,000	準備委他国内交通費、韓国内交通費
会場費	150,000	ソウル、釜山、陝川
衣料品費	270,000	（一日）30名×九日×1,000円
計	2,500,000	

제2부
법적지위협정 시행

해방이후 재일한인 외교문서 해제집

제3권 (1945~1969)

1. 재일한인의 법적지위협정

한일회담[1]에서는 14년간에 걸친 협의 이후 1965년 6월 22일에 기본조약 및 제협정과 더불어 「재일한국인의 법적지위 및 대우에 관한 협정」(이하, 「법적지위협정」)이 조인되었다. 이 협정은 재일한인의 영주권 문제, 강제퇴거 문제, 처우 문제 등에 대한 규정을 두고 있으며, 이를 통해서 재일한인들이 영주권을 획득할 수 있는 길이 열렸다. 1965년 6월 22일 한일기본조약이 타결되면서 1965년 12월 18일 한일 양국 정부의 비준서가 교환되고, 1966년 1월 17일부터는 효력이 발생하기에 이른다. 한일기본조약과 더불어 이 조약의 부속협정으로 「재산 및 청구권에 관한 문제의 해결과 경제협력에 관한 협정」, 「재일한국인의 법적지위 및 대우에 관한 협정」, 「어업에 관한 협정」, 「문화재 및 문화협력에 관한 협정」 등이 함께 조인되는데, 이 중에서 「재일한국인의 법적지위 및 대우에 관한 협정」은 재일한인의 영주권 문제, 강제퇴거 문제, 본국 귀환 때의 재산 처리 문제 등에 대한 규정을 두고 있다. 이 법적지위협정은 협정 취지가 담긴 전문과 6개 조항을 규정하고 있으며, 협정문의 내용은 다음과 같다.

〈대한민국과 일본국간의 일본국에 거주하는 대한민국 국민의 법적지위와 대우에 관한 협정〉

대한민국과 일본국은 다년간 일본국에 거주하고 있는 대한민국 국민이 일본국의 사회와 특별한 관계를 가지게 되었음을 고려하고, 이들 대한민국 국민이 일본국의 사회질서 하에 안정된 생활을 영위할 수 있게 하는 것이 양국 간 및 양국 국민 간의 우호관계 증진에 기여함을 인정하여 다음과 같이 합의하였다.

제1조

1. 일본국 정부는 다음의 어느 하나에 해당하는 대한민국 국민의 본 협정의 실시를 위하여 일본정부가 정하는 절차에 따라 본 협정의 효력 발생일로부터 5년 이내에 영주허가의 신청을 하였을 때에는 일본국에서의 영주를 허가한다.

  (a) 1945년 8월 15일 이전부터 신청 시까지 계속하여 일본국에 거주하고 있는 자

  (b) (a)에 해당하는 자의 직계비속으로서 1945년 8월 16일 이후 본 협정의 효력 발생일로부터 5년 이내에 일본국에서 출생하고 그 후 신청 시까지 계속하여 일본국에 거주하고 있는 자

---

1) 한일회담은 1951년부터 1965년 6월 22일 한일기본조약이 타결되기까지 14년간 총 7차례에 걸쳐 이루어진 대한민국과 일본국 간의 일련의 회담을 말한다.

2. 일본국 정부는 1의 규정에 의거하여 일본국에서의 영주가 허가되어 있는 자의
   자녀로서 본 협정의 효력 발생일로부터 5년이 경과한 후에 일본국에서 출생한 대
   한민국 국민이 본 협정의 실시를 위하여 일본정부가 정하는 절차에 따라 그의 출
   생일로부터 60일 이내에 영주허가의 신청을 허가하였을 때에는 일본국에서의 영
   주를 허가한다.
3. 1(b)에 해당하는 자로서 본 협정의 효력 발생일로부터 4년 10개월이 경과한 후에
   출생하는 자의 영주허가의 신청기한은 1항의 규정에 불구하고 그의 출생일부터
   60일 이내로 한다.
4. 전기의 신청 및 허가에 대하여는 수수료는 징수되지 아니한다.

제2조

1. 일본국 정부는 제1조의 규정에 의거하여 일본국에서의 영주가 허가되어 있는 자
   의 직계 비속으로서 일본국에서 출생한 대한민국 국민의 일본국에서의 거주에 관
   하여는 대한민국 정부의 요청이 있으면 본 협정의 효력 발생일로부터 25년이 경과
   할 때까지는 협의를 행함에 동의한다.
2. 1의 협의에 있어서는 본 협정의 기초가 되고 있는 정신과 목적을 존중한다.

제3조

　제1조의 규정에 의거하여 일본국에서의 영주가 허가되어 있는 대한민국 국민은
본 협정의 효력 발생일 이후에의 행위에 의하여 다음의 어느 하나에 해당되는 경우
를 제외하고는 일본국으로부터의 퇴거를 강제당하지 아니한다.

　(a) 일본국에서 내란에 관한 죄 또는 외환에 관한 죄로 인하여 금고 이상의 형에
　　　처하여진 자(집행유예의 언도를 받은 자 및 내란에 부화수행한 것으로 인하여
　　　형에 처해진 자를 제외한다.)

　(b) 일본국에서 국교에 관한 죄로 인하여 금고 이상의 형에 처하여진 자 또는 외국
　　　의 원수, 외교사절 또는 그 공관에 대한 범죄행위로 인하여 금고 이상의 형에
　　　처하여지고 일본국 외교상의 중대한 이익을 해한 자

　(c) 영리의 목적으로 마약 등의 취체에 관한 일본국의 법령에 위반하여 무기 또는
　　　3년 이상의 징역 또는 금고에 처하여진 자(집행유예의 언도를 받은 자를 제외한
　　　다). 또는 마약류 취체에 관한 일본국의 법령에 위반하여 3회(단, 본 협정의 효
　　　력 발생일 전의 행위에 의하여 3회 이상 형에 처하여진 자에 대하여는 2회) 이상
　　　의 형에 처하여진 자

　(d) 일본국의 법령에 위반하여 무기 또는 7년을 초과하는 징역 또는 금고에 처하

여진 자

제4조

일본국 정부는 다음에 열거한 사항에 관하여 타당한 고려를 하는 것으로 한다.

(a) 제1조의 규정에 의거하여 일본국에서 영주가 허가되어 있는 대한민국 국민에 대한 일본국에 있어서의 교육, 생활보험 및 국민건강보험에 관한 사항

(b) 제1조의 규정에 의거하여 일본국에서 영주가 허가되어 있는 대한민국 국민(동 조의 규정에 따라 영주허가의 신청을 할 자격을 가지고 있는 자를 포함함)이 일본국에서 영주할 의사를 포기하고 대한민국으로 귀국하는 경우의 재산의 휴 행 및 자금의 대한민국에의 송금에 관한 사항

제5조

제1조의 규정에 의거하여 일본국에서의 영주가 허가되어 있는 대한민국 국민은 출입국 및 거주를 포함하는 모든 사항에 관하여 본 협정에서 특히 정하는 경우를 제외하고는 모든 외국인에게 동등히 적용되는 일본국의 법령의 적용을 받는 것이 확인된다.

제6조

본 협정은 비준되어야 한다. 비준서는 가능한 한 조속히 서울에서 교환한다. 본 협정은 비준서가 교환된 날로부터 30일 후에 효력을 발생한다. 이상의 증거로서 하 기 대표는 각자의 정부로부터 정당한 위임을 받아 본 협정에 서명하였다. 1965년 6월 22일 토오쿄오에서 동등히 정본인 한국어 및 일본어로 본서 2통을 작성하였다.

대한민국을 위하여　　　일본국을 위하여
이 동 원　　　　　　　시이나 에쓰사부로오
김 동 조　　　　　　　다까스기 싱이찌

이와 같은 법적지위협정이 타결되기까지 한일회담을 통해서 협의된 재일한인의 법적지위에 관한 주요 논의 의제는 재일한인의 영주권 범위 및 부여 방법, 영주권자 귀화문제, 강제퇴거 문제, 재산반출 및 국적 확인 등이었다. 영주권의 범위에 대해서 한국 측은 종전 당시부터 일본에 계속 거주한 자, 협정체결 당시까지 출생한 그 자손 및 협정체결 당시부터 상당한 기간 이내에 출생한 자손에게 영주권을 부여할 것을 제안하고 있는 데에 대해 일본 측은 영주권의 부여 범위가 확대되면 강제퇴거 사유 도 당연히 확대되어야 한다는 입장을 취하고 있었다. 이러한 법적지위협정에서 원칙 적으로 합의된 내용은 종전부터 거주한 자에 대한 영주권 부여, 영주허가 신청기간,

강제퇴거 문제, 영구귀국자의 재산반출 및 송금 등에 관한 내용 등이었다. 그리고 재일한인들이 일본에 거주하게 된 역사적 배경의 특수성을 고려하여 그들에게 특별한 법적 지위와 처우를 부여해야 한다는 내용으로 협의가 진행되었다.

이러한 내용을 통해서도 알 수 있는 바와 같이 한일회담의 법적지위에 관한 협의를 통해서 도출된 가장 큰 성과 중의 하나가 재일한인의 영주권에 관한 내용이라고 할 수 있을 것이다. 그러나 종전 당시부터 일본에 거주한 자와 협정 효력 발생 5년 이내에 출생한 직계비속에 한정하여 영주허가를 할 수 있는 내용이기 때문에 그 이후 세대 또는 가족과의 단절을 피할 수 없는 기형적이고 모순적인 내용으로 맺어진 협정이라고 볼 수 있을 것이다. 이 법적지위협정으로 인해서 재일한인을 대한민국 국민과 국적이 없는 조선인으로 양분하여, 결과적으로 전자에게는 영주권을 인정하고 후자는 영주권을 인정받지 못하는 처지에 직면하게 되는 결과를 가져왔다. 그리고 강제퇴거를 명시적으로 삽입함으로써 국가권력에 의한 재일한인 개개인의 기본권이 침해될 수 있는 내용이라는 점 또한 지적하지 않을 수 없다.

2. 법적지위협정에 대한 한일 양측의 기본적인 입장

1951년 10월에 시작된 한일예비회담의 교섭에서 1965년 6월 22일 한일기본조약이 체결되기까지 14년의 세월을 거친 한일회담의 본래의 취지는 한국에 대한 일본의 불법지배가 남긴 유산을 법적으로 청산하고 한일 양국 간의 새로운 정치·경제 관계를 구축하는 데 있었다. 그렇기 때문에 단순한 「우호·통상조약」이 아닌 「기본관계조약」이라는 명칭을 사용하게 되었고, 재일한인의 지위 및 처우 개선에 관한 조약의 경우에도 일본 측은 재일한인의 「대우」라는 표현을 사용하자고 주장했지만, 한국 측은 처음부터 「법적지위」에 집착했다고 볼 수 있다.

일본 측은 한일회담 초반에는 「법적지위」라는 용어는 그 개념이 광범위하기 때문에 협정의 표제를 일본국에 재류하는 대한민국 국민의 「대우」에 관한 협정으로 할 것을 강력히 주장하였으나, 한국 측은 교섭의 경위나 협정에 규정되는 내용으로 보아 「법적지위」라는 용어 사용을 강력히 주장하여 한국 측 입장을 관철시켜 「법적지위 및 대우에 관한 협정」으로 체결되었다(공보부)고 한다.

법적지위협정 제1조(영주권 관련)는 1945년 8월 15일 이전부터 일본국에서 계속 거주하던 자(1항-a)와 그들의 직계비속으로 본 협정 발효일로부터 5년 이내(1971년 1월 16일)에 일본국에서 출생하고 계속하여 일본국에 거주하고 있는 자(1항-b), 그리고 이들의 자녀로서 1항의 협정영주권 신청만료일이 경과한 후에 일본국에서 출생한 자(2항)에 대하여 신청이 있는 경우 영주권을 부여하도록 하고 있다. 영주신청 시에 제출하는 서류는 (1)영주허가신청서, (2)국적증명서, (3)사진, (4)가족관계 및 일본국 거주경력 진술서, (5)외국인 등록증명서 등인데, 국적증명서에 관해서 대한 민국 여권 또는 재외국민 등록증을 제시할 수 있는 신청자는 대한민국 국적을 갖고 있다는 진술서를 우선 제출하고 일본정부 당국의 조회에 관해 한국 정부의 확인으로 간소화하는 절차를 취하고 있다. 이러한 간소화 절차를 토대로 재일한인 중에 조총 련계에 속해 있는 자에 대해서도 폭넓게 포용하는 길이 열려 있다(공보부)는 점을 홍보하고 있다.

그리고 일본은 재일한인의 법적지위에 대해서는 주로 강제퇴거에 치중하여 외국 인에 대한 강제송환권이 주권국가의 자주적 권한임을 내세워 「출입국관리령」에 따 라 퇴거강제 처분을 취할 수 있도록 하고 있다. 이에 대해서 한국은 재일한인에 대해 서는 일본의 국내법과 관계없이 그 지위의 특수성에 상응하는 대우가 부여되어야 한다는 점을 강조하고, 강제퇴거 사유에 대해서는 일본의 「출입국관리령」과는 별도 로 협의가 필요하다는 입장을 견지하고 있다.

3. 재일한인의 법적지위협정 시행에 따른 문제점

1965년 한일기본조약 체결 당시 한국 국적을 보유한 재일한인에게는 협정영주권 을 부여하였으나 당시 협정영주권자 후손의 법적지위는 미해결 상태로 남겨두고 있 었다. 이 문제를 협정 발효 시점인 1966년 1월 17일부터 25년 이내에 한국 측의 요청이 있으면 일본은 재일한인의 법적지위에 대해 재협의하기로 결정하였다.[2] 한 일회담 이후 영주권 신청에 대한 재일한인들의 관심도를 알아보기 위해 민단신문의 보도를 잠시 살펴보면, 한일회담 직전의 1965년 4월 18일자 신문기사에서 알 수 있 는 바와 같이 재일한인의 법적지위 관철, 영주권 문제 일보 전진, 처우문제의 계속 협의, 재일한인의 영주권 범위와 처우문제에 관한 좌담회 개최 등이 헤드라인의 대 부분을 차지하고 있다.[3] 그리고 1966년 1월 17일 「법적지위협정」이 발효된 시점인 1월 18일자 신문기사를 보면, 17일부터 재일한인들의 영주권 신청을 위한 제출서류, 영주허가신청서 양식, 출입국관리특별법[4] 등에 대해 자세히 안내하면서 민단 지부

---

2) 일본정부가 허가한 협정영주권으로는 협정영주권자 후손의 법적지위 문제가 해결되지 못했 다. 재협의 마감시한인 1991년 1월 한일 양국 간의 「합의각서」 채택을 통해 재일한인 후손들 에게 일률적으로 특별영주권이 부여되었다.

3) 한국신문 제828호(1965년 4월 18일자) 1~3면 참조

4) 일본국에 거주하는 대한민국 국민의 법적지위 및 대우에 관한 일본국과 대한민국 간의 협정

를 통해 일괄 신청하도록 홍보하고 있다. 그리고 조총련 산하 동포도 한국 국적을 취득할 수 있도록 설득하고 영주권 신청을 통해서 재일한인의 법적지위 확보에 적극적으로 나서도록 계몽하는 내용의 기사가 헤드라인을 차지하고 있다.[5] 이처럼 「법적지위협정」의 핵심인 영주권 신청은 1966년 1월 17일 협정 발효와 더불어 시작되는데, 이때부터 1971년 1월 16일 영주권 신청이 마감될 때까지 5년 동안의 민단신문 주요 기사가 영주권 신청 촉진과 홍보에 주력하는 기사 내용이 상당 부분을 차지하고 있었다는 것은 재일한인들에게는 영주권 문제가 그만큼 중요한 사안이었기 때문일 것이다. 그러므로 재일한인의 법적지위협정 시행과 관련하여 이번 해제는 이 기간 동안을 중심으로 정리하고자 한다.

우선, 재일한인의 영주권 신청 촉진과 관련된 외교문서의 사례를 살펴보기로 한다. 「법적지위협정」의 발효시점인 1966년에는 재일한인의 법적지위 현안 문제를 협의하기 위해 대사관과 민단의 법적지위대우대책위원회(이하, 법대위) 간에 수차례에 걸친 법적지위협의회를 개최하여, 재일한인의 법적지위 문제에 관한 전반적인 검토 및 현황을 파악하게 된다.[6] 특히, 협정영주권 신청의 진척 상황 파악과 문제점 검토를 위해 한국 정부와 민단이 적극적으로 나서고 있음을 확인할 수 있다. 그러나 영주권 신청은 한국 정부가 의도하는 바와 달리 좀처럼 순조롭게 진척되지 못하고 부진한 상황에 직면했다. 이러한 상황에 직면한 이유로는 국적진술서 등의 서류작성이 지나치게 번거롭다는 점과 외교공관의 계몽 및 지도가 불충분했던 점, 영주허가의 실질적 이익이 무엇인지를 이해하지 못하는 재일한인들이 많았다는 점에 있다고 판단하고 1967년부터는 더욱 적극적으로 영주권 신청 촉진 운동을 전개하게 된다. 그리고 영주권 신청 부진 사유에 대해서는 민단 법대위(위원장 이유천)가 한국 정부에 제출한 「본국정부에 대한 요청사항」에도 잘 나타나 있다.[7] 법대위의 청원서에 따르면, 1966년 1월 17일의 재일한인 법적지위협정 발효에 따른 협정영주권과 일반영주권을 신청함에 있어서 재일한인에 대한 주거 안정을 위해 일본 당국과 강력하게 교섭해줄 것을 요청하고 있다. 이 청원서에는 영주권 신청의 부진 사유로 전후 입국자 문제와 외국인등록증 문제, 출입국관리령에 의한 재입국허가의 심사 문제 등 부당한

실시에 따른 출입국관리특별법
5) 한국신문 제849호(1966년 1월 18일자) 1~3면 참조
6) 일본한국대사관과 민단의 법적지위대우대책위원회는 제1차(1966년 5월 19일)에서 제6차(1967년 1월 16일)까지 시행 1년 동안 총 6차례에 걸친 법적지위협의회를 개최한 바 있다.
7) 재일본대한민국거류민단 법적지위대우대책위원회「본국정부에 대한 요망사항 – 재일한국인의 법적지위 및 대우문제에 관하여-」(1967.1.25.)

조치를 당할 위험성이 있다고 지적하고 일본정부와 교섭하여 이러한 문제점 해결을 위한 요망사항이 관철될 수 있도록 한국 정부가 적극적으로 나서줄 것을 요청하는 내용이 담겨 있다. 이외에도 샌프란시스코 강화조약(1952년 4월 28일)때까지의 입국자 문제, 그 이후의 입국자 문제가 담겨 있으며, 첨부서류 간소화 등의 내용이 포함되어 있다. 또한, 재일한인의 처우에 관한 문제로서 사회보장 문제(각종 복지연금 적용, 직업권, 재산권), 재산 반출 문제, 세금공제에 대한 문제, 현금 송금 문제, 모국 투자방법 문제 등이 구체적으로 담겨 있다.

그리고 민단 법대위의 청원서 제출에 이어 다시 법적지위 진정단은 민단 중앙본부 주최로 개최된 제48회 3.1절 기념 경축민중대회에서 채택한 대통령에게 보내는 메시지와 함께 첨부된 재일한인 법적지위 문제에 관한 진정서를 제출하고 이승만 대통령 예방을 요청하게 된다.[8] 이 진정서의 첨부자료로 제출된 민단 법대위의 「법적지위의 문제점과 해설」에는 앞서 제출한 청원서보다 한층 더 구체적인 재일한인의 법적지위에 관한 문제점을 잘 정리하고 있다.[9] 이 진정서의 성명서에 따르면, 법적지위협정은 지금까지 무국적 상태로 방치되어 있던 재일한인이 법적으로 그 지위를 인정받은 것은 사실이지만, 이로 인하여 지금까지 자격이 다른 부모와 자식이 불안한 상태에서 생활해야 하고 가족 간의 이별이 현실로 다가왔다는 문제점을 제기하고 있다. 해방 직후에 일시 귀국하였는데 법적지위협정으로 인하여 불법입국자 신분으로 조사를 받아야 하는 처지에 놓여있기 때문에 경우에 따라서는 강제로 추방당할 수 있다는 재일한인의 불안감과 위기감을 반영한 진정 내용이었다. 그러므로 이러한 복잡한 사정을 정당하게 처리하고 법적지위협정을 올바르게 운용하기 위해서 한일 양국 간 「공동위원회」의 조속한 설치를 강력하게 요구하고 있다. 그리고 이 위원회에 민의를 적극적으로 대변할 수 있도록 당사자인 재일한인 대표를 참가시킬 것을 요구한다는 내용이었다. 이 법적지위협정 시행에 관한 공동위원회 설치 요청은 1967년 2월 13일에 개최된 제9회 민단 중앙위원회에서 만장일치로 결의한 민단 대표를 포함하는 한일 공동위원회 설치를 한일 양국 정부에 요청하는 내용이었다.[10]

여기에서 협정영주권 제도는 재일한인의 기본적인 거주권을 무시한 퇴거강제 조항과 재입국 허가 등의 부수적인 조건이 붙어 있었다. 「법적지위협정」 제3조에서 다음에 해당하는 자는 일본에서 강제로 추방한다고 명기하고 있다.

---

8) 외아교 제725호 「대통령 각하에게 보내는 멧세지」, 1967년 3월 15일
9) 재일본대한민국거류민단 법적지위대우대책위원회 「법적지위의 문제점과 해설」(1967.2.)
10) 한국신문 제870호(1967년 3월 28일) 1면 참조

(a) 일본국에서 내란죄 및 외환에 관한 죄로 인하여 금고 이상의 형을 받은 자

(b) 일본국에서 국교에 관한 죄로 인하여 금고 이상의 형에 처해진 자 또는 외국 원수 및 외교사절 또는 그 공관에 대한 범죄행위로 인하여 금고 이상의 형에 처해지고 일본국의 외교상 중대한 손해를 입힌 자

(c) 영리 목적으로 마약류 단속에 관한 일본국 법령을 위반하여 무기 또는 3년 이상의 징역 또는 금고형에 처해진 자. 또는 마약류 단속에 관한 법령을 위반하여 3회 이상의 형을 받은 자

(d) 일본의 법령에 위반하여 무기 또는 7년 이상의 징역 또는 금고에 처해진 자

위의 협정 내용에 따르면 영주권 허가를 받은 자의 재입국 허가를 면제한다는 조항이 없으므로, 협정영주권자라 하더라도 일본 출국 후에 재입국을 희망할 때는 다시 재입국 허가를 받아야 한다는 의미로 해석될 수 있다. 다시 말하면, 재입국 허가를 받지 않고 출국할 경우에는 일본에 처음 입국하는 외국인과 동일한 심사를 받아야 한다는 것이다. 협정 조항의 이러한 내용은 일반 재일외국인의 영주권과 별반 다를 게 없는 내용이었다.

이러한 가운데, 한국 정부는 주일한국대사관을 비롯한 공관을 통해서 재일한인의 법적지위협정 시행을 위해 영주권 신청 절차를 간소화하는 등의 조치에 대해 적극적으로 홍보하고 나섰다. 예를 들어 1967년 주일한국대사관에서 외무부에 보내는 협정영주권 허가 신청 촉진 방안 관련 외교문서를 살펴보면, 협정영주권 신청 촉진을 위해 대사관의 안내서 배포 및 강연회 개최는 물론이고, 민단조직을 통한 촉진 운동과 교포신문을 통한 선전 홍보 등 더욱 더 구체적이고 체계적인 홍보 활동에 나서고 있음을 알 수 있다. 아울러 민단의 법대위에 대한 발전적 개편을 지도하고, 영주허가 신청 촉진을 위한 구체적인 내용을 각급 공관장에 통보하며 관할 민단장에게도 이에 대한 적극적인 동참을 촉구하게 된다. 재일한인의 영주허가 신청 촉진을 위해 신청 서류 중에서 가장 문제가 되었던 국적증명서를 대신하는 국적에 관한 진술서 제출이 손쉽게 이루어질 수 있도록 관할 공관의 적극적인 지도와 신청서류 간소화 등의 조치를 취하게 된다. 이에 대해서는 주일한국대사관이 작성한 「재일교포의 법적지위에 관한 문제점 및 교섭현황」에서도 잘 알 수 있다.[11] 이 자료에 따르면, 구비서류가 과다하고 기입이 복잡하다는 점과 접수창구의 불친절 및 거주경력의 조사가 엄격하다는 점 등을 협정영주권 허가신청의 부진 이유로 들고 있다.

---

11) 주일영 제725-1945호 「재일교포 법적지위에 관한 문제점 및 교섭현황 송부」, 1967년 7월 18일

그러면, 1969년 주일한국대사관에서 외무부에 보내는 재일한인 법적지위에 관한 청원 관련 외교문서를 살펴보기로 한다. 재일거류민단 단장 이희원이 대통령에게 제출한 「재일교포의 법적지위 및 대우문제에 관한 청원서」의 내용을 요약하면 다음과 같다.[12]

(1) 협정영주권 문제 : 협정영주권을 신청함에 있어서 거주경력을 조사하지 않도록 할 것.
(2) 전후 밀입국자에 대한 영주권 문제 : 대일평화조약 발효일(1952.4.28.) 이전에 입국한 자에게 일본출입국관리령에 따른 일반영주권을 부여할 것.
(3) 일반 밀입국자에 대한 거주권 문제 : 대일평화조약 발효일부터 법적지위협정 서명일(1965.6.22.) 이전에 입국한 자에 대하여 거주권이 부여되도록 할 것.
(4) 밀입국자 퇴거강제 문제 : 이상의 문제점이 해결될 때까지 퇴거강제자를 인수하지 말 것.

(1)의 청원 사항은 해방 이전에 일본에 입국하였다가 해방 후 본국에 다녀감으로서 일본에서의 거주경력이 사실상 중단된 적이 있었던 자 중에서도 외국인등록증에 「126-2-6」으로 표시된 자[13]에 대해서는 계속 거주경력의 사실 조사를 하지 않고 협정영주권을 부여받을 수 있도록 하는 것이며, (2)의 경우는 해방 이전부터 일본에 거주하였으나 해방 이후 일시 귀국하였다가 샌프란시스코 강화조약 발표일 이전에 일본에 입국하여 거주해온 자에 대해서는 입국관리법령에 의한 일반영주권을 취득할 수 있으나 해방 이전부터 거주하지 않았더라도 샌프란시스코 강화조약 발효일 이전에 일본에 입국한 자에게도 복잡한 심사를 하지 않고 일반영주권을 부여받을 수 있도록 요청하는 내용이다. 그리고 (3)의 청원 사항은 샌프란시스코 강화조약 발효일 이후부터 법적지위협정 서명일까지 일본에 밀입국한 자는 가족 구성 등 인도적인 견지와 법적지위협정의 정신에 입각하여 거주권(특별재류허가)이 부여받을 수 있도록 하는 것이며, (4)는 (1)~(3)의 청원 사항이 반영되지 못해서 발생하는 강제퇴

---

12) 외아교 제725-14643호 「재일교포 법적지위에 관한 청원」, 1969년 5월 26일
13) 재일한인을 증명할 수 있는 법적근거가 없기 때문에 법률 제126호를 제정하여 별도의 재류자격이 정해질 때까지 계속해서 일본에 재류할 수 있도록 했다. 일본정부는 법률 제126호를 통하여 종전 이전부터 일본에 거주하던 재일한인들에게는 출입국관리령상의 재류자격과 관계없이 당분간 일본에 살 권리를 인정한 것이다. 재일한인 재류에 관해서는 제126호 제2조 6항에 명기되어 있기 때문에 「법률 126-2-6」이라고 칭한다.

거자에 대해서는 한국정부가 인수를 거부하도록 요청하는 내용이다.

이에 대한 주일한국대사관의 의견은 다음과 같다.[14]

(1) 협정영주자의 거주력 추인에 관하여 민단에서 주장하는 126-2-6의 외국인 등록증을 소지하고 있는 자에 대한 무조건적인 협정영주권 부여 요구는 한일 간 법적지위협정 시행에 있어서 지금까지 양해사항 및 실무자회담의 경위에서 잘 나타난 일본 측의 태도를 보아 현실성이 없는 요구라고 생각됨. 이 문제는 한일 양국 간의 고차적 회담에서 결격자의 구제를 강구해야 할 것으로 생각됨.

(2) 일반영주권 신청에 대하여 일본정부가 호의적으로 취급하지 않고 실제로 허가된 자가 전무하다고 하지만, 어떠한 근거에서 이렇게 과대해석을 하는지 이해하기 곤란함. 이 문제는 출입국관리령에 의한 것으로서 수속상의 서류가 복잡하기는 하지만, 특별한 사유가 있는 자를 제외하고는 호의적으로 허가하고 있음. 좀 더 용이하게 허가될 수 있도록 계속 실무진과 접촉함이 효과적이라고 생각됨.

(3) 법적지위협정 서명일까지 입국한 자까지도 일본국에 정주할 수 있도록 요구하는 것에 대하여 현단계에서는 문제를 제기함이 현실적이지 못하기 때문에 계속적인 노력을 하는데 주력하고 순차적으로 확대해가는 것이 타당하다고 생각됨.

위에서 살펴본 바와 같이 재일한인의 법적지위협정 시행에 따른 문제점 해결을 위해 주일한국대사관과 각 지역공관은 민단이 구성한 대책위원회와 함께 대책을 강구하게 된다. 민단은 재일한인의 안정된 거주권 확보와 권익 옹호를 위해 한국 정부가 일본정부와 교섭해서 해결해줄 것을 강력하게 촉구하고 나섰다. 이와 더불어서 재일한인의 법적지위 및 처우에 관한 한일 간의 실무자회담이 네 차례 개최되었다.[15]

이러한 결과로 재일한인의 법적지위협정에 의한 영주권 신청기한인 1971년 1월 16일 시점을 기준으로 협정영주권 신청자수가 60만 재일한인 중에서 대략 35만 명

---

14) 주일영 제725-1-2416호 「재일교포 법적지위에 관한 청원」, 1969년 7월 3일

15) 재일한인의 법적지위 및 처우에 대한 실무자회담은 제1차 회담(1967.7.20.~21. 도쿄), 제2차 회담(1968.11.5.~6. 도쿄), 제3차 회담(1971.4.16.~17. 도쿄), 제4차 회담(1971.10.11.~12. 도쿄) 등이 개최되었다.

을 상회하는 것으로 파악되었다. 협정영주권 신청기간 5년 동안 많은 재일한인들이 외국인등록의 국적 표기를 「조선」에서 「한국」으로 변경하였다. 대한민국 국적자수는 1969년을 기점으로 조선적을 추월하게 되었다.[16] 그리고 네 차례에 걸친 재일한인의 법적지위에 관한 실무자회담의 주된 내용은 재일한인의 협정영주권 신청 허가 및 범위 확대, 강제퇴거 및 사회보장을 통한 처우 개선에 관한 사항이었다. 한국 측은 재일한인의 영주권 취득과 처우 향상을 위해 인도적 견지에서 호의적으로 처리해달라는 요청이었고, 일본 측은 법적지위협정의 합의조항을 근거로 내세워 불가하다는 입장을 보인 경우가 많았다. 실무자회담을 통해서 진행되는 내용을 살펴보면, 재일한인이 존재하는 역사적인 배경에는 일본정부가 가장 큰 책임이 있음에도 불구하고, 최소한 재일한인의 거주권을 보장해주기는커녕, 한국 국적을 선택하는 자가 영주권을 신청했을 경우에 한해서 이를 허가하겠다는 논리로 일관한 결과라고 볼 수 있을 것이다.[17]

참고로 제4차 실무자회담이 개최되기 직전에 민단본부는 한국 정부에 대한 청원서를 제출하게 되는데, 이 청원서 내용은 1971년 1월 16일로 신청기한이 마감되면서 재일한인들에게 다가올 불투명한 미래에 대한 불안함과 초조함을 여실히 보여주는 내용에 가깝다고 볼 수 있다.[18]

이 청원서에는 재일한인의 영주권 신청기한의 연장 요청과 대우문제(사회보장관계법령 및 금융관계법령 차별대우 개선 등)에 관한 내용이 담겨 있다. 이 청원서 내용에 담겨 있는 영주권 신청기한의 연장 요청 사유는 일본정부의 행정지도 미흡과 조총련의 방해공작 때문에 영주권 신청을 하지 못한 재일한인들이 많다는 내용이었다. 그러나 결과적으로 영주권 신청기한 연장 요청은 일본 측의 거부로 반영되지 못했다. 한국측의 영주권 신청기한 연장 요구에 대해 일본측은 행정적으로 신청기한 연장이 불가능하며 그 외에도 「법률 126-2-6호」 해당자에 대한 경과 조치를 어떻게 처리할 것인가 하는 문제가 더 중요하다는 입장이었다. 결과적으로 협정영주권의 미신청자에 대한 구제 조치는 이루어지지 못했다. 그리고 협정영주권은 「한국적」을 전제로 부여되면서 조총련계는 이를 외면하였기 때문에 재일한인 사회 속의 이념적 갈등과 분열을 야기하는 결과를 초래했다는 점과 협정영주 3세에 대한 관련 규정이

---

16) 한영혜·김인수·정호석(2020) 『경계와 재현-재일한인의 국적, 사회 조사, 문화 표상-』한울, p.35
17) 조총련 측은 재일한인들이 모두 「법률 126-2-6」에 의한 재류를 계속 유지할 것을 주장하고 있는 상황이었다.
18) 재일본대한민국거류민단「본국정부에 대한 청원서」(1971.9.28.)

없다는 점 등의 많은 문제점을 노출시켰다.[19]

4. 법적지위협정에 대한 평가

샌프란시스코 강화조약이 발효되면서 미군정의 일본 점령은 종결되었고, 주권을 회복한 일본정부는 1952년 4월 28일「외국인등록령」을 폐기하고「외국인등록법」을 공포하여 재일한인을 포함한 구식민지 출신자들에게 법적으로는 외국인으로 규정하기에 이르렀다. 구식민지 출신자들을 외국인으로 규정하면서 그들이 일본에 체류할 수 있는 법적 근거를 마련해야 했기 때문이다.「외국인등록법」의 시행과 더불어 법률 제126호를 공포하면서 재류 자격을 가지지 않고도 계속해서 일본 내에 거류할 수 있다는 규정을 두게 된 것이다. 이처럼 일본정부의 재일한인에 대한 법적지위 정책은 논리적으로 모순되며 도의적인 측면에서도 이치에 맞지 않는 것이었다.

1965년 한일 양국은 1951년부터 시작된 국교정상화를 위한 한일회담을 마무리하고 한일기본조약과 더불어 4개의 하위 협정을 체결하였다. 이 한일회담을 통해서 일본은 한국에 3억 달러의 무상원조와 2억 달러의 유상원조를 제공하기로 약속하였다. 그러나 한일 양국의 국교정상화는 한국과 일본, 미국이 당면한 이해관계가 합치된 결과물이었다. 한국 측은 군사 쿠데타를 통해서 수립된 박정희 정권의 정통성을 확보하기 위해 식민지 지배의 피해 청구라는 명분으로 일본의 자본을 원조받을 수 있게 되었고, 일본 측은 미일안보체제 협력의 일환으로 한국과의 국교 수립이 필요했던 상황이었다. 그리고 미국 측 역시 동북아시아의 공산세력 남하에 대처하기 위해 안보 동맹국인 한국과 일본의 국교 수립이 필요한 상황에 직면해 있었다. 하지만 한일 국교정상화 회담은 일본 측이 제국주의 강제 점령 역사에 대한 반성이 없는 상황에서 이루어진 회담으로써 우려했던 여러 문제점들이 현실로 드러나는 상황에 직면하게 되었다.

이러한 문제점들은 재일한인의 법적지위협정 시행 과정을 통해서도 드러나기 시작했다. 이 과정에서 한국 정부는 처음에는 재일한인이 대대로 일본에 영주할 수 있는 조치를 취해달라는 주장을 펼쳤지만, 결과적으로는 재일한인의 형성과정에 역사적 책임이 있는 일본정부가 무책임하게 재일한인을 강제퇴거하려는 방침에 대해서 결과적으로 묵인하는 결과를 초래하였다. 특히, 법적지위협정 제3조의 내용은 일본정부가 과연 재일한인의 형성과정에 책임이 있는 정부라고 한다면, 도저히 묵과할

---

19) 정인섭(1990)「재일한국인 법적지위협정 - 그 운영 25년의 회고-」『재외한인연구』제1호, 재외한인학회, pp.22~23

수 없는 규정이었다는 사실을 법적지위협정 시행 기간 동안의 외교문서 내용을 통해서도 확인할 수 있을 것이다.

　재일한인의 법적지위 개선에 있어서 가장 궁극적인 목표는 재일한인 개개인이 일본사회에서 거주하기를 희망하는 한 그들 각자의 정체성을 지키며 살아갈 수 있는 제도적 시스템의 마련이었을 것이다. 일본정부의 무책임한 재일한인 차별 논리에 말려들어, 오히려 재일한인들이 민족적 자존심과 생존권을 지키며 살아갈 수 있도록 해야 하는 역할을 한국 정부는 제대로 하지 못했다. 한국 정부는 해외에서 거주하는 자국민의 권익을 옹호해야 하는 국민국가로서의 기본적인 도리마저 지켜내지 못했다. 친미 진영인 한국을 국적으로 선택하는 자에게만 영주를 허가하고 「조선적」으로 남은 자에게는 영주권을 부여하지 않는 고립정책을 취하는 오류를 범했다. 민단 역시 조총련계에 대한 정치적 대항단체로서의 역할이 강조되었기 때문에 한국 정부의 정치적 전위대 역할에 충실하였던 바, 재일한인 사회 전체의 구심적인 역할을 제대로 하지 못했다는 평가를 받아 마땅하다. 이러한 상황에서 체결된 법적지위협정은 그 시행 과정에서 당연히 여러 문제점을 낳을 수밖에 없었다.

　이와 관련하여 법적지위협정 시행기간(1966년 1월 17일부터 1971년 1월 16일까지) 동안의 재일한인 관련 외교문서는 재일한인의 법적지위에 관련된 문제점 및 해결과정을 이해하는 데 귀중한 자료이다.

┃ 관련 문서 ┃

> ① 재일한인의 법적지위협정 시행문제, 1966
> ② 재일한인의 법적지위협정 시행문제, 1967
> ③ 재일본한국인의 법적지위협정 시행에 관한 양해사항 확인(영주권 신청절차의 간소화), 1967
> ④ 재일한인의 법적지위협정 시행에 관한 양해사항 확인-영주권 신청절차의 간소화), 1968
> ⑤ 재일본한국인의 법적지위협정 시행에 관한 양해사항 확인(영주권 신청절차의 간소화), 1969

① 재일한인의 법적지위협정 시행 문제, 1966

∘ ● ∘

분류번호: 791.23, 1966

등록번호: 2041

생산과: 교민과

생산년도: 1966

필름번호(주제-번호): p-0004

파일번호: 02

프레임번호: 0001~0125

1. 외무부공문- 법적지위문제 협의회 제3차 개최

외무부
번호 JAW-05424
일시 201504
수신시간 66.5.20. 13:□□
발신 주일대사
수신 외무부 장관

　　1. 법적지위 현안문제를 협의하기 위해 대사관의 요청에 의하여 대사관과 민단의 "법적지위대우 대책위원회" 간에 "법적지위협의회"를 구성하고 다음과 같이 협의회를 가졌음.
　　　　(1) 시일 및 장소: 1966.5.19. 10:00-12:10 대사관 회의실
　　　　(2) 참석자: 대사관: 이총영사, 제1영사과 직원 전원
　　　　　　　　　　민단: 전창진 법대위 위원장, 김영준 사무총장, 신호 민생국장,
　　　　　　　　　　　　　최학부 법대위 상임위원
　　　　(3) 토의내용:
　　　　　　가. 법적지위문제에 관한 전반적인 검토 및 현황
　　　　　　나. 협정영주권 신청 및 문제점 검토
　　　　(3) 차기회의: 1966.5.21.
　　　　　　토의내용: 일반영주권자에 관한 문제. 전후 입국자문제, 이산가족 재회와 재입국문제, 처우문제, 기타.
　　2. 회의 내용은 다음 파우치로 송부위계임.　(주일영-외아교)

재일교포 법적지위문제에 관한 협의회 제2차회의 개최 토의기록

　　1. 일시: 1966.5.24 15:00-17:00
　　2. 장소: 대사관 회의실
　　3. 참석자: 대사관측: 이참사관, 박 영사1과장, 오 정무과장, 김 영사2과장, 김봉
　　　　　　　　　규 서기관

민단측: 김영준 사무총장, 전창진 법대위 부원장, 신호 민생국장

4. 토의 의제: 일반영주권자 및 전후입국자에 관한 문제

5. 토의 내용:

　가) 일반영주권자에 관한 문제

　　1) 일반영주권자의 범위: (일본 법상 성명)

　　　(1) 전전 입국후 전후 1952.4.28 이전에 재입국한 자

　　　(2) 1952.4.28. 이전에 입국한 자

　　2) 신청시기: 법무성 당국자는 5월 초순부터 접수를 지시하였다고 함.

　　3) 구비서류:

　　　(1) 신청서 (양식)

　　　(2) 질문서 (양식)

　　　(3) 고용증명서 (양식없음)

　　　(4) 외국인등록제증명서

　　　(5) 재산증명서

　　　(6) 납세증명서

　　　(7) 건강진단서 (소정양식 및 지정병원)

　　　(8) 신원보증서

　　　(2) 건강진단서

　　　　·일본거주의 기득권으로 보아 건강진단서를 첨부하라는 일본정부
　　　　　의 저의가 비인도적이다……일본정부의 상주심사조건이라 불
　　　　　가피함

　　　　·지정병원이 아닌 일반병원에서 발급한 진단서의 허용 요청에 대
　　　　　하여는 도의적으로 수락하였음.

　　　(3) 신원보증서

　　　　·신원보증인에 대한 조건의 완화

　나) 전후입국자에 관한 문제 (법상 성명서에 해당하는 자)

　　1) 전후입국자의 실태

　　　(1) 전혀 등록하고 있지 않는 자

　　　(2) 전전거주 사실에 대하여 등록당시 일본정부가 확인한 자

　　　(3) 전전 거주 사실에 대하여 등록당시 일본정부가 확인을 하지 않는 자

(4) 1948.8.15 이후 1952.4.28 이전에 입국한 자

2) 이상 실태 중 (1), (3), (4)항에 대한 일본정부의 실증방법이 어떠하냐
에 따라 일반영주권 해당자의 구제조치가 그 양상이 달라질것이므로
이점 일본정부에 대하여 가능한 한 도의적으로, 뿐만 아니라 일본정
부 당국의 업무 불이행으로 인한 실정에서 야기된 문제임으로 의무적
으로 이들에 대하여 구제되도록 조치할것을 요청하도록 한다.

다) 전후입국자에 관한 문제 (법상 성명에 해당하지 않는자)

협정영주권자 관계와는 전혀 별개의 문제이나 이들의 수가 60만 교포중
10여만이 됨으로 이들에 대하여는 대사관에서 별도로 일본정부와 교섭
하여

1) 거주목적으로 특별재류허가를 받고 있는 자는 계속 그러한 특례를 받
아 거주할수 있도록 한다.

2) 미등록자로 있는자가 자수하여 거주 신청을 할때는 가능한 한 특별거
주허가를 주도록 요청한다

라) 협정영주권 신청에 관한 민단의 태도 확립 및 촉진 문제

이때까지 미온적이고 비적극적이었던 민단의 협정영주권 신청에 대한
방침을 신청을 적극적으로 장려하고 촉진하는 방향으로 그 태도를 확립
하여 오는 6월 4일부터 6일까지 열리는 민단중앙대회에서 이를 선포하고
추진하도록 요청함

영주권 해당자의 신청을 격증시킴으로서 조총련계 및 중립계 교포들
의 심리적 압박과 전향의 동기를 유발하고 또한 일본정부에 대하여는 수
적 압력단체로 군림할 수 있다.

4) 심사방법

(1) 신청자의 계속거주력에 대하여 일본정부가

선량한 시민인가,

생활근거가 확실한가,

일본국에 대하여 이익이 어떠한가, 를

기준으로 재량에 의하여 허가한다.

(2) 절차: 입국관리사무소에서 접수하여 법무성 입국관리국에서 심사
처리한다

(3) 국적확인문제에 대하여는 "협정영주권자"에 대하여는 그 심사가

법무성까지 상신처리 되는데 반하여,

일반영주권자에 대한 국적확인은 신청창구에서 직접 확인됨

5) 문젯점

일반영주권자에 대한 구비서류에 대하여, 또 그 범위에 대하여는 일본 법령과 협정상에 구체적으로 나타나 있음으로 구비서류의 생략 또는 일반영주권자의 범위 확대등에 대하여는 구체적으로 일본정부의 법령 개정 또는 협정개정에까지 확대됨으로 오는 이들 구비서류에 대하여 어떻게 간소화를 하고 또한 이들 일반영주권 해당자에 대하여 어떻게 호의적인 태도를 갖도록 하느냐에 그 토의한계가 있다.

(1) 납세증명서

시민세가 아닌 소득세를 요구하고 있다. 그러나 일본의 시민세, 소득세, 고정재산세 중에서 어느 종류의 세건 하나만 납세한 증명 서를 제출하면 되지 않겠는가 라는 문제⋯교섭대상

2. 주일본대한민국대사관 공문 – 법적지위문제 협의회 제3차 회의 내용 보고

주일본대한민국대사관

문서 주일영1 723-62

일시 1966.6.29.

발신 주일대사 김동조

수신 외무부 장관

1966년 6월 28일 개최된 표기 협의회에서 별첨 내용과 같이 토의 결정되었음으로 이를 보고합니다.

유첨: 동 토의 기록 2부 끝.

유첨-법적지위문제에 관한 협의회 제3차 회의 토의기록

법적지위문제에 관한 협의회 제3차 회의 개최

1. 일시 및 장소: 1966.6.28. 14:00-16:00 대사관 회의실
2. 참석자: 대사관: 이 참사관, 박 제1영사과장, 강, 김서기관
　　　　　　민단: 장 부단장, 정 법대위 부위원장, 신 민생국장, 김 선전국장.
3. 토의 의제
　1) 협정상 영주허가 신청 촉진방안
　　(1) "협정영주허가 신청 안내서" 발간
　　(2) 민단중앙위원회(제7회)의 1966년도 활동방침에서 "영주허가 신청의
　　　　적극 추진" 결정의 시행
　　(3) 민단 사무국장 회의 소집
　　(4) 언론 기관 활용, 개몽, 선전
　2) 국민등록증 갱신 문제
　　(1) 국민등록증 갱신 및 신규 신청 처리요강
　　(2) 수수료 면제---법 개정 추진
　　(3) 기타 민단에서 경비 무징수 문제
　　(4) 실시 예정일 결정
4. 토의 경과 및 결론
　1) 협정영주허가 신청 촉진
　　(1) 이때까지의 부진원인이 일반영주권자 및 전후입국자에 대한 확고한
　　　　대책을 수립하지 못하였기 때문이었으나 이젠 적극적으로 협정영주
　　　　신청을 촉진하면서 일반영주권자 및 전후입국자에 대한 문제는 구체
　　　　적인 사정을 일일이 검토하면서 이를 일본정부와 교섭, 해결하기로
　　　　한다.
　　(2) 민단에서는 현재 선전 및 각 지부 지시 요강이 작성되어 있으므로
　　　　앞으로 적극적인 독려를 할 태세를 가추고 있다.
　　(3) 사무국장 회의는 7월 12일 전후 소집한다.
　　(4) 언론기관 활용을 적극 장려한다.
　　(5) 주일 공보관에도 협조를 의뢰하여 선전 개몽한다.
　2) 국민등록 갱신
　　(1) 이때까지 민단에서 국민등록 수수료로 500원 내외를 징수하고 있었
　　　　으나 금번 갱신에서는 대사관의 지시에 따라 일단 수수료를 전면적으
　　　　로 면제하여 실시하겠으며, 만일 시행중 제 경비 조달관계로 만 부득

이 한 경우에는 대사관과 이 문제에 대하여 재고하기로 한다.

(2) 국민등록 갱신의 촉진 방안으로 여권을 소지하고 있는 모든자는 무조건, 즉시 국민등록 갱신을 하지 않으면 여권의 갱신, 연장등을 불허하는 방침을 세운다.

(3) 재외국민등록법 시행령 제3조의 수수료 규정은 본부에서 시행령 개정에 대한 경과가 통보될 때까지 기다렸다가 그 후 이에 시행을 위한 민단, 대사관간의 회의를 개최하기로 한다.

재일거류민단이 본국정부에 요청사항

1966年 7月 1日
在日居留民團이 本國政府에 要請事項

在日本大韓民國居留民團中央本部

目次

머리말

우리 民團은 1946年에 創團한 以後 오늘날까지 三十星霜을 거듭하면서 뚜렸한 宣言, 綱領을 걸고 大韓居留民의 「自治團體」로서 現在와 같은 組織體로 成長되어 왔읍니다.

世界 各國에 散在하고 있는 海外僑胞가 許多하지마는 現在 우리民團이야말로 그 組織에 있어서나 在留經緯의 特殊性과 아울러 多數의 左翼系列이 이있다는 點 등을 考慮하여 볼 때 實로 國際的인 對共鬪爭의 一線을 擔當하고 있다하여도 過言이 아닙니다.

그러므로 在日僑胞의 自治團體인 民團은 그 어느나라 僑胞團體와도 달리 特殊한 性格을 띠고 있는 것입니다.

또한 本國의 政治的 影響을 直接的으로 가장 敏感히 反映하는 것입니다.

그러므로 民團을 운영하는 責任을 진 우리들은 祖國의 權威와 威信을 確保함으로서 韓日國交가 正常化된 오늘 모-든 僑胞問題를 容易하게 處理할수 있을 것입니다.

特히 僑胞問題중에서 가장 重要한 「朝總聯」影響下에 있는 同胞들을 救出包攝하는데 있어서는 더욱 民團 自體의 權威와 威信을 높이는 것이 가장 重要하다고 보겠습니다.

그러므로 우리는 自治團體의 立場에서 反共을 創團精神으로 삼아 恒常 共産系列과의 날카로운 鬪爭을 爲主로하여 그속에서 在日韓僑의 生活權援護와 國威선양, 그리고 나아가서는 僑胞間의 親睦을 圖謀하면서 駐日大使館의 對僑胞保護政策의 一翼인 領事事務의 一部를 協助하는 것이 主된 事務의 하나로 되어 있습니다.

이와 같은 事業을 円滑히 推進하기 위하여 다음 몇 가지를 建議하오니 賢察하시와 善處 있아옵기를 仰望하나이다.

(一) 法的地位協定發效後의 民團의 重要事項

　가. 協定上 永住權에 對한 問題點

　　協定上 永住權申請에 있어서 居住經歷書에 記入할 것을 省略하거나 或은 形式的인 記入만으로 申請할수 있도록 簡素化시킬 것

　　　그 理由는 別添과 같음

　　參考:

　　　1966年 1月 17日부터 1966年 7月 30日 現在까지 永住權申請者總数 8,000餘名中에서 許可받은 者數는 2,000餘名이며 不許可者는 50名이 된다

이와 같은 事實은 今後 民團組織運營上에 重大한 影響을 招來함으로 早速한 時日內에 本團이 要望하는 方向에서 解決되기를 期待하는 바이다.

나. 一般永住權의 問題點

一般永住權申請에 있어서는 1952年 4月 28日까지의 前後入國者問題, 一般永住權申請은 協定永住權의 申請에 準하기로 하고 添付書類는 省略할 것

다. 稅金對策에 關한 問題

韓日協定發效後 日本政府는 在日僑胞에 對하여 不當한 積極的인 稅金攻勢를 取하고, 모-든 手段을 動員하여 稅金을 强徵하고 있는것입니다.

例를 들면 課稅查察과 强制調査를 實施하여 脫稅對象業者에 對해서는 3年前부터 5年前것까지 遡及하여 脫稅를 指定하고 一方的인 課稅를 가하고 이 以外에 全課稅額의 50%를 重加算하여 徵收하고 있으며 여기에 罰金까지 課하는등 露骨的인 强制徵收方法을 敢行하고 있는것입니다.

이로 因하여 僑胞 事業人 뿐만 아니라 全體僑胞社會에 미치는 經濟的 惡影響 그리고 駆々한 流言등을 本團組織에도 크다란 支障을 招來하고 있으니 本國政府로서도 强力히 日本政府에 對하여 是正策을 促求해줄것을 懇曲히 要望하는 바이며 韓日協定發效日을 岐點으로 그以前의 稅金에 對한 不當課稅를 直刻的으로 中止할것을 外交, 政治的인 交涉을 通하여 根本的으로 是正되기를 再三 强請하는 바입니다.

라. 市中銀行 設立에 關한 問題

市中銀行 設立에 關한 問題에 있어서 在日僑胞의 現況을 본다면 主로 中小企業者가 中心임으로 그 事業經營에 있어서는 外國人이라는 特殊性에다가 日本人銀行等의 差別待遇로 말미아마 融資等이 不可能하며 僑胞가 經營하는 信用組合等으로서는 充分한 事業資金을 마련하지 못하고 있는 것이 實情이오니 이러한 隘路를 打開하기 爲해서는 우리들 自體의 市中銀行設立이 時急하다고 보며 이에 對한 對策이 懇別히 要望되는 바이다

(二) 敎育財團設立에 關한 問題

敎育財團設立에 있어서는 在日僑胞兒童 15萬余名에 民族敎育을 實施하여야 할 것입니다.

本財團設立에 있어서는 設立과 아울러 10個年計劃을 세워 年次的으로 解

決해 나가는 方向으로 이끌어 가야 할것이다

　이의 方法으로서 第一次的으로 政府가 一定한 其金을 稔出해 줌으로서 在日僑胞도 그 稔出額에 가까운 金額을 募金하여 이 其金으로 敎育財團을 設立하여야 한다.

(三) 在日僑胞의 暫定的 戶籍法

　在日僑胞의 大多數는 數拾年間 日本에 居住한 關係로 本籍地와의 書信 其他 直接的인 往來도 없으므로 因하여 結婚申告, 出生申告 其他 戶籍上에 依한 申告事項 未畢뿐만 아니라 戶籍조차 明確하지 않은 사람도 許多하며 더구나 日人과 결혼(數万件)한 僑胞는 過半이 申告를 하지 아니하고 生活하고 있는 것이 實情입니다.

　위와 같은 實情을 考慮하고 이들이 本國戶籍에 入籍할 수 있는 길을 여러 주는 것이 要求되며 入籍할 수 있는 證明으로서는 現在 在日僑胞가 各者所持하는 外國人登錄證記載 事項을 認定하여 本國에 있는 戶籍에 入籍할 수 있도록 戶籍法上의 어떠한 措置를 政府로 하야금 立法化되도록 早速히 취해 주기를 要望하는 바이다.

(四) 本國家族에 生活費送金運動實施

　우리民團은 本國에 居住하는 扶養家族에 生活費, 補助金, 年間 世帶當 500弗을 送金하는 運動을 二年前부터 本國活動方針으로서 積極推進하고 왔으나 現 韓銀 東京支店에서 取扱하는 送金 手續節次가 複雜함으로 送金코저하는 僑胞中에는 送金하는 것을 주저하고 있는 實情이며, 이로 因하여 送金運動實踐에 있어서 莫大한 支障을 갖어 오고 있는 것이며, 이의 手續節次 是正이 切實 要求되는 바이며, 한편 一時歸國者가 使用할 旅費 其他費用을 現地 韓銀, 東京支店에 円貨로 預置하고 本國에서 원으로 換金하여 使用할 수 있는 어떠한 措置가 時急하다고 思料되오니 財務部, 韓銀등 關係部處의 協議下에 上記 問題가 早速히 實施되기를 促求하는 바입니다.

(五) 民團事業推進에 있어 特別補助金要請에 關한 問題

　가. 民團運營 및 地方本部 事務局長 補助金

　　年間 $167,232으으 = ₩45,152,640#

(月間 $13,936ㅇㅇ = ₩3,762,720 #)

(1966年 8月부터 1971年 7月까지 5年間)

나 韓日協定發效後 法的地位 諸般問題宣伝啓蒙費

一時分 $34,027ㅇㅇ = ₩9,187,290 #

다. 民團共同基金確保協助에 關한 問題

本件은 民團運營基金을 根本的으로 解決코저 在日僑胞로 하여금 3億円을 募金하여 本國 政府에서도 協助하는 뜻에서 1億円($100,000ㅇㅇ)을 補助하여 줌으로서 計4億円을 基金으로 하여 健全한 運營을 基하고저 한다.

結 言

上記 問題에 있어서는 政府가 强力한 對策을 세워 在日僑胞 60万의 權益을 授護한다는 見地에서 外交 및 政治的 交涉을 통하여서라도 上記 要望事項이 貫徹되도록 現地 駐日大使에 指示하여 줄 것을 懇切히 바라는 바이며 또한 國內에 關聯性이 있는 諸般問題에 있어서도 關係當局의 積極的인 協助下에 本團이 보다 健全하게 發展的인 民團運營을 基할 수 있게금 懇曲히 바라는 바입니다.

追而
具體的인 設明은 別紙參照

3. 기안-재일거류민단의 본국 정부에 대한 요청사항에 관한 현황 보고

문서 외아교 725-
일시 1966.7.25.
발신 외무부 장관
경유수신참조 대통령 비서실장
제목 재일거류민단의 본국 정부에 대한 요청사항에 관한 현황 보고

1. 재일거류민단의 본국 정부에 대한 요청사항을 당부 소관 사항에 관한

대책현황을 별첨과 같이 보고합니다.

유첨: 민단 요청사항에 대한 대책현황서 1부. 끝.

민단 요청사항에 대한 대책현황서

문제점	관계부처	대책현황	비고
1. 협정상의 영주권신청에 있어 거주경력서 기입을 생략 혹은 형식화 할 것.	외무부 (아주국)	1. 영주권신청문제 및 기타관련된 문제들을 위하여 일정관계당국과 한일간의 협정발효 후부터 계속 접촉하고 있음. 2. 거주경력서는 협정영주권 유자격자인지의 여부를 확인하는 근거서류임으로 생략할 수는 없을 것으로 사료됨. 3. 다만 기재함에 있어 신뢰성이 있고 교포들의 편의를 도모코저 고심한 결과 다음 사항에 대하여 일정 당국과 합의하였음. 1) 기억이 희미하여 오기되는 경우(과거 일정 당국에 제출한 서류와 관계없이)로 유자격자인 경우는 무방함. 2) 기재사항 역시 상세하지 않아도 무방함. (예컨데 몇 년경, 봄 혹은 가을경) 3) 외국인 등록원본 사본을 교부받아 그 기록대로 기입할 수도 있음. 4. 주일대사관에서는 본건 및 법적지위에 관한 제반문제 등을 원활이 추진하기 위하여 법적 지위에 관한 문제를 주관하고 있는 재일거류민단 중앙총본부내의 "법적지위대우대책위원회"와는 물론, 대사관과 민단으로 "법적 지위협의회"를 구성코 수시로 의견 교환을 하고 있음.	일정관계당국이라 함은 일본 법무성 입관심사과 협정영주권 관리실"을 지칭함
2. 일반영주권 신청에 있어 일반외국인과 달리 첨부서류를 생략할 것.		1)신청서류는 1)신청서(소정양식) 2)질문서(소정양식) 3)고용증명서 4)외국인등록제증명서 5)재산증명서 6)납세증명서 7)건강진단서(병원지	

정) 8)신원보증서 9)국적확인서 등인바.

2. 상기3),5),6),7)의 서류를 생략할 것을 일정당국과 교섭한 결과,

ㄱ. 일정한 직업이 없는지에 대하여는 3)을,

ㄴ. 별 재산이 없는 자에 대하여는 5)을 삭제하기로 했으며

ㄷ. 6)에 대하여는 비과세증명
서로 대체하기로 했으며

ㄹ. 7)은 법령에 규정된 관계상 삭제할 수 없다고 하며

ㅁ. 8)은 신원이 확실한 재일교포가 신원을 보증하면 족하다는 것임.

3. 국적확인문제에 있어서 협정영주권 신청시에는 재외국민등록증으로 족하나 일반 영주권 신청시에는 상기 등록증은 국내법상 관계법령을 개정해야함으로 지난한 문제이나 단시일내에 관계관청과 협의해보겠다고 약속하였음.

4. 본건 역시 일정 관계 당국과 계속 접촉중에 있음.

국내법이란 일본출입국관리령 시행규칙 제18조 2항을 지칭하는 것인바, 이 조항의 여권 또는 이에 대신하는 증명서라 함은

1)태평양 미국 신탁통치시 고등 판무관이 발행한 도항증명서
2)일본국 영사관등이 발행한 도항증명서
3)국제 연합기관이 발행한 통행증등을 들 수 있으나 재외국민등록증은 이에서 제외된다는것임

3. 민단에 대한 특별보조금 문제	외무부 (아주국) 경제기획원		
가. 민단운영기금조로 $300,000의 원조 문제	본건을 위하여 제1차 추갱예산에서 ₩277,777을 확보코저 하였으나 삭제되었음으로 다음 추갱예산에 상기 금액을 확보코저 추진중에 있음. 상기 금액이 확보될 때까지 우선 보전책으로 현재 년간 $40,800씩 보조하고 있는 금액을 67년도 예산에 $120,000로 증액 확보코져 하였으나 삭감되었음.	자료(1) 참조	
나. 법적지위협정 수행에 따른 영주권 신청등 문제를 순조로히 진행하기 위한 민단에 대한 특별보조문제	1. 본건 제1차 추갱예산에 반영코저 요구하였으나 삭제되었음.	$120,000이 확보되는 경우 그 절반인 $60,000은 민단운영기금으로 적립케하여 년차 계획으로 5년후에 ₩277,777을 확보할수 있게하려고 함.	

1. 재일교포 세금 강제징수에 관한 대책문제	외교부 (통상국)	주일대사관에서 일본정부에 시정을 요구할 것이나, 구체 적인 자료가 없이는 성과가 없을 것이므로, 일본과 차별 적인 방법으로 세금을 징수당 한 구체적인 사례를 주일대사 에게 제출하고, 주일대사는 이를 근거로 일본측에 대하여 시정을 강력히 요구하도록함. 따라서 민단측에서는 필요한 자료와 구체적인 예를 주일대 사에게 제출하고, 재일교포 각 개인에 대하여도 그렇게 하도록 주지시킬것이 요망됨
2. 시중은행 설치 에 관한 문제	외무부 (아주국) 재무부	당부에서 그간 이의 설치를 위하여 적극 추진하여 나왔으 나 현행 일본국내법상 가능하 지 못하므로 우금 실현을 보 지못하고 있음. 외무부로서는 재일교포 기업 체 육성과 발전을 위한 시중 은행 설치의 필요성을 충분히 느끼고 있으며 이 노력은 금 후에도 계속될 것이며 일본 국내법상 당장에는 실현이 어 려운 것이므로 우선 신용조합 을 강화하는 방향으로 검토 추진함이 좋은것으로 사료됨.
3. 본국 가족에 생활비 송금 방법	재무부 한국은행	한은 동경지점에서의 절차가 복잡하여 지장을 주고 있다면 극력 시정하여야 할 것이며, 원화를 한은동경지점에 예치 하고 서울에서 한화를 환금하 는 방법이 일본 국내법상 가 능하다면 검토할 가치가 충분 히 있다고 사료됨.
4. 본국재산 반입문제		대책현황: 현행 관세법 125조 2항 시행 에 따라 영주 귀국자에 한해 재산반입을 허가하고 있으며 비귀국자에 대하여는 공업대 처법이 적용되고 있음. 단 제 주도 개발을 장려하기 위한 재산 반입은 비귀국자도 허가 하고 있음. 3) 외국인 등록원표 사본을 교부받어 그 기록대로 기입할 수도 있음 4. 주일대사관에서는 본건 및 법적지위에 관한 제반문제 등 을 원활히 추진하기 위하여 법적지위에 관한 문제를 주관

하고 있는 재일거류민단중앙
총본부내의 "법적지위대우대
책위원회와는 물론, 대사관과
민단으로 "법적자위협의회"
를 구성코 수시로 의견 교환
을 하고 있음.

2. 일반영주권신
청에 있어 일반외
국인과달리 첨부
서류를 생략할
것.

1. 신청서류는 1) 신청서(소
정양식) 2) 질문서(소정양
식) 3) 고용증명서 4) 외국
인등록제증명서 5) 재산증명
서6) 납세증명서 7) 건강진
단서(병원지정) 8) 신원보증
서9) 국적확인서 등인바,
2. 상기 3),5),6),7)의 서류
를 생략할 것을 일정당국과
교섭한 결과
ㄱ. 일정한 직업이 없는 자에
대하여는 3)을,
ㄴ. 별 재산이 없는 자에 대하
여는 5)을 삭제하기로 했으
며
ㄷ. 6)에 대하여는 비과세증
명
서로 대체하기로 했으며
ㄹ. 7)은 법령에 규정된 관계
상 삭제할수 없다고 하며
ㅁ. 8)은 신원이 확실한 재일
교포가 신원을 보증하면 족하
다는것임.

3. 국적확인 문제에 있어서
협정영주권 신청시에는 재외
국민 등록증으로 족하나 일
반영주권 신청시에는 상기
등록증을 국내법상 법령을 개
정해야함으로 지난한 문제이
나 단시일내에 관계관청과 협
의해 보겠다고 약속하였음.
4.본건 역시 일정관계 당국과
계속 접촉중에 있음.

국내법이란 일본출입국
관리령 시행 규칙 제18
조 2항을 지칭하는 것인
바, 이 조항의 여권 또는
이에 대신하는 증명서라
함은
1)태평양 미국 신탁통치
지 고등 판무관이 발행한
도항증명서
2)일본국 영사관등이 발
행한 도항증명서
3)국제 연합기관이 발행
한 통행증등을 들 수 있
으나 재외국민등록증은
이에서 제외된다는것임

3. 민단에 대한
특별보조금문제
가. 민단운영 기
금조로 $300,000
의 원조 문제

외무부
경제기획원

본건을 위하여 제1차 추경예
산에서 $277,777을 확보코
저하였으나 삭제되었음으로
다음 추경예산에 상기 금액을
확보코저 추진중에 있음.

자료(1) 참조

나. 법적지위협정 수행에 따른 영주권 신청등 문제를 순조로히 진행하기 위한 민단에 대한 특별보조문제

2. 이에 년간 $40,800씩 보조하고 있는 금액을 67년도 예산에 $120,000로 증액, 확보코저 하였으나 삭감되었음.
1. 본건 제1차 추갱예산에 반영코저 요구하였으나 삭제되였음.

이상 문제는 정책적으로 결정하여야할 문제임.

4. 주일본대한민국대사관 공문— 법적지위협의회 제4차 회의 보고서

주일본대한민국대사관
문서 주일영(1)723-147
일시 1966.9.16.
발신 주일대사
수신 외무부 장관
제목 법적지위협의회 제4차 회의 보고서

    연: 주일영(1)723-62
    1. 1966년 9월 13일 대사관 회의실에서 개최된 표기 회의 보고서를 별첨 송부하오니 참조하시기 바랍니다.
    2. 민단측에서 제출한 "문젯점" 및 이와 관련한 협정영주권 신청상의 제반문제에 대한 법무성과의 협의결과에 대하여는 추후 파우치로 종합보고 위계입니다.
** 첨부: 동 보고서 1부.   끝.

첨부—법적지위협의회 제4차 회의 회의록[1]

    법적지위협의회 제4차 회의 회의록
    1. 일시: 1966.9.13. 15:30 - 16:30
    2. 참석자:

_____

1) 본 문서의 번호체계가 뒤섞여 이해하기 곤란하였기에, 임의로 이를 수정하였다.

대사관측: 이문수 총영사, 박쌍용 과장, 김봉규 서기관

민단측: 장총명 사무총장, 전창진 부위원장, 신호 민생국장, 박태환 조직국
장

3. 회의 의제:

협정상 영주허가 신청에 관한 제반 문제점

4. 토의 요지:

1) 협정상 영주허가 신청 및 허가 현황:

9.10 현재 협정상 영주허가 신청 및 허가 현황에 대하여 대사관측에서
설명하고 이에 대한 검토를 하였음.

(** 신청: 12,573. 허가: 4,388. 불허가: 112. 취하: 50 국적확인: 약 2,900
여타 심사중)

2) 신청현황 평가:

대사관측은 협정이 발효된 이후의 월별 신청수를 볼 때 8월 중 신청수가
전월에 비하여 오히려 감소된 사실에 주의를 환기하고 민단이 좀 더 신청
독려운동을 적극적으로 전개해 줄 것을 요청하였음.

이에 대하여 민단측은 협정영주신청의 부진원인이 많이 있겠지만

가) 신청으로부터 허가기간의 시일이 너무 길다.

나) 협정상 영주신청을 하였으나 일반영주허가 신청자로 판명된 자에 대
한 일본 당국의 회답조치 내지 지도가 불충분하다.

다) 영주허가 신청을 하여 불허된 자중 5명이 허위 사실 신고로 인하여
(즉 126-2-6 해당자로 일응 현재까지 재류자격을 취득하고 있었으나
협정영주신청을 한 후 일본 당국에서 조사한 결과 이들 가운데는
사실상 1, 2번 한국에 밀항하여 온 기록이 발견되어 일본 당국에서
는 이들이 현재까지 126-2-6 해당자가 아님에도 허위 신고하여
126-266 재류자격자로 행세하였으니 허위 사실에 대하여 입건한다
고 함) 입건되었다는 보고를 지방 민단으로부터 받았다.

라) 일본측은 영주권 신청 자격자수를 56만 명으로 보고 있지만 민단이
볼 때는 그를 20만 명 정도는 상기 다)항의 괄호 사실과 같이 해방후
에 1, 2회 본국을 밀왕래한 자들이라고 보며, 따라서 이것이 신청 부
진의 최대의 원인이라고 설명하면서.

이러한 "근본 문제"가 해결되지 않는 한 신청의 단시일내 대폭 증가는 기대하기 곤란하다고 주장하였음.

** 126-2-6 (일본 법률 제126호 2조 6항): 샌프란시스코 평화조약 발효에 따라 전 포스담 정령으로서의 출입국관리령이 본 조약 발효 후에도 법률로서의 효력을 존속하도록 조치하기 위하여 제정한 법률.

*** 동 법률 제2조 6항은 평화조약 발효에 따라 외국인으로 된 한국인, 대만인에 대하여는 종전전부터 일본에 재류하고 있었다는 사실을 참작하여 일반 외국인과는 구별하려는 취지에서 규정한 규정임

이에 대하여 대사관측은 전반적으로 볼 때 신청이 현저하게 증가하지 않는 데는 반성할 점이 있다고 본다고 지적하고 이제 점차 본격적인 궤도에 오를 때가 왔음을 강조하였음.

이어 대사관측은

(가) 신청허가 기간의 판측을 위하여 곧 조치를 취할것이며,

(나) 불허된 신청자에 대한 지도 개선을 일측에 촉구할 것임으로 허위 사실 신고로 입건되었다는 5명에 관한 상세한 정보를 제출하도록 요청하였음.

3) 신청 촉진책:

민단측은 민단 중총 조직국이 구체적 방안을 작성중에 있으며, 9.21. 개최되는 제8회 민단 중앙위원회 회의의 결정 사항으로서 영주허가 신청 촉진건을 포함시키겠다고 말하였음.

대사관측은 이어 민단 관계 신문에 동 영주허가 신청에 관한 안내서를 지속적으로 게재해 줄 것을 요청하였음.

4) 협정영주권자에 대한 재입국 허가:

대사관측은 영주권을 받은 교포의 재입국 신청에 대한 일본정부의 최근 방침에 관하여 그간 입관국에서 확인한 사항을 설명하였음.

(즉, 영주허가를 받은 자의 재입국 신청은 종전에는 법무성에서 취급하였으나 앞으로는 지방 입관사무소에서 전결 처리하도록 함으로서 재입국처리의 신속 간편 조치를 취함)

이에 대하여 민단측은 별첨과 같은 "협정영주권자가 현행 출입국관리령에 의하여 구속당하는 문제점"을 제출하였음으로 대사관측은 동 문제점을 검토, 필요하다면 일측과 교섭할것이라고 말하였음.

＊＊ 동 문제점의 개요

    (1) 재입국허가의 심사 및 기한의 문제

    (2) 수형자의 형기만료에 따르는 재류자격의 문제

    (3) 협정영주를 신청한 자가 거주경력 미비로 인하여 입건되는 문제.

5. 일반영주허가 신청 상황:

대사관측이 1966년 8월말 현재 일반영주허가 신청자가 불과 6건이며 일측의 추산으로는 일반영주권 신청 자격자가 약 3,500인에 불과하다는 언급을 하였다는 설명에 대하여,

민단측은 일반영주허가 신청 대상자가 다수 있으나 현재의 "126-2-6"으로 있으면서 사실상 일반영주권 해당자는 그 자격을 "특재"자로 재류자격을 변경하기 싫으면 일반영주신청을 할 수 없고 오히려 전기 2.의 다)항 내용과 같이 입건될 우려가 있음으로 신청이 부진하다고 말하였음.

이에 대하여 대사관측은 이를 조사, 검토하여 조치를 취할것을 언약하였음. 끝.

＊ 첨부: 민단측이 제출한 문제점

첨부-민단측이 제출한 문제점

1966.9.13

協定永住權者가 現行出入國管理令에 의하여 拘束當하는 問題點

    法的地位協定의 發效와 同時에 協定永住權者에 對하는 出入國管理의 諸般 問題에 對해서는 出入國管理特別法 및 同法施行規則에 依하여 行하여지고 있으나 이 特別法에는 永住의 申請, 調査, 强制退去, 罰則에 關해서만이 規定되여 있고 出入國及在留問題에 關해서는 現行出入國管理令에 依한다라고 되어 있다.

    卽 協定永住權者에 있어서 全般的인 問題가 現行法에 依하여 嚴格하게 規制받게 되는 故로 出入國에 關連되는 諸問題等이 一般外國人과 같이 嚴重히 取扱當한다는 것은 協定의 基本的精神에 違反되는 것이니만큼, 細目에 걸쳐서 具體

的으로 現行法의 規制와는 別途의 行政 措置가 行하여져야 한다고 生覺된다
現在 表面에 낱아나고[2) 있는 實際的인 問題點을 二, 三 指摘한다면

(Ⅰ) 再入國許可의 審査及期間의 問題
[A] 永住權者에 對하여는
ⅰ) 現在를 基準으로 하여 過去 3年間 사이에 出入國管理令 第 24 条 各項에
該當하는 者는 審査對象이 되며, 再入國理由, 納稅狀況等을 審査하여 諸
般條件이 具備되고 再入國理由가 不可避한 者에 한해서만 許可를 하고
있다.
ⅱ) 協定永住權者가 再入國許可를 받고 日本國을 出國하여 再入國許可期間
을 超過하여 入國하면 出管令 第12條(法務大臣の義決の特例)該當으로서
上陸의 拒否는 當하지 않으나 그 時點에서(超過케 되는 理由를 莫論하
고)永住權 資格이 喪失되고 在留資格이 特在가 된다

[B] 永住權을 取得치 못한 者 又는 取得치 않은 一般居住者에 對하여는
ⅰ) 理由如何를 不問하고 一年間內에 一回만 許可하는 것을 原則으로 하고
具備書類도 從前에 比較하여 複雜하게 되여 있다
ⅱ) 條件附特在者가 一時歸國하고져 할 때는 從來와 같이 再入國許可를 주
지 않고 出國許可만 주고 그 者가 再入國하고져 할 때에는 本國에 있는
日本大使館에 入國査證을 申請하여 許可를 받은 後에 入國시킨다는 措
置를 取한다고 하고 있다.

(Ⅱ) 受刑者의 刑期滿了에 따르는 在留資格의 問題
一年以上의 實刑을 받은 者가 刑을 滿了하고 出所했을 境遇, 卽席에서
入管이 身柄을 拘束하여 入管令에 依하여 退去强制処分으로 仮放免으로부
터 特別在留許可에 이르는 諸般手續을 밟은 後에 비로서 特在의 資格을 賦
與하여 釋放하고 있다.
이 者가 戰前부터 繼續하여 日本에 居住하고 있는 者라면 協定永住의 對
象이기 때문에 申請하면 當然히 永住權을 取得할 수 있는데도 不拘하고 세
삼스러히 協定永住權을 取得할 때까지 特在를 주는 手續을 밟게 한다는 것

---

2) 나타나고

은 어디까지나 無意味한 行政措置라 아니할 수 없으며

　　오히려 이러한 無意味한 事務節次를 밟게하는 것보다 刑務所에 入所中에 永住權 申請의 手續을 畢하게 한다는 것이 賢明한 措置라 生覺할 뿐 만 아니라 協定에 定하여진 以外는 強制退去의 對象이 되지 않기 때문에 出所後 세삼스러히 入管이 強制退去의 手續을 取한다는 것은 不當한 事實이며 全然 不必要한 行政措置라 生覺된다.

[Ⅲ] 協定永住를 申請한 자가 居住經歷未備로서 一般永住權의 對象이 되었을 때 現行法에 비추어 卽時 協定永住를 不許可로 하고 檢察廳入管에서 새로운 事件으로 立件시켜 處罰을 加할 뿐만 아니라 仮放免으로부터 始作하여 特在를 申請케 하여 特在許可를 받은 後에 비로소 一般永住權의 申請을 할 수 있도록 하고 있으나 이 措置는 現行法 그대로 適用한다면 不可避한 措置라 하지만 너무나 過當한 措置라 아니할 수 없으며 이러한 境遇에는 協定永住權이 不許可가 되었을 時 卽時 本人에 通告만 하여 그대로 一般永住의 申請을 할 수 있는 措置가 取하여지야 된다.

5. 주일본국대한민국대사관 공문 – 민단 법적지위대우대책위원회 제2차 총회 개최 보고

주일본국대한민국대사관
문서 주일영(1)725-205
일시 1966.11.17.
발신 주일대사
수신 외무부 장관
참조 아주국장
제목 민단 법적지위대우대책위원회 제2차 총회 개최 보고

　1. 표기 총회가 다음과 같이 개최되었음을 보고합니다.
　　(1) 일시 및 장소: 1966.11.16 13:00 – 17:30, 민단중앙본부
　　(2) 참석자: 대사관: 박쌍용 제1영사과장, 김봉규 서기관

법대위 재석 64명 중 34명, 권일 단장.

(3) 토의 의제:

　가) 경과보고

　나) 요청서(별첨) 채택

　다) 당면활동방침 심의

　　1) 지방공청회 개최문제

　　2) 진정단 파견문제

　　3) 재정문제

(4) 토의 경과

　가) 권일 단장의 인사

　　발전적인 토의를 함으로서 법적지위문제에 큰 진전이 있기를 바란다 그러나, 협정채결 전의 민단운동과 채결후의 운동은 엄격히 구별하여 협정의 범위내에서 법대위의 활동범위가 규제되어야 함을 강조하고 특히 법 체제의 국제법적, 구조를 강조하여 합리적인 운동범위와 요구조건을 바란다고 하였음.

　나) 이 위원장의 인사 및 박성진 부위원장의 경과보고

　　(1) 사무적 보고: 3회의 상임위원회 개최

　　　　　　대사관과 정식 1회 비공식 2회 협의

　　(2) 활동보고:

　　　* 협정상 문젯점으로 부각된 중요문제

　　　ㄱ) 협정영주권 자격에 있어서 126-2-6으로 간주되는 자는 재조사 없이 바로 협정영주권을 주라, 만 부득이하면 이들에 대하여는 일반영주권을 바로 취득할수 있도록 하라.

　　　ㄴ) 계속 거주력 인정문제, 즉 외국인등록을 몇 번 누락하였더라도 재조사하지 말고 바로 협정영주권 주라

　　　ㄷ) 협정채결 후 일정당국의 대한국인 태도가 불손하고 강압적이다. 특히 세금공제, 입관사무소의 소환 조사가 더욱 까다롭게 되었다.

　　　* 각 지방 (근기지방, 효고지방, 중국지방)의 법대위 구성

　　　* 법대위 활동에 대한 대사관의 예산 보조

　다) 박 과장의 협정상의 문젯점에 대한 대사관의 활동설명

라) 대사관에 대한 법대위 위원회 질문 요지
  (1) 법적지위협정이 재일교포에게 크게 불리하게 채결되었다고 판단
      될 때 협정개정의 가능성 여부:
  (2) 협정시행을 위한 일본 법무성의 출입국관리령 특별법을 재정시
      일본정부와 대사관이 협의하여 협정영주권자에 대하여는 출입국
      사항에 대하여 특별대우를 부여할수 있었을 것인데 대사관이 이
      에 등한하였으니 지금에라도 특별히 이의 개정을 위하여 협의할
      의향이 없는가?
  (3) 대사관과 일본 법무성당국과 "합동위원회"를 상설로 수립하여 상
      호 항구적 대책을 마련할수 없는가?
  (4) 협정채결 후 일정당국의 세금공세 내지 강제퇴거 현상이 격심하
      게 되었는데 이들에 대하여 개별적인 교섭으로 이를 해결하지 말
      고 원칙적인 해결방법을 강구하라?
  (5) 소위 전후입국자가 일본에 안주하기 위하여 협정영주권 취득자를
      배우자로 선정하는 등의 기막힌 고심에도 불구하고 이들이 강제
      퇴거당하고 있는데(특히 학생자격으로 특별재류를 받고 있는 자
      가 많음)이들에 대하여 이산가족문제와 관련시켜 구제하는 원칙
      을 교섭하여 실행하라.
      전기 각 질문에 대하여는 김봉규 서기관이 답변하여 이를 이해시
      켰으며, 특히 법대위의 활동과 대사관의 교섭은 그 목적에 있어서
      궁극적으로 상호 상치될수 없는 것임에도 법대위측에서 재일교포
      를 선동하여 대사관과 재일교포간의 이해를 저지시키는 결과를
      초래하고 있음은 심히 유감된 사실임을 지적하고 법대위는 모름
      지기 해결되어야 할 문제가 뚜렷이 부각된 지금(126-2-6자격자 문
      제에 대한 해결, 계속거주력 인정문제 등) 이 문제를 어떻게 잘
      해결하여 나갈것인가를 협의하여 대사관과 협조하여 주기 바란다
      고 강조하였음.
마) 재일한국인의 법적지위 및 대우문제에 관한 요망사항 (별첨) 채택
    본 건을 본부(외무부, 관계요로) 대사관에 대한 요망사항으로, 또한
    법대위 활동 대상으로 할 것을 채택함.
    (단, 본 건에 대하여는 문젯점으로 대두시킬수 없는 사항 또는 이미

해결된 사항등이 있음을 지적하였으며 이점에 대하며 다음 파우
치편으로 상세히 보고위계임)
바) 법대위 활동방침의 채택 (본건에 대하여는 당 대사관에서 심의중임)
　(1) 지방공청회 개최
　　지방별로 공청회를 개최하여 문제해결에 적극 노력한다.
　(2) 본국에 진정단을 파견
　　ㄱ) 구성인원은 원칙으로 20명 내지 30명으로 한다.
　　ㄴ) 진정단 파견시일은 금년 이전에 강능[3]하면 파견하되 이는 적
　　　의 상임위원회에서 조정한다.
　　ㄷ) 본국의 정당, 내년 선거와 관련하여 진정단 파견에 대한 태도
　　　는 신중을 기하고 특히 대사관과 상호 협의하도록 한다.
　　ㄹ) 진정단의 파견에 있어서는 본국에서 해외교포에 대한 관심을
　　　상승시키고 집중시키기 위하여 광범한 피. 알. 활동을 전개하
　　　고 특히 정부당국에 대하여는 문서로서 정식으로 요구하기 위
　　　하여 재일교포 전체의 여론을 집약시켰다는 근거로 범민중운
　　　동을 전개하도록 한다.
　(3) 재정문제는 다음 회의로 미룬다.

　　* 참고: 제1회 법대위 총회는 지난 11월 5일 민단 중총에서 개최
　　　　　되었으며 동 총회 토의사항을 주로 법대위의 활동방침이었음.
　　** 첨부: 동 요망사항 2부. 끝.

6. 외무부공문- 민단 법적지위대우대책위원회의 동태

외무부
문서 외아교 725-
일시 1966.11.22.
발신 외무부장관

---

3) 가능

수신 주일대사
제목 민단 법적지위대우대책위원회의 동태

　　　재일거류민단 법적지위대우대책위원회 측의 일부 동태에 대하여 별첨과 같
은 정보에 접하였기 이에 알리오니 참고하시어 교포 선도에 만전을 기하시기
바랍니다.
유첨: 내치외 2068.62-19270호 사본 1부.　　　끝.

유첨-내무부공문

　　　내무부
　　　문서 내치외 2068.62-19270
　　　일시 1966.11.16.
　　　발신 내무부장관
　　　수신 수신처참조
　　　제목 첩보 통보

　　　민단 중총(단장 권일)에서는 9.10-10.10. 1개월간을 영주권신청 촉진운동 월
간으로 정하고 전국적으로 이를 전개토록 지시한 바 있으나 동 운동비용(유세대
의 교통비, 삐라 인쇄비, 기타 잡비)등이 충분치 못하여 활발히 전개치 못하고
있는 실정인데 법대위측의 일부(야당적 성격인)에서는 최근 지방에 순회하며
법적지위문제에 대한 공청회를 개최하고 있어 오히려 영주권신청 촉진운동과는
반대적 영향을 초래하고 있어 이대로 방임한다면 영주권 신청문제는 물론이고
동법대위의 활동이 야당측 또는 조총련 등의 배후 조종을 받을 우려가 있다는
교포의 언동이 유하옵기 통보합니다.　끝

　　　수신처 중앙정보부장, 외무부장관

7. 주일본국대한민국대사관 공문 – 민단 법적지위대우대책위원회 주최 일본 중국지방 (야마구치, 히로시마, 시마네, 오카야마, 돗도리현) 법적지위문제 "공청회" 개최결과 보고

문서 주일영(1)725-300
발송일시 1966.11.24
발신 주일대사
수신 외무부 장관
참조 아주국장
제목 민단 법적지위 대우 대책위원회 주최 일본 중국지방(야마구치, 히로시마, 시마네, 오카야마, 돗도리현) 법적지위문제 "공청회" 개최결과 보고

11월 22일 시모노세키시 "공민회관"에서 표기 공청회가 다음과 같이 개최되었음으로 이를 보고합니다.
1. 참석자: 대사관 및 영사관: 박광해 영사, 김재수 부영사(수산담당) 민충기 부영사(정보담당) 김봉규 서기관
법대위측: 이유천 위원장, 박성진 부위원장, 장총명 부단장, 정창진 상임위원, 배동호 상임위원, 신호 민생국장
청중: 5개현 민단 간부 및 일반교포 약 170
2. "공청회" 순서
국민의례
개회사 (박종 야마구치현 단장)
식사 (이유천 위원장)
인사 (박광해 영사)
현황설명 (장총명 부단장. 주로 협정영주권에 대한 해설)
요망사항 설명 (박성진 부위원장)
운동추진에 대하여 (정창진 상임위원)
협정영주권 문제에 대한 법무성과의 교섭 보고 (김봉규 서기관)
질의 및 토의
기타 (중국지방 법대위 구성 및 각 현별 구성 결의)
폐회

3. 공청회 경과
  1) 법대위에서 내세우는 문젯점
    (1) 거주경력 인정문제
       현재 재일교포 58만 중 56만여는 이미 일본 관계 당국에서 거주경력
       에 대하여 수차에 걸쳐 조사한 결과 인정된 126-2-6자격임으로 영주
       권 신청을 하면 재조사 없이 바로 협정영주권을 허가하라
    (2) 협정영주권 부여범위
       가) 현재 126-2-6으로 간주되고 있는 자에 대하여는 비록 조사결과
          밀입국, 일차 귀국한 사실 등이 들어나더라도 이를 불문에 부치고
          협정영주권을 주라
       나) 만약 그것이 불가능할 때는 현재 일본 관계당국이 취하고 이는
          조치, 즉 조사결과 126-2-6이 아닌 126-2-2 해당자(※ 실제는 일반
          영주권자가 되어야 한다)로서 현재까지 재류자격 미취득으로 불
          법채류하였다는 죄과로 입건-가방면-특별재류 5년 후 일반영주권
          신청 자격인정과 같은 절차를 취하지 않고 바로 일반영주권을 허
          여하라.
  2) 공청회 스로간
    * 재일교포는 한일수교를 계기로 조국근대화에 더욱 이바지 하자
    * 상항조약일 이후의 입국자중 5년의 거주경력을 가진 자에 안주할 수
      있는 조치를 취하라
    * 현재 법률 126호의 등록소지자에는 무조건 협정영주권을 부여하라
    * 상항조약일까지 입국한 자에 일반영주권을 빠짐없이 즉시 부여하라
    * 사회보장중 연금 금융 주택등 일본인과 동등한 대우를 하라
    * 대한민국 만세
  3) 공청회 질의 내용
    (1) 협정영주권과 일반영주권의 구체적인 차이점
    (2) 호적과 외국인등록과의 상이한 자에 대한 입관당국의 조사
    (3) 협정영주권을 신청하면 종전에 몇 번이나 조사한 사실이 있음에도
       같은 사실을 조사하기 위하여 출두요청을 하고 또한 일본 출입국관리
       령 46조에 의하여 본인이 증거 거증책임이 있음을 들어 본인에게 무
       리한 조사태도로 임하여 피해와 불안을 당하는 교포가 많다

(4) 협정영주권자가 임시여권을 발급받아 재입국신청을 하였던 바 거주
경력 조사를 핑계로 몇차례나 출두요청을 당하고 결과로는 불허가가
되었기 때문에 협정을 비방하고 북한으로 북송되어 갔으니 어떻게 신
청촉진을 독려하겠는가

(5) 협정영주신청을 한 후 귀국하였다가 입원으로 재입국 허가기한이 다
되어 부산 일본영사관에 연기신청을 하러 갔드니 연기가 안 될 뿐만
아니라 지금 당장 배로 일본에 입국하라는 권고를 받고 입국하였던바
재입국 허가기한이 넘었다고 하여 조사를 받고 위협을 당하고 있으니
협정영주권 신청자에 대한 대우가 이래서는 되겠는가?

(6) 본국정부는 재일교포가 직접적으로 부닥친 여러가지 애로에 대하여
너무나 무관심하니 재일교포에 대하여 좀 더 애착과 관심을 가지고
아껴달라. 특히 전후입국자 문제에 대하여 빨리 해결조치하여 하로[4]
라도 빨리 안주할 수 있도록 하라

(7) 협정영주권 취득자가 본국에 정식으로 여권을 가지고 귀국하여서 출
산한 자는 협정상에서 보면 일본에서 출생한 자가 아니기 때문에 협
정영주권 해당자가 아니게 되는데 이 자에 대한 견해는 어떤가?

(8) 협정시행상 너무나 어려운 애로가 산재하여 있기 때문에 이러한 문제
가 많은 협정에 대하여 우리에게 악조건인데도 불구하고 왜 조인을
했느냐? 이러한 조건하에서는 협정영주권 신청을 하도록 지도하지 못
하겠다.

(9) 세금을 안낸 자에 대하여 재입국허가를 하지 않고 있다.

(10) 형을 받은 자에 대하여 재입국 불허

(11) 생활보호자에 대한 재입국 불허

(12) 징용으로 일본에 왔다가 도망한 자가 성명, 생년월일, 본적등을 위
조하여 그것을 이때까지 그대로 가지고 있는 자가 많은데 이들에 대
한 구제

(13) 종전 후 귀국하기 위하여 일본 방방곡곡에서 귀국증을 받아 시모노
세키에 집결되었다가 일부 귀국한 자가 재입국하는 것을 보고 그대로
귀국치 않고 체류한 자가 시모노세키 지방에서 귀국한 자의 이름으로
배급표등을 가지고 등록한 후 지금까지 그대로 있는 자가 많은데 이

---

4) 하루

들은 사실상 귀국한 사실이 없는데도 성명등이 틀린다는 이유로 입관당국에서 밀입국자로 취급하여 조사하는 사실이 너무나도 많다. 비록 조사결과 해명되어 협정영주권을 취득한다고 하드라고 그 조사태도가 교포들에게는 중대한 영향을 미치고 있다.

(14) 협정영주권 취득자가 이산가족을 초청함에 있어서 단순 재회를 위하여 1개월로 비자 신청한 것은 허가되었는데 동거를 위하여 5개월로 신청한 것을 불허가로 되었으니 이산가족 재회가 어떻게 되겠는가

(15) 입관당국에서 직접 본국에 조사대상자에 대한 조회를 하고 있는가

(16) 협정영주원 취득자의 대우는 준 일본국민으로 하여 특히 출입국에 있어서는 일본 출입국관리령에 의하지 않고 특별히 대우할수 있는 법재정을 요구하라.

(17) 기타

** 요점:

　　　이상 질의 내용은 사실상의 협정영주권 해당자에 대한 문제보다도 문제점을 가지고 있는 교포에 대한 문제일뿐만 아니라 협정영주권과는 직접적인 관련이 없는 문제를 제기하고 있는 질의가 많아서 이점 김봉규 서기관이 적절히 조정하면서 질의에 답하였음.

　　　단, 협정해석문제 즉 (7)항의 한국에 여행중에 출생한 자의 협정영주권문제는 여행자가 협정영주권자이며 또한 일본정부가 정식으로 발급한 재입국허가를 받고 일시 귀국하였다는 점에서 비록 조문의 평면적인 해석으로는 일본국내에서 출생하지 않았다고 하더라도 법적지위협정의 기본 정신과 일본국에서의 계속거주원칙의 우선 해석으로 보아 협정영주권 해당자로 주장할 수 있는 것이라고 답하였음.

4. 대사관의 교섭결과 설명(김봉규 서기관 설명)

1) 협정영주권자의 범위 및 거주력 인정문제

2) 협정영주권 신청상의 문제

　가) 신청서류의 간소화

　나) 신청창구에서의 친절성

　다) 허가기한의 단축

라) 국적조회시 가족 중 14세 미만자의 조회 생략

마) 거주경력상 외국인등록을 하지 않았더라도 계속거주로 인정하는 문제

바) 불허가자에 대한 구제조치

사) 재감자에 대한 허가 및 허가기한 단축문제

아) 일본인 처에 대한 영주권 부여문제

자) 국적확인 진술서 분석

3) 협정영주권 취득자의 처우문제

가) 재입국문제

나) 이산가족 재회문제

다) 교육문제

라) 생활보호 및 국민건강보호

4) 기타

가) 5년 후의 협정영주권 미취득자에 대한 채류자격문제

나) 세금공제문제

다) 재입국 기한만료후 재입국한 자의 협정영주권 자격상실문제

상기 건에 대하여 그간의 교섭경위를 김봉규 서기관이 설명하였음.

(구체적인 내용은 다음 파우치 편으로 발송하겠음)

특히 설명 중에 한일간 법적지위협정을 개정할 수 있는가 라는 질의와 대사관에서 설명한 입장과 법대위에서 주장하는 입장은 근본적으로 차이가 있는데 이점에 대하여 기본적으로 해명을 요구한 문제가 있었는데,

가) 한일간 법적지위협정에는 수정조항, 종결조항이 없으나 법 일반론으로 볼때는 개정을 위한 외교적 교섭과 쌍방간의 합의에 의하여 개정은 할 수 있다. 다만 본 협정의 발효일로부터 아직 1년이 경과되지도 않았을 뿐 만 아니라 현재 문제되고 있는 점은 협정개정 없이도 해결되[5] 수 있는 것으로 판단되며, 따라서 현재 약간의 불만을 이유로 개정을 제외하는 것은 국제예양상으로 보아 탐탁치 못할 뿐 만 아니라 현재의 법적지위보다도 더욱 유리하게 개정될 가능성에 대하여도 의문이 있음을 강조하여 개정에 대하여 반대하였음.

나) 대사관의 설명과 법대위의 설명의 근본적인 차이가 있다는 점에 대

---

5) 해결될

하여는 소위 문젯점인 126-2-6으로 있다가 조사결과 특재로 되는 자에 대한 구제는 실무적인 교섭에 의하여는 해결될 수 없는 중대한 문제임으로 이미 이점에 대하여 본부에 보고하였을 뿐 만 아니라 법대위와 대사관과의 협의회에서도 이점에 대하여는 앞으로 강력한 외교적 정치적 노력을 전개하여 해결에 적극 노력할 것에 합의를 보았으며, 또한 교섭에 임하고 있음을 강조하고 오히려 법대위에서 이러한 중요 사실을 청중에게는 공개하지 않고 문제를 해결하려는 노력보다는 이 문제를 선전, 선동하여 물의만 일으키고 있다고 지적하는 반면, 법대위에서는 소위 이들 문제교포(20만으로 추산)에 대한 구제를 핑계로 협정영주권 신청을 저지하는 결과로 재일교포들을 유도하여, 신청부진을 압력으로 하여 문제 해결을 모색하는데 반하여 대사관으로서는 남은 40만이 빨리 협정영주권을 취득하여 하나의 압력단체적 역활을 구성할 것을 전제로 하여 이들 남은 20만 교포를 구제하려는 입장이라는 데 그 차이가 있음을 지적하고 가능한 한 빨리 협정영주권을 취득하도록 추진하여 줄 것을 강력히 요청하였음.

5. 건의

1) 동 공청회의 전반적인 분위기는 협정영주권을 신청하면 일본당국의 조사가 있어 이때까지 당하지 못한 고충을 겪게 되어 협정체결전보다 훨씬 귀찮게 되었다는 여론이 지배적이며, 여기에 법대위의 설명과 태도가 또한 이러한 여론을 무마함으로서 영주권 신청을 촉진하기보다는 여론을 더욱 상승시켜 이러한 기세로 본국에 진정단을 파견하고 일본 전국 각지에서 공청회를 개최하려는 움직임이 보이는 듯 함.

2) 재일교포는 우선 협정상 영주권 취득의 법적 의의보다도 현실적인 우대를 먼저 생각하고 또한 자기 의무에 대한 생각보다도 권리에 대한 요구가 앞서고 있는 감이 농후하나,
상기 126-2-6중 사실상 조사결과 126-2-2에 해당하는 자에 대한 구제문제는 중대한 문제임으로 이점에 대하여 당 대사관에서도 적극 문제 해결에 노력하고 있아오나 본부에서도 이점에 대하여 검토하여 주시기 바랍니다.

** 유첨: 요망사항 (법대위) 1부.

*** 참고: 126-2-2

　　"전항에 규정하는 외국인으로서 (전항3: 일본국과의 평화조약에 기하여 동 조약의 최초의 효력발생일에 있어서 일본국적을 이탈하는 자로서 1945년 9월 3일 이후 본방에 입국하여 계속 재류하고, 또한 외국인등록법에 의한 외국인등록증명서를 소지하는 자) 동 항의 기간을 넘어 본방에 재류코저 하는 자의 법무대신에 대한 재류자격의 취득신청의 기한은 출입국관리령 제22조의 2 제2항의 규정에도 불구하고 이 □를 시행일로부터 3개월 이내로 한다"(이들이 신청한 후는 4-1-16-3 자격(특별재류자격)으로 됨)

유첨-재일한국인의 법적지위 및 대우문제에 관한 요망사항

在日韓國人의 法的地位 및 待遇問題에 關한 要望事項

在日本大韓民國居留民團
法的地位待遇對策委員會

在日韓國人의 法的地位 및 待遇問題에 關한 要望事項

I 協定永住權問題

　　지난 1月 17日의 在日韓國人法的地位協定發效에 따라 協定永位權과 一般永住權을 各各申請토록되어 現在 推進中에 있는바 이 申請推進運動과 아울러 1952年 4月 28日 以後의 戰後入國者를 安住시킬수 있는 運動을 强力히 展開하기 위하여 지난 第八回 中央委員會의 決定에 따라 '法的地位待遇對策委員會'를 廣範圍하게 補强하고 우리의 切實한 要求事項을 具體的으로 策定하여 駐日大使館과 緊密한 協議下에 現在 强力히 交涉中에 있다

　　그러나 이러한 過程에서 現在까지 協定永住權申請者數는 如前히 不振狀態에 있다

　　　그 原因의 問題點을 살펴보면

[1] 申請其間이 5年間으로 되여 있다는 點
[2] 個人의 事情에 따라 外國人登錄이 一回부터 繼續하여 登錄되어 있지 않기 때문에 이로因한 不安感을 갖인 者

[3] 家族가운데 戰後入國者等 問題를 가진者가 있기 때문에 이러한 問題가 完全히 解決될 동안까지 自己의 申請을 기다리는 者

[4] 本人의 性名, 本籍地, 生年月日 等이 外國人登錄證과 틀리는 關係로 이로 因한 不安感을 가진 者

[5] 協定永住權을 獲得함으로서 實生活上에 有利케 되는 點이 顯著하게 나타나고 있지않다는 點 等으로 본다

또한 現在 在日韓國人統計를 보면 登錄總數, 584,500名 中 申請資格者가 559,147名으로 되어 있으나 이 中에는 上記의 여러가지 問題點을 가진者의 數가 相當히 많기 때문에 이 問題點을 解決치 않은 限 永住權申請은 現在의 不振狀態에서 脫皮하기는 어렵다고 生覺된다.

[要望]

[1] 繼續居住範圍에 關하여

上記와 같은 者들은 最初의 外國人登錄證을 交付받을 때 所定의 手續에 따라 모-든 調査나 行政處分이 끝맞처져 있음으로 過去의 居住歷이 一回부터 지금까지 繼續해서 更新登錄이 되어있지 않다고 하드래도 現在 所持하고 있는 外國人登錄證에 依拠하여 自動的으로 個別審査나 再調査를 함이없이 一括認定할것

萬若 이러한 措置가 不可能하다면

第二回登錄(1950年 10月1日)以後부터 繼續登錄이 되어있는者 만이라도 이 以前 居住歷을 不問하고 申請만으로서 永住가 許可되도록 强力한 政治的交涉을 要望한다

[2] 協定永住權者가 現行出入國管理令에 依하여 不當取扱을 當하고 있는 問題에 關하여

法的地位協定의 發效와 同時에 協定永住權者에 對하여는 '協定の實施に伴う出入國管理特別法' 및 同法施行令에 依拠하여 모-든 問題를 取扱하기로 되어있으나 이 特別法에는 永住權의 申請, 調査, 强制退去, 罰則에 關해서만이 規定되여있고 實際的인 出入國이나 在留 및 待遇問題는 一切 現行出入國管理令에 의하여 取扱을 當하고 있다

卽 協定永住權者에 있어서 全般的인 問題가 現行出管令에 依하여 嚴格하게 規制받게되는 故로 出入國 및 在留에 關連되는 諸般問題等이 一般外國人과

같이 嚴重히 取扱當한다는 것은 韓日協定의 基本精神에 根本的으로 違反되는 것이니만큼 細目에 걸쳐서 具體的으로 協定永住權者에 대해서는 現行法의 規制와는 別途의 行政措置가 取하여져야 하겠다.

앞으로 이 問題가 具體的인 行政措置로서 解決되지 않으면 將來에 많은 憂慮될 問題가 生길 것이라 思料된다.

Ⅱ 1952年 4月 28日(桑港條約)까지의 戰後入國者問題

이 範囲에 屬하는 者에 對하여는 協定에 附隨되는 日本法相의 聲明에 依拠하여 全員이 永住權을 獲得하여야 하며 本永住權申請은 協定永住權者에 準하기로 하고 添附書類를 省略하거나 大幅簡素化할것

그 理由는 法的地位에 있어서의 協定永住權賦與의 賦與範圍는 終戰의 날 以前부터 日本國에 繼續居住하고 있는 大韓民國々民으로 되어 있어며, 一般永住權의 對象範圍에 屬하는 者는 終戰以前부터 日本國에 居住하다가 戰後 一時 歸國하여 1952年 4月 28日까지 再入國한 者와 이날까지 日本國에 入國하여 繼續居住하는 者들인바, 이들의 一時歸國한 理由等을 살펴보면 擧皆가 人道的으로 不可避한 事情이라 할수 있다.

終戰當時에는 約 250万을 헤아리는 韓國人이 終戰을 맞이하자 混亂과 不安 속에 있던 우리에 對하여 日本政府는 이에 對備하는 何等의 對策이 없었음으로 相當한 其間이 經過되자 人間社會에는 不得已한 人道的問題가 생기는 것은 必然的인 事實이라 아니할 수 없다.

그러므로 日本政府의 適切한 措置를 기다릴수 없이 一時歸國했다는 것은 法的으로는 別問題이지만 道義的으로는 그 本人에게만 責任을 지울수 없다고 생각된다.

그러나 如何튼 本人들이 一時歸國하지 않으면 안 될 不得已한 그 事情은 不問에 부치고 단지 一時歸國하였다는 法的理由만으로서 協定永住權에 비추어 越等하게 不利케 區分한다는 것은 問題의 本質에서 생각해볼 때 不當한 措置라 아니할수 없다

日本政府가 1952年 4月 28日에 公布했든 法律 126號에도 韓國人에 對하여 1952年 4月 27日까지는 日本國籍을 가지고 있었다고 解釋을 하고 있다.(法律 126號 2條 6項)

그러므로 이러한 사람들의 一般永住權取扱에 있어서는 一般外國人을 對象

으로 하는 現行法의 取扱規定을 適用하지 않고 個別調査 또는 審査를 할 것 없이 協定永住權의 取扱에 準하여 行하도록 簡素化하여야 한다
具體的으로 設明하자면

[1] 現在 126-2-6의 資格으로 登錄을 가지 있는 者가 이 一般永住權에 害當되는 時는 本人의 申請만으로서 不法入國으로 認定処罰 當하여 假放免으로부터 特在에 이르는 處分을 加하지 말고 調査함이없이 卽時許可 되는 措置가 取해지야될 것

[2] 審査에 있어서도

　[가] 貧困者(生活能力)

　[나] 前科關係(出管令 第24条에 該當하는 罪로서 實刑을 받은者 및 現在 精神病, 伝染病 癩病등의 罹患者)

　[다] 思想關係

　[라] 失業者

　[마] 居住經歷은 있어도 特在許可를 받아서 적어도 5年이 經過치 않은 者 等이 不許可對象으로 되고 있으나 (가)(나)(라)(마)項은 審査對象으로 하지 말 것

[3] 繼續居住調査에 있어서

　各地方入管에서는 現在 個人의 居住經歷을 調査할 때 出入國管理特別法 第3条에 依拠하여 本人이나 參考人에 質問하여 解決이 않될때 直接本國의 面, 郡, 市, 事務所에 照會를 하거나 現地 日本大使館을 通하여 巧妙하게 調査를 하고 있다

　이로 因하여 被害者가 생기는 例가 적지 않음으로 앞으로 이러한 調査, 照會는 반드시 日本國에 있는 우리 公館을 通하여만 할 수 있게 措置가 取하여져야 된다

Ⅲ 1952年 4月 28日 以後의 戰後入國者問題

1952年 4月 28日 以後의 戰後入國者中 現在 在留許可를 取得하고 있는 者에 對해서는 將來 繼續하여 安住할수 있도록 하여야 하며 또한 在留許可를 取得치 못한 者에 對해서도 그의 居住實績에 相符하는 居住權을 賦與하여야 한다

그 理由는 現在 在留資格을 取得하고 있는 者는 勿論이려니와 아직 在留資

格을 가지지 않은 潛在居住에 對해서는 이들 中에는 이미 相當한 年數의 日本에서의 居住實績이 있고 또한 生活基盤과 家族이 있음으로 이 機會에 日本政府가 大局的인 見地에서 相當한 數로 推算되는 潛在居住者를 救濟하는 具體的인 方法을 講究하지 않으면 안될 것이다.

이러한 사람들을 그대로 放置해 둔다면 今後 韓日間에 後患을 남길 것으로 生覺된다.

Ⅳ 處遇問題

處遇에 關해서는 協定文書 討議의 記錄, 議事錄, 大臣聲明, 局長談話等에 의해 明示되어 있는 事項을 日本政府는 協定精神에 立脚하여 忠實히 履行할 것을 要求한다

[1] 社會保障問題

協定永住權者에 對하야 生活保護 및 國民健康保障만이 適用되도록 되어 있으나

　가） 各種福祉年金

　　中小企業金融公庫法, 國民金融公庫法, 農漁業金融公庫法, 公營住宅入住, 住宅金融公庫法 等々의 全面適用

　나） 職業權 財産權等 모든 社會保障을 日本人과 同等하게 適用받도록 要請함

[2] 財産搬出問題

永住歸國者의 財産搬出에 있어 協定文에는

'法令の範圍內で、その携帶品、引越苛物及び轉業用具の携行を認める。'

로 되어 있으나 日本에서 生産事業을 하고 있든 자는 其事業施設에 全部 또는 歸國을 契機로 他種生産事業을 하려는 者에게는 外換手續없이 日貨로서 同事業施設을 搬出할 수 있도록 要望함

[3] 現金送金問題

永住歸國者의 現金送金에 있어 一万弗을 넘는 分에 對하여 每年 其殘高의 5分의 1을 送金할 수 있도록 되어있으나 이것을 5等分으로 5年間에 送金할 수 있도록 是正할 것을 要望함

그 理由는 每年 其殘高의 5分의 1이라면 規定대로 一例를 들어보면 5千万円(日貨)를 送金하려면 18年間이 걸려 財産의 效果的인 適用을 할 수 없음

[4] 財産取得令問題

日本國의 "外國人の財産取得に關する政令"은 現在 大韓民國은 摘用除外國이 되어 있으며 協定休帶文書에 「日本政府は協定の效力發生の際してこれを制除する意図はない」로 되어있으나 同方針이 永久히 持續되도록 要望함

그 理由는 外國人의 財産取得에 對하여는 相互主義나 慣例가 있어 韓國々內에서 日本人의 財産取得이 規制될 때 在日韓國人에 對하여 適用된다면, 莫大한 支障이 生김

[5] 對母國投資方法問題

日本居住의 韓國人商工業者로서 母國에서 事業을 營爲할 境遇 資金 事業施設等을 外換措置없이 合法的으로 韓國에 드러갈 길이 없으니 韓日兩政府間의 協助로서 合法的인 길을 打開하여주도록 要望함

特別要望事項

稅金對策問題

現在 日本政府는 在日韓國人 中小企業者, 特히 써-비스業, 호텔業, 飮食業, 캬바레業, 遊技業, 小賣, 都賣商等에 對하여 稅金攻勢가 全國的으로 嚴格하여 二年三年까지 逆及하여 强制調査를 敢行하여 一方的인 課稅를 하고 있다.

이들의 査察을 當하는 者는 殆半이 二, 三, 年以前의 分을 脫稅라고 指定 當하여 課稅額以外에 全課稅額의 50%를 重加算하고 그 위에다 相當한 額數에 達하는 罰金까지 徵收하고 있는 現狀이다.

그 때문에 일단 査察을 當하여 課稅가 決定되면 自己가 現在 가지고 있는 財産의 全部를 處分하드래도 課稅額을 充當치 못하고 破産하고만 僑胞業者가 많이 나타나고 있다.

우리民團으로서는 이러한 全國的인 稅金攻勢에 對處하고져 商工會를 中心으로 地域別로 運動을 展開하고 있으나 뚜렸한 運動의 成果를 期待하기는 어려운 것이 現實情이다. 이들 業者들이 國稅局에서 査察을 當하게된 經緯를 考察하여 본다면

[1] 業體가 擴大되고 所得도 增加되었는데도 本人의 所得申告가 前年度나 前々年度에 比해서 別差異가 없었기 때문에 國稅局에서 內査하게 된것이며, 이러한 境遇 徵收稅額이 4.5千万円 以上을 對象으로 하고 있다.

[2] 同一業者들 사이의 密告에 依한 것.

[3] 國稅局에서 內査를 始作해도 確實한 證拠가 나오지 않을 境遇, 駐韓日本大使館을 通하여 本國에 있서서의 不動産의 取得, 또는 投資等에 關하여 調査하여 그 調査資料에 依하여 財産搬出로 認定하고 脫稅의 取扱을 받고 있는 等々이 對象이 되는데 以上 三點에 對해서 現時點에 있어서는 本人이 主意할 以外에는 何等의 對策도 講究할수 없는 것이 現實情이며 특히 朝總連에서는 이러한 狀態를 利用하여 民團々員들에게 韓日會談의 結果로서 가져오는 不可避한 稅金攻勢라고 煽動하여 朝總連의 組紅擴張을 爲하여 全國地方組紅을 總動員하여 狂奔하고 있다.

이러한 狀態를 放置해 둔다는 것은 朝總連의 惡煽動에 휩쓸려 들어가는者가 續出할 것은 勿論이며 在日僑胞中小企業者를 保護育成하는데 있어서 앞으로 크다란 支障을 招來할것이라 生覺된다.

그러므로 中央執行委員會에서도 이 問題를 重視하여 이미 大使館을 通하여 本國政府에 强力히 要請을 하고 있으며 이 時機에 本國政府가 日本政府에 對하여 韓日協定妥結을 契機로 하여 協定發效日을 起點으로 그 以前에 遡及하여 課稅하는 것을 一切 中止하는 根本的인 行政措置가 取해 지도록 政治交涉을 熱望하는 바이다.

以上

8. 주일대사관 공문– 법적지위협의회 제5차 회의 보고서

KOREAN EMBASSY, Tokyo
번호 주일영(1) 725-318
일시 1966.12.5.
발신 주일대사
수신 외무부 장관
참조 아주국장
제목 법적지위협의회 제5차 회의 보고서

　　　당 대사관 및 민단 법적지위대우대책위원회와의 제5차 협의회 회의를 당 대사관에서 다음과 같이 개최하였음을 보고합니다.

1. 일시: 1966.12.2. 16:00 - 17:30
2. 참석자: 대사관측 - 이문수 총영사, 박쌍용 과장, 권수일 서기관, 강상황 서기관
   법대위측 - 이유천 위원장 장총명, 정창진, 박성진 부위원장
3. 토의 사항:
   1) 11월말 현재 협정상 영주허가 신청 및 허가 상황
   2) 동계(冬季)간의 신청 촉진책
   3) 법대위의 활동 계획
4. 토의의 요지:

먼저 대사관측은 11월말 현재 협정상 영주허가 신청허가 상황 및 영주허가 신청 상황을 설명한 후, 특히 협정상 영주허가 신청에 있어서는 11월까지의 월평균 신청인수가 근 2,000인데, 이는 협정상 신청기간인 5년간의 월평균 약 5,000(약 30만 명이 신청할 것으로 추산한다면)의 절반에도 미달하는 부진 상태라고 지적하였음.

이어 대사관측은 이와 같은 부진 상황을 타개하기 위한 법무성과의 교섭현황을 설명한 후 법대위가 의견을 통일하여 앞서의 민단 중앙 위원회에서 결의한대로 강력히 영주허가 신청을 추진해줄 것을 요청하고, 특히 동기(冬期) 중에는 통신, 교통의 불편을 고려하여 6대 도시(교포 총수: 약 28만)를 대상으로 집중적으로 신청을 독려할 것을 당부하였음.

이를 위하여 대판, 경도를 중심으로 한 근기 지방의 민단 협의회를 년내로 개최하고, 최근의 영주허가 신청 상황 및 영주권 취득의 이점(利點)을 명시하는 일람표를 지상에 소개하는 등 교포 경영 언론 기관을 활용하는 한편, 영주허가 신청 촉진을 위한 표어를 현상 모집하는 방칙도 검토할것을 요망하였음.

이에 대하여 법대위 일부 의견(장총명 부위원장)은 년내에 지방 협의회를 개최하는 것이 세모를 앞두고 모두 다망할것이므로 어려울 것으로 본다고 말하고, 또한 일부(이유천 위원장, 정창진 부위원장)는 대사관측이 신청 촉진을 위주로 하고 있는데, 다수의 교포가 영주허가 신청에 앞서 많은 불안을 품고 있으며 신청상에 애로가 많이 있으므로 이러한 애로점을 먼저 해결한 다음에 영주허가를 독려해야 한다고 주장하였음. 이어 동법대위 일부는 문제가 많은 교포들을 해결하기 위하여 본국 정부가 좀 더 많은 관심을 갖고

"정치적, 외교적 교섭"을 전개해 주기 바란다고 말하였음

또한 앞서 일본 "아사히" 신문에 보도된 재일교포의 법적 지위 문제를 다룰 "합동위원회"설치안 기사에 대하여 문의하였음.

이에 대하여 대사관 측은 정부의 재일교포의 법적 지위를 비롯한 교포의 제반 문제에 대한 깊은 관심과 노력을 설명하고, 영주허가 신청 촉진을 주류로 하고 문제점 해결내지 애로점 제거를 병행시킴이 현재로서는 가장 유리하고 효과적인 전략임을 강조하였음. "합동 위원회"건은 사실과 조금 다르다고 언급하고 그러나 검토 단계에 있는 것으로 본다고 첨언하였음.

토의 사항 제 3항 – 법대위의 활동 계획은 시간 관계로 제 6차 협의회에서 토의하기로 하고 동 6차 협의회 회의는 년내로 개최하기로 합의하였음.

5. 결언:

제5차 협의회 회의는 소위 "공청회" 개최, "본국 진정단" 파견을 위시한 제반 계획을 위요하고 법대위 내부의 의견이 대립되고 있으며 그 영향이 교포의 영주허가 신청 촉진에 크게 미치는 것을 중요시하여 법대위 내부 의견 통일을 기할 목적으로 대사관측이 소집한 회의였으나, 영주허가 신청 촉진에 소극적인 법대위 일부(이유천 위원장, 정창진, 박성진 양 부위원장)의 태도와 주장에는 진전이 없었음. (법대위의 동향에 관하여는 추후 상세히 보고 위계임.) 끝

9. 주일본대한민국사관 공문– 제67회 관동지국 협의회 개최 보고

주일본대한민국대사관
문서 주일영(1)725-333
일시 1966.12.16.
발신 주일대사
수신 외무부 장관
참조 아주국장
제목 제67회 관동지국 협의회 개최 보고

　　　1966년 12월 4일 개최된 표기 협의회에서 특히 법적지위문제에 대한 논의가 별첨과 같이 있었음으로 이를 보고합니다.

* 첨부: 동 보고서

첨부-제67회 관동지구 협의회 개최 보고서

** 제67회 관동지구 협의회 개최 보고서
  1. 일시 및 장소
     1966년 12월 4일 "고오후"시
  2. 참석자
     대사관: 박 제1영사과장, 강상환, 김봉규, 정경근, 백철현 서기관
     민   단: 장총명 부단장, 이희원 의장
     법대위: 이유천 위원장, 박성진, 정창진 부위원장
     1도 10현 3기관장 및 사무국장
  3. 협의회
     1) 회순
        개회
        국민의례
        개회사(김기철 단장)
        야마나시현 본부단장 인사
        내빈축사(이희원의장, 이유천, 박쌍용과장, 장총명부단장)
        토의사항
           가) 법적지위에 관한 제반사항
           나) 기타
        폐회사
     2) 회의 경과
        (1) 김기철 단장의 개회사 요지
            민단활동은 순수히 민단 본연의 자세에서 대한민국 국민으로서 긍
            지를 가지고 할 것이며 추후로, 본국 정치현상에 영향을 받거나 영
            향을 미치는 일이 없도록 할 것이 요망되는 바이며, 본국 정부는
            재외국민에 대한 보다 적극적이고 세계적인 대책을 강구하여줄 것
            을 기대하는 바이다.

오늘 법적지위문제에 대한 토의가 주된 화제가 될것이나 우리는 어디까지나 이미 체결된 협정을 존중하고 순응하며 문제점에 대한 해결책을 모색할 것이며 관동지구협의회의 발전을 위하여 매진의 노력이 있기를 바란다.

(2) 박과장의 법적지위문제에 대한 전반적인 설명과 교섭경과 보고

(3) 박성진 부위원장의 경과보고

요지

* 협정 자체에 대한 불안이 있다.

* 대일 기본자세를 일본의 은혜적 조치로서의 협정영주권 취득이 아니라 기득권으로 취득하는 권리라는 자세로,

가) 이미 126-2-6으로 간주되고 있는 교포에 대하여는 계속거주권을 인정하여 재조사없이 즉시 협정영주권을 허가하라.

나) 126-2-6으로 신청하였다가 조사결과 불허된다고 하드라도 즉시 일반영주권을 부여하자는 요구를 관철하기 위하여

  (1) 본국에 진정단을 파견하고

  (2) 각 지방 공청회를 개최하기로 결정하여

    11월 19일 법대위 간부회의를 개최

    11월 15일 중부지방 공청회

    11월 22일 중국지방 공청회

    10월 21일에는 대사관, 민단(법대위). 법무장관의 3자회담 등을 개최하였음

* 결론적으로 말하여 세계최악법인 일본 출입국관리법의 개정없이 우리들의 불안과 불만이 해소되지 않으니 정부의 절대적인 관심과 대책이 요망됨으로 진정단 파견계획을 강행코저하는 바이다.

(4) 질의요지(질의에 대한 답은 박 과장이 하였음)

가) 신청창구에서 호적등본을 가지고 오라는데 본적지는 6.25 사변때 등본이 소실되어 없다는데 어떻게 할것인가?

답: 호적등본의 제시 필요가 없다

나) 불허가 결과의 역선전이 신청부진의 원인이 될 뿐 만 아니라 불허가된 자에 대한 민단의 신청권고책임이 중요하다.

답: 불허가자는 현재 처음부터 신청자격이 없는 자가 신청하였기

때문이며, 126-2-6자격자가 불허된 자는 아직 한사람도 없다. 또한 민단에서 신청권고를 할 때 무조건 권고할 것이 아니라 그 사람의 형편과 실정을 고려하여 개몽6), 권고하여 주기 바란다.

다) 형무소 재감자의 협정영주권 신청 권고를 위하여 소장에게 면회를 요청하였던바, 상부로부터의 지시가 없어 안된다는 것인데 이점 어떻게 할것인가?

　답: 현재 재감자에 대하여는 우선적으로 협정영주권 취득을 위한 조치를 취하고 있으므로 이는 동 소장의 잘못임으로 즉시 시정하도록 조치하겠다.

라) 126-2-6 자격자 중 현실적으로는 6대4로 조사결과 비자격자로 낙오될 사람들이라고 추상되는데 이들에게 어떻게 신청촉진을 권고하겠는가?

　우리에게 불리한 협정을 좀 더 유리하게 할려는 운동을 전개하고 있는 지금 한편으로 협정영주권을 권장, 촉진하는 것은 논리적으로 부조리하다.

　현재 협정영주권을 취득함으로서 득하여지는 이익이란 재입국문제뿐인데 재일교포중 과연 본국에 왕래함으로서 재입국의 편의를 취득할 수 있는 수가 전 재일교포중 어느정도 될 수 있을 것인가? 이런 입장에서 이익을 취득하였다고 선전할수 있겠는가?

　또 일반영주권을 보드라도 지금까지는 3년형의 범죄력에 대하여도 강제퇴거 없이 채류할 수 있었는데 금반 취득되는 일반영주권은 1년 이상의 범죄력에 대하여도 강제퇴거를 당하게 되었으니 종전보다 더 불리하게 되었다고 보지않을 수 없다.

　답: 민단 일선의 고충을 이해하겠다. 그러나 협정영주권을 너무 평면적으로 해석할것이 아니라, 외국인으로서 협정에 의하여, 외국에 권리로서, 재류권을 취득한다는 사실을 인식하여 주기 바란다.

마) 현재 협정영주권 신청보다는 귀화가 훨씬 쉬울 뿐만 아니라 귀화하여 본국에 출입국하는 것도 훨씬 용의하니 3년 후에는 모든 것

---

6) 계몽

이 귀찮아 귀화하는 자가 급증하지 않을가 염려스럽다.

따라서 이에 대한 대책도 강구하지 않으면 안될것으로 안다.

답: 귀화방지를 위한 국적법 개정들에 대하여는 현재 예의 검토 중에 있다.

바) 국민건강보험 적용의 이익을 들어 협정영주권 신청을 권고하였으니, 현재 일고노동자(日雇勞動者)의 노동관계 건강보험의 가입이 조총련의 일고노동자 증명만 있으면, 쉽사리 가입되고 있고, 싼 보험금으로 좋은 혜택을 받을수 있는 실정임으로 많은 민단계 교포들도 동 보험에 가입하고 있다.

만약 국민건강보험시행이 상기 노동관계 건강보험과 병행하여 시행된다면 비싼 국민건강보험을, 그것도 강제가입하여야 한다는 점에서 권리취득이라고 할수 있을 것인가?

답: 본건에 대하여는 사실조사를 하여 조치하겠다.

4. 결언

1도 10현 (사이다마, 돗지기, 이바라기, 지바, 군마, 니이가다, 야마나시, 나가노, 가나가와, 시즈오카현 및 동경도(3다마 포함)으로 구성된 관동지구협의회는 동 지구의 영주허가신청 촉진을 목적으로, 대사관의 종용에 의하여 개최되었는 바, 지방 민단지도자들의 영주허가신청에 대한 관심과 노력이 증대되기는 하였으나, 상금 신청촉진을 위한 신념과 지도기술이 미흡하였음으로 이에 대한 조치가 소망되었음.

-이상-

10. 주일본대한민국사관 공문— 민단의 "법적지위대우대책위원회" 에 관한 보고

KOREAN EMBASSY, Tokyo
문서 주일영(1)-725-334
일시 1966.12.14.
발신 주일대사
수신 외무부장관
참조: 아주국장

제목 민단의 "법적지위대우대책위원회"에 관한 보고

참조: 주일영(1) - 725-178(1966.10.20.)
　　　주일영(1) - 725-300(1966.11.24.)
　　　주일영(1) - 725-318(1966.12.5.)

1. 재일거류민단의 현 "법적지위대우대책위원회"의 전신인 "법적지위대책위원회"는 1962.11.5. 민단의 제37회 중앙 "이사회"의 결의로써 설치되어, 1963. 5.23. 제29회 전국 대회에서 동 위원회의 설립과 임원(위원장: 권일, 상임간사: 김정주, 김영준, 이유천, 홍현기, 장총명, 신호)이 인준되었는바, 한·일 회담 조기 타결촉진 운동을 위한 동 위원회의 역할이 중요시 되었음.
　　그 후 동 위원회는 위원을 수차 교체하면서 "요구 관철 운동"을 추진해 왔으며, 권일 위원장은 재일교포의 요망을 대변, 반영하기 위하여 재일교포의 법적지위 및 대우에 관련된 한·일 회담에 참여하였음.

2. 14년간에 걸친 한·일 회담이 타결되어 1966.1.17. 재일교포의 법적지위 및 대우 협정이 발효됨을 계기로 일부 민단 지도층 및 일반교포는 동 협정이 재일교포의 안정과 권익을 충분히 반영하지 못한 것이라고 불만을 표명하였음. 이의 영향으로 66.2.10. 개최된 민단의 제6회 중앙위원회에서는 지위 협정에 의거한 재일교포의 영주허가를 신청케 할 것인가에 대하여 논의가 많았으며 일부에서는 영주허가 신청을 보류케 하자고 강력히 주장하였기 때문에 중앙 위원회 자체가 영주권신청 촉진 운동을 보류하였다는 인상을 주기에 이르렀음.
　　그러나 제6회 중앙위원회는 "광범위하고 강력한 위원회를 구성하여 이 위원회에 민단의 전 역량을 집중시킴으로써 (법적 지위 및 대우에 관한) 미해결된 문제를 중점적으로 해결하고저" 위원 30인으로 구성된 "법적지위대우대책위원회" (위원장: 권일, 위원: 이회원, 장총명, 정창진, 김금석, 강계중, 허필석, 오기문 등)을 조직하였음.

3. 위와같이 조직된 "법대위의 활동 상황에 관하여는 1966.9.21. 개최된 민단의 제8회 중앙위원회에서 큰 논란이 벌어졌는 바 이의 이유로서는
　　첫째: 동 "법대위"의 활동이 미흡하였고, 둘째: 영주허가 신청이 활발하지 못한 원인을 규명하지 못하였다는 불만이 작용하였다는 점, 셋째: 근원적으

로는 1966.6.6. 개최된 민단의 중앙 대회에서의 거류민단 단장 개선을 전후한 상호 인간관계의 영향이 다대하였음을 간과할수 없음.

이로 말미암아 법대위에 대한 비판이 자연 권일 위원장에게 집중되어, 권위원장은 제8회 중앙위원회 석상에서 법대위원장직을 사퇴할 의사를 표명하였으며 법대위를 차제에 개편하자는 동의가 채택되었음. 이어 동위원회는 법대위 개편의 방법과 범위를 민단 중앙 본부의 3기관장에게 일임하였음.

4. 따라서 동 법대위는 1966.10.5. 총회를 열고 전국의 민단 간부를 거의 망라하여 법대위를 64인으로 "보강"하였는바, 위원장에는 이유천 감찰위원장, 부위원장에는 장총명, 정창진, 박성진 제씨가, 상임위원에는 배동호, 오기문, 이근복 제씨 등 10인, 사무국장에 신호씨, 위원에는 김금석, 김광남, 김재화, 문규준, 강계중, 박종, 정철, 윤치하, 허필석, 이희건 제씨등 49인이 위촉되었음. (동 법대위 명단은 주일 영(1) 725-178 (1966.10.20. 참조)).

위와 같이 "보강"된 법대위는, 주로 위원장단이 대사관 관계관과 수하 협의회를 가지는 한편, 10.9. 제1회 법대위 상임 위원회를, 11.12. "시모노세키"시에서 일본 "중국"지방 "공청회"를, 11.16. 제2회 법대위 총회를, 12.2. "오오사카 지방 법적지위대우대책위원회" (위원장: 김진근, 이외 위원 명단은 별첨 참조)를 결성케 하여 12.13. "근기지방 공청회"를 개최 또는 주최하였음. 동 법대위의 사업 예산으로써 수입 9,426,000엔을 민단 각 지방에의 활당금 (6,000,000엔), 상공회 및 신용 협동 조합에의 활동금 (2000,000엔) 및 일반 유지 헌금 (1,500,000엔)으로써 충당할 계획을 세우고 있음.

여상한 예산이 확보되는대로 법대위는 계속 (ㄱ)각 지방 법대위의 조직, (ㄴ)"공청회"의 개최를 기하는 한편 (ㄷ)본국에의 "진정단"의 파견을 추진할 의도임.

5. 위와 같은 법대위의 활동과 아울러 법대위의 성격에 대하여 당 대사관은

첫째: 동 법대위가 거류민단의 규약상 지위가 분명하지 않을뿐 만 아니라 (법대위측은 67년초에 소집될 중앙위원회에서 법대위 지위가 토의, 결정될 것이라고 말하고 있음.) 중앙 본부의 3기관장의 한 분인 감찰위원장이 법대위 위원장직을 겸하고 있음은 법대위 예산의 승인과 아울러 어려운 문제를 내포하고 있음을 지적하였고,

둘째: 법대위 자체의 견해가 양분되어 신청을 촉진하면서 문제점 및 애로사항 해결을 병행하자는 태도(장총명, 신호 제씨)와 문제점 및 애로 사항 해결

을 위주로 하여 신청을 추진해야 한다는 태도(이유천, 박성진, 장창진, 배동호 제씨)가 점립하고 있는 바, 이와 같은 상황이 상호의 인간 관계와 얽켜서 장차 민단 조직의 약화를 초래할 가능성을 중요시하고 있음.

셋째: 그러므로 당 대사관은 동 법대위와의 협의회를 수시로 가지면서 재일교포의 법적지위 및 대우에 관련한 일 정부 당국과의 교섭 내용과 진행사항을 설명하는 한편 영주허가 신청에 있어서는, 신청 자격자들이 단시일내에 신청을 완료하여 영주를 허가받도록 함이 본인들의 권익이 되므로 신청을 독려하면서, 잠복된 제반 문제점 및 애로를 해결해 나감이 현재로서는 상책이라는 대사관의 견해와 태도를 명백히 하고, 민단 지도자들이 이에 적극 협력하여 줄 것을 요망해 왔음.

넷째: 또한 대사관은 각 영사관과 협력하여 관하 민단 지도자의 회의 소집, 각종 집회에의 참석, 교포경영 언론기관 등을 통하여, 재일교포의 영주허가 신청을 조속 완료하도록 지도해오고 있으며 법대위의 사업중 지방 법대위 조직 및 "공청회" 개최의 목적이, 실례가 드문 문제점 및 지엽적인 애로사항의 노출에만 주력할 것이 아니라, 영주허가 신청을 위한 적극적인 지도에 노력을 경주해 줄것을 요청하였고, 그러므로, "법적지위대우대책위원회"를 "법적지위안정 촉진위원회" 또는 "영주허가신청 촉진위원회"로 개칭하는 한편 "공청회"를 "설명회"로 바꾸는 것이 더 좋을 것이라고 권유한 바 있음.

다섯째: 끝으로 본국에의 "진정단" 파견건에 대하여는 법대위 내부에서도 "총선거를 앞두고 본국의 야당에 이용되지 않도록 실제 파견에 있어서는 신중을 기해야 한다"는 의견이 있음을 고려하여 진정단 파견의 필요성을 재검토한 후에 파견시기를 결정해야 할 것이라는 대사관 견해를 견지하고 있음.
끝.

첨부: 오오사카지방 법적지위대우대책위원회 명단 1부

첨부 大阪地方法的地位待遇對策委員會 名單

大阪地方法的地位待遇對策委員會 名單

職名	氏名	現住所	電話
委員長	金晋根	大阪市城東區大成通1-35	971-1945(宅)
副委員長	趙亮大	〃 東住吉區中野通1-37	971-7231(自宅)
〃	方鍾懐	〃 東淀川區上榎中通1-1	328-2306(宅)
〃	裵順姬	〃 住吉區住吉町241-3	673-2745(宅)
常任委員	張德日	枚岡市南裏町12-10	0729-31-32(宅)
〃	梁喜承	大阪市生野區鶴橋南之町3-339	731-6691(宅)
〃	李聖雨	〃 東住吉區加美正覺寺6-51	371-7231(自宅)
〃	孫福孝	〃 生野區猪飼野中3-3	712-(9585)宅
〃	尹鍾洙	〃 西成區松通5-5	651-5806(宅)
〃	邊基桂	〃 住吉區長居東7-18	691-1878(宅)
〃	姜弘東	〃 東淀川區西中島町3-5	302-2574(宅)
〃	張起院	〃 都島區毛馬町3丁目91	922-0288(宅)
〃	韓甲宮	守口市南川町3-39	781-8285(宅)
〃	金池男	大阪市城東區東水橋南之町1丁目115	973-1934(宅)
事務局長	李宗泰	生野區猪飼野中3-3	713-5906(宅)
委員	李元儀	東成區東小橋北之丁2	761-7371(自宅)
〃	金鍾一	東淀川區上新庄町3-11	328-7512(宅)
〃	姜佳重	東區平野町2-9	231-5338(宅)
〃	趙玉慶	城東區太今里南之町1-47	971-8153(宅)
〃	金聖進	生野區猪飼野予中3-16	731-6911(宅)
〃	李完善	西成區長橋通6-17	561-9341(宅)
〃	陳琦洲	泉佐野市鶴原2272	0724-62-(宅)
〃	金鳳錫	大阪市東淀川區上新庄町1-134	332-1956(宅)
〃	姜道憲	〃 東成區太今里南之町2-95	971-1302(宅)
〃	沈在玉	布施市高井田中2	783-0551(宅)
〃	文昌洙	西成區玉出西之町8-93	691-9419(宅)
〃	徐相變	〃 西成區津守町東4-141	562-3856(宅)
〃	崔景乙	八尾市東山本新町1-18	0721-2-1267(宅)
〃	吳諾洙	大阪市生野區林寺町8-50	741-0540(宅)
〃	崔應	〃 町3-356	741-0291(宅)
〃	全秦守	西成區新開通1-2	651-1717(宅)

② 재일한인의 법적지위협정 시행 문제, 1967

● ● ●

분류번호: 791.23, 1967

등록번호: 2442

생산과: 교민과

생산년도: 1967

필름번호(주제-번호): p-0005

파일번호: 03

프레임번호: 0001~0153

1. 외무부공문(발신전보)–영주권신청 촉진

대한민국 외무부

번호 WJA-01204

일시 191600

발신 장관

수신 주일대사

　　재일교포의 영주권신청은 협정 발표 후 일천하고 시행상에 있어서의 제 문제점 등으로 현재까지는 소기의 성과를 올리지 못하였으나 협정 시행 2년째에 접어드는 금년에는 영주권신청이 본 궤도에 오를 수 있도록 추진하여야 할 것인 바 문제점 해결을 위한 일정 당국과의 교섭과 민단 및 일본교포들에 대한 지도와 선전 및 계몽이 병행되어야 할 것이라고 사료됨으로 대일 교섭은 계속 적극 추진할 것이나 특히 교포들에 대한 선전 및 계몽을 위하여 하기 사항을 시달하오니 시행이 만전을 기하시기 바람.

　　1. 민단 산하단체로 구성된 법대위는 정부 방침에 의거하여 영주권신청을 촉진하는 방향으로 재일교포를 선도하여야 함에도 불구하고 귀 보고(주일영 (1)725-334호 공한)에 의하면 현 법대위는 지방에서 개최된 공청회 등을 통하여 고의로 지엽적인 문제점만을 일본 교포 대중에게 노출시켜 마치 영주권신청을 방해하는 듯한 인상을 주고 있음은 심히 유감된 일로서 즉각 시정되어야 할 것인바 귀 공관에서 민단 중총 단장을 초치하여 법대위가 이와 같은 태도를 조속 지양하고 영주권 신청에 적극 협조할 것과 동단장이 법대위의 모든 활동을 앞으로 엄격히 통제하도록 독려하고, 법대위의 명칭은 귀 공관 의견대로 "영주허가신청 촉진위원회"로 "공청회"를 "설명회" 등 덜 자극적인 명칭으로 개칭토록 종용하시기 바람.

　　2. 귀 대사관은 현지 실정을 감안한 영주권신청 촉진을 위한 선전 및 계몽에 관한 방안을 마련하여 동 방안을 주일 각급 영사관에 시달하여 귀 대사관과 함께 실시케 하고 동 방안은 본부에도 보고하시기 바람.

　　3. 귀 대사관은 민단 및 일반교포에 대하여 선전계몽함에 있어서 한일간 법적 지위와 대우에 관한 협정 시행에 따르는 문제점 중 일정 당국과의 교섭에 의하여 이의 해결된 사항 등 그간의 성과와 기타 영주권신청 촉진을 위하여

유리한 참고 사항이 민단 및 일반교포사회에 널리 주지되도록 각별히 유념하시기 바람. 끝. (외아교)

2. 주일본국대한민국대사관 공문-법적지위협의회 제6차 회의 보고서

주일본국대한민국대사관
번호 주일영(1)725-16
일시 1967.1.18.
발신 주일대사
수신 외무부 장관
제목 법적지위협의회 제6차 회의 보고서

민단 법적지위대우대책위원회측과 당 대사관과의 법적지위협의회 제6차 회의가 다음과 같이 개최되었음을 보고합니다.
1. 일시 및 장소: 1967.1.16: 16:00 – 17:30
2. 참석자:
   대사관: 박쌍용 제1영사 과장, 김봉규 서기관
   법대위: 이유천 위원장, 장총명 부단장, 정창진 부위원장, 신호 민생국장, 오기문 부인회 회장.
3. 토의 의제:
   (1) 법적지위협정 발효 1주년을 마지하여 과거 1년간의 협정영주권 신청 및 허가사항에 대한 분석 및 검토
   (2) 1967년도 민단 법대위 활동방침에 대한 설명
4. 토의 내용:
   (1) 국적에 관한 진술서를 제출한 자에 대한 사후처리문제
      가) "선확인 후등록"을 시행하기 위하여 현재 이들에 대하여는 진술서 사본을 2통하여 두고 있다
      나) 이들 진술서 사본은 각 영사관을 통하여 민단에 배포되고 이들에 대한 국민등록은 국민등록의 신규발급 절차에 의하여 처리되도록 한다.

다) 민단으로서는 이들의 등록 실시는 반드시 민단을 통하여 시행할 것을 요망하는 바이라고 강조하였음. 이는 대사관의 기본 방침과 상합함으로 방침대로 시행하기로 하였음.

(2) 재감자에 대한 일본 출입국관리령 적용

가) 법대위측은 현재 재감자로서 협정영주권 자격자는 협정영주권 허가 신청을 하지 않고 출감하면 출입국관리령에 의하여 강제퇴거 절차를 받게 되고 따라서 그 자격이 "특재자"로 되니 이는 명백히 협정위반임으로 이점 시정하여 줄 것을 요청하였음.

나) 이에 대하여 대사관측은 협정영주권 취득자와 자격자는 엄연히 구별하여야 할 것을 전제하고, 이들 재감자가 재감중에 영주권 신청을 하면 우선적으로 허가되도록 조치하고 있는데 왜 신청을 하지 않는가 라고 반문하고, 만약 이들이 영주권을 취득하였다면 출감과 동시에 아무런 출입국 관리령상의 조치를 받지 않괘[1] 영주하게 됨을 강조하고, 따라서 협정영주권 자격자에 대한 대우에 있어서는 취득자에 준할 수 없고 이들 재감자가 비록 영주권 자격자이라도 협정영주권을 취득하지 않았음으로 일본 출입국관리령 제24조에 의하여 처리되지 않을 수 없음으로 이는 협정위반이 될 수 없다고 하였음.

그러나 이들이 "특재자"로 자격이 변경되드라도 영주권 허가와는 아무런 영향이 없음으로 영주권 신청을 하면 허가됨을 강조하였음. 또한 협정 제3조의 강제퇴거 규정은 어디까지나 영주권 취득 후의 강제퇴거 제한 규정임을 설명하였음.

(3) 협정영주허가 신청과 여권발급문제

가) 당 대사관에서는 협정영주권 신청을 촉진하는 방편으로 각 주일 영사관에 대하여 여권발급시에 있어서는 가능한 한 영주권 자격자는 영주권을 신청한 후에 발급(단, 긴급시는 예외)하도록 지시한 바 있는 바, 이 지시를 정식으로 철회하여 줄 것을 민단(법대위) 측에서 요청하였음.

나) 동 지시는 어디까지나 신청의 장려라는 입장에서 가능한 한 그렇게 행정 지도할 것을 지시한 것임으로 정식 철회 문제라고 생각하지 말도록 양해시켰음.

---

1) 않게

(4) 일반영주권 허가자의 자의 영주권 문제

　　일반영주권 허가자의 자로서 1952.4.28 상항조약 발효일 이전에 일본국
　　에서 출생한 자는 마찬가지로 일반영주권을 취득할 수 있음을 알렸음.

(5) 1967년도 법대위 활동방침

　　가) 1월 20일경 법대위 상임위원회를 개최하고 활동방침에 대하여 결정
　　할 것임으로 차후로 미루기로 하였음.

3. 외무부공문(발신전보)–영주권신청 부진 사유 진상조사 회보

대한민국 외무부
번호 WJA-01209
일시 191750
발신 장관
수신 주일대사

　　"이원홍" 동경 특파원의 "법대위"와의 기자 회견 기사로서 1967.1.19(목요
일)자 한국일보는 영주권신청 부진 사유로서 15항의 사유를 들어 보도하였는바
동 보도의 진부를 확인하시고 사실인 경우 그 중 다음 사항에 대하여 조속 그
진상을 조사 회보하시는 동시에 WJA-01204호 전문 지시의 취지에 따라 이러한
사례가 재발하지 않도록 관계 단체를 각별히 지도하시기 바람.

　　가. 40년간 일본에 거주한 "시모노세끼"의 정모씨는 영주권을 신청했다가
불허가 강제퇴거를 당하였다. 정씨는 해방이 되자 본국에 귀국하려다가 귀환선
에 승선치 않고 그대로 일본에 거주했는데도 승선한 것으로 되여있다는 이유로
강제퇴거령을 받았다는 것임.

　　나. "요꼬하마"에 사는 장모씨는 해방전 일본전범으로 체포되여 "오스트레일
리"에서 포로 생활을 한 끝에 46년 송환선으로 일본에 도착, 정착하였으나 강제
퇴거령을 받았다.

　　다. "나고야" 입국관리사무소장은 영주권신청을 하지 않은 자들의 재입국신
청을 접수하지 않는다.

　　라. 일반영주권 자격자에게 지금까지 인정된 특별 체류를 인정하지 않고 재

심사 허가한 날로부터 5년 이후에 일반영주권 신청자격을 부여하고 있다. "요꼬 하마"에 사는 이모 씨는 1년씩 연장된 특별 체류허가를 9회째 신청하여 작년말 불허조치, 강제퇴거령을 받았다.

　　마. 일본정부는 영주권 신청자의 거주 경력 여부를 조사하기 위해 한국정부를 거치지 않고 직접 신청자 본적지에 조회하는 등 조치를 취하고 있다.

　　바. 생활보호를 받고 있는 자의 재입국허가는 되지 않는다.

　　사. 귀 공관에서는 영주권 신청을 하지 않은 교포들에게는 여권 발급 사무 취급에 있어 차별대우를 하고 있다.　끝.

(외아교)

4. 정세보고처리전—한일 법적지위협정 발효 1주년을 기한 법대위 성명서

외무부
일시　1967.1.23.
발신　주일대사
요약 및 비고

　　題目: 韓·日 法的地位協定發效1周年을 期한 "法對委" 聲名書
　　　　韓·日 法的地位協定 發效1周年을 마지하여 民團 "法對委"에서 內外新聞 記者에게 發表한 聲名書의 內容은 要旨 다음과 같음.
　　요지:
　　　1. 126資格者로서 戰後 一時歸國한 者에 對한 資格變更問題 등 現在駐日大使館에서 積極 交涉中인 事項 또는 이미 解決되는 方向으로 나아가고 있는 問題 等과 枝葉的인 問題 等을 列擧하고 있으며,
　　　2. 또한 이러한 問題를 處理하기 爲하여 兩國間에 共同委員會를 早速設置하되 同委員會에 在日韓國人을 參加시킬 것을 要求하고 있음.

5. 정세보고처리전—국민등록갱신

외무부

일시 1967.1.25.
요약 및 비고

　　1. 국민등록갱신 부진 이유
가. 각 영사관의 인원부족
나. 민단 및 일반교포의 국민등록갱신에 대한 인식부족
　　2. 영주권신청 부진이유
가. 일본정부의 소극적이고 관망적 태도
나. 법적지위 및 대우대책위가 영주권신청을 방해하고 있는 점
다. 가족 내에 일시귀국자 또는 밀입국자가 상당수 있다는 점
라. 민단 간부 중에는 동문제를 정치화하여 자신의 정치적 야욕을 달성코저 한
　　다는 점
마. 주일 각급 영사관의 선전계몽 불철저
　　3. 건의
가. 국민등록갱신관계
　　1) 국민등록갱신에 필요한 인건비($18,000)의 예산을 확보할 것.
　　2) 동 갱신의 필요성을 교포사회에 주지시킬 것.
나. 영주권신청관계
　　1) 실무자급 및 고위교섭을 병행한 대일교섭 강화
　　2) 민단 및 일반교포에 대한 선전계몽 강화
다. 재화태교포 귀환문제
　　일본정부의 성의 있는 대쏘교섭 촉구와 대일교섭방안 강구. 끝.

국민등록갱신에 관련 재일교포실태 조사

2. 국민등록갱신문제

　가. 국교 정상화 전에 구 주일대표부 명의로 발급된 재외 국민등록증을 갱신
　　　하고 해외 국민의 지도 육성상 필요한 정확한 재일교포의 실태를 파악코
　　　저 1966년 8월 1일을 기하여 실시된 국민등록갱신사업은 1966년 11월
　　　30일 현재로 하기와 같은바 이는 약 60만에 달하는 재일교포 중 조총련

계와 일부 중립계를 제외하더라도 그 성적은 부진 상태임.

공관별	갱신수	교포수
동 경	3,991	88,923
대 판	3,116	201,410
복 강	811	42,015
삿뽀로	434	8,746
센다이	491	12,226
요꼬하마	1,384	30,494
나고야	1,832	71,518
코-베	2,184	69,736
시모노세끼	791	34,079
총 계	15,034	584,554

나. 주일 각영사관 및 영사관 소재 민단 본부를 방문코 "재외국민등록법"에 의한 해외 거주 국민의 등록의무를 설명하고 조속한 시일내에 이를 완료 토록 독려하는 동시에 부진 이유를 규명하였던바 하기 3개 요인으로 이를 집약할 수 있음.

　1). 재외 국민등록 갱신사업을 수행하기 위하여는 현재 주일 각급 영사 관에서 고용하고 있는 직원만으로서는 이를 촉진할 수 없으며 단시일 내에 이를 완료하기 위하여는 별도로 등록갱신 사무를 전달하는 현지 채용 직원을 영사관에서 고용하여야 하나 이에 충당할 예산이 없어 직원을 채용못하고 있다는 점.

　2). 민단 및 일반교포들이 국민등록갱신의 의의와 필요성을 숙지하지 못하고 있다는 점.

　3). 일상 생활에 분주하여 등록 갱신을 필할 시간적 여유가 없는 교포와 문맹으로 영사관에 자진 출두하여 등록을 갱신할 수 없는 교포가 상당수 있다는 점.

3. 영주권신청문제

가. 영주권신청에 관한 현황

1966년 1월 17일부터 발효한 재일교포의 법적지위와 대우에 관한 협정에 의거하여 실시되어 오고 있는 영주권신청 해당자는 일본 법부성[2] 집계에 의하면 협정영주권 해당자 422,327명, 일반영주권 해당자는 115,808명이며 정부는 협정시행에 따라 노출되는 제 문제점 해결을 위하여 주일대사관으로 하여금 교섭케 하였던 바1) 신청 창구에서의 제반 장애의 제거, 2) 구비서류의 간소화, 3) 허가기한의 단축, 4) 재감자의 신청, 5) 심사기준의 완화, 6) 국적확인의 절차 등 제 문제에 있어서 아국측의 주장이 관철되었고, 1) 일본인 처의 영주허가, 2) 불허가된 자에 대한 조치, 3) 영주허가된 자에 대한 처우 등에 있어서는 아국측 입장을 일본 관계당국에 주일대사관을 통하여 이미 충분히 설명하였으며 1966년 11월 30일 현재 영주권신청 현황은 하기와 같음.

신청 총수	17,729
허가자수	9,841
불허가자수	181

나. 일본 법무성 "따쓰미" 참사관과의 교섭 내용

    1). 12월 14일 일본 법무성에 "따쓰미" 참사관을 방문하고 한국 정부는 재일교포의 법적지위와 대우에 관한 협정에 의한 영주신청 상황이 동 협정 시행 후 금일까지 별로 활발치 않은 사실을 중요시하고 있다고 전하고 일정당국도 협정 당사국으로서 협정에 의한 의무를 충실히 이행하는 뜻에서 적극적으로 협조할 것을 요청하는 동시에 현재 영주권신청 촉진상 큰 장애가 되고있는 하기 3개 사항에 대하여 일본정부가 시정하여 줄 것을 요청하였음.

        가) 계속 거주력의 인정 문제에 있어서 1947년도의 제1회 외국인등록에 누락된 자도 사실상 일본에 계속 거주한 자에 대하여서는 협정영주권을 허가할 것.

        나) 표면상으로 126의 자격을 갖이고 있으나 사실상에 있어서는 일반영주권 해당자인 경우 관계법령에 의한 조치(가방면-특별재류-5년후)없이 바로 일반영주권을 허가해줄 것.

        다) 영주권 취득자의 이산가족 재회 문제, 재입국 허가 문제에 대하

---

2) 법무성

여 호의적인 조치를 취하여 줄 것.

2). 이에 대하여 "따쓰미" 참사관은 영주권신청의 초기 단계에 있어 민단의 태도가 잘못이였다고 보며 일본정부는 수동적인 위치에 있음으로 스스로 재일교포의 영주권신청 독려를 할 수 없음을 이해해 주기 바라며 개인 생각으로는 교포의 관망적 태도가 지속되는 한 협정 발효 4년째부터 신청이 급증할 것으로 본다고 전제하고 상기 요청에 대하여 아래와 같이 답변하였음.

가) 계속거주경력 인정 문제에 있어서는 제1회 외국인등록에 누락되였드라도 계속 거주하였음이 조사 결과 판명되면 허가하고 있음.

나) 126의 신분으로 일반영주권을 신청하는 것은 관계 법령의 개정 없이는 불가능하며 일본정부의 표본조사 결과는 126의 신분을 갖인[3] 자 중 문제가 될수 있는 수는 10%정도라고 함.

다) 일반영주권 허가 기준이 특별재류자격 취득 후 "5년"이란 것은 일종의 행정적 기준이라 하며 "3년"으로 인하할 수 있다는 점을 시사하였음.

다. 일본 외무성 "노다" 북동아과장과의 협의 내용

12월 22일 주일대사관 오정무과장과 동도 일본 외무성 "노다" 북동아과장을 방문코 재일교포의 영주권 신청문제에 관하여 하기와 같이 협의하였음.

1) 재일교포의 영주권 신청이 현재 부진 상태에 있는바 협정에 대한 이행 의무는 한국측에만 있는 것이 아니고 일본측에도 있는 것이므로 일본정부가 동협정을 충실히 이행하는 뜻에서 전후 일시 귀국자 및 협정영주권 취득자에 대한 처우 문제에 있어서 호의적으로 조치해 줄 것을 요청하였음.

2) "노다" 과장은 재일교포 문제 특히 협정영주권 취득 촉진을 위한 한국측 입장을 법무성측에 잘 전달하겠다고 하였음.

라. 결론

협정 시행 후 1년 가까이 되는 금일까지의 영주권신청 현황은 전기 11월 30일자의 통계에서 보는 바와 같이 소기의 성과를 올렸다고는 할 수 없는 바 현지에서 파악한 신청 부진 이유로서는 이미 현지 공관에서 보고하

---

3) 가진

여 온 이유 외에 하기와 같은 사유가 작용하고 있음을 발견할 수 있었음.

1). 일본정부는 외국인의 영주권신청에 있어서 스스로 수동적인 입장을 취할 수 밖에 없다는 것은 구실로 협정 당사국으로서의 의무 이행에 있어서 지나치게 소극적이고 관망적인 태도를 취하고 있다는 점.

2). 거류민단의 산하기관이며 민단 간부로 구성되어 있는 "법적지위 및 대우 대책위원회"는 영주권신청을 반대하는 과격파가 그 주도권을 장악하여 "공청회"등 기타 기회 있는 대로 협정에 대한 악선전을 행하고 있다는 점.

3). 민단 간부 또는 그 가족 내에 전후 임시 귀국자 또는 밀입국자가 상당수 있다는 점.

4). 민단 간부 중에는 영주권신청문제를 정치화하여 민단내에서의 자기의 정치적 야욕 달성을 위한 도구로 삼을려는 자가 있다는 점.

5). 일부 민단 간부 및 교포유지 중에는 한일 국교정상화 자체를 반대하는 자가 있다는 점.

6). 주일 각급영사관의 민단 및 일반교포에 대한 선전계몽이 철저치 못하다는 점.

4. 재화태교포 귀환 문제

12월 22일 주일 대사관 오정무과장과 동도 일본 외무성 "노다" 북동아과장을 방문코 재화태교포의 귀환문제에 관하여 하기와 같이 요담함.

가. 재화태교포가 전시에 일본국의 "전시노동법"에 의한 산업전사로서 강제로 징용되어 화태로 간 사실과 화태가 전후 쏘련 영토로 되었기 때문에 일본정부의 복원 계획이 실시되지 못한 점을 설명하고 재화태교포로 귀환 촉진을 위하여 일본정부가 성의를 갖이고 대쏘교섭을 추진시켜줄 것을 요청함.

나. "노다" 과장은 화태 교포 문제에 관하여 아직 주쏘일본 대사관으로부터 쏘련과의 협의(실태파악)에 관한 보고가 없는데 이를 독촉해 보겠다고 답하였음.

5. 건의

가. 국민등록갱신문제

1) 재일교포의 국민등록 갱신을 소기의 기간내에 완료하기 위하여는 등록 갱신사무를 전담하는 직원을 주일 각국 영상관에서 확보하는 것이 급선무임으로 주일영(1)725-81(1966.7.18) 공문으로서 주일대사관에서 건의한 경비(특히 인건비 $18,000)을 조속히 확보케 해줄 것.

2) 주일 각공관은 "재외국민등록법"에 의한 등록의 의무와 국민등록 갱신사업의 의의를 민단 및 일반교포에게 주지시킬 것.

3) 일정한 시일을 정하여 동시일까지 국민등록 갱신을 필하지 않은 교포에 대하여는 주일 각급 영사관은 국민에 대한 보호(예: 여권)를 정지시킬 것.

나. 영주권신청문제

1) 협정 당사국으로서의 일본측의 이행 의무를 촉구하고 협정시행에 따라 부각된 문제점 해결을 위한 대일 교섭은 이를 강화하되 실무자급 교섭과 고위 교섭을 병행하여 추진할 것.

2) 문제점 해결을 위한 대일 교섭과 병행하여 민단 및 일반교포에 대한 선전계몽에 노력하되 특히 하기 사항에 유의할 것.

   가) 지방 공청회를 통하여 영주권신청을 방해하고 있는 "법적지위 및 대우대책위원회"의 태도를 시정하고 영주권신청을 장려하는 방향으로 동위원회를 선도할 것.

   나) 주일대사관은 현지 실정을 감안한 선전계몽 방안을 작성하여 동 방안에 의거 일선 영사관과 공동보조로 선전계몽에 임할 것.

   다) 일본정부 관계 당국과의 교섭에 의하여 이미 해결된 사항과 신청 촉진을 위하여 유리한 참고 사항은 이들이 일반교포 사회에 주지되도록 할 것.

3) 주일 각급 영사관은 영주권신청에 필요한 구비 서류의 기재 방법 및 수속절차 등에 관하여 무식한 교포를 선도할 것.

다. 재화태교포 귀환문제.

일본정부로 하여금 성의를 갖이고 적극적으로 대쏘교섭에 임할 것을 촉구하는 동시에 일본정부와 구체적인 교섭에 들어갈 경우에 대비한 대일

교섭 방안을 조속히 마련할 것.

6. 주일본국대한민국대사관 공문 - 협정영주권 신청부진 사유 및 "법대위" 성명에 관한 회보

주일본국대한민국대사관
문서 주일영(1)725-33.
일시 1967.1.26.
발신 주일대사
수신 외무부 장관
참조 아주국장
제목 협정영주권 신청부진 사유 및 "법대위" 성명에 관한 회보

　　대: WJA-01209(67.1.19)
　　연: 주일영(1)725-18(67.1.19)
　　대호 건에 관하여 다음과 같이 보고합니다.
　　1. 민단 "법대위"의 1.17 기자회견 및 성명서에서 협정영주허가 신청 부진사유로서 지적된 사항에 관하여는 대사관 및 법대위 간의 협의회에서 토의된 바 있음. 동 협의회와 그 외 회합에서 논의의 대상이 되고 있는 일부 사례는 협정상 영주허가신청과 직접적인 관련이 없음을 지적하는 한편, 그중 일부는 일 법무성과 교섭한 결과 해결되었음을 설명하고 여타의 사례에 대하여는 법대위가 좀 더 상세한 조사를 할 것을 누차 요청한 바 있음.
　　1.17 법대위가 기자회견을 가지고 또는 연호로 보고드린 바와 같은 성명서를 발표함에 있어서도 대사관과 아무런 협의가 없었으나, 대사관은 사전에 성명서가 기초되고 있다는 것을 전문하고, 법대위 측에 동 성명서의 내용과 표현에 대하여 대사관이 큰 관심을 가지고 주시하는 바이라고 언명한 바 있음
　　2. 진상조사 회보
　　　1) 대호 가. 및 나. 항에 대하여는 진상을 조사중에 있음으로 추후 보고하겠음.
　　　2) 대호 다. 항 협정영주권 미신청자에 대한 재입국 신청 미접수

가) 동 건에 대하여 "나고야 입관 사무소 "다께우찌" 과장에게 조회한 바, 그러한 사실은 전혀 없다고 함.

나) 다만 나고야 "고마끼"(小牧)에 거주하는 재일교포 송 모씨가 재입국 신청을 한바, 재류성적이 불량함으로, 입관당국에서 "당신은 재류자격이 불량함으로 재입국허가가 어려울 터이니 협정영주권을 신청하여 허가를 받으면 즉시 재입국허가가 나오니 협정영주권 신청을 하시오" 라고 권유한 사실이 있는데 이 건을 오해하여 선전된 것이 아닌가라고 반문하였다 함. 동 건에 대한 주 나고야 영사의 견해는 문제도 아닌 이런 건으로 일본 입관 당국에 자극을 시키면 영사활동에 지장이 지대한 영향을 미치므로 문제화하지 않기 바란다고 하였음.

3) 대호 라. 항(참조: 주일영(1)725-326(66.12.15) 1페이지-2페이지)

가) "일반영주권 자격자에게 지금까지 인정된 특별재류를 인정하지 않고" 라는 표현은 법대위가 사실 여부를 충분히 규명하지 않고 포괄적으로 표현한 것으로 판단되며,

　　ㄱ) 상기 표현 내용을 액면 그대로 받아드려 특재자격(4-1-16-3)을 받았다고 하면, 이들은 일반영주권을 당연히 취득할 수 있을 뿐 아니라, 비록 본인이 잘못 착각하여 협정영주권을 신청하였다가 불허(무자격자)되었드라도 다시 일반영주권을 신청하면 당연히 일반영주권 허가를 받을 수 이음.[4]

나) 상기의 특재자격을 취득한 자라는 표현에는 종전 후 입국한 자(1952.4.28 이전까지)가 일본 입관령에 의한 특재자격을 취득하지 않고 적당히 126-2-6 자격으로 지금까지 재류하고 있다가 조사결과 전후입국자임이 판면[5]됨으로서 일본 입관령에 의한 조치 즉, 입건 - 가방면 - 특재 - 5년 후 일반영주권 취득이라는 일련의 행정조치를 의미하는 것으로 판단됨

다) 여상의 자들이 법무대신 담화의 정신에 입각하여 특재자격 시점에 중점적인 해석을 할 것이 아니라 사실상의 거주경력을 중시하여 바로 일반영주권 자격 취득을 하도록 요구한 대사관의 요청에 대하여 일본 관계실무자는 동 문제는 일본 입관령의 개정, 또는 정치적 해결에 의하여야만 해결될 것으로 안다고 표명하였음.

---

4) 있음
5) 판명

4) 대호 마. 항

가) 본건은 현재 원칙적으로 당 대사관 또는 각 관계 영사관은 통하여만 조회하고 있음.

나) 특히 본건에 대하여는 제1차 주일 공관장 회의에서도 논의되었는바 본국에서의 조회결과가 관계 재일교포에게 불리한 결과를 초래할 조사결과는 국가체면에도 불구하고 적절히 조정함이 좋을 것이라는 의견이 표명되었음.

5) 대호 바. 항

본건은 협정영주권 허가신청을 하지 않는 일반 재일교포에 관련된 문제이며, 협정영주권을 허가받은 자들에 대하여는 무조건 재입국 기한을 1년, 또한 심사를 법무본성에서 하지 않고 지방 입관당국에서 하고 있음.

6) 대호 사. 항

본건은 협정영주권 신청 및 국민등록 갱신 촉진을 목적으로 66.10.19. 주일 각 공관장 및 거류민단 중앙본부장에게, "……. 앞으로 여권발급 또는 기타 관계 증명서를 발급시에는 반드시 국민등록 갱신을 필한자 및 협정영주권 신청 자격자에 대하여는 영주허가신청을 필한자에 대하여서만 발급토록 지시하오니 이점 양지하시와 시행에 착오없으시기 바랍니다. 단, 긴급시는 예외로 할 것." 라고 지시한 바 있음. 본 건에 관하여 1.20-21 제1차 주일 공관장 회의에서 일부 공관장은 상기 지시를 철저히 시행함이 좋을 것이라는 의견이 표명되었으며, 비단 여권 및 각종 증명서 뿐만 아니라 유공교포초청 표창시, 모국방문단 추천서에도 해당자는 국민등록 갱신 및 영주허가신청을 완료하도록 적극 지도함이 요망된다고 하였음.

7. 외무부공문(착신전보)-법대위 진정단 파견에 관한 건

대한민국 외무부
번호 JAW-01508
일시 281330
수신시간 67.1.29. 9:26
발신 주일대사
수신 장관

대: WJA-11314, 01268

이유천 법대위원장은 1. 25 대사관 관계관을 방문하고 법대위에서 추진한바 있는 본국에의 법적 지위에 관한 "진정단"은 파견하지 않기로 결정하였다고 통보해왔음. 그러나 동인은 개인 자격으로 1. 2. 서북항공편으로 귀국할 예정이라고 하는바. 그의 방한 동기에는 최근 민단의 권일단장, 이희원 의장, 오기문 부인회장 등이 각기 방한한 사실의 양향6)을 받은 것으로 보이며, 표면적으로는 2.12.13. 양일간에 걸쳐 개최될 민단중앙위원회에서 법대위의 활동 상황을 보고하므로서 법대위 일부의 영주권 신청 중지 및 본국에의 진정단 파견 결의를 위한 움직임을 사전에 봉쇄하는 데 필요한 방한이라고 주장하고 있음. 한편 신호 민단중앙본부 민생국장 겸 법대위 사무국장은 28일 방한함을 첨기함 (주일영1 - 외아교)

자료-방한중인 법대위간부가 제출한 영주권신청 문제에 관한 건의 내용

1967.1.31.
訪韓中인 法對委 幹部가 提出한 永住權 申請 問題에 關한 建議 內容

僑民課

訪韓中인 法對委 幹部가 提出한 永住權 申請 問題에 關한 建議內容
1. 日時: 1967.1.31. 11:20-12:10
2. 場所: 亞州局長室
3. 參席者: 亞州局長, 僑民課長, 丁贊鎭(法對委 副委員長), 申灝 (法對委 事務局長)
4. 建議 內容
   丁贊鎭 法對委 副委員長 外 1名은 亞州局長을 訪問코 法的地位와 待遇에 關한 協定施行에 따르는 諸問題點等에 關하여 要談하였으며 要旨 다음과 같은 建議書를 提出하였음
要旨

---

6) 영향

1. 繼續居住 範주에 關하여---

   126의 資格者로서 外國人 登錄上 空間이 있는者에 對해서도 別途 調査없이 繼續居住経歷을 認定토록 해 줄 것.

2. 協定永住權者가 現行出入國管理令에 依하여 不當한 取扱을 當하고 있는데 對하여---

   協定永住權者에 對한 全般的인 問題가 現行出入國管理令에 依하여 嚴格하게 規制받게 되는 故로, 出入國 및 在留에 關聯되는 諸般問題等이 一般外國人과 같이 取扱當한다는 것은 韓日協定의 基本精神에 根本的으로 違反되니 만큼 協定永住權者에 對해서는 現行法의 規制와는 別途의 行政措置가 取해질 것을 要求한다.

3. 桑港條約까지의 入國者問題---

   1952年 4月 28日 以前까지 日本에 入國한 者에 對해서는 別途調査 및 審査없이 一般永住權을 許可해 줄 것

4. 1952年 4月 28日 以後에 入國한 者에 對한 問題---

   이 者들에 對해서도 居住繼續에 相應한 居住權을 賦與해 줄 것.

5. 待遇問題---

   待遇問題에 있어 協定文書, 討議記錄, 合意議事錄 法務大臣 및 入管局長 談話에 依據 다음 事項에 對하여 忠實히 履行해 줄 것을 要求한다.
   1) 社會保障問題
   2) 財産搬出問題
   3) 稅金攻勢에 對한 問題
   4) 現金送金問題
   5) 對母國投資方法問題. 끝.

8. 주일본국대한민국대사관 공문—법적지위문제에 관한 민단중앙위원회 토의 결과 보고

주일본국대한민국대사관
번호 주일영(1)725-237
일시 1967.2.16
발신 주일대사

수신 외무부 장관
참조 아주국장
제목 법적지위문제에 관한 민단 중앙위원회 토의 결과 보고

　　연: JAW-02235(67.2.14)
　　민단 중앙위원회의 2월 13일 토의 일정중 가장 주목을 끌었던 "법적지위문제"에 관한 토의 결과를 다음과 같이 보고합니다.

1. 토의경과:
　1) 분위기:
　　　표제건은 제9회 중앙위원회의 소집 의제 중 가장 중요한 토의 의제로 주목되고 있었고, 법대위측에서는 동 위원회에서 주장하는 "소위 불만있는 협정"에 대한 불신, 수정 제의, 경우에 따라서는 중앙위원들의 호응에 따라 영주권신청 보류로까지 발전시키려는 책략을 사전에 새운바[7] 있고 (소위 "아다미 유지 간담회"에 관한 보고 참조)
　　　　한편 대사관에서는 각 영사와 중요 민단 간부를 통하여 여사한 법대위 움직임을 저지시키고 정부 시책에 따른 정상적인 법대위 활동의 목표수립을 결정하도록 사전 지시를 한 바 있었고,
　　　　12일의 회의 때부터 법적지위문제에 대한 불만의 질의가 나왔으나
　　　　13일의 본 토의 시간에 미루도록 의장단에서 조정함으로써 회의 분위기는 심상치가 않았음.
　2) 토의 경과:
　　가) 법대위의 경과 보고
　　나) 토의(*내용은 발언 내용 참조)
　　다) 의결
　　　제의안:
　　　(1) 한·일간 공동위원회 설치안
　　　(2) 법대위 활동방침안의 채택
　　　(3) 현 법대위의 개편
　　　(4) 대사, 관계관과 중앙위원과의 연석회의 개최로 법적지위문제 토의

---

7) 세운 바

2. 결정사항

  1) 한·일간 공동위원회를 설치할 것을 대사관에 요청한다 (만장일치)

  2) 법대위에서 제안한 "법대위 활동방침안"(참고: 별첨물)은 이를 폐기하고 동 방침은 추후 대사관, 민단중앙 집행부 및 법대위에서 협의, 결정하기로 한다.(절대다수)

  3) 현 법대위 위원의 개편: 개편의 신중과 회의의 혼란은 막기위하여 법대위 상임위원회에서 민단 3기관장과 협의하여 개선하기로 집행부에서 제의하여 그대로 낙착지었음.

3. 의견

  1) 회의 전반을 통하여 중앙위원 전체가 법적지위문제의 중요성을 인식하고 있고, 현 실정상 법적지위문제에 대한 불만이 있으며, 이러한 문제를 해결해야 한다는 책임감이 회의 분위기를 지배하고 있었음.

  2) 그러나 보강된 법대위의 활동결과, 즉, 지방공청회, 본국진정단 파견, 경비 낭비 등에 대한 노골적인 불만과, 특히 주목됨은 법대위가 대사관과 민단 집행부에 대하여 정면으로 대립된 자세로 활동하는 점에 대한 비판과 반성의 의견이 절대 다수였기 때문에 애초의 법대위의 책략이 무너지고 지금까지의 법대위의 목표 및 활동을 기본적으로 쇄신하여 대사관의 방침에 의한 활동태도를 수립할 수 있는 계기를 마련한 결과가 되었다는 것임.

    따라서 앞으로 법대위의 명칭 개칭, 공청회의 개최 등에 있어서 대사관의 방침을 부결시키도록 지도하겠음.

  3) 전 중앙위원이 본국 정치에 영향을 미치는 결과를 초래할 활동에 대하여 신중을 기하고, 또한 본국정부에 협력하고저 하는 노력이 지배적이었음.

** 참고자료: 본건 토의시 각 위원의 발언 내용을 첨기하오니 참고하시기 바랍니다.

 * 박성진 - 법대위 활동보고

  #법대위의 기본태도는

    가) 법적지위협정이 무엇이냐, 이를 해석함에 있어서 일본이 우리 교포에게 주는 수혜적인 대우가 아니라 종전전에 끌려온 우리들이 일본에 부득이 계속 거주함으로서 얻게 된 기득권, 즉 권리를 획득하는

것으로서의 협정이다.

나) 영주권 자격자의 범위 즉 계속거주 해석을 다음과 같이 한다.

  (1) 일본에서 생활근거를 두고 일시 귀국한 것은(밀출입국) 계속거주로 해석하라.

  (2) 1952.4.28까지의 일본당국의 재일교포에 대한 법적해석을 동일까지 "일본국민"으로 표현하고 있으니 그날까지 입국한 자는 계속거주로 인정하라

  (3) 126으로 있던 자는 무조건 협정영주허가를 하라

다) 협정영주권 비해당자의 구제

  126으로 불허된 자의 입건 - 가방면 - 특재 - 5년후 일반영주권 허가라는 일련의 행정조치는 부당함으로 무조건 일반영주권을 즉시 허가하라

라) 1952년 이후 입국자의 구제

  이들에게도 일반영주권에 준하는 대우를 하라

\# 일측의 요청으로 대사관·법무성·민단의 연합회의를 개최하였으며, 정기적 개최를 제의한 바 있다.

\# 공청회 개최

  일반단원을 대상으로 하지 않고 간부를 대상으로 주로 문제점의 제기, 이해를 목적으로 여러번 개최하였는바, 대사관에서는 법대위에 대하여 불안만 조성시키는 활동을 하지 말고 법적지위협정의 설명과 이해를 주는 집회를 가지도록 수차 지시하여 왔으나 불안이 있는 것을 어떻게 하느냐.

  또 대사관에서는 사건의 구체적인 제시를 요구하고 있는데 한편에서는 강제퇴거를 당하고 있는데 어떻게 하란말인가.

  권 단장도 금번 본국에 갔다오드니 자기가 본국정부에 대하여 1952년 이전 입국자의 강제송환을 절대 받지 말라고 요구하고 왔다고 하지만 작년 연말에도 300여 명이 오오무라에서 강제송환되었는데 이것을 아느냐?(옳소)

\# 본국 진정단 파견문제

  정창진 부위원장이 다녀왔음으로 별도 보고할 것이다.

\# 이상과 같이 활동해보니 문제와 모순이 있다.

일본측은 물론, 민단내부적 모순이 있다. 즉 제8회 중앙위원회의 결정에 따라 보강된 법대위가 활동할려니 법대위 위원중 집행부 직원은 집행부 방침에 따라야 한다는 모순.

또한 가서명시 "민단 성명"에서 불만을 표시한 것과 현 집행부의 법적 지위협정이 잘 되었다고 주장하는 모순.

뿐만 아니라 대사관에서는 협정영주권을 신청하지 않으면 여권발급을 하지 말라하고, 또한 이것은 거짓말이기를 바라지만 대사관에서는 이번 공로자 표창에 있어서도 협정영주권을 신청하지 않으면 주지말라고 하는 이런 지시를 하여 동 지시의 철회를 요청한 것에 대하여 고치기는 커녕 더 강화하고 있다.

우리는 흠이 없는 자 편에 설 것이 아니라 약한자의 입장에서 이들을 도우고 구하는데 민단의 본질적 책임이 있지 않은가!

그러면 법대위의 중점적 목표를 어디에 두느냐

협정영주권을 받을 수 있는 자가 아니라 받을 수 없는 자, 또 126이 조사결과 특재가 되어 5년 후에 일반영주권을 받는데 그것도 그때 거주 경력을 참작하여 주는 그러한 비합법적이고 모순된 일본당국의 방침을 시정, 쟁취하는 것이 우리들의 사명이다.

우리 법대위가 대사관에 매일 가서 협의하고 귀찮게 하는 것은 이러한 문제해결을 위한 작업단계로서 하는 것인데 왜 법대위의 활동에 대하여 왈가왈부하느냐!

이와 같은 목표 달성을 위하여 우리는 한·일 공동위원회를 설치하여 해결토록 할 것임을 여기 천명하는 바이다.

----- 이상 보고 중간에 몇몇 위원들이 법대위 활동결과가 무엇이냐, 대사관과 대립적 입장에서 활동한 결과가 그 모양이냐 등등의 야유가 있었음-----

* 이유천 법대위원장

박성진의 경과보고에서 빈축을 받자 이 위원장이 보충설명에 나섰음

1. 첫째 일본당국의 태도를 고쳐야 한다.

둘째로 지금 10여 년 살고 있던 자가 강제퇴거 당하고 있다.

56만 여 교포가 이미 126으로 일본당국이 조사했음에도 다시 강

력한 재조사해서 전후 일시 귀국사실이 발각되면 강제퇴거 조치를 받고 있다. 왜 조사를 하느냐 1945년 이전에 입국한 자만이 대상이라는 대사관의 태도가 불만이고 모순이다. 전후 입국자는 우리 재일교포가 아니냐, 또 이들에게 협정영주권은 못 주드라도 일반영주권을 바로 허가하도록 하라.

셋째 지금 강제수용, 강제퇴거되고 있는 중대한 현실을 직시하여야 한다.

본건은 단장도, 대사관도 구제하여야 하는데 동의했다.

일본의 협정체결 저의는 56만여 126자 가운데 전후입국자를 색출하려는데 있으므로 여기에 속지마라야 한다.

* 문규준(후쿠오카 단장)

오늘 법대위의 보고는 사실을 바로 말하지 않고 지방 공청회 때 우매한 교포들에게 선동적인 설명을 하여 법적지위문제에 대한 불안을 조성하는 그런 태도로 시종하고 있는데 그런 슬적슬적 넘어가는 선동은 하지말라.

지금도 박성진이 오오무라 수용소에서 300명 강제송환되었다고 슬적 선동했지만 그런 법대위의 선동적 효과를 노린 발언은 여기 중앙위원 여러분 앞에서 정식으로 취소해야 한다. 내가 오오무라 수요소[8] 관계는 잘 알고 있는데 이번 간 300명중 협정영주권 해당자로 강제퇴거 당한자는 한사람도 없다.

법대위의 보고는 거짓말 보고요. 거짓말 법대위가 되었으니 이원은 사퇴하라.

* 정창진(법대위 부위원장)

보충설명

법대위의 기본방침은

첫째 소위 문제점에 대한 선전 계몽

둘째 이 문제점을 본국정부에 알려 본국정부로 하여금 이 문제를 해결토록 하는 것

셋째 이 문제를 우리 교포 전체의 힘을 뭉쳐 해결하려는데 있다.

이때까지의 작업보고서가 나오지 못해서 미안하나 이때까지 지방공

---

8) 수용소

청회 개최, 지방법대위 구성, 본국의 진정단(원래 20명 예정) 파견 등이 있었고 진정단으로 나와 신호 사무국장(법대위)만이 요망서를 가지고 다녀왔다.

전체적으로 준비부족, 중앙위원회의 임박, 본국선거의 임박(정당에 대한 영향) 등을 고려하여 이유천, 정창진, 신호 그외 몇 사람이 갈려고 했으나 사정에 의하여 나와 신국장만이 갔음을 양해해 주기 바란다.

지난 1월 30일 본국에 도착하였드니 치안국, 정보부 측에서 억류하다시피 하여 우리의 요망서가 외부에 노출되지 않겠음 감시당하였다. 그래서 나는 정부가 성의를 가지고 대책을 마련해주면 그냥 돌아가겠으나 무성의하면 형무소에 갈 결심을 하고 폭로하겠다고 말하였다. 그래서 외무부에 갔드니 교민과장이 왜 왔느냐는 태도로 인사도 받지 않으려 했다.

아주국장을 만나니 결국 케이스 바이 케이스로 해결하는 길 밖에 더 있느냐 라는 태도였다. 그래서 지금 일본은 케이스 바이 케이스로 해결하는데 협력하는 게 아니라 강제퇴거의 전례를 만들고 있으므로 그러한 정부의 미미한 태도는 안된다고 주장하였다.

그 다음에 차관, 총리를 만나려 했으나 만나주지 않음으로 법무 차관을 찾아갔다.

차관은 권단장이 다녀갔음을 말하고 우리의 요망서를 보고는 깜짝 놀라면서 이런 사태를 야기시키려고 협정체결한 것이 아니다. 왜놈들이 나쁘다. 이것은 긴급 해결해야 될 중요한 문제라고 하면서 그 자리에서 외무부차관에게 전화를 걸었다.

그 다음날 남산에 전화를 했더니 "강 과장"이 와서 시기가 선거기이니만큼 조용히 논의를 하자고 하고 우리의 요망서를 신중히 검토하여 조치하겠다고 하였다.

그 다음 외무부 차관에게 오기문 부인회 회장과 같이 가서 아주국장 동석으로 회합

차관은 문제해결을 위하여 작년부터 정부로서는 활동하고 있는데 지금 이 선거기에 문제를 번잡하게 하면 안 된다고 우리를 무마할려 했다.

----- 이때 위원중에서 발언태도가 불순하다고 비난의 화살이 퍼부어졌고 따라서 발언은 중단되고 이유천의 보조설명이 있었음 -----

* 이유천

작년 국내신문에 "공동위원회" 를 설치하겠다는 우리 정부측 제의가 있었고 또 일본 입관국장이 방한하고 왔음으로 해결의 무드가 조성되고 있다.

* 권일(중앙본부 단장)

지금 법대위의 활동과 집행부와 대립되고 있다는 발언과 인상을 깊게 하고 있는데 나의 입장을 설명하여야겠다.

첫째 법대위와 집행부와의 관계에 있어서

감찰위원장이 법대위 위원장이 되어 있고, 또 지방 법대위가 조직됨으로서 사실상 민단은 양두조직의 현상이 나타났고 앞으로 이러한 조직이 그대로 발전된다면 민단의 발전의 위하여 큰 불행이 아닐 수 없다.

법대위의 요구사항은 과거 집행부 추진사항과 대동소이하다.

나는 또한 이 법적지위 문제는 어디까지나 정부 대 정부의 교섭에 의할 것으로 판단하고 있는 데 법대위는 오히려 일반 대중에 대하여 선동과 불안 조성의 효과만 노리고 있는데서 우리 집행부와의 관계가 미묘하게 되었다.

지방법대위의 조직으로 어떻게 법적문제가 해결되겠느냐.

최후로 만냑[9] 이 문제에 대하여 정부가 전혀 타산지석으로 생각할 때 우리 민단조직이 최후수단으로 정부에 요구하게 될 수단을 법대위가 쓰고 있음으로 집행부로서는 도저히 법대위의 활동을 인정할 수 없다.

요구서, 보고서도 우리 집행부와 사전 협의하고 또한 대사관, 영사관과도 협의해야 했음에도 그러지 않고 바로 이렇게 내놓았으니 이는 법대위가 집행부에 정면으로 대립하고저 하는 의도가 있는 것으로 안다.

금후로는 법대위가 우리 집행부와 상호 협의하여 적극 활동할 것을 요망하는 바이다.

---

9) 만약

* 정철(직선 위원)

　　　법대위와 집행부의 양립이란 도대체 무슨 의미냐. 우리 규약상 있을 수 없는 사실이니 이점 명백히 규명하라.

* 박상배(히로시마 단장)

　　법대위의 활동이 아무 소용없다. 대사관 영사관이 서 있고 정부의 방침이 서 있는데 법대위는 왜 자기 마음대로 활동하고 있느냐 우리가 법대위 보강을 할 때는 그런 의미에서 한 것이 아닌데.

　　운동방법을 좀 더 대사관과 직접 협의하여 하여야 한다.

　　우리 히로시마현에 대하여 코오베 영사로부터 명령을 받았는데 "히로시마가 조총련보다 민단조직이 더 강한데도 협정영주신청이 부진하니 빨리 하라고"하였다.

　　지금 현재 나 스스로도 하지 않았다. 왜냐하면 흠 있는 자들을 구하는 원칙도 서 있지않는데 나 혼자 살겠다고 할 수 있느냐. 본국정부도 기왕 이민촉진을 위하여 노력하는 이 마당에 재일교포들이 강제송환되지 않도록 적극 노력해 주면 좋겠다.

* 이성보(동경본부 부단장)

　　　법적지위협정이 체결될 때까지 10여년 동안 우리는 수십차례 우리의 입장과 요구관철을 위하여 노력하여 왔고 그 때 우리 대표도 그렇게 해줄 것을 약속했다. 우리 민단은 그 약속을 믿고 안심하고 있었으나 협정 발표 후 그 실정은 자주 판이했다.

　　그러나 지금 우리는 정부나 대사관에 맞서서[10] 문제 해결을 할 입장에 있느냐.

　　앞에서 박성진 보고에서 이러한 문제를 위해서는 정치적 해결을 해야 한다고 했는데 법대위는 이러한 정치적 해결을 위하여 대사관과 어느 정도의 활동을 했느냐

　　또한 본국 진정단 파견에 대하여도 그 활동이 애매하니 해명을 하라.

* 유석준(경도 민단 고문)

　　　법대위원장에게 질문하는데

　　당신들 보고서는 이미 다 알고 있는 것인데 그러한 불안의 구체적인 제시를 왜 하나도 하지 않는가.

---

10) 맞서서

법대위의 활동목표를 확고하게 새워 강력하게 추진하든지 그만두던지 지금 같은 활동이면 그만 두어라.

** 이상 제 질문에 대하여 박성진씨가 변명과 해명을 하였으나 지금까지의 법대위 활동에 대한 불만과 비판의 의견이 절대적이었음으로 법대위는 큰 궁지에 함입되게 되었으며 한동안 혼란과 야유가 회의장을 뒤흔들었음.

* 강달식(야마구찌 사무국장)

실무자는 상부 지시에 무조건 복종해야 하지만 신청촉진의 결과가 입관당국의 조사결과로 피해를 받는 자가 와서 항의를 하고 책임을 지라고 하니 우리가 어떻게 책임을 지느냐.

지난 공청회를 열었으나 그 때 우리의 호소에 대한 법대위의 활동보고는 왜 하지 않느냐.

현실의 애로를 법대위는 진심으로 이해하고 활동하여 주기 바란다.

* 장총명 부단장

우리 재일교포가 누구나 구제되어야 한다는 희망은 꼭 같으나 냉정하게 생각하여 문제해결에는 어디까지나 한계가 있고, 특히 우리 상대국에 일본이 있다는 것을 알아야 한다.

모두 구제하는 정신은 좋으나 현실 특히 협정상대국이 있다는 것을 엄격하게 구별하지 않으면 안 된다.

솔직이 협정영주권 신청 촉진과 법대위 활동에 대한 조정에 집행부 담당자로서 고심했다. 이 문제에 대하여는 이미 실무적 검토는 끝났고 본국 정부는 정치적 검토를 하고 있음으로 잘 이해하여 주기 바란다.

* 김기철(동본 단장)

이 문제는 여러분 스스로가 잘 실정을 알고 있으니 재론할 필요가 없다.

우리가 아무리 떠들어도 결국 문제 해결을 대사관이 일본정부와 직접 해결하는 길 밖에 없다는 것을 명심하고, 이러한 비판의 소리에 귀를 기울여 법대위의 개편강화, 문제해결은 본국정부의 선거가 끝난 후 구체적으로 대사관과 협의함이 상책이라고 생각하니 빨리 본 토의를 종결시켜주기 바란다.

* 이희원 의장

여러 위원은 지금까지의 토의에서 의견을 조정하고 그 핵심을 파악하여 의사절차에 따라 결정하도록 하겠다.

* 배동호(법대위 상임위원)

지금까지 각 위원들의 좋은 제안이 있었음으로 이제 의결되겠지만, 법대위상임위원으로서 지금까지 법대위에 대한 질책, 활동에 대한 문의에 대하여 종합적으로 권단장이 어제 인사말에서, 오늘 법적 문제에 대한 설명에서 중대한 발언을 하였다. 법대위 활동의 결과가 적대진영, 본국 정부와의 관계(정치상)상 제약이 있었음은 사실이나 이제 현실적으로 피해자가 속출하고 있으니 이를 어찌 방관할 수 있겠는가.

권단장이 협정을 잘 보지 않고 이야기하고 있다. 즉 협정상 강제퇴거자의 인수협력을 규정하고 있다(주: 배, 박성진의 이 협정 해석은 고의적인 외곡 해석임)

지난번 박 제1영사 과장이 일반영주권자는 3,500명 정도라고 했는데 이 사실을 등한히 생각하고 있다는 사실이 상당히 중요하다.

즉, 협정영주권자 가운데서 재조사결과 불허될 자가 부지기수이다. 완전한 126 등록자가 법상 성명의 구제 대상의 길이 마련되지 않는 지금 일반영주권 해당자가 3,500밖에 되지 않는다는 설명은 너무 현실을 무시한 판단이다.

이러한 제 문제를 해결하기 위하여는 공동위원회를 설치하여 조속한 시일내에 문제를 해결하여야 한다.

본국에 갔다온 사람은 법적지위협정 교섭시 대표로 있은 사람들이 있었음으로(이는 권단장을 암시함) 협정이 잘되었다고 무책임한 말들만 하고 오지만, 물론 권단장이 대표로 있었으니 권단장이 잘되었다고 하는 것은 어쩔 수 없으나 우리가 볼 때는 불만이라고 보지 않을 수 없다.

* 김호일(오오사카)

법대위를 아무리 강력히 조직하드라도 현재의 법대위 활동 방법으로는 소기의 목적을 달성할 수 없는 것으로 안다.

우리의 경험을 통해서 반성해 보면 협정영주권자의 출입국관리령 적용이라는 협정규정이 있으니 우리가 개별적인 문제를 아무리 떠들어도 해결할 수 없는 것을 인식하여야 한다.

일반영주허가도 법상 성명뿐이다. 그러므로 우리 정부가 협정조문의 수정, 또는 법상 성명의 명백한 호의적 해석을 요구하여야 한다.

정부의 교섭을 통한 문제해결을 모색하고 금후 교섭 정도로 보아 민중운동이 필요하다고 인정될 때 민단 단원의 봉기를 통한 활동방침이 정해져야 한다고 생각한다.

따라서 정부의 교섭을 전제하지 않는 대중운동은 무위라고 지적한다. 그런 의미에서 기본방침에 대한 중앙위원회의 확고한 태도 결정, 애매한 법대위 활동에 대한 저지를 제의하는 바이다.

우리 중앙위원회는 과거와 같은 잘못은 되풀이하지 말기 바란다.

* 긴급동의(정동화)

이제 문제점에 대한 의견이 다 나왔으니 빨리 의결하라

- 이 때 법대위측에서 "활동방침안"을 배포함 -

* 장총명(부단장)

법대위의 활동에 대한 비판의 의견을 참작할 때 지금 배포된 "법대위 활동방침안"을 보면 정부에 정면 대립되는 방안이다. 이러한 활동방침은 아무리 결정하여도 활동의 기본방향이 정해질 수 없고 공전될 수밖에 없다.

따라서 법대위의 활동방침을 채택함에 앞서서 먼저 대사관의 지도, 법대위와 민단 집행부와의 협의가 선행되어야 한다.

따라서 본 활동방침안은 이를 폐기하고 추후 대사관, 민단, 법대위와 협의하여 결정할 것을 제의한다.

* 박근세(직선 중앙위원)

중앙위원이 재일교포에 대한 책임을 져야하는 입장에서

대사 이하 관계관 전원과 중앙위원이 동석하여 동 문제를 협의하고, 또한 임시 중앙위원회를 열어 위원 전원이 본국에 진정단으로 파견하도록 하고 한·일공동위원회를 설치할 것을 제의한다.

* 문규준

법대위 개편과 집행부와 협동체가 되는 법대위를 구성할 것을 제의한다.

--의결--

*** 이상 발언 내용은 거의 발언 그대로 속기된 것임을 첨기합니다. 끝.
  * 유첨: 법대위의 활동보고서 2부
          " " 의 활동방침한 2부

9. 주일본국대한민국대사관 공문-대통령 각하에게 보내는 메시지 송부

주일본대한민국대사관
번호 주일영(1)725-449
일시 1967.3.6.
발신 주일대사
수신 외무부 장관
제목 대통령 각하에게 보내는 멧세-지 송부

　　　재일거류민단은 제48회 3.1절을 맞이하여 동경 "히비야" 공회당에서 교포
약 3,000명이 참집한 가운데 3.1절 기념 경축 민중대회를 개최하였는 바, 동
민중대회 석상에서 채택된 대통령 각하에게 보내는 멧세-지를 별첨과 같이 송
부하오니 사수 선처하여 주시기 바랍니다.
　　첨부: 대통령 각하에게 보내는 멧세-지 1부 끝.

10. 기안-대통령각하에게 보내는 멧세지

번호 외아교725-
기안자 교민과 손석재
협조 동북아과장
경유수신참조 대통령비서실장
제목 대통령각하에게 보내는 멧세지

　　　1. 재일거류민단 주최로 개최된 바 있는 제48회 3.1절 기념경축 민중대회

에서 채택된 별첨과 같은 대통령각하에게 보내는 멧세지를 주일대사관으로부터 송부하여 왔기 이에 보고합니다.

       2. 별첨 멧세지에 언급된 한.일간의 공동위원회의 설치 문제

민단은 재일교포의 법적지위와 대우에 관한 한.일 간의 協定 시행에 따르는 제 문제를 다루기 위하여 민단을 포함한 한·일간의 공동위원회(주일대사관 및 민단과 일정관계당국)를 설치할 것을 그전부터 요망하고 있으나, 당부는 현시기에 있어 공동위원회와 같은 기구를 설치하는 것은 현명치 않다고 생각하여 이를 추진하지 않도록 주일대사에게 지시한 바 있음을 참고로 첨언합니다.

유첨 대통령각하에게 보내는 멧세지 1부. 끝

11. 외무부공문–진정단 명단

대한민국 외무부
번호 JAW-03291
일시 131340
발신 주일대사
수신 장관

하기인들이 대통령 각하, 정국무총리, 법무장관 및 외무차관에게 재일교포의 법적지위 문제에 관한 진정차 3월 17일경 입국할 것이라 하는 바 해인들을 면접할 수 있도록 조치하시고 곧 회보하여 주시기 바랍니다.

1. 윤치하(민단 중앙본부 감찰위원장)
2. 정동화(민단 중앙봉부 부단장)
3. 장총명(민단 중앙본주 부의장)
4. 김신삼(부인회 동경본부회장)
5. 이유천(전 올림픽 후원회회장)
6. 신희(재일 대한체육회 회장)
7. 김광남(전력, 민단중앙본부 의장)
8. 배동호(″   )
9 이희원(전 민단중앙본부 고문)

(외아교, 외아북)

12. 외무부공문–재일민단간부단 접견

외무부
번호 외아북702
일시 65.3.16.
발신 외무부 장관 이동원
수신 국무총리
제목 재일민단간부단 접견

　　　재일교포 법적지위문제에 관한 진정차 3.17.경 입국하게 되는 하기인들이
각하를 예방하고자 하는바, 접견여부를 조속 회시하여 주시기 바랍니다.
　　　　아래
　　　윤치하(민단 중앙본부 감찰위원장)
　　　정동화(　　　〃　　　　　부단장)
　　　장총명(　　　〃　　　　　부의장)
　　　김신삼(부인회 동경본부 회장)
　　　이유천(전 올림픽 후원회 회장)
　　　신희(재일 대한 체육회 회장)
　　　김광남(전력, 민단중앙본부 의장)
　　　배동호(　　　〃　　　　)
　　　이희원(전 민단 중앙본부 고문) 이상 9명. 끝

첨부–재일교포 법적지위 진정단 명단

재일교포 법적지위 진정단 명단

1. 윤치하   (尹致夏)   민단 중앙본부 감찰위원장
2. 정동화   (鄭炯和)   민단 중앙본부 부단장
3. 김신삼   (金信三)   부인회 동경본부 회장
4. 이순하   (李舜夏)   민단 동경본부 감찰위원장
5. 이유천   (李裕天)   전 올림픽 후원회장
6. 신희   (辛熙)   재일 대한체육회장
7. 김광남   (金光男)   전 민단 중앙본부 의장
8. 이희원   (李嬉元)   전 민단 중앙본부 고문
9. 곽을득   (郭乙得)   재일 경제인 연합회 회원

끝.

13. 주일본국대한민국대사관 공문─민단 "법대위" 발행의 "법적지위의 문제점과 해설" 송부

주일본국대한민국대사관
번호 주일영(1)725-674
일시 1967.3.27.
발신 주일대사
수신 외무부 장관
제목 민단 "법대위" 발행의 "법적지위의 문제점과 해설" 송부

　　1. 민단 "법대위"에서 발행, 배포하고 있는 표기 해설서 2부를 송부하오니 참조하시기 바랍니다.
　　2. 본 해설서는 당초 지난 2월 12-13일의 민단 제9회 중앙위원회에 배포 계획으로 있었으나 인쇄일이 늦어 배포치 못하였음을 첨기합니다.
　　* 첨부: 동 해설서 2부. 끝.

첨부─법적지위의 문제점과 해설

1967年 2月

法的地位의 問題點과 解說

在日本大韓民國居留民團
法的地位待遇對策委員會

머릿말

지난 第8回 中央委員會에서 法對委가 補强 改編된 후 우리는 全國的으로 民團組織內部와 僑胞一般의 實際와 與論, 具體的인 事實 等을 調査하며 公聽會 등을 通하여 듣고 綜合해 왔읍니다.

또한 이 事實들을 가지고 日本法務省關係자와 會合하여 實情을 吐露하였고 우리 大使館과 本國政府에도 要望書를 提出하였습니다.

"協定發效 一週年에 際하여" 發表한 聲明文에서 指摘한바대로 現在 나타나고 있는 事實들은 在日僑胞들에게 적지 않은 佛眼을 주고 있습니다.

協定內容뿐 아니라 日本當局의 一方的인 解釋과 運用은 在日僑胞에게 더한 층 威脅을 주고 있으며 이대로 그냥 默過하고 만다면 將次 오히려 重大한 結果를 招來할 우려성 조차 있습니다.

그러므로 組織內에서는 申請을 保留하고 强力한 運動을 展開하자는 與論도 漸次 높아가고 있는 것도 實情입니다.

우리 大使館과 本國 政府에서도 이제 겨우 正當하게 認識을 새롭게 하고있는 것도 事實이며 日本當局도 漸次 바른 認識을 가져가고 있기도 합니다.

法的地位協定이 〈日本에 居住하는 韓國人이 安心하고 生活할 수 있는〉 精神과 政治的으로 〈自由陣營의 紐帶强化〉〈民團組織의 强化〉크다란 目的이 있었던 것도 事實입니다.

그러나 現實의 協定은 이러한 意圖를 充足하기에는 너무도 距離가 먼 것입니다.

基本 目的을 達成하기 위하고 먼 將來까지 眞實한 韓日親善과 友好를 念願한다면 在日僑胞에 對한 새로운 認識과 差別없는 正當한 待遇가 絶大로 必要할 것입니다.

이런 意味에 있어서 大使館과 本國政府는 在日僑胞의 앞날에 對하여 올바른 展望을 세워서 問題의 正當한 解決을 위하여 最善을 다하여야 할 것입니다.

또 在日僑胞는 〈우리의 일은 우리 自信의 힘으로 解決한다〉는 精神으로 覺悟와 決心을 새롭게 하여야 할것이며 一致團結하여 勇往邁進해야 할 것입니다.

앞으로 本 委員會가 해야할 일은 山積되고 있으며 또 大端히 크고 險한 難關이 가로 놓여있습니다.

이러할 때일수록 私心을 버리고 民族의 利益을 위하여 獻身하는 일군들이 必要한 것입니다.

民團에서는 韓日會談協定 當時에는 우리의 要求를 너무 强硬이 要求하면 韓日會談이 決裂이 될가 우려하여 國家 利益을 우선하는 面에서 運動에 制限性이 있었든 것이 事實입니다.

이제는 그러한 우려성은 없고 오직 所期의 目的達成을 위하여 마음 놓고 運動할 時期입니다.

本委員會에서는 우선 初步的으로 問題點에 對한 解設을 發行하여 僑胞들의 參考에 供코저 하며 앞으로 어떠한 難關이 있을지라도 僑胞의 先頭에 서서 所期의 目的을 達成하기까지 前進할 것을 다시 한번 盟誓하는 바입니다.

1967年 2月
法的地位待遇對策委員會
委員長 李裕天

目 次

一、協定의 基本精神

法的地位協定은 그 前文에서 〈多年間 日本國에 居住하고 있는 大韓民國國民이 日本國의 社會와 特別한 關係를 가지게된 것을 考慮하여 이들 大韓民國國民이 日本國의 社會秩序아래서 安定된 生活을 營爲할 수 있게 하는 것이 兩國間 及 兩國民間의 友好關係의 增進에 寄與하는 것을 認定하여〉라고 記述되어 있는데 이것은 在日韓國人의 居住와 生活에 特別한 配慮를 하여야 한다는 基本的인 精神의 表現이다.

우리나라 政府의 基本方針 역시 〈현재 日本國에 居住하는 韓國々民은 勿論 그 子孫들까지도 언제까지나 日本國에 안심하고 살 수 있는 지위를 法的으로 보장해야 한다〉(大韓民國政府發行. 한·일회담백서)는 것이었다.

즉 종래의 國際法이나 國際慣例만을 가지고 一律的으로 處理할 수 없는 복잡한 歷史的인 배경을 충분히 고려하고 人道的인 방향에서 政治的으로 해결되어야 하겠다는 것이다.

그러한 精神과 方針아래서 맺어진 協定의 內容은 과연 어떠한가?

不安에 쌓인 疑問點과 現實的으로 나타나고 있는 모순된 결과의 實例들을 들어 問題點을 찾아보기로 한다.

永住權의 區分

永住權은 속칭[11] 〈協定上永住權〉과 〈一般永住權〉〈戰後入國者〉 등으로 區分하여 民團에서는 불리우고 있다.

〈協定上永住權〉은 協定에서 明確하게 規定지워진 當事者를 말하는 것으로 〈第一條 1A의 1945年 8月 15日 以前부터 申請時까지 繼續하여 居住하고 있는 者〉이며 그 直系卑屬으로 條文 Ⓑⓐ와 2, 3까지로 되어 있다.

〈一般永住權〉은 協定에서 規定된 것이 아니고 法相聲明에 依據하여 〈平和條約發表前에 一時韓國에 歸國했던 자나 또는 入國한 者에 對하여 情狀을 참작하여 可能한 限 出入國管理令에 의한 永住를 許可할 方針〉이라는 것이다.

그러므로 民團에서 부르고 있는 一般永住權이 아니라 現行法에 의한 一般永住인 것이다. 〈戰後入國者〉에 對해서는 協定이나 聲明에서도 何等 言及이 없기 때문에 實際로는 根據가 없어서 大端히 困難한 問題다.

民團에서 〈戰後入國者〉라고 하는 것은 協定이나 聲明等에서 何等言及은 없으나 實際上으로 多年間 日本에서 生活實積을 가지고 있는 〈特在居住者나 또는 아직도 正規의 外國人登錄手續을 完了하지 못한 相當數에 達할 潛在居住者를 말하는 것이다.

現狀으로 본다면 日本政府는 이 問題에 對해서는 全然 相對가 되지 않는다는 態度인 듯 하므로 民團과는 相當한 距離가 있는데 民團運動의 今後 課題中 大端히 重要한 部分이다.

永住權은 權利냐 惠澤이냐

永住權에 對한 見解에 따라 커다란 差異를 가져온다.

---

11) 속칭

즉 이것이 〈權利〉냐 〈惠澤〉이냐 하는데서 問題의 本質이 달라진다.

이 點에 對하여 前法務省入管國參事官인 池上 努氏는 (法的地位 200의 質問)에서 〈"外國人의 入國在留에 關한 事項은 帝國主權의 完全한 自由裁量에 屬한다"고 하는 確立된 國際慣習法上의 原則에서 外國人은 自國以外의 나라에 入國하든지 在留할 權利는 없기 때문에 "永住權"이란 呼稱은 正確치 않다.

그러나 日本政府가 規定한 要件이 合當한 韓國人에 對해서는 반드시 永住를 許可한다는 것을 韓國政府와의 사이에 協定에 의해서 約束한 以上은 그러한 要件이 合當한 韓國人에게는 永住를 許可할 義務가 있고 따라서 그러한 要件이 合當한 韓國人은 일본정부에서 永住를 許可 받을 權利가 있다고 할 수 있다. 그런 意味로서는 〈永住權〉이라고 해도 좋다〉라고 하여 當然한 權利로 解釋하고 있다.

우리도 池上氏의 구구한 변명적인 解釋을 듣지 않드라도 兩國間에서 協定을 맺어야 할 國際法 以前의 歷史的인 事實을 正確하게 認識하고 따라서 在日韓國人의 複雜한 居住經歷을 正當하게 認識한다면 永住權이란 日本政府가 特別히 賦與하는 惠澤적인 것이 아니라 當然한 權利인 것을 確認할 수 있다.

〈日本政府當局은 戰前 戰後를 通하여 朝鮮人에게 對해서 一貫하게 敵時 抑壓政策을 取해 왔다. 그러한 政策의 표현이 法律 第126號를 비롯하여 在日朝鮮人의 在留에 關한 복잡하고 不安定 不確實한 規定을 나타낸 것이다. 在日朝鮮人은 日本에 永久히 居住할 權利를 有한다. 日本政府가 참으로 在日朝鮮人의 幸福을 생각하고 그 生活을 보호할려고 한다면 生活의 基本인 居住權에 있어서 보다 明確한 規定을 即時 設定하여 "在日朝鮮人은 日本에 永久히 居住할 수 있다. 어떠한 때든지 그 意思에 反하여 國外에 强制送還하지 않는다"는 뜻을 明文해야 할 것이다〉라고 日本人도 主張하고 있다.

즉 在日朝鮮人이란 過去 半世紀間에 걸친 日本의 侵略政策과 强制動員政策에 희생된 제물인데 이들이 모든 迫害와 경멸속에서도 참고 견디며 쌓아 올린 生活의 根城을 해방된 오늘날에 와서까지 權利가 아니고 特別한 惠澤이라고 말할 수 있을 것인가?

日本政府도 過去歷史에 對한 多少라도 속죄적인 認識이 있다고 한다면 當然한 權利로서 好意的인 措置가 마땅히 取하여 질 것이다.

이것이 基本原則이 아니겠는가?

이러한 原則위에서 法的地位問題를 다루워야[12) 하는 것이다.

二、協定上의 永住權
1. 協定上永住權를 받을 수 있는 사람

協定에서는 永住權을 받을 수 있는 사람을 第一條에 다음과 같이 規定하고 있다.

第一條

1. 日本國政府는 다음의 어느 하나에 該當되는 大韓民國々民의 本協定의 實視를 위하여 日本政府가 定하는 節次에 따라 本協定의 效力發生日부터 5年以內에 永住許可의 申請을 하였을 때에는 日本國에서의 永住를 許可한다.

Ⓐ 1945年 8月 15日 以前부터 申請時까지 繼續하여 日本國에 居住하고 있는 者

Ⓑ Ⓐ에 該當하는 者의 直系卑屬으로서 1945年 8月 16日以後 本協定의 效力發生日로부터 5年以內에 日本國에서 出生하고 그後 申請時까지 繼續하여 日本國에 居住하고 있는 者

2. 日本國政府는 1의 規定에 依據하여 日本國에서의 永住가 許可되어 있는 者의 子女로서 本協定의 效力發生日로부터 5年이 經過한 후에 日本國에서 出生한 大韓民國々民이 本協定의 實施를 위하여 日本政府가 定하는 節次에 따라 그의 出生일로부터 60일以內에 永住許可의 申請을 許可하였을 때에는 日本國에서의 永住를 許可한다.

3. Ⓑ에 該當하는 者로서 本協定의 效力發生日로부터 4年 10個月이 經過한 후에 出生하는 者의 永住許可의 申請期限은 1의 規定에 不拘하고 그의 出生日부터 60日以內로 한다.

4. 前期의 申請 및 許可에 對하여는 手數料는 徵收되지 아니한다.

여기서 가장 緊要한 點은 永住權을 받을 當事者가 될 資格의 問題다.

먼저 當事者가 永住를 取得하지 못하면 그 子女는 自然的으로 永住를 얻지 못하기 때문에 가장 重要하다.

그러기 때문에 民團에서는 무엇보다도 永住를 取得할 수 있는 基點을 가장 重視하고 積極的으로 主張해 왔던 것이다.

條文第一條 1A를 보면 〈1945年 8月 15日 以前부터 申請時까지 繼續하여 日本國에 居住하고 있는 者〉라고 當事者를 規定지우고 있다.

이 規定에 問題가 있다.

---

12) 다루어야

즉 1945年 8月 15日일로 定한데 對한 論點과 〈繼續하여 居住하고〉라는 계속 거주의 범주 해석에 크다란 差異點이 있어 크게 問題를 일으키고 있다는 것이다.

첫째 〈1945年 8月 15日 以前부터〉라고 되어 있는데 民團에서는 〈1952年 4月 28日 以前부터〉라고 主張 要求해 왔던 것이다.

이미 民團의 主張이 通하지를 못하고 1945年 8月 15日로 되어 버렸지마는 지금 問題를 일으키고 事故가 나고 있는 모든 것이 이 點과 特別한 關聯이 있기 때문에 記述치 않을 수 없다.

民團이 主張한 1952年 4月 28日은 (昭和27년(1952年) 4月 28日 日本法律 第126號 〈폿담[13]宣言諾에 따라 發하는 命令의 措置에 關한 法律〉第2條 6項에 通稱 126-2-6) 〈日本國과의 平和條約의 規定에 쫓아 同條約의 最初의 效力發生의 날에 있어서 日本國籍을 離脫하는 者〉)에 依據한 것이다.

이 要求는 國際法上으로나 또 國際慣習上으로 보아 當然한 것이며 우리나라 方針 〈韓日條約의 基本關係에 關한 條約에서 (〈샌프란시스코市에서 署名된 日本國과의 平和條約의 關係規定……을 想起하여…〉라고 하였음은 〈……受惠에 關한 規定(第21條)등이 韓日關係 및 韓日間의 현안문제 解決에 관하여 基本關係를 갖는 뜻이다〉(大韓民國政府發行 한·일회담합의사항)에 부합되는 것이다.

그러므로 日本國 法律上으로 보나 國際法上으로 또는 國際通例上으로나 우리 政府의 韓日協定上에서 나타나는 基本態度로 보아 이 基點은 아무런 저촉이 되지 않는다는 것이다.

그렇다고 이 主張이 平和條約時까지 日本의 韓國支配가 그대로 繼續되었다는 것을 意味하는 것은 아니다.

또 前期 126-2-6의 下端에서 〈昭和20年 9月 2日以前부터 이 法律施行의 날까지 繼續하여 本邦에 在留하는 者〉로 되어 있는데 이러한 不合理한 根據는 찾아볼 수 없다는 것을 日本人 法律가들도 指摘하고 있다.

〈在日朝鮮人이 日本國籍을 離脫하고 朝鮮國籍을 取得한 날이 "샌프란시스코講和條約發效의 日" 즉 昭和27年 4月 28日이라고 하는 생각을 쫓는다면 同條約 發效日 以前은 在日朝鮮人은 日本國民이였기 때문에 在日朝鮮人이 外國人이 된 때문에 在留資格과 在留期間에 있어서 法律第一二六號 같은 것을 제정할 때에는 단순히 日本이 降伏한데 불과한 昭和20年 9月 2일 보다는 講和條約發效

---

13) 포츠담

日로 하는 것이 事理에 알맞은 것이다. 〉

日本의 國際法學者들 間에서도 韓國人이 日本國籍을 離脫한 日字에 對하여 多少 論議가 갈라지고 있는 것도 事實이다.

1部學者는 1945年 7月 26日 日本이 〈뽀담宣言〉受諾한 날로 起算하는 者 또는 1945年 8月 15日 혹은 1948年 8月15日 大韓民國政府樹立日을 起算하는 者들로 되어 있으나 日本國憲法은 傳記한 1952年4月 28日로 定하고 있다.

韓國政府에서는 最初부터 日本의 植民地를 認定치 않는 方針을 취하는 政治的인 態度이기는 하나 韓日協定의 基本條約에서 〈샌프란시스코시에서 締結한 平和條約의 …… 關係規定을 想起하여-〉 라고 하여 平和條約이 韓日協定에서의 役割을 認定하였다.

뿐만 아니라 最初부터 日本의 植民地라는 것을 否認하는 態度가 終始一貫되었다고 하면 구태어 〈永住權〉 云々할 必要조차 없을 것이나 旣往 그 事實을 黙認하고 交涉하는 바에야 實利的인 面을 主張하는 것이 마땅하였을 것이다.

當時의 日本의 各報道機關들도 永住權의 基點이 1952年 4月 28日이 될 것이라고들 報道했든 것도 前記한 日本國法律에 의한 日本國籍離脫의 날을 基準으로 했기 때문이다.

1945年 8月 15日로 한 것과 1952年 4月 28日로 한 것과의 差異 때문에 일어나는 問題들과 또 이로 말미암아 永住權을 획득할 資格을 喪失하는 者의 數가 數十萬에 達할 것이라고 計算되므로 重大한 問題라고 아니할 수 없다.

如何間 이 條文에서 規定한 當事者는 解放前부터 시작하여 거주하고 있는 者로서 解放後에 한번도 本國에를 다녀오지 아니하고 계속하여 日本에 居住하고 있는 者라야 한다.

2. 繼續居住의 解釋

〈1945年 8月 15日 以前부터 申請時까지 繼續하여 居住하고 있는 者〉라고 되어 있으니 1945年 8月 16日 以後에 한번이라도 本國에를 다녀 왔다든지 또 1945年 8월 15日 以前부터 계속해서 居住하다가 永住許可申請以前에 歸國한 者의 子女로서 1945年 8月 16日 以後 申請有效期間前에 出生한 者라도 永住權을 取得할 資格이 없어진다.

歸國者의 子女는 資格이 喪失되나 繼續居住하다가 申請前에 死亡한 者의 子女는 取得할 資格이 있다.

〈合意議事錄 第一條에 關하여 2. 동조 1ⓑ의 適用上 "ⓐ에 該當하는 者"에는

1945年 8月15日 以前부터 死亡時까지 계속하여 日本國에 居住하고 있었든 大韓民國々民을 包含하는것으로 한다〉라고 規定되어 歸國者의 子女에게는 適用되지 않는다는 것이 明確하다.

　　實例 = 出國者의 子二名이 永住權不許可事實

　　繼續居住의 범주에 對해서 日本政府는 本人의 如何한 事情을 莫論하고 잠시라도 日本國을 떠난 事實이 있으면 그것을 계속거주로 인정하지 않는다.

　　그러나 우리는 이것과 해석을 달리한다.

　　1945年 8月 15日 解放前부터 계속하여 居住하던 者가 生活根據를 日本에다가 두고 一時的으로 歸國했다가 돌아온 것은 이것은 어느 點으로 따지드라도 一時的인 旅行에 不過한 것이기 때문에 분명히 계속거주의 범주에 속하는 것이다.

　　解放直後로부터 1952年 4月 28日 日本의 主權을 回復하는 날까지 日本은 行政上으로나 實際上으로 社會秩序가 混亂狀態에 있었다는 것은 周知의 事實이다. 그러므로 이 時機에는 재일한국인의 人道上에서 其他 必要 不可缺한 事情으로 말미암아 生活根據를 日本에다 두고 單身으로라든지 또는 家族同伴으로 잠시 本國에를 다녀오지 않으면 안될 事態에 부딪쳤을 때 當時 日本은 主權이 없고 따라서 出入國에 對한 行政 事務가 圓滑치 못했기 때문에 不得已 便宜的으로 不法的인 方法을 取할 수밖에 도리가 없었다.

　　이러한 것을 繼續居住라고 보지를 않고 不法出入國이라고 規定하여 永住權取得에 不許可의 條件이 된다고 하면 語不成設이다.

　　在日韓國人의 在留資格이 法律 126-2-6에 의하여

　　〈따로이 法律로 定하는데 따라 在留資格 及 在留期間이 決定되기까지 繼續하여 在留資格을 가지지 않은채 本邦에 在留할 수가 있다〉로 되어 있어 1952年 4月 28日 以前에 居住하는 者는 〈法律로 따로이 定하기까지〉 즉 韓日兩國間에서 協定이 맺어지고 그 協定에 準하는 法律에 의거하기까지는 옳든지 옳지 않든지 間에 日本國籍을 所持하고 있은 關係로 在留者가 一時的으로 出國하였다가 돌아온다고 하면 그는 日本國內에서 所定된 處罰을 當할 수는 있으나 在留資格이 喪失된다는 것은 말이 안된다.

　　즉 다시 말하면 在日韓國人의 在留資格 設定에는 韓國側의 意向없이 日本이 一方的으로 決定지을 수 없다는 것의 表示가 이 法律制定의 精神인 것이다.

　　그러하므로 우리는 이 繼續居住의 범주 해석에 있어서 解放後부터 平和條約 發效時까지 一時歸國했다가 돌아온 者는 一時旅行으로 規定하고 繼續해서 居

住한 것으로 간주해야 한다는 것을 主張한다.

　現在 永住權을 申請했다가 不許可된 사람들과 事件中에 있는 사람들이 多大數는 여기에 對한 認識의 착오에서 나오는 것이다.

實例

(1) 姓名 安商□(當42歲)

　本籍 慶南咸安郡代出面下基里

　住所 静岡縣浜松市文丘町2-1

　1966年 2月 5日 浜松市役所에 家族九名 永住許可를 申請

　1966年 4月 8日에 妻와 子息 7名만 許可通知가 있고 1966年 11月 14日에 横浜入管에서 本人이 呼出을 當하여 가서 調査官 앞에서 1947年頃에 一時 歸國했든 事實을 自白하게 되었다. 11月 16日에 立件이 되어 强制退去命令을 받고 現在 假放免中이다.

(2) 姓名

　吳丁植(當56歲)(假名)

　本籍 慶北高靈郡

　住所 山口縣宇部市

　1952年에 渡日하여 解放後는 宇部市長沢炭礦社宅에서 居住하고 있었으나 本國에 歸國하고저 歸國證明을 받아 1950年 1月 26日 佐世保港에 갔으나 食中毒으로 歸國을 斷念하고 돌아왔다.

　1965年 6月頃에 下關入管에서 呼出을 當하여 歸國했는데 언제 再入國했는 가 하면서 調査를 받고 그後 三, 四次 調査를 받았는데 1966年 9月 3日에 再呼出을 當하여 그길로 收容 當하고 말았는데 現在 假放免中이다.

(3) 姓名

　崔卜時(女)(當47歲)

　本籍 慶南宜寧郡嘉禮面雲岩里169

　住所 北九州市岩松区北港埋立地

　解放前에 中國에서 居住하다가 解放을 맞이하여 上海港에서 日本의 引揚船으로 下關에 送還되어 1946年 4月부터 오늘까지 居住하고 있다.

　1964年 入管에서 調査를 當하여 1965年 2月 18日에 지금까지의 在留資格 126-2-6이 變更이 되고 特在가 되었다.

最近에 再入國을 申請하였으나 不許可를 當하였다.
家族은 男便뿐이다.

姓名 朴基철(當51歲)
通名 李鐘乾
本籍 慶南三千浦市仙亀里26-7
住所 北九州市若松区大字藤木543
1935年 9月頃 日本에 入國하여 1943年頃 徵用으로 吳海兵工廠에서 勞動하
다가 解放.
解放後 妻子를 찾기 위하여 一時歸國하였다가 1947年 8月에 日本에 入國하
여 現在까지 繼續居住하고 있다.
1965年 9月에 外國人 登錄證에 記載되어 있는 李鐘乾을 本名인 朴基철로
變更코저 若松区役所에 申請했드니 下關入管에서 立件이 되어 强制退去로
收容을 當하고 現在 假放免中이다

都道府縣別在日韓國人數 (1964年4月1日現在)

都 道 府 縣	126-2-6	4-1-16-2	小 計	其 他
北 海 道	7,364	1,382	8,746	474
青 森	1,863	672	2,535	95
岩 手	1,654	338	1,992	52
宮 城	2,505	657	3,162	130
秋 田	1,038	223	1,261	46
山 形	592	127	719	17
福 島	2,148	409	2,557	67
茨 木	2,469	481	2,950	81
栃 木	1,539	426	1,965	100
群 馬	1,964	450	2,414	95
埼 玉	3,822	962	4,784	251
千 葉	5,078	1,321	6,399	240
東京特別区	40,260	12,173	52,433	4,686
其 他	6,429	1,705	8,134	429
神奈川横浜市	7,150	2,058	9,208	520
其 他	10,791	3,241	14,032	659
新 潟	2,137	542	2,679	99
富 山	1,510	407	1,917	26
石 川	2,524	708	3,232	51
福 井	3,869	1,212	5,081	108
山 梨	1,891	317	2,208	51
長 野	3,967	990	4,957	128
岐 阜	7,960	2,531	10,491	236
静 岡	5,645	1,609	7,254	293
愛知名古屋市	15,654	5,595	21,249	467
其 他	16,799	5,125	21,924	638
三 重	5,932	1,692	7,624	167
滋 賀	4,539	1,612	6,151	96
京都京都市	23,142	7,702	30,844	638
其 他	5,452	1,682	7,134	97

大阪大阪市	76,339	29,005	105,344	3,236
其　　　他	31,029	10,990	42,019	849
兵庫神戸市	15,536	5,431	20,967	747
其　　　他	25,556	9,026	34,582	738
奈　　　良	3,822	1,161	4,983	109
和　歌　山	3,899	1,036	4,935	119
鳥　　　取	1,345	451	1,796	21
島　　　根	1,933	563	2,496	30
岡　　　山	6,223	1,823	8,046	144
広　　　島	10,734	3,368	14,102	304
山　　　口	12,621	4,860	17,481	377
徳　　　島	291	67	358	7
香　　　川	638	131	769	39
愛　　　媛	1,670	504	2,174	66
高　　　知	855	189	1,044	32
福岡北九州市	7,796	2,654	10,450	3,521
其　　　他	12,667	3,697	16,364	627
佐　　　賀	1,508	403	1,911	44
長　　　崎	3,248	1,286	4,534	189
熊　　　本	1,905	458	2,363	102
大　　　分	3,250	921	4,171	85
宮　　　崎	1,066	299	1,365	39
鹿　児　島	709	148	857	46
合　　　計	422,327	136,820	559,147	19,335

(注) 126-2-6은 法律 126號(폿담 宣言의 受諾에 따라 發하는 命令에 關한 법에 따르는 外務省 關係 諸命令이 措置에 關한 法律 2條 6項 該當이자 「4-1-16-2」는 特定한 在留資格과 在留期間 規定하는 省令 1項 2號 該當者

3. 取得할 資格者의 數

이렇게 본다면 協定上 永住權을 取得할 수 있는 資格을 가춘 者의 數가 果然 얼마나 될 것인가?

(在日韓國人在留資格別分布表)

이 表에서 보는 126-2-6은 所謂 1945年 8月 15日 以前부터 繼續해서 居住하는 者요 4-1-16-2는 卽 出入國管理令 第4條 1項 16號의 2에 該當하는 者로

126-2-6의 子女를 말한다.

其他가 所謂 戰後入國을 가르친 것인데 이 表에 의하면 永住를 申請할 수 있는 資格을 가진 者가 559,147名이란 壓倒的인 數이요 戰後入國者가 19,350名 이므로 比較的 적은 희생으로 끝치게 된다.

그런데 實相은 어떠한가?

日本側 統計에 나타난 數字는 이러하지마는 實際狀態는 全然 다르다.

萬一 이 數字가 正確하고 그대로라면 우리가 永住權 때문에 하등 걱정할 필요도 없고 또 日本政府나 韓國政府가 애써서 영주권 신청하라고 强勸을 하지 않드라도 모두가 自進해서 할 것이며 申請狀態가 이렇게 不振하지 않을 것이다.

사람이란 自信에게 有利한 것을 알면 남이 아무리 못하게 말리드라도 싸움해가면서도 그것을 획득할려는 것이 人間의 本性이다.

永住權申請이 말못되게 不振하다는 것은 結局 實情에 맞지 않는 協定 때문에 多大數의 한국인에게 不安이 있기 때문이다.

前記한 一部에 나타난 例가 證明하는 바와 같이 在日韓國人의 生態는 말할 수 없이 複雜하다. 或者는 〈그 카테고리-가 百數十種이나 된다〉고 말했는데 이렇게 複雜한 現狀을 不顧하고, 一律的으로 取扱해버리고만데 問題의 根本이 있다.

登錄上으로는 堂堂하게 1945年 8月 15日 以前부터 繼續해서 居住하는 냥으로 되어있지마는 事實上으로 올바로 되어있지 못한 것이 數없이 많다.

① 單身으로 一時歸國했다가 再入國한 者

② 歸國할 意思를 가지고 家族 全體가 돌아갔다가 生活上 할 수 없이 單身으로 다시 日本으로 入國한 者

③ 戰爭中에 徵兵 徵用 또는 勞務動員을 避해서 轉々하면서 自己本名을 바로 쓰지 않고 二, 三種의 通用名으로 行使하다가 外國人登錄에 그대로 登錄하고만 者

그러므로 姓名 本籍 生年月日이 엉터리 없이 다른 者

④ 解放 後 第一回登錄時에 登錄反對鬪爭으로 말미암아 분위기 上으로 適時에 登錄을 하지 않은 者

⑤ 第一回나 第二回 登錄時에 單體에서 一括的으로 集團登錄을 했기 때문에 正當하게 記錄되지 못한 者

⑥ 日本의 植民地政策 德分으로 無識해서 自己의 本籍住所나 姓名의 글자를

올바로 쓰지를 못해서 日本公務員이 音解로서 自意대로 記入된 者

⑦ 正確한 記錄에 의한 것이 아니고 不確實한 記憶에 따라 대소롭게 생각지 않고 되는대로 記入한 者

이렇게 分類해 간다면 數없이 많은데 이러한 種類의 사람들이 우리 周邊에도 相當數 있다.

或者는 이 數字를 6萬이나 7萬으로 推算을 하고 있는데 그 家族을 合치면 얼마나 많은 數字가 나타날 것인가.

이들이 全部 冷酷한 尋伺를 거쳐야 하고 또 희미한 點에 對해서는 本人自身이 立證해야하니(出入國管理令第46條) 數十年前에 事實을 어떻게 充分히 立證할 수 있을 것인가?

1967年 1月 31日 現在의 永住權 申請狀況을 다음과 같다

申請者	21,891名	
許可者	14,721名	
不許可	240名	
內容	1952年 以前 入國者	120
	그 子女	27
	1952年 以後 入國者	86
	그 子女	3
	出國자의 子女	2
	養子	2
取下	87名, 要國籍確認	5,055名

지금까지 民團은 영주권 신청이 부진하는 理由를 申請手續이 복잡하기 때문이라는 것을 主로 생각하고 선전해 왔는데 실상은 그것보다도 上述한 不安이 가장 큰 원인이 되고 있다.

법적으로 따져서 수속서류는 아무리 복잡하더라도 條件이 具備되어 있으면 別問題될 것이 없으며 그렇게 대단한 것은 아니로되 在留經歷이 여러가지 복잡한 事情에 있을 때에 감히 신청을 할 勇氣가 나지를 않는 것이며 設或 本人은 無關하다 할지라도 家族이나 周圍에서 그러한 者가 있을 때에 그 不安 때문에 申請을 할 수 없게 되는 것이다.

基本的인 協定上의 永住權이 이러할진대 一般永住에 對해서는 오죽하겠는

가 想像할 수 있다.

4. 嚴格한 審査規定

法的地位問題가 論議되기 시작할 때 特히 第6次로부터 第7次에 이르는 사이에 韓日會談이 急轉直下로 妥結의 方向으로 나아가자 民團內에서는 永住權許可가 申請制냐 許可制냐 하는 論議가 크게 展開되었던 것이다.

當時 執行部는 이것은 許可制가 아니고 申請制라는 것을 强辯하였고 또, 그러해야 할 것이라는 것을 强調하였다.

즉 申請制와 許可制에 따라서 大端한 差異點이 생기기 때문이다.

그런데 막상 調印된 內容은 許可制일뿐 아니라 엄격한 審査를 거쳐야 하게 되었다.

이것을 當時 八木入管局長은 〈綿密한 調査를 해서 事案을 處理하기 위해서는 相當한 期間이 必要하다〉 (國際問題 1965年 5月號 24페지)고 하여 五年間의 申請期間 設定理由와 審査方針에 대하여 言明하였다.

뿐만 아니라 日本當局은 이 調査를 自己들 손으로만 行하는 것이 아니라 韓國政府의 協助를 얻을 것을 前提로 合意議事錄에서 못을 박고 있다.

第一條에 關하여 〈(2) 大韓民國政府의 權威있는 當局은 日本政府의 權威있는 當局이 文書로 照會할 境遇에는 文書로 回答하는 것으로 한다〉라고 明記하여 義務를 明確하게 規定하였다.

日本政府의 根本方針이 〈온당치 않은 小數民族이 日本國內에서 長久히 居住한다는 것이 마땅치 못하다〉 (昭和40年 6月 25日附 讀賣新聞)는 觀點 〈在日韓國人의 取扱은 우리나라의 긴 將來에 걸쳐 社會秩序의 問題에 關係되는 重要問題〉 (1965年 4月 7日, 衆議院外務委員會에서 椎名外相發言) 〈日本國民과 거의 同等한 대우를 받으면서 外國人으로서 그대로 있는 特殊한 外國人의 存在를 未來永久히 認定한다는 것은 좋을지〉 〈日本政府로서는 日本에 定着해서 日本社會人이 될려고 하는 韓國人에게는 언제까지나 韓國籍으로 있어서는 좋지 못하여 同化 卽 歸化하는 것이 第一 좋은 것이 아닌가〉 (池上努著 法的地位 200의 質問)라고 한 發言들을 通하여 日本政府의 基本 생각을 明示하고 있다.

이 基本政策을 確實히 實踐하기 위하여 永住許可 事務에 있어서 審査를 冷酷하고 지나치게 엄격하게 하고 있으며 韓國政府에 까지 義務를 지우고 있다.

日本側은 이 合意議事錄에 依據하여 韓國의 市 郡 面 等에다 照會를 하고

있는데 往往히 이 照會의 回答이 不充分하여 희생을 當하고 있는 例가 있다.

KPI通信 1966年 1月 日號에는 永住權申請은 犯罪者의 索出에 協力하는 結果가 된다고 力設하였고 法律時報 昭和40年 9月號에서 小川政亮氏는 〈要件審査라는 것을 申請을 機會로 在日朝鮮人에 對한 詳細嚴格한 調査가 行하여 지는 것이며……治安維持的 規制를 強化하는 것이다〉라고 하였다.

이러한 日本當局의 基本精神이 協定精神과 違背되는 것이므로 當然히 審査를 폐지하고 申請制로 하고 나아가서는 126-2-6의 正規의 外國人登錄證을 所持하고 있는 者에게는 協定上 永住權을 주도록 하여야 할 것이다.

實例

이와 같은 本國照會의 缺課로 因하여 희생되고 있는 實例가 名古屋市에서 發生하고 있으나, 當事者의 立場을 考慮하여 詳記함을 省略한다.

5. 不許者에 對한 措置

協定上永住權의 資格者는 上述한 바와 같거니와 여기에 對하여 充分히 잘 알지를 못했든가 또는 解放後 감쪽같이 한번 한국에를 다녀왔기 때문에 갔다가 온 것을 아무도 아는 사람이 없을 것이라고 생각해서 永住權을 申請했다가 갔다가 온 것이 發覺이 되어 不許可가된 例가 許多하다.

이렇게 되면 어찌 되는가?

우리들의 常識으로는 解放以前부터 계속하여 居住하다가 法相聲明에 있는 바대로 平和條約 以前에 잠시 갔다가 돌아왔다고 하면 그것이 비록 發覺이 된다고 하드라도 一般永住의 資格은 具備되어 있다.

그러나 그러한 사람은 協定上 永住가 不許可 되는 同時에 一般永住로 自動的으로 許可가되어야 할 것이다.

그런데 지금 日本政府가 取扱하는 方法은 다르다.

協定上 永住權이 不許可가 되면 비록 그가 一般永住許可의 資格이 있는 者라도 不法入國의 自首形式을 取하여 保釋金을 쌓고 假放免手續을 밟아 결국 行動의 自由가 束縛되고 엄격하게 따지면 強制退去가 된다.

그의 情狀을 참작하여 特別在留許可를 줄 수 있는 條件이 具備될 때 〈特在〉를 許可해 주고 그後 5年이 經過해야 비로소 一般永住許可를 申請할 수 있는 資格이 주어진다고 한다.

좀더 具體的으로 말한다면 現在 126-2-6의 資格의 登錄證을 가졌다고 安心

하고 永住權申請을 했다가 엄격한 심사에 걸려서 不許可가 되며는 出入國管理令의 適用에 의하여 退居를 强制 當할 수 있다는 것이다.

日本當局의 이러한 모순되고 一方的 조약 운용으로 말미암아 現在도 커다란 희생의 實例가 나타나고 있다.

6. 虛僞申告의 罰則

日本政府는 法的地位協定 實施에 따르는 〈出入國管理特別法〉을 法律 146號로서 公布하고 그 同法 〈第九條 다음 各號의 □에 該當하는 者는 一年以下의 懲役 또는 一万円以下의 罰金에 處한다.

萬一, 虛僞申告를 해서 第一條의 許可를 받은 者 또는 받게한 者

라고 되어 있는데 이 條項 亦是 現行 出入國管理令과 같이 時效가 規定되어 있지 않으므로 設或 申請時에 特別配慮나 또는 審査官의 눈을 避해서 용하게 許可가 되었다고 할지라도 언제든지 申告事實이 虛僞이였을 때에는 永住許可는 取消가 되고 上記와 같은 處罰을 當하며 强制退去의 對象이 되는 것이다.

그러므로 許可가 되었다고 할지라도 언제까지나 戰々兢々한 속에서 生活하지 않으면 안될 不安한 상태에 놓이게 되는 것이다.

7. 再入國問題

協定上 永住許可를 取得한 者가 日本國을 떠나서 本國이나 其他 外國에 旅行을 해서 다시 生活根據地인 日本으로 돌아온다는 것은 再言을 要치 않는 當然한 權利다.

日本側은 이 再入國에 對해서 〈主權의 自由裁量〉이라는 것을 强調하고 있는데 말이 안되는 소리다.

우리가 要求한 條件이 〈參政權을 除外하고 生活을 할 수 있는데 限해서 準內國民待遇를 要望했고〉 또 그러한 精神아래서 協定上 永住權이 論議가 되었다고 보는데 그렇다면 出國의 自由와 入國의 自由가 全的으로 保障되어야 한다.

再入國의 許可란 一般外國人이 日本에 生活의 根據 또는 事業上土臺를 가지고 있는데 一時 外國을 旅行하려고 할때에 必要한 것이고 그때에 〈自由裁量〉이라는 것이 當然하겠지마는 協定에 의하여 永住할 수 있는 權利를 갖인 以上 복잡한 再入國許可란 絶對로 不當한 것이다.

再入國問題에 對해서는 討議記錄 F項에 〈日本政府는 協定 第1條의 規定에

依據하여 日本國에서의 永住가 許可되어 있는 大韓民國々民이 出國하고저 하
는 경우 再入國許可의 申請을 하였을 때에는 法令의 範圍內에서 可能한 限 好
意的으로 取扱할 方針이다〉라고 되어있다.

　日本은 現在 이 條項을 十分 活用하여 永住許可 取得者도 條件이 不備하다
고 再入國許可를 不許可한 事實들이 있다.

　또 永住許可 取得者가 本國旅行中에 急患으로 病院에 入院加療 해야할 경우
가 생겨서 再入國許可期日內에 入國하지를 못했기 때문에 서울의 日本大使館
을 通해서 入國申請을 해서 許可를 받은 後 겨우 入國은 했으나 永住權資格이
取消가 되고 特在手續을 밟는 中에 있다.

實例

崔東元 (當45歲) (假名)

本籍　全南海南郡

住所　和歌山市

1966年 8月에 協定上 永住權이 許可되었다.

1966年 12月 本國의 母親이 危篤하다는 消息을 듣고 再入國許可를 申請했으
나 三年前의 故買事件을 理由로 不許可가 되었다.

實例

姓名　李松鎬 (男)

本籍　서울 特別市城東區下往十里洞339-47

住所　横浜市新山洞1~1

協定永住許可番號 第642號

　本人은 自1966年 2月 18日~至1966年 4月 18日까지 再入國許可를 받아 出國
하였으나 4月 13日에 持病인 高血壓으로 轉倒하여 病院에 入院 加療를 하게
되었다.

　의사의 診斷書를 添付하여 現地日本大使館에 再入國許可期間延長申請을 하
였다.

　그後 入國許可를 얻어 1966年 12月 5日에 入國하였는데 協定上永住權이 取
消가 되고 現在特在資格이다.

　이러고 보면 〈可能한 限 好意的으로 取扱한다는 것과 法令의 範圍內에서

한다고 하였는데 이 範圍란 결국 惡名 높은 出入國管理令의 適用을 받아야 한다.

〈再入國은 그 外國人이 在留權을 가지고 있는 것이다. 在留權을 가진 外國人에게는 居住權의 承認이 前提가 되고 居住權을 갖는 사람에게는 財産權의 尊重이 不可缺이다. 그러므로 再入國에 對한 不當한 制限은 그 사람의 在留權에 附着하는 居住權과 財産權의 侵害가 된다〉고 主張한 것은 特히 永住의 許可를 받은 在日韓國人에게는 當然한 論理인 것이다.

永住權을 取得한 者는 엄격히 따져서 旅券이 있으면 出國의 手續만으로 들어올 수 있는 內國民的인 措置라야 할 것이다.

恒次 再入國의 審査에 있어서 協定以前의 前科나 科料事實들을 들추어 不許可를 한다는 것은 言語道斷이며 또 너무도 심사를 엄중히 하는 나머지 아무런 犯罪事實이 없는 善良한 사람도 永住權을 取得했는데도 不拘하고 〈自由裁量權〉을 濫用하여 再入國을 不許可하고 있는 事實은 도저히 許容할 수 없는 일다.

이것을 或 故意的이 아니라 할른지 모르나 今後 이러한 事實이 속출할 수 있다고 하는 것은 確言할 수 있는 것이기 때문에 여기 對한 根本對策이 絶對로 必要하다.

뿐만 아니라 上記한 討議記錄에 나타난 再入國許可에 對한 好意的取扱의 對象者가 協定上永住權자이고 一般永住許可자는 論外인 듯한 印象이 든다.

이는 重大한 問題다.

上述한 바와 같이 永住는 받았으나 日本외에는 出國해서는 안된다. 아니 出國은 自由나 다시 入國해서는 안된다. 이렇나 論理가 文明된 國家에서 어디 있을 수 있는 일인가?

協定上永住權者는 勿論 一般永住나 乃至 居住者에 對해서 生活根據가 日本에 있는 以上 居住權, 生活權을 侵犯하는 再入國 不許可라는 것은 도저히 있을 수 없는 일이다.

8. 解散家族의 再會

解散家族이라 함은 上述한 바와 같이 日本의 戰爭政策으로 말미암아 本國에서 日本으로 强制的으로 끌려온 徵兵, 徵用, 勞働動員 其他等으로 一家의 支柱되는 者를 日本에다 보내고 온갖 苦生을 해오든 本國의 家族들.

또는 日本에서 단란한 同居生活을 하다가 日本國내 또는 國外로 連行된 者

가 그 家族을 本國에다 보낸 者들.

혹은 空襲으로 말미암아 日本政府의 强制疏開 命令에 의해서 家族이나 兒童들을 本籍地에 보낸채 解放을 맞이하고 二十年이 經過한 오늘날 그대로 離散되어 있는 家族들을 함께 再會시켜서 人間다운 生活을 시켜 보자는 것이다.

이 問題는 1957年 11月, "뉴-데리"에서 第19回 赤十字 國際會議가 開催되어 그 때에 解散家族의 "再會에 關한 決議 (第20條) 가 採擇되었다.

이 決議는 〈戰爭 또는 國內紛爭 其他의 事態로 因하여 成人이나 兒童을 包含해서 多數의 사람들이 아직도 家族끼리 分離된 채로 떨어져 있는데 이러한 分離의 結果, 많은 사람들이 苦惱하고 있기 때문에〉 離散된 一家가 集合하여 살도록 하자는 것이다.

日本赤十字社도 이 決議에 參加하고 있으며 日本政府도 贊成한다는 態度를 밝히고 있다 (1962年8月 24日 衆議院法務委員會에서 中川條約局長言明)

그러므로 法的地位 協定에 있어서도 協定文에는 아무런 言及이 없었으나 締結後 八木入管局長 談話로 〈이번에 調印을 본 法的地位協定이 發效하게 되면 이 協定에 基礎를 둔 永住가 許可된 사람들의 近親者가 再會하기 위하여 日本 訪問 등을 希望하는 경우에는 入國의 許可에 있어서 할 수 있는 限의 好意的인 配慮를 베풀 것을 생각하고 있다〉고 그 意思를 發表하였다.

卽 이것은 日本이 過去에 〈自由裁量〉으로 끌고왔다가 强制로 退去시켰다가 한 그 原因으로 맺어진 結果에 對하여 責任上으로는 勿論 人道上 見地에서도 前述한 赤十字國際會議의 結義를 좇아서도 當然히 이러한 問題를 解決해야 할 것이다.

그럼에도 不拘하고 最近에 일어나고 있는 實際的인 面은 이러한 것이 올바르게 實踐되지를 않고 있을 뿐 아니라 오히려 이미 再會한 家族까지도 解散시키고 있는 現實이다.

이러한 事實들은 日本政府가 協定의 精神을 充分히 履行하지 않는다는 것을 實際的으로 證明하는 것이다.

恒次協定永住를 許可 받은 者에 對한 이러한 不當한 處事는 絶對로 容認되어서는 안 될것이다.

이 問題는 人道上으로도 가장 重要한 問題인데 終戰에 大村收容所內에서 日本에 居住하는 家族을 찾아서 密入國하다가 收容된 悲慘한 事實들은 아직도 우리의 記憶에 '생생히' 남아있다.

韓日協定이 發效하고 日本當局者가 言明한 이 約束은 正當하게 實踐되어야
할 것이며 또 實踐되도록 하여야 할 것이다.

9. 受刑者에 對한 問題

지금 日本刑務所에서 비록 受刑中에 있다고 할지라도 그 在留資格이
126-2-6일 경우에는 永住權을 申請할 수 있는 資格이 있으나 現行 出入國管理
令으로 볼 때는 第24條 11項의 저촉으로 退去를 强制 當한다.

이 條項을 適用해서 日本當局은 일단 刑期滿了가 되어 出所를 하게 되면
退去强制의 行政手續을 取한다고 하는데 이러한 方法은 엄밀히 따져볼 때 協定
違反은 아니라도 할는지 모르지마는 協定精神의 違反인 것은 分明하다.

本人이 永住權을 申請하지 않았으니 協定을 그대로 適用할 수 없을 것이다.
그러나 오래동안 囹圄의 몸으로 不自由한 환경 속에 있다가 社會에 나와서 周
圍의 事情과 살아 나아갈 方途를 正確하게 把握해야 할 것이며 그러한 然後에
나아갈 길을 選擇할 것이다.

이와 같이 그들에게 思考하고 決定할 時間의 餘裕를 주어야 할 것이며 그렇
게 하는 것이 協定精神의 올바른 實踐인 것이다.

그런데 日本當局은 退去를 强制하는 手續을 먼저 取하고 만다고 하니 하루
速히 是正되어야 할 것이다.

實例

姓名 柳千權(假名)(當43歲)

本籍 全南 光州市

住所 福岡市

126-2-6 資格者로 昨年12月에 刑期를 마치고 永住權을 申請하여 假放免으로
나왔는데 今年에 들어 다시 入管에서 呼出을 當하여 1949年에 密入國한 事實自
白을 强要, 現在 大村刑務所에서 收容中이다.

10. 當事者以外의 子女問題

第二條 1. 日本國 政府는 第一條의 規定에 依據하여 日本國에서의 永住가
許可되어 있는 者의 直系卑屬으로서 日本國에서 出生한 大韓民國々民의 日本
國에서의 居住에 關하여서는 大韓民國政府의 要請이 있으면 本協定의 效力發
生日로부터 25年이 經過할 때까지는 協議를 行함에 同意한다.

2. 1의 協議에 있어서는 本協定의 基礎가 되고 있는 精神과 目的을 尊重한다.

이 條項에는 當事者 以外의 子女에 對하여 規定하고 있는데 이들에 對한 在留資格은 다시 協議를 해서 決定한다는 것이다.

즉 다시 말해서 當事者와 그 아들까지의 在留에 對한 것은 第一條에서 協定했지마는 孫子에 對해서는 25年이 되기까지 즉 成年이 되기까지 協議를 다시 한다는 것이다.

5年後이면 이미 永住權을 갖이지 못하는 孫子가 出生하는데 그 子孫에 對한 決定은 지금부터 決定지워서는 안된다는 뜻이다.

日本政府는 前記한 池上努著에서 明示된 대로 〈日本에서의 長久히 生活할라면 歸化〉하는 것이 第一上策이고 또 그러한 方向으로 끌고갈려는 것이 基本方針이라는 것은 前述한 바다.

이 方針이 明確하게 나타난 것이 이 條文인데 25年이 經過하기까지 再交涉에 있어서 그것이 잘 進陟이 되지 않을때에는 現存하는 出入國管理令의 適用을 그대로 받을 것이 아닌가.

當事者나 그 아들에게는 社會 耳目上 不得已 韓民族으로서 永住할 수 있는 機會를 許可하지마는 그 다음 代에 가서는 歸化를 시키든지 不然이면 追放해야 한다는 日本政府의 基本政策이 이 條項에서 明示되고 있다.

歸化하는 것만이 本人에게 幸福을 갖어오고 兩民族間에 親善을 갖어온다고 생각하는 것은 잘못된 것이다.

오히려 民族의 긍지를 갖이고 相互間民族의 利益을 尊重하는데서 비로소 親善의 □宜가 두터워지는 것이다.

歸化란 一種 屈從과 예속의 정신에 事大的인 根性 속에서 나오는 것이므로 歸化함으로 本人이 幸福해 진다든지 他民族에게서 尊敬을 받는다고 할 수 없다.

그러므로 韓國政府가 自己民族과 그 後孫을 指導하고 保護한다는 根本原則은 언제나 그들이 民族意識과 긍지를 잊어버리지 않는 立場에서 해야할 것이며 自己民族과 祖國에 이바지하는 精神으로 他民族과의 友好親善도 圖謀하도록 指導해야 할 것이다.

20年이나 30年後에는 그 환경에 同化되고 말것이라는 체념으로서 후예의 運命을 決定지운다면 그들이 將次 民族的 意識이 소생했을 때 어떻게 할 것인가?

그러므로 政府나 지도자는 긴 將來를 豫見하고 모든 事物을 判斷해야 할 것이며 그러한 속에서 自己運命은 自己 스스로가 決定하도록 길을 틔워 놓아야 할 것이다.

解放된지가 어저께 같았는데 이미 20有餘年이 지내고 韓日회담이 14年이란 歲月을 要했다. 25年이 經過하기까지 다시 協議한다고 한 이 條文도 不遠해서 再交涉해야 할 것인데 現在의 狀態로 보아서는 子孫들의 앞길에 暗雲이 떠돈다고 아니할 수 없다.

11. 外地에서 戰後에 入國한 者

이 問題에 對해서는 〈討議記錄〉에서 日本側 代表 A, 日本國政府는 協定 第一條 1ⓐ의 適用에 있어서는 兵役 또는 徵用에 의하여 日本國에서 떠난때부터 復員計劃에 따라 歸還할 때까지의 期間을 日本國에 繼續하여 居住하고 있었던 것으로 取扱할 方針이다 라고 하였다.

이 條文에도 盲點이 있다.

〈復員計劃에 따라 歸還할 때까지의 期間〉이라고 하였는데 復員計劃이 끝난 오늘날까지 아직도 歸還하지 못하고 있는 사람들은 영영 돌아올 수 없으며 그 責任의 所在는 分明이 할 수 없다는 것인가?

日本의 戰爭政策으로 因하여 그 政策에 意識的으로나 無意識的으로 協力하는 結果로 日本國 以外의 外地에서 살다가 當時 朝鮮人이기는 하지마는 國籍上으로 日本國籍을 갖었기 때문에 捕虜生活을 하다가 終戰後에 日本으로 送還된 者는 日本이 當然히 責任을 지고 處理해야 할 問題다.

그런데도 不拘하고 戰後入國者 라는 不當한 取扱을 하고 있다.

이러한 問題는 "사하린" (樺太)에 아직도 남어 있는 在留同胞 問題에도 關連된다.

日本이 侵略戰爭 遂行을 目的하여 韓國人을 各方向에서 戰時動員하여 中國戰線으로 南方장글속에 "사하린" 炭鑛等地에 數많은 同胞를 强派하였다.

이 結果는 아직도 完全히 處理되지 않고 있다.

日本이 敗戰한지 20餘年 벌써 한 世代가 交替되어 가고 있는데 戰時動員에 生死가 아직도 不明한 韓國人의 유족이 얼마나 되는지 모른다. 日本의 佛堂의 地下倉庫속에서 아직도 主人 모르는 유골이 그대로 억울하게 잠자고 있는 현실을 우리는 記憶하고 있다. 이들에 對한 補償은 勿論 그들의 消息조차 전해 줄려고 하지 않는 日本의 誠意이다.

찬바람 모라치는 樺太의 邊地에서 아직도 日本의 侵略戰爭의 유산인 韓國人들이 生存하며 돌아갈 祖國에의 길을 또는 自己들이 過去에 살고 있던 日本땅에 돌아갈 것을 손꼽아 기다리고 있다. 이들은 지금이라도 즉시 돌아오려고 各方으로 교섭하고 청원하고 있는데 굳게 닫친 日本의 門은 열려지지를 않는다.

日本은 이들의 入國에 積極的으로 努力해야 할 것이며 이들이 日本에 入國할 때 永住를 許可하고 安住할 수 있도록 責任있는 조처를 할 것이다.

姓名 張摩西(當62歲)

本籍 서울特別市 永登浦區 堂山路 3街1

住所 横浜市戸塚区公田町813

1926年에 新加坡를 위시하여 "보르네오" 等 南方各地에서 事業에 從事하다가 1941年 太平洋戰爭으로 因하여 日本國籍이라고 하여 和蘭軍에 포로가 되어 豪洲에서 抑留生活을 하다가 1946年 3月 13日 日本人 引揚船으로 浦賀港에 上陸하여 現在까지 繼續居住하고 있다. 最近 本國에 있는 老母를 訪問하고저 再入國을 申請하였드니 入管의 呼出을 받아가서 126-2-6의 資格이 喪失되고 假放免中에 있다.

姓名 金榮萬(當34歲)(假名)

本籍 서울特別市

住所 広島市

1946年 4月에 母 朴明淑과 함께 中國天津港에서 日本人 引揚船으로 佐世保港에 上陸하여 住所地에서 繼續居住中 犯罪로 因하여 1年 6個月의 刑期를 마치고 出所했는데 强制退去를 받아 大村刑務所에 收容中이다.

母는 現在 特在資格으로 本人의 釋放을 苦待中이다.

12. 强制退去

第三條

1. 第一條의 規定에 依據하여 日本國에서의 永住가 許可되어있는 大韓民國々民은 本協定의 效力發生日以後에의 行爲에 의하여 다음의 어느 하나에 該當되는 境遇를 除外하고는 日本國으로부터의 退去를 强制 當하지 아니한다. Ⓐ 日本國에서 內亂에 關한 罪 또는 外患에 關한 罪로 因하여 禁錮 以上의 刑에 처하여진 者(執行猶豫의 言渡를 받은 者 및 내란에 附和隨行한 것으로 因하여 刑에 處하여진 者를 除外한다.)

Ⓑ 日本國에서 國交에 關한 罪로 인하여 禁錮以上의 刑에 處하여진 者 또는 外國의 元首 外交使節 또는 그 公館에 對한 犯罪行爲로 因하여 禁錮以上의 刑에 處하여 지고 日本國의 外交上의 重大한 利益을 害한 者.

Ⓒ 營利의 目的으로 痲藥 등의 取締에 關한 日本國의 法令에 違反하여 無期 또는 3年 以上의 懲役 또는 禁錮에 處하여진 者(執行猶豫의 言渡를 받은 者를 除外한다) 또는 痲藥類의 取締에 關한 日本國의 法令에 違反하여 3回(但 本協定의 效力發生日前의 行爲에 依하여 3回 以上 刑에 處하여진 者에 對하여서는 2回) 以上 刑에 處하여 진 者

Ⓓ 日本의 法令에 違反하여 無期 또는 7年을 超過하여 懲役 또는 禁錮에 處하여 진 者

外國人의 居住와 入國出國이 그 國家의 自由裁量이라는 것을 우리가 否認하는 것은 아닌 것은 前述한 그대로다

그러나 在日韓國人은 그 特殊背景으로 보아서 居住의 條件이 韓日兩國의 協定에 의해서 永住가 되는 것이므로 엄격히 따져서 〈自由裁量〉의 範주에 벗어나는 것이므로 協定에 있어서는 當然히 〈退去强制〉는 없어야 할 것이다.

그런데 日本側은 이러한 主張을 〈마치 도적질하려 들어온 者가 오히려 집主人을 위협하면서 술과 밥을 강요해 먹고서는 强盜로 突變하는 것과 마찬가지〉라고 池上 努氏가 前記書에서 指摘하고 있다.

在日韓國人이 도적질하려 日本에 侵入해 왔는지 또 술과 밥을 그저 얻어먹고 언제 强盜가 되었는지는 모르나 이야말로 日本이 過去에 행한 우리 國家나 民族에 對한 强盜的인 侵略行爲를 전도시키려는 악랄한 精神이라고 斷言하지 않을 수 없다.

日本當局은 〈콩 심은데는 콩이 나고〉 〈팥 심은데는 팥이 난다〉는 原則을 왜 알고도 속이려는지 모르겠다.

〈一事不再理〉의 原則에 있어서 犯法한 자는 刑을 치름으로서 이미 죄에 對한 속죄가 끝났는데 이를 또다시 아무런 生活根據가 없는 地方으로 追放을 한다는 것은 또다시 죄를 지을 수 있는 조건으로 그 사람에게 마련해 주는 것밖에 안된다.

〈法이란 사람을 미워하는 것이 아니라 죄를 미워한다〉는 원칙을 確認한다면 이미 兩國間에서 協定으로 얻어진 貴重한 永住權일 진대 그 精神을 살려서 犯法者로 하여금 善導하는 役割이 더 重要할 것이다.

더욱이 최근에는 7年이라는 追放對象의 刑期가 一回犯의 7年이 아니라 累積 7年이라는 말이 들리고 있는데 이것이 事實이라면 더욱더 重大한 問題다.

日本이 物質的인 것이 아니라 精神的인 後進性을 脫皮할려면 〈居直り強盜〉라는 姑息的인 思考方式 卽 〈島國根性〉에서 하루 速히 脫皮하는 것이다.

三、待遇問題

第四條

日本國政府는 다음에 列擧한 事項에 關하여 妥當한 考慮를 하는 것으로 한다.

Ⓐ 第一條의 規定에 依據하여 日本國에서 永住가 許可되어 있는 大韓民國々民에 對한 日本國에 있어서의 敎育 生活保險 및 國民健康保險에 關한 事項

Ⓑ 第一條의 規定에 依據하여 日本國에서 永住가 許可되어 있는 大韓民國々民 (同條의 規定에 따라 永住許可의 申請을 할 資格을 가지고 있는 者를 包含함)이 日本國에서 永住할 意思를 抛棄하고 大韓民國으로 歸國하는 境遇의 財産의 携行 및 資金의 大韓民國에의 送金에 關한 事項

1、敎育問題

Ⓐ에 規定된 待遇에 對해서 보면

① 敎育問題

② 生活保護問題

③ 國民健康保險

의 適用을 明示했다.

合意議事錄을 보면 〈協定永住의 許可가 되어있는〉者의 子女에 對해서는 中學校까지의 義務敎育을 認定하고 高等敎育의 機會均等을 明示했는데 이것은 비록 便宜的이라고는 하나 現在에도 實施하고 있는 것이며 上級學校 進學에는 여러가지 問題가 있다.

그러나 여기서 特히 重要한 問題는 民族敎育이 完全히 무시를 當하고 만 것이다.

日本에서 民族意識을 確立시키고 韓民族으로서의 긍지를 갖이면서 國際人으로 부끄럽지 않은 人間을 養成한다는 것은 本國政府나 또 民族國家로서의 當然한 義務다.

비록 日本이란 外國에서 出生하고 成長한다고 할지라도 民族的 自覺을 잊어버리지 않을 뿐 아니라 長成하여 祖國과 民族을 위하여 貢獻할 수 있는 人間을 敎育하고 養成해야 할 것이다.

그러므로 이번 協定에 있어서는 이 點이 强調되고 또 이 協定에 約束되어야 할 것임에도 不拘하고 全然 容納되지 않았다는 것은 유감된 일이다.

그러므로 民族敎育機關으로서의 日本國內에서 機會均等이 될 수 있도록 우리는 活動해야 할 것이다.

2、社會保障

合意議事錄은 〈第四條에 關하여〉 2、에서 〈生活保護에 對하여서는 當分間 終戰과 같이 한다〉라고 되어있는데 이 〈當分間〉이라는 것이 무엇을 基準으로 언제까지인지 分明치 않다.

즉 日本政府가 마땅치 못하다는 理由를 붙이면 언제든지 中斷할 수 있는 것이며 여기 對하여 아무리 그 理由가 不當할지라도 韓國政府에서는 아무런 異議도 할 수 없는 條件이다.

그 期間이 5年 또는 10年說들이 나돌고 있으나 오로지 日本政府의 自由裁量에 屬하는 것이므로 저윽이 不安함을 禁하기 어렵다.

同3、에는 國民健康保險에 關한 措置를 말했는데 이것은 이미 全國의 市町村의 51%가 實施하고 있는 現狀이므로 새삼스러운 것이 아니다.

社會保障이란 金融, 住宅, 年金 等 數十種에 達하고 있는데 韓國人은 비록 協定으로 永住의 許可는 確保했을 지라도 前記한 二種類 밖에 適用을 받지를 못한다.

現下 世界各國이 資本主義體制下에서도 福祉國家를 指向하며 社會保障에 注力하고 있는 것은 周知의 事實이다.

1948年 12月의 國連總會에서 採擇된 世界人種宣言은 第22條에서 〈何人을 莫論하고 社會保障의 權利를 有한다〉고 하였고 1951年 1月 國連經濟社會理事 社會委員會는 〈困窮外國人의 扶助……에 關해서〉 國連事務總長 報告를 採擇하였다.

이 精神에 따라 世界的으로 〈國籍의 如何를 莫論하고〉 社會保障을 適用하고 있는 國家들이 늘어가고 있다.

〈英國에서는〉 國家扶助法이 英國에 居住하는 者에는 國籍 如何를 不問하고

扶助한다고 되어 있고 〈美國에서도〉 連邦社會保障法에 의한 扶助에 있어서 殆半의 州가 國籍을 要件으로 하지 않고 있으며 〈佛蘭西에서는〉 佛蘭西에 居住하는 모든 사람에게 社會扶助를 받을 權利를 認定하며 〈獨逸서는〉 1962年 6月부터 施行되고 있는 連邦社會扶助法에서 獨逸人이 아니라도 本法施行區域內에 現在하는 者에게는 生活扶助 醫療扶助 等을 받을 權利가 있다고 되어있다.

이와 같이 世界各國이 自國民 뿐이 아니라 外國人에게도 差別없이 社會保障을 適用시키고 있는데 恒次 過去 長期間에 걸쳐 歷史的인 複雜한 因果 關係를 가지고 있으며 獨自的인 〈自由裁量〉이 아니라 兩國間協定에 의하여 特殊條件으로 居住를 許可하여야 할 在日韓國人에 對하여 社會保障이 完全實施되지 않는다는 것은 語不成設이다.

아무리 永住할 權利를 준다고 할지라도 生活할 수 있는 條件을 具備해 주지 않는다면 그 永住權은 死物인 것이다.

納稅의 義務等 其他 義務賦課는 日本人과 何等의 差異없이 하면서 生存할 조건에 있어서는 "핸듸[14]"를 加한다는 것은 結局 生活을 포기하고 歸國하라는 것 以外에 무엇이 있는 것인가?

協定永住라는 根本精神이 協定 前文에서 明示된 바와 같이 〈安定된 生活을 營爲할 수 있게 하는 것이〉 目的이라면 安定된 生活을 할 수 있게 하여야 할 것이 아닌가?

現在 世界的인 추세인 國籍을 莫論하고 適用되여 가고 있는 社會保障은 在日韓國人은 全種目에 걸쳐서 差別없이 받을 수 있어야 할 것이다.

3、財産搬出及送金

第四條 B 第一條의 規定에 依據하여 日本國에서 永住가 許可되어 있는 大韓民國々民(同條의 規定에 따라 永住許可의 申請을 할 資格을 가지고 있는 者를 包含함)이 日本國에서 永住할 意思를 포기하고 大韓民國으로 歸國하는 경우의 財産의 携行 및 資金의 大韓民國에의 送金에 關한 事項.

同條項에 對한 合意議事錄은 4. 〈原則的으로 그 者가 所有하는 모든 資産 및 資金을 携行 또는 送金하는 것을 認定〉했는데 이를 爲하여 (1) 〈……法令의 範圍內에서……認定하는 외에 輸出의 承認에 있어서 可能한 限의 考慮를 한다〉고 하였다.

---

14) 핸듸(handicap)

이말은 原則的으로는 承認하지마는 그래도 法令의 限度內라야 할 것이며 流出의 承認이 必要한 것이므로 無條件 搬出할 수 있다는 것은 아닌 모양이다.

다음 現金에 있어도 (2) 〈……法令의 範圍內에서 一世帶當 一萬 아메리카 合衆國弗까지를 歸國時에 또는 이를 超過하는 部分에 對하여는 實定에 따라 携行 또는 送金하는 것을 認定〉하기로 되어 있다.

協定文을 볼 때 어디를 보든지 〈法令의 範圍內〉라는 것이 따라다닌다.

殘餘의 現金 送金에 對해서도 法令의 範圍內라고 明示했다.

民團中央이 1965年 9月에 發行한 〈第五回定期中央委員會決定集〉의 要點解設에서 〈每年 殘金의 五分之一式 送金〉이라고 하고 〈但 殘金이 2,000弗 未滿일 時에는 全額搬出〉이라고 解設하고 있으며 池上努氏도 前記書에서 〈每年預金의 殘高에서 五分之一式을 送金하되 몇 해가 걸리드래도 殘金이 2,000弗未滿일때에는 全額送金〉이라고 하였다.

여기에 問題의 盲點이 있는 〈五分之一式〉이라는 것을 우리는 〈五等分〉으로 해석하고 있는데 日本의 法令은 〈每年預金의 五分의 一式〉으로 되어 있으므로 해대명년이 되는 것이다.

例를 들어 5,000萬円의 現金을 送金할랴면 18年이라는 긴 歲月을 要하게 되는 것이니 長壽하지 아니하면 全額을 받아들이기도 힘드는 것이다.

이것뿐이 아니라 一般永住者나 協定上永住權을 取得치 못한 者는 이러한 긴목의 財産搬出도 許容되지 않으니 財産을 애써 蓄積해서 누구의 좋은일 시킬 것인가?

四、協定永住權과 法令의 範圍

第五條; 第一條의 規定에 依據하여 日本國에서의 永住가 許可되어 있는 大韓民國々民은 出入國 및 居住를 包含하는 모든 事項에 關하여 本協定에서 特히 定하는 경우를 除外하고는 모든 外國人에게 同等히 適用되는 日本國의 法令의 適用을 받는 것이 確認된다.

이 條文은 協定上 永住權을 取得했다고 할지라도 協定文에서 規定된 것 以外에는 一般外國人과 何等의 차별이 없이 法令의 規制를 받아야 한다는 것이다.

在日韓國人이 비록 過去의 賣國賣族的인 무리들의 奸計와 日本帝國主義의 强侵으로 因하여 植民地 生活을 맛보지 않을 수 없는 慘狀에 빠지기는 하였으나 우리는 빛나는 歷史의 傳統을 가졌다고 自負하는 民族的인 긍지를 저버리지 않는다.

그러므로 文化를 자랑하고 文化民임을 自認하는 以上 法治國家에서 法을 遵守해야 한다는 것은 누구보다도 責任있게 말할 수 있다.

그러나 一般外國人과 差異가 있다고 하는 것은 在日韓國人을 위해서 協定을 맺지 않으면 안될 그 事實 자체를 認識해야 한다.

特히 1952年 4月 制定 當時부터 在日韓國人全體의 排擊을 받고 良識있는 日本人士들에게까지 惡法으로 惡名 높은 出入國管理令과 外國人登錄法을 그대로 適用한다는 것은 理致에 當치 않는 것이다.

더욱이 在日韓國人의 複雜한 生態가 한 點도 考慮되지 않은채 一律的으로 〈都賣金〉으로 한 묶음에 넘어가고만 法的地位에 對하여 또다시 惡法을 그대로 뒤집어 씌운다는 것은 아무리 善意로 해석해도 용납이 되지를 않는다.

日本當局은 協定이 체결된 후에 協定實施를 위해서 〈協定의 實施에 따르는 出入國管理特別法〉을 法律 第146號로써 公布하고 〈特別法施行規則〉을 法務省令 第36條로서 公布한데 不過한데 特別法은 永住權의 申請과 調査와 强制退去와 罰則等 協定上 永住權을 申請하는 者 또는 한 者에 대해 단속하는 데에 重點을 두었을 뿐이고 施行 규측은 事務節次를 制定한 것뿐이다.

協定으로 말미암아 나타나고 있는 複雜한 〈카테고리-〉에 속하는 사람들에 對한 善意的인 조치에 對해서는 아무런 方案이 講求되고 있지를 않다는 말이다.

이러한 點에 對해서는 日本側의 長久한 展望에 따른 計算을 韓國側이 發見하지를 못한 것인지 또는 故意로 看過하고 만 것인지 日本側이 豫想外의 事態를 正確하게 把握하지 못했는지를 모를 일이나 如何間 이제라도 늦지 않으니 〈協定永住權者에 對한 出入國管理令의 適用이나 其他 法令의 適用의 모순성을 극복하기 위해서 方法을 강구해야 할 것이다.〉

五、一般永住의 許可

前記한 바와 같이 이것은 엄격히 말해서 現行「出入國管理令」으로 規制를 받는 一般永住이다.

여기 對하여 協定上에는 何等의 言及이 없고 다만 石井法相聲明에서 〈1. 終戰前에 居住하다가 一時歸國했다가 1952年 4月 28日 以前에 入國해서 繼續居住하고 있는 者. 2. 居住實積이 없드래도 平和條約 發效前에 入國해서 繼續居住하는 者에게는 在留狀況이「良好하며는 可能한 限 許可한다」라고 言明되어 있다.

그러므로 이것은 우리 民團과 日本政府와의 생각에는 大端히 큰 差異點이 있다.

우리들의 생각은 1952年 4月 28日 以前에 入國한 者는 큰 問題가 없고 그後에 入國한 者를 所爲「戰後入國者」라고 定義를 짓고 그들의 救濟策에 對해서 熱心하고 있는데 日本政府側은 1952年 4月 28日 以後 入國한 者에 對해서는 아무런 關心조차 없고 약간이라도 생각해 볼려는 것은 1952年 4月 28日 以前에 入國하여 〈繼續居住하는 者〉에 限하는 모양이다.

實相은 이것도 何等의 法的인 拘束은 없고 다만 道義的으로 取扱한다는 생각뿐인데 그것도 〈지금까지 正確한 手續을 밟아서 이미 在留特別許可를 받아서 10年이라는등 相當年數를 良好한 狀態로 經過한 者라고 할 수 있을 것이다〉(池上 努著 法的地位 200의 質問)이라는 생각이다.

또 聲明과 談話等에 對하여 〈이것들은 어느것이나 韓國에 對한 約束으로서 行해진 것이 아니기 때문에 國際的인 義務는 아니나 …… 日本政府當局으로서는 誠實히 지키고 나아갈 道義的인 責任을 가지고 있다〉(昭和41年3月10日發行 時の法令別冊 日韓条約と國内法の解説)는 것뿐이다.

卽 權利로서 當然히 取得하는 것이 아니라 日本의 溫典的으로 受惠되는 것이며 그것도 苛酷한 出入國管理令 第24條의 强制退去의 條項을 그대로 適用받는 資格에 不過한 것이다.

이러한 一般永住의 범주에 드는 사람이 前記表에 의하면 19,350名 中에 包含되었는데 第8回 民團中央委員會에서 朴領事課長은 約3500名 程度될 것이라고 言明했다.

그러나 우리가 볼 때는 그렇게 적은 數字가 아니고 前項에서 指摘한 바대로 數十萬에 達할 可能性이 있다.

現在 126-2-6의 資格으로 外國人 登錄證을 所持한 者는 登錄上으로 볼때는 解放前부터 日本에 居住하는듯 하지마는 엄밀히 따지면 이 條項에 該當될 者의 數가 많을 것이라는 것이다.

그러니 이것을 現在 잘못하면 그냥 密入國이 폭로되고 强制退去의 對象이 될 우려성이 많으니 申告者가 적은 것도 어찌할 道理가 없다.

一般永住의 許可를 받았다고 할지라도 이는 엄격하게 出入國管理令의 適用을 받고 또 잘못하면 退去를 當할 뿐 아니라 財産搬出의 權利까지도 없게 되는 것이니 결국은 完全히 無權利 狀態의 居住밖에 안된다.

民團의 今後 課題中 重要한 部分의 하나이다.

六、前後入國者의 問題

이 問題는 엄밀히 따져서 1952年 4月 28日以後에 入國한 者를 말하는 것인데 여기 對해서는 協定上으로나 法相聲明에서나 其他 入管局長談話 等 어느 곳에서도 찾어볼 수 없다.

그러므로 이 問題는 日本側에서는 아무런 關心도 表示하지 않고 있을뿐 아니라 大韓民國政府 역시 크게 생각하지 않고 있는 것이 實情이다.

즉 이 問題는 現在 〈特在〉의 許可를 받고 있는 者 혹은 長久한 時日동안 日本에서 居住하고 있으나 正規의 外國人登錄證을 所持하고 있지 않은 者 等인데 韓日會談推進當時에 民團에서는 이러한 問題들도 政治的으로 充分히 解決된다는 것을 強調한 事實이 있다.

그러나 막상 協定된 條項은 이러한 사람들은 全然 對象도 되지를 않고 말았으니 이제라도 이 問題에 對한 眞實된 對策이 必要하다.

前記表에 나타난 其他의 部類에 속하는 19,350名이 大部分 여기에 속할 것이며 其外에 潛在居住者가 相當數 있을 것이니 적어도 數萬名은 넘을 것이다.

이들의 救濟策을 소홀히 하고 또 民團이 前記한 바와 같이 철통같이 約束을 해 놓고서 모른체 한다고 하면 大端히 重要한 問題이다.

資 料

1. 一周年에 際한 聲明書
2. 本國政府에 對한 要望書
3. 法的地位協定文書
4. 出入國管理特別法
5. 出入國管理令拔萃
6. 舊外國人登錄令拔萃

法的地位發效 一周年에 즈음하여 發表한 聲明全門

① 大韓民國々民이 日本國의 社會秩序下에서 安定된 生活을 營爲할 수 있게 하는 것이 兩國間 및 兩國々民間의 友好關係增進에 寄與함을 認定하여 合意된

法的地位協定은 一九六六年 六月 二十二日 「本調印에 즈음하여」 發表한 在日本大韓民國居留民團中央執行委員會 聲明에서 指摘한 바와 같이 「우리가 主張하여온 要求와는 많은 距離가 있어 失望이 적지 않았다」 그 失望이 오늘날에 와서 具體的으로 現實化되고 不安과 杞憂가 加重되고 있음은 金東祚大使의 年頭辭에 指摘된바 個人生活에는 勿論이요 自由陣營의 紐帶强化에 惡影響을 주는 結果가 되고 있음은 眞實로 遺憾된 일이다.

② 法的地位協定은 지금까지 無國籍 狀態에 放置되어 있든 在日韓國人이 法的으로 그 地位가 確定되었다는 것은 事實이나 그러나 이것으로 인하여 한 家庭內에는 資格이 다른 父子가 戰々兢々한 脅威속에서 生活을 하여야하고 家族끼리 離別을 해야하는 事態가 現實的으로 나타내고 있다.

解放 直後에 行政機能이 마비된 日本國의 事情으로 因하여 便法的으로 一時 本國에 往來하였기 때문에 二十年이 지난 오늘에 이르러 法的地位協定에 의하여 不法入國者로 取扱을 當하여 다시 調査를 받아야하고 在留資格이 變更되고 境遇에 따라서는 追放을 當하여야 한다.

協定上 永住權이란 韓日兩國間에서 特別히 所重하게 다루어지는 資格이므로 可히 一方的으로 侵犯할 수 없는 外交的인 産物이라고 生覺했는데 日本의 恣意대로 再入國許可期間以後에 入國하면 永住權이 消滅이 된다.

또 永住權을 所持하는 婦人이 本國旅行中 順産을 하면 그 아이는 永住權이 없음은 勿論 嚴格하게 出入國管理令의 規制를 받아야한다.

本調印 當時 日本法相이나 入管局長은 特別聲明과 談話를 通하여 所謂 「戰後入國者問題」나 解散家族의 再會問題에 있어서 「人道的으로 取扱하겠다」고 發表했음에도 不拘하고 現實로는 이미 入國해 있는 子女들까지 追放을 하고 있는 것이 實情이다.

在日韓國人의 生態는 반세기에 亘한 日本의 植民地地統治의 結果로서 强制的으로 끌려온 特殊事情임에도 不拘하고 實際로는 上述한 實例와 같이 그 特殊性과 여기에 對한 責任感이 조금도 考慮되지 않은채 一般的인 外國人과 同等하게 排他的이라는 異名이 있는 美國移民法에 準하는 出入國管理令을 그대로 適用하는데 問題의 本質이 있다.

日本側이 이렇게 不當한 處事를 하고 있으니 韓國大使館은 이에 對하여 嚴重히 抗議하여야 할 것이다.

最近에 刑務所內에서 發生되고 있는 刑期滿了者에 對한 現行入管令에 不當

取扱을 當하고 있는 事實만 하드래도 이것은 一方的으로 解釋하고 處理하는 日本側의 嚴然한 協定精神違反임에도 不拘하고 韓國大使館은 여기에 對하여 嚴重한 警告와 抗議를 하여야 할 것이다.

③ 協定調印後 日本當局은 初年度의 永住權 申請者數를 二十萬에 達하리라고 보고 國家豫算을 九天萬弗이나 策定하고 宣傳에 힘썼으나 五五萬九一四七名(六六年十月末現在)라고 推算되는 申請資格者 中에서 一月 十三日 現在 申請者 二萬〇七四九名, 許可者 一萬三二二九名, 不許可者 二二一名, 取下者 七四名으로 最初豫想의 一割程度 밖에 안되는 不振狀態의 理由는 여기에 있다.

④ 民團은 이러한 事態를 豫見하고 中央委員會에서 本委員會를 再編成시켜 强力한 運動을 推進할 것을 決議했는데 本委員會에서는 全國的으로 일어나는 實例와 與論을 于先 綜合하고 運動展開를 準備中에 있으나 現在까지의 實情은 全般的으로 不安이 深大하게 造成되어 가고 있다.

이러한 事態가 그대로 放置되고 蓄積되어 간다면 本協定의 死文化는 勿論 兩民族사이에는 또다시 怨恨을 남기는 不幸이 招來될 것이 憂慮되며 모처럼 맺은 友好親善이 狙害될 可能性이 濃厚하다.

⑤ 그러므로 이러한 複雜한 實情을 正當하게 處理하고 協定의 올바른 運用을 期하기 위하여 兩國間의 「共同委員會」를 早速히 設置할 것을 强力히 要求하며 거기는 반드시 民意를 代辨할 수 있는 當事者인 在日韓國人의 代表를 參加시킬 것을 絶對的으로 要求한다.

在日韓國人의 安定된 生活과 韓日兩國의 互惠平等의 原則위에선 友好增進을 위하여 우리들의 正當한 要求가 貫徹되기를 切實히 要望한다.

⑥ 日本政府當局의 巨視的인 立場에서의 깊은 理解와 日本國民의 良識的인 判斷에서 大韓民國 및 在日韓國人에 對한 올바른 認識과 아울러 協定의 根本精神이 實踐되기를 促求하며 本國의 政界와 政府高位層은 이러한 事實을 正確히 把握하여 强力히 再交涉하기 바란다.

우리들은 要求가 貫徹되기까지 全體僑胞가 一致團結하여 積極的으로 鬪爭할 決意를 새로이 할 바이다.

在日韓國人의 法的地位 및 待遇問題에 關한 要望事項

1966年 1月 17日의 在日韓國人法的地位協定發效에 따라 協定永住權과 一般永住를 各各申請토록되어 現在 推進中에 있는바 이 申請推進運動과 아울러

協定永住權의 資格의 問題인 繼續居住에 대한 定義와 解釋

또한 一般永住에 대한 問題點 等을 解決하고 그리고 1952年 4月 28日 以後의 入國者를 安住시킬 수 있는 運動을 强力히 展開하기 爲하여 지난 第8回 中央委員會決定에 따라 至今까지의 法的地位待遇 對策委員會를 廣範圍하게 補强하고 우리의 切實한 要求事項을 具體的으로 策定하여 駐日大使館과 緊密한 協議下에 現在 日本當局에 强力히 交涉中에 있다.

Ⅰ 協定永住權問題

이 協定永住權問題는 上記한 바와 같이 繼續努力하고 있는데도 不拘하고 現在까지 申請者數는 如前히 不振狀態에 있다.

그 原因의 問題點을 살펴보면

(1) 申請期間 5年間으로 되어 있다는 點

(2) 個人의 事情에 따라 外國人 登錄이 一回부터 繼續하여 登錄되어 있지 않기 때문에 이로 因한 不安感을 가진 者

(3) 家族 가운데 戰後 入國者等問題를 가진 者가 있기때문에 이러한 問題가 完全히 解決될 동안까지 자기의 申請을 保留하고 있는 者

(4) 本人의 姓名, 本籍地, 生年月日 等이 外國人登錄證과 틀리는 關係로 이로 因한 不安感을 가진 者

(5) 協定永住權을 取得함으로써 實生活上에 有利케 되는 點이 顯著하게 나타나고 있지 않다는 點

等々으로 본다

또한 現在 재일한국인 統計를 보면 登錄者 總數 584,500名(1966年 11月 現在)中 申請資格者가 559,147名으로 되어 있으나 이 中에는 上記와 같은 여러가지 問題點을 가진 者의 數가 相當히 많기 때문에 이 問題點을 解決치 않는 限 永住權 申請은 現在의 不振狀態를 벗어나기는 어렵다고 생각된다

― 要 望 ―

(1) 繼續居住範주에 關하여

現在 日本法律 126號 2條 6項의 資格者로서 外國人登錄이 最初부터 繼續되어있는 者는 問題가 없으나 登錄上空間이 있는 者들은 最初의 外國人登錄證을 交付받을 때 所定의 手續에 따라 모든 調査나 行政處分이 끝마쳐져 있으므로

過去의 居住歷이 一回부터 지금까지 繼續해서 更新登錄이 되어있지 않다고 하더라도 現在所持하고 있는 外國人登錄證에 依據하여 自動的으로 個別審査나 再調査함이 없이 一括繼續 居住를 認定할 것

(2) 協定永住權者가 現行出入國管理令에 依하여 不當한 取扱을 當하고 있는 問題에 관하여

法的地位協定의 發效와 同時에 協定永住權者에 對하여는 "出入國管理法" 및 同法施行令에 依據하여 모든 問題를 取扱하기로 되어 있어 이 特別法에는 永住權의 申請, 調査, 强制退去, 罰則에 關해서만이 規定되어 있고 實際的인 出入國이나 在留 및 待遇問題는 새로히 發生된 協定永住權者에게 알맞는 待遇가 全혀 言及되어 있지 않을 뿐더러 一切 一般外國人과 같이 現行出入國管理令에 依하여 不當한 取扱을 當하고 있다.

卽, 協定永住權者에 있어서 全般的인 問題가 現行出入國管理令에 依하여 嚴格하게 規制받게 되는 故로 出入國 및 在留에 關連되는 諸般問題等이 一般外國人과 같이 取扱當한다는 것은 韓日協定의 基本精神에 根本的으로 違反되는 것이니만큼 細目에 걸쳐서 具體的으로 協定永住權者에 對해서는 現行法의 規制와는 別途의 行政措置가 取하여 질 것을 要求한다.

앞으로 이 問題가 具體的인 行政措置로서 解決되지 않으면 將來에 많은 憂慮될 問題가 생길 것이라 思料된다.

具體的인 例를 提示하면

Ⓐ 再入國許可의 審査 및 期間問題

① 申請時를 起點으로해서 遡及하여 3年 乃至 5年間 사이에 出入國管理令 第24條 各項에 該當하는 者는 申請時마다 審査對象이 되어 再入國理由 稅金狀況 等을 審査하여 諸般條件이 具備되고 再入國理由가 人道上不可避한 者에 限해서만 許可를 하고 있다.

② 協定永住權者가 再入國許可를 받고 日本國을 出國하여 再入國期間을 超過하여 入國하려면 出管令 第12條 該當으로서 上陸의 拒否를 當하지 않으나 그 時點에서 超過의 理由如何를 莫論하고 永住權資格이 喪失되고 在留資格이 特在가 된다.

③ 生活保護 受領者는 原則的으로 許可않는다.

④ 協定永住權者인 婦人이 再入國許可를 얻어서 日本國을 出國해서 外國에서 出生한 者에 對해서는 永住權 資格이 없고 現地日本大使館을 通하여 入國許

可를 얻어야 入國하게 되며 在留資格은 特在가 된다.

⑤ 再入國申請은 代理申請을 一切禁하고 있으나 山間僻地에 居住하는 者들은 申請하는데만 하더라도 2, 3日間을 消費하고 時間的 經濟的 犧牲이 莫大하므로 從來와 같이 外國人登錄濟證明書를 提出함으로써 代理申請을 認定시켜야 하겠고 申請時마다 納稅證明(市民稅와 所得稅) 戶籍謄本提出을 强要하고 있다.

⑧ 受刑者의 刑期滿了에 따르는 在留資格의 問題

一年以上의 實刑을 받은 者가 形을 滿了하고 出所했을 境遇 卽席에서 入管이 身柄을 拘束하여 入管令에 依하여 强制退去處分으로 假放免으로부터 特別在留許可에 이르는 特別手續을 밟은 後에 비로소 特在의 資格을 申請시켜서 석방하고 있다.

이 者가 戰前부터 繼續居住者이면 協定永住權의 對象이기 때문에 申請하면 當然히 永住權을 取得할 수 있는데도 不拘하고 새로히 永住權을 取得할 때까지 特在資格을 주는 手續을 밟게 한다는 것은 어디까지나 不自然한 行政措置라 아니할 수 없다.

ⓒ 協定永住權을 申請한 者가 居住經歷未滿로서 一般永住의 對象이 되었을 때 現行法에 비추어 協定永住를 不許可로 하고 入管에서 새로운 事件으로 立件시켜 處罰을 加할 뿐만 아니라 假放免으로부터 始作하여 特在를 申請케하여 特在許可를 받은 後 5年間이 經過된 後 비로소 一般永住의 申請을 할 수 있도록 하고 있으나 이 措置는 現行法 그대로 適用한다면 不可避한 措置라 하지만 너무나 過酷하고 不當한 措置라 아니할 수 없다.

ⓓ 戰前에 外地에 居住하다가 戰後 引揚船으로 日本에 入國한 僑胞問題

戰前에 外地에 居住하다가 日本國籍인 故로 戰爭이 勃發되자 捕虜로서 抑留當하여 戰後 引揚船으로 日本國에 送還을 當한 者가 1946年부터 現在까지 繼續永住하고 있다가 最近에 本國 母親의 危篤의 通知를 받고 再入國申請을 했는바 不許可가 되어 現行出管令으로서 不法入國取扱을 當하여 現在의 126-2-6의 資格이 喪失되고 假放免으로부터 特在許可申請에 이르는 措置를 取하고 있다.

II 1952年 4月 28日(桑港条約)까지의 入國者問題(一般永住)

이 範疇에 屬하는 者에 對하여는 協定에 附隨되는 日本法相聲明에 依據

하여 全員이 一般永住가 取得되어야하며 本永住申請은 協定永住權의 申請에 準하기로 하고 添附書類를 大幅簡素化할 것

그 理由는 法的地位에 있어서의 協定永住權賦與의 範疇는 終戰의 날 以前부터 日本國에 繼續居住하고 있는 大韓民國國民으로 되어 있으며 一般永住의 對象範疇는 終戰以前부터 日本國에 居住하다가 戰後一時歸國하여 1952年 4月 28日까지 再入國한 者와 이날까지 日本國에 入國하여 繼續居住하는 者인 바 이들의 一時歸國한 理由 등을 살펴보면 擧皆가 人道的으로 不可避한 事情이라 할 수 있다.

終戰 當時에는 約 250萬을 헤아리는 韓國人이 終戰을 맞이하자 混亂과 不安 속에 있든 우리에게 對하여 日本政府는 이에 對備하는 何等의 對策이 없었으므로 相當한 期間이 經過되자 人間社會에는 不得已한 人道的問題가 생기는 것은 必然的인 事實이라 아니할 수 없다.

그러므로 日本政府의 適切한 措置를 기다릴 수 없이 一時歸國했다는 것은 法的으로보나 道義的으로도 그 本人에게만 責任을 지울 수 없다고 生覺된다.

그러나 如何튼 本人들이 一時歸國하지 않으면 안 될 不得已한 그 事情은 不問에 부치고 단지 一時歸國하였다는 法的理由만으로서 協定永住權에 비추어 越等하게 不利케 區分한다는 것은 問題의 本質에서 生覺해 볼 때 不當한 措置라 아니할 수 없다.

日本政府가 1952年 4月 28日에 公布했든 法律 126號에도 在日韓國人에 對하여 1952年 4月 27日까지는 日本國籍을 가지고 있었다고 규정하고 있다.

그러므로 이러한 사람들의 일반영주의 取扱에 있어서는 一般外國人을 對象으로 하는 現行法의 取扱 規定을 適用하지 않고 個別調査 또는 審査를 할 것 없이 協定永住權의 取扱에 準하여 行하도록 簡素化하여야 한다.

具體的으로 設明하자면

(1) 現在 126-2-6의 資格으로 登錄을 가진 者가 一般永住에 該當될 時는 現行出管令을 適用하여 不法入國으로 立件시켜 假放免으로부터 特在許可申請에 이르는 處分을 加하고 또 特在許可가 된 後 5年間이 經過치 않으면 一般永住의 申請을 못하게 되어 있으나 이러한 境遇에는 本人의 申請만으로서 直時 一般永住의 許可가 되는 措置가 取하여져야 된다.

(2) 審査에 있어서도

가, 貧困者 (生活能力)

나, 前科關係 (出管令 第24條에 該當하는 罪로서 實刑을 받은 者 및 該當者)

다, 思想關係

라, 失業者

마, 在留期間 (特別在留許可를 받아서 적어도 5年間이 經過치 않는 者)

  等이 不許可 對象으로 되고 있으나

재일한국인에 對해서는 原則的으로 이러한 審査를 하지 말 것

(3) 繼續居住調査에 있어서

  各地方入管에서는 現在個人의 居住經歷을 調査할 때 出入國管理特別法 第3條에 依據하여 本人이나 參考人에게 質問調査하여 解決이 안 될 때 直接 本國의 面, 郡, 市 事務所에 照會하거나 現地日本大使館을 通하여 巧妙하게 調査를 하고 있다.

  이로 因하여 被害者가 生起는 例가 적지 않으므로 앞으로는 이러한 調査 照會는 반드시 日本國에 있는 우리 公館을 通하여야만 할 수 있게 措置가 取하여져야 된다.

Ⅲ 1952年 4月 28日以後의 入國者 問題

  1952年 4月 28日 以後의 入國者中 現在特別在留許可를 取得하고 있는 者에 對해서는 將來繼續하여 安住할 수 있도록 하여야 하며 또한 在留許可를 取得치 못한 자에 對해서도 그의 居住 實績에 相符하는 居住權을 賦與하여야 한다.

  그 理由는 現在 在留資格을 取得하고 있는 者는 勿論이려니와 아직 在留資格을 가지지 않은 潛在居住者에 對해서는 이들 中에는 이미 相當한 年數의 日本에서의 居住實績이 있고 또한 生活基盤과 家族이 있으므로 이 機會에 日本政府가 大局的인 見地에서 相當한 數로 推算되는 潛在居住者를 救濟하는 具體的인 方法을 講究하지 않으면 안 될 것이다.

  이러한 사람들을 人道的인 立場에서라도 早速한 時日內에 救濟하는 方途가 講究되어져야 할 것이다.

Ⅳ 待遇問題

待遇에 關해서는 協定文書, 討議의 記錄, 合意議事錄, 大臣聲明, 局長談話 等에 의해 明示되어 있는 事項을 日本政府는 協定精神에 立脚하여 忠實히 履行할 것을 要求한다.

(1) 社會保障問題

協定永住權者에 對하여 生活保護 및 國民健康保險만이 適用되도록 되어 있으나

　　가, 各種福祉年金適用

　　　　中小企業金融公庫法

　　　　國民金融公庫法

　　　　農漁業金融公庫法

　　　　公營住宅의 入住

　　　　住宅金融公庫法

　　　　等々을 全面適用시킬 것

　　나, 職業權

　　　　財産權

等 모든 社會保障을 日本人과 同等하게 適用받도록 要望함

(2) 財産搬出問題

永住歸國者의 財産搬出에 있어

協定文에는 "法令の範圍內でその携帯品引越荷物及び職業用具の携行を認める"로 되어 있으나 日本에서 生産事業을 하고있는 者는 其事業施設에 全部 또는 歸國을 契機로 他種生産事業을 하려는 者에게는 外換手續없이 日貨로서 同事業施設을 購入搬出할 수 있도록 要望함.

(3) 稅金攻勢에 對한 問題

韓日協定發效以後 韓國人商工業者에 對하여 日本政府의 稅金攻勢가 全國的으로 熾烈하게 進行되고 있는데 至今까지의 韓國人에게 對한 金融措置等 保險策이 全無했든 實情에 비추어 外觀上에는 財産이 蓄積되어 있는 것 같으나 實質的內容은 負債等 貧弱한 狀態에 놓여있는 것인 現實情이다.

그럼에도 不拘하고 現在 日本稅務當局이 不當 또는 苛酷한 課稅를 賦課하고 있는데 對하여 本國政府로서는 이에 對하여 是正 또는 緩和策이 樹立되도록 外交的인 措置를 要望한다.

現況 이대로 간다면 不遠한 將來는 韓國人商工業者의 經濟活動은 破滅狀態에 빠질 것이 明確하다.

(4) 現金送金問題

永住歸國者의 現金送金에 있어서 一萬弗을 넘는 分에 對하여 每年 그 殘金의 5分의 1을 送金할 수 있도록 되어 있으나 이것을 5等分으로 5年間에 送金할 수 있도록 是正할 것을 要望함.

그 理由는 每年 其殘金의 5分의 1이라면 規定대로 一例를 들어보면 5千萬円(日貨)을 送金할려면 18年間이나 걸여 財産의 效果的인 運用을 할 수 없음

(5) 對母國投資方法問題

日本居住의 韓國人商工業者로서 母國에서 事業을 營爲할 境遇 資金, 事業施設 等을 外換 措置없이 合法的으로 韓國에 드려갈 길이 없으니 韓日 兩政府間의 協議로서 合法的인 길을 打開하여 주도록 要望함.

V 特別要望事項

在日僑胞에 관한 法的地位協定이 發效하여 1年이 經過된 今日에 있어서 協定永住權의 申請者數가 겨우 2萬을 헤아리는 程度로 不振常態에 있다는 것은 要望事項에서 指摘한 바와 같이 많은 問題點이 未解決로서 남아있다는데 그 原因이 있다는 것은 말할 것도 없다.

外國人登錄上에는 在日僑胞 58萬 4500名中 約56萬名이 協定永住權의 申請資格者로 되어 있으나 그 實際 內容을 보면 個個人의 在留形態가 大端히 複雜한 關係上 問題點이 發生되고 이에 對한 不安感에 때문에 永住申請에 크다란 支障을 招來하고 있으며 協定永住權의 根本精神과는 距離가 먼 結果를 가져온 要素가 있는데 이러한 狀態를 그대로 放置해 둔다는 것은 現在朝總連이 必死的으로 策動하고 있는 反對運動에 휩쓸려 들어가는 結果를 招來할 뿐만 아니라 將來 在日 僑胞全體의 安住에 있어서도 크다란 支障이 된다는 것은 再言할 必要가 없다.

以上과 같이 現在 나타난 問題點과 앞으로 豫想못했든 事態를 友好的이요 政當한 解決을 期하기 위하여 兩國政府間에 法的地位에 關한 共同委員會를 構成하여 複雜한 諸般問題를 하나하나 整理解決하여 가는 것이 效果的이라 思料되므로 日本政府에 交涉하여 民團代表를 包含한 共同委員會를 設置하도록 强力히 要望하는 바이다.

法的地位協定文書

◆ 大韓民國과 日本國間의 日本國에 居住하는 大韓民國々民의 法的地位와 待遇에 關한 協定

　　大韓民國과 日本國은 多年間 日本國에 居住하고 있는 大韓民國々民이 日本國의 社會와 特別한 關係를 가지게 되었음을 考慮하고 이를 大韓民國々民이 日本國의 社會秩序下에 安定된 生活을 營爲할 수 있게 하는 것이 兩國間 및 兩國國民間의 友好關係增進에 寄與함을 認定하여 다음과 같이 合意하였다.

第一條

1. 日本國政府는 다음의 어느 하나에 該當되는 大韓民國々民의 本協定의 實施를 爲하여 日本政府가 定하는 節次에 따라 本協定의 效力發生日부터 5年以內에 永住許可의 申請을 하였을 때에는 日本國에서의 永住를 許可한다.

Ⓐ 1945年 8月 15日以前부터 申請時까지 繼續하여 日本國에 居住하고 있는 者

Ⓑ Ⓐ에 該當하는 者의 直系卑屬으로서 1945年 8月 16日以後 本協定의 效力發生日로부터 5年以內에 日本國에서 出生하고 그後 申請時까지 繼續하여 日本國에 居住하고 있는 者

2. 日本國政府는 1의 規定에 依據하여 日本國에서의 永住가 許可되어 있는 者의 子女로서 本協定의 效力發生日로부터 5年이 經過한 後에 日本國에서 出生한 大韓民國々民이 本協定의 實施를 위하여 日本政府가 定하는 節次에 따라 그의 出生日로부터 60日以內에 永住許可의 申請을 許可하였을 때에는 日本國에서의 永住를 許可한다.

3. Ⓑ에 該當하는 者로서 本協定의 效力發生日로부터 4年 10個月이 經過한 後에 出生하는 者의 永住許可의 申請期限은 1의 規定에 不拘하고 그의 出生일부터 60일以內로 한다.

4. 前期의 申請 및 許可에 對하여는 手數料는 徵收되지 아니한다.

第二條

1. 日本國 政府는 第一條의 規定에 依據하여 日本國에서의 永住가 許可되어 있는 者의 直系卑屬으로서 日本國에서 出生한 大韓民國々民의 日本國에서의 居住에 關하여는 大韓民國政府의 要請이 있으면 本協定의 效力發生日로부터 25

年이 經過할 때까지는 協議를 行함에 同意한다.

2. 1의 協議에 있어서는 本協定의 基礎가 되고있는 精神과 目的을 尊重한다.

第三條

1. 第一條의 規定에 依據하여 日本國에서의 永住가 許可되어 있는 大韓民國國民은 本協定의 效力發生日 以後에의 行爲에 의하여 다음의 어느 하나에 該當되는 境遇를 除外하고는 日本國으로부터의 退去를 强制 當하지 아니한다.

Ⓐ 日本國에서 內亂에 關한 罪 또는 外患에 關한 罪로 因하여 禁錮 以上의 刑에 處하여진 者(執行猶豫의 言渡를 받은 者 및 內亂에 附和隨行한 것으로 因하여 刑에 處하여진 者를 除外한다.

Ⓑ 日本國에서 國交에 關한 罪로 인하여 禁錮以上의 刑에 處하여진 者 또는 外國의 元首 外交使節 또는 그 公館에 對한 犯罪行爲로 因하여 禁錮 以上의 刑에 處하여 지고 日本國인 外交上의 重大한 利益을 害한 者

Ⓒ 營利의 目的으로 痲藥等의 取締에 關한 日本國의 法令에 違反하여 無期 또는 3年以上의 懲役 또는 禁錮에 處하여진 者(執行猶豫의 言渡를 받은 者를 除外한다) 또는 痲藥類의 取締에 關한 日本國의 法令에 違反하여 3回(但 本協定의 效力發生日 前의 行爲에 依하여 3回 以上 刑에 處하여진 者에 對하여서는 2回) 以上 刑에 處하여 진 者

Ⓓ 日本의 法令에 違反하여 無期 또는 7年을 超過하여 懲役 또는 禁錮에 處하여 진 者

第四條

日本國政府는 다음에 列擧한 事項에 關하여 妥當한 考慮를 하는 것으로 한다.

Ⓐ 第一條의 規定에 依據하여 日本國에서 永住가 許可되어 있는 大韓民國々民에 對한 日本國에 있어서의 敎育 生活保險 및 國民健康保險에 關한 事項

Ⓑ 第一條의 規定에 依據하여 日本國에서 永住가 許可되어 있는 大韓民國々民(同條의 規定에 따라 永住許可의 申請을 할 資格을 가지고 있는 者를 包含함)이 日本國에서 永住할 意思를 抛棄하고 大韓民國으로 歸國하는 境遇의 財産의 携行 및 資金의 大韓民國에의 送金에 關한 事項

第五條

第一條의 規定에 依據하여 日本國에서의 永住가 許可되어 있는 大韓民國國民

은 出入國 및 居住를 包含하는 모든 事項에 關하여 本協定에서 特히 定하는 境遇를 除外하고는 모든 外國人에게 同等히 適用되는 日本國의 法令의 適用을 받는 것이 確認된다.

第六條

本協定은 推進되어야 한다. 批准書는 可能한 限 早速히 서울에서 交換한다. 本協定은 批准書가 交換된 날로부터 30日後에 效力을 發生한다.

以上의 證據로서 下記代表는 各者의 政府로부터 正當한 委任을 받아 本協定에 署名하였다.

1965年 6月 22日 도오꾜에서 同等의 正本인 韓國語 및 日本語로 本書二通을 作成하였다.

大韓民國을 爲하여 日本國을 爲하여

◆ 大韓民國과 日本國間의 日本國에 居住하는 大韓民國々民의 法的地位와 待遇에 關한 協定에 對한 合意議事錄

大韓民國政府代表 및 日本政府代表는 今日署名된 大韓民國과 日本國間의 日本國에 居住하는 大韓民國々民의 法的地位와 待遇와 待遇에 關한 協定에 관하여 다음과 같은 諒解에 到達하였다.

第一條에 관하여

1. 同條一 또는 一의 規定에 依據하여 永住許可의 申請을 하는 者가 大韓民國의 國籍을 가지고 있음을 證明하기 위하여

(1) 申請을 하는 者는 旅券 또는 이에 代身하는 證明書를 提示하든지 또는 大韓民國의 國籍을 가지고 있는 뜻의 陳述書를 提出하는 것으로 한다.

(2) 大韓民國政府의 權限있는 當局은 日本國政府의 權限있는 當局이 文書로 照會할 境遇에는 文書로 回答하는 것으로 한다.

2. 同條1 Ⓑ의 適用上 「Ⓐ에 該當하는 者」에는 1945年 8月 15日 以前부터 死亡時까지 繼續하여 日本國에 居住하고 있었던 大韓民國々民을 包含하는 것으로 한다.

第三條에 關하여

1. 同條1Ⓑ의 適用上 「그 公館」이라함은 所有者의 如何를 不問하고 大使館 또

는 公使館으로 사용되고 있는 建物 또는 그 一部 및 이에 附屬하는 土地(外交使節의 住居인 것을 包含함)를 말한다.

2. 日本國政府는 同條ⓒ 또는 ⓓ에 該當하는 者의 日本으로부터의 退去를 强制하고저할 境遇에는 人道的 見地에서 그 者의 家族構成 및 其他事情에 對하여 考慮한다.

3. 大韓民國政府는 同條의 規定에 依하여 日本國으로부터 退去를 强制 當하게 된 者에 對하여 日本國政府의 要請에 따라 그 者의 引受에 對하여 協力한다.

4. 日本國政府는 協定 第一條의 規定에 依據하여 永住許可의 申請을 할 資格을 가지고 있는 者에 關하여는 그 者의 永住가 許可되는 境遇에는 協定 第三條ⓐ 乃至ⓑ에 해당하지 아니함에 비추어 그 者에 對하여 退去强制手續이 開始된 境遇에 있어서

(1) 그 者가 永住許可申請을 하고 있을 때에는 그 許可여부가 決定될 때까지의 期間 또는

(2) 그 者가 永住許可의 申請을 하고 있지 아니할 때에는 그 申請을 하는지 안 하는지를 確認하고 申請을 하였을 때에는 그 許可與否가 決定될 때까지의 期間 그 자의 强制送還을 自制할 方針이다.

第四條에 關하여

1. 日本國政府는 法令에 따라 協定第一條의 規定에 依據하여 日本國에서의 永住가 許可되어 있는 大韓民國々民이 日本國의 公立의 小學校 또는 中學校에 入學을 希望하는 境遇에는 그 入學이 認定되도록 必要하다고 認定하는 措置를 取하고 또한 日本國의 中學校를 卒業할 境遇에는 日本國의 上級學校에의 入學資格을 認定한다.

2. 日本國政府는 協定第一條의 規定에 依據하여 日本國에서의 永住가 許可되어 있는 大韓民國々民에 對한 生活保護에 對하여서는 當分間 終戰과 같이 한다.

3. 日本國政府는 協定第一條의 規定에 依據하여 日本國에서의 永住가 許可되어 있는 大韓民國々民의 國民健康保險의 被保險者로 하기 위하여 必要하다고 認定하는 措置를 取한다.

4. 日本國政府는 協定第一條의 規定에 依據하여 日本國에서의 永住가 許可되어 있는 大韓民國々民(永住許可의 申請을 할 資格을 가지고 있는 者를 包含함)이 日本國에서 永住할 意思를 據棄하고 大韓民國에 歸國하는 境遇에는 原則的으

로 그 者가 所要하는 모든 財産 및 資金을 携行 또는 送金하는 것을 認定한다. 이를 위하여

(1) 日本國政府는 그 者가 所要하는 財産의 携行에 關하여는 法令의 範圍內에서 그 携帶品 移사짐 및 職業用具의 携行을 認定하는 外에 輸出의 承認에 있어서 可能한 限의 考慮를 한다.

(2) 日本國政府는 그 者가 所有하는 資金의 携行 또는 送金에 關하여는 法令의 範圍內에서 一世帶當 一滿 아메리카 合衆國弗까지를 携行 또는 送金하는 것을 認定하는 것으로 한다.

◆ 討議記錄

在日韓國人의 法的地位와 對遇에 關한 協定의 締結을 위한 交涉에 있어서 韓日 兩側으로부터 各々 다음의 發言이 行하여졌다.

日本側代表

A. 日本國政府는 協定 第一條1Ⓐ의 適用에 있어서는 兵役 또는 徵用에 依하여 日本國에서 떠난 때부터 復員計劃에 따라 歸還할 때까지의 期間을 日本國에 繼續하여 居住하고 있었던 것으로 取扱할 方針이다.

B. 協定第一條의 規定에 依據하여 永住許可의 申請을 하는 者가 提出 또는 提示하는 것에는 다음 것이 包含되는 것으로 한다.

(1) 永住許可申請書
(2) 寫眞
(3) 家族關係 및 日本國에서의 居住經歷에 關한 陳述書
(4) 外國人登錄證明書

C. 協定에 대한 合意議事錄中 協定第四條에 關한 部分의 1에서 말하는 「必要하다고 認定하는 措置」라함은 文部省이 現行法令에 依據하여 行하는 指導助言 및 勸告를 말한다.

D. 協定에 對한 合意議事錄中 協定第四條에 關한 部分의 3에서 말하는 「必要하다고 認定하는 措置」에는 後生省令의 改定이 包含된다. 그러나 그와 같은 措置를 취하기 위하여는 相當한 準備期間이 必要하므로 日本國政府는 協定의 效力 發生日로부터 一年이 經過하는 날이 屬하는 會計年度의 다음 會計年度의 첫날부터 그들이 國民健康保險의 被保險者가 되도록 한다.

E. 外國人의 財産取得에 關한 政令에 依據한 告示에 있어서 同政令의 適用除外
國으로서 大韓民國을 指定하고 있는바 日本國政府는 協定의 效力發生에 있어
서 이를 削除할 意圖는 없다.
F. 日本國政府는 協定第一條의 規定에 依據하여 日本國에서의 永住가 許可되어
있는 大韓民國國民이 출국하고저하는 경우에 再入國許可의 申請을 하였을 때
에는 法令의 範圍內에서 可能한 한 好意的으로 取扱할 方針이다.

韓國側代表

A. 協定의 效力發生後에는 出入國管理에 關한 日本國法令의 規定에 依據하여
日本國으로부터의 退去를 强制當하게된 大韓民國々民의 引受에 對하여 大韓民
國政府는 日本國政府에 協力할 方針이다.
B. 大韓民國政府는 協定에 對한 合意議事錄中 第四條에 關한 部分의 3에서 말
하는「必要하다고 認定하는 措置」가 取하여지기 위하여는 상당한 準備期間이
必要함은 認定하는 바이나 그와 같은 措置가 可能한 한 早速히 取하여지기를
期待한다.
C. 大韓民國政府는 日本國에 居住하는 大韓民國々民의 生活을 安定시키고 또
는 貧困者를 救濟하기 위하여 日本國政府의 要請에 依하여 可能한 限 同政府에
協力하기 위한 措置를 同政府와 더불어 檢討할 用意가 있다.

◆ 日本國法務大臣聲明 (1965·6·22)

日韓協定의 調印에 當하여 戰後入國者의 取扱에 關하여는 다음과 같이 聲
明함.

終戰以前부터 日本國에 在留하고 있든 大韓民國々民일지라도 終戰後 平和
條約發效까지의 期間에 一時 韓國에 歸國한 일이 있는 것은「日本國에 居住하
는 大韓民國々民의 法的地位 및 待遇에 關한 協定」第一條의 對象으로는 되지
않으나 이러한 사람들에 對하여는 現在까지 이미 相當히 長期에 걸쳐 本邦에
生活根據를 쌓고 있는 事情을 考慮하여 協定發效後는 我國에 있어서의 그 在留
를 安定시키기 위하여 好意的인 取扱을 하기로 하고 本大臣으로서 特別히 在留
를 許可할 뿐 아니라 다시 申請이 있는 境遇에는 그 在留狀況等을 考慮하여
可能한 한 入國管理令에 依한 永住를 許可할 方針을 取하기로 하였다.

위에 따라 前段에 該當되지 아니하는 大韓民國々民인 戰後入國者에 對하여

도 平和條約發表日以前까지 本邦에 在留한 事實이 있음이 確證되는 境遇에는 情狀에 따라 이에 準하는 措置를 講究하려고 한다.

◆ 法務省出入國管理局長談話 (1965·6·22)

이번에 調印을 本 法的地位協定이 發表하게 되면 이 協定에 基礎를 둔 永住가 許可된 사람들의 近親者가 再會하기 위하여 日本訪問等을 希望하는 境遇에는 入國의 許可에 있어서 할 수 있는 한의 好意的인 配慮를 베풀 것을 生覺하고 있다.

日本国に居住する大韓民国々民の法的地位及び待遇に關する日本国と大韓民国との間の協定の實施に伴う出入国管理特別法

(協定に基づく永住)

第1条 日本国に居住する大韓民国々民の法的地位及び待遇に関する日本国と大韓民国の間の協定(以下「協定」という)

第1条第1項及び第2項に規定する大韓民国々民は、法務大臣の許可を受けて、本邦出入国管理令(昭和26年政令第319号に定める本邦をいう)で永住することができる。

2.法務大臣は、前項に規定する者が協定第1条第1項から第3項までに定める期間内に前項の許可の申請をしたときは、これを許可するものとする。

(申請)

第2条 前条の許可の申請は、居住地の市町村(東京都の特別区の存する区域及び地方自治法(昭和22年法律第67号)第252条の19第1項の指定都市にあっては区。以下同じ)の事務所に自ら出頭し、当該市町村の長に、法務省令で定めるところにより、永住許可申請書その他の書類及び写真を提出して行なわらなければならない。たゞし14才に満たない者については、写真を提出することを要しない。

2.14歳に満たない者についての前条の許可の申請は、親権を行なう者又は後見人が代ってしなければならない。

3.第1項の場合において、申請をしようとする者が疾病その他身体の故障により出頭ができないときは、法務省令で定めるところにより代理人を出頭

させることができる。

4.市町村の長は、第1項の書類及び写真の提出があったときは、前条の許可を受けようとする者が申請に係る居住地に居住しているかどうか、及び提出された書類の成立が真正であるかどうかを審査したうえ、これらの書類(法務省で定める書類を除く)及び写真を都道府県知事を経由して、法務大臣に送付しなければならない。

(調査)

第3条 法務大臣は、第1条の許可を受けようとする者が同条第1項に規定する者に該当するかどうかを審査するため必要があるときは、入国審査官又は入国警備官に事実の調査をさせることができる。

2.入国審査官又は入国警備官は、前項の調査のため必要があるときは関係人に対し出頭を求め、質問をし、又は文書の提出を求めることができる。

3.入国審査官又は入国警備官は、第1項の調査について、公務所又は公私の団体に照合して必要な事項の報告を求めることができる。

(永住許可書の交付及び外国人登録原票等への記載)

第4条 法務大臣は、第1条の許可をしたときは、永住許可書を、都道府県知事及び市町村の長を経由して、交付するものとする。

2.都道府県知事又は市町村の長は、第1条の許可を受けた者については、その者に係る外国人登録法(昭和27年法律第125号)に定める外国人登録原票及び登録証明書に同条の許可があったことを記載するものとする。

(許可の失効)

第5条 第1条の許可を受けている者が大韓民国の国籍を失ったときは、その許可を効力を失う。

(過去の強制)

第6条 第1条の許可を受けている者については、出入国管理令第24条の規定による退去強制は、その者がこの法律の施行の日以後の行為により次の各号の一に該当することとなった場合に限ってすることができる。

①刑法(明治40年法律第45号)第2編第2章又は第3章に規定する罪により禁固以上の刑に処せせられた者、たゞし執行猶予の言渡しを受けた者及び同法第77条第1項第6号の罪により刑に処せられた者を除く。

②刑法第2編第4章に規定する罪により禁固以上の刑に処せられた者

③外国の元首、外交使節又はその公館に対する犯罪行為により日本国の外交上の重大な利益が害

③外国の元首、外交使節又はその公館に対する犯罪行為により禁固以上の刑に処せられた者で、法務大臣においてその犯罪行為により日本国の外交上の重大な利益が害されたと認定したもの。

④営利の目的をもって麻薬取締法(昭和28年法律第14号)大麻取締法(昭和23年法律第124号)あへん法(昭和29年法律第71号)又は刑法第14章に規定する罪を犯し、無期又は3年以上の懲役に処せられた者、たゞし執行猶予の言渡しを受けた者を除く。

⑤麻薬取締法、大麻取締法、あへん法又は刑法第14章に規定する罪により3回(この法律の施行の日前の行為によりこれらの罪により3回以上刑に処せられた者については2回)以上刑に処せられた者。

⑥無期又は7年をこえる懲役又は禁固に処せられた者。

2.法務大臣は前項第3号の認定をしようとするときは、あらかじめ外務大臣と協議しなければならない。

3.第1条の許可を受けている者に関しては、出入国管理令第27条、第31条第3項、第39条第1項、第43条第1項、第45条第1項、第47条第1項及び第2項、第62条第1項及び第63条第1項中「第24条各号」とあるのは、「日本国に居住する大韓民国々民の法的地位及び待遇に関する日本国と大韓民国との間の協定の実施に伴う出入国管理特別法第6条第1項各号」とする。

(出入国管理令の適用)

第7条　第1条の許可を受けている者の出入国及び在留については、この法律に特別の規定があるもののほか、出入国管理令による。

(省令への委任)

第8条　この法律の実施のための手続その他の執行については、必要な事項は、法務省令で定める。

(罰則)

第9条　次の各号の一に該当する者は1年以下の懲役又は3万円以下の罰金に処する。

①虚偽の申請をして第1条の許可をうけ又は受けさせた者

②威力を用いて第1条の許可の申請を妨げた者

(附則)

この法律は、協定の効力發生の日から施行する。

出入国管理令抜粋

(退去強制)

第24条　左の各号の一に該当する外国人については、第5章に規定する手続により、本邦からの退去を強制することができる。

1. 第3条の規定に違反して本邦に入った者
2. 第9条第5項の規定に違反して本邦に上陸した者
3. 前2号に該当する者を除く外、寄港地上陸の許可、観光のための通過上陸の許可、船上陸の許可、緊急上陸の許可又は水難による上陸の許可を受けないで本邦に上陸した者
4. 本邦に在留する外国人(仮上陸の許可、寄港地上陸の許可、観光のための通過上陸の許可、転船上陸の許可又は水難による上陸の許可を受けた者を除く。)で左に掲げる者の一に該当するもの

   イ 旅券に記載された在留資格の変更を受けないで当該在留資格以外の在留資格に属する者の行うべき活動をもっぱら行っていると明らかに認められる者

   ロ 旅券に記載された在留期間を経過して本邦に残留する者

   ハ らい予防法の適用を受けているらしい患者

   ニ 精神衛生法に定める精神障害者で同法に定める精神病院又は指定病院に収容されているもの

   ホ 貧困者、放浪者、身体障害者等で生活上国又は地方公共団体の負担になっているもの

   ヘ 外国人登録に関する法令の規定に違反して禁こ以上の刑に処せられた者。但し、執行猶予の言渡を受けた者を除く。

   ト 少年法(昭和23年法律第百六十八号)に規定する少年でこの政令施行後に長期3年をこえる懲役又は禁こに処せられた者。

   チ この政令施行後に麻薬取締法、大麻取締法、あへん法又は刑法(明治40年法律第45号)第14章の規定に違反して有罪の判決を受けた者

   リ ヘからチまでに規定する者を除く外、この政令施行後に無期又は一

年をこえる懲役若しくは禁こに処せられた者。但し、執行猶予の言
渡を受けた者を除く。

ヌ　売いん又はそのあっ旋、勧誘、その場所の提供その他売いんに直接
に関係がある業務に従事する者

ル　他の外国人が不法に本邦に入り、又は上陸することをあおり、そそ
のかし、又は助けた者

オ　日本国憲法又はその下に成立した政府を暴力で破壊することを企
て、若しくは主張し、又はこれを全て若しくは主張する政党その他
の団体を結成し、若しくはこれに加入している者

ワ　下に掲げる政党その他の団体を結成し、若しくはこれに加入し、又
はこれと密接な関係を有する者

(1)　公務員であるという理由に因り、公務員に暴行を加え、又は公
務員を殺傷することを勧奨する政党その他の団体

(2)　公共の施設を不法に損傷し、又は破壊することを勧奨する政党
その他の団体

(3)　工場事業場における安全保持の施設の正常な維持又は運行を停
廃し、又は妨げるような争議行為を勧奨する政党その他の団体

カ　オ又はワに規定する政党その他の団体の目的を達するため、印刷
物、映画その他の文書図画を作成し、頒布し、又は展示した者

ヨ　イからカまでに掲げる者を除く外、法務大臣が日本国の利益又は公
安を害する行為を行ったと認定する者

(容疑者の立証責任)

第46条　前条の審査を受ける容疑者のうち第24条第1号から3号までの1に該当す
るとされたものは、その号に該当するものでないことを自ら立証しなけれ
ばならない。

　　　旧外国人登録令抜粋

第11条　　台湾人のうち内務大臣の定めるもの及び朝鮮人は、この勅令の適用に
ついては、当分の間これを外国人とみなす。

첨부-민단 법대위발행의 법적지위의 문제점과 해설서

題目: 民團 "法對委" 發行의 "法的地位의 問題點과 解說書" 送付

民團 "法對委"에서 發行, 配布하고 있는 本冊子는 去67年 2月 12-13 兩日間
에 걸쳐 開催된 바 있는 民團 第9回 中央委會에 配布 豫程이었으나 印刷가
늦어 配布치 못하였음.

冊子內容의 要旨
가. 協定上의 永住權
  1. 協定永住權을 받을 수 있는 者
     協定永住權 資格問題에 있어 民團은 當初부터 "1952年 4月 28日 以前
     부터 居住하며---"를 主張한데 反하여 協定에는 "1945年 8月 15日 以
     前부터---"라고 되여 있음으로 永住權을 取得할 資格을 喪失할 자가
     數十萬에 達할 것이니 大問題라 아니할 수 없다.
  2. 繼續居住의 解釋
     1945年 8月 15日 以前부터 居住하던 者가 一時的으로 歸國햇다가 도
     라온 者는 一時的인 旅行에 不過하니 繼續居住한 것으로 看做해야 한
     다.
  3. 取得할 資格者의 數
     1964年 4月 1日字 現在 日法務省統計에 依하면 協定永住權 申請資格
     者數는 559,147名이란 壓倒的인 數고 戰後入國者數는 19,350名이란
     比較的 적은 數字이나 實際狀態은 全然 다르다. 卽 外國人登錄上으로
     는 1945年 8月 15日以前부터 繼續居住한 樣 되여있으나 在留資格이
     여러가지 複___問題될 者가 數없이 많으며, 또한 家族이나 周圍에
     이러한 者가 많이 있음으로 永住權申請을 할 勇氣가 나지 않은 것이
     다.
  4. 嚴格한 審査規定
     永住權 許可問題에 있어 民團은 當初부터 申請制야 한다는 것을 强調
     하여 왔으나 協定은 許可制일 뿐 않이라 嚴格한 審査를 거치게 되여
     있으니 이 審査를 廢止하고 申請制로 하되 126의 正規의 外國人登錄
     證을 갖인 者에게는 協定永住權을 주도록 해야할 것이다.
  5. 虛僞申告의 罰則
     日本政府는 法的地位協定施行에 따르는 "出入國管理特別法"을 法律

146號로서 公布하고 "虛僞申告를 해서 第一條의 許可를 받은 者 또는 받게한 者"에 對해서는 1年以下 또는 3萬円以下의 罰金에 處하게 되여 있으니 審査官의 눈을 避하여 許可된 者들은 一平生 戰々兢々한 속에서 生活하게 될 것이니 不當한 措處이다.

6. 再入國問題

再入國許可란 一般外國人에게는 必要한 것이나 協定에 의하여 永住할 수 있는 權利를 갖인 以上 複雜한 再入國許可란 絶對로 不當한 것이며 더욱이 再入國의 審査에 있어 協定以前의 前科나 科料事實 等을 들추어 不許可하고 있는바 앞으로 審査를 嚴重히 하는 나머지 永住權取得者에 對한 不許可도 續出할 수 있을 것으로 豫想되니 여기에 對한 根本對策이 絶大必要하다.

7. 強制退去

在日韓國人은 其特殊背景으로 보다 協定에는 當然히 "退去強制"는 없어야 할 것임에 反하여 最近 들리는 말에 依하면 7年이란 追放對象의 刑期가 1回分이 않이라 累積 7年이라 하니 이것이 事實이라면 重大한 問題다.

나. 待遇問題

敎育問題

協定永住權 取得者의 子女에 對하여 中學校까지의 義務敎育을 認定하고 高等學校의 機會均等을 明示하고 있으나 이는 現在에도 實施하고 있음에 反하여 重大한 問題인 民族敎育問題가 協定에 反影되지 않은 것은 遺憾된 일이다.

다. 協定永住權과 法令의 範圍

協定永住權을 取得햇다 할지라도 協定에 規定된 것 以外는 一般外國人과 下等의 差別없이 法令의 規制를 받어야 한다는 것이니 이는 在日韓國人의 複雜한 生態가 한 點도 考慮되지 않은 채 一律的으로 한 묶음에 넘어가고만 法的地位에 對하여 또 다시 惡法(出入國管理令等)을 그대로 뒤집어 씨운다는 것은 아무리 善意로 解釋한다 하더라도 納得이 가지를 않는다.

라. 資料

　　本資料의 內容은 去1月 31日 來訪한 바 있는 "法對委" 副委員長인 丁贊鎭
　　氏가 提出한바 있는 "永住權申請問題에 關한 建議書"임. 끝.

③ 재일본한국인의 법적지위협정 시행에 관한 양해사항 확인 (영주권 신청절차의 간소화), 1967

● ● ●

분류번호: 791.22, 1967

등록번호: 2441

생산과: 교민과

생산년도: 1967

필름번호(주제-번호): p-0005

파일번호: 02

프레임번호: 0001~0217

1. 주일대한민국대사관 공문-재일교포의 영주허가 신청 촉진 교섭 보고

주일대한민국대사관
번호 주일영(1)-725-8
일시 1967.1.12.
발신 주일대사
수신 외무부장관
참조 아주국장
제목 재일교포의 영주허가 신청 촉진 교섭 보고

　　　1.11 이문수 참사관 겸 총영사가 박제1영사과장을 대동하고 일 법무성 입관
국의 "우스이" 차장을 방문하여 재일교포의 영주허가 신청 촉진을 위하여 교섭
한 내용을 별첨과 같이 보고합니다.
　　첨부: 동 보고서

첨부-재일교포의 영주허가 신청 촉진 교섭 보고

　재일교포의 영주허가 신청 촉진 교섭 보고
　1967.1.11.
1. 이문수 참사관 겸 총영사는 1.11. 상오 11시 박 제1영사과장을 대동하고 법무
　 성 입관국의 "우스이" 차장을 방문하여 1시간 반 동안 주로 재일교포의 영주
　 허가 신청 및 허가 촉진을 위하여 교섭한 자리에서 요지 아래와 같이 대답하
　 였음.
2. 이 총영사는 먼저, 재일교포들에게 한·일 국교 정상화가 실질적으로 어떤
　 이득을 초래하였는지 확실치 못한 반면, 일본 세무 당국으로부터 심한 "세금
　 공세"를 받을 뿐만 아니라 재입국 허가신청이 종전보다 더 까다롭게 되었으
　 며, 영주허가를 신청하면 철저한 조사를 받는가 하면, 66년 12월 말 현재
　 협정영주허가 신청자 중에 200여 명이라는 다수가 불허된 사실의 영향으로
　 재일교포들 간에 불안이 증대되어 가고 있는데 부가하여, 조총련의 악선전
　 이 치열하다는 상황을 설명하였음.
　　이에 대하여 "우스이" 차장은 재입국 허가신청이 더 까다롭게 되었다고 보지

않으며, 입관국은 현재 집계하고 있는 외국인의 최근 1년간 출입국 상황을 정리하여 장차 집무에 참고할 생각이라고 말하고, 이어 200여 건의 영주 불허는 많은 수라고는 보지 않는다고 언명하였음.

3. 이어 아측은 재일교포 중에 외국인등록상의 국적-"한국"을 "조선"으로 정정해 줄 것을 신청한 사례가 근 20건에 달하였다고 듣고 있는데, "한국"으로부터 "조선"에의 변경은 인정하지 않는다는 일본정부의 공식 견해를 조감하고 66년 7월 "니이가다"현에서의 집단적인 국적 정정 사례가 한국 국내 여론에 미친 영향 및 조련계 세력에 의한 이용 등을 고려하여, 여상한 정정 신청을 일체 승인하지 않을 것을 요청하였음.

이에 대하여 일측은 "한국"으로부터 "조선"에의 변경은 원칙적으로 인정하지 않고 있다고 말하고 그러나 시·정·촌 서기의 잘못 기록으로 예컨대 "7인 가족이 모두 "조선"으로 등록되어 있는데 그중 장남만이 "한국"으로 등록된 것이 판명되어, 본인의 신고에 의하여 조사한 결과 신고 건이 사실이라면 이는 오기(誤記)로 간주하여 정정하지 않을 수 없다"고 설명하였음. 이에 대하여 아측은 일본이 1947년 5월 제1회 외국인등록을 실시하였을 시는 아직 대한민국 정부가 수립되기 이전이었으므로 재일교포가 모두 등록시에 편이상 "조선"으로 등록한 이래 방치해둔데 기인한 사태임을 상기시켰음.

4. 이에 아측은 영주허가 신청에 언급하여 협정상 영주허가 신청에 있어서 외국인등록 유무가 영주허가 신청의 결격(欠格) 사유가 아님을 확인한 후, "계속 거주력" 인정 문제에 있어 비록 1947년의 제1회 외국인등록이 누락되어 있으나 1950년의 제2회부터 빠짐없이 등록된 자는 계속 거주한 것으로 인정하여 제1회 외국인등록 누락 사유를 조사하지 말고 곧 영주를 허가 해줄것을 요청하고, 이 요청의 근거로 다음과 같은 사실을 들었음.

(1) 1947년은 아직 일본 국내 물정이 혼란하였다. (2) 수십만의 교포가 모국으로 귀환할 준비를 하고 있었다. (3) 그전까지 "일본인"이었기 때문에 아직 외국인의 관념이 확립되지 못하였다. (4) 그 당시 교포 단체 일부에서 외국인등록을 반대하는 운동을 전개하였기 때문에 그 영향이 있었다. (5) 위와 같은 실정으로 제1회 외국인등록은 당초 1개월 기간을 4개월로 연장 실시하였다. (6) 재일교포의 거주력 등에 관하여는 일본정부가 이미 1959년 제5회 외국인등록 시에 일단 조사하였음.

계속하여 아측은, 다수의 교포가 종전 전후의 사정으로 각지를 전전 거주하였기 때문에 거주력을 반드시 정확히, 또 빠짐없이 입증할 수 없을 것으로 본다고 설명하고, 법적지위협정 발효 후 1년간 신청자 수의 약 1할의 거주력을 조사한 결과 허위 신고자로 판명된 자가 없다고 하므로 67.1.17. 지위협정 발효 1주년에 즈음하여, 제2회 외국인등록 이래 계속 등록한 자는 비록 제1회 등록이 누락되어 있으나 그 기간 일본에서 거주하였음을 거주력에 진술하였다면, 조사를 생략하여 곧 영주허가하여 줄 것을 거듭 요청하였음. 또한 영주허가신청자 중 약 1할에 달하는 자에 대한 지방입관사무소의 조사 태도가 "위압적"이며 "책문조(責問調)"라는 보고를 받고 있는데 이의 영향이 크다는 점을 첨언하였음.

이에 대하여 "우스이" 차장은 실정을 좀 더 알아보고 연구하겠다고 말하였음.

5. 이어 아측은 일반영주허가 신청이 극히 부진한 바 이 부진상을 타개하려는데 일측이 좀 더 관대한 조치를 취해줄 것을 요청하면서, 현재 소위 "126"의 신분으로 있는 자이나 실제에 있어서는 일반영주허가를 신청해야 할 자가 다수 있으므로 이들이 자수-특별재류허가 신청-허가-일반영주허가 신청-5년 후 허가…의 절차를 밟는다면 불합리하고 불공평하므로, "126"의 신분으로 바로 일반영주허가를 신청할 수 있도록 조치하여 주기 바라며, 민단의 요망사항 중 이점이 핵심적이라고 설명하고, 법령의 개정없이 이 문제의 해결이 어렵다면 현재 진행중이란 출입국관리령 개정에 반영시켜줄 것을 요청하였음

이에 대하여 일측은 이는 대단히 어려운 문제라고 보며, 사실에 있어 협정영주허가 신청 자격자가 아니라면 하로 속히 합법적인 절차를 밟아 재류자격을 취득하는 것이 더 합리적인 길이라고 본다고 언명하였음.

6. 이어 아측은 12월말까지의 월평균 2,000건의 협정영주허가 신청수가 당초 예상한 수의 반에 미달한 바, 신청 기간의 제 4년째 또는 최종년도에 10만 내지 20만의 신청이 일제히 쇄도한다면 이는 커다란 혼란을 초래하고 예기치 않은 사태로 발전하여 양국에 공히 어떤 불리한 정치적 문제가 될지도 모르니 이를 미연에 방지하는 목적에서도 영주허가 신청을 초년도서부터 가능한 한 다수 제출케 함이 좋을 것이라는 견해를 표명한 다음, 이를 위하여 아래와 같은 여섯 가지 조치를 취하여 줄 것을 요청하였음.

첫째: 협정영주허가 신청으로부터 허가까지의 기간이 현재는 5-6개월인 바

이 기간을 절반 이하로 단축할 것. (이에 대하여 "우스이" 차장은 "협정영주실"에 신년부터 직원 2명을 증원한다고 밝혔음.)

둘째: 특히 일반영주허가 심사 기준을 완화할 것.

셋째: 협정영주허가를 신청하였으나 불허된 자에 대한 불허 통보 방식을 개선하고(현재는 법무대신 명의의 불허 통지 엽서가 본인에게 우송됨) 불허된 자 중 일반영주허가 신청 자격자(현재 약 150명)는 바로 일반영주허가를 신청할 수 있도록 선처할 것.

넷째: 영주권자가 불가항력적인 사유로 인하여 재입국 기한 만료 후 재입국하였을 시 그 자의 재주 자격을 "특별재류"로 변경하지 말 것.

다섯째: 영주권자의 가족 재회를 위하여 한국으로부터의 가족에 대한 입국 사증은 지체없이 주한 일본대사관에서 발급할 것.

여섯째: 영주권자 가족의 강제퇴거를 중지(예컨대 영주허가 신청기간중) 또는 완화할 것. 퇴거강제자의 범위를 일본정부와 잠정적으로 합의에 도달하기를 요망함.

끝으로 아측은 교포의 법적지위에 관련된 문제를 앞으로 협의하기 위하여 대사관, 민단, 법무성, 외무성의 각 고위 실무자 급으로 구성되는 합동 위원회를 설치하여 정기적인 회합을 가질 것을 제의하였음. 이에 대하여 "우스이" 차장은 재일교포의 법적지위에 관련된 문제점이 거의 노정되었다고 보며, 또 수시 상호 협의 할수 있으므로, 현재로서는 동 합동 위원회 설치의 필요성이 없는 것 같다는 견해를 표명하였음. 끝

2. 주일대사관 공문-재일한국인 일반영주허가 관련 법무성과의 대담 내용 송부

주일대사관
번호 주일영(1)-725-21
일시 1967.1.21.
발신 주일대사
수신 외무부 장관
참조 아주국장
제목 일반영주허가 신청 및 허가 상황

1966년 말 현재 재일교포의 일반영주허가 신청 및 허가 상황과 아울러 이에 관련된 문제에 관한 일 법무성 관계관과의 대담 내용을 별첨과 같이 보고합니다.
첨부: 동 보고서 1부. 끝

첨부영주허가신청 및 허가에 관한 보고

영주허가신청 및 허가에 관한 보고
1967.1.17.

박 제1영사과장은 1.17. 상오 11시 일법무성 입관국의 "구리야마" 자격 심사과장을 방문하여 66년 12월말 현재 재일교포의 일반영주허가 신청 및 허가 상황을 문의한 자리를 이용하여 요지 아래와 같이 대담하였음.

66년 12월 말 현재 일반영주허가 신청 총수:49, 허가 총수:9. 불허 총수: 22, 여타 심사 중에서 2건은 불원 허가 예정이라고 밝힌 데 대하여, 박과장은 다수의 불허 결정이 영주허가 실정에 크게 악영향을 미치게 됨을 설명하고 일측의 협력을 촉구하였음.

이어 박과장은 앞서 합의된(주일영 1-725-123호 참조, 1966.8.16.) 구비 서류의 간소화 조치가 아직 지방 입관 사무소에 확실하게 시달되어 있지 않은 곳이 있는 것 같다고 전제하고, 1.15. 동경 입관 사무소 직원이 일반영주허가를 신청하려던 교포에게 구비 서류중 신원보증서를 여전히 2통 제출할 것을 요구한 실례를 들었음. 이에 대하여 일측은 동건에 관하여는 동경 입관사무소로부터 문의를 받고 다시 시달하였다고 말하면서, 동 신청자는 신원보증서가 필요치 않다고 주장한 것으로 일측이 보고 받았다고 해명하였음.

이어 박과장은 일반영주허가 신청이 여전 부진함은 일측의 조사가 과중하고 심사기준이 엄격한데 있다고 지적한 다음, 일반영주를 허가함에 있어 특별재류 허가를 취득한 후 5년이 경과하여야 한다는 기준을 단축하여 신청과 동시에 허가해줄 것을 요청하였음. 박과장은 일반영주허가 여부를 결정하는 세가지 요건을 충족하는 데 있어서는 신청자가 꼭 특별재류 자격을 취득한 후에라야 한다는 조건은, 신청자의 특수한 사정과 지위를 고려한다면, 가혹하고 불합리하다고 지적하고, 1) 소행이 선량해야 한다. 2) 독립 생계를 영위할 수 있어야 한다. 3) 일본국의 이익이 되어야 한다는 세가지 요건은 일반영주허가 신청자격자들이 이미 대개 20년이상 거주해 오고 있으므로 일본정부의 판단은 5년을 기다릴 것 없이 곧 내려질 수 있는 것으로 안다고 말하였음. 그리고 이어 박과장은 일본정부가 "126"의 신분으로서도 본인이 원한다면 일반영주허가 신청을 접수, 허가해줄 것을 거듭 요청하였으며 특히 협정상 영주허가 신청을 하였다가 불허된 자에 대한 구제조치를 우선적으로 강구해 줄 것을 요청하였음.

이에 대하여 일측은 일반영주허가 신청자격자 약 3,500명 중 허가될 대상은 약 1,800명 정도를 전망한다고 말하고, 태반이 재류자격을 상금 취득하지 않은 것 같고, 또 특별재류허가 취득자 중에는 납세 실적이 불량한 자가 다수 있다고 밝혔음. 이에 대하여 박과장은 재일교포 다수가 빈곤하다는 점을 지적하고 구비 서류 중에는 비과세 증명을 첨부하여도 족하다는 것을 상기시켰음.

끝으로 박과장은 일반영주허가를 취득한 자에 대한 재입국 허가를 협정영주 권자와 같이 지방 입관에서 받을 수 있도록 조속 조치해줄 것을 요청하였음. 이에 대하여 일측은 검토한 후 조치할 것이라고 말하였음. 끝.

3. 주일대사관 공문—영주허가신청 및 허가에 관한 교섭 보고

주일대사관
번호 주일영(1)-725-22
일시 1967.1.23.
발신 주일대사
수신 외무부 장관
참조 아주국장
제목 영주허가신청 및 허가에 관한 교섭 보고

1.19. 박 제1영사과장이 일 법무성 입관국의 "다쓰미" 참사관을 방문하여 재입국 허가기간 만료 후의 영주허가신청과 이와 관련된 문제에 관하여 대담한 내용을 별첨과 같이 보고합니다.
첨부: 동 보고서 1부. 끝

첨부-영주허가신청 및 허가에 관한 보고

영주허가신청 및 허가에 관한 보고
1967.1.19.

   박 제1영사과장은 1.19. 12:00시 일법무성 입관국의 "다쓰미" 참사관을 방문하여 요지 아래와 같이 대담하였음

   먼저 "다쓰미" 참사관은 박과장에게 앞서 한국 출장 후 귀국시 출영해준 데 대하여 사의를 표하고, 금번 한국 여행이 여러모로 유익하였다고 말하였음.

   박과장은 협정영주허가 신청 자격자가 재입국 허가 기한 만료 후 입국한 이유로 재류자격이 특별재류로 변경되고, 협정상영주허가 신청을 하였으나 불허로 내정된 "오창규"씨 건(상세는 추후 보고 위계임)에 언급하여 재입국 허가 신청 후 영주허가 신청에 이르기까지의 경위를 설명하고, 대사관의 견해로서는 동인이 영주허가를 받을 요건을 갖추었다고 주장하면서 동인에 대한 영주허가를 조속 결정하여 줄 것을 요청하였음. 이에 대하여 "다쓰미" 참사관은 아측의 설명과 주장을 조감하여 다른 각도에서 "오창규"씨 건을 검토해 보겠다고 말하였음.

   〈이어 "다쓰미" 참사관은 재입국 허가 기한 등 여행지국에서 불가항력적 사유로 기한 내에 일본에 재입국할 수 없을 시 주재 일본 대사관이 취할 수 있는 조치를 연구할 것이라고 밝히면서〉 재입국 허가 기한이 "법률상 기한"이므로 출입국 관리 담당 실무자들은 재량권이 없다고 설명하였음.

   계속하여 박과장은 재일교포의 일반영주허가 신청 상황이 부진하며 허가 상황은 더욱 사소한 사실에 언급하여 국교 정상화 후 입관 직원의 태도가 더욱 경화하였으며 조사가 더욱 엄해졌다는 불안이 증대하고 있으므로 일 정부가 재일교포들의 여사한 불안을 하루 속이 일소해줄 것을 기대한다고 말하였음.

   이어 박과장은 일반영주허가된 자의 재입국 신청도 협정영주권자와 같이 지방 입관 사무소에 처리되도록 곧 조치해줄 것을 요청하였음.

   끝으로 박과장은 18일자 조간에 중국 대사가 17일 "시모다" 외무 차관을 방문하여 대만 출신 중국인을 위하여 한국과의 법적지위협정에 준한 협정체결 제의 운운의 보도(JAW-01288(67.1.18. 참조)에 언급하여 동 신문 보도의 진위를 문의하였던 바, "다쓰미" 참사관은 신문 보도 내용이 사실과 다르다고 말하고,

법무성으로는 당분간 대만계 중국인의 지위에 관한 협정을 체결할 생각이 없다고 언명하였음.

또한 박과장은 일반영주허가 신청 자격에 있어서, 일반영주신청 자격자의 직계 비속으로서 1952년 4월 28일 이전에 일본국에서 출생한 자도 영주허가 신청을 하여 세가지 요건만 가춘다면 영주를 허가받을 수 있다는 것을 재확인하였음. 끝.

4. 외무부공문(착신전보)-개정 후생성령 보고

대한민국 외무부
번호 JAW-01507
일시 281330
수신시간 67.1.29. 9:24
발신 주일대사
수신 장관

법적지위협정 "토의 기록" (1)의 규정에 따라 일후생성은 1.21일자로 "국민건강보험법 시행 규칙의 일부를 …개정" 하는 후생성령을 공포하고 67.4.1부터 협정영주허가를 취득한 대한민국 국민이 "국민건강 보험법" 상의 피보험자가 되므로… 해당자…상황을 파악하고 있을 필요가 있으며, 이를 위해, 영주허가에 관한 사무를 담당하는 관계와(계)와 밀접한 연휴를 가지는 등 사전에 십분 준비할 것을 각도.도.후.껜 지사에게 통지한 바 있음을 보고함.
후생성은 개정된 위 후생성령 시행에 관한 통지문에서 "…국민건강보험법에 정하는 피보험자의 자격 취득 요건을 충족하는 한, 그 사실에 따라서 국민건강보험의 피보험자 자격이 인정되는 것으로 하며, 특히 시.정.촌 조례의 제정 개폐를 요하지 않는다."라고 설명하고 있음. 상세는 파우치편에 보고 위계임. (주일영 1외아북-외아교)

5. 기안-영주권협정 시행에 따르는 제 문제점에 대한 교섭 지시

번호 외아교725-
기안년월일 67.2.1.
기안자 교민과 손석재
수신 주일대사
제목 영주권협정 시행에 따르는 제 문제점에 대한 교섭 지시

　　　재일교포의 법적 지위와 대우에 관한 협정시행에 있어 영주권신청에 관련하여 그간 여러 문제점이 제기되었으나 동 문제 중의 일부는 귀 공관의 적절한 활동으로 이미 해결되었거나 또는 해결에 어느 정도 진전을 보이고 있으나 아직도 하기와 같은 문제는 해결을 보지 못하여 영주권 신청촉진의 큰 장애가 되고 있으나 동 문제의 조기 해결을 위하여 주재국 관계고위층과 직접 교섭하시고 그 결과를 수기 보고하시기 바람.

1. 협정영주권자의 범위
　　표면상으로는 협정영주권 신청자격(126)을 가지고 있으나 사실상에 있어서 종전후 밀입국 또는 일시 귀국한 사실이 있는 자에 대하여서는
　　가. 관계당국에서 일단 조사 후 126의 자격을 부여할 것이니 있어 계속 거주권을 인정하여 신청 즉시 협정영주권을 부여토록 할 것.
　　나. 만약 협정영주권 부여가 불가능하면 관계 법령상의 조치(가방면 특별재류) 없이 바로 일반영주권을 부여하도록 할 것.
　　상기 2개항은 귀 보고(주일영(1) 785-317 공한)에서도 지적된 바와 같이 영주권 신청에 있어 가장 큰 장애가 되어있음을 참고로 첨언함.

2. 일본인 처에 대한 영주권 부여문제
　　1952.4.28일 이후에 재일교포와 결혼한 일본인 처에 대하여는 협정영주권을 부여하지 않고 있으나 WJA-07139 전문 및 외아교725-16638호 공문으로 지시한 바와 같이 이들에게도 협정영주권이 필히 부여되도록 할 것.

3. 부모가 귀국한 자의 영주권 문제
　　일본에서 출생한 자의 협정영주권은 제1조 (6)의 규정과 동 협정 합의 의사록에 의하여 계속 일본국에 거주하고 있는 자와 사망시까지 일본국에 거주한 자의 직계 비속에 대하여 부여키로 되어 있는 바 부모가 이미 귀국한 자에

대하여서도 이 인물이 일본에서 출생하게된 경위와 장기간의 생활근거 및 인도적 견지에서 여사한 자에 대하여서도 협정영주권이 부여되도록 할 것.

4. 일본국의 여행중 출생한 자녀의 영주권 문제.

협정 제1조 (b)에 의하면 일본에서 출생한 자에 대하여서만 영주권을 받을 수 있게 되어 있으니 협정영주권 해당자가 모국 방문등 일본국의 여행 중에 출생한 자에 대하여서는 법률상의 난점은 있으나 인도적 견지에서 협정영주권이 부여되도록 할 것.

5. 1952년 4월 28일 이전 입국자 문제

1952.4.28. 이전에 입국한 자에 대하여서는 협정영주권의 대상은 되지 않으니 장기간 일본에 거주한 상황 근거 등을 고려하여 가능한 한 일반영주를 허가할 방침이라는 1963년 6월 22일자 일본 법무대신의 성명서의 취지에 의거 이는 정부의 특별한 심사 없이 신청 즉시 전원 일반영주권이 부여되도록 할 것.

6. 전후 입국자의 문제

1952. 4. 28일 이후에 입국한 자에 대하여서는 일정 및 일 법무대신 성명의 언급이 있으나 상당수(약 25,000명 추산)에 달할 것으로 추측되는 이러한 자들, 또한 영주권 신청부진 요인이 되고 있으니 하기와 같이 교섭하시기 바람.

가. 체류 허가를 받고 5년 내지 10년의 생활 실적이 있는자에 대해서는 일반 영주권을 부여할 것.

나. 일반영주권 부여가 어려울 경우에는 현재 허가하고 있는 특별재류기간(1년)을 관계법령에 교정된 최대기간(3년)으로 갱신해 줄 것.

7. 영주권 취득 후의 대우 문제

영주권신청의 촉진을 위해서는 이미 협정영주권을 가진 자에 대하여 그간 영주권을 얻기 전에 받고 있던 종전의 대우보다 월등히 낳은[1] 특전과 같은 느낌을 주는 대우를 해주게 함으로서 영주권 미신청자에게 신청에 대한 "인센티브"를 주는 것이 중요하다고 생각되니 특히 다음 사항은 일본측과 교섭할 것.

가. 협정상 영주권은 협정상의 퇴거강제 사유(3조) 이외에는 여타한 경우에도 취소될 수 없도록 할 것.

---

1) 나은

나. 1) 협정영주권을 가진 자가 일본국외 유학시 재입국 허가는 학업을 마칠 수 있는 동안(4년~6년) 당해국 주재 일본공관에서 직접 갱신해 줄 수 있도록 할 것.

2) 모국 방문 등 일본국의 여행중 질병 등 불가피한 사유로 재입국 허가 기한 내에 귀국할 수 없는 경우에도 전기 경우에 준하게 할 것.

3) 특히 주일영(1)725-223 공관으로 보고하신 "오창규" 건에 대해서는 귀 보고대로 일본측의 시정조치가 단시일 내에 이루어지도록 강력히 교섭하시기 바람.

다. 협정영주권을 받은자의 이산가족 재회에 따르는 일본 입국 사증 발급을 간소화할 것.

라. 협정영주권 신청촉진 문제도 중요하거니와 일반영주권 신청문제도 이에 못지않게 중요한 바 이의 촉진을 위해서도 귀보고(주일영 725-21)와 같이 일반영주권 취득자에 대하여는 협정영주권 취득자와 같이 재입국 허가를 지방 입관에서 받을 수 있도록 교섭하시기 바람.

8. 재일교포에 대한 과세문제

재일한국인에 대한 일본정부의 과세를 위한 소급적 조사는 조총련계의 악선전도 있을뿐더러 선량한 일반교포에 대한 심리적 위협이 되고 있으니 그간 일측과 교섭하여온 줄로 알고 있으나 이와 같은 소급적 과세 조사를 즉각 중지하도록 계속 촉구할 것.

9. 문제점의 해결은 case by case 로 해결하여 아측에 유리한 실적을 쌓아 나가므로서 이것을 확립된 관례로 만드는 방향으로 하고 아측에 불리한 선례는 만들지 않도록 하시기 바람. 끝.

6. 주일대한민국대사관 공문—협정영주허가자에 대한 일 "국민건강보험법"의 적용

주일대한민국대사관

번호 주일영1-725-35

일시 1967.1.30.

발신 주일대사

수신 외무부 장관

참조 아주국장

제목 협정영주허가자에 대한 일 "국민건강보험법"의 적용

연: JAW 01057, 주일영 1-725-192 (66.11.2.)

연호 전문으로 보고드린 바와 같이, 67.1.21. 개정 공포된 일 후생성(국민건강보험법 시행 구축, 별첨 참조)에 의거하여 67.4.1. 부터 법적지위협정 규정에 따라 영주허가된 재일교포는 일 "국민건강보험법"의 적용을 받아 국민 건강보험의 피보험자가 됨을 보고함.

이에 관하여는 주일 각 공관에 통보하여 해당 교포들을 지도하도록 조치할 계획임.

위와 관련한 일 후생성 관계관의 접촉 내용을 별첨과 같이 보고함.

첨부: 동 보고서, 및 참고 자료(2부)

첨부 일 후생성 방문보고(1/2)

일 후생성 방문보고

1967.1.27.

박 제1영사과장은 1.27. 상오 11시 일 후생성 보험국의 "이하라" 국민 건강보험과장을 방문하고 영주허가된 교포에 대한 일 "국민건강보험법"의 적용에 관하여 요지 아래와 같이 대답하였음.

먼저 "이하라" 과장은 개정 후생령이 공포를 앞두고 한국 대사관측에 통보하지 못했음을 미안하다고 말하고, 별첨 개정 후생령 및 동 후생령 시행에 따르는 각 도.도.후.껜 지사 앞 통지문 내용을 설명하였음. 특히 "이하라" 과장은 당초 생각하였던 것과는 달리, "국민건강보험법에 정하는 피보험자의 자격 취득 요건을 충족하는 한, 그 사실에 따라 국민건강보험의 피보험자 자격이 인정되는 것으로 하며, 특히 시.정.촌.조례의 제정 개폐를 요하지 않는다"고 말하고, 동 후생령의 시행에 앞서 관계 사무 당국은 "해당자 및 그 자가 속하는 세대의 상황을 파악해둘 것이 필요하며, 이를 위해, 영주허가에 관한 사무를 담당하는 관계자와 밀접한 연유를 가지는 등 사전에 십분 준비할 것"이 시달되었다고 설명하였음.

이어 동과장은 해당자에게 피보험자증이 교부되므로 67.4.1. 이전에 영주허가 된 자는 4.10. 이내에 해당자의 세대주가 필요한 계출을, 4.1. 이후에 영주허

가 되는지는 영주허가증 교부시에 필요한 계출을 하게 함으로써 피보험자증을 신속히 교부할 계획이니, 한국 대사관측이 이 계출에 관하여 협력하여 줄 것을 요망하였음.

이에 대하여 박과장은 대사관측이 가능한 지도를 다할 것이라고 말하고, (1) "필요한 계출"에 대하여 질문하였던 바, 시.정.촌 사무소(주무는 "주민과"에서 행함.)에 용지가 구비되어 있으므로 주소, 성명, 가족 사항 등을 기입하여 제출하면 족할 것이고, 이때에 영주허가서 또는 외국인 등록증을 지참하면 더욱 좋을 것이라고 말하였음. 이어 박과장은 (2) 계출자는 "해당자가 속하는 세대의 세대주"라고 하였는데 세대주가 영주권자가 아닐 때는 어떻게 될 것이며, (3) 세대중 영주권자가 아닌 자의 소득으로 그 가족이 부양될 시의 보험료 결정은 어떻게될 것인가고 문의하였음. (4) 끝으로 영주허가된 자라도 국민건강보험법상의 피보험자가 되지 않을 경우에 관하여 문의하였음.

이에 대하여 "이하라" 과장은 계출해야 할 세대주의 체류자격은 불문하며, 영주권자 아닌 자의 소득으로 부양되는 세대에 대한 보험료 결정은 어려운 문제이며 국민건강보험과 자체로서는 아직 결론을 내리지 못하였으나 "문제의 소재를 의식하고" 있다고 말하면서 일반적인 계산법이 적용될 것이라고 말하였음.

(예컨대 영주권자가 아닌 모의 소득 30으로 사는 부, 모, 자. 3인 세대가 있다면 소득 30을 3등분하여 부.자의 "소득" 20만을 계산하여 보험료가 결정될 것이라고 함.) 끝으로 동 과장은 영주권 취득자라 하드라도 그자가 이미 일 "건강보험법", "일고(日雇) 노동자 보험법", "생활 보호법" 등의 적용을 받고 있는 자 및 세대는 "국민건강보험법"에 적용되지 않는다고 말하였음. 끝

7. 주일대한민국대사관 공문―일법무성 협정영주실 방문보고

주일대한민국대사관
번호 주일영(1)725-40
일시 1967.2.2.
발신 주일대사
수신 외무부 장관
참조 아주국장

제목 일법무성 협정영주실 방문보고

2.1. 일법무성 협정영주실을 방문하여 67년 1월말 현재 협정영주허가 신청 및 허가 상황에 관하여 토의한 내용을 별첨과 같이 보고 합니다.
첨부: 동 보고서. 끝

첨부-법무성 협정영주실 방문보고

법무성 협정영주실 방문보고
1967.2.1.
박 제1영사과 과장과 김봉규 서기관은 2.1. 하오4시 법무성 입관국의 "단께이" 협정영주실장을 방문하여 1월말 현재 협정영주허가 신청 및 허가 상황을 검토한 자리에서 요지 아래와 같이 대담하였음.
먼저 아측은 1월말 현재 신청과 허가가 공히 전년도 월평균보다 증가한 사실에 유의하고 그 반면 불허의 증가가 미치는 영향이 크다고 설명하였음. 이어 아측은 불허자의 내역을 추궁하였던 바, 일측은 "126"의 신분으로서 허가하였다가, 이미 불허 조치된 자는 2명뿐인 바, 그 중 1명은 양자 케이스(실부모는 일본인)이고 또한 1명은 조사한 결과 종전 후에 입국하였음이 판명되었기 때문에 퇴거강제, 가방면-특별재류허가의 수속을 받게 하는 것이 순서였으나, 1947년의 제1회 외국인 등록시 이전에 입국하였기 때문에 "특수 수리제 (特殊受理制)"를 적용하여 바로 특별재류를 허가하였다고 설명하였음.
이어 일측은 "126"으로서 신청하였다가 성명, 생년월일, 본적, 거주력등이 불확실함으로 지방 입관(심사계1과-경비과-심사과)에 조회한 총건수는 1월말 현재 2,757건인바, 상금 회보가 없는 것이 약 700건이고, 회답된 것 중 약 10건은 종전 후에 입국한 것이 판명되었다고 말하였음. 이에 대하여 아측은 중국 및 남양으로부터 일본인으로서 종전 직후 일본으로 "引揚"한 자의 실례를 들고 또한 일본 본토로부터 한국으로 귀환할려고 신고하였으나, 승선 직전에 변의하여 일본에 잔류, 거주한 자가 일본 중국 지방 및 북구주지방에 다수 있으므로 심사시에 이 사실을 고려해줄 것을 요청하였음.
계속하여 아측은 영주허가된 자가 불가항력적인 사유로 인하여 재입국 허가 기한 만료 후 일본에 입국할 사례가 앞으로 많이 있을 것으로 예측되므로 이들이 여행지국에서 주재 일본대사관의 관계증명을 받아 재입국할 수 있도록 일측이 존속 필요한 조치를 취해줄 것을 요청한 다음 여행지국에서 영주권자에 출생한 자가 영주권을 취득하지 못한다고 하면 이는 과혹한 일이라고 말하였던 바, 일측은 한·일 회담시에도 이에 관한 토의가 있었다고 듣고 있는데 일본국에서 출생함이 요건이라고 설명하였음.

일측으로부터 본적이 불확실하거나 불명한 자의 본적지 기록에 관하여 문의가 있었던 바, 이에 대하여 아측은 불원 재일교포의 호적(취적)에 관한 임시조치법에 제정될 것인 바, 그 시에는 일제히 해결될 것이라고 본다고 설명하고 그 때까지는 본적난에 대한민국이라고 기록하면 족할 것이라고 말하였음.

끝으로 아측은 4.1.부터 시작되는 일본의 신 회계년도에 재일교포의 영주권 신청을 위한 예산이 어느정도 계상되었느냐고 문의하였던 바, 일측은 약 5만명이 신청할 것으로 예견하여 예산을 계상하였으며, 그 예산에는 포스터비등이 새로 들어있으나, 신청용지등은 이미 작년에 충분히 인쇄해둔 바 있다고 답변하였음.

-이상-

8. 주일본국대한민국대사관 공문-협정영주권 허가 신청 촉진방안 및 예산

주일본국대한민국대사관
번호 주일영725-42
일시 1967.2.2.
발신 주일대사
수신 외무부 장관
참조 아주국장
제목 협정영주권 허가 신청 촉진방안 및 예산

　　대: WJA-12039(66.12.3), -01204(67.1.19), -01244(67.1.23)
　　연: JAW-01415(67.1.23), 주일영(19)723-2 - 28 (67.1.26)
　　영주허가신청 촉진책에 대하여 지난 1월 20-21일의 주일 공관장회의에서 결정된 바에 따라 다음과 같이 보고하오며, 본건 시행을 위한 예산책정, 영달을 건의하오니 적의 조치하여 주시기 바랍니다.

1. 촉진방안:
   1) 선전, 계몽의 적극 추진
      가) 포스타 작성, 배포
         ㄱ) 부수: 700부
         ㄴ) 배포처: 대사관 및 영사관용: 120부
                     민단관계(본부, 도도부현 48, 지부 385): 434
                     상공회관계: 30
                     부인회관계: 53
                     한국인학교: 17
                     교육문화센터: 16
                     한국청년동맹: 29
      나) 협정영주권 안내서 인쇄, 배포
         부수: 10,000부
         배포처: 상기 각 기관 및 일반교포
      다) 강연회 개최
   2) 민단조직을 통한 촉진운동을 앞으로는 각 공관이 주도적 위치에서 지휘,
      독려
      가) 6대도시 집중 신청 권장
      나) 민단 단원의 주소록 조속 작성
      다) 순회 민단장 회의 소집
      라) 할당제 실시
      마) 문제점이 있는 자에 대한 조사, 처리
      바) 신청했다가 불허된 자에 대한 개별 사정 청취, 보호
   3) 교포신문을 통한 선전, 광고
      가) 월별 신청 및 허가 현황의 게재
      나) 신청안내의 계속 게재
      다) 신청촉진 방향의 기사내용 게재 지도

2. 민단 "법대위"의 활동 방침에 대한 지도

2월 12-13일간에 개최되는 민단 중앙위원회에서 정부, 대사관의 방침을
설명하여 "법대위"의 발전적 개편을 지도할 것임.

　가) 명칭변경:
　　"영주권 신청촉진회"
　　"설명회"등
　나) 법대위의 활동목표를 신청촉진으로 바꾸도록 한다
　다) 민단조직상의 위치 (규약에 따른)를 명백히 함으로써 활동상의 지휘
　　　감독권을 받도록 한다.

3. 예산조치액 (총계: 2,310$)
　* 현지 시가로 조사한 추정가격임.
　1) 포스타
　　부수: 700부
　　예산: 610$
　　　내역: 도안: 100$
　　　　　 옵셋트 3색 조판: 300$
　　　　　 인쇄비: 12$
　　　　　 지대: 90$
　2) 협정안내서 (10페이지)
　　부수: 10,000부
　　예산: 700$
　　　내역: 조판비: 1페이지 당 10$ .... 100$
　　　　　 인쇄비:　　　　　　　　　 350$
　　　　　 대:　　　　　　　　　　　 200$
　3) 유세비: 1,000$ (동경대사관 200$, 각 공관 100$)
　　　상기한 바와 같이 각 공관이 주도적 위치에서 순회 강연회, 관하 민단장
　회의 소집, 관계 집회에의 관계관 파견들에 사용될 최소한도의 경비임.

　　　여상한 영주허가 신청 촉진을 위한 구체적 내용은 별도로 작성하여 각 급
　공관장에 통보, 실시할 계획이며, 이의 진전상황을 수수로 보고 위계입니다.
　-이상-

9. 정세처리보고전—영주권취득교포에 대한 입관의 수사

외무부
일시 1967.2.16.
발신 駐仙台領事
요약 및 비고
제목 永住權取得僑胞에 對한 入管의 搜査

    1. 事件內容: 日本仙台入管에서는 永住權을 取得한 "金纘五"(靑森縣內居住)에
               對하여 出入國管理會違反嫌疑(1948年度은 1949年度에 韓國으로
               密航한 嫌疑)를 거러 家宅搜査를 함과 同時 各種書籍을 差押해 갔
               음.
    2. 保護措置: 1) 本人으로부터 電話連結을 받은 仙台領事館은 卽時駐日大使館에
               電話報告하는 同時 仙台入管事務所를 訪問코 同事務所次長에게
               事件眞相을 說明하는 同時 兩國政府가 永住權申請促進을 僞하여
               努力하고 있는 比際에 이러한 措置를 取한다는 것은 永住權申請
               促進을 沮害하는 結果를 招來하는 것이라고 指摘, 强硬한 抗議를
               하는 同時 卽刻 事件의 取下를 要請하였음.
               2) 또한 駐日本大使館에서도 日法務省에 抗議하였다고 함. 끝

10. 주일본국대한민국대사관 공문—재입국문제에 관한 일 법무성과의 협의 결과 보고

주일본국대한민국대사관
번호 주일영(1)725-134
일시 1967.2.9.
발신 주일대사
수신 외무부장관
제목 재입국문제에 관한 일 법무성과의 협의 결과 보고

    1967년 2월 8일 15:30-17:00까지 박 제1영사과장과 김봉규 서기관은 일 법

무성 자격심사과를 방문하여 재입국심사 담당인 "사네요시" 사무관과 재입국 문제에 관하여 요지 다음과 같이 협의하였음으로 이를 보고합니다.

1. 재입국허가를 위한 법무성의 협력 요청

종전과 같이 금년에도 3.1절 8.15 광복절, 국군의 날, 또는 추석절을 기하여 정부행사로 귀국하는 다대수의 재일교포 재입국 신청이 있을 것을 전재로 종전 보다 더 호의적인 협력이 있을 것을 요망하고, 특히 이들 단체 재입국 허가 심사 는 가능한 한 지방입관사무소에서 직접 허가토록 하여 편의를 제공하여 줄 것을 요청하였음.

이에 대하여 "사네요시" 사무관은 가능한 한 여사한 행사에 참석하는 자에 대한 재입국 허가에 있어서는 적극 협력할 것을 다짐하고, 특히 단체 재입국 신청 경우에 있어서는 심사를 지방입관에 이관 처리하도록 하되 심사기준의 완 화 및 처리의 신속을 시달하고 있음을 지적하였음.

2. 재입국심사문제
   1) 재입국 허가 심사 기준:
      가) 원칙즉[2]으로 신청인의 체류자격과 거주력에 의함.
      나) 과거의 범력이 불허의 원인이 되고 있음은 사실이며, 특히 범죄 조사 중 또는 형 집행소멸 시효 이전의 자에 대한 허가는 원칙적으로 되고 있지 않음.
      다) 협정여권 허가 취득자와 기타자와의 허가기준은 같은 조건일 때 허 가 취득자가 우선하며, 허가자에 대하여는 가능한 한 (사정에 따라) 허가토록 하고 있음.
   2) 허가기간, 허가 관서, 불허 사유:

	협정영주권 허가자	126-2-6 자격자	일반영주권 허가자	특재자
허가기간	원칙? 1년 범력자: 단축	1년 이내 (보통 몇 개월)	원칙: 1년	필요기간(몇개월) SCAP특재자:1년

---

2) 원칙적

허가관서	*지방입관에서 *범력자는 본성 *제3국 국적: 본성	*대부분 본성 *지방입관	*지방입관에서 (법무대신의 허가기준 훈령)	*본성원칙 (기록이 본성에 비치)
불허사유	*범력이 많을 때 *범죄시효말소 이전 *조사중 특히 전과 10범 또는 폭력 관계	*범력 "대동 소이"	"대동소이"	*특재자격 취득후 1년 미만 *거주력 불량 *필요불가결이 아닐때

* SCAP 特在者 : UN占領司令部時　取得한　特別在留資格者(RP　一般永住許可者
가 大部分)

3) 생활보호자의 재입국 허가 문제

본건 민단 "법대위" 성명 가운데 지적되고 있음으로 특히 일본정부의 방침과 허가 상황에 대하여 구체적으로 문의하였음.

가) 방침:

(1) 생활보호자에 대한 허가상의 차별대우는 전혀 없다.

(2) 다만 자비로 귀국하는 경우 그만한 경제적 여유가 있다면 생활 보호 대상이 될 수 없다는 견지에서 불허한다.

그러나 생활보호를 받지 않는 조건이라면 당연히 허가하고 있다.

나) 허가상황:

(1) 생활보호자로서 재입국 신청할 때 여비를 민단이나 기타 친족 또는 이웃에서 인정적으로 모금 또는 원조함이 확실할 때는 허가하고 있다.

(2) 특히 이 때까지 한번도 귀국한 사실이 없는 자는 인도적 견지에서 호의적인 조치를 취하고 있다.

(3) 67년도에 들어와서도 생활보호자로 여비를 보조받아 재입국허가를 받은 자가 상당수 있다.

예: 동경의 김정택씨, 홍종묵 씨

북해도의 황다선 씨 등

3. 협정영주권 허가취득자에 대한 재입국 불허 제한

협정영주권 허가취득자로서 재입국 신청을 하였다가 불허된 경우가 2.8 현재 2건이 있음을 지적하고, 불허하지 않으면 안될 개인적 특수여건에도 불구하고 동 불허사실이 협정영주권 신청촉진을 저하시키는 원인을 만들 뿐만 아니라 법적지위협정에 대한 대사관의 대 교포 지도에도 중대한 차질을 초래함으로 어떠한 사유로도 불허가가 절대로 없도록 강력하게 요청을 하였음.

이에 대하여 "사네요시" 사무관은 협정영주권 허가 취득자가 미취득자 또는 특재자에 비하여 월등히 우대받고 있음이 사실임을 지적하고 가능한 한 대사관 측 요청에 협력할 것이나, 이상 언급된 2건의 불허와 같이 범죄조사가 진행 중 또는 현 집행 진행중인자들에 대하여 불허함은 부득이 함을 양지하여 줄것을 요청하였음.

-이상-

11. 주일대한민국대사관 공문—법적지위문제에 관한 일 법무성과의 연석회의 결과 보고

주일대한민국대사관
번호 주일영1-725-236
일시 1967.2.15.
발신 주일대사
수신 외무부 장관
참조 아주국장
제목 법적지위문제에 관한 일 법무성과의 연석회의 결과 보고

대: 외아교 725-2131 (1967.2.1.)
1. 재일교포의 영주허가 신청 촉진을 위하여 당사관은 그 방안의 하나로서 2.8. 일 법무성 당국에 재일교포의 법적지위문제에 관하여 연석회의를 가질 것을 제의한 후 일측의 동의를 얻어 2.10. 상오 11시부터 2시간 법무성 입관국 차장실에서 동 연석회의를 개최하였음.
2. 동 회의에 대사관 측으로부터는 안광호 공사, 이문수 총영사, 오재희 정무과장, 박쌍용 제1영사과장 및 김봉규 서기관이, 법무성 입관국으로부터는 "우스이" 차장, "구리야마" 자격심사과장 및 "단께이" 협정영주실장이 참석하였음.
3. 회의는 대호 지시사항을 중심으로 하여 주로 협정상영주허가 신청을 촉진

하는 방향에서 제반 사항을 종합적으로 토의하였는 바 그 내용을 별첨과 같이 보고함.

　　4. 보건에 관하여는 일측과 계속 교섭하여 그 결과를 수시로 보고위계임.

첨부: 동 보고서

첨부 법적지위 문제에 관한 일법무성과의 연석회의 결과보고서

법적지위 문제에 관한 일법무성과의 연석회의 결과 보고
1967.2.10.

1. 먼저 아측은 지위 협정과 관련한 거류민단의 움직임과 조련계의 악선전을 설명하고, 법적지위협정을 충실하게 또 성의있게 이행함이 양국의 이익이 됨을 확신한다고 강조한 후, 주로 협정상 영주허가 신청 촉진을 위한 다음과 같은 구체적 제안을 하면서 일측의 협력을 촉구하였음.

2. 계속거주력 인정 문제: 협정상 영주허가 신청을 심사함에 있어서 비록 1947년 제1회 외국인등록이 되어 있지 않으나 제2회부터 계속 등록되어 있는자는 거주력을 재조사할 것 없이 즉시 허가할 것.

협정영주허가 신청 부진의 핵심적인 문제로 판명된 이 문제의 주장 근거로 1) 종전후의 일본국내의 혼란, 2) 종전전까지 "일본인"이었기 때문에 상금 "외국인"이라는 의식과 관렴의 희박, 3) 재일교포 단체의 외국인등록 반대 운동의 영향, 4) 다수 교포의 귀국 준비, 5) 선편, 계절풍으로 인한 해상사고, 한국 내 사정의 영향과 귀국 번의 등으로 말미암아 실제 일본에 계속 거주하고 있었음에도 등록을 하지 못한 수가 15만명 내지 25만명임이 통계로 나와 있음, 6) 재일교포의 거주력등 조사는 1959년 제5회 외국인 등록시 일단 완료되었음, 7) 법적지위협정 발표 후 1년간의 신청자 중 거주력 조사 결과 2만명 중 단 1명의 "험[3] 있는자"가 나왔다는 사실을 설명하였음.

이와 관련하여 아측은 제1회 외국인등록 외에 그 후 1,2회 등록이 누락되어 있으나 계속 거주했음이 판명될 시는 곧 영주를 허가해줄 것을 요청하고, 또한 신청으로부터 허가기간을 현재의 6개월 또는 그 이상의 기간을 대폭 단축함으로써 신청자들의 불안을 해소하고, 그 영향이 여타 신청 자격자들에게 미치게 되도록 조치하여 줄 것을 요청하였음. 거주력의 충분한 입증이

---

3) 흠

불능할 때도 없음을 첨언하였음.

이상에 대하여, 일측은 협정상 영주를 허가함에 있어서는 "가능한 한 후하게 처리하고 있다"고 말하고, 또한 외국인등록이 누락되어 있기 때문에 불허되는 것이 아니라고 설명한 후, 그러나 조사를 하지 않고 허가한다는 것은 곤란한 일이라고 답변하였음. 이에 대하여 아측은 신청으로부터 허가까지의 기간 단축을 위한 일측의 최근 조치에 언급하면서 "가능한 한 후하게 처리하고 있다"는 그 범위를 앞으로 더욱 확대할 것을 기대한다고 말하였음.

3. 처우문제: 1) 이어 아측은 "아오모리"현 "김찬오"씨의 실태 (협정상 영주허가된 자인데 종전 직후의 밀항 용의를 받고 현재 조사를 받고 있음.)를 들어 유감의 뜻을 표하고, 일단 영주허가된 자에 대한 조사는 일체 하지 않기로 요청하였음. 이에 대하여 일측은 용의 사실이 나타난 이상 그냥 있을 수 없는 일이라고 말하였음.

2) 협정영주허가자의 제3국에의 여행시 재입국 허가 신청은 지방 입관에서 처리(한국 여행시는 지방 입관에서 처리하고 있음)해줄 것을 요청하였음. 이에 대하여 일측은 전국적인 균형을 잡기 위한 것이라고 설명하였으나, 아측은 법무성 본성에 일정한 기준을 정하여 각 지방 입관에 시달하면 되지 않느냐고 반문하였던 바, 일측은 이를 검토할 것이라고 답변하였음.

3) 또한 제3국 유학시 영주허가된 자의 재입국 허가는 최소 4년 내지 6년으로 할 것을 요청하면서 그 사유와 가능한 처리 방안(주재국 일본 대사관 또는 영사관이 영주허가증을 근거로 처리함)을 제시하였던바, 일측은 현행 법 규정으로는 불가능한 일이나, 검토할 수 있는 문제임을 시사하였음.

4) 이산가족의 재회를 위하여 영주권자의 배우자 및 직계 비속을 포함한 가족은 강제퇴거 대상에서 제외하여 줄 것을 요청하였음. 이에 대하여 일측은 영주권자의 자격을 중시하고 보다 나은 대우를 하는 방향에서 처리되고 있다고 설명하였음.

5) 영주허가된 이산가족의 재회 및 사망, 결혼, 중병 병문시에 재일 친족 방문을 위하여 주한 일대사관이 단기 사증과 같이 현지 처리함으로써 일본 입국 및 체류가 더 간편화 되도록 조치하여 줄 것을 요청하고, 이에 관하여는 일 외무성과 불원 정식으로 협의할 계획임을 밝혔음.

4. 영주허가 실효: 이어 아측은, "와까야마"현, "이송호"씨(재입국 재류 자격이 특별재류: 4-1-16-3으로 변경되었음.)의 실례를 들면서 영주권자가 여행지에

서의 부득이한 사유로 인하여 재입국 허가 기한 만료 후 입국 시의 ㄱ) 재입국 보장, ㄴ) 재류자격의 유지, 3) 이를 위한 일 재외공관의 부득이한 사유 증명 발급에 관한 필요한 시달을 조속 하여 줄 것을 요청하였음. 이에 대하여 일측은 연구해 보겠다고 답변하였음.

이와 관련하여 영주권자의 외국 여행시 분만한 자에게도 영주권을 부여할 것을 요망하였던 바, 일측은 협정의 명시적인 규정에 언급하면서 난색을 표명하였음.

5. 기타 요망 사항: 이외 협정영주허가 신청 촉진과 직접 관련이 있는 사항으로 요지 아래와 같은 요망 사항을 설명하였음.

1) 신분이 현재 126-2-6이나, 본인이 원한다면 일반영주허가를 신청할 수 있게 할 것. (현재는 126-2-6 등 영주허가 신청자격자는 협정 영주를 신청하는 외에 길이 없음을 지적하고, 이는 일측의 "강제"라고 설명하였음.)

2) 일반영주허가를 부여함에 있어 현재의 특재 자격 취득 후 5년 기준을 신청과 동시에로 단축할 것. (왜냐하면 일반영주권 신청자격자는 벌써 거의 20년간 계속 살아왔으므로 허가 요건이 선량한 소행, 독립 생계 능력 등은 이미 일정부가 충분히 알고 있기때문에 다시 5년이라는 특설 기간이 필요하지 않다고 본다)

3) "도찌기"현 "이종묵"씨(일반영주허가를 신청하였으나 "풍속영업법" 위반으로 불허됨)의 실례를 들면서, 일측의 심사 기준이 너무도 가혹하므로, 일측이 일반영주허가 신청자의 사정과 심경을 좀 더 이해할 것. "이종묵"씨의 불허 사태는 교포들에 큰 반향을 일으키고 있다고 지적하였음.

4) 일반영주허가 신청 구비서류중 "국적확인서" 제출은 "국민등록증" 제시만으로 족하게 할 것.(아측은 국민등록갱신 촉진책으로 제안한 것임.)

5) 1952.4.28. 이후 국교정상화 이전 입국자의 특별재류 허가기간을 1년으로부터 3년으로 연장 조치할 것.

이상에 대하여 일측은 1)항은 법령의 개정등이 어려운 일이고, 2)항에는 언급회피, 3)항은 조사해볼 것이며, 4)항은 "국적확인서" 작성이 어렵지 않을 것이라고 보며, 5)항은 1년간씩 5, 6회 특별재류허가를 받은 자는 그 후로부터 3년간씩 허가해 오고 있다고 답변하였음. 이에 대하여 아측은 특히 1)항이 민단의 가장 큰 요망 사항이며 영주허가 신청 촉진을 저해하는 또 하나의 핵심적 문제이므로 일측이 적극 배려해 줄 것을 요청하고, 현재 진행중인 일 출입국 관리령 개정에 반영해줄 것을 요청하였음.

끝으로 아측은 법적지위협정의 대상이 "살아있는 인간"과 관련한 문제이므로 일측이 재일교포의 특수한 사정과 심경을 좀 더 이해하여 선처하여 줄 것을 요청하였음. 끝

12. 주일대한민국대사관 공문-재일교포의 일반영주허가 신청 및 허가 현황에 관한 보고

주일대한민국대사관
번호 주일영1-725-314
일시 1967.2.23.
발신 주일대사
수신 외무부 장관
참조 아주국장
제목 재일교포의 일반영주허가 신청 및 허가 현황에 관한 보고

재일교포의 67년 1월말 현재 일반영주허가 신청건수는 총 60건, 그 중 허가 14건, 불허 25건, 여타 심사중인 것으로 밝혀졌는 바, 이에 관하여 법무성 관계관과 접촉한 내용을 별첨과 같이 보고합니다.
첨부: 동 보고서

첨부-일반영주허가 신청 및 허가현황에 관한 보고

일반영주허가 신청 및 허가 현황에 관한 보고
1967.2.21.
박 제1영사과장은 2.21. 상오 11시 일 법무성 입관국의 "구리야마" 과장을 방문하여 재일교포의 일반영주허가 신청 및 허가 상황에 관하여 의견을 교환하고 재일교포의 일반영주허가 신청 촉진을 위한 일측의 협력을 요청하였는 바, 그 대답의 요지는 아래와 같음. 이 자리에는 동과의 "다니기시" 사무관이 동석하였음.
최근의 일반영주허가 신청 및 허가 상황을 문의하였던 바, 구리야마 과장은

지방 입관사무소에 1개월간의 신청건을 일괄하여 매월 2일에 본성에 송부해 오는데, 1월말 현재 신청은 총 60건, 허가 14건, 불허 25건, 여타는 심사중이라고 답변하였음. 이에 대하여 박과장은 이와 같은 다수의 불허 조치가 미치는 영향이 심대하며 조총련이 이를 악선전에 십분 활용하고 있다고 설명하고, 불허 25건의 내역 제시를 요청하였음. 이에 대하여 구리야마 과장은 내역을 종합하기에 시일이 소요될 것이므로 기다려줄 것을 요망해왔음.

이어 박과장은 "도찌기"현의 "이종묵"씨의 사례(주일영1-725-236호 보고, 67.2.15. 참조)를 들면서 불과 5,000원의 벌금때문에 영주허가 신청이 불허되었다고 하여 교포들간에 큰 화제가 되고 있으며 이의 양향이 파급되고 있다고 설명한 후 일측의 심사 기준 완화를 요청하였음. 이에 대하여 일측은 앞서 "우스이" 차장실에서의 연석 회의시 동 차장이 말한 것처럼 벌금형이라고 하여 가벼운 것이 아니라고 답변하였음. 이에 박과장은 일반영주허가 신청 자격자의 특별한 지위를 고려하였기 때문에 일 법무대신의 특별성명이 나온 것이고, 또 이들의 재류상황은 일측이 이미 충분히 파악하고 있으므로, 그들의 소행에 있어 파렴치범행이 아니라면 영주를 허가해줄 것을 거듭 요청하였음. 이어 일측은 아측의 추궁에 대하여 문제가 된 "이종묵"씨는 벌금형을 받은 날로부터 5년 후에 다시 일반영주허가를 신청할 수 있다고 답변하였음. 또한 구리야마과장은 일반영주허가를 위한 요건이 법에 명문으로 규정되어 "확립"되어 있기 때문에 심사관의 자유 재량은 없으나, 재일교포에 대하여는 법 규정 적용면에서 그들의 지위를 특별히 고려하고 있다고 첨언하였음. 이에 실례로 일측은 일반영주허가 신청 자격자의 자로서 대일 평화조약발효전에 일본국에서 출생한 자에게도 요건을 갖추면 영주를 허가한다는 방침이 서있는 것이라고 설명하였음.

이어 박과장은 영주권자가 여행지에서 부득기한 사유로 인하여 재입국 허가기한 만료 후에 일본에 입국할 경우 예컨데 주한 일본대사관 등에게 필요한 증명을 받을 수 있도록 조치해 줄 것을 거듭 요청하였던 바, 구리야마과장은 관계관인 심판과장 및 입국심사과장과의 협의를 아직 끝내지 못하였다고 말하고 그러나 가능한 한 빨리 의견을 통일하도록 노력할 것이라고 말하였음.
-이상-

13. 주일대한민국대사관 공문-"국민등록 및 영주허가 신청 안내서" 작성 보고

주일대한민국대사관
번호 주일영1-725-359
일시 1967.2.28.
발신 주일대사
수신 외무부장관
참조 아주국장
제목 "국민등록 및 영주허가 신청 안내서" 작성 보고

　　재일교포 국민등록 및 영주허가 신청 촉진을 목적으로 별첨과 같은 종합안내서를 작성 (10만매 인쇄예정)하였음을 보고합니다.
　　동 안내서 각급 영사관, 민단을 통하여 적극 활용케 할 계획임을 아울러 보고합니다.
　　첨부: 동 안내서 5매

첨부-국민등록 및 영주허가 신청 안내서

國民登錄 및 永住許可申請案內書

國民登錄變更 및 新規申請案內
　　一, 對象者
　　　　(1) 滿十四歲以上의 大韓民國國民
　　　　(2) 舊國民登錄證을 所持하고 있는 者
　　　　(3) 舊國民登錄證을 所持하고 있지 않는 者는 新規申請함.
　　二, 具備書類 및 申請方法
　　　　(1) 申請書二通 (所定樣式) (民團 支部에 具備)
　　　　以上을 民團 支部에 提出(手數料는 無料)
　　　　同申請書가 民團支部經由 大使館 또는 管轄領事館에 接受되면 迅速히
　　　　處理되어 國民登錄證이 發給됨.
　　三, 申請期間

自一九六六年八月一日 至一九六七年末

協定永住權申請案內
　一. 申請該當者
　　　(1) 一九四五年八月十五日 以前부터 申請時까지 繼續하여 日本國에 居住
　　　　　하고 있는 大韓民國國民
　　　(2) (1)에 該當하는 者의 直系卑屬(子, 孫)으로서 一九四五年八月十六日
　　　　　以後 法的地位協定 發效日(一九六六年一月十七日부터 五年以內(一
　　　　　九七一年一月十六日)에 日本國에서 出生하여 繼續 日本國에 居住하
　　　　　고 있는 者
　　　(3) 위 (1)(2)에 該當하여 協定永住許可를 받은 者의 子女로서 協定發效
　　　　　日로부터 五年이 경과한 後에 (一九七一年一月十六日 以後) 日本國
　　　　　에서 出生한 者(出生日로부터 六〇日 以內에 永住許可를 申請) *以後
　　　　　該當者는 外國人登錄이 漏落되어 있어도 事實上 繼續해서 日本國에
　　　　　居住하였으면 許可됨.
　二. 申請方法
　　　(1) 申請場所…居住地 市, 區, 町, 村의 役所
　　　(2) 申請人
　　　　　(가) 滿十四歲 以上인 者는 本人이 直接 出頭, 申請하고 十四歲未滿者
　　　　　　　는 親權者 또는 後見人이 代理申請
　　　　　(나) 申請者가 疾病 其他 身體의 障害로 因하여 出頭할 수 없을 때는
　　　　　　　代理人이 申請可
　　　(3) 手數料는 無料
　三, 具備書類(各市, 區, 町, 村에 具備)
　　　(1) 永住許可 申請書 (二通 提出)
　　　(2) 旅券 또는 國民登錄證(提示), 以上 兩者가 없을 때는 [大韓民國의 國
　　　　　籍을 가지고 있다는 趣旨의 陳述書] (提出)
　　　(3) 家族關係 및 居住經歷에 關한 陳述書 (二通 提出)
　　　(4) 寫眞 二枚(提出)
　　　(5) 外國人 登錄證明書 (提示)
　四, 記入方法

(1) 韓國姓名(戶籍上)을 記入할 것, 特히 子孫等의 이름은 日本式으로 記
入하지말고 漢文을 記入할 것 (例 朴ミチ子로 하지 말고 朴道子로 等)

(2) 居住歷에 있어서는 何年頃, 春頃 秋頃 等으로 記入하여도 可함.

(3) 家族 關係欄에는 在日家族 뿐만 아니라 本國家族들도 記入할 것(離
散家族 再會에 參考)

(4) 記憶이 不明하면 役所에서 外國人登錄濟原票寫本을 交付받아 그 記
錄대로 記入하여도 可.

一般永住權申請案內

一, 申請該當者

(1) 戰前에 日本國에 居住하고 戰後 一時歸國하여 平和條約 發效日(一九
五二年 四月 二十八日) 以前에 日本國에 再入國한 者와 平和條約發效
日까지 日本國에 入國한 者,「在留資格이 特 在 四-一-十六-三」로 되어
있는 者)

(2) (1)의 直系卑屬으로서 平和條約 發效日前에 日本國에서 出生한 者

二, 申請場所 法務省 各地方 出入國事務所

三, 具備書類

(1) 申請書 (2) 質問書 (3) 雇傭證明書 (4) 外國人登錄濟證明書 (5) 財産
證明書 (5) 納稅證明書 (非課稅證明書) (7) 健康診斷書 (8) 身元保證書
(9) 國籍確認書 (大使館 또는 管轄 領事館 所定樣式)

* 申請書는 二通 其他는 一通

駐日 大韓民國 大使館

駐日 大韓民國 各級 領事館

14. 주일대한민국대사관 공문—재일동포의 강제퇴거에 관한 보고

주일대한민국대사관

번호 주일영1-725-352

일시 1967.2.25.

발신 주일대사

수신 외무부 장관
참조 아주국장
제목 재일교포의 강제퇴거에 관한 보고

　　최근 재일교포로부터 퇴거강제 집행연기 또는 재류자격 변경을 위한 대사관에의 진정이 다수 제출되고 있음을 중요시하고 또한 이의 영주허가신청에 미치는 영향을 고려하여 앞서 법무성과의 연석회의시에도 이 문제를 제기하여 일측의 이해 있는 조치를 요청한 바 있거니와(주일영 1-725-236, 67.2.15. 참조), 당 대사관은 일 법무성과 계속 본건에 관하여 가능한 한 퇴거강제의 저지 또는 가방면 기한의 연장 계속을 위하여 노력중임. 이의 일환으로 2.21, 22, 24, 3차에 걸쳐 일 관계관과 접촉하고 요지 아래와 같이 대답하였음.

　　2.21. 박제1영사과장은 상오 11시반 일 법무성의 "도요시마" 경비과장을 방문하고, 66년 10월 이래 대사관이 접수한 진정이 42건에 달하고 있으며 동 진정의 태반이 퇴거강제령을 받고있는 교포로부터 제출되고 있는 바, 이의 무차별 강제 집행의 영향을 우려하여 특히 바야흐로 영주허가 신청을 위하여 양측이 노력하고 있는 촉진운동을 심대히 저해하고 있다고 설명하였음.

　　이어 박과장은 동 42건의 진정을 분류하면 일부 재류자격 연기 또는 자격 변경 외에 1)영주권자의 배우자, 2)영주권자의 직계비속을 위시한 가족 3)대일 강화조약발효 이전에 입국한 자, 4) (10년 이상의) 장기체류자, 5)미성년자, 6) 기타 교포 등 퇴거강제 대상으로부터의 진정이 많다고 지적하고 이 분류에 따른 각 실례를 설명하였음. 66년도 1년간 재일교포의 자비귀국 신청이 267건에 달하였음을 아울러 지적하고 퇴거강제가 영주허가 신청에 미치는 영향이 지대하므로 일측이 더욱 협력하여 줄 것을 요청하였음.

　　이에 대하여 "도요시마" 과장은 퇴거강제 대상자가 최근 증가하였다고는 보지 않으며, 퇴거강제는 출입국관리령 규정에 의한 것으로 소관이 "심판과"에도 절반 있기 때문에 일단 퇴거강제령이 내리면 실무자로서는 규제하는 자유재량이 없다고 밝힌 후, 그러나 영주허가를 받은 자는 종전보다 우대하여 동 영주권자와 관련이 있는 자가 그동안 "구제"된 것은 약 8활에 달한 것으로 보고 있다고 말하면서 대사관측이 이를 교포에게 "피.알"해 주기 바란다고 말하였음.

　　이에 대하여 박과장은 앞서 "우스이" 입관국 차장과의 연석 회의시 동 차장이 영주권자에 대한 대우가 훨씬 나아지고 있다고 언명하였음을 상기시키면서 여사한 범위를 더욱 확대하여 선처하여 줄 것을 요청하였음. 이어 박과장은 관련된 교포에의 지도책에 참고코저 하나 일측의 통일된 방침이 없는 듯하니 일측이 쓰고 있는 퇴거강제의 기준을 설명해주면 참고로 할 것이라고 말하였던 바, "도요시마" 과장은 협정영주권자 및 일반영주권자 외에는 "케이스 바이 케이스"로 처리하고 있으며, 10년 이상의 장기 체류자가 전원 퇴거강제되지 않는다는 것은 사실과 다르다고 말하면서 "경비과"로서는 사실상 퇴거강제 집행 및 조사가 주요 업무라고 말함으로써 경비과의 본건에 관한 강한 태도를 시사하였음.

계속하여 아측은 앞서 "아오모리'현 김찬호 씨의 사례를 들면서 일단 영주허가된 자에 대한 과거의 일 "출입국 관리령" 위반 혐의로 인한 재조사는 하지 않을 것을 요청하였음. 이에 대하여 일측은 혐의가 있는 한 조사하지 않을 수 없으나 거반 "김찬호"씨에 대한 현지 입관 사무소 직원의 조사 방법은 좀 지나쳤으므로 앞으로는 그런 조사 방법 (본인의 출두 요청을 하지 않고 입관 직원 3명이 본인의 가택을 수사하여 "증거물"로써 사진까지 압수하였음.)은 지양될 것이라고 하였음.

2.22. 박과장은 일 법무성 입관국의 "마시야마" 심판과장을 방문하고 전일 "도요시마"과장에게 설명한 아측의 견해와 입장을 설명하고 영주허가 촉진을 위하여 영주권자의 배우자 및 가족의 퇴거강제는 "당분간" 보류 조치하여 줄 것을 요청하였음. 이에 대하여 동 심판과장은 영주권의 실리가 어디 있는지 의심스럽고 사견이라고 전제하면서 일본국내에 다수의 외국인 영주허가자가 있음은 반드시 일본의 이익이 되지 않는다고 본다고 말하였음. 또한 동과장은 영주권자에 대한 대우를 현재 월등히 잘 하고 있으므로 영주권자외의 교포는 대우를 저하시켜도 좋으냐고 반문하고 자기의 견해로서는 영주허가 신청 기한이 만류된 후에도 영주권을 취득하지 않는 자가 계속 일본에 거주하고 또한 현재 당면하고 있는 여러 문제들이 존속할 것으로 본다고 말하였음. 이에 대하여 박과장은 동 과장의 "사적인" 견해 표명을 심히 유감이라고 말하고 조속한 시일내에 영주허가 신청 자격자가 모두 영주권을 신청하여 영주를 허가받아 안주하는 것이 한·일.양국간의 이익이 된다고 설명한 후, 영주권자 특별재류 허가자에 대한 처우 차별 등은 현시점에서 논의할 때가 아니며, 자격자의 영주허가를 촉진함이 또한 일본의 책무임을 강조하였음. 동일 이응섭 주요코하마 영사도 같은 시간에 "마시야마" 과장을 방문하고 "오오무라" 수용소에 수용 중 현재 가방면 중에 있는 "홍선열"양이 영주권자 가족이므로 재류자격을 "특재"로 변경하여 줄 것을

요청하였음.

2.24. 박과장은 상오 11시 재차 "도요시마" 과장을 방문하고 퇴거강제중에 있는 5건의 진정서를 참고로 제시하면서 대사관이 검토한 즉 이들 5건의 진정은 이유가 타당하다고 사료하므로 따로히 재심탄원서는 심판관이 제출한 바 있으니 가방면 기한을 계속 연장할 것을 요청하고 선처를 위하여 재심협의회에서 유사한 발언을 할 것을 요망하였음. (본 진정건은 후일 종합 보고 위계임.) -이상-

15. 외무부공문(발신전보)–협정영주허가 신청 현황 보고 지시

대한민국 외무부
번호 WJA-04293
일시 201540
발신 장관
수신 주일대사

연: 주일영(1)725-160(66.10.25)
1. 67년 3월 말 현재의 협정영주허가 신청자 중 "국적에 관한 진술서"를 제출한 자들 중에서 중립계 및 조총련의 교포들이 어느 정도나 되는지 연호 공한과 같이 분석보고 하시고
2. 또한 전중립계 및 조총련계 교포들 중에서 장차 어느 정도 협정영주허가를 신청하여 온 것인지도 아울러 분석 보고 하시기 바람. (외아교) 끝.

16. 주일본국대한민국대사관 공문–협정영주권 신청자 중 국적에 관한 진술서 제출자에 대한 분석

주일본국대한민국대사관
번호 주일영(1)725-1045
일시 1967.4.26.
발신 주일대사

수신 외무부 장관

제목 협정영주권 신청자 중 국적에 관한 진술서 제출자에 대한 분석

연: 주일영(1)725-180, 대: WJA-04293

대호에 대하여 다음과 같이 보고합니다.

1. 국적에 관한 진술서를 제출한 자에 대한 분석

    가) 분석 표본: 제출자 중 5,644명 중 3월 22일부터 4월 8일까지 조회한 616명을 분석함.

    나) 분류 방법:

        1) 가족전체: 218명

            10인가족 … 3건……30명

            7인가족 … 5건……35명

            6인가족 … 3건……18명

            5인가족 … 8건……40명

            4인가족 … 13건……52명

            3인가족 … 11건……33명

            2인가족 … 5건……10명

                총계: 218명

        2) 본인만 신청한 자……183명

        3) 가족일부만 신청한 자……140명

            5인가족 …1건…… 5명

            4인가족 …3건……12명

            3인가족…16건……48명

            2인가족…30건……60명

            1인가족…15건……15명

               총계: 140명

        4) 1940년 이후 출생자……75명

    다) 분석 평가:

        1) 분포표:

           가족전체: 35.4% (218명)

본인: 29.7% (183명)

가족일부: 22.7% (140명)

1940년 이후: 12.1% (75명)

2) 국민등록 여부 조사:

616명중 11명에 대한 PART SAMPLING의 분석결과

29명이 국민등록을 필하였음. 즉 26%는 국민등록을 필하고도 진술서를 제출하였음을 알 수 있음

3) 결과:

(1) 가족 전체가 신청한 건은 대부분 중립, 조련계 교포들임

(2) 본인만 신청한 자는 183명에서 다)의 2)의 26%를 뺀 수 즉 135명인 전체의 23.4%(21.9) 전향된 자로 판단됨.

(3) 가족 일부만 신청한 자 중에서는 분석상으로는 나타나지 않으나 호주가 사망한 중립, 또는 조련계 교포들이 신청함으로서 가족 일부가 신청한 것으로 분석되는 건의 상당수 있을 것임.

(4) 따라서 전향교포들의 %는 가족 전체의 35.4%와 본인 신청자 중 국민등록을 필하지 않았던 23.4%(21.9)와 가족 일부만 신청한 자 가운데서 상당수의 전향교포가 포함된. 즉, "국적"에 관한 진술서"는 제출한 전체의 58.8%(57.3)이상으로 추정할 수 있음.

(라) 결론:

(1) 1967년 3월 말 현재 신청총수: 26,548명

(2) 국적에 관한 진술서 제출자 총수: 5,644명

(3) 전향된 교포로 간주되는 자 총수: 3,318명

따라서 현금까지 협정영주권 허가신청한 자 중 전향 교포로 간주되는 비율은 전체의 12.1%에 해당하고, 국적확인진술서 제출자 중의 58.8%(57.3) 이상이라는 결론을 얻게 되었음.

2. 앞으로의 전망

가) 금번 분석의 결과는 연호로 보고한 때의 결과인 약 50%보다 8%(7.3)가 상회하고 있고,

나) 국민등록갱신이 금년 중에 완료됨에 따라 국민등록 분실 또는 소멸로 인한 "국적에 관한 진술서" 제출자의 수가 격감될 것이 전망되고,

다) 협정영주권에 대한 일반적 인식이 대사관, 각 영사관의 선전개몽[4]과 동 영주권 취득자의 실질적인 권익에 대한 현실상의 시현, 특히

라) 전향교포들에 대한 정책적인 본국 방문 주선, 안내 등의 영향을 받아 앞으로 전향교포들의 수는 점증할 것으로 전망됨.

더욱이, 지금까지 이들 전향교포들이 "국적에 관한 진술서"를 제출하여 놓고도 과연 대사관에서 아무런 조건 없이 확인을 하여 줄 것인가에 대하여 회의와 불안을 가지고 있다가, 아무런 조건이나 불안을 주지 않고 조속한 시일 내에 국적을 확인하여 줌으로서 그 사실의 인식과 유포가 이들 전향의사를 가지고 있는 재일교포들에게 상당한 심리적 호의를 환기시키고 있음을 첨가하는 바입니다. 끝.

17. 주일본국대한민국대사관 공문─국적에 관한 진술서 처리상황 보고

주일본국대한민국대사관
번호 주일영(1)725-1077
일시 1967.4.27.
발신 주일대사
수신 외무부 장관
참조 아주국장
제목 국적에 관한 진술서 처리상황 보고

대: WJA - 08081(66.8.4)

연: 주일영(1)725-120(66.8.10)

1. 대한민국 국민등록 또는 여권을 소지 않는 신청인이 협정영주권 허가신청을 위하여 제출한 "국적에 관한 진술서"가 일본 법무성으로부터 문서(구술서)로서 조회되어 오면 당 대사관에서는 "선 확인, 후 등록" 원칙(대호 참조)에 따라 구술서로서 확인된 자들을 법무성에서 회보하고 있음.

2. 국적에 관한 진술서를 조회함에 있어서 특히 문제가 되는 것은

가) 성명을 일본이름으로 기재된 자 또는 일본문자로 쓴 자,

---

4) 선전계몽

나) 일본인 처인 경우 혼인신고 여부 및 그 시기 등인 바,

이에 대하여는 관할 영사관에 직접 조회하여 조속히 확인, 처리하고 있음.

3. 국적에 관한 진술서 제출자에 대한 국민등록은 후 등록원칙 하에 등록을 시키기 위하여 각 공관 관할 현별로 동 진술서 사본을 1부씩 작성, 배포 계획이 었으나, 중립계 또는 조련계 교포의 전향에 미치는 영향, 국민등록 시행기한의 연장 등 제 사정으로 보아 그 시행을 당분간 보류함이 좋겠다는 의견이 67.1.20, 21의 주일 공관장 회의 때 공관장들의 종합적 견해였음으로 아직 시행치 않고 있으나 적당한 시기에 이를 시행할 위계이며, 그때 보고 하겠음.

(1967년도 제1차 주일 공관장 회의의 종합보고서 제4페이지 5) 법적지위협정관계 최하단문 참조)

4. 1967년 4월 27일 현재 국적 조회 상황은 별첨과 같아오니 이를 참고하시기 바람.

*첨부: 동 국적 조회 상황표 1부. 끝.

**참고: 동 상황표 중 미확인 분은 상기 2항으로 각 공관에 조회 중인 자들임을 첨기함.

첨부-국적조회상황표

國籍照會 狀況表

1967.4.22 현재

조회	조회인원수	확인회답수	미확인
第1次(66.8.11)	1027	1044	3
第2次(66.9.14)	346	343	3
第3次(66.9.24)	73	76	
第4次(66.10.17)	263	260	3
第5次(66.11.12)	446	445	1
第6次(66.11.25)	457	400	57
第7次(66.12.13)	399	359	40
第8次(67.1.13)	201	199	2
第9次(67.1.19)	226	221	5
第10次(67.1.27)	408	402	6
第11次(67.2.14)	294	289	5
		綜合分미확인자중46名확인	

第12次(67.3.3)	296	284	12
第13次(67.3.9)	313	305	8
第14次(67.3.15)	213	212	1
第15次(67.3.22)	93	193	
第16次(67.4.5)	232	228	4
第17次(67.4.8)	191	191	
총계	5,598 (5,644)	5,451	150

18. 외무부공문(발신전보)-기보고 건(725-1045) 수치 재확인 요청

대한민국 외무부

번호 WJA-05096

일시 081310

발신 장관

수신 주일대사

대: 주일영(1)725-1045

1. 대호 3)의 (2)중 본인만 신청한 자는 144명이며 전체의 23.4%가 전향된 것으로 되여있으나
   1). 183명에서 29명만 차인한다면 154명이 되고
   2). 183명에 대한 20%에 해당되는 인원수를 산출한다면 48명(29+19)이 됨으로 본인만 신청한 수는 135명이며 전체의 21.9%가 전향한 것으로 산출되니
2. 본건 재확인 보고 하시기 바람. (아교)

19. 외무부공문(착신전보)-기보고 건(725-1045) 수치 재확인 보고

대한민국 외무부

문서번호 JAW-05130

생산일시 091109
수신시간 1967.5.9. 12:15
발신 주일대사
수신 외무부 장관

대 WJA-05096
연 주일영(1)725-1045
1. 본인만 신청한 자에 대한 통계는 대호 2)항과 같은 산출임을 확인함.
2. 따라서 연호의 다 3)의 (2)는 135명, 21.9 PERCENT가 되고, 동 (4)의 통계도 21.9 PERCENT 및 57.3 PERCENT 로 정정, 도 라) C정정, 도 라)의 (3)의 말미 통계를 57.3 PERCENT 이상으로 정정함. (주일영(1)-외아교)

20. 협조전—국회제출자료

번호 외아북-457
발신일자 1967.6.13.
발신명의 동북아주과장
수신 교민과장
제목 국회제출자료

국회측의 요청으로 기획관리실에서 귀과 소관의 아래사항에 대한 자료를 수집하여줄 것을 요청하고 있으니, 명14일까지 동 자료를 당과에 제출하여 주시기 바랍니다.
    1. 재화태교포문제
    2. 법적지위협정 시행의 보완을 위한 대일 교섭 끝.
        (신문보도내용)

21. 협조전—국회제출자료송부

번호 외아교725-86
발신일자 1967.6.14.
발신명의 교민과장
수신 동북아과장
제목 국회제출자료

　　대: 외아북-457
　　대호 협조전으로 요청하신 자료를 별첨과 같이 제출합니다.
　　첨부: 1. 재화태교포 문제 1부
　　　　　2. 법적지위협정 시행의 보완을 위한 대일교섭 1부.　　끝.

첨부-재화태교포문제/법적지위협정 시행의 보안을 위한 대일 교섭

　　1. 화태억류교포 송환 문제
　　　가. 현황
　　　　(1) 억류자수: 추산 약 1-2만
　　　　(2) 국적관계:

　　　　　　쏘련　　　　　공민증 소지자　　　25%
　　　　　　북괴　　　　　　　 〃　　　　　65%
　　　　　　무국적자　　　　　 〃　　　　　10%

　　　　(3) 귀환 희망자: 1,799세대, 7,917명 (66.12.10. 현재)
　　　　　　(이중 약 10%는 일본 정착을 희망)
　　　나. 송환방법: 국내에서 인수하는 것을 원칙으로 하고 있음.
　　　다. 교섭경로: (1) 일본정부를 통한 교섭
　　　　　　　　　　(2) 국제적십자사를 통한 교섭
　　　　　　　　　　(3) 제3국을 통한 교섭
　　　라. 추진현황: 정부는 주로 일본정부를 통하여 송환교섭을 추진하고 있는 바.
　　　　(1) 일측은

1) 귀환희망자 전원을 한국이 인수할 것
2) 송환선편 및 경비는 일측이 부담
3) 우선 대소교섭을 전개로 소련의 의사를 타진한다.
  (2) 아측은 이에 대하여:
1) 억류 교포들의 역사적 배경을 재차 주장하고
2) 일본정착 희망자는 한일간의 협정정신에 입각해서 일측은 마땅히 이를 수락할 것과,
3) 우선 대소교섭을 전개할 것을 요구, 현재 진행중에 있음.   끝.

2. 법적지위협정 시행의 보안을 위한 대일 교섭
  가. 법적지위협정을 보완할 만한 불비점이 없으므로 당부로서는 본건 보완을 위한 대일 교섭을 벌일 계획은 전연 없으며
  나. 다만 협정 시행을 보다 원활하게 운영하기 위하여는 언제나 한일 양국간의 실무자가 상호 접촉할 수 있는 것임.

法的地位協定 및 화태 僑胞問題에 관하여는 별첨과 같이 最終 修正 發送되었습니다.

6월 19일
선준영

****

「화태교포 송환 問題」
蘇領 화태에 抑留되어 있는 韓國人에 關하여 그 동안 同地域으로부터 귀환한 者들이 提供한 情報에 依하면 約 1~2萬名 정도의 韓國人이 現在 화태에 있으며 그 중 상당수가 화태를 떠날 것을 希望하고 있다고 하는바, 政府는 이들의 早期 救出을 위해 日本政府에 對하여 쏘련정부와의 交涉으로 이들이 화태를 떠날 수 있도록 努力할 것을 계속 促求하고 있음.

「在日韓國人 法的地位 協定 補完云云의 新聞報道에 關하여」
  법적지위협정의 補完云云한 新聞報道는 根據없는 浪說이며 同報道에 關하여는 6月22日에 아래와 같이 發表한 바 있음
  "在日韓國人의 法的地位 및 待遇에 關한 協定의 再交涉云云은 浪說이다 다

만 同協定의 더욱 效率的인 施行을 위하여 必要에 따라 韓日兩國間에 意見交換
은 할 수 있는 일이겠으나 그렇다고 하여 現在로서는 언제 어디서 그러한 意見
交換이 있을 것으로 정하여진 바는 없다."

****

22. 외무부공문(발신전보)–1952년까지 재일한국인의 일시귀국 절차 조사 지시

대한민국 외무부
번호 WJA-07069
일시 061800
발신 장관
수신인 주일대사

재일교포들이 1945.8.15 이후부터 1952.4.28까지의 기간중 합법적으로 본국에
임시 귀국을 할 수 있었는지, 있다면 어떠한 수속 절차를 취해야 하였는지를
지급 조사 보고하시기 바람. (외아교)

23. 외무부공문(착신전보)–1952년까지 재일한국인의 일시귀국 절차 조사 보고

대한민국 외무부
번호 JAW-07089
일시 071355
수신시간 1967.7.7. 18:05
발신 주일대사
수신 장관

대: WJA-07069
1. 1945.8.15부터 1948.6.23까지는 일반여행(방문, 상용)등을 위한 출입국은 전

혀 금지되어 있었음으로 재일한국인의 합법적인 본국 일시귀국은 할 수 없었음.

2. 1948.6.23일자로 "G.H.Q. CIRCULAR"를 공포하여 일반여행자의 출입국관리 사무를 연합군 총사령부에서 취급하게 되어 합법적인 출입국을 하게 되었으나 대한민국의 사절단 대표부 설치가 1949.1.20일었으므로 사절단을 통한 신청을 하지못한 재일교포들은 사실상 49.1.20까지 합법적인 일시귀국을 할 수 없었음.

3. 출입국허가 사무절차:

1) 신청인이 자국사절단을 통하여 재입국허가신청을 함.

2) 연합국 총사령부에서 허가되면 그 명단이 사절단 및 일본 외무성 출입국관리부에 통달됨.

(단, 일본당국에 대한 통달을 참고용)

3) 동허가를 받은 자는 출입국항의 세관내에 파견된 "출입국감리관"의 검렬을 받고 출국·입국함(주일영(1)외방교)

24. 주일본국대한민국대사관 공문—국적확인 조회를 위한 예산 조치

주일본국대한민국대사관
번호 주일영(1)725-1789
일시 1967.6.27.
발신 주일대사
수신 외무부 장관
참조 아주국장
제목 국적확인 조회를 위한 예산 조치

　　1. 협정영주허가 신청시 제출한 "국적"에 관한 진술서의 기재사항 중
　　　　가) 성(姓)이 일본성으로 기입된 자는 한국 호적상 성명을
　　　　나) 일본인 처에 대한 국적을 확인함에 있어서는
　　　　　　(1) 본인 년월일과
　　　　　　(2) 혼인 신고 여부 및 한국적 취득 여부를, 주일 각급 영사관을 통하여 조사한 후 각각 국적을 확인하고 있으나, 동 진술서를 제출한 자의 거주지의 분산, 원거리 및 국민등록증 미소지자가 대부분인 이들에 대한 민단조직을 통한

조회가 사실상 어려워 국적조회를 필하지 못하여 아직 법무성에 회보하지 못하는 신청자수가 상당수 있을 뿐만 아니라, 조회에서 회답을 받을 때까지 장시간이 소요되어 신청인에게 불리한 영향을 주고 있는 실정임.

2. 그러므로 별첨과 같은 "왕복엽서"를 작성하여 대사관에서 직접 신청인에게 발송하여 조회함이 신속·정확할 것으로 판단되어 이의 시행을 위한 다음 내역의 예산을 지급하여 주실 것을 건의합니다.

필요예산: 445$ (일화16만원) (교민육성 수용비 중)

내역: 14원(왕복엽서) × 2원(인쇄비) × 10,000매

*첨부: 동 왕복엽서(안)

관제 공한 사본

첨부-왕복엽서 양식

第○○號

貴下가 協定永住許可 申請時 提出하신 「國籍に関する陳述書」는 國籍照會를 爲하여 日本法務省으로부터 當大使館에 보내오며, 當大使館이 貴下의 韓國籍을 確認하여 法務省에 回報하면 貴下의 永住가 許可됩니다.

貴下의 國籍確認에 緊要하오니 返信用葉書 設問欄에 該當事項을 記入하셔서 早速히 回信하여 주시기 바랍니다.

第一 領事課

東京都港区南麻布一丁目二番五号

駐日本國大韓民國大使館 貴中

(第一領事課)

****

第○○號

一, 韓國(戶籍上) 姓名(   )

二, (1)婚姻年月日(年   月   日)

(2) 婚姻申告與否 韓國戶籍上   年   月   日 申告

日本役所   年   月   日 申告

未申告 （ ）

郵便往復はがき
往信

　　　　　貴下
東京都港区
駐日本國大韓民國大使館
電話 四五二-七六二-九(內線62)

25. 주일본국대한민국대사관 공문－"재일교포의 법적지위에 관한 문제점 및 교섭현황" (자료) 송부

주일본국대한민국대사관
번호 주일영(1)725-1945
일시 1967.7.18.
발신 주일대사
수신 외무부 장관
참조 아주국장
제목 "재일교포의 법적지위에 관한 문제점 및 교섭현황"(자료) 송부

　　　별첨과 같은 "재일교포의 법적지위에 관한 문제점 및 교섭 현황"(자료)를 작성, 송부하오니 집무에 참고하시기 바랍니다.
*첨부: 동 "자료" 3부. 끝.

첨부-재일교포의 법적지위에 관한 문제점 및 교섭 현황

　　　　在日僑胞의 法的地位에 關한 問題點 및 交渉現況
　　　　　　　　　(資料)

駐日本大韓民國大使館

1967年 7月

目 次

付祿: 事件實例

1. 在日僑胞의 構成 및 分布
   1) 1945.8.15 現在 總數 約 2,000,000
      (1) 1949年末 現在 歸國者 總數

             韓國政府統計   : 1,414,258
             日側統計   : 1,040,328

      (2) 1947.10 臨時國籍調査時 登錄 總數: 508,905
   2) 1966.6.30 現在 登錄 總數: 584,560
      (1) 14歲以上: 401,438(男 220,912 女: 180,526)
      (2) 14歲未滿: 183,122(男: 94,503 女: 88,619)
      (3) 六大都市住居僑胞 總數: 268,478
          ㄱ) 大阪: 109,985
          ㄴ) 東京: 67,506

ㄷ) 京都: 32,338

ㄹ) 名古屋: 24,948

ㅁ) 神戸: 23,391

ㅂ) 横浜: 10,318

3) 協定永住許可申請資格者 總數: 559,135 ('64.6.1)

    (1) 126-2-6: 422,327

    (2) 4-1-16-2: 136,808

    (3) 4-1-16-3:

4) 一般永住許可申請 資格者 總數: (日側 推算): 約 3,500

5) 對日講和條約發效以後入國者: 25,413('66.6.30)

縣別 在日僑胞登錄數 및 協定永住許可 申請資格者 數

	登錄件數	14歲以上		14歲以下		協定永住許可申請資格者
		男	女	男	女	
北海道	8632	4,321	2,164	1,120	1,077	8,746
青森	2209	877	608	382	342	2,535
岩手	1751	790	551	223	187	1,992
宮城	3320	1,354	960	526	480	3,162
秋田	1196	522	373	142	159	1,261
山形	682	316	194	90	82	719
福島	2433	1,138	749	280	266	2,557
茨城	3405	1,394	1080	476	455	2,950
栃木	1940	824	576	285	255	1,965
群馬	2710	1,191	798	390	331	2,414
埼玉	5846	2,519	1703	834	790	4,784
千葉	6987	2,812	2025	1,115	1,035	6,399
東京	67,506	27,271	19,514	10,905	9,816	52,433
神奈川	35,682	17,254	3,781	3,945	3,702	9,208
新潟	2618	1,181	777	351	307	2,679
富山	1902	733	633	261	275	1,917
石川	3214	1,119	990	563	542	3,232
福井	4918	1,901	1,568	752	697	5,081
山梨	2078	938	672	253	215	2,208
長野	4837	2,086	1,429	691	631	4,957
岐阜	10651	7,126	3,347	1,656	1,520	10,491
静岡	7,555	3,036	2,206	1,306	1,107	7,254
愛知	46,698	17,349	14,709	2,429	7,211	21,249
三重	7,265	2,812	2,318	1,055	1,080	7,624
滋賀	6,124	2,197	1,896	1,029	1,002	6,151
京都	39,521	39,521	13,012	6,162	5,769	30,844
大阪	158,893	38,439	49,989	27,154	25,402	105,344
兵庫	59,065	21,385	18,776	9,633	9,271	20,967
奈良	4,914	1,892	1,478	779	765	4,983
和歌山	4,876	2,068	1,493	662	653	4,935
鳥取	1,660	622	598	241	249	1,796
島根	1,891	594	564	315	318	2,496
岡山	7,948	2,951	2,704	1,180	1,113	8,046
広島	14,440	5,310	4,730	2,254	2,146	14,102
山口	16,037	5,320	5,033	2,973	2,711	17,481
徳島	317	150	101	31	37	358
香川	852	373	268	112	99	769
愛媛	2,166	808	707	339	312	3,174
高知	976	471	204	147	94	1,044
福岡	25,513	4,291	7,431	4,574	4,217	10,450
佐賀	1,710	725	521	231	233	1,911
長崎	3,978	1,483	1,138	697	660	4,534
熊本	2,138	982	613	272	271	2,363
大分	3,525	1,369	1,109	529	518	4,171
宮崎	1,226	553	338	185	150	1,365
鹿児島	703	387	175	74	67	857
合計	584,560	230,912	180,526	94,503	88,619	559,135

2. 在日僑胞 地位에 關한 協定文書, 主要法令, 談話

　　　　　協定
"日本國에 居住하는 大韓民國國民의 法的地位 및 待遇에 關한 協定"
同 "協定에 對한 合意議事錄"
同 "討議 紀錄"(合議錄)
****

　　　　　大韓民國
"在外國民登錄法"(1949.11.24)
　　同 "施行令"
"大統領特別談話"(1965.6.22)
"外務·國防長官共同聲名"(1965.5.3)
("海外僑胞에 對한 兵役政策에 關하여")

　　　　　日本國
"法務大臣聲名"(1965.6.22)
"法務省入國管理局長談"(1965.6.22)
"文部省初等中等局長談"(1965.6.22)
"日本國に居住する大韓民國國民の法的地位及び待遇に関する日本國と大韓
民國との間の協定の実施に伴う出入國管理特別法"(1965.12.17)
文部事務次官通達 (1965.12.28)
　　1)"…法的地位及び待遇…協定における教育関係事項の実施について"
　　2)"朝鮮人のみを収容する教育施設の取扱いについて"
"國民健康保険法施行規則の一部を改正する省令"(1967.1.21)
　　厚生省保険局長通知: (1967.1.21)
　　同 "…省令の施行について"

****

"ポツダム宣言の受諾に伴い発する命令に関する件に基づく外務省関係者法
令の措置に関する法律"(1952年法律第126號)
出入國管理令 (1951.10.4)
　　同　施行規則
外國人登録法 (1952.4.28)
　　同　施行規則

3. 協定永住許可申請 및 許可現況表

1) 一覽表

年月	申請	許可	不許可	取下	死亡歸化出國等
1966.1	91				
2	1,395				
3	2,245				
4	1,541	896			
5	1,764	509	29		
6	1,677	726	21		
7	1,508	1039	30		
8	1,474	1,218	32		
9	2,363	1,416	24		
10	1,846	1,340	25		
11	1,825	1,703	22		
12	1,964	3,586	37		
1967.1	2,202	2,291	26		
2	2,076	2,516	15		
3	2,577	3,459	23		
4	2,863	2,761	31		
5	2,816	3,997	20		
6	3,103	2,998	32		
計	35,330	30,455	367	87	76

2) 圖表

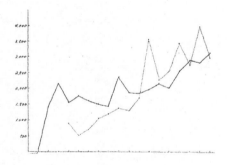

3) 不許內譯

對日講和條約發效以前入國者 ···178

　　　···同 子 ···40

1952年 ··13

4. 協定永住許可申請不振의 原因

    1) 永住許可申請期限 "五年"

    2) 啓蒙指導不充分("法務省" 活動의 影響)

    3) 繼續居住歷上 瑕疵

    4) 永住許可의 實質的利得 "寡少"

5. 協定永住許可申請促進交涉實現

    法的地位協定의 施行에 있어서의 諸般問題 1) 永住許可申請부터 許可까지, 2) 處遇(主로 法務省所管), 3) 永住許可의 失效로 大別하고, 이를 各各 (a) 問題 및 問題 事項 (b) 交涉內容(要求事項) (c) 日側(主로 法務省)의 反應 (d) 備考의 順으로 以下 略記.

    1) 申請→許可

※(1) 具備書類 및 記入의 複雜

※(2) 申請書接受窓口의 態度

※(3) 國籍照會 및 回答

※(4) 繼續居住歷

※(5) 日本人妻에 對한 永住許可保留

※(6) 在監者의 永住許可申請

※(7) 許可의 遲延

※(8) 不許可者에 對한 措置

****

※(1) 具備書類 및 記入의 複雜:

    (a) 永住許可申請書 二通(提出), 家族 또는 大韓民國在外國民登錄證(提示), 또는 國籍에 關한 陳述書一通(提出), 写真二枚(提出), 家族關係 및 居住經歷에 關한 陳述書二通(提出), 外國人登錄證明書(提示) (討議記錄(b) 및 特別法施行規則第一條) 特히 居住經歷記入이 過多하고 正確을 期하기 困難

    (b) 居住經歷 記入을 簡略히 하고 記憶範圍 略記로써 足하게 할 것.

    (c)

        (ㄱ) 申請者의 記憶에 確實한 것만 記入하여도 可.

        (ㄴ) 年月日은 몇 年頃, 春夏秋冬 等의 略記 可: 住所는 番地省略 可.

        (ㄷ) 但, 家族 關係欄은 可能한 限 在韓家族 包含 要望

    (d) 居住經歷記入에 있어 外國人登錄原票 写真을 交付받아 同寫眞을 基礎로 하도록 指導.

※(2) 申請書 接受 窓口의 態度

    (a) 申請者에 對한 窓口接受係員의 不親切, 是非가 協定發效初期에 連發

    (b) 申請促進의 障害가 됨을 指摘.

        親切과 迅速한 接受處理를 爲해 强力히 行政指導할 것.

    (c) 積極 協力爲計. 66.10.24-31. 日本 全國市町村 永住許可關係官合議開催 敎導

    (d) 申請窓口에서의 是非 乃至 不祥事 殆無.

※(3) 國籍照會 및 回答

    (a) 大韓民國在外國民證錄을 畢한 申請者의 14歲未滿 子女도 國籍에 關

한 陳述書 提出

父母는 永住許可, 子女는 許可遲延

(b)

(ㄱ) 國民登錄證家族欄에 倂記된 14歲 未滿者의 "國籍에 關한 陳述書" 提出을 省略할 것.

(ㄴ) 14歲 未滿者의 國籍 照會는 省略할 것.

(c)

(ㄱ) 國民登錄證家族欄에 倂記된 14歲未滿者의 "國籍에 關한 陳述書"의 제출은 省略可.

(ㄴ) 14歲未滿者 및 父(母)의 國籍이 韓國籍일 時, 子父의 姓이 同一할 時, 子가 協定永住許可申請資格 有할 時는 14歲未滿者의 國籍 照會는 省略.

(d) 迅速한 許可의 影響을 考慮, 回答은 "先確認·後登錄" 速決.

67.7.3. 現在 國籍照會 7,605人中 7,432人 回答量.

※(4) 繼續 居住歷

(a)

(ㄱ) 1964.4.1 現在 協定永住許可 申請資格者 總數는 559,135人
(126-2-6: 422,327, 4-1-16-2: 136,808)

(ㄴ) 繼續居住歷의 基礎的證啓蒙은 外國人登錄의 無漏者
(1947年의 第一回外國人登錄 乃至 1965.8. 第八回 外國人登錄)

(ㄷ) 559,135人中에는 故意, 過失, 他人名儀使用, 無知, 終戰後一時 本國往來等으로 因하여 外國人登錄記錄에 瑕疵 多數:
約5萬名으로 推算(附錄 事件實例: 1-4號 參照)

(ㄹ) 日側의 居住歷調査 嚴格(永住許可申請不振의 主要原因)

(b)

(ㄱ) ㄱ) 終戰前까지 "日本人"이었기 때문에 尙今 "外國人" 槪念 稀薄
ㄴ) 終戰後 日本國內의 混亂, ㄷ) 一部僑胞團体에 依한 外國人登錄 反對運動의 影響 ㄹ) 多數僑胞의 歸國準備 ㅁ) 韓國內의 混亂한 事情 等으로 因하여 實際 日本에 繼續 居住하고 있었음에도 外國人登錄에 漏落된 者가 15萬 乃至 25萬으로 推算. ㅂ) 終戰 直後 合法的 再入國許可 至難. ㅅ) 一時歸國한 者는 家族과 生活의

本據를 둔 채 往來. ㅇ) 在日僑胞의 居住歷調査는 1959년 第五回 外國人登錄 更新時 一旦 完了. ㅈ) 法的地位協定 發效後 一年間中 瑕疵있는 者 調査結果 不過 1 名(實例 7號 參照) 發覺의 事情 說明.

(ㄴ) 故로 비록 第一回 外國人登錄은 漏落되어 있으나 第二回 登錄 以來는 非漏落이면 再調査하지말고 直時 永住許可 할 것

(ㄷ) 비록 外國人登錄이 數回 漏落되어 있어도 實際로 時에 繼續居住 하였음이 判明되면 영주허가 할 것

(ㄹ) 必要한 調査는 短時日內에 完了할 것. 如比한 調査가 一般僑胞에 게 미치는 影響을 愼重히 考慮할 것.

(c)

(ㄱ) 外國人登錄漏落이 永住許可申請의 缺格事由가 아님.

(ㄴ) 第一回乃至第三回登錄이 漏落된 者도 實際로 繼續居住하였음이 立證되었기 때문에 許可된 實例 有.

(ㄷ) 永住許可申請 處理는 可能한 限 "厚하게" 行하고 있음

(ㄹ) 居住歷, 姓名, 生年月日 等 "흠있는 者"의 調査를 省略不可.

(d)

(ㄱ) 1967.5末 現在 居住歷, 姓名, 生年月日等 瑕疵, 誤記有者調査數 는 約700件.

(ㄴ) 同 調査는 該當者의 戶籍關係書類送付를 包含한 事實調査 依賴. (大使館 各級領事官 經由) 및 管轄入管에 依한 本人出頭, 直接調 査를 併行.
(出入國管理特別法 第三條 出入國管理令 第四六條: 容疑者의立證 責任)

※(5) 日本人妻에 對한 永住許可保留

(a) 1952.4.28 對日講和條約發效以後 韓國人과 結婚한 日本人妻에 對한 永住許可는 尙今 保留. (同條約發效以前 件은 永住許可)

(b) 定式結婚한 日本人妻는 永住許可 要件 具備임을 說明. 日側의 早速한 結論을 促求.

(c)

(ㄱ) 對日 講和條約發效後 韓國人과 結婚한 日本人妻는 大槪 二重國 籍者

(ㄴ) 居住歷 起算點에도 疑問.

(ㄷ) 申請件數가 不多이므로 結論困難.

(ㄹ) 韓國人夫가 日本戶籍法上 入夫婚姻申告면 二重國籍 保有로 解決

(ㅁ) 韓國人과 內緣關係에 있는 日本人妻와의 子를 夫가 認知하면 永住許可.

(d) 本件, 協定第一條의 永住許可申請資格要件(大韓民國國籍 1945.8.15 以前부터…日本國에 居住한 者)에 彼此의 協定文解釋 異見 尙存

※(6) 在監者의 永住許可申請:

(a)

(ㄱ) 在監者의 永住許可申請 "抑制"

(ㄴ) 永住許可申請 없이 出監하면 出入國管理上 退去强制 適用

(ㄷ) 在監者는 거의 國民登錄證 不所持

(b)

(ㄱ) 在監者의 永住許可申請을 "抑制" 하지 말것(出入國管理特別法 第二條三項)

(ㄴ) 在監者에 對한 永住許可를 遲延하지 말 것.

(c) 在監者의 "國籍에 關한 陳述書"를 優先處理

(d) 在監者의 國籍確認을 優先處理

(1967.6 現在 近700名을 回答畢)

※(7) 許可의 遲延

(a)

(ㄱ) 申請으로부터 許可까지 四個月 乃至 六個月 所要

(ㄴ) 申請數와 許可數의 隔差 多大 이로 因한 惡影響

(b)

(ㄱ) 申請書類는 接受窓口에서 頻繁히 法務省에 送付케 할 것.

(ㄴ) 申請→許可所要時日을 二個月 以內로 할 것

(ㄷ) 可能한 限 事實調査를 書類審査로 그치게 할 것

(ㄹ) 國籍確認은 餘他 申請書類 審査前에라도 大使館에 調會할 것

(c)

(ㄱ) 申請→許可 所要時日을 短縮 努力爲計

(ㄴ) "國籍에 關한 陳述書"는 週一回 또는 每十日 一回 依賴 爲計

(d)

    (ㄱ) 法務省은 担當인 協定永住室 職員數를 增員(二名 乃至 四名)

    (ㄴ) 1967.5末內로 遲延件數 一掃指示

    (ㄷ) 結果: 申請數와 許可數의 隔差 縮小

	申請	許可	隔差
1966. 8	11,695	4,041	7,654
10	15,904	7,146	8,758
12	17,693	12,436	7,258
1967. 2	23,971	17,242	6,729
4	29,411	23,460	5,951
5	32,227	27,457	4,770
6	35,330	30,455	4,875

※(8) 不許可者에 對한 措置

  (a)

    (ㄱ) 不許된 者에게는 法務大臣名儀의 不許通知書 郵送

    (ㄴ) 不許事由 不明示

  (b)

    (ㄱ) 不許 事由 明記 要請

    (ㄴ) 不許者中 特히 對日講和條約發效以前 入國者의 一般永住許可
       申請→優先 處理 要望

  (c)

    (ㄱ) 不許可 通知書에 不許事由說明 困難

    (ㄴ) 不許通知受領後 所管 市·區·町·村役場에 問議 希望

    (ㄷ) 不許된 者中 對日講和條約發效以前 入國者 申請者의 一般永住
       許可申請을 爲한 自動移牒 不可.

    (d) 居留民團은 上記(ㄷ)의 自動移牒 措置를 强力 要望

2) 處遇(出入國 및 居住)

※(1) 再入國許可

  (ㄱ) 再入國許可申請의 地方入管管理

  (ㄴ) 再入國許可 期限

  (ㄷ) 第三國 留學을 爲한 再入國許可

(ㄹ) 被生活保護者의 再入國許可

(ㅁ) 再入國許可期限 滿了後 入國保障

※(2) 離散家族의 再會

(ㄱ) 入國許可의 現地處理

(ㄴ) 在留期限

(3) 退去强制

(ㄱ) 永住許可者의 配偶者

(ㄴ) 永住許可者의 直系卑屬

(4) (敎育, 生活保險, 國民健康保險, 財産의 携行 및 資金送金, 課稅, 經濟活動)

※(1) 再入國許可:

(a)

(ㄱ) 永住許可取得後 實質的 利得의 하나로 再入國許可 容易 强調

(ㄴ) 再入國許可申請이 一層 "制限的"이라는 民團主張

(ㄷ) 本國訪問 第三國旅行, 留學을 爲한 再入國許可申請 漸增

(ㄹ) 本國과의 連帶感 增進緊要

(b)

(ㄱ) 永住許可取得者는 勿論 永住許可申請畢者의 再入國許可 申請을 地方入管이 速決할 것(實例 5號 參照)

(ㄴ) 再入國許可期限을 一年으로 해줄 것

(ㄷ) 歐美留學을 爲한 再入國許可期限을 四年乃至六年으로 할 것

(ㄹ) 被生活保護者의 再入國許可申請을 禁止하지 말 것

(ㅁ) 不可抗的인 事由로 因하여 再入國許可期限 滿了時 入國許可는 勿論 在留資格을 格下하지 말 것(實例 6號 參照)

(c)

(ㄱ) (ⅰ) 永住許可取得의 再入國許可申請을 不許한 事例는 거의 無이나 申請者가 訴訟 繫留中인 理由로 許可를 "保留"한 事例 有.

(ⅱ) 申請者의 過去犯行이 重犯罪이면 法務省이 直接處理하나 大概 許可

(ⅲ) 再入國許可의 代理申請은 原則的으로 許可

(ⅳ) 第三國旅行을 爲한 再入國許可申請의 地方入管處理는 "檢討" 爲

計

(ㄴ) 再入國許可期限은 妥當한 事由 有하면 申請者가 要請하는 期間 許可. 最長一年間 許可 多數.

(ㄷ) 歐美留學을 目的으로 하는 再入國許可期限은 "二年間"으로 檢討爲計. 出入國管理令 改正時 考慮.

(ㄹ) 被生活保護者의 再入國許可申請을 66年末以來 四件 許可 措置.

(ㅁ) 再入國許可期限 滿了後 入國保障 및 在留資格 維持保障은 至難(實例 6號 參照) 研究 爲計

※(2) 離散家族의 再會

(a)

(ㄱ) 家族의 訪日 招請 事例 漸增

(ㄴ) 入國許可與否를 法務省 審査 → 許可 遲延

(b)

(ㄱ) 家族入國査證은 書類 具備면 現地 日本 公館이 連帶 없이 發給할 것.

(ㄴ) 入國後 在留期間을 六個月 乃至 一年間으로 延期 措置할 것.

(c)

(ㄱ) (b)의 (7)項은 "研究" 爲計.

(ㄴ) 家族訪問期限은 一般外國人과의 均衡關係를 考慮, 原則的으로 困難.

(3) 退去强制:

(a)

(ㄱ) 永住許可取得者의 配偶子, 直系卑屬等 家族이 如前 退去强制의 對象(實例 9號-13號 및 8項表 參照)

(ㄴ) 永住許可申請促進 阻害要因

(b) 永住許可者의 家族은 退去强制 對象에서 除外 要請

(c) 永住許可取得者의 配偶者等 家族의 退去强制는 "厚하게 處理하고 있다고 생각한다." 약 80%는 救濟

(c) 永住許可 取得者에 對한 强制退去 事例 無.

※(4) 敎育, 生活保險, 國民健康保險, 財産의 携行 및 資金送金. 課稅問題, 經濟活動 等

3) 永住許可의 失效

    (1) 大韓民國 國籍 離脫(特別法 第五條)

    (2) 再入國 許可없이 出國

    (3) 退去强制

    (4) 永住許可의 取消(不許)

    (5) 再入國許可期限 滿了

    (6) 永住許可의 "返戾"

    (7) 出國者의 子

    (8) 養子　　　※(7), (8), (9) 영주허가者 資格 喪失)

    (9) 永住許可取得者의 日本國外 出生者

        (a)

            (ㄱ) 再入國許可期限 滿了後 入國 事例 多數 予想

            (ㄴ) 朝總連의 "永住許可 返戾運動" 予想 可能

        (b)

            (ㄱ) 一旦 許可後, 許可取消措置(實例 7號 參照)가 없도록 할 것.

            (ㄴ) 再入國許可期限 滿了後 入國時 在留資格(永住許可)을 格下 變更
                하지 않을 것.

            (ㄷ) 永住許可 "返戾"를 認定하지 않을 것.

            (ㄹ) 出國者의 子 및 永住許可取得者의 日本國外出生子(例 早産)의
                永住許可申請 資格 不認定은 不當함을 强調. (3.3)項 不許 內譯 參
                照)

        (c)

            (ㄱ) 許可後의 不許事由 發見이면 訂正 不可避.

            (ㄴ) 出國者의 子, 養子, 國外出生子의 永住許可申請 無資格은 明白

        (d)

            (ㄱ) 永住許可 "返戾" 事例一件이나 結論 保留中
                永住許可取得者의 日本國外 出生者의 永住許可申請 事例無.

            (ㄴ) 韓國籍 離脫等으로 永住許可 失效時

                (1) 1945.8.15 以前부터 繼續 居住한 者는 法律 第126號가 存續하
                    는 限 126-2-6 該當者라는 暫定地位로 되며

                (2) 126-2-6의 子로서 對日講和條約發效 以後 日本에서 出生, 繼
                    續 居住해 온 者는 出入國 管理令 第二十二條의 二의 規定에

依據, 在留資格取得申請을 하여 在留資格(4-1-16-2)(三年)의
許可를 얻어 在留할 수 있다는 法務省 解釋

6. 一般永住許可申請現況과 申請促進交涉現況
   1) 日法務省은 一般永住許可申請 資格者數를 約3,500名으로 推算
   2) 67年 6月末 現在　申請: 84
                      許可: 24
                      不許: 34
                      餘他: 審查中
      不許에는 無資格者, 特別在留許可後 "五年未經過者" "素行不良者" 包含
      이나 不許內譯 發表 回避
   3) 一般永住許可 申請을 爲하여 (1) 具備書類 簡素化 (2) 審查基準 緩和 (3)
      1952.4.28. 以前 入國者의 申請資格 (4) "1.26" 該當者의 申請 (5) 一般永
      住許可者再入國許可 申請에 對한 地方入管 許可를 促求
      (1) 具備書類의 簡素化
          日側을 申請書, 質問書 雇傭證明書, 外國人登錄證明書, 納稅證明
          書, 健康診斷書, 身元保證書, 財産證明書, 國籍確認書等 9種의 具備書
          類의 提出을 要請. 我側의 要請에 依하여 質問書는 省略, 外國人登錄
          濟證明書의 提出은 外國人登錄證의 提示로, 雇傭證明書 및 財産證明
          書는 該當事項이 있는 者에 限하여, 納稅證明書는 非課稅證明書로 代
          替할 수 있게 되었음. 國籍確認書 提出은 "大韓民國國民 登錄證" 提示
          로 足하도록 要請한 結果, 法務省內 "協議會"에 廻附, 討議되었으나,
          出入國管理令(2條5項)의 改正없이는 困難하다는 結論.
          書類具備通數는 申請者는 2通(從前 3通) 餘他는 1通(從前 2通)으
          로 簡素化.
      (2) 審查基準의 緩和:
          一般永住許可申請이 不振함은 日側의 調査 및 審查(管理令 22條)
          가 嚴格할 뿐만 아니라 申請資格者로서 特別在留許可된지 5年이 經
          過해야 한다는데 起因함을 指摘, 對日講和條約發效以前에 入國한 者
          는 日本에 15年以上 居住해 왔으므로 再次 調査를 하지 않아도 申請
          者에 對하여는 日本官憲이 熟知하고 있음을 說明.
          이에 對하여 法務省側은 終戰後 入國者에 對하여 一般永住를 許

可함은 在日韓國人뿐이라고 말하면서 "法務大臣聲名"을 參酌 "善處" 하고 있다고 解明.

一般永住許可를 申請하였으나 "風俗營業法違反" 理由로 不許된 栃木縣居住 李鐘曄氏의 例를 抗議.(別添實例 8號 參照)

(3) 1952.4.28. 以前 入國者의 申請 資格

"法務大臣聲明"에 依하여 對日講和以前에 入國한 僑胞는 全員 一般永住許可申請할 수 있게 할 것을 要請. "五年"을 "申請 卽時"로 할 것을 數次要請.

이에 對하여 日側은 1952.4.28. 以前 入國者라도 "在留資格"을 定式으로 받지 않고 居住해 왔다면 一般永住許可 申請資格 없으며(法律 126號) "特別在留許可後 五年 經過後 申請資格 有" 方針變動은 困難하다는 態度 堅持.

(4) "126" 該當者의 一般永住許可申請:

終戰前부터 繼續 日本國에 居住해 온 所謂 "126" 該當僑胞라도 "願한다면" 一般永住許可를 申請할 수 있는 길이 열려야 한다고 強調.

日側: 出入國管理令의 改正없이는 困難"

(5) 一般永住許可者의 再入國許可申請:

協定永住許可者와 같이 再入國許可申請을 地方入管에서 現地速決할 것을 要請.

日側: "可能한 方向으로 檢討 用意."

7. 對日講和條約發效以後入國者의 處遇

1) 日側은 講和條約發效以後 入國, 居住하고 있는 數를 約25,000으로 推算

2) 이들 在留許可期間은 1年 또는 3年마다 審査後 更新

3) 이들의 地位安定을 爲하여

(1) 一年更新制를 三年自動更新制로

(2) 五年乃至十年以上 生活의 本據를 두고 居住한 者는 退去强制對象에서 除外

(3) 特別在留許可者의 母國留學次 再入國許可를 要請

이에 對하여 日側은

(1) 五年程度 素行良好한 者는 六年째부터 大槪 三年間式 在留를 許可

(2) 退去强制는 "主權行使"이며 特別한 事情이 있는 者는 case by case로 處理

(3) 留學을 爲한 再入國許可는 困難하다는 見解 表明

8. 退去强制

1) 年度別 集團送還者數(大村收容所)

年度別	送還者人員
25年	995名
26 "	2,173 "
27 "	2,298 "
28 "	2,588 "
29 "	835 "
30 "	707 "
33 "	1,003 "
35 "	1,431 "
36 "	554 "
37 "	630 "
38 "	462 "
39 "	584 "
40 "	622 "
41 "	467 "
總計	15,309

2) 永住歸國, 自費出國者 數

	永住歸國					自費歸國				
	1963	1964	1965	1966	1967	1963	1964	1965	1966	1967
1	5	3	8	9	10	3	9	11	15	6
2	10	4	6	6	0	9	11	8	10	11
3	6	9	5	3	12	12	10	7	3	8
4	9	7	5	9	7	12	24	5	14	7
5	6	6	20	10	2	9	4	6	14	19
6	5	5	13	9		9	1	25	23	9
7	8	5	1	9		6	7	12	6	
8	6	10	4	6		6	14	13	16	
9	13	12	12	7		9	6	10	8	
10	8	11	6	4		5	4	13	14	
11	4	11	13	6		7	12	16	15	
12		3	3	8		7	12	15	6	
小計	80	86	96	※①86	33	94	114	141	※②144	
總計	381名					553 名				

※① 各級領事官 發給分 包含統計: 229

※② 各級領事官 發給分 包含統計: 267

3) 强制退去 對象

(1) 永住許可이 者의 配偶者, 直系家族(實例 9-13號)

(2) 對日講和條約發效以前入國者(實例 14, 15號)

(3) 對日講和條約發效以後入國者(實例 16, 17號)

(4) "學生" (實例18, 19號)

(5) 未成年者

　　日側은 退去强制代象者의 (1)日本入國經緯 (2)在留資格取得與否 (3)入國後素行 (犯歷) (4)居住期間 (5)本國內直系家族 (6)日本內家族 狀況 (6)日本政府生活保護受給與否 (7)(學生의 境遇) 契約書等을 考慮. Case by case로 處理

　　日側은 永住許可者의 配偶者의 境遇는 約80% 特別在留許可者의 境遇는 約60% "救濟" 되고 있다고 解明

4) 退去强制 事由

(1) 協定第三條 ("出入國管理特別法" 第六條)

(2) 出入國管理令 第二十四條

9. 國籍 變更

1) 協定永住許可申請時 "國籍に関する陳述書" 提出者 7,605人中 7,432人 (61.7.3 現在)에 對하여 國籍을 確認(合意議事錄) 回答完

2) 國籍의 "訂正" 65.10 新潟縣岩船郡 荒川町 居住 僑胞 23人의 國籍이 本人 들의 意思에 反하여 "朝鮮"이 "韓國"으로 登錄되었으므로 "韓國으로부터 "朝鮮"으로의 "國籍登錄事項訂正申立"을 提出, 調査끝에 66.6.30. 荒川町 役場 書記의 "手違い"임이 判明, "訂正"을 認定.

　　大使館의 抗議에 對하여 法務省은 "韓國"으로부터 "朝鮮"으로의 "變更"은 承認하지 않는다는 方針을 再確認. 그러나 "訂正"은 町役場 書記의 失手가 있다면 認定하지 않을 수 없음을 解明(外國人登錄法 十條二) 國交正常化後 同 "訂正"件數 提示 回避

3) 國民登錄更新 및 新規登錄

公館別區 \ 分	更新登錄數	新規登錄數	合計
大使館	11,495	4,195	15,690
札幌總領事館	871	266	1,137
仙台領事館	1,129	520	1,649
横浜領事館	3,164	1,158	4,322
名古屋領事館	5,392	2,072	7,464
大阪領事館	15,654	6,901	22,555
神戸領事館	5,776	3,339	9,115
下関領事館	3,299	1.973	5,292
福岡領事館	3,358	1,573	4,934
合計	59,138	22,020	72,158

10. 歸化

1) 歸化內容(1952.11.28-1960.8)

血緣關係	歸化者數
純韓國人	7,467
前日本人母	6,194
前日本人	2,184
日本人母	1,185
日本人과結婚	450
日本人父	231
日本人父母	84
日本人의 養子	50
前日本人父母	7
前日本人父	7
計	17,859

※總外國人歸化者數中 韓國人歸化數: 90%

2) 歸化者數

1960··················3,763

1961··················2,710

1962·······················3,222
1963·······················3,558
1964·······················4,632
1965·······················3,438
1966·······················3,816

3) 對日講和條約發效以後 韓國人과 結婚한 日本人女子는 日本國籍과 韓國
國籍을 二重으로 所有. 韓國人과 內緣關係에 있는 日本人妻의 子가 韓國
人父에 依하여 認知되었을 境遇 二重國籍이 된다는 日側의 解釋.

-以上-

事實實例

1967.6.30.

1. 繼續居住者
2. 繼續居住歷: "126"의 再入國許可申請不許
3. 繼續居住歷: "126"의 再入國許可申請不許
4. 繼續居住歷: 永住權 "喪失者" 子의 永住許可申請
5. 永住許可者의 再入國許可申請不許
6. 永住許可 失效(永住許可→特別在留許可)
7. 永住許可取消 - 不許
8. 一般永住許可申請 不許
9. 退去强制 : 永住許可者의 配偶者
10.   : 永住許可申請者의 配偶者
11. (立件)   : 永住許可者의 配偶者
12.   : 永住許可者의 直系卑屬
13.   : 永住許可申請者의 直系卑屬
14.   : 對日講和條約發效以前 入國者
15.   : 對日講和條約發效以前 入國者
16.   : 長期居住者
17.   : 長期居住者 家族
18.   : "學生"
19.   : "學生"

-以上-

No. 1   ※ 繼續居住歷

姓　名：李順萬　　生年月日：1918. 7. 15　　出生地：慶南
本　籍：慶南固城郡固城邑竹溪里　　現住所：栃木縣下都賀郡藤岡町
　　　　　　　　　　　　　　　　　　　　大字藤岡 5240

職　業：　　　　　　　　日本入國年月日：1938. 8. 14

在留資格：特在　　　　　國民登錄番号：東栃 6

事件概要：

　　　1. 1938. 8. 14　　渡日

　　　2. 1950.　　　　外國人登錄証紛失、證有出、登錄漏悉
　　　　　　　　　　（1947年外國人登錄済）

　　　3. 1965. 7.　　再入國許可申請時　期立→特在（1年）

　　　4. 1966. 7. 29　特在許可期限　満了、更新申請　脱努

　　　5. 1966. 8　　　强制退去令

　　備考：1）1948年　臟物運搬罪　一年懲役

　　　　　2）1966. 11　永住許可申請　一不接受

No. 2   ※ 繼續居住歷
　　　　 ※ "126"의 再入國許可申請不許

姓　名：金時甲　　生年月日：1922. 8. 3　　出生地：慶北
本　籍：慶北安東郡吾安面九水洞　　現住所：川崎市浜町 4-27
職　業：飲食商　　　日本入國年月日：1933
在留資格：126　　　國民登錄番号：橫神 53
事件概要：

　　　1. 1933　　　　　渡日

　　　2. 1967. 1. 25　　永住許可申請

　　　3. 1967. 1. 31　　再入國許可申請→不許（67. 3. 29）
　　　　　　　　　　　※一時歸國容認

　　　4. 1967. 5. 19　　橫浜入管收容、鬪志→仮放免

No. 3　　※ 継續居住歷
　　　　"126" 再入國許可申請不許

姓　名： 張摩西　　　生年月日： 1905. 6. 11　　出生地. 서울
本　居： 서울特別市永登浦2堂山路三街一　　現住所： 神奈川縣橫濱市戸家2公田町
　　　　　　　　　　　　　　　　　　　　　　　　　　　　8/3
要　求：　　　　　　　　日本入國年月日： 引揚： 1946. 3. 13
在留資格： 126　　　　國民登錄番号
事件概要：
　　1. 1946. 3. 13　滿洲에서 引揚船 日本入國 (廣廣縣)
　　2. 1946. 11　　橫須賀美海軍基地勤務
　　3. 1955. 11　　肺結核患者　　1959. 2 退院
　　4. 1966. 11　　再入國許可申請 → 不許 → 外國人登錄法違反容疑 立件

　　備　考： 外國人登錄 滯納.

No. 4　　※ 継續居住歷
　　　　※ 永住權 "喪失" 者子의 永住許可申請.

姓　名： 吳昌五　　　生年月日： 1925. 6. 11　　出生地： 慶南
本　居： 慶南忠山市倉洞105　　現住所： 栃木縣眞岡市仲町 1595
要　求：　　　　　　　　日本入國年月日：
在留資格： 4-1-16-3　　國民登錄番号
事件概要：
　　1. 1966. 3 5〜4. 5　再入國許可 一歸國
　　2. 1966. 4. 2　　取病、入院
　　3. 1966. 4 8　　退院、日本大使館 喪項
　　4. 1966. 7　　再入國、特在 (4-1-16-3)
　　5. 1966. 7. 20　協定永住許可申請 → "許可保留"
　　備　考： 子 吳一秩、吳季子、協定永住許可申請 (66. 7. 20)
　　　　　　　　　　　　"許可保留"

No. 5　　　永住許可者의 再入国許可申請 不許

姓　名：裴 正 石　　　　生年月日：1914. 2. 9　出生地．全南
本　籍：全南灵川郡双阿面东三里279　　　現住所：大阪在高槻市茶川町4-3-15
職　業：　　　　　　　　　　　　　日本入国年月日：1928、6.
在留資格：　永住許可 4478号　　　国民登録番号：大大1761
事件概要：

　　1. 1966. 11　再入国許可申請
　　　1966. 11　　不許

　　　　　　　※ (大阪入管職員 賄賂嫌疑)

　備　考：日本法務省説明："許可保留、事件解決后 許可"

No. 6　　　※ 永住許可 失効 ─ (再入国許可期限 満了 → 特在)

姓　名：李 松 鏑　　　生年月日：1921. 7. 3　出生地．咸南
本　籍：咸南比青郡俗厚面広川里2429　　現住所 神奈川県横浜市新山下町1-1
職　業：貿易業　　　　　日本入国年月日：1941. 3
在留資格：126-2-6　永住許可 642 (66.3)　　国民登録番号：KJ-3277
事件概要：

　　1. 1966. 3　永住許可 642号
　　2. 1966. 2.18 - 4.18　再入国許可期限 (以前 66.10.1 逃廃)
　　3. 1966. 12. 5　再入国
　　4. 1966. 12. 5　4-1-16-3 (特在)

　備　考：1966. 10. 11　木村大便宛 陳情書 提出

No. 7. ※ 永住許可取消一不許

姓　名： 金　穎　五　　生年月日： 1914.12.9　出生地　慶南
本　籍： 慶南南海郡昌善面上新里469　現住所： 青森県黒石市大字油横町8の1
職　業： 飲食店経営　日本入国年月日： 1938.6.15
在留資格： 永住許可 (66.8.9)　国民登録番号 ： 仙青 0079
事件概要：

1. 1938.6.15　入国
2. 1966.8.9　永住許可 ： 3437号
3. 1967.2.8　仙台入管 職員3名 来訪、家宅捜査
　(出入国管理令違反容疑)
4. 1967.4.28　永住許可 取消
※ 事由： 終戦后一時帰国事実発見

No. 8. 一般永住許可申請不許

姓　名： 李　徳　曜　　生年月日： 1946.3.6　出生地： 慶北
本　籍： 慶北清道郡梅田面堂湖洞　現住所： 栃木県那須郡黒磯町
大字黒磯251-41
職　業： 遊技場経営　日本入国年月日： 1942.10 一時帰国
1949.4 再入国
在留資格： 特在： 1959.10.26　国民登録番号
事件概要： 1942.10　渡日
(1946.　一時帰国)
1949.4　不法再入国
1959.10　特別在留許可
1966.12.21　一般永住許可申請
1967.1.25　不許通告受領
※ 事由 (1965.7. 風俗営業法違反. 罰金5,000円).

No. 9.　　※ 退去強制　※ 永住許可者 의 配偶者

姓　名: 金淵姜　　生年月日: 1935. 5. 7　　出生地: 大阪市
本　籍: 慶北永川郡永川邑通同25　　現住所: 東京都国立市国立255
職　業: (旧韓文化協会 事務局長)　　日本入国年月日: 1952. 11. 26.
在留資格: (大村収容所)　　国民登録番号:
事件概要:
　　1. 1962. 11　　不法入国
　　2. 1964. 4　　富壽子 와 結婚
　　3. 1964. 7　　假放免
　　4. 1967. 3　　大村収容所 収容

　　備考: 妻 富壽子 永住許可: 9079号(66.11.15)

No. 10　　退去強制 : 永住許可申請者 의 配偶者

姓　名: 安培根　　生年月日: 1916. 12. 21　　出生地: 済州道
本　籍: 済州道済州市禾北里4075　　現住所: 東京都...川区西日暮里1-4-23
職　業:　　日本入国年月日: 1925
在留資格: 仮放免中　　国民登録番号:
事件概要:
　　1. 1925.　　渡日
　　2. 1946.　　歸国
　　3. 1949. 4. 不法入国
　　4. 1965. 12. 22　白首
　　5. 1967. 5. 22　退去強制令

　　備考: 妻 姜順玉 協定永住許可申請: 1967. 6

No. 11　　　　立件 : 永住許可의 配偶者

姓 名 : 安 商 驥　　　生年月日 : 1925. 5. 25.　　出生地 : 慶南
本 籍 : 慶南咸安郡代山面下基里　　　現住所 : 福岡県浜松市文丘町21-1
職 業 :　　　　　　　　　日本入国年月日 : (1948. 3)
在留資格 : 126-2-6　　　国民登録番号
事件概要 :

1. 1966. 2. 5　　家族一同 9名 永住許可申請
2. 1966. 4. 8　　子息 7名 許可
3. 1966. 11. 14　　横矢入管出頭. 調査 (戦后入国事實自白)
4. 1966. 11. 16　　立件 → 仮放免

No. 12　　　　退去強制 : 永住許可者의 直系卑属

姓 名 : 朴 英 宣　　　生年月日 : 1941. 3. 18.　　出生地 : 島根県
本 籍 : 忠北永同郡龍山面金谷里　　　現住所 : 山北県下関市大字新蔵町11
職 業 :　　　　　　　　　日本入国年月日 :
在留資格 : 4-1-16-3　　　国民登録番号 : 下山 2K
事件概要 :

1. 1941. 3. 18　　日本 島根県 出生
2. 1946.　　　　帰国
3. 1955. 10　　　不法入国
4. 1966. 12　　　自首 → 仮放免

備考 : 父 朴汝哲 永住許可 25327号 (66. 5. 7)

No. 13   ※ 退去強制 : 永住許可申請者의 直系卑属

姓名: 姜 興 相   生年月日 : 1938. 1. 4   出生地 : 済州道

本籍: 済州道北郡翰林邑翰林里 1305   現住所 : 東京都台東区東上野 2-15-5

職業: 父 : 姜 庚 喜
     乾物商経営   日本入国年月日 : 1957. 2. 11

在留資格: 仮放免中   国民登録番号 :

事件概要 :

      1. 1957. 2. 11   不法入国 ― 明治学院大学 入学 二年中退

      2. 1966. 1. 20   母 死亡, 父 : 肝硬変病 : 従事補助

      3. 1966. 8. 27   退去強制令 ― 仮放免中

    備考 父 : 姜 庚 喜 永住許可申請 1967. 1

No. 14   退去強制 : 対日講和条約発効以前入国者

姓名: 李 阪 軍   生年月日 : 1921. 3. 9   出生地 : 慶南

本籍: 慶南昌寧郡緑北面館山里 348   現住所 : 兵庫県姫路市豊沢町 843

職業: 日本入国年月日 1948. 8

在留資格: 国民登録番号 : 兵 12

事件概要 :

      1. 1958. 7   渡日

      2. 1948. 6   帰国

      3. 1948. 8   不法入国

      4. 1965. 11   不法入国 発覚 →退去強制

      5. 1966. 2   特別在留許可申請

      6. 1966. 12   不許 → 退去強制

No. 15　　　※ 退去強制：対日講和條約發効以前入国者

姓　名：秦致才　　　生年月日：1929. 4. 10　　　出生地：大阪市

本　籍：済州道大静面武陵里　　　現住所：東京都台東区松が谷4-28-9

職　業：洋裁店 経営　　　日本入国年月日：1951. 11

在留資格：　　　　　　　　国民登録番号：KJ-28017

事件概要：

1. 1951. 11　　　不法入国
2. 1953.　　　　麻薬犯・被検 → 大村収容所
3. 1956　　　　大村収容所 仮釈放（自費出国條件）
4. 1957. 7　　　退去強制 → 不出頭
5. 1964. 8　　　自首、仮放免
6. 1964. 12　　　特在許可
7. 1964. 12　　　特在更新申請 → 不許 → 退去強制

No. 16　　　※ 退去強制：長期居住者

姓　名：成舜慶　　　生年月日：1922. 10. 29　　　出生地：慶南

本　籍：慶南固城郡大地面石里321　　　現住所：仙台市原町苦竹字金屋敷30-1

職　業：宮城県 韓国人商工会理事　　　日本入国年月日：1952. 10

在留資格：仮放免中　　　　国民登録番号

事件概要：

1. 1952. 10　　　不法入国
2. 1963. 5　　　不法入国 發覚（他人外国人登録証所持）
3. 1963. 11　　　特在許可（4-1-16-3）
4. 1967. 2. 2　　　退去強制令

備　考：内縁 妻：佐々木フミ子、子二名

No. 17.　※ 退去強制 : 長期居住者家族

姓　名 : 高守伯 外　　生年月日 : 1936. 12. 1　　出生地 : 濟州道
　　　　　家族 4名

本　籍 : 濟州道北濟州郡翰京面新昌里 209　　現生所 : 東京都荒川区東日暮里 3-14-3

職　業 : 韓バンド製造業　　　　　日本入國年月日 : 1955. 11

在留資格 : 仮放免中　　　　　　　国民登録番号 : 東 7859

事件概要 :

　　　1955. 11.　　不法入国
　　　1966. 10　　不法入国調査
　　　1967. 2. 27　退去命令

　　備考　1) 妻 洪平生 不法入国 (1955年) 同屬
　　　　　子 三名 (3女. 2女. 1女)

　　　　　2) 再審中

No. 18　　※ 退去強制 : "學生"

姓　名 : 金英植　　生年月日 : 1937. 6. 28　　出生地 : 全南木浦市

本　籍 : 全北金堤郡金堤邑玉山里 405　　現生所 : 東京都文京区小石川 2-11-17

職　業 : 學生 (民団文京支部動務)　　日本入國年月日 : 1961. 6

在留資格 :　　　　　　　　　　国民登録番号 : 020399

事件概要 :

　　　1.　1961. 6　不法入国
　　　2　1963. 4　東京 東洋大学 法学部 入学
　　　　　(1967. 3　卒業予定)
　　　3.　1967. 2. 28　退去強制令

　　備考 : 東洋大学 入学時 入管에 卒業后 歸国 誓約書提出

No. 19   退去強制: "學生"

姓　名: 梁會善   生年月日: 1936.5.25   出生地: 서울
本　籍: 서울特別市西大門區弘恩洞71   現住所: 東京都中野區2-25-3
職　業: 學生   日本入國年月日: 1956.3
在留資格: 國民登錄番號: 東京 2310
事件概要:
　　1. 1959.3   不法入國 一自首 →仮放免
　　2. 1961.4   早稲田大学 理工学部 入学 → 卒業
　　3. 1966.4   同大学 大学院理工学部入学許可
　　4. 1966.10.14   退去令

　備考: 誓約書.

26. 외무부공문(착신전보)–법적지위협정 회의 결과 보고

대한민국 외무부
번호 JAW-07374
수신시간 1967.7.22. 8:17
일시 211836
발신 주일대사
수신 장관

　참조: 법무부장관
　연: 법적지위협정 관계 회담보고
1. 금 21일 회의는 하오 2시부터 5시까지 일법무성에서 개최되었음.
2. 오늘 회의에서는 일측의 답변 후 아측과 질의 응답하였는 바 일측의 답변
요지는 아래와 같음
1) 제1회 등록의 유무에 불구하고 제2회 내지 제8회의 외국인등록이 누락안되

었고 종전 전에 입국한 기록만 있으면 영주허가할 용의 있음.

2) 1952.4.28. 이후 한국인과 결혼한 일본인 처에 대한 영주허가: 이는 일본정부 내에 이견이 있으나 인도적인 배려를 하여 가능한 방향으로 검토하겠음.

3) 일본 국외에서 출생한 자의 영주허가 신청 자격: 자의 지원에 관한 객관적 증명 및 산후 합리적인 단시일내에 일본에 도라오는[5] 경우 가능한 방향으로 고려하겠으며 그 신고 절차에 관하여 양국 관계관에 합의에 달할 필요가 있음.

4) 출국자의 자: 법조문의 해석이 명화하고 또한 이미 불허된 사례도 있어 극히 어려운 것으로 봄. 그러나 앞으로 재검토하겠음.

5) 재입국허가: 회수, 기간에 대한 제한은 없다고 봄. 구미 유학생의 재입국 허가기한의 연장문제는 차후 출입국관리령 개정시에 가능한 라인에서 검토할 것임. 재입국기한 만료 후 입국자의 불가항력적인 사유의 증명 방법에 관하여 연구한 후 부득이한 사유가 있을 때에는 영주권 등 재류자격에 변동이 없도록 하겠음.

6) 근친자 방일: 방일후 필히 귀국한다는 확증이 있으면 30일간 기간을 2회 정도 연기할 용의가 있음. 입국사증의 현지 일대사관 처리는 현재는 좀 무리하다고 생각됨.

7) 영주허가자의 동거자 입국: 미성년, 배우자의 입국은 고려할 것이나 신중한 신원 조사가 필요함. 근친자의 퇴거강제에 있어 최근 입국자만은 부득이함.

8) 전후입국자의 일반영주허가 문제: 현재 특재허가 후 다시 5년을 기다릴 필요 없이 영주허가하도록 그 기간을 단축하겠음.

3. 이상과 같은 내용은 명 22일 10:00시 실무자간에 문서화하도록 하고 또한 이와 같은 일측 답변 내용을 추후 쌍방이 발표 합의시까지 대외비로 하기로 합의하였음.

4. 이번 회담이 예상외로 유익한 성과를 거둔데 비추어 이와같은 회합을 차후 필요에 따라 개최할 것을 아측이 제의한데 대하여 일측은 언제든지 이에 응하겠다고 하였음.

5. 상세는 추후 보고하겠음. (주일영- 외아교, 아북)

---

5) 돌아오는

27. 주일대한민국대사관 공문-법적지위협정 시행에 관한 "회담요록"의 실시에 관한 건

주일대한민국대사관
번호 주일영1-729-2691
일시 1967.9.21.
발신 주일대사
수신 외무부 장관
참조 아주국장
제목 법적지위협정 시행에 관한 "회담요록"의 실시에 관한 건

      연: 주일영1 - 725 - 2404(67.8.21.)

      대: 외아교725 - 18623(67.8.29.)

    8.23. 김 외무부차관과 다나까 일법무대신간에 확인 서명된 재일교포 법적지위협정 시행에 관한 "회담요록"의 실시를 위하여 일 법무성 관계관과 접촉한 내용을 별첨 보고합니다.

    동 회담요록 중 특히 4.C항(협정영주자의 해외여행 중 출생한 자녀의 일본 입국 및 협정영주허가 신청 자격 부여에 관하여 양국 사무 당국간에 합의를 보아야 함.)의 규정의 시행을 위하여는 현금 일측이 검토하고 있으며 불원 그 초안이 작성된다고 함을 보고합니다.

    본 건에 대하여는 계속 보고 위계이온 바 4.C항에 대한 본부의 입장과 견해를 회시하여 주시기 바랍니다.

첨부: 동 일측 관계관과의 접촉 보고서

첨부-일측 관계관과의 접촉보고서

법적지위협정 시행에 관한 회담요록의 실시

1. 박 제1영사과장은 9.19. 일 법무성 입관국의 "다쓰미" 참사관을 방문하여 8. 23. 김 외무차관과 일 법무대신간에 확인 서명된 재일교포의 법적지위협정 시행에 관한 "회담요록"의 실시에 관하여 주로 토의하였는 바, 그 요지는 다음과 같음. (이보다 앞서 박과장은 8.25. 동 입관국 자격심사과의 "구리야마" 과장을 방문하고 주로 일반영주허가 신청 촉진에 관하여, 9. 6. "나까노" 협

정영주실장을 방문하여 주로 계속 거주력 인정에 있어 미결된 건을 포함한 협정영주허가의 신속한 처리 등에 관하여 각각 토의한 바 있음.)

2. 먼저 박 과장은 앞서 확인서명된 "회담요록"의 내용이 지방 입관을 비롯한 일 관계 기관 및 주한 일본대사관에 통보되었느냐고 질문하였던 바, "다쓰미" 참사관은 동 "회담요록"의 내용 자체는 이미 각 관계기관에 통보되어 있는데, 세칙은 아직 통달되어 있지 않다고 말하였음.

3. 이어 박과장은 대사관이 9월 중에 국적확인 회답에 있어 미결된 건을 일소하기 위하여 필요한 조치를 취하고 있으며 각 지방 영사관 및 민단을 통한 협정영주허가 신청을 촉진하기 위한 제반 조치를 취하고 있음을 설명한 다음, 현금 일측에서 미결건으로 되고 있는 1) 계속거주력 인정 문제 2) 대일 평화 조약 발표 이후 한국인과 결혼한 일본인 처 3) 재입국허가 만료 후 일본에 재입국하여 재류자격이 변경된 자 4) 퇴거강제에 있어 영주허가의 가족 등, 미결건을 단시일 (해당자들에 유리한 방향으로) 결론을 내려주기를 요청하였음.

4. 이에 대하여 다쓰미 참사관은 1) 계속거주력 인정 문제에 있어서는 1950.1.16.-31. 사이에 제2회 외국인 등록을 필하였고 종전 전부터 계속 거주한 것으로 인정되면 조사없이 허가하고 있다고 말하고 동 등록기간에 등록을 필하지 못하였으나 그 후에라도 어쨌던 제2회 등록을 필한 자면 사실상 조사를 하지 않고 영주를 허가하고 있음을 시사하였음. 문제는 이와같은 처리방침 및 처리 현황을 일측이 대외적으로 "크게 이야기할 수는 없다"고 설명하였음. 2) 대일 평화조약 발효 후 한국인과 결혼한 일본인 처에 있어서는 이미 20여건이 허가되었으므로 이제는 문제가 안된다고 말하였음. 3) 재입국허가 만료 후 일본에 입국한 자의 지위에 관하여는 불원 주한 일본대사관의 "이께가미"씨가 본국에 출장오므로 그시에 같이 협의하여 먼저 원칙을 정하고 이어 세칙을 정해나갈 계획이라고 밝혔음. 4) 영주허가자 가족의 퇴거강제에 있어서는 일율적으로 말하기 어려우며, 본인의 소행, 가족관계 등을 감안하여 그시 그시 "케이스 바이 케이스"로 처리해 나가지 않을 수 없다고 말하였음.

5. 이어 박과장은 동 회담요록 규정에 의하여 양국 실무자간에 합의를 보아 실시하기로 된 협정영주자의 해외여행 중 출생한 자의 일본입국 및 협정영주 신청자격 부여건을 속히 처리하기를 희망한다고 말하였던 바, 이건은 부득

기한 사유로 재입국 허가기한 만료후 입국할 시 그 부득기한 사유의 확인 방법, 협정영주자 가족의 동거를 위한 일본 입국 건과 아울러 주한 일본 대사관의 "이께가미" 씨가 본국으로 출장해올 시 토의할 것이라고 말하였음. 박과장은 일측이 본건에 대한 안을 먼저 제시하면 아측은 곧 검토 조치할 것이라고 말하면서 아측의 기본적 생각으로서 1) 확인 관계 서류는 가능한 간소화할 것(모 또는 부의 여권에 출생자에 관한 사항을 병기하도록 함.) 2) 일본 입국 기한은 적어도 출생후 100일은 소요된다. (한국에는 출산 후 3.7. 및 100일 잔치가 행하여지는 풍습을 설명하였음.) 함을 설명하였음.

6. 박과장은 일반영주허가 신청 상황이 아주 부진함을 지적하고 연내로 일반영주허가 건수가 최소한 300건 정도 되어서 일반영주허가 신청도 궤도에 올르게[6] 되기를 바란다고 말하고 일측이 심사기준을 더욱 완화하여줄 것을 요청하였음. 이에 대하여 동 참사관은 협정영주허가 신청상황을 보면 일반영주허가 신청대상자도 간주되는 자가 약 300명 되는데, 이들이 다 일반영주허가 신청을 하여 주기 바란다고 말하고, (박과장의 질문에 대하여)

1) 특별재류자격을 받은 다음 달에 일반영주허가 신청을 하여도 가하며,

2) 타인 명의로 등록되어 있는 자(소위 "모구리")는 퇴거강제 수속 자체를 두려워하지 말고 하로 속히 자수하여 정상적인 수속을 밟기를 바란다고 말하였음. 끝

28. 주일대한민국대사관 공문─법적지위협정 시행에 관한 "회담요록"의 실시에 관한 건

주일대한민국대사관
번호 주일영1-725-2918
일시 1967.10.12.
발신 주일대사
수신 외무부 장관
참조 아주국장
제목 법적지위협정 시행에 관한 "회담요록"의 실시에 관한 건

---

6) 오르게

연: 주일영 1 - 725 - 2691(67.9.21.)

표제 건에 관하여 연호로 보고 드린 후 계속하여 일 법무성 관계관을 차례로 방문하여 회담요록에 규정된 1) 퇴거강제 2) 일반영주허가 및 협정영주자의 재입국 허가 3) 협정영주자 가족의 일본 입국에 관련하여 각각 교섭한 내용을 별첨과 같이 보고합니다.

첨부: 동 보고서

첨부-법적지위협정 시행에 관한 회담요록의 실시를 위한 활동 보고서

법적지위협정 시행에 관한 "회담요록"의 실시를 위한 활동 보고

1. 퇴거강제: 박 제1영사과장은 9.22. 하오 4시 일법무성 입관국 경비과의 "사까우에" 과장을 방문하고 주로 동 경비과의 소관인 퇴거강제에 관하여 요지 다음과 같이 대담하였음. 이 자리에는 도요다과장 보좌가 동석하였음.

먼저 박과장은 회담요록이 성립된 배경과 경위를 설명한 다음 재일교포의 협정영주허가 신청촉진을 위한 대사관의 활동을 설명하고 이어 상금 미결로 되어있는

1) 협정영주자의 배우자, 직계비속 등 가족의 퇴거강제를 중지할 것.

2) 협정영주신청 유자격자 가족의 퇴거강제도 협정영주자의 가족에 준하여 처리할 것.

3) 이들 미결로 되어있는 자의 특별재류를 단시일내에 허가할 것을 요청하였음. 이에 대하여 사까우에 과장은 아측의 요망 사항을 상사에 보고한 후 검토할 것이라고 말하였음.

박과장은 피퇴거강제 대상자의 가방면 기간이 대개 1개월간으로 되어있음을 지적하고 앞으로는 협정영주자의 가족의 가방면 기간을 최소한 3개월 이상의 기간으로 허가하고 또한 갱신시도 같은 기간으로 허가할 것을 요청하였음. "도요다"과장 보좌는 이에 대하여 호의적으로 검토할 것이라고 말하였음.

끝으로 박과장은 법적지위협정 토의 기록에 언급하고 재감자에 의한 영주허가 신청에 제한이 가하여지는 일이 없도록 조치하여 줄 것을 요청하고, 협정영주 신청 유자격자가 혹 신청전에 강제퇴거 당할시는 영주허가 신청 의사유무를 반드시 확인할 것을 요청하였음.

이에 대하여 "도요다"과장 보좌는 박과장에게

1) 협정영주신청 유자격자가 퇴거강제의 사유가 있어 퇴거강제 당할시 본인이 끝까지 영주 신청을 거부하고 북송을 희망할 시 대사관의 태도 여하,

2) 거반 오오무라 수용소 수용자의 제58차 송환을 위한 대사관 및 법무성 관계관간 협의시 대사관측이 보인 인수기준이 차후에도 적용될 것인가고 문의하였음.

이에 대하여 박과장은,

1) 협정영주신청 유자격자의 퇴거강제시는 협정영주허가를 신청하도록 끝까지 설득해야 할 것이며,

2) 퇴거강제자의 차후 인수에 있어서는 그시 그시 각기 특별한 사정이 있을 것이므로 그러한 사정이 충분히 감안되어야 할 것으로 본다고 답변하였음.

2. 일반영주허가: 이어 박과장은 9.26. 상오 11시 법무성 입관국 자격심사과의 "구리야마"과장을 방문하고

1) 재일교포의 일반영주허가 신청 상황이 매우 부진함은 입관의 과중한 조사와 엄중한 심사의 영향을 받은 것으로 본다고 지적하고 현금 미결로 되어 있는 일반영주허가 신청 건수를 조속 허가 처리하여 연내로 300건 정도 허가함으로써 재일교포의 일반영주허가 신청이 궤도에 오르도록 일측이 적극 협력하여 줄 것을 요청하였음.

2) 이어 박과장은 대사관의 재일교포의 일반영주 신청촉진을 위한 제반 조치를 설명하고 일측이 심사 기준을 더욱 완화해 줄 것을 요청하였음. 박과장은 심사가 엄중하여 불허된 실예를 들었음. 이에 대하여 구리야마 과장은 과거에 불허된 자라도 다시 신청할 수 있음을 시사하였음.

3) 일반영주허가 신청 유자격자의 입국 일자의 근거문서에 대하여 문의하였던바, 구리야마 과장은 첫째로 외국인등록이 기본 증빙 문서가 될 것이고, 둘째로는 본인의 거증에 달려 있다고 답변하였음.

또한 박과장은 구리야마 과장에게 협정영주자의 재입국허가 신청시 그 기간 및 회수에 대한 제한이 상금 있음을 실예를 들어 설명하고 그러한 제한적인 사례가 없도록 조치할 것을 요청하였음. 이에 대하여 구리야마 과장은 제한적인 산례가 없다고 주장하면서 본성에까지 올라오는 신청건수는 별로 많지 않고 범력이 불량한 자만 본성에서 처리한다고 설명하였음. 국교정상화 이전의 범력은 불문에 부쳐줄 것을 재차 요청한데 대하여 구리야마 과장은 그것은 곤란하다고

말하였음.

　　이어 아측의 질문에 대하여, 구리야마 과장은 일반영주허가자의 재입국허가
신청은 지금은 지방 입국관리사무소가 현지 처리할 수 있도록 이미 시달되었다
고 답변하였음.

3. 입국사증: 박과장은 10.4. 법무성 입관국 입국심사과의 "히라노" 과장을 방문
　　하고 "회담요록" 성립의 배경 및 경위를 설명한 다음, 입국심사과의 소관으
　　로서

　　1) 협정영주자의 해외 출생자의 일본 입국,

　　2) 협정영주자와의 동거를 위한 입국,

　　3) 협정영주자 가족의 친족 방문을 위한 입국,

　　4) 부득기한 사유로 인한 재입국허가 만료후 입국에 대하여, 최근 성립된
　　　 "회담요록"의 규정에 비추어 더욱 간편하게. 신속히 허가 처리할 것과

　　5) 자체에 위 세가지 경우는 서류만 구비하면 일본의 해외 공관이 현지 처리
　　　 할 수 있도록 조속 필요한 조치를 취하여 줄 것을 요청하였음. 이에 대하
　　　 여, "히라노" 과장은 부득기한 사유로 인한 재입국 허가 만료후 입국의
　　　 경우는 현지에서 재입국 허가기간의 연장 또는 갱신도 가능하지 않는가
　　　 라고 본다고 사사하고, 아측의 요망 사항을 상사에 보고하여 처리할 것이
　　　 라고 말하였음.

29. 주일대한민국대사관 공문-일반영주허가 신청

주일대한민국대사관
번호 주일영(1)725-2932
일시 1967.10.13
발신 주일대사
수신 외무부 장관
참조 아주국장
제목 일반영주허가 신청

　　1. 지난 8월에 서명한 법적지위협정 시행을 위한 "회담요록"의 실시, 특히

일반영주허가 신청의 촉진을 위한 대일 법무성과의 접촉을 계속하고 있으며, 동 결과 및 일반영주허가 신청 촉진을 위한 필요한 조치를 별첨 공문 사본과 같이 주일 각 공관장에게 지시하였음을 보고합니다.

*첨부: 동 공문 사본 1부. 끝.

첨부-일반영주허가 신청상의 문제

주일본국대한민국대사관
번호 주일영(1)725-438
일시 1967.10.12.
발신 주일대사
수신 주일 각 공관장
제목 일반영주허가 신청상의 문제

연: 주일영 (1) 725-203 (66.11.10)

1. 10월 10일 현재 일반영주허가 신청 및 허가 상황은 다음과 같음.
   신청: 120
   허가: 41
   불허: 46
   여타는 심사중

2. 일반영주허가 신청의 촉진을 위하여 대사관에서는 일본 법무성 관계관과 수차에 걸쳐 협의하여, 협정시행을 위한 "회담요록"의 취지에 입각하여, 특히 일본측이 지금까지 취하여 온 일반영주허가상의 엄격한 심사기준을 완화하여 원칙적으로 1952년 4월 28일 이전에 입국한 자에 대하여는 허가하여 줄 것을 요청하였으며, 일본측도 아측 요청에 대하여 호의척인 태도로 다하였음.

   1) 회담요록상의 규정
      제3항 h (아측의 요청)
      "전후 입국자가 일반영주허가의 신청을 한 경우에는, "법무대신 성명"도 고려하여, 그 자의 생활 실적을 관찰하는 기간을 두는일 없이, 조속히 이를 허가할 것,
      제4항 i (일측의 회답)

"전후 입국자에 대하여 출입국 관리령상의 영주를 허가하는 경우에 있어서, 종래는 특별재류 허가 후 5년으로 하고 있었으나, 금후 그 기간을 단축하는 방향으로 검토하고자 한다"

2) 이미 신청하였다가 불허된 자라도 재신청하여도 가함

3) 일반영주허가 신청자격자의 자도 신청할 수 있음

4) 특히 협정영주허가 신청을 하였으나 일반영주허가 신청자격자이므로 불허된 자는 (126-2-6자격으로부터 특별재류자격으로 변경되는 즉시) 일반영주허가를 신청할 수 있음으로 차지 양지하시고 이를 선전계몽하여 협정영주신청 촉진과 동시 일반영주허가 신청도 촉진되도록 유의하여 주시기 바람

3. 일반영주허가 신청 구비서류 중의 "국적확인서"의 발급 및 수수료

1) 신청서 서식은 다음 내용으로 프린트하여 비치

성명, 생년월일, 성별, 직업, 본적, 현주소, 국민등록번호(국민등록 미필자는 등록을 필한 후 발급할 것), 일본 입국일자, 외국인 등록번호

2) 국적확인서 양식...별첨 서식 참조 (원본에 고무인을 압인)

3) 수수료...1$상당액의 인지 첨부

4) 월말보고…동 국적확인서 발급기록을 월말 통계로 보고할 것.

*첨부: 국적확인서 양식 1부. 신청서 서식. 끝

첨부-국적확인서 양식

KEC(1)
DATE:
SUBJECT: CONFIRMATION OF NATIONALITY
TO: MINISTRY OF JUSTICE

The Embassy of the Republic of Korea confirms hereby that the person listed below is a national of Republic of Korea.

NAME:

DATE OF BIRTH:

SEX:

PERMANENT DOMICILE:

PRESENT ADDRESS:

****

국적확인신청서

196 년 월 일

주일본국 대한민국 대사 귀하

성명

생년월일

성별

직업

본적

현주소

국민등록번호

외국인등록번호

일본입국연월일

                신청인 (인)

30. 주일대사관 공문–법적지위협정 시행에 관한 "회담요록"의 실시에 관한 교섭 보고

KOREAN EMBASSY, Tokyo

번호 주일영 1-725-3228

일시 1967.11.8.

발신 주일대사

수신 외무부 장관

참조 아주국장

제목 법적지위협정 시행에 관한 "회담요록"의 실시에 관한 교섭 보고

　연: 주일영 1-725-2691(67.9.21.)

　　주일영 1-725-2918(67.10.12.)

　　표제건에 관하여 11.8 이문수 총영사가 일 법무성 입관국의 "우스이" 차장을 방문하여 교섭한 내용을 별첨 보고 합니다.

　　별첨: 동 보고서

별첨-일 입관국차장 방문 교섭 내용 보고

　일 입관국 차장 방문 보고

　67.11.8.

　　이문수 총영사는 11.8. 상오 10시 박 제1영사과장 및 공 제2영사과장을 대동하여 일 법무성 입관국의 "우스이" 차장을 방문하여 앞서 확인 발표된 "회담요록"의 뒷처리를 위한 일측의 조치를 촉구한 자리에서 입관국의 참사관 및 각 관계 과장과는 이미 접촉이 있었음을 설명한 다음, 요지 다음과 같은 요청을 제출하였음.

　　1. 회담요록에 규정된 협정영주허가자의 해외 출생자의 입국 및 영주허가 신청 유자격 부여를 위한 양국 정부 실무자간 합의를 위해 일측이 조속 안을 제시하여 줄 것.

　　2. 협정영주허가를 신청한 후 일년이 경과되었으나 상금 허가되지 않고 있는 자에 대하여는 단시일내에 허가 조치할 것.

　　3. 부득기한 사유로 인하여 재입국 허가기한 만료 후 재입국한 협정영주자의 재류자격(특별재류허가)은 조속 결론을 내어, 협정영주권을 회복시킬 것.

　　4. 국교 정상화 이전에 일본에 입국한 자로서 퇴거강제령이 내린 후 현재 가방면 중에 있는 협정영주자의 가족에 대하여는 특별재류허가를 조속 부여할 것.

　　5. 일반영주허가 신청 촉진을 위하여 일측이 심사 기준을 더욱 완화할 것.

이에 대하여, "우스이"차장은 입관이 서울 대사관을 통하여 상금 검토 자료를 수집중인바, 자료가 정리되면 외무성측과 협의를 해야 한다고 말하므로서 최정적인 결론이 내리기까지는 상당한 시일이 소요됨을 시사하였음. 이어 동 차장은 협정영주자의 가족의 퇴거강제를 일률적으로 정지함은 곤란하다고 말하고, 협정영주자에 대한 재입국 허가에 상금 제한이 있다는 아측의 언급에 대하여 이를 부인하였음.

끝으로 아측은 협정영주허가 신청 및 허가 건수가 공히 매월 점증 추세를 보이고 있음을 말하고, 일단 영주허가 신청이 대폭 증가할 수 있도록 일측이 더욱 협력하여 줄것을 요청하였음.

31. 외무부공문(착신사본)-법무성 입국심사 과장 방문 내용 보고(가족의 초청과 친척의 범위)

대한민국 외무부
번호 JAW-11347
일시 271823
수신시간 1967.11.28. 10:47
발신 주일대사
수신 장관

대: WJA-11162
대호의 사증 발급에 관하여 당관 제2영사과장이 법무성 입국심사과장을 방문. 상기 취급 요령을 문의하였던 바, 동 과장은 내부적으로는 일단 심사기준을 갖고 있으나 대외적으로는 공개할 수는 없다고 하였으나 동 대화중 대체로 아래와 같은 요지의 발언에 있었음.
1. 교포의 본국가족 초청은 원칙적으로 CASE BY CASE로 심사하고 있으며 어디까지나 문제의 성격에 따름.
2. 가족은 친척보다 가까운 개념으로 해석하고 있으나 일률적으로 몇등친까지를 "가족"이라고 정하지 않고 있다함. (그러나 2등친까지는 일단 "가족"으로 바아도[7] 좋다는 것임)

3. 금번 민단이 추진하고 있는 "본국 가족초청사업"에 있어서는 3등친까지의 가족을 허가 대상으로 하여 심사하고 있음을 시사하고 있으니 참고하시기 바람(의여, 아교)

32. 주일대사관 공문-법적지위협정 시행에 관한 회담요록의 실시에 관한 교섭 보고

KOREAN EMBASSY, Tokyo
번호 주일영1-725-3465
일시 1967.11.29.
발신 주일대사
수신 외무부 장관
참조 아주국장
제목: 법적지위협정 시행에 관한 회담요록의 실시에 관한 교섭 보고

　　　연: 주일영1-725-3228(67.11.8)
　　　표제건에 관하여 11.24. 안광호 공사 및 11.23. 정구욱 총영사가 각각 다쓰미 일 법무성 입관국 참사관을 방문하여 교섭한 내용을 별첨과 같이 보고합니다.
　　　첨부: 동 보고서 끝

첨부-법적지위협정 시행에 관한 회담요록의 실시에 관한 교섭

　법적지위협정 시행에 관한 회담요록의 실시에 관한 교섭
1. 안공사는 11.24. 다쓰미 참사관을 오찬에 초청하여 재일교포의 법적지위에 관하여 대담한 자리에서 요지 다음과 같이 요청하였음.
　　1) 협정영주허가 신청자에 대한 계속 거주력 조사에 있어 조사 기간이 1년 이상 경과되고 있는 사례가 있는바, 이들 신청자에 대한 조사는 종결하여 단 시일내에 영주를 허가함으로써 "미결건"을 일소할 것.
　　2) 회담요록에 규정되어 있는 바의 영주자의 해외 출생자에 대한 확인 절차

───────────────

7) 봐도

및 입국을 위한 한·일 양국 당사국간 합의를 위하여 일측이 빨리 안을 제출하여 줄 것.

3) 협정영주허가자의 가족으로서 한·일 국교 정상화 이전 입국자에 대한 퇴거강제는 중지하고 전원 특별재류허가를 부여할 것.

4) 재입국허가기간이 만료한 후 입국한 협정영주자에 대하여는 부득기한 사유가 있는 자가 있으므로 이들에게는 영주허가 자격을 다시 부여하도록 조속 결론을 낼 것.

5) 일반영주허가 신청을 촉진하기 위하여는 일측이 단시일내에 허가 건수를 대폭 증가하는 성의를 보여줄것.

이상에 대하여는 다쓰미 참사관은 현금 일측이 제반 자료를 수입중임을 설명하고, 일측이 가능한 한 호의적으로 검토할 것이라고 말하였음.

2. 이어 11.28. 정구욱 총영사는 신임 인사차 박 제1영사과장을 대동하고 다쓰미 참사관을 방문한 자리에서 재일교포에 대한 입관과의 제반 현안 문제에 관하여 토의하였는 바 그 요지는 아래와 같음.

먼저 다쓰미 참사관은 11월만[8] 현재의 협정영주허가 신청 상황으로 미루어 보아 협정영주 신청수는 협정발효 2년간에 약 6만명이 될 것이나 그 후로부터는 급속도로 증가할 것으로 본다고 말하였음. 이에 대하여 정 총영사는 영주신청 유자격자가 전원 기간내에 신청을 완료할 수 있도록 일측이 협력하여 줄 것을 요청하였음.

이어 아측은 협정영주자의 해외출생자의 입국절차 합의를 위하여 일측이 먼저 안을 내면 아측이 검토하여 조속한 시일 내에 합의를 볼 것을 요청한데 대하여 다쓰미 참사관은 현재까지 영주자의 해외 여행중 출생한 자의 입국이 문제된 사례가 없으며, 어떤 결론을 내려 협정영주허가 신청의 증가 경향에 영향이 미치는 것을 희망하지 않는다고 시사하면서, 임신부가 제3국에서 출산하기 위하여 일부러 여행을 하는 일이 많다고는 예견하지 않는다고 말하였음.

이어 동 참사관은 아측의 질문에 대하여, 재입국허가기간 만료 후 입국한 협정영주자에 대한 협정영주권 복귀 문제에 관한 결론을 아직 내지 못하고 있다고 밝히면서, 천재지변 또는 교통 기관의 사정으로 부득기 기한내에 재입국하지 못할 사례가 있음을 예상하나, 병환으로 인하여 기한내에 재입국

---

8) 11월말

하지 못하였을 경우에는 주재일본 공관에 가서 입국허가 신청을 하는 절차도 생각할 수 있다고 말하였음.

아측은 계속하여 협정영주자의 가족 중 현금 퇴거강제 수속을 밟고 가방면 중에 있는 자에 대하여는 연내로 전원 특별재류허가를 부여함으로써 "미결건"을 일소해줄 것과, 거주력 조사로 상금 협정영주허가가 나오지 않은 신청자에 대하여도 연내로 전원 허가 조치할 것을 요청하였음.

아울러 아측은 일반영주허가 신청이 부진함을 지적하고 일측이 심사면에서 더욱 기준을 완화하여 줄 것을 요청하였던 바, 다쓰미 참사관은 협정영주허가를 신청하였다가 불허된 자중에는 일반영주허가 신청 유자격자가 많이 있으므로 이들이 조속 일반영주허가를 신청하도록 대사관 측이 독려하여 줄 것을 희망하였음. 이어 아측은 일반영주허가 신청 유자격중에는 상금 남의 명의로 등록되어 있는 소위 "모구리"에 대한 일측의 조치 방향을 문의하였던 바, 동 참사관은 그들 "모구리"들이 하루 속히 자수함이 본인과 본인의 자녀들을 위하는 길이 된다고 믿는다고 말하고, 재류 상황이 불량하지 않는 한 실제로 퇴거는 강제되지 않을 것으로 안다고 설명하였음.

이어 아측은 일본의 출입국 관리령의 개정 및 차기 통상 의회에의 상정 전망에 대하여 문의하였던 바, 동 참사관은 입관국으로서는 동 관리령에 대한 개정 작업을 일단 끝냈으나 앞으로 관계부처와의 연석회의등을 거쳐야 할 뿐만 아니라 의회에의 상정은 정치성을 띄우게 되므로 개정관리령이 차기 통상 의회에 제출될 지는 현재로서는 전망할 수 없다고 말하였음. 동 참사관은 이어 개정될 관리령에는 협정영주자의 재입국 허가기간 등에 관한 사항이 새로히 규정될 것이라고 시사하였음.

끝으로 아측은 민단의 창립 20주년 기념사업으로서 추진되고 있는 가족 초청 사업에 언급하여, 일측이 약 800명에 달할 입국허가 신청자가 모두 입국할 수 있도록 특별히 조치하여 줄 것을 요청하면서 현재 일측이 난색을 표명한 것으로 알려진 피초청 가족 중 4촌의 입국도 기필 입국을 허가하여 줄 것을 요청하였음. 이에 대하여 동 참사관은 지난 올림픽시처럼 일단 입국한 가족이 귀국하지 않는 일이 없도록 민단을 대사관이 지도하여 줄 것을 요망하였음. -이상-

33. 주일대한민국대사관 공문—일 법무성 입관국 관계관 접촉 보고

주일대한민국대사관
번호 주일영1-725-3743
일시 1967.12.20.
발신 주일대사
수신 외무부 장관
참조 아주국장
제목 일 법무성 입관국 관계관 접촉 보고

       연: 주일영1-725-3465(67.11.20.)
    재일교포의 법적지위, 일 출입국 관리령 개정안, 주일 특파원의 지위 등 제반 현안 문제 타개를 위하여 12.18. 정구욱 총영사가 일 법무성 입관국 "우스이" 차장을 방문하여 교섭한 내용을 별첨과 같이 보고합니다.
    첨부: 동 보고서

첨부-입관국 차장 방문 보고

입관국 차장 방문 보고
1967.12.18.

    정구욱 총영사는 박 제1영사과장을 대동하고12.18. 1700[9])시 일 법무성 입국 관리국의 "우스이"차장을 방문하여 요지 다음과 같은 대담을 갖었음을 보고함.
    1. 정 총영사는 먼저 재일교포의 협정영주허가 신청 및 허가 현황에 언급하고 신청이 최근 점증 추세를 보이고 있다고 말하였음. 이에 관하여 "우스이" 차장은 신청이 내년에 들어서서는 더욱 증가할 것으로 전망한다고 말하고 협정영주허가 신청은 일응 궤도에 오른 것 같다고 언명하였음.
    2. 이어 정 총영사는 주일 특파원들에 언급하여 현안의 특파원들의 지위 문제에 대한 조속한 결론을 촉구하였던 바, 우스이 차장은 주한 일본 대사관으로

---

9) 17:00

부터 자료가 보고되지 않아 아직 검토를 완료하지 못하였다고 해명하였음.

　3. 이어 정 총영사는 법적지위협정 시행 관계 "회담요록"에 관하여 일본의 일선 입관 관리들이 주지하도록 해설서의 송부등 조치가 취해졌는지의 여부를 문의하였음. 이에 대하여 "우스이" 차장은 해설서로서 송부된 것은 없으나 회담 요록의 내용은 전국에 통보되어 있으며 11월말 동경에서의 전국 심사과장 회의 시에 동 요록에 대한 자세한 성명이 있었다고 말하였음.

　4. 출입국관리령 개정안에 언급하여 재일교포는 물론 한국 정부는 동 개정안의 방향 및 내용에 관하여 비상한 관심을 가지고 있다고 설명하고 동 관리령에 관하여 질문하였던 바 동 차장은 다음과 같이 답변하였음.

　　1) 입국관리령 개정을 위한 입관국 안은 일단 되었다고 하겠으나 아직 법무성 안으로서는 성립되지 못하고 있음. 2) 법무성 안이 성안된다고 하여도 내각 법제국 및 자민당과의 협의 과정을 거쳐야 하므로 차기 통상국회에 제출하기는 어려울 것 같음. 3) 출입국관리령 개정에는 관계부처가 많으므로 최종선안이 매우 어려움. 4) 관리령이 외국인에 대하여 더욱 엄하게 규정되는 것은 아니고 예컨데 관광 사증을 받고 입국한 후 상행위를 한다든가, 밀입국한 자가 영업 행위를 함은 부당할 것이므로 이들의 영업 허가 신청이 있으면 일단 법무성에 조회하면 족할 것임. 개정안의 방향이 위와 같은 사고의 영향을 받을 것으로 보임. 5) 영주자의 제3국 유학시의 재입국허가 기한 연장은 관리령 개정시에 규정될 것으로 알고 있음.

　5. 민단 창단 20주년 기념사업으로 추진되고 있는 민단의 가족초청 사업에 관련하여 초청자와 피초청자가 사촌간이라도 이번에는 전원 입국 허가해 줄것을 요청하면서 그 이유를 자세하게 설명하였음. 이에 대하여 동 차장은 관계 과장의 보고를 받아 검토할 것이라고 말하였음.

　6. 명년 1월 16일 법적지위협정 발효 2주년에 입관국이 특별한 행사를 계획하고 있는 가고 질의한데 대하여 "우스이" 차장은 1주년시와 같이 출입기자들에게 신청 및 허가 현황을 밝히고 관련된 사항에 대하여 설명을 가하게 되는 것이 아니겠느냐고 말하였음. - 이상 -

34. 법무부 공문-재일교포 일본국 재입국에 대한 통보

법무부
번호 법무출 840-21256
일시 1967.12.30
발신 법무부 장관
수신 외무부 장관
제목 재일교포 일본국 재입국에 대한 통보

1. 인적사항

　　성명: 신정덕(申貞德) 남
　　생년월일: 1920.12.30 일생
　　주소: 일본국 広島市舟入南町4-101
　　직업: 건축
　　여권번호 KJ27285(66.3.28 발급)

2. 경위

　　재일교포 신정덕은 일본정부로부터 66.10.8에 영주허가(허가번호6159
호)를 득한 자로서 67.6.13에 1개월간 유효의 재입국허가를 득하여 67.6.23 에
귀국하였다가 동 재입국허가 기간이 도과된 67.10.6에 일본에 재입국하였는바,
일본정부로부터 합법적인 재입국으로 인정을 받지 못하고 퇴거명령을 받아
67.11.17에 다시 귀국한 자입니다.

3. 의견

　　일본정부와 교포 법적지위문제 협의시에 부득이한 사유가 인정되는 때
에는 재입국허가기간이 도과된 경우에도 교포에 대하여는 입국을 허가키로 양
해되었고 또 재일교포 신정덕은 영주허가를 득한 자이므로 재입국이 허가되어
야 할 것인 바, 이를 인정치 아니하고 퇴거조치를 한 것은 재일교포의 법적지위
문제점을 야기하는 것으로 사료되어 이를 통보하오니 일본정부와 협의하여 차
후로는 이러한 일이 없도록 조치하여 주시기 바랍니다.

첨부: 1. 영주허가 사본 1부
　　　2. 재입국허가 사본 1부

3. 퇴거명령서 사본 1부 끝

첨부 영주허가서

〈영주허가서〉　　　　　　　　　　　〈퇴거명령서〉

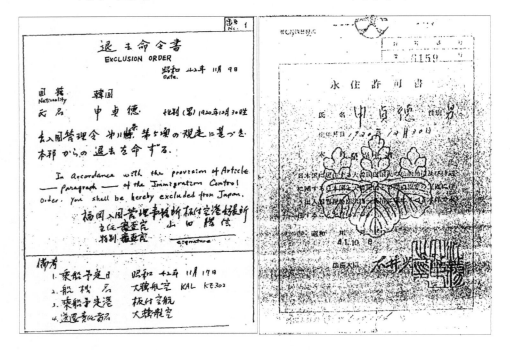

參考

出入管理課 朴事務官

1. 現在 大邱市 鳳德洞 2之893 將大桓方에 滯留中임.

2. 本人所持旅券은 法務部 出入國管理課에서 保管中임

3. 駐韓日本大使館에 再入國許可申請中 (2個月經過)

　　　　　　11月24日 8652番 – 申請番號

　　　　　　駐韓日本大使館 確認

④ 재일본한국인의 법적지위협정 시행에 관한 양해사항 확인 (영주권 신청절차 의 간소화), 1968

○ ○ ○

분류번호: 791.22, 1968

등록번호: 2871

생산과: 교민과

생산년도: 1968

필름번호(주제-번호): p-0006

파일번호: 03

프레임번호: 0001~0079

1. 주일본국대한민국대사관 공문—법적지위협정 발효 2주년에 제한 재일 한국 거류민단의 성명 발표

주일본국대한민국대사관
번호 주일영(1)725-235
일시 1968.1.22.
발신 주일대사
수신 외무부 장관
제목 법적지위협정 발효 2주년에 제한 재일한국거류민단의 성명 발표

　　재일한국거류민단은 지난 1월 17일 법적지위협정 발효 2주년 기념에 제하여 성명서(국어 및 일어)를 발표한 바 있어 동 성명서의 사본을 별첨과 같이 송부하오니 참고하시기 바랍니다. 민단 민생국에 의하면 동 성명서는 일본 각 주요신문사와 한국 교포계 신문 또는 통신사 등에 배포하였다는 바, 동 성명서를 보도한 "시사 논평" 1부도 함께 첨부하여 송부합니다.
　　유첨: 동 성명서 사본(국, 일문) 각 1부,
　　　　　시사논평 1부. 끝.

유첨-법적지위협정발효 2주년 기념성명

法的地位協定發效　二周年を迎えるにあたっての声明

法的地位協定はその前文において
　　多年の間、日本国に居住している大韓民国々民が日本国の社会と特別の関係を有するに至っていることを考慮し、これらの大韓民国々民が日本国の社会秩序の下で安定した生活を営むことが出来る様にすることが両国間及び両国民間友好関係の増進に寄与することを認めて
と記してある通り、これは在日韓国人の居住と生活に特別の配慮がなされなければならないという基本的な精神の表現に他ならない。
しかしながら法的地位協定が發効されてより満二年目をむかえた今日、協定の基本精神が正しく生かされ、在日韓国人が安定した居住と生活を営むことが出来ているだろうか。その答えは、依然として具体的には何等不安は解消されて

おらず、かえって或面に於ては、不安が増大しているのが現実であることを指摘するとともに、まことに遺憾であることを表明するものである。

一、在日韓国人の居住の由来については言う迄もなく半世紀に亘る日本の植民地統治の結果として強制的に故国より連れてこられたという特殊事情であるにもかゝわらず、又協定永住の許可を得た者でも、一般の在留問題、出入国に関する行政措置等が短期旅行者や通過のため上陸した外国人に定期用している現行出入国管理令を殆どそのまゝ同じく適用させているところに問題の本質がある。

昨年の今日協定発効一周年をむかえるに当っての声明によっても明らかにした通り法的地位協定によって今迄無国籍状態のまゝ放置されていた地位が法的に確定したことは事実であるが、しかしこれによって一つの家庭のなかで在留の資格がちがう親子兄弟が戦々兢々として不安な日常生活を送っており、又家族同志が引離され、強制送還される様な事態が現実的に多く出てきている。

解放直後出入国に関する合法的な行政措置がなかった日本国で居住していた韓国人が親の死とか人道上止むを得ない実情によって一時便法的に本国に往来したことがなかった場合、二十年を過ぎた今日に於いても、不法入国者として取り扱いをうけ退去強制令をうけるとともに、新しく調査をうけ、相当な日数を経過した後、やっと厳重な審査に合格した者のみ特別在留が許可され、退去にたとえ一回でも犯罪のある者は、居住経歴が二十年に及ぶ者でも強制送還されている。

又戦前南方地域に於て仕事をしていた韓国人が終戦とともに連合軍の捕虜となり、引揚船により、一九四七年引揚者として横須賀に上陸、以来日本に連続居住しているものでも再入国の申請をしたところ、終戦の不法入国者として認定をうけ特別在留が許可されたという事例の如きは何故この者が二十年を経過した今日になってこの様な過酷な法的な措置をうけなければならないのか全く理解に苦しむものである。

二、以上の様な事例はほんのわずかの一例にすぎず、全般的に不安が大きく造成されている現実に鑑み、民団としてはこれを重視し、法対委を再編成して韓日両国政府に対し機会ある毎に問題点の解決を訴えておったところ、両国政府の間に話合いが行われ、昨年八月二十四日法的地位協定の運用に関する諒解事項が両国政府により共同発表された。

この内容は、

戦後の混乱期にいろゝゝな事情により第一回目の外国人登録をしなかった者でも、第二回目より登録が継続されておれば、継続居住として推認する問題、再入国に於て期間と回数を制限しないし、韓国以外の外国の旅行を認める問題、又再入国の期限をこえて入国してもそれが止むを得ない事情であるときは、入国を認め、永住権がそう失されないし、外地で出産した子についても永住許可を与える問題、家族が日本を訪問した場合、期間更新を好意的に認める問題、又一九五二年四月二十八日迄に入国した者の一般永住許可については従来の特在許可を取得した日から五年という期間をおかずに迅速に取扱うという問題等が主な骨子となっており、この諒解事項が發表された当初は、われゝゝが今迄日本政府に対して要望してきた問題点が両国政府の努力によって前向きの姿勢が解決されるものとして大きな期待をもってこれを歓迎した。

しかしながら現在この諒解事項の大部分が行政措置としていまだに実施されておらず、いつ実施されるかはわからない実情にある。

われゝゝ在日韓国人はこのことに関し、困惑の感をこえ、憤りを禁じ得ないものである。

三、又更に日本政府は現行出入国管理令を"法"に改め、現行の行政措置をよりきびしくし強制送還等を簡素化させるべく、法改定の作業を急いでいると巷間に驚きの声が高まっている。われゝゝ在日韓国人全体は、この法改定がどの様になるのか、重大な関心を持たざるを得ず、これがわれゝゝの安住をおびやかすものでなく、その内容において、いまだ完全実施されていない。大臣声明、局長談話、諒解事項等が円満に実施される様改正されることを望んでやまない。

四、法的地位協定の根本精神が正しく実践され、在日韓国人の安定した生活と韓日両国の互恵平等の原則にたった友好増進のためにも本調印時における法務大臣声明、入管局長談話又運用に関する諒解事項がいつまでも現状のまゝ実施されずに放置されることは、本協定の基本精神の違反であり、われゝゝの日常生活にも直接影響する重大問題なので、一日も早く実施されることを重ねて強調するとともに、われゝゝはわれゝゝの要求が貫徹される迄全僑胞が一致団結して積極的にたゝかう決意を新たにするものである。

一九六八年一月十七日
在日本大韓民国居留民団
法的地位委員会

　　　　法的地位協定發效二周年을 마지하여 在日居留民團의 聲明書 內容 要約

1. 韓日間의 法的地位 協定이 發效된지 滿二年이 經過한 今日 在日韓國人의 地
   位에 對한 不安은 如前 解消되지 않고 오히려 不安이 增大하고 있음은 遺憾
   된 일이다.

2. 在日韓國人은 特殊한 事情에 있음에도 不拘하고 또한 協定永住權을 得한 者
   도 一般 在留問題 出入國에 關한 行政措置 等이 短期旅行者나 通過를 爲한
   一時上陸한 外國人에 適用하고 있는 現行 出入國 管理令을 그대로 適用하고
   있는데 問題의 本質이 있다.

3. 法的 地位가 確認된 것은 事實이나 한 家族內의 父母 兄弟 間에도 在留資格
   이 各各 달라 戰戰兢兢 不安한 日常生活을 보내고 있으며, 家族끼리가 서로
   떠러져 强制送還되는 事態가 現實的으로 많다.

4. 解放直後 日本이 아닌 出入國에 關한 合法的인 行政措置가 없을 때 在日韓國
   人이 父母의 死亡이라든가 人道上 不得已한 事情으로一時 便法的으로 本國
   에 往來한 것이 發覺될 때 20年이 經過한 今日에 있어서도 不法入國者로
   取扱받어 退去强制를 받고 있다.

5. 過去에 一回라도 犯歷이 있는 者는 居住經歷이 20年에 미치는 者도 强制送還
   되고 있다.

6. 戰前 南方에서 從事하던 韓國人이 終戰과 더부러 聯合軍의 捕虜가 되어 "橫
   須賀"에 1947年 引揚船에 依해 上陸한 者가 連續 日本에 居住하고 있음에도
   在入國 許可를 申請하면 戰後의 不法入國者로 認定을 받어 永住許可를 커녕
   이때까지의 資格은 없어지고 겨우 特別在留가 許可되는 事例는 왜 20年이
   經過한 今日에 이르러서 如斯한 苛酷한 法的措置를 받어야 하는 것인지 理
   解키 困難하다.

7. 昨年 8月 24日 法的地位 協定 運用에 關한 兩國政府 實務者間의 諒解事項이
   兩國政府에 依하여 發表된 當時, 우리들은 關心과 期待로써 이를 歡迎하였
   다. 그러나 現在 이 諒解 事項의 大部分은 行政措置로서 實施되고 있지 않을
   뿐만 아니라 또한 언제나 實施될는지 조차 알 수 없는 實情이다. 우리들 在

日韓國人은 이에 關하여 憤怒를 禁치 못하는 바이다.

8. 또한 日本政府는 現行 出入國管理令을 法으로 改正하여 現行의 行政措置보다 더욱 嚴하게 하여 強制送還 等을 簡素化하려는 法改正作業을 서두르고 있다고 하여 巷間에서는 놀라움의 소리가 高調되고 있음에 在日韓國人은 重大한 關心을 가지고 있고, 이 法改正 內容이 法的地位 協定의 根本精神이 正當하게 實踐되며 在日韓國人의 安定된 生活과 韓日兩國의 互惠平等의 原則에 立脚한 友好增進을 爲하여서도 本協定 調印時의 法務大臣 聲明. 入管局長의 談話 및 諒解 事項 等이 圓滿히 施行될 것을 強調한다.

2. 주일본대한민국대사관 공문—협정영주자의 대우에 관한 교섭 보고

주일본대한민국대사관
번호 주일영1-725-313
일시 1968.2.1.
발신 주일대사
수신 외무부 장관
참조 아주국장
제목 협정영주자의 대우에 관한 교섭 보고

안광호 공사는 1.28. 및 1.30. 오오사와 법무차관 및 우스이 입관국 차장과 회담하고 협정영주자의 재입국 허가, 가족의 퇴거강제 문제를 비롯하여 전후 입국자의 퇴거강제, 장기거주자의 퇴거강제, 가족 방문을 위한 입국허가, 연예인의 인원 증원, 재일교포의 국적변경 등에 관하여 교섭하였는 바, 그 결과 다음과 같이 보고 합니다.

1.28. 회담

1. 안공사는 1.28. 하오7시 오오사와 법무 차관의 초대로 석찬을 같이 하면서 재일교포의 법적지위 중 특히 협정영주자의 대우를 중심으로 회담하였음. 이 자리에는 김정태 참사관 및 우스이 일 입관국 차장이 동석하였음.

2. 아측은 먼저 재일교포의 협정영주허가 신청 및 허가의 최근 상황에 언급한 후 1.24. 엄대사가 아까다 일 법무대신을 방문한 시에도 지적하였지만 67.8.

확인 서명된 "회담요록"의 규정이 완전히 실시되고 있지 않음을 재차 지적하고 일측의 성실성있는 조치를 촉구하였음.

3. 재입국허가: 이어 아측은 협정영주자의 재입국허가 신청심사시 국교정상화 이전의 죄과는 불문에 부치고 법적지위 협정에 규정된 퇴거사유에 해당되지 않은 죄과라면 재입국을 허가함에 있어서 제한을 가하는 일이 없도록 하여줄 것을 요청하였음. 또한 아측은 부득이한 사유로 재입국 허가기간 내에 입국하지 못한 협정영주자에 대하여는 입국을 허가하고, 협정영주허가를 실효하지 않도록 하여줄 것을 요청하였음.

4. 퇴거강제: 이어 아측은 협정영주자의 가족으로서 퇴거령을 받고 가방면 중에 있는 자가 현재 다수 있음을 지적하고 회담요록의 규정을 고려하여, 협정영주자의 가족으로서 한·일 국교 정상화 이전에 입국한 자는 전원 특별재류를 허가할 것을 요청하였음.

아울러 전후 입국자에 대하여는 법무 대신의 성명을 고려하여 특별재류를 허가할 것과 장기 거주자에 대하여도 그들의 생활 근거, 가족 구성 기타의 사정을 감안하여 인도적인 견지에서 배려하여 줄 것을 요청하였음.

아측은 이상 퇴거강제의 대표적인 실례를 수록한 별첨과 같은 퇴거강제 실례를 수록한 별첨과 같은 퇴거강제실례집을 일측에 수교하고 조속한 시일내에 검토하여 줄 것을 요청하였음.

5. 가족방문: 민단 창단 20주년 기념사업으로 추진되고 있는 가족 초청 사업에 있어 3등친까지는 거의 입국이 허가되고 있으나 4등친 이상(약50명)에 대하여도 이번에 한하여 전원 입국을 허가하여 줄 것을 요청하였음. 아측은 이상 2.3.4.5.의 4개 사항에 관하여는 아측의 요청사항을 약술한 "메모"를 수교하였음.

6. 연예인: 현재 일본에 체류중인 연예인(기생)의 수는 불과 50명에 불과하여 관계 상사로부터 대사관에의 진정이 많음을 설명하고 동 연예인의 수를 배로 허가해 줄 것과 이들의 체류기한(2개월 입국사증, 1회 연장, 계 4개월)로 연장하여 줄것을 요청하였음.

7. 국적변경: 한일국교정상화 후 대한민국계로 "전향한" 조총련계 교포가 다수 있음을 언급하고 65.10.24. 일 법상의 국회에서 표명한 "통일 견해"에 입각하여 대한민국 국적을 취득한의 "조선"으로서 변경을 일체 불허할 것을 요청하였음.

8. 일측의 출입국관리령 개정방향 및 내용에 대하여 재일교포의 비상한 관심

과 심각한 우려에 관하여 설명하였음.

　9. 끝으로 안 공사는 오오사와 차관에게 일 국회가 휴회하면 7월이라도 적당한 시기에 일차 방한하여 줄 것을 바란다고 개인적인 희망을 표명하였음.

1.30. 회담

　안 공사는 1.30. 하오 3시 우스이 차장을 방문하여 약3시간 1.28. 아측이 제시한 제반 요청사항에 대한 검토 결과를 청취하면서 계속 아측의 입장을 설명하였는 바 일측의 회담 요지는 다음과 같음. 이날 회담은 동 도에서 오오사와 차관실로 옮겨 오오사와 차관이 동석한 채 지속되었음.

　1. 전과가 있는 협정영주자의 재입국허가 신청에 대하여는 일본의 은사법 (恩赦法)을 적용할 수 있는지 연구해 보겠으며, 경미한 범죄의 집행 유예는 재입국허가 신청이 가할 것으로 보나, 법적지위협정에 규정된 퇴거강제 사유에 해당하는 죄과의 집행 유예시는 재입국허가가 곤란할 것임. 일률적인 기준이 설정될른지 모르지만 그때까지는 케이스 바이 케이스로 처리될 것임.

　부득기한 사유로 재입국허가기간내에 입국하지 못하였을 시 그 부득기한 사유가 있었다는 일본 재외 공관에 의한 증명 방법은 연구중임.

　2. 협정영주허가자의 가족의 퇴거강제에 있어서는(공개할 수는 없으나) 대개 1960년 이전 불법 입국자로서 전과가 없다면 재류를 특별히 허가할 용의가 있으나 1960년 이후 입국자는 실적을 쌓아 순차적으로 처리할 생각임. 이어 일측은 1.28. 아측이 수교한 퇴거강제실례집의 케이스를 개별적으로 검토하였다고 하면서(별첨 실례집 참조) 1번, 3번, 4번, 5번은(일본 입국이 1960년 이후이므로) 자비 출국 형식으로 하여 일단 출국하면 1년 후에 가족과의 동거차 입국을 허가할 것을 고려할 것임. 본인이 원하면 가족에게도 1년간의 재입국허가를 부여하여 동반케 할 수 있음.

　　2번: 4월 공소심 언도시 무죄가 되면 재류를 특별히 허가할 수도 있음.

　　6번, 7번: 재심탄원서를 제출하면 호의적으로 재심사할 것임.

　　8번, 9번, 10번, 11번: 이미 출국하였음이 판명되었음.

　　12번: 마약범이므로 곤란한 케이스임.

　　13번: 재심 탄원서를 다시 제출하여 주기 바람. 가방면은 계속 허용할
　　　　　생각임.

　　14번: 허위 사실 진술이 많음. 재심탄원서를 다시 제출하기 바람.

15번: 67.7. 2년간 조건부 탄원이었으므로 향후 1년간 가방면 연장을 허가할 것임. (부인도 불법입국임).

16번: 자비 출국준비를 위하여 향후 3개월간 가방면은 허가할 것임.

전후 입국자에 대하여는 일 법상 성명을 고려하여 특별히 고려하고 있다고 함. 장기 거주자의 퇴거강제에 대하여는 케이스 바이 케이스로 처리될 것임.

3. 민단의 가족 초청사업에 있어서는 3등친까지의 방문자의 성적(불법 유무 여부)을 보고 결정할 생각임.

4. 연예인의 인원은 10명정도 증원하도록 고려해 보겠으나 증원 시기에 대하여는 좀 더 검토할 것임. 재류기간 연장은 곤란하다고 생각됨.

5. 대한민국 국적을 취득한 자의 "조선"으로의 변경은 허가하지 않고 있음. 단지 시, 정, 촌의 서기의 잘못으로 기록에 과오가 있다고 판단될시에 한하여 정정을 허가한 사례가 있을 뿐임.

6. 출입국관리령 개정의 방향에 관하여는 이나바 세이이찌 사회당의원이 쓴 책자가 있는 바, 내용이 사실과는 거리가 멀고 외국인에 의한 영업허가 취득에 앞서 입관국의 의견을 참고로 한다함은 아직 성안된 것이 아님.

결언: 안공사의 금번 일 법무성 고위층과의 회담은 협정영주자의 재입국허가 및 협정영주자 가족의 퇴거강제 문제에 치중되었는 바, 퇴거강제에 있어서는 일 법무성이 1960년을 기준으로 하여 그 이전 입국자는 소행이 양호하면 특별재류를 허가할 수 있으나 그 이후 입국자는 일단 출국하여 1년후에 입국시키는 방침을 세운 것으로 판단됨. 이러한 기준년도의 완화 및 협정영주자의 재입국 허가기준의 완화 문제를 비롯한 재일교포의 법적지위관계 사항의 더 한층의 양해 내지 해결을 위하여는 오오사와 법무차관을 위시한 입관국 관계관의 방한 초청을 실현하여 이들의 방한 전후의 기회를 활용함이 좋을 것으로 사료됨. (일 법무성 관계관의 방한 초청에 관하여는 추후 상세히 건의 위계임.) 끝.

첨부: 동 퇴거강제 실례집 2부

첨부-퇴거강제 실례집

退去強制實例集

1. 協定永住者家族
2. 戰後入國者
3. 長期居住者
駐日大韓民國大使館

1968.1.28.

目 次

1. 協定永住者 家族: 配偶者

姓名: 金淵泰
生年月日: 1935.5.7
出生地: 大阪市
本籍: 慶北永川郡永川邑道洞25
現住所: 東京都国立市国立255
日本入国年月日: 1962. 11
在留資格: 大村收容所 收容中
事件概要: 1935.5 大阪市出生
　　　　　1962.11 不法入国
　　　　　1964.4 結婚
　　　　　1967.3 大村收容所 收容
備考: 妻 曺春子 永住許可: 9079號(66.11.15)
　　　長男 金聖哲

2. 協定永住者 家族: 配偶者

姓名: 盧允祚
生年月日: 1922.7.17
本籍: 慶南宜寧郡華正面德橋里700
現住所: 広島市丹入南町5-46-1
職業: 食堂經營
日本入国年月日: 1) 1937
　　　　　　　　2) 1960
在留資格: 仮放免中
事件概要: 1937. 入国
　　　　　1960.11　個人名義船員手帖所持入
　　　　　　　国
　　　　　1965.關税法違反容疑-立件-有
　　　　　　　罪判決-控訴中
　　　　　(1968.4 控訴審 言渡予定)
備考: 妻 金椙南 永住許可: 35,716號
　　　長男 盧昇　　〃　　　43,739 號
　　　長女 盧啓子　〃
　　　次女 盧啓之　〃

3. 協定永住者 家族: 配偶者

姓名: 姜豊一
生年月日: 1938.6.18
本籍: 濟州道翰京面新昌里
現住所: 埼玉縣浦和市大字中尾2536
職業: 整枝業
日本入国年月日: 1) 1955
　　　　　　　　2) 1966
在留資格: 仮放免中
事件概要: 1935. 5 不法入国-自首
　　　　　1961.11 結婚
　　　　　1964.11 退去強制
　　　　　1966.3 自費出国
　　　　　1967.4 調査
備考: 妻 金初子 永住許可(1967. 3. 2)
　　　長男 姜昌輝　　　〃
　　　長女 姜順姫　　　〃
　　　次男 姜昌席　　　〃

4. 協定永住者 家族: 配偶者

姓名: 盧吉相
生年月日: 1929. 2. 6
本籍: 慶南咸陽郡原卜面愈谷里
現住所: 埼玉縣草刈加市稲栄町2036
日本入国年月日: 1) 1956
　　　　　　　　2) 1962.2
在留資格: 仮放免中
事件概要: 1956.2 不法入国
　　　　　1956.10 結婚
　　　　　1959. 調査
　　　　　1962.2 強制送還
　　　　　1962.9 不法入国
備考: 妻 宋□順 永住許可 21,090號
　　　長男 盧我変　〃　　 35,417號
　　　長女 盧春子　〃　　 35,416號
　　　次女 盧造子　〃　　 23,908號

5. 協定永住者 家族: 配偶者

姓名: 金容圭
生年月日: 1936.2.10
本籍: Seoul特別市鍾路区通仁洞154-7
現住所: 東京都西多摩郡福生町大字福生2126
職業: 旅館業
日本入国年月日: 1) 1955.9
　　　　　　　　　2) 1966.11
在留資格: 仮放免中
事件概要: 1955.9 不法入国
　　　　　1962. 結婚
　　　　　1966.5 退去強制, 自費出国
　　　　　1966.11 不法入国
備考: 妻 陳玉順 永住許可 7157號
　　　長男 金泰成　　〃　　7156號
　　　次男 金德夫 (1967.11.7生)

6. 協定永住者 家族: 配偶者

姓名: 李鍾大
生年月日: 1931.9.22
本籍: 慶南金海郡鳴旨面草里1428
現住所: 東京都豊島区西巣鴨四丁目543
職業: 遊技場 經營
日本入国年月日: 1955.10
在留資格: 仮放免中
事件概要: 1955.10 不法入国
　　　　　1962.1 調査-特別在留許可
　　　　　1962.5 結婚
　　　　　1965.3 拓殖大学卒業
　　　　　1965.11退去命令
備考: 妻 尹正伊 永住許可 7625號
　　　長女 李裕景　　〃　　7626號
　　　長男 李晴弘　　〃　　7627號
　　　二女 李有加 (1967. 10. 25生)

7. 協定永住者 家族: 配偶者

姓名: 金珍洙
生年月日: 1923.1.7
本籍: 全北淳昌郡金果面飼田里
現住所: 東京都台東区上野六丁目9-24
職業: 漢方藥材販賣業
日本入国年月日: 1954.5
在留資格: 仮放免中
事件概要: 1954.5 不法入国
　　　　　1963.4 結婚
　　　　　1966.4 東京入管 收容-仮放免
備考: 妻 李雲子 永住許可
長男 金仁安　　　　〃

8. 協定永住者 家族: 直系卑屬

姓名: 朴英宣
生年月日: 1941.3.18
出生地: 島根縣
本籍: 忠北永同郡龍山面金谷里
現住所: 山口縣下南大字新港町11
職業:
日本入国年月日: 1955.10
在留資格: 强制退去
事件概要: 1941.3.18 島根縣出生
　　　　　1946. 歸国
　　　　　1955.10 不法入国
　　　　　1966.12 自首-仮放免
　　　　　1965.11 退去命令
　　　　備考: 父 朴濟哲 永住許可 25327
　　　　　　　號

9. 協定永住者 家族: 直系卑屬

姓名: 姜興植
生年月日: 1938.1.4
本籍: 濟州道北郡翰林邑林里1305
現住所: 東京都台東区東上野2-15-5
職業:
日本入国年月日: 1957.2
在留資格: 仮放免中
事件概要: 1957.2.11 不法入国-明治学院大学
入学二年中退
　　　　　1966.1.20 母: 死亡 父: 肝硬変症
　　　　　家事補助
　　　　　1966.8.27. 退去強制令-仮放免中
備考: 父 姜庚喜 永住許可 1967.1

10. 戰後後入国者

姓名: 安培根
生年月日: 1916. 12. 23
本籍: 濟州道濟州市禾北里4075
現住所: 東京都荒川区西日묘里1-4-23
職業: 乾物商
日本入国年月日: 1949.4
在留資格: 仮放免中
事件概要: 1925. 渡日
　　　　　1946. 歸国
　　　　　1949.4 不法入国
　　　　　1965.12.22 自首
　　　　　1967.5.22 退去強制令
備考: 1) 妻 姜順玉 協定永住許可申請 1967.6
　　　2) 長男 安炳基 (1959 不法入国,
　　　　1967.3 退去強制)
　　　3) 前科 (臟物買收)

11. 戰後入国者

姓名: 李販宰
生年月日: 1921.3.9
本籍: 慶南昌原郡錢北面錦山里349
現住所: 兵庫縣姫路市豊沢町240
職業:
日本入国年月日: 1948.8
在留資格: 仮放免中
事件概要: 1938.7 渡日
　　　　　1948.6 歸国
　　　　　1948.8 不法入国
　　　　　1965.11 調査-退去強制
　　　　　1966.2 特別在留許可申請
　　　　　1966.12 不許-退去強制
備考:

12. 戰後入国者

姓名: 李致才(女)
生年月日: 1929.4.10
出生地: 大阪市
本籍: 濟州道大靜面武陵里
現住所: 東京都台東区松ヶ谷4-28-9
職業: 洋裁店經營
日本入国年月日: 1951. 11
在留資格: 仮放免中
事件概要: 1929.4 大阪市出生
　　　　　1951.11 不法入国
　　　　　1953. 痲藥犯, 被檢-大村收容所
　　　　　1956. 大村收容所 仮釋放(自費出
　　　　　国條件)
　　　　　1957.7 退去強制-不出頭
　　　　　1964.8 自首, 仮放免
　　　　　1964.12 特別在留許可
　　　　　1964.12 　特在更新申請-不許-退
　　　　　去強制備考:

13. 長期居住者

姓名: 成舜慶
生年月日: 1922.10.29
本籍: 慶南昌寧郡大池面石里371
現住所: 仙台市原町苦竹字金屋敷30
職業: 宮城縣韓国人商工會理事
日本入国年月日: 1952. 10
在留資格: 仮放免中
事件概要: 1952.10 不法入国
　　　　　1963.5　照査(他人名儀外國人登錄
　　　　　　　　　證所持)
　　　　　1963.11 特別在留許可
　　　　　1967.2 退去強制令
　　　　　備考: 1) 內緣妻 佐々木フミ子　子2
　　　　　　　名
　　　　　2) 本妻 子女 本國居住

14. 長期居住者

姓名: 任才新
生年月日: 1924.5.19
本籍: 濟州道北濟州郡翰林邑瓮浦里
現住所: 大阪市西成区長橋通7丁目15
職業: 婦人靴製道業
日本入國年月日: 1) 1938
　　　　　　　　2) 1956. 1
在留資格: 仮放免中
事件概要: 1938.4 渡日
　　　　　1955. 一時歸國(母親病患)
　　　　　1956.1 不法入國
　　　　　1967.4 調査
　　　　　1967.7 再審-不許
　　　　　備考: 再婚 內緣妻(戸籍未整備)

15. 長期居住者 家族

姓名: 高常伯
　　　　外 4名
生年月日: 1936.12.1
本籍: 濟州道北濟州郡翰京面新昌里209
現住所: 東京都荒天区東日答里3-14-3
職業: 革バンド製造業
日本入國年月日: 1955.11
在留資格: 仮放免中
事件概要: 1955.11 不法入國
　　　　　1966.10 不法入國調査
　　　　　1967.2 退去命令
備考: 妻 不法入國(1955年)臥病
子3名(3才, 2才, 1才)

16. 長期居住者 家族

姓名: 高仲□
　　　　外 家族5人
生年月日: 1935.4.25
本籍: 濟州道濟州市外都里
現住所: 東京都足立区本六町2-2152
職業: 機械工
日本入國年月日: 1957. 9
在留資格: 仮放免中
事件概要: 1957.9 不法入國
　　　　　1960.2 結婚
　　　　　1966.4 退去強制令
備考: 妻 金愛仁(1954.1 不法入國)
　　　長女 金春美
　　　次女 金範子
　　　長男 金維鮮
　　　三女 金花子

3. 외무부공문-협정영주권 신청 촉진

대한민국 외무부
번호 아교 725-10123
일시 1968.2.5.
발신 외무부 장관
수신 주일 각급 공관장
제목 협정영주권 신청 촉진

　　　연: 외아교 725-18623
　　1. 재일교포의 법적지위 및 대우에 관한 협정의 시행에 따라 실시되고 있는 재일교포의 협정영주권 신청은, 작년 8월 한일간의 실무자가 그간 영주권 신청 부진의 가장 큰 이유로 되어 있던 "계속 거주력" 관계를 포함하는 기타 여러가지 절차상의 사항을 간소화하기 위한 실무자 간의 "양해사항"에 한일 양측이 합의하므로서 그후 크게 촉진될 것으로 생각되었던 것임.
　　2. 그러나 작년 12월 16일에 개최된 주일 각급 영사관장 회의에서도 지적되었듯이 (주일영(1)-723-3717호 보고에 의함) 전기 "양해사항" 합의 후 5개월이 경과하였음에도 불구하고 아직 별반 촉진되고 있는 것 같이 보이지 않고 있는 바, 이 원인이 나변에 있는지를 철저히 알아내어 일측이 취하여야 할 필요조치는 일측에 촉구하고 아측에서는 교포들에 대한 전기 "양해사항"의 해설 및 적극적 선전계몽 등을 통하여 영주권 신청 "무드"의 조성, 적의한 기회를 포착하여 동 신청 "붐"을 일으키는 등 효과적인 방법으로 동 영주권 신청의 촉진에 노력하시기 바람.
　　3. 영주권 신청을 촉진하므로서 재일한국인의 법적지위를 확고히 하는 동시에 "법적지위 및 대우에 관한 협정"의 원활한 시행을 통하여 재일한국인의 처우를 향상시키고 생활의 안정을 기하게 하는 등 방법으로 재일교포의 지도 보호를 강화하므로서 소위 "북송신청자"와 같은 것이 나오는 것을 막는데도 도움이 되게 하여야 할 것이니 특히 앞으로는 영주권 신청 촉진에 더욱 주력하시기 바람. 끝.

4. 협조전– 조선국적 소유 교포의 영주권 획득에 대한 여론

분류기호 정보 980-106
발신일자 1968.6.10.
발신명의 정보문화국장
수신 아주국장
제목 조선국적 소유 교포의 영주권 획득에 대한 여론

　　　　중앙정보부로부터 조선국적 소유자의 영주권 획득에 대한 "야마나시" 현 민
단 간부의 여론을 별첨과 같이 통보하여왔기 참고하시기 바랍니다.
　　　유첨: 중대보 980-2150호 공한사본 1부. 끝.

유첨-중앙정보부 공문(조선국적 소유 교포의 영주권 획득에 대한 여론)

분류기호 중대보 980
일시 1968.6.5.
발신 중앙정보부장 김형욱
수신 외무부 장관
제목 조선국적 소유 교포의 영주권 획득에 대한 여론

　　　　1. 당부에 입수된 "야마나시" 현 민단 간부 여론을 별첨과 같이 통보하오니
참고하여 주시기 바랍니다.
　　　유첨: 민단 간부 여론 1부. 끝.

유첨-민단 간부 여론

　　　　　　　　　"민단 간부의 여론"

1. 한일간의 법적지위협정이 체결된 이후, 주일 한국대사관에서는 영주권신청
운동을 적극화하고 있었음. 그러나 최근에 와서 일부 조총련교포들이 영주권을
신청획득함으로서 민단 간부들의 불만과 반발을 야기시키고 있을 뿐 아니라 현

상태대로 지속한다면 조총련교포들이 조총련에서 그대로 활동하면서 일본에서 영주할 수 있는 조건을 대사관 스스로가 보장하여 주는 예상치 않는 결과를 낳게 되고, 신분을 가장한 조총련교포의 한국 입국을 조장하여 국가 안전보장에 유해로운 결과를 낳지 않을까 하는 염려를 하는 민단간부들이 증가되고 있음.

2. 일부 조총련계 교포중 영주권을 획득한 자들이 민단계 교포들에게 민단을 통하지 않고서라도 일본 법무성을 통하여 국적에 관한 진술서를 제출하면 주일 한국대사관이 진술서에 국적이 한국임을 확인해주면 민단을 통하여 국민등록을 하지 않아도 영주권을 획득할 수 있다고 자랑하고 있으므로 해서 민단간부들을 난처하게 만들고 있다함.

5. 외무부공문– 조선국적 소유 교포의 영주권 획득에 대한 여론 통보 내용 송부

대한민국 외무부
번호 아교 725-
일시 1968.6.18.
발신 외무부 장관
수신 주일대사
제목 조선국적 소유 교포의 영주권 획득에 대한 여론

연: 외아교 725-10500 (66.6.11.)
1. 중앙정보부로부터 통보하여 온 바에 의하면 최근 일부 민단간부 간에는 요지 아래와 같은 여론이 일어나고 있다함으로, 동 통보내용을 송부하오니, 집무에 참고하시기 바랍니다.

요지:

최근 일부 조련계 교포들은 영주권을 신청 획득하고 일본에서 합법적으로 거주하면서 조련계 활동을 계속하고 있고, 본국 입국을 조장하여 국가 안전 보장에 유해로운 결과를 초래할까 염려되며 국민등록을 하지 않아도 영주권을 획득할 수 있다고 자랑하고 있다는 것임.

2. 이들을 위하여는 "선 확인 후 등록"의 원칙을 수립하였을 때, 그들이 조총련으로부터 이행할 것을 조건으로 하고 대사관에서는 대장을 직접 보관하고 가능

한 수단을 다하여 이자들이 심사 및 등록을 파악하고 참된 교포가 되도록 계몽 선도 하도록 하였던 만큼, 이들이 조속 전원 재외국민등록을 필하도록 한 후 상기 취지에 따라 그들이 참된 국민이 되도록 지도하시고 그 결과를 수시 보고 하시기 바랍니다.

첨부: 중대보 980(68.6.5.) 공문 1통. 끝.

⑤ 재일본한국인의 법적지위협정 시행에 관한 양해사항 확인 (영주권 신청절차의 간소화), 1969

○ ○ ○

분류번호: 791.22, 1969

등록번호: 3356

생산과: 교민과

생산년도: 1969

필름번호(주제-번호): p-0007

파일번호: 05

프레임번호: 0001~0045

1. 기안-재일교포 법직지위에 관한 청원

번호 아교-725
일시 1969.5.23.
기안 교민과 이대형
수신 주일대사
제목 재일교포 법적지위에 관한 청원

　　이희원 중총민단장 이하 신민단 간부들이 5.21(수) 본부를 예방하고, 별첨과 같은 재일교포 법적지위 및 대우에 관한 청원서를 제출하였는바, 동 내용을 검토하시고 이에 대한 귀견을 보고하시기 바랍니다.
첨부: 민단의 청원서 사본 끝.

첨부-재일교포 법직지위에 관한 청원서(1/2)

在日 僑胞의 法的地位 및 待遇 問題에 關한 請願書

　　□共統一의 偉業達成을 爲하여 祖國近代化 事業에 □日이 없이 勞心하고 계심에 對하여 在日 六十萬 僑胞를 代表하여 深甚한 敬意를 表하나이다.
　　今般 本團의 第 三十三 定期中央大會에서 不肖 本人이 中央團長으로 選出되어 在日 六十萬 僑胞의 權益擁護의 重責을 갖게 되었음에 즈음하여 삼가 人事말씀을 올리는 同時에 在日僑胞의 法的地位 및 特遇 問題에 關하여 다음과 같이 請願을 하나이다.
　　　　　　　　　　　　記
　　韓日協定은 그 前文에 있어서
　　「大韓民國과 日本國은 多年間 日本國에 居住하고 있는 大韓民國 々民이 日本國의 社會와 特別한 關係를 가지게 되었음을 考慮하고 이를 大韓民國 國民이 日本國의 社會秩序 下에서 安定된 生活을 營爲할 수 있게 하는 것이 兩國民 間의 友好關係 增進에 寄與함을 □定하여」라고 明記되어 있아오나 아직도 日本國의 韓日協定 精神에 忠實치 못한 □□으로 因하여 在日 僑胞의 法的地位問題 解決에 一大 支障이 되어 있음으로 本團을 第 三十三回 定期中央大會의 方針에

依據하여

一 협정영주권을 「繼續居住」에 關하여 日本國이 解放□의 本□를 日本에 둔 그대로 本國에 一時往來한 것을 不法 出入國이라하여 協定永住權을 附與치 않는 等 一方的이고 不當한 見解를 固執하므로 永住權申請이 不振 常態에 있사오니 現在 一二六-二-六의 外國人登錄證을 所持하고 있는 者에게는 無條件으로 協定永住權을 附與되어야 하겠습니다.

二 一般永住權에 關하여는 一九五二年 四月 二十八日까지 入國한 자에 對하여 日本國 法相 聲名에는 好意的인 取扱을 하기로 되어 있아오나 日本國 出入國 管理令에 依하여 審査하게 됨으로 實際에는 許可된 자가 殆無하며 許可받기가 困難합니다.

그러므로 이 其間에 入國한 者에 對해서는 申請하여 그대로 一般永住權이 付與되도록 本國政府가 日本政府의 協助에 依한 決定이 必要합니다.

三 一九六五年六月二十二日까지 入國한 者가 이미 多年間 日本國에 居住實績을 가지고 定住하고 있음에도 不拘하고 强制退去를 擔當하고 있아오나 이는 當事者의 家族構成□□□□라 人道上 및 韓日協定의 精神에 依據하여 日本國에서 安住할 수 있는 居住權이 付與되어야 하겠읍니다.

그러므로 본 請願書 第(一)(二)(三)項이 解決되기까지는 被退去者에 對한 引受를 拒否하여 주시기 바랍니다.

以上과 같이 請願하오니 在日僑胞의 □□한 事情을 高□하시와 □히 問題가 實際的인 段階에 이르러 있음에 미루어 □□配慮를 하여주시기 바라마지 않는 바옵니다.

以上
一九六九年 五月 二十日
在日本 大韓民國 居留民團 中央本部

外務部長官 崔圭夏 貴下

2. 외무부 보고사항－재일한국 거류민단 청원에 대한 대책

일시 1969.6.4.

발신 외무부장관
수신 대통령 각하
제목 재일한국 거류민단 청원에 대한 대책

　　다음과 같이 報告 합니다
　　재일 대한민국 거류민단 단장 이희원이, 대통령 각하께 제출한 "재일교포의
법적지위 및 대우 문제에 관한 청원서"에 관하여 별첨과 같이 청원의 내용, 청원
사항의 현황 및 앞으로의 대책을 보고 합니다.
　　유첨: 재일교포 법적지위에 관한 민단 청원과 이에 대한 대책. 끝.

유첨-재일한국 거류민단 청원에 대한 대책

　　　　　　재일교포 법적지위에 관한 민단 청원과 이에 대한 대책

재일 대한민국 거류민단 단장이 대통령 각하에게 제출한 청원서에 기재된 청원
사항은:
　　1. (영주권 문제):
　　　　협정영주권을 신청함에 있어, 거주 경력을 조사하지 않도록 할 것.
　　2. (입국자에 대한 영주권 문제):
　　　　대일 평화조약 발효일(52.4.28.) 이전에 입국한자에게 일본 입국관리령
　　　　상의 일반영주권을 부여할 것.
　　3. (일반 밀입국자에 대한 거주권 문제):
　　　　대일 평화조약 발효일부터 한.일 조약 서명일(65.6.22.) 이전에 입국한
　　　　자에 대하여 거주권이 부여되도록 할 것.
　　4. (밀입국자 퇴거강제 문제):
　　　　이상의 문제점이 해결될 때까지 퇴거강제자를 인수하지 말 것으로 되어
　　　　있음.
이와 같은 청원 각항의 자세한 내용, 각 청원 사항에 대하여 정부가 취해온 그
간의 조치를 포함하는 현황과 당부의 앞으로의 대책은 아래와 같음

-아래-

1. 청원사항 (1) 협정영주권 문제):

   가. 청원의 내용:

     45.8.15 이전에 일본에 입국하였다가 해방 후 본국에 다녀감으로서 일본에서의 거주경력이 사실상 중단된 일이 있었던 자라 하더라도 외국인등록증에 126-2-6으로 표시된 자 (45.8.15 이전부터 계속 거주한 자를 표시하는 기호임.) 에 대하여는 계속 거주 경력의 사실조사를 함이 없이 협정영주권을 부여토록 할 것.

   나. 현황:

     1) 일측은 외국인등록증에 재류자격이 126-2-6로 표시되어 있는 자는 협정영주권을 우선 신청할 수 있는 자로 보고, 신청서를 접수하는 바, 외국인등록증을 발급하는 초기 단계에 있어서는 소홀한 점이 많았으며, 따라서 45.8.15. 이전부터 계속해서 거주하지 않은 자에 대하여, 126-2-6의 재류자격이 부여된 경우가 많으므로, 협정영주권을 허가함에 있어서는 거주 경력의 계속성을 재조사하는 조치를 취하였음.

     2) 이와 같은 일측의 조치로 말미암아, 해방 후에 본국을 다녀간 자(본국으로 이사하였다가 다시 일본에 입국한자를 포함), 또는 해방 후에 일본에 밀입국 하에 적당한 방법으로 126-2-6의 재류 자격이 표시된 외국인등록증을 입수한 자들은 그들의 거주 경력이 중단되었던 사실 또는 밀입국의 사실이 탄로될 염려가 있으므로 영주권 신청을 주저하게 되었음.

     3) 이와 같은 상황에서, 정부는 67년 7월 한.일 법무 차관회의 및 68년 11월의 실무자 회의에서 이 문제를 교섭하고 아래의 양해에 도달하였음.

       가) 제2회 외국인등록(1950.1.10-1952.9.28.까지 실시됨)을 합법적으로 필하여, 126-2-6의 재류자격을 취득하고, 이로서 45.8.15 이전부터의 일본에서의 계속 거주가 "추인(推認)"될 수 있으면, 사실조사를 함이 없이 영주권을 허가한다. 제1회 외국인등록을 필하지 않았더라도 이는 문제로 하지 않는다.

       나) 상기 "추인(推認)"을 용이하게 하기 위하여 믿을 수 있는 거주경력에 관한 진술서를 신청자가 작성한다.

4) 위와 같은 양해로 말미암아 거주경력이 중단되었거나, 또는 45.8.15 이후 52.9.28.까지 일본에 밀입국한 자들은 대부분의 경우, 거주경력의 진술이 정연하게 되어 있으면 구제될 수 있는 방안이 마련되었음. 다만, 범죄행위 또는 기타의 특수한 이유로 일본 관헌의 주목을 받고 있던 자는 경력에 관한 사실 조사를 받았음.

다. 대책:

1) 거주경력의 조사는, 약 5만에 달한다고 비공식으로 추산되는 일시 귀국자 및 1952년까지의 일본 밀입국자의 영주권 취득을 불가능하게 할 뿐만 아니라, 계속된 거주경력을 가진 자에 대하여도 심리적인 압박을 가하여 영주권신청의 촉진을 방해할 것임에 비추어, 전기한 바 있는 일측과의 양해 사항이 충실히 이행되도록 할 것임은 물론, 일측의 조사가 사실상 없도록 교섭할 것임. (교섭방법에 관하여는 후술 참조)

2) 영주권 신청자의 거주경력 진술서가 정연하게 되어 있는지의 여부는 일측 조사 실시 여부에 지대한 관계가 있으므로, 금번에 영주권 신청 촉진 방안의 일환으로 일본 각 지방에 배치하게 된 "지도원"과 주일 각급 공관으로 하여금, 거주경력 진술서 기재방법을 지도함과 아울러, 경우에 따라서는 이를 대서케 할 것임.

2. 청원사항 (2) (전후 밀입국자에 대한 영주권 문제):

가. 청원의 내용:

1) 법적지위협정이 서명될 당시에 일본 법무대신은,

가) 45.8.15 이전부터 일본에 거주하였으나, 해방 후 일시 귀국하였다가 대일 평화조약 발효일 이전에 일본에 입국하여 거주하여온 자에 대하여는 호의적인 취급을 하여 특별재류허가를 발급함과 아울러 입국 관리법령에 의한 영주권(일반영주권)을 허가할 것이며",

나) 45.8.15. 이전부터 거주하지 않았더라도, 대일 평화조약 발효일 이전에 일본에 입국한 자에 대하여는 위에 준하는 대우를 한다"라고 성명하였음에도 불구하고 일반영주권의 취득이 용이하지 않으므로 복잡한 심사를 함이 없이 일반영주권이 부여되도록 할 것.

나. 현황:

    1) 일측은 본 항의 일반영주권을 허가함에 있어서는, 특별재류허가를 받은 후 관찰기간 5년이 경과해야 한다는 입장을 취하였으며, 따라서 협정영주권을 신청하였다가 거주 경력의 중단 사실이 발견된 자가 일반영주권을 신청하더라도, 5년의 기간이 경과하지 않으면 안된다는 입장을 취하였음.

    2) 이와 같은 난점을 해결하기 위하여, 67년의 법무차관회의 및 68년의 실무자 회의에서 토의한 결과 신청시기 및 심사 기준을 완화하여, 아래와 같은 양해에 도달하였음.

        가) 협정영주권 신청자로서, 거주 경력이 중단된 자는 관찰기간을 둠이 없이 일반영주권을 신청할 수 있다.

        나) 신청자의 자격 요건을 일반 신청자에 비하여 완화한다. 즉, 고정된 직업이 있고, 월수 2만원 이상인 자, 보통 병원에서 발급되는 건강 진단서를 가진 자, 전과자라 하더라도 형기 완료일부터 7년이 경과한 자에 대하여는 그 외의 조건을 붙이지 않는다.

    3) 69. 3월말 현재의 일반영주권 신청자는 535명이며, 이중 심사를 끝마치고 허가를 받은 자는 344명임.

다. 대책:

    1) 상기한 양해 사항이 충실히 이행되어 대일 평화조약 발효 이전 입국자는 일반영주권을 얻을 수 있도록 일측과 교섭함.

    2) 재일교포 중에는, 위 양해 사항과 같이 특정한 관찰기간 없이 일반영주권을 신청할 수 있는 사정을 모르고 있는 자가 많으므로, 주일 각급 공관 및 영주권 신청 지도원을 통한 계몽을 실시함.

    3) 일반영주권을 허가 받음에 있어서는 (가) 입국경위에 대한 심사 (나) 동 심사 기간 중의 가방면 조치 (다) 심사 완료 후 특별재류허가의 취득의 절차가 법률상의 요식 행위로 필요하므로, 이를 완전히 생략케 하기는 일본 관계 법령의 개정 없이는 불가능함. 따라서, 우선은 되도록 수속 절차를 간소화하도록 교섭함.

3. 청원사항 (3) (일반 밀입국자에 대한 거주권 문제):

    가. 청원의 내용:

대일 평화조약 발효일(52.4.28.)이후 법적지위협정 서명일(65.6.22.)까지 일본에 밀입국한 자는 가족 구성 등 인도상의 견지와 법적지위협정의 정신에 입국하여 거주권(특별재류허가)이 부여되도록 할 것.

나. 현황:

　1) 본 항에 해당하는 일본 밀입국자에는, 재일가족과 합류하기 위한 목적으로 밀입국한자가 많으므로, 이러한 자들을 구제하기 위하여, 일본 당국에 의하여 강제퇴거 되지 않도록 하는 방안을 67년 법무차관회의 및 68년 실무자 회의에서 교섭하였으며, 그 결과 아래와 같은 자에 대한 강제퇴거에 있어서는 인도적인 고려를 하도록 양해하였음.

　　가) 협정영주권의 배우자

　　나) 협정영주권자의 미성년의 자녀

　　다) 협정영주권자의 직계 존속으로서 부양을 요하는 자(65세이상)

　2) 67년 법무차관회의 및 68년 실무자 회의에서 밝혀진 바에 의하면, 일측은 62년 이전에 입국한 자에 대하여 위와 같은 인도상의 고려를 하고 있음.

　3) 위와 같은 협정영주권자의 가족 이외에 있어서는, 개개의 경우에 따라 인도적인 견지에 위배되지 않도록 주일 대사관이 퇴거강제자를 실사할 때에 신중을 가하고 있음.

다. 대책:

　1) 협정영주권자의 가족으로서 배우자, 미성년자의 자녀 및 부양을 요하는 부모에 관하여는, 협정체결일(65.6.22.)이전은 물론 그 이후에 밀입국하였을 때에도 거주권(특별재류허가)이 부여되도록 교섭함.

　2) 상기 이외의 자에 대하여는 주일 대사관이 퇴거강제자를 심사할 때에 개개의 경우를 검토하여 인도에 어긋나는 사례가 없도록 함.

　3) 상기 1항의 협정영주권자의 가족에 관한 교섭에 주력하며, 그 외에 경우에는 일측에 과도한 압력을 가하지 않도록 함. 이러한 방침은 협정영주권자와 기타의 자를 구분함으로서, 영주권 신청을 촉진하는 반면, 앞으로의 일본 밀항을 억제하기 위하여서도 필요함.

4. 청원사항 (4) (강제퇴거):

가. 청원의 내용:

상기한 청원 사항이 반영되지 않으므로서 발생하는 강제퇴거자의 인수를 기부할 것.

나. 현황:

1) 대일 평화조약 발효일 이전의 입국자의 경우에 있어서는 범죄 유범자가 아닌 이상 강제퇴거 않고 있음.

2) 따라서, 강제퇴거자는 대일 평화조약 발효일 이후에 입국한자로서 협정영주권자의 가족이 아닌 자임.

다. 대책:

1) 협정영주권자의 가족의 경우에는, 협정서명일 이전 밀입국자는 물론, 그 이후의 밀입국자의 경우에도 강제 송환되지 않도록 강제퇴거자 심사에 있어 신중을 기함.

2) 대일 평화조약 발효일 이전에 일본에 입국한 자는 일본에서 반사회적인 범죄를 범한자가 아닌 한, 아측이 인수를 하지 않도록 함.

3) 상기 1.2항 이외의 경우에 속하는 자에 대하여는 개개의 경우를 신중히 검토하여 인도에 어긋나는 일이 없도록 함.

5. 대일 교섭 방법:

가. 금년도 한. 일 정기 각료회의(69.8월 26-7 예정)에 양국 법무장관이 참가하여, 본 문제가 토의되도록 하며, 독립된 법상 회담 개최를 추진함.

나. 정상적인 외교 경로(주일 대사관 – 일본외무성, 외무부-주한 일본대사관)을 통한 교섭을 추진함.

다. 68년의 예에 따라, 한.일 실무자 회의를 개최함.

라. 퇴거강제자를 심사할 때, 아측 입장이 반영되도록 함.

3. 교민과 보고서–재일교포 문제 강연회 참석 보고

재일교포 문제 강연회 참석 보고
1969.6.25.
아주국 교민과 이대형

강연회 참석 보고 (재일교포 문제)

　　69.6.23(월) 15:00 부터 약 2시간 가량 신문회관 강당에서 있었던 재일교포 문제 강연회 참석 결과를 다음과 같이 보고 합니다.

1. 진행

　　200여 명의 청중이 참석한 가운데, 예정 시간인 15:00경 주최측인 해외교포 문제 연구소장 김상현씨(국회의원)로부터 인사가 있었음.

　　이어, 첫인사인 박병헌씨(전 민단 총무국장)로부터 "재일거류민단의 지위와 육성책"이란 제목하에 약 40분간의 강연이 있음.

　　다음, 이원홍씨(한국일본 편집국 차장)가 "재일 조총련계의 내막"이란 제목으로 약 1시간 가량 강연함.

　　상기, 연설이 끝난 후, 김상현씨는 장소가 협소하고 날씨가 너무 덥기 때문에 동 강연회는 이상으로 마치고 "재일한국인의 지위와 문제"(김상현)와 "재일교포 2세 교육문제와 지도방안"(이영훈)은 다음주 적당한 날을 택하여 다시 개최하겠다고 말하므로서, 17:00경 종료됨.

2. 발표 요지

　　가. 재일거류민단의 지위와 육성책(박병헌)

　　　　민단은 일본 사회의 특수한 여건하에서 재일한국인의 권익 옹호와 정부의 시책을 실현하는데 크게 기여해왔다.

　　　　일본은 재일교포에 대하여 표면상은 호의적으로 대하지만, 여러가지 면에서 차별 대우를 하고 있으며, 일본의 국익에 합치되지 않는 한국인은 추방시키려 하고 있는 것 같다.

　　　　정부는 60만 재일교포의 지도 육성을 위하여 많은 노력을 해왔다고 생각하나, 앞으로 더욱 재일교포 문제에 관심을 기우려 주기 바란다.

　　　　해외교포 지도 육성법을 제정해 주기 바란다.

　　　　교민청을 설치하여 해외교포에 관련된 사무를 통일, 유기적으로 할 것.

　　　　민단에서 3명 정도의 옵서버를 국회에 파견토록 할 것.

　　　　전후 입국자에 대하여 거주권을 갖도록 할 것.

　　　　중소기업 육성을 위하여 3백만불 정도의 자금 지원을 해줄 것.

　　　　향토 개발 등을 위한 본국 송금액을 올려줄 것(현재 1인당 5백불 정도)

　　　　제2세에 대한 민족 교육을 위한 기본 대책을 수립할 것.

민단에서 추진 중인 민단회관 건립을 지원해줄 것 등.
(청취 소견)
재일교포 전반에 관한 문제를 개괄적으로 거론, 설명을 가하고, 정부에 대한 민단 입장에서의 요망 사항을 이야기하였으나, 구체적인 방안을 제시한점은 없고 오늘날까지 여러 사람에 의하여 지적되어 온 점을 현지에서 느낀 체험을 가미하여 이야기하였다고 생각됨.

외무부 차관 귀하

    본 연구소는 해외교포 문제에 관한 연구단체로서 지난 몇년 동안 정부의 교민정책에 관하여 연구와 방향을 제시해 왔습니다. 이런 뜻에서 본연구소에서는 아래와 같은 내용과 연사를 모시고 재일교포문제 연구발표회를 개최코저 하오니 필히 참석하여 주시기 바랍니다.
"아래 "
1. 일시   1969년 6월 23일 (월) 15.00시
2. 장소   신문회관 강당
3. 논제
    A. 재일교포二세 교육문제와 지도방안   이영훈(전 주일 장학관)
    B. 재일거류민단의 지위와 육성책   박병헌(전 민단 총무국장)
    C. 재일조총련계의 내막   이원홍(한국일보편집부국장)
    D. 재일한국인의 법적지위와 문제   김상현(국회의원)
4. 발표시간 각 논제 30분(질의 10분)
5. 연락처 본 연구소 총무부 (93) 1028
        1969년 6월 12일
해외교포문제 연구소장 김상현

4. 공람–재일거류민단의 재일교포 법적지위에 관한 주일대사의 의견 요지

1969.7.14.

공람

제목: 재일거류민단의 재일교포 법적지위에 관한 주일대사의 의견 요지

1. 협정영주권 허가

한.일 양국간의 양자 실무자 회담으로 소위 126-2-6의 외국인등록증 소지자가 협정영주권을 신청시, 대부분이 서류상의 심사로 허가를 받고 있다고 하며, 약 10-20%의 소수가 진술서 작성시의 용의점, 밀고, 국적확인 등으로 부득히 조사를 받고 있으므로, 한.일 간의 고차적 회담에서 동 진술서 작성 요령 및 그 신빙도 문제와 계속 거주력 개념 확대로 일시 귀국사실도 동 개념에 포함 시키는 문제 해결로 결격자의 구제가 가능하다고 사료 됨.

2. 일반영주권 허가

일본국 출입국관리령에 의거하여 부여되는 일반영주권 허가는 극소하나 (68년 허가수 :252명), 동 관리령 상의 복잡한 수속 절차의 간소화와 더 한층의 호의적 처리를 위하여 관계 실무자 회담이 계속되어야 함.

3. 1965년까지의 입국자와 일본국 정주문제는, 현 단계에서 제기함이 실제적이 아닌 것으로 사료되고, 1962년까지의 입국자에 대한 특제 조치가 취해지고 있는 실정에 비추어, 상기 문제를 순차적으로 확대하여 가는 것이 타당함.

5. 주일대사관 공문–재일교포 법적지위에 관한 청원

주일대사관

번호 일영(1)725.1-2416

일시 1969.7.1.

발신 주일대사

수신 외무부 장관

제목 재일교포 법적지위에 관한 청원

아교 725-14643호로 지시한 건에 대하여 아래와 같이 당 대사관의 의견을 제출합니다.

1. 협정영주자의 거주력 추인에 관하여 민단에서 주장하는 126-2-6의 외국인

등록증을 소지하고 있는 자에 대한 무조건 협정영주권 부여 요구는 한일간 법적 지위 협정 시행에 있어 지금까지 양해사항 및 실무자 회담의 경위에서 나타난 일본측의 태도를 보아 이는 현실성이 없는 요구가 되리라 사료됨. 따라서 정부 측에서 그대로 밀고 나가기는 매우 어려울 것이 예견됨.

이 문제에 관련하여 정부로서는 이미 양해사항 형식으로 즉, 전후 2차에 걸친 실무자 회담을 통하여 어느 정도 거주력 추인문제가 해결되었다고 보며 현재 일 법무성 실무자는 신청 서류상의 진술서에서 나타나는 용의점과 밀고 및 국적 확인 등으로 부득이 조사가 필요하는 자만이 조사를 하며 동 숫자는 신청자의 10%내지 20%정도에 끝이고 그 이외에는 실질적으로 서류심사로서 허가를 부여하고 있다고 하므로 앞으로는 추인 문제만을 문제 삼을 것이 아니라 진술서 작성요령과 그 신빙도 및 일시귀국의 사실을 계속 거주력의 개념속에 여하히 흡수시킬 것인가 하는 문제를 한.일 양국간의 고차적 회담 등에서 결격자의 구제책을 강구하여야 될 것으로 봄.

2. 일반영주권 신청에 대하여 일 정부에서 호의적 취급을 하지 않고 실제에 허가된 자가 태무하다고 하나 이는 어떠한 근거에서 이렇게 과대해석을 하는지 이해하기 곤란함. 사실상 동 문제는 출입국 관리령에 의하는 것으로서 수속상의 서류가 복잡함은 인정할 수 있으며 또한 일본 지방 입관관리들의 불친절도 있기는 하나 현재에 법무성 소속 담당 관리들은 상당한 부득이한 사유 (예컨대 형의 시효가 현재까지 지속되고 있는 자 또는 현재 혐의를 받고 있는 자)가 있는 자 이외에는 호의적 해석으로 동 문제를 취급하고 신청자 중 상당한 수 (68년 말 417명, 허가 252명, (60.43%)취하 165명(39.56%) 69년 3월말 현재 신청 118명, 허가 92명(77.96%)취하 11명 (9.32%)를 허가하고 있으나 앞으로 동 문제에 대하여는 현재의 호의적 처리경향에 더하여 가일층 이것이 용이하게 허가될 수 있도록 계속 관계 실무진과 접촉을 함이 효과적일 것이라고 봄.

3. 1965년 6월 22일까지 입국한자까지도 일본국에 정주할 수 있도록 요구함에 대하여 제반실정에 비추어 특히 현 단계에서 동 문제를 제기함은 실제적이 아닐 것으로 현재 일 정부에서 1962년까지의 입국자에 대하여 당사자의 가족구성 기타 사정을 참작하여 특제 조치를 취하고 있으니 현 단계로서는 이를 더욱 용이하게 할 수 있도록 계속적인 노력을 하는데 주력하고 순차적으로 확대하여 감이 타당하다고 봄.

6. 외무부 보고사항-재일한국 거류민단 청원에 대한 대책

일시 1969.7.4.
발신 외무부 장관
수신 대통령
제목 재일한국 거류민단 청원에 대한 대책
　다음과 같이 報告 합니다

　　연: 외9890호
　　연호와 관련, 재일 대한민국 거류민단 "이희원" 단장이, 대통령각하께 제출한 "재일교포의 법적지위 및 대우 문제에 관한 청원서"에 관하여, 별첨과 같이 청원의 내용, 청원 사항의 현황 및 앞으로의 대책을 추가로 보고 합니다.
　　유첨: 재일교포 법적지위에 관한 민단 청원과 이에 대한 대책. 끝.

유첨-재일한국 거류민단 청원에 대한 대책

재일교포 법적지위에 관한 민단 청원과 이에 대한 대책

　　재일 대한민국 거류민단 단장이 대통령 각하에게 제출한 청원서에 기재된 청원 사항은:
1. (협정영주권 문제):
　협정영주권을 신청함에 있어, 거주경력을 조사하지 않도록 할 것.
2. (전후 및 입국자에 대한 영주권 문제):
　대일 평화조약 발효일(52.4.28.) 이전에 입국한 자에게 일본 입국관리령상의 일반영주권을 부여할 것.
3. (일반 밀입국자에 대한 거주권 문제):
　대일 평화조약 발표일부터 한·일 조약 서명일(65.6.22.)이전에 입국한 자에 대하여 거주권이 부여되도록 할 것.
4. (밀입국자 퇴거강제 문제):
　이상의 문제점이 해결될 때까지 퇴거강제자를 인수하지 말 것으로 되어있음.

이와 같은 청원 각항의 자세한 내용, 각 청원 사항에 대하여 정부가 취해온 그간의 조치를 포함하는 현황과 당부의 앞으로의 대책은 아래와 같음.

-아래-

1. 청원사항 (1) (협정영주권 문제):

　가. 청원 (1)의 내용

　　45.8.15 이전에 일본에 입국하였다가 해방 후 본국에 다녀감으로서, 일본에서의 거주경력이 사실상 중단된 일이 있었던 자라 하더라도, 일본정부가 협정영주권 신청 유자격자로 인정한 법률 126호 해당자(외국인등록증에 126-2-6으로 표시된 자)에 대하여는, 계속 거주경력의 사실조사를 함이 없어 협정영주권을 부여토록 할 것.

　나. 청원 (1)에 관련된 사실

　　1) 관련되는 교포

　　　가) 법률 126호 해당자(일본이 항복문서에 서명한 1945.9.2. 또는 그 이전부터 대일 평화조약 발표일인 1952.4.26까지 계속 일본에 거주한 재일한국인 및 대만인이 됨.) 중, 상금 협정영주허가를 취득하지 않은 교포인 바, 그 수효는 다음과 같음.(조총련계 포함.)

구분	수	비고
당초 126호 해당자	559,122	(1965년 말 현재)
내역: (협정 영주 취득자)	(108,522)	(1969.5. 말 현재)
(현 126호 해당자)	(450,600)	(1969.5. 현재 추산)

　　2) 그 간의 경위:

　　　가) 126호 자격자에 대한 일측 최초 입장:

　　　　일본측은 1966년의 협정시행 초기에 있어서는 아래의 사유를 들어 협정영주권 신청자격을 인정한 전술한 126호 행당자[1]라도 거주 경력의 계속성을 재 조사한 후, 허가한다는 입장을 취하였음.

　　　　(1) 협정 규정에 1945.8.15 또는 그 이전부터 신청시까지 계속 거주한 자가 허가요건으로 되어 있다.

　　　　(2) 일본의 제1회 외국인등록 (1947.5.)은 종전 혼란시기에 실시된 관계로 집단 등록이 허용되어 상당한 부정, 이중 등록이

---

1) 해당자

있어 소홀 하였다.

나) 재조사로 인한 불안감 조성:

이와 같은 일측의 입장으로 말미암아, 해방 후에 본국을 잠시 다녀간 자(본국으로 이사하였다가 다시 일본에 입국을 포함), 또는 해방후에 일본에 밀입국하여 적당한 방법으로 126-2-6의 재류 자격이 표시된 타인 명의의 외국인등록증을 입수한 자들은, 그들의 거주경력이 중단되었던 사실 또는 밀입국의 사실이 탄로될 염려가 있으므로, 영주권신청을 주저하게 되었음.

다) 시정조치: … 양해 사항의 성립

이와 같은 상황 하에서, 정부는 67년 7월 한.일 법무차관 회의 및 68년 11월의 실무자 회의에서, 이 문제를 교섭하고 아래의 양해에 도달 하였음.

(1) 제2회 외국인등록 (1950.1.10 -1953.9.28. 까지 실시됨)을 합법적으로 필하여, 126-2-6의 재류자격을 취득하고, 이로서 45.8.15 이전부터의 일본 에서의 계속거주가 "추인(推認)"될 수 있으면, 사실 조사를 함이 없이 영주권을 허가한다.

제1회 외국인등록을 필하지 않았더라도 이는 문제로 하지 않는다.

(2) 상기 "추인(推認)"을 용이하게 하기 위하여 믿을 수 있는 거주경력에 관한 진술서를 신청자가 작성한다.

라) 현황:

위와 같은 양해로 말미암아 거주경력이 중단되었거나, 또는 45.8.15 이후 52.9.28까지 일본에 밀입국한 자들은 대부분의 경우, 거주경력의 진술이 정연하게 되어 있으면, 거주경력에 대한 조사 없이 일측이 허가하고 있어, 구제될 수 있음. 다만, 일본측은 반사회적 범죄 누범자 또는 공안상 문제되는 자 (조총련계)등까지 호의적 고려를 할 수 없다는 입장에서 거주경력에 관한 의심이 있을 때는 사실조사를 하겠다고 주장하고 있음.

마) 대책:

가) 조사의 완전 생략 요구

거주경력의 조사는, 약 5만에 달한다고 비공식으로 추산되는,

일시 귀국자 및 1952년까지의 일본 밀입국자의 영주권 취득을 불가능하게 할 뿐만 아니라, 완전한 거주경력을 가진 자에 대하여도 심리적인 압박을 가하여, 영주권신청의 촉진을 방해할 것임에 비추어, 일측의 조사가 사실상 없도록 교섭함. 이를 위한 구체적인 방법으로, 주일대사가 추천서를 발급하는 자에 대하여, 무조건으로 일측이 영주권을 발급토록 하는 방안을 추진함.

나) 거주력에 관한 진술서 기재 방법 지도

영주권 신청자의 거주경력 진술서가 정연하게 되어 있는지의 여부는 일측 조사 실시 여부에 지대한 관계가 있으므로, 금번에 영주권신청 촉진 방안의 일환으로 일본 각 지방에 배치하게 된 "지도원"과 주일 각급 공관으로하여금, 거주경력 진술서, 기재 방법을 지도함과 아울러, 경우에 따라서는 이를 대서케 함.

2. 청원사항 (2) (전후 밀입국자에 대한 영주권 문제):

가. 청원의 내용

1) 법적지위협정이 서명될 당시에 일본 법무대신은,

가) "45.8.15 이전부터 일본에 거주하였으나, 해방 후 일시 귀국하였다가, 대일 평화조약 발효일 이전에 일본에 입국하여 거주하여 온 자에 대하여는 호의적인 취급을 하여, 특별재류허가를 발급함과 아울러 입국관리법령에 의한 영주권(일반영주권)을 허가할 것이며",

나) "45.8.15. 이전부터 거주하지 않았더라도, 대일 평화조약발효일 이전에 일본에 입국한 자에 대하여는 위에 준하는 대우를 한다"라고 설명하였음에도 불구하고 일반영주권의 취득이 용이하지 않으므로, 복잡한 심사를 함이 없이 일반영주권이 부여되도록 할 것.

나. 청원(2)에 관련된 사실

1) 관련되는 교포

현재, 일반영주권 신청 대상자 (1945.8.15-1952.4.28까지의 입국자로서, 현재 특별재류허가를 갖고 있는 자)는 일본측 추산에 의하면, 3,500명임. 그러나, 장차 위에서 말한 126호 해당자 중 결격자 (밀항사실)로서 판명될 경우, 그 수는 50,000여 명이 될 것으로 추산할 수 있음. 69년 3월말 현재의 일본 영주권 신청자는 535명이며, 이 중 심

사를 끝마치고 허가를 받은 자는 344명임

2) 그 간의 경위

가) 일반영주권 신청자에 대한 일측 최초 입장:

(1) (신청 및 허가 절차): 126호 해당자(협정영주권 신청 유자격자)로 있다가 불법입국자로 판명될 때, 현행 법령상, 일단 불법입국자로 취급하여, 위반조사(심사, 구두심리, 이외 신립의 과정 포함) - 특별재류허가의 탄원 - 허가의 과정을 거쳐, 특별재류허가를 얻게 한 후, 5년이 경과된 때에 비로서 일반영주허가를 신청 취득할 수 있게 하였음.

(2) (구비서류): 법무성령에 의한 절차상의 구비서류로 다음과 같은 잡다한 서류의 제출을 요구하였음.

(가) 국적 증명서(주일 공관장 발행)

(나) 신원 보증서

(다) 재직 증명서

(라) 납세 증명서

(마) 재산 소지 증명서

(바) 건강 진단서

(3) 심사 기준): 출입국 관리령 제22조에 의하여 다음의 기준에 합치하지 않으면 않된다는 방침을 취하였음.

(가) 일본국의 이익에 합치할 것.

(나) 소행이 선량할 것

(다) 독립 생계를 영위하기에 족한 자산, 또는 기능을 소지할 것으로 규정하고 있음.

나) 시정 조치:

위와 같이, 일반영주권의 신청 및 허가 절차, 구비 서류, 그리고 심사 기준이 까다롭기 때문에 교포 사회에 많은 지장이 있었으므로, 67년의 법무차관 회의 및 68년의 실무자 회의에서 이 문제를 토의한 결과, 아래와 같은 양해에 도달하였음.

(1) 종래 5년의 관찰 기간을 둠이 없이 특별재류 허가 후, 바로 일반영주권을 신청할 수 있다.

(2) 신청자의 자격 요건을 완화한다. 즉,

(가) 일본국의 이익에 합치될 것…일본에 적극적인 불이익을 초래하지 않으면 족한 것으로 함.

(나) 소행이 선량할 것…전과 관계와 납세 의무의 이행이 문제되는 바, 전과 관계는 형이 소멸(징역형은 10년, 벌금형은 5년이 경과되며는 문제되지 않는 것으로 함.

(다) 독립생계…생활보호를 받지 않고 자력으로 생활할 수 있는가가 문제되는 바, 독신남자의 경우, 일수 3만원 정도이며는 족한 것으로 함.

(라) 건강여부…일반 상식으로 건강하며는 족한 것으로 함.

(마) 제출서류의 간소화…호의적으로 검토하기로 함.

다) 대책

1) 대일 평화조약 발효일(52.4.28.) 이전 입국자는 신청과 동시에 일반영주권을 얻을 수 있도록 함.(양해 사항의 충실한 이행)

2) 재일교포 중에는, 특정한 관찰기간 없이 일반영주권을 신청할 수 있는 사정을 모르고 있는 자가 아직도 많으므로, 주일 각급 공관 및 영주권신청 지도원을 통한 계몽을 실시함.

3) 일반영주권을 허가 받음에 있어서는 (가) 입국경위에 대한 심사, (나) 동 심사기간 중의 가방면 조치. (다) 심사완료 후, 특별재류허가의 취득의 절차가 법률상의 요식 행위로 필요하므로, 이를 완전히 생략케 하기는 일본 관계 법령의 개정 없이는 불가능 함. 따라서, 우선은 되도록 수속 절차를 간소화하고, 신속 처리되도록 함.

3. 청원 사항 (3)(일반 밀입국자에 대한 거주권 문제):

가. 청원의 내용

대일 평화조약 발표일(52.4.28.) 이후 법적지위 협정 서명일(65.6.22.) 까지 일본에 밀입국한 자는 가족 구성들 인도상의 견지와 법적지위 협정의 정신에 입각하여 거주권(특별재류허가)이 부여되도록 할 것.

나. 관련되는 사실

1) 관련되는 교포:

본 청원 (3)에 해당될 정확한 교포의 수는 파악이 어려운 바, 대일 평화조약 발효일(1952.4.28.) 이후 입국하여 특별재류허가를 받은 교포의 수는 현재 약 25,000임.

2) 그 간의 경위:

가) 일측 최초 입장

협정영주권자의 가족이 밀항사실이 발각되어 강제송환을 할 때에는, 인도적 견지에서 취급하며, 그 이외의 자는 Case by case로 고려한다는 입장을 일측이 재량하겠다는 것이었음.

나) 시정 조치:

본항에 해당하는 일본 밀입국자에는, 재일가족과 합류하기 위한 목적으로 밀입국한 자가 많으므로, 이러한 자들을 구제하기 위하여, 일본 당국에 의하여 강제퇴거 되지 않도록 하는 방안을 67년 법무차관 회의 및 68년 실무자 회의에서 교섭하였으며, 그 결과 아래와 같은 자에 대한 강제퇴거에 있어서는 인도적인 고려를 하여 특별재류허가를 하도록 양해하였음.

(1) 협정영주권자의 배우자

(2) 협정영주권자의 미성년자의 자녀

(3) 협정영주권자의 직계 존속으로서 부양을 요하는 자(65세 이상)

다) 현황:

(1) 67년 법무차관회의 및 68년 실무자 회의에서 밝혀진 바에 의하면, 일측은 62년 이전에 입국한 자에 대하여 위와 같은 인도상의 고려를 하고 있음.

(2) 위와 같은 협정영주권자의 가족 이외에 있어서는, 개개의 경우에 따라, 인도적인 견지에 위배되지 않도록, 주일 대사관이 퇴거강제자를 실사할 때에 신중을 기하고 있음.

라) 대책

(1) 협정영주권자의 가족으로서 배우자, 미성년자의 자녀 및 부양을 요하는 부모에 관하여는, 협정체결일(65.6.22.) 이전은 물론, 그 이후에 밀입국하였을 때에도 거주권(특별재류허가)이 부여되도록 교섭함.

(2) 상기 이외의 자에 대하여는 주일 대사관이 퇴거강제자를 심사 할 때에 개개의 경우를 검토하여 인도에 어긋나는 사례가

없도록 함.

(3) 상기 1항의 협정영주권자의 가족에 관한 교섭에 주력하며, 그 외의 경우에는 일측에 과도한 압력을 가하지 않도록 함. 이러한 방침은 협정영주권자와 기타의 자를 구분함으로서, 영주권 신청을 촉진하는 한편, 앞으로의 일본 밀항을 억제하기 위하여서도 필요함.

4. 청원 사항 (4) (강제퇴거):

가. 청원의 내용

상기한 청원 사항이 반영되지 않으므로서, 발생하는 강제퇴거자의 인수를 거부할 것.

나. 청원에 관련되는 사실

협정 및 관련 문서에 규정된 퇴거강제에 관한 한국측 외무는 아래와 같음.

1) 해당되는 퇴거강제자의 인수에 협력한다.(단, 현재까지 퇴거된 자 없음.)

2) 출입국관리 법령의 규정에 의하여 퇴거강제를 당하는 자 인수에 있어서 협력한다.

다. 현황

1) 대일 평화조약 발효일 이전의 입국자의 경우에 있어서는 범죄 누범자가 아닌 이상 강제퇴거 되지 않고 있음.

2) 따라서, 강제퇴거자는 대일 평화조약 발효일 이후에 입국한 자로서 협정영주권자의 가족이 아닌 자가 대부분임.

라. 대책

1) 협정영주권자의 가족의 경우에는, 그 입국 시기를 막론하고 강제 송환되지 않도록 함.

2) 대일 평화조약 발효일 이전에 일본 입국한 자는 일본에서 반사회적인 범죄를 범한자가 아닌 한, 아측이 인수를 하지 않도록 함.

3) 상기 1.2항 이외의 경우에 속하는 자에 대하여는 개개의 경우를 신중히 검토하여 인도에 어긋나는 일이 없도록 함.

5. 대일 교섭 방법

가. 법상 회담 및 실무자 회의 개최

"아이찌" 외상과의 회담에서 합의된 양국 법상 회담은 구체적으로 8.20.

동경에서 개최하도록, 외교 경로를 통하여 교섭중에 있으며, 8.18-19 양일 법적 지위에 관한 실무자 회의를 개최키로 일본측에 제의하였음. (본 항의 신문 발표 시기는 8.5. 일본 국회가 폐회된 후로 됨.)

　　나. 외교경로를 통한 교섭

　　다. 강제퇴거 심사시, 아측 입장을 반영하는 노력을 계속. 끝.

7. 협조전- 재일교포 가족에 대한 교포 여권 발급

번호 의여 790-139
일시 1969.8.2.(협조제의)
발신 의전실장
수신 아주국장

　　1. 주일대사로부터 별첨과 같이 재일교포 가족에 대하여 별첨 (가), (나), (다) 항의 경우에는 교포 여권을 발급할 수 있도록 건의하여 왔는 바, 본건에 대하여 귀국에서 그들의 체류자격, 영주권 관계 등을 고려하여 귀국의 의견을 당시로 알려 주시기 바랍니다.

　　2. 참고사항: 교포 여권을 발급할 수 있는 여권법상의 규정은 다음과 같습니다.

　　여권법 시행 규칙 제4조 9항: 재외국민으로서 거주국의 영주권을 취득한 자 및 이에 준하는 자 끝.

첨부: JAW-07043 사본 1통

유첨-외무부공문(착신전보)-재일교포 가족에 대한 교포 여권 발급

번호 JAW-07043
일시 031513
수신시간 69.7.3 15:58
발신 주일대사

수신 장관
참조: 의전실장

교포여권발급
대: WJA - 032466(66.3.18)
일영 791.3-4425(66.12.6)
재일교포 이산가족의 재회 및 안정된 생활영위를 가능케 한다는 견지에서 다음
에 해당하는 자들에 대하여는 여권을 발급함이 가하다고 사료되므로 이를 건의
하오니 가부를 조속 회시바람
가) 일반 사면령(1963.12.14)이전에 일본에 불법입국한자로서 일정부로부터 특
별재류허가(허가기간 1년 이상)을 받고 생활근거가 있고 생계를 이루고 있다고
인정되는 자
나) 재일교포의 가족으로 일본에 있는 가족(배우자 부모)과 동거의 목적으로
내일하여 일본정부로부터 1년 이상의 재류 자격을 받아 계속 가족과 동거함이
인정된 자
다) 거주 이외의 목적으로 도일하여 병역을 필한 자로서 당지에서 상기체제
중(영주권 획득자에 한함)과 결혼하여 계속 거주하고 일본에 생활 근거가 있다
고 인정되는 자(일영의여).

8. 협조전– 재일교포 가족에 대한 교포 여권 발급

번호 아교725-192
일시 1969.8.13.(협조제의)
발신 아주국장
수신 의전실장
제목 재일교포 가족에 대한 교포 여권 발급

　　대: 협조전 의여790-139호(69.8.2.)
　　대호 주일대사의 건의에 당국으로서는 이의 없아오니, 동 건의대로 조치되
도록 협조하여 주시기 바랍니다. 끝.

9. 주일대사관 공문- 협정영주허가 관계 통계표 송부

주일대사관
번호 일영(1)725.2-54
일시 1970.1.9.
발신 주일대사 대리
수신 외무부 장관
참조 아주국장(교민)
제목 협정영주허가 관계 통계표 송부

　　1. 연호 (연: JAW-01037)로 보고한 69. 12월말 현재의 협정영주허가 신청
및 허가 통계표를 별첨 송부하오니 참고하시기 바랍니다.
　　2. 69. 12월말 현재 국적 확인 조회 건수는 34,074건, 회시건수는 33,677건
임.
첨부: 동 통계표 2부. 끝.

첨부-협정영주허가 관계 통계표

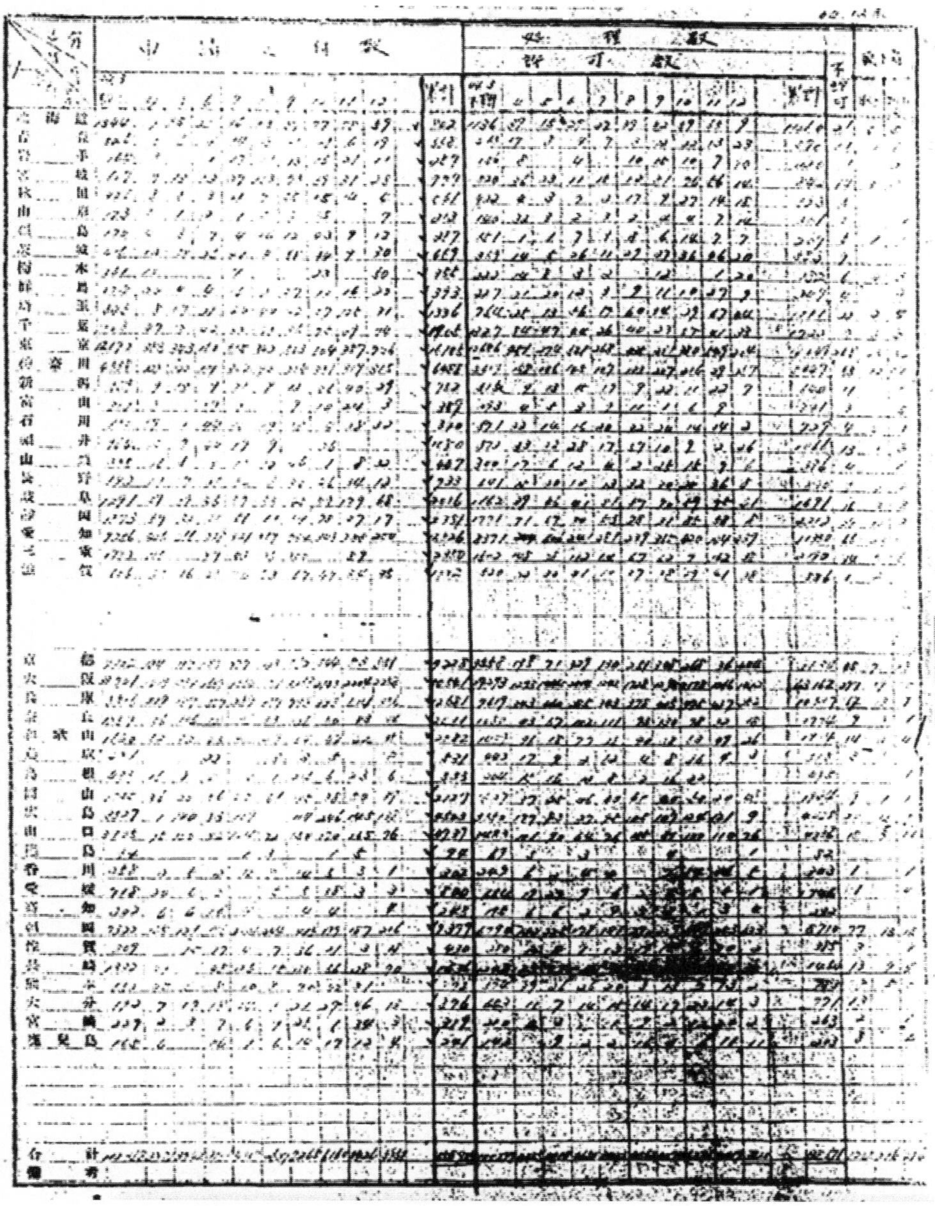

제3부

북한송환사업, 1958~1969

해방이후 재일한인 외교문서 해제집

┃제3권┃ (1945~1969)

북한송환사업(일본에서는 '북조선귀국사업', 북한 및 조총련에서는 '귀국운동' 또는 '귀환운동'이라고 부름. 이하, '북송'으로 표기)이란 전후 일본에 거주하는 재일조선인들이 1959년 12월 14일부터 수차례의 중단과 반복을 거치면서 1984년까지 9만 3340명이 일본을 떠나 북한으로 향한 전후 최대의 집단이주이다(일본인 동반 가족은 6731명, 중국인 가족은 6명). 귀국자 중에는 약 1800명의 일본인 아내(日本人妻)도 포함되어 있었는데, 2002년에 일본 요미우리신문이 북한에서 귀국한 일본인 아내의 궁핍한 생활을 보도하면서 동 기사를 시작으로 일본에서는 송환사업을 재검토하는 많은 서적이 출판되었다. 이와 같은 이른바 송환사업 검증 현상은 당시 가장 정치적 문제로 화두가 되었던 "납치문제·핵 문제를 둘러싼 일본인의 북한 및 조총련에 대한 분노"[1]와도 연동되면서, 당시 송환사업을 지지했던 사회당과 공산당, 그리고 신문, 잡지, 지식인의 비난이 대대적으로 전개되었다.

물론, 재일조선인의 북송 이전에도 재외 한인의 모국 귀환 논의는 지속적으로 진행되고 있었다. 예를 들면, 사할린 한인의 경우에는 패전 직후인 1945년 12월에 일본의 미군정사령부를 통해 한국으로의 귀환을 요청했고, 1947년 10월에는 서울의 민간단체인 '사할린 한국인 조기 귀환 연맹'을 경유해서 미군정사령부에 귀환 청원을 전달하기도 했다. 또한, 1949년 4월에는 한국정부가 직접 전쟁 중에 강제 연행된 사할린 한국인의 귀환에 대해서 미 군정청을 통해 소련과의 협상을 중개해 줄 것을 요청하기도 했지만, 비공식 서한의 왕래로 그치며 큰 진전없이 끝나게 된다.[2] 이후, 1990년 12월에 한소 국교가 수립되면서 1992년부터 사할린 한인의 개별적·집단적 영주귀국이 시작되는데, 1959년도에 생산된 문서철『국제적십자사를 통한 남북한소식 교환의 건』에는 당시 한국과 소련은 국교 수립이 체결되지 않은 상태라는 점을 강조하며, 일본이 적극적으로 나서서 일본으로의 송환을 추진해야 한다고 요구하고 있다. 특히, 사할린 거주 한인의 경우에는 대부분 일본 제국주의의 침략전쟁으로 강제동원된 노동자들이기 때문에(소련 당국의 비협조로 정확인 사할린 한인 인구를 파악하기 힘들지만, 약 1만~2만 명으로 추정), 1956년에 소련과 국교를 정상화한 일본이 사할린 한인의 재일영주권 부여는 물론이고 일본 송환을 위해 모든 노력을 기울여야 하며, 동시에 국제적십자위원회(ICRC)에게도 정확한 소재 및 생활 환경, 그리고 송환을 희망하는 구체적인 인원을 파악하기 위해서 진상조사단을 파견해 줄

---

1) 高崎宗司(2005)「なぜ、いま帰国問題か」『帰国運動とは何だったのか』平凡社, p.6.
2) 박찬용(2018)「사할린 한인동포 귀환과 정착과제 연구」『재외한인연구』재외한인학회, pp.60-61.

것을 요청하고 있다.

현재, 1950년대와 1960년대 사이에 한국 정부가 생산한 북송과 관련된 외교문서는 아래의 〈표1〉과 같다.

〈표1〉 북한송환사업 관련 한국 외교문서

분류번호	문서철명	생산년도
723.1	재일본한인 북한송환 및 한·일본 양국 억류자 상호 석방 관계철. 전9권 V.1 오무라(大村) 수용소에 수용중인 북송희망자의 석방문제	1958
723.1	재일본한인 북한송환 및 한·일본 양국 억류자 상호 석방 관계철. 전9권 V.2 재일본한인 북한송환	1959.1~8
791.25	일본적십자사와 북한적십자사간의 재일조선인귀환협정(Calcutta협정) 1959.8.13	1959
736.81	LRCS(국제적십자연맹) 이사회, 제25회. Athens, 1959.9.25-10.1	1959
723.1	재일본한인 북한송환 및 한·일본 양국 억류자 상호 석방 관계철. 전9권 V.3 재일본한인 북한송환	1959.9~1960.2
723.1	재일본한인 북한송환 및 한·일본 양국 억류자 상호 석방 관계철. 전9권 V.4 북송저지를 위한 Geneva 대표부의 활동	1959~1960
723.1	재일본한인 북한송환 및 한·일본 양국 억류자 상호 석방 관계철. 전9권 V.5 북송연장을 위한 일본적십자사와 북한적십자사간의 회담	1960
723.1	재일본한인 북한송환 및 한·일본 양국 억류자 상호 석방 관계철. 전9권 V.6 북송저지를 위한 홍보 및 주재국 반응	1959~1960
723.1	재일본한인 북한송환 및 한·일본 양국 억류자 상호 석방 관계철. 전9권 V.7 북송관계 참고자료	1955~1960
723.1	재일본한인 북한송환 및 한·일본 양국 억류자 상호 석방 관계철. 전9권 V.8 북송관계 신문기사	1959
723.1	재일본한인 북한송환 및 한·일본 양국 억류자 상호 석방 관계철. 전9권 V.9 오무라(大村) 수용소에 수용중인 일본 밀입국 한국인의 강제송환 및 나포 일어선 추방에 관한 건	1955~1960
791.25	일본·북한간의 재일한인북한송환협정 연장	1961~1964
791.25	일본·북한간의 재일본한인 북한송환 협정연장 및 재일본한인 북한송환	1965
791.25	재일본한인 북한 송환	1966
726.31	국제적십자사를 통한 남북한소식 교환의 건	1966~1967
791.25	재일본 교민 북한송환	1967
791.25	재일본교민 북한송환. 전2권 V.2 1968.1-6월	1968
791.25	재일본교민 북한송환. 전2권 V.2 1968.7-12월	1968
791.25	재일본교민 북한 송환	1969

위의 표에서 알 수 있듯이, 북송과 관련된 한국 정부의 외교문서는 문서철의 성격적인 측면에서 보면 북송 이전과 이후로 구분할 수 있는데, 예를 들면 북송 이전에는 북송 저지와 관련된 다양한 주제별 문서철이 생산되어 있고, 북송 이후에는 북송 연장 저지와 관련된 내용으로 구성되어 있다. 먼저, 북송 이전의 외교문서에 주목해 보면, 동 시기의 문서철은 북한으로의 첫 귀국선이 출항하기 1년 전인 1958년부터 본격적으로 생산되기 시작했고, V.1부터 V.9까지의 외교문서는 『재일본한인 북한송환 및 한·일본 양국 억류자 상호 석방 관계철』이라는 문서철 속에서 북송과 관련된 다양한 재일조선인 문제를 다루고 있다. 특히, 오무라수용소에 수감되어 있는 재일조선인의 북송 문제와 북송 반대를 위한 스위스 국제적십자위원회를 대상으로 하는 국제적 노력, 그리고 북송과 관련된 국외의 신문기사 보고 등이 주제별·시기별로 정리되어 있다.

특히, 동 문서철은 2008년에 국민대학교 일본학연구소에서 발간된 『평화선·북송·6차회담』(동북아역사재단)에서 북송 직전과 직후의 관련 외교문서 원문을 간략하게 요약·정리하는 형태로 해제를 해 놓은 상태이기 때문에, 이곳에서는 동 문서철에 대한 구체적인 해제는 생략하도록 한다. 다만, 주의할 점은 결과적으로 미결로 끝이 났지만, 당시 한국 정부는 재일조선인의 북송을 저지하기 위해서 적극적으로 한국으로의 송환도 추진했다는 사실이다. 당시의 신문에는 "한국 측은 한국으로 집단적으로 돌아가는 사람들에 대해서는 협정을 맺고 일본 정부가 '가능한 한 좋은 조건'을 부여할 것을 요구하고 있다"[3]라고 보도하고 있듯이, 재일조선인의 한국으로의 귀국은 한일회담 본 회의 아래 설치된 '재일한인 법적지위위원회'에서 구체적으로 논의되고 있었다. 그리고 위 기사에서는 한국이 추진하는 송환사업에 대해서 이를 북송을 저지하려는 작전이라고 하면서 "일본으로서는 한쪽만을 편애하는 요구에는 응하지 않겠다고 완강하게 거절하고 있다"라고 전하고 있지만, 동시대의 한국송환사업에 관련된 외교문서를 보면 사정은 많이 다름을 알 수 있다.

예를 들면, 당시 월터 다울링 주한 미국대사가 김동조 외무부차관에게 보낸 북송 의견서에는 "한국정부가 송환을 막을 수 없을 것임. (중략)만일 한국정부와 민단이 계속해서 반대한다면 결국 재일한인 대부분은 한국으로 귀환하는 것을 반대하게 될 것임. 따라서 한일회담을 재개하고 재일한인이 한국으로 송환될 수 있도록 지체없이 협정을 맺는 것이 유일한 해결책이 될 것임. (중략)미국정부는 일본 정부에 재일한인들의 보상(일괄지불 방식으로)문제를 근간으로 하는 송환문제에 대해서 즉시 한국

---

3) (1959.11.3)「はかどらぬ日韓会談」『朝日新聞』

정부와 협정을 맺도록 요청할 것임"[4]라고 제안하고 있듯이, 동시대 일본 신문 보도에서는 한국으로의 송환사업은 마치 북송을 저지하기 위한 한국의 비인도적인 조치라고 전하고 있지만, 실은 한국송환사업은 미국 측의 제안으로 추진된 것이며 한국이 자유의사에 따른 재일조선인의 송환을 받아들일 경우, 미국은 재일조선인의 전후보상문제와 한국 정착금에 대해서도 재정적 도움을 줄 것을 약속하면서 이루어진 것이다.

물론, 이와 같은 협상은 주한 미국대사관 1등서기관 래나드가 "이번 기회가 부산에 억류되어 있는 일본 어부를 석방할 수 있는 마지막 기회임을 강조함. 또한 한국 정부가 이번 기회를 놓친다면 국제적 입지가 좁아져 일본 측이 평화수역문제를 유엔 안건에 회부할 경우 불리한 입장이 될 수 있다고 지적함"[5]이라고 말하고 있듯이, 한국 측은 북송 반대와 이승만라인의 국제적 승인을 이끌어 내는 데 목적이 있었고, 일본 측은 부산에 억류 중인 일본인 선원들의 석방을 전제로 추진된 것이었다.

하지만 미국의 중재로 타협점을 찾아가는 것처럼 보였던 한국송환사업은 1959년 12월 14일에 북한으로 첫 귀국선이 출항하자, 일본의 총보상액의 일시금 지불을 위해 자금 대출을 해 주겠다고 약속했던 미국 측은 "미국은 일본 측 확약을 받아내는 데 중재자 역할만 할 뿐이지 보상액을 대출해 줄 의사는 없다"[6]라고 갑자기 태도를 바꾸게 된다. 이에 대해 일본 측은 이 모든 책임은 미국에 있다고 말하며, 부상 문제에 대해서 한국이 미국과 협상해 볼 것을 제안하지만, 한국 측은 보상을 하는 것은 일본이기에 한국이 미국에 협조를 요청하는 것은 부적절하다고 거절한다.

이후, 미국 측의 제안으로 시작되어 미국 스스로의 약속 불이행으로 무산된 한국 송환사업은 일본 측으로부터 "3만 톤의 한국 쌀 수입을 확정짓기에 앞서 상호 억류 자들의 송환을 실행하자는 일본 측 제안을 받아들이고 1960년 3월 1일자로 억류자 들의 송환을 이행하는 계획의 승인을 요청하는 공안"[7]이라는 내용의 외교문서에서 알 수 있듯이, 일본 측은 한국송환사업을 위한 차선의 방안을 모색하는 것조차 포기

4) 국민대학교 일본학연구소(2008.4)「재일한인의 북한 송환을 가능하다면 막아보도록 하고, 아니면 최소화하는 문제(작성일 : 1959년 7월 17일)」『평화선·북송·6차회담』동북아역사재단, p.112.
5) 국민대학교 일본학연구소(2008.4)「주한미대사관 1등서기관 래나드와의 화합 보고 요지(작성일 : 1959년 12월 10일)」『평화선·북송·6차회담』동북아역사재단, p.234.
6) 국민대학교 일본학연구소(2008.4)「보상 문제에 관한 건(작성일 : 1959년 12월 28일)」『평화선·북송·6차회담』동북아역사재단, p.261.
7) 국민대학교 일본학연구소(2008.4)「최근 일본의 제안과 관련한 한국 정부의 조치에 관한 권고(작성일 : 1960년)」『평화선·북송·6차회담』동북아역사재단, p.271.

하고 한국 쌀 3만 톤을 수입하는 조건으로 부산에 억류되어 있는 일본인 선원을 송환하는 데 성공한다. 즉, 현재 미결로 끝난 한국송환사업에 대해서는 학계에서도 일반적으로 공유되고 있지 않은 사실이지만, 당시의 북송은 이와 같이 일본과 남북 관계뿐만 아니라 미국을 포함한 동북아시아를 둘러싼 각국의 이익이 복잡하게 교착하는 문제였다는 사실을 알 수 있다.

다음으로 앞서 언급한 바와 같이, 첫 귀국선이 출항한 이후의 북송 관련 외교문서는 북송 저지보다는 북송 연장 저지를 위한 전략적 노력에 방점이 찍혀 있고, 1961년부터 1964년까지 생산된 외교문서는 『일본·북한간의 재일한인북한송환협정 연장』이라는 문서철명으로 통합·정리되어 있다. 먼저, 동 시기 문서철의 특징에 대해서 간단하게 살펴보면, 예를 들면 1961년 7월 31에 일본적십자사와 북한적십자사와의 재일조선인 북송 1년 연장이 결정된 이후, 한국 외무부에서 미국과 영국, 그리고 프랑스의 한국 대사에게 보낸 북송과 관련된 한국 정부의 입장 및 우리나라의 입장이 지지를 받을 수 있도록 국제적 노력을 요구하는 협조문에는 "(1)한일회담 재개를 앞두고 양국은 우호적인 분위기 조성 노력하여야 하는바 일본의 이러한 처사는 그러한 분위기 조성에 악영향을 줌. (중략)(4)일본은 인도적이라는 미명하에 재일교포를 북송하고 있으나, 북송되어가는 사람의 대부분은 원래 이남 각도에서 도일한 자들이니 북한으로 보내는 것은 송환이 아니고 추방이라고 할 수 있음"이라고 설명하고 있듯이, 한국 정부는 북송에 대해서 '자유진영'에서 '공산지역'으로의 송환은 '자유와 민주주의 원칙에 위배되는 처사'라고 하면서, 북한으로 송환하는 대부분의 사람들은 '원래 이남 각도에서 도일한 자들'임에도 불구하고 북한으로 보내는 것은 송환이 아니라 '추방'이라고 규정하고 있다. 물론 이와 같은 자유민주주의와 공산주의라는 냉전의 이념 논리 및 남쪽 고향이 아닌 북한 지역으로의 일방통행적 송환에 대해서는 첫 귀국선이 출발하기 이전부터 지속적으로 문제가 제기되어 왔던 것도 사실이다.[8]

---

8) 당시 북송 희망자의 귀국 본인 '의사 확인'에 대해서는 1959년 9월에 일본적십자에서 발행한 『귀환확인』을 통해서, 귀국하는 사람들의 안전을 지킨다는 이유로 귀국열차에 탄 후에는 면회 금지 및 외출금지, 그리고 귀국 '의사 확인'을 두 번이나 실시하도록 되어 있었다. 이 때문에 조총련에서는 '의사 확인'은 자유를 속박하는 행위라고 단정하고 맹반발하면서 귀국 신청 등록을 일제히 보이콧하게 된다. 결국, 첫 귀국선이 출발하기 2개월 전인 1959년 10월 27일에 일본과 조총련은 극적으로 타협을 하게 되고, 환송과 면회는 자유, 그리고 '의사 확인'은 '귀환지 선택의 자유'라고 쓰인 문장을 귀환자에서 보여 주면서 "이것을 알고 있는가"라고 묻는 등 그 절차는 간소화된다. 물론, 이러한 조총련의 일련의 조직적인 행동에 대해서 한국 정부는 "이번 북한 송환이 자유 의지에 의한 것이 아니라는 사실은 귀환 등록 신청이 조총련의 지령에 따라 이루어지고 있다는 것을 봐도 확연하다"(「帰還問題で対立深まる」『朝日新聞』, 1959.11.16.)라고 비판하고 나선다.

하지만 주의할 점은 북송 시작 이전과 이후의 쟁점이 결정적으로 다른 점은 기존의 문제제기 이외에도 국교도 맺지 않은 공산진영으로 재일조선인을 송환한 일본의 '국제적 지위'를 비판하면서 한일회담의 주도권을 잡으려고 시도하고 있다는 것이다. 예를 들면, 1961년 8월에 이동환 주일공사는 일본 외무성의 이세끼 아세아국장을 방문하여 약 1시간 10분 정도 면담을 진행하면서 북송 협정 1년 연장에 대해서 '구두 항의'하고 있고, 일본 측에서는 "북송을 계속할 의사는 없고 가능한 한 북송을 스피드 업하여 조속히 인도할 생각으로 스피드 업의 방법을 구체적으로 관계 당국에서 연구"하고 있다고 설명하고 있다. 특히, 귀국 희망자 수가 감소하는 시점에서는 북한과 협의없이 일방적으로 중단할 계획이기 때문에, 일본의 1년 연장 결정에 대해서 '성의'가 없는 것은 아니라고 전하면서 구체적인 '스피드 업의 방법'에 대해서는 "현재 추산으로는 앞으로 이미 등록한 자 약 1만 5천 명을 포함하여 약 3만 명의 북송 희망자가 있는 것 같다고 하며, 스피드 업의 구체적 방법으로는 예전에 승선을 연기하는 자는 한 두 번은 허락하고 그후에는 승선치 않을 경우에는 북송 자격을 박탈할 것 등을 고려하고 있다고 함. (중략)우리 측이 한일회담의 재개를 조급히 서두르고 있다는 인상을 주지 않기 위하여 오늘은 우리 측은 이에 대한 언급은 일체 피하고 상기한 바와 같은 북송문제, 평화선 침범 문제 등에 언급하면서 이 시기에는 한일 간의 좋은 분위기 조성에 노력하여야 할 것이라고 강조함에 이고 한일회담 재개 교섭에 앞서 일본 측이 성의 표시를 하여야 할 것을 암시 촉구하였음"이라고 보고하고 있듯이, 승선 연기자에 대한 북송 자격 박탈 등과 같은 구체적인 '스피드 업의 방법'에 대해서 언급하고 있다. 그리고 이동환 주일공사의 일본 아시아국장과의 면담에서는 북송 협정 1년 연장에 대한 '구두 항의' 이외에도 일어선의 평화선 침범 문제와 주한 일본 대표부 설치 문제, 경제 협력 문제 등에 대해서 논의를 진행했는데, 이와 같은 논의는 최종적으로는 위의 '한일회담 재재문제'로 수렴되어 간다.

특히, 한일회담 재개와 관련해서는 한국 측이 '조급히 서두르고 있다는 인상을 주

이에 대해 당시 일본을 방문한 적십자 국제위원회 주일대표 단장 오토 레이나는 기자로부터 조총련의 지령에 따라 시작되는 등록 신청을 어떻게 생각하느냐는 질문에 대해서, "그것은 정치문제가 될 수 있기 때문에 대답할 수 없다. 다만, 이번 귀환은 어디까지나 개인적인 것이며 단체적·정치적 귀환이 아니기 때문에, 만약 지령 하나로 움직인다고 한다면 원칙에 반한다고 생각하고 나는 이에 반대한다. 마지막으로 각각의 개인이 거주지를 자유롭게 선택한 이후의 행복한 생활을 바란다"(「日赤の業務は十分」『毎日新聞』, 1959.11.2.)라고 말하고 있듯이, 오토 레이나 단장은 '단체적·정치적 귀환'에 대해서는 반대한다고 말하면서 조총련의 일련의 보이콧과 동시 등록에 대해서는 정치적 문제가 될 수 있다고 하면서 말을 아낀다. 즉, '의사 확인'을 둘러싼 일련의 대립은 궁극적으로는 '귀환지 선택의 자유'라고 하는 슬로건의 허구성과 폭력성을 노출시키는 문제라고 할 수 있다.

지 않는 것이 중요하기 때문에 우리 측에서 먼저 언급하는 것은 피하고 있고, 북송과 평화선 문제를 강조함으로써 일본 측의 '성의 표시'를 우회적으로 이끌어내려는 외교적 전략을 확인할 수 있다.

또한, 1962년도 북송 관련 외교문서에서도 1년 재연장에 대한 일본 정부의 발표에 대해서 국교정상화라는 '대국적 견지'에서 '성의를 표시할 것을 강력히 요구'하고 있는데, 주의할 점은 이 시기부터 북한으로 귀환하는 귀국자 수가 급격하게 줄어들고 있다는 사실이다.

⟨표2⟩ 연도별 재일조선인 북송 현황

1959년 12월	1960년	1961년	1962년	1963년
2,942명	49,036명	22,801명	3,497명	2,567명
1964년	1965년	1966년	1967년	1968년
1,822명	2,255명	1,860명	1,831명	중단
1969년	1970년	1971년	1972년	1973년
중단	중단	1,318명	1,003명	704명
1974년	1975년	1976년	1977년	1978년
479명	379명	256명	180명	150명
1979년	1980년	1981년	1982년	1983년
126명	40명	38명	26명	0명
1984년				
30명				

특히, 동 외교문서에는 북송 귀국자 수가 급감한 이유에 대해서 "북송된 이들 교포들이 북한 공산 폭정 하에서 모든 자유를 박탈당하고 비참한 생활을 하고 있다는 것은 본인들이나 목격자들의 수기를 통하여 충분히 밝혀졌으므로 최근에는 소위 송북 희망자의 수도 대폭 감소되었다. 이러한 사실은 일정당국도 잘 알고 있을 것이다" 라고 보고하고 있듯이, '본인들이나 목격자들의 수기' 즉 북한 귀국자에 의한 편지를 통해서 북한송환사업의 허구성과 폭력성이 알려지기 시작하면서 귀국자 수는 급속히 감소하기 시작한다.

그렇다면, 북송 '본인들이나 목격자들의 수기'에서는 북한 생활에 대해서 어떻게 전하고 있었을까. 예를 들면, 북송 '본인들이나 목격자들의 수기'를 정리해서 1962년

3월에 출판된 『낙원의 꿈은 깨지고』(全貌社) 속에서 북한이 강조했던 거주지 선택의 자유와 직업 선택의 자유와 관련된 편지를 몇몇 살펴보면, 제대로 된 기술이 없는 사람들은 '농업이나 목재운반, 또는 탄광'과 같은 직종에 종사하게 되고, 또한 '오지'로 보내져 중노동을 해야 하기 때문에, 북송 희망자에게 "이쪽에서 중노동에 견뎌낼 수 있는지 어떤지를 충분히 생각하고 나서 결정하는 것이 신상에 좋다"라는 편지 내용에 주목하면, 북한과 조총련이 선전했던 직업 선택의 자유란 '기술'이 없는 재일 조선인 당사자에게는 처음부터 부여되지 않았다는 사실을 방증하고 있다. 참고로, 1955년 12월 기준 재일조선인 생활보호대상자는 13만 8972명이었고(전체인구 578,288명)[9], 전전에 광업·공업·토건 등의 산업에 종사하던 재일조선인은 전후 60% 가까이가 직업을 잃고 일용직 노무자로 생활하게 되는 구조적 문제를 함께 생각하면, 귀국자들의 편지에서 강조하는 '기술'을 가진 재일조선인은 압도적으로 적을 수밖에 없었다는 사실을 알 수 있다.

또한 '조총련 아무개현 지부'에 보낸 편지에는 "대부분이 시골을 싫어하고 대도시 희망이 집중하기 때문에, 조국의 계획에 지장이 생겨 어쩔 수 없이 희망하지 않았던 지역으로 이주해야 하는 사람들도 많았는데, 이러한 사람들은 불평불만이 많고 그 중에는 담당 관리자를 폭행하는 사람마저 존재한다"라고 직업 선택의 자유와 거주지 선택의 자유의 허구성을 폭로하고 있다.

특히, ①조총련 간부나 그 가족·자녀, ②북한에 고액의 금품을 헌상한 총련계 상공인, ③공작원 등의 특수 루트로 귀국한 자, ④북한 당국 입장에서 '이용 가치'가 있는 저명인 및 특수한 기술·기능을 가진 귀국자는 본인의 희망에 따라 거주지 선택이 가능했지만, 평양에 살 수 있었던 귀국자는 전체 5%에 지나지 않는다는 증언 역시 존재한다. 또한 북한 당국이 환영하는 직업은 "공업 분야의 기술자, 화학자, 의사 등이며, 역으로 기피당한 자는 정치, 경제, 법률 전공 지원자, 다음으로 환자, 일본인 아내, 노인이었다고 한다"[10]는 점을 생각하면, 귀국 초기의 거주지 선택의 자유와 직업 선택의 자유를 강조했던 북한 및 조총련의 선전과는 달리 북송의 허구성과 폭력성이 표면화하면서 귀국자 수가 감소했다는 사실을 알 수 있다.

그리고 1965년 이후의 북송 경위에 대해서 간단하게 살펴보면, 1959년 이후 매년 1년 연장 방침을 견지해 오던 일본은 1965년에 한일국교정상화로 인해 일본 각의에서는 1965년 8월 23일에 "1. 협정을 11월 13일부터 1년 연장, 2. 연장은 금번에 한한

---

9) 福田芳助(1956.4)「在日朝鮮人の生活保護とその現状」『生活と福祉』p.7.
10) 菊池嘉晃(2009)『北朝鮮帰国事業』中央公論新社, p.211.

다, 3. 협정 종료 후에는 북송 희망자에 대하여 편의를 제공한다"는 조건으로 1년 연장에 동의하지만, 1959년에 체결된 칼캇타 협정은 최종적으로 1967년 11월 12일에 만료된다.

특히, 1965년도에 생산된 외교문서를 보면, 1966년도의 북송 1년 연장에 대해서 한국 외교부는 주일대사에게 "한일협정의 비준을 앞둔 중요한 시기임을 고려하여 일측에서 북괴 적십자의 이와 같은 연장 제의를 거부하여 북송협정을 종료시키도록 교섭"할 것을 지시하지만, 일본 외무성 측은 "북송되는 자가 생활보호대상자이기 때문에 일본정부에 부담을 덜어주고 있으며, 어디까지나 자유의사에 의하여 북송되는 것이며, 북송을 중단하는 경우에는 국내 정치적으로 문제가 크며, 일본 정부는 사람의 왕래에 있어서 중공과 북한을 달리 취급하고 있음을 한국 정부는 이해해 주기 바란다"고 말하고 있듯이, 1966년도 송환 연장에는 일본 제국주의의 식민유산으로 남겨진 재일조선인 생활보호대상자를 추방하려는 의도가 동시에 작동하고 있었음을 알 수 있다.

또한, 1966년도에 생산된 외교문서를 보면, 협정 연장의 필요성은 앞서 설명한 생활보호대상자의 일본 추방이라는 경제적 측면뿐만 아니라, 경찰 내부에서는 한국에서 일본으로 밀항한 한국인의 북한 강제 퇴거 및 재일조선인 '과격분자'의 북송을 위해서라도 협정 연장은 반드시 필요하다는 의견이 내부적으로 존재한다고 보고하고 있듯이, 정부(특히 사회당은 북송 지지)와 외무성, 후생성, 그리고 법무성 및 경찰의 입장이 서로 충돌하면서 북송 협정은 1967년 11월 12일까지 추가적으로 1년 연장된다.

그리고 1967년도의 외교문서에는 일본의 칼캇타 협정 종료 결정에 대한 북한의 항의 및 차선책에 대한 정치적 협상 과정이 주일대사를 통해서 보고되고 있다. 예를 들면, 북한은 북송 희망자의 격감 및 한일 국교정상화 이후에 한국 국적 취득자의 증가를 저지하기 위해 조총련에 '특별지령'을 내리는 한편, 북한 귀국협력회는 사회당 의원과 외무성 장관, 후생성 장관, 관방부 장관 등을 순차적으로 방문하면서 기존 협정안의 무수정 무기한 연장을 강력하게 요청한다. 하지만 일본적십자사는 "정부의 새로운 지시가 없는 한 더 이상 관여하지 않을 것이라고 하고 있으며, 그간 일적이 북송협정에 관여한 것도 정부의 지시에 의하였던 것이라고 하고 있음"이라고 말하고 있듯이, 북송 초반의 일본적십자사 주도의 송환사업과는 달리 일적은 일본 정부를 포함한 각 부처와의 복잡성을 강조하며 책임을 회피하려 한다.

이에 대해 일본 정부는 ① 귀환 희망자 수의 급감, ② 재일조선인 생활보호대상자가 5% 미만으로 감소한 점, ③ 협정안의 수정이 필요하다는 이유로 협정 연장을 하지 않을 방침이라고 밝히며, 협정 종료 이후에는 귀국 희망자는 '일반 외국인과 같은 수속'(일본정부의 '배려'를 강조)을 통해 귀국하게 된다는 내용으로 4월 21일에 최종 각의 결정을 하게 된다. 이와 같은 일본 정부의 결정에 대해서 북한 외무성은 일방적인 협정 연장 종료는 인도주의 원칙을 공공연히 짓밟는 행위이며, "재일조선인의 귀국사업을 불순한 정치적 목적으로 파기하려는 일본정부의 범죄적 행동"으로 규정하고 동 협정을 일방적으로 파기할 어떠한 근거도 없다고 하며 강력히 규탄·항의한다.

다만, 칼캇타 협정 종료 후에도 협정 종결 전에 귀국 신청 상태에서 출국하지 못한 1만 7000여 명[11]이 남아 있었기 때문에 일본적십자와 북한적십자는 일명 '사후조치' '잔무처리'를 위해 몇 차례에 걸쳐 회담을 갖게 되는데, 한국 정부의 외교적 활동을 통해 3년간 귀국사업은 완전히 중단되게 된다. 특히, 1969년에 작성된 「재일 한인의 북송 저지 및 기타를 위한 국제적십자 및 일본 측과의 교섭」[12]이라는 보고서 속에는 일본은 잔무처리 기간을 1970년 3월 말 또는 7월 말로 북한에 제안하고 있고(북한은 최소 '2, 3년'을 주장), 잔무처리 기간 이후에도 북송 희망자에 대해서는 일반 외국인 출국 방식에 의한 출국을 허용하겠다는 일본 입장을 전달하면서, "아국으로서는 이의 지지를 위하여 일본 정부 양국과 일적 당국에 대한 외교적 압력을 계속함은 물론 국적 측의 북송 관여를 반대하는 입장에서 국적에 대한 외교적 압력을 계속하여야 할 것인 바. 그 방법에 있어서는 지금까지의 항의 위주 방식을 지양하고 새로운 교섭 방안을 강구하여야 될 것임"이라고 보고하고 있듯이, 1965년에는 '한일 간의 재협정이 시행되고 비준을 기다리는 이 시기에 일측이 행한 전격적인 북송 협정의 연장'을 반대했고, 1966년에는 "재일한인의 계속적인 북송이 양국간의 기본관계에 관한 조약의 정신에 위배되며, 국교를 정상화한 취지에 반하는 동시 양국간 선린우호관계의 수립과 증진을 거래하는 것임을 일본정부에 지적하고 이의 중지를 촉구"했지만, 1969년도 외교문서에서는 기존의 '항의 위주 방식'으로는 북송을 저지할 수 없다고 판단하고 '새로운 교섭방안'의 필요성을 강조한다.

---

11) 1969년 8월 13일자 조선일보(「北送会談의 再開를 注目」)에서는 귀국 신청 이후에 출국하지 못한 재일조선인의 수를 '1만 5천명'으로 소개하고 있다.
12) 본 보고서는 1969년 5월 26일에 개최된 신동원 동북아주국장과 김용권 서기관이 다테 일본 외무성 북동아세아과장과 마에다 주한 일본 대사관 참사관과의 '면담요록'에 첨부된 별첨 보고서이며, 동 면담에서는 한일국교정상화 이후에 개최되기 시작한 제3차 한일정기각료회의 일정 조율 및 화태교포 귀환 문제, 그리고 북송 문제, 영양호 사건 등의 의제로 진행되었다.

다만, 1970년 12월에 일본적십자와 북한적십자는 모스크바에서 회담을 갖기 시작했고, 1971년 2월 5일에 귀환 미완료자에 대한 합의서와 이후 새로운 귀국 희망자에 대한 회담요록에 조인한다. 이후, 1971년 5월 15일부터 합의서에 기초한 귀국이 재개되기 시작했고(8월에 출발하는 159차 귀국선부터는 소련선을 대체해서 북한의 만경봉호로 귀국), 한국 정부의 북송 저지를 둘러싼 외교적 노력에도 불구하고 같은 해 12월 17일부터는 회담요록에 기초하여 귀국 희망자에 대한 귀국 역시 재개되기 시작한다.

┃ 관련 문서 ┃

① 국제적십자사를 통한 남북한소식 교환의 건
② 일본 북한 간의 재일한인 북한송환 협정연장, 1961-64
③ 일본·북한 간의 재일본 한인 북한송환 협정연장 및 재일본 한인 북한송환, 1965
④ 재일한인 북한송환, 1966
⑤ 재일교민 북한송환, 1967
⑥ 재일교민 북한송환, 1969

① 국제적십자사를 통한 남북한소식 교환의 건

○ ○ ○

기능명칭: 국제적십자사를 통한 남북한소식 교환의 건

분류번호: 726. 31 1957-59

등록번호: 138

생산과: 아주과

생산년도1959

필름번호: D-0001

프레임번호: 0248~0285

1. 국제적십자공문

COMITE INTERNATIONAL
DE LA
CROIX-ROUGE

LE PRESIDENT

Geneva, February 26, 1957

Dear Mr. President,

I enclose herewith a letter which the President of the Central Committee of the Red Cross Society of the Democratic People's Republic of Korea has asked us to send you, and I attach the English translation he also sent. This communication concerns the exchange of family news between the South and North of your country.

The international Committee of the Red Cross is ready to help if you should wish to send your Society's reply to this letter through the Committee.

Yours sincerely,

Leopold BOISSIER

Mr. Chang Whan Sohn, M.D.
President
The Republic of Korea National Red Cross
32-3Ka, Nam San Dong
Seoul

2. 조선민주주의 인민공화국 적십자회중앙위원회 공문

조선민주주의 인민공화국

적십자회중앙위원회

서울
대한적십자사
총재 손창환 박사 귀하

존경하는 손창환 박사

　본회는 가족 및 친척들과 헤어져서 북한부 지역에 거주하고 있는 수많은 사람들로부터 현재 남반부 지역에 거주하고 있는 자기들의 가족 및 친척들에게 보내는 문안 편지를 전달하여 준데 대한 요청을 계속 받고 있습니다.

　현재 그들은 자기 가족과 친척들의 생사와 소식을 알 것을 간절히 념원하면서 그를 호상간에 안부를 전하는 편지를 서로 주고 받을 수 있게 될 것을 무한히 고대하고 있습니다.

　이러한 사정은 지금 남조선에 거주하고 있는 그들의 가족 및 친척들도 동일한 심정에 처하여 있을 것이라고 생각합니다. 이와 같은 그들의 심정을 고려할 때에 그들이 서로 문안 편지를 교환할 수 있도록 방조하여 주는 것은 우리 두 적십자 단체들의 고상한 인도주의적 임무라고 인정합니다.

　그러므로 본회는 고상한 인도주의적 정신과 동포애의 견지로부터 그들의 간곡한 념원을 실현시켜주기 위하여 귀사가 편리하다고 인정하는 장소에서 남북 적십자 단체 대표들이 정기적으로 문안 편지를 교환할 것을 제의하는 바입니다.

　우리는 이 문제의 실현을 위하여 귀사에서 제기하는 그 어떠한 의견이라도 신중히 연구할 용의를 표명하면서 귀사의 회답을 기다립니다.

경의를 표하면서

조선민주주의 인민공화국
적십자회 중앙위원회
위원장 리병남
1957년 1월 31일
평양시

3. 조선민주주의 인민공화국 적십자회 중앙위원회 공문

조선민주주의 인민공화국
적십자회 중앙위원회

서울 대한 적십자사
총재 손창환 귀하

    본회는 1957년 1월 31일부 서한으로 남북 조선으로 분산되어 그리운 부모 형제 처자들을 상봉하기는 고사하고 서로 소식조차 모르는 불행한 처지에 있는 수많은 사람들의 절실한 념원을 해결하여 주기 위하여 이들 간에 편지를 교환할 수 있도록 우리 두 적십자 단체가 방조해 줄데 대하여 귀사에게 제의한바 있습니다.
    이와 같은 우리의 제의는 혈육을 나눈 조선 사람으로서의 숭고한 동포애와 고상한 인도주의적 정신에서 출발하고 있음을 귀하도 리해하시리라고 믿으면서 이러한 불행한 처지에 있는 수많은 사람들의 고통을 하루 속히 경감시켜 주는 것은 우리 두 적십자 단체의 고귀한 의무라고 생각합니다. 그러나 우리는 아직 우리의 제의에 대하여 귀하로부터 아무러한 회답도 받지 못하고 있습니다.
    남북 조선으로 분산되어 있는 수많은 사람들로부터 그들의 절실한 념원이 하루 속히 실현되도록 방조하여 줄데 대한 요청이 날이 갈수록 더욱 증대되고 있음에 비추어 동포애적 견지로서나 또는 인도주의적 견지로 보아 이 문제의 해결을 더는 지연시키지 말아야 할 것이라고 생각하면서 우리의 제의에 대하여 당신들의 기한 없는 의견을 알려줄 것을 다시 한번 요청하는 바입니다.
    우리는 우리의 제의에 대하여 귀사로부터 긍정적인 회답이 있을 것이라고 기대합니다.

경의를 표하면서

조선민주주의 인민공화국
적십자회 중앙위원회
위원장 리병남

1957년 5월 22일
평양시

② 일본 북한 간의 재일한인 북한송환 협정연장, 1961-64

○ ○ ○

기능명칭: 일본 북한 간의 재일한인 북한송환 협정연장, 1961-64

분류번호: 791. 25 1961-64

등록번호: 1373

생산과: 동북아주과

생산년도: 1964

필름번호: P-0002

파일번호: 01

프레임번호: 0001~0168

1. 재일한인북송문제

재일한인북송문제

1. 경위

1955. 8.27.   일본 정부 재일한인 1명에게 상해 경유 북한행 출국 허가 발급;
              주일 대표부 이에 대하여 일본 정부에 신중한 관심 표명

1956. 4. 6.   47명의 공산계 한인 일적 본부 앞에서 북송을 희망하는 연좌
              데모를 시작 (사실상의 송환 약속을 얻고 중단)

      6.27.   주일 대표부 대한 민국이 발행하는 여행허가서를 소지하지 않
              는 이들에 대 하여 출국할 수 없음을 강조하고 조치를 강구할
              것을 촉구

      12.6.   47명 북송 좌절 (그 중 20명이 놀웨이 선편으로 일본 출국)

1957. 11.2.   외무부 장관 국적 총재에 한인 북송에 대하여 유감의 뜻을 표하
              고 이는 순전한 한일 간의 문제임을 강조

      12.31. 억류자 상호 석방 및 송환에 관한 한일 합의 의사를 서명(한일
              회담 재개)

1958. 7.7.   주일 대표부 단식자들을 석방토록 한 일정부의 결정을 항의하
              는 각서 전달

      7.10.   "인도적인 관점" 이라는 명목으로 28명의 북한계 억류자 석방

      8.2.   외무부 장관 전기 26명의 석방에 대하여는 일 측이 전적인 책
              임을 진다는 내용의 각서를 전달토록 훈령

1959. 1.28.   일외상 재일한인을 북송하겠다는 발언을 함.

      2.13.   일정 내각 재일한인 집단 북송을 정식 결의.

      2.14.   외무부 장관 일본 수상에 북송 결정을 재고할 것을 촉구

      3.1.   국적 총재 "보와씨"에게 일본의 음모를 규탄하는 서한 전문 발송
      (8.6.) 2월, 3월 주불 김용식 공사, 주일 최규하 참사관을 "제네바"에
              파견 일본 정부의 부당성을 국적에 설득키에 노력, 기타 민단대
              표단을 파견하여 북송 흉계를 규탄

      4.13.   일적, 북괴적 양측대로 협상을 개시 (제네바)

      6.10.   북송 협정에 대하여 원칙적인 합의(공동성명서)

      8.12.   한일회담 재개, 우리정부는 재일한인 문제는 한일 회담에서 해
              결되도록 촉구

	8.13.	일, 북괴 양 적십자 대표 협정에 조인(칼캇타)
1959.	9.3.	북송 안내서 발표(협정의 시행 세칙)
	10.24.	북송희망자 등록 개시
	12.24.	제1차 송환선(975명) 니이가타 항을 출발, 이때 제93차 (1962.5.26일)까지 도합 76,140명이 북송됨.
	12.11.	북송문제 국제사법재판소 제소 동의 요청(12.17일 일본측이 이를 거절하였음)

2. 우리의 태도

　가. 1959년 8월 13일 일본측 "거주지 선택의 원칙"을 내걸고 북한 괴뢰와 "칼캇타"에서 소위 송환협정을 체결한 이래 일쪽은 "니이가타"항에 "송환센터"를 설치하고 이제까지 93차에 걸쳐 76,140명의 재일한일[1] 북한으로 송환하였다.

　나. 이동안 정부는 계속하여 일본측이 북송을 중지하고 재일한인 문제는 한일회담에서 해결할 것을 촉구하였으나 일측은 이것이 적십자사의 주재하에 이루어지는 인도적인 문제라는 구실과 우리측 요구에 응할 것을 회피하여 왔다.

　다. 그후 우리 정부의 강력한 반대에도 불구하고 동 협정을 1년 연장키로하여 오는 8월 12일로서 제1차 연장도 종료하게 된다. 정부는 동 협정이더 이상 연장 안 되도록 하기 위하여 계속 노력하고 있으며

　라. 정식 외교를 통한 즉 한일회담을 통하여 우리 교포의 법적 지위와 대우문제를 강구하여 60여만 동포에 대한 보호 선도에 힘을 쓰고 있다.

3. 앞으로의 전망

　가. 여사한 북송문제는 재일한인을 보호하여야 함. 유일한 정부인 우리나라를 제외하고 일본 정부가 일방적으로 취한 행동으로서 재일한인의 문제는 1957년 12월 31일 합의 의사록과 같이 이행되어야 할 것이다.

　나. 또한 우리가 유의하여야 할 점은 재일한인의 북송을 기도함에 있어서일본 적십자사가 재일한인 자신들의 소위 자유의사에 의한 귀환을 도와주는 것이라고 말하고 있으나 사실은 일찍이 북괴정권과 이 문제에 관하여 협상하도록 일본 정부가 사주하였다는 것이다.

---

1) 재일한일을

다. 앞으로 동 협정을 연장하느냐 않느냐의 문제는 그 귀추가 주목되지만, 연장이 안되는 경우에라도 기타방법으로의 송환여부를 주시하여야 할 것이며 이에 대한 우리 측의 대표를 세워야 할 것이다.

2. 외무부 발표

MINISTRY OF FOREIGN AFFAIRS PRESS RELEASE
외무부 발표
6월 22일

1. 일본 국내 신문 보도에 의하면, 일본 정부 관계성 및 일본 적십자사의 당국자들은 지난 7월 19일 금년 11월에 기한이 만료되는 소위 "북송협정"에 관해서 협의하기 위하여 연락회의를 개최하였다고 하는바, 일본 정부는 앞으로 한 일 양국간의 우호 관계를 증진하기 위하여서 소위 "북송협정"을 연장하지 않는 동시에 재일교포의 북송을 즉시 중단하도록 조처하여야 할 것이다.

2. 재일한인의 북송은 "거주지 선택의 자유"라는 미명하에서 추진되고 있으나 실제로 북한 괴뢰는 갖은 허위선전으로 공산 치하 북한의 실상을 알지 못하는 재일교포를 유인하여 강제 노동자원으로서 데리고 가고 있다는 사실을 일본 정부는 충분히 인식하여야 될 것이며 이러한 실례로서는 지난 6월 23일에도 소위 북송 희망자 중 1명이 불구자라는 이유로서 북송을 거절당한 바 있다.

3. 한국 정부는 5.16. 군사 혁명 이후 과거의 어느 때 보다도 인접 자유 우방 국가와의 선린 관계를 돈독히 하기 위하여 노력하고 있으며, 또한 이와 관련하여 한일 양국간의 제반 현안 문제를 조속히 해결하고 양국의 국교를 정상화하려고 하는 현 중대한 단계에 있어서, 한국민 전체가 거국적으로 반대하고 또한 한국국토 방위와 밀접한 관계가 있는 재일한인의 북송을 일본 정부가 앞으로도 계속하여 추진한다면 한일 우호관계에 있어서 적지 않은 장애가 되지 않을까 우려되는 바이다.

3. 외무부공문(착신전보)–북송협정 연장에 관하여

대한민국 외무부
번호 JW-0812
일시 011420
발신 주일공사
수신 외무부 장관
제목 북송협정 연장에 관한 건.

별도 전보 JW-0804호로 보고한 바와 같이 일본 적십자사는 작 31일 하오 6시에 이북괴뢰적십자사에 대하여 북송협정의 1년간 연장에 동의한다는 뜻을 회전함으로서 북송협정은 1년간 연장되었는 바 외무성 당국자가 설명하는 연장의 경위는 다음과 같음.

1. 작년도에는 일본측의 방법이 부적당하여 이북 괴뢰측을 불필요하게 자극을 하고 결국은 이북측의 주장에 굴한 경험이 있으므로 금년도에는 불필요하게 이북측을 자극하는 것을 피하고 일본측이 원하는 방향으로 소기의 목적을 달성하자는 것이 일본측 관계당국의 지배적인 의견이었다고 함.

2. 일본과 이북 괴뢰와의 교환전보에 의하여 외견상 단순히 협정이 1년간 연장된 것 같지만 일본측으로서는 반듯이 1년간 북송을 더 계속한다는 뜻은 아니고, 전기 교환전보를 보충하는 뜻에서 일적사장의 담화(별도전문 JW-0807참조)를 발표한 것이며 이 담화의 발표에 중요한 의미를 주고 있다고 함. 작 예컨데 일본측이 6개월 연장을 주장한다면 반듯이 이북측의 태도를 경화하게 되어 일본측 주장이 관첩[2]되기 곤란할 뿐 아니라 여러가지 난처한 부작용이 날 것이므로 이러한 방법을 피하고 상기 일적사장의 담화로서 완곡하게 일본측의 의도를 표명한 것임.

이상과 같이 외무성 당국자는 설명하고 있는 바 당부 관측으로는 이북괴뢰를 자극시키는 것이 일본측에게 결코 유리하지 않다는 판단과 동시에 협정 연장 전에 한국측을 불필요하게 자극시킬 필요가 없다는 판단도 있었을 것으로 보이며 일본측의 연장방침은 오래전에 결정되었고 연장을 위한 비밀교섭이 이북 괴

---

2) 관철

뢰측과 그간에 있었고 (이 사실은 이북 괴뢰측의 연장제의가 기 7월 28일에 있었는데 일본측과 괴뢰측 모두 극비에 부하였던 사실로 추측할 수 있음) 다만 그 발표 시기를 노리고 있다가 본인이 부임한 직후를 기하여 발표함으로서 기정 사실로 한 것으로 보임.

　본 건에 관하여는 본인이 금 1일 오전 부임 인사차 이세끼 아세아국장을 방문하였을 시에 우선 구두로 심심한 유감의 뜻을 표하였는바 아래와 같은 내용으로 문서 항의를 함이 어떠하올지 지금 지시바람. (정아)

추기: 내 2일 하오 2시에 이세끼 국장과 만날 예정이오니 그 때에 제출할 수 있게 지시하시기 바람.

　아래

THE KOREAN MISSION IN JAPAN PRESENTS ITS COMPLIMENTS TO THE MINISTRY OF FOREIGN AFFAIRS AND, UNDER THE INSTRUCTIONS OF ITS HOME GOVERMMENT, HAS THE HONOUR TO MAKE THE FOLLOWING REPRESENTATIONS WITH REFERENCE TO THE EXTENSION OF VALIDITY OF THE SOCALLED[3] CALCUTTA AGREEMENT SIGNED ON AUGUST 13, 1959:

　1. THE GOVERNMENT OF THE REPUBLIC OF KOREA SHOCKED BY THE ANNOUNCEMENT THAT THE VALIDITY OF THE SOCALLED CALCUTTA AGREEMENT WAS AGAIN EXTENDED FOR ANOTHER YEAR DESPITE OF THE STRONG REQUEST OF THE KOREAN GOVERNMENT TO DISCONTINUE THE SOCALLED QTE REPATRIATION UNQTE, A DEPORTATION SCHEME IN VIRTUAL SENSE, OF THE KOREAN RESIDENTS IN JAPAN TO THE NORTHERN PART OF THE REPUBLIC OF KOREA NOW BEING UNDER UNLAWFUL OCCUPATION BY A COMMUNIST PUPPET GROUP.

　2. AS HAS BEEN MADE CLEAR TO THE GOVERNMENT OF JAPAN SINCE THE VERY TIME WHEN THE JAPANESE GOVERNMENT INITIATED THE PLAN, THE GOVERNMENT OF THE REPUBLIC OF KOREA HAS BEEN FIRMLY OPPOSED TO ANY KOREAN RESIDING IN JAPAN BEING SENT TO THE COMMUNIST NORTH ANO DEMANDED THE JAPANESE

3) SO-CALLED

GOVERNMENT TO DISCONTINUE THE DEPORTATION AT ONCE EVER SINCE THE CONCLUSION OF THE CALCUTTA AGREEMENT. FURTHERMORE, AS THE JAPANESE GOVERNMENT IS FULLY AWARE OF, THE KOREAN GOVERNMENT IS MORE FIRMLY OPPOSED TO THE SCHEME PARTICULARLY AFTER THE MILITARY REVOLUTION IN LAST MAY SINCE WHEN IT HAS EXERTED ACCELERATED EFFORTS IN ANTI COMMUNISTC DEVOTION, AND THE KOREAN GOVERNMENT HAS COME TO RENEW ITS REQUEST TO THE JAPANESE GOVERNMENT TO DISCONTINUE THE DEPORTATION THROUGH THE KOREAN MISSION IN JAPAN AND THE GOODWILL MISSION WHICH VISITED JAPAN RECENTLY.

3. IT IS MOST REGRETA8LE THAT THE JAPANESE GOVERNMENT HAS NOT GIVEN ANY CONSIDERATION TO THE REPEATED PROTESTS AND REQUESTS BY THE KOREAN GOVERNMENT ON THIS MATTER. ON THE CONTRARY, THE JAPANESE GOVERNMENT NOW GAVE ITS APPROVAL TO THE REPEATED EXTENSION OF THE SOCALLED CALCUTTA AGREEMENT AND CAUSES THE JAPAN RED CROSS TO GIVE ITS AGREEMENT TO THE PROPOSAL OF THE NORTH KOREAN PUPPET RED CROSS.

4. THE KOREAN GOVERNMENT IS AT A LOSS TO UNDERSTAND THE REASON WHY THE JAPANESE GOVERNMENT HAS DARED TO ENCOURAGE THE COMMUNISTS WITH ITS APPROVAL OF THE EXTERSION OF THE. SOCALLED CALCUTTA AGREEMENT PARTICULARLY AT THE TIME WHEN THE COMMUNIST BLOC IS ACTIVELY TAKING PROVOCATIVE POSTURES AGAINST THE FREE WORLD EVERYWHRER AND THE REPUBLIC OF KOREA IS STRONGLY DETERMINED, PARTICULARLY AFTER THE MILITARY REVOLUTION, TO SERVE AS THE VANGUARD OF THE FREE WORLO TO WHICH JAPAN IS SUPPOSED TO BELONG.

5. THE KOREAN GOVERNMENT IS OBLIGED TO LODGE A MOST ENERGETIC PROTEST WITH THE JAPANESE GOVERNMENT AGAINST THE REPEATED EXTENSION OF THE VALIDITY OF THE SOCALLED CALCUTTA AGREEMENT AND STRONGLY REQUESTS THE LATTER TO SERIOUSLY RECONSIDER ITS POSITION ON THIS MATTER. IT MUST BE

POINTED OUT THAT, SO LONG AS THE JAPANESE GOVERNMENT CONTINUES THE DEPORTATION, IT WILL REMAIN A POSSIBLE HINDRANCE TOWARDS THE (GOOD NEIGHBOBRLY RELATIONS BETWEEN THE TWO COUNTRIES, WHICH THE KOREAN GOVERNMENT EARMESTLY DESIRES TO BRING ABOUT, MAY BE SERIOUSLY DETRIORATED AND THAT THE JAPANESE GOVERNMENT WILL SOLELY BE RESPONSIBLE FOR ANY CONSEQUENCES WHICH MAY BE ENTAILED. IT IS FURTHER ADDED THAT THE KOREAN GOVERNMENT RESERVES THE RIGHT TO TAKE ANY MEASURES DEEMED NECESSARY TO COPE WITH THE NEWLY DEVELOPED SITUATION.

CORRECTION: ITEM 2 PLS INSERT "KOREA" AFTER THE WORLD "COMMUNIST NORTHE[4]"

4. 전화지시기록

전화지시기록
1. 시일: 1961년 8월 2일 13시 10분
2. 지시자: 정무국장 최운상
3. 지시 수령자: 주일 공사 이동환
4. 지시 내용:

1) 북송문제에 관하여 금일 하오 2시 (일본시간)에 일본 외무성 "이세기" 국장[5]을 만나기로 하였다는 전보 보고 받았으며, 그 때에 제출하겠다는 항의서의 초안도 받았음
2) 예정대로 "이세기" 국장은 만나되 오늘은 구두 항의만 하고 항의 문서는 제출하지 말 것, 보내신 항의서 초안은 본부에서 더 검토하겠음.
3) 항의에 있어서는 다음 제점을 강조할 것.
   (1) 일본 적십자사 사장이 1년 이내에 한인 북송을 끝낼 수 있다고 한말을

---

4) NORTH
5) 이세끼 국장

인용하고, 이 문제를 3개월 내지 6개월 이내에 끝마치도록 요청할 것
(2) 일본이 한인 북송 협정을 1년간 다시 연장한다면 그것은 우리 나라 국민 감정을 크게 자극할 것이며 또한 한일 회담 재개를 위한 분위기를 나쁘게 할 것임
(3) 북한 괴뢰는 한인 북송 문제를 이용하여 한일간의 관계를 악화시킬키려 고 꾀하고 있다는 사실을 일본은 깨달아야 한다는 점을 강조할 것
(4) 일본이 자유민을 공산 진영으로 송환하는 문제를 서두르고 있다는 사실 은 자유 진영 국가의 하나인 일본 자신의 입장을 스스로 곤란하게 만드는 결과라는 것을 인식시킬 것
4) 한일 회담의 재재[6]는 우리측이 서두르고 있다는 인상을 절대로 주지말고 서서히 교섭할 것
이상

5. 착신전보 사본—외무성 아세아국장 면담 보고

착신전보 사본
발신 주일공사
수신 외무부 장관

금일 하오 2시반 예정대로 본인은 외무성 "이세끼" 아세아 국장을 방문하고 약 1시간 10분 면담하였는 바 (우리측 문 참사관, 일본측 마에다 북동아 과장 동석) 그 내용을 아래와 같이 보고함.
1. 북송 협정 연장 문제
먼저 우리측에서 북송 협정 연방 문제에 관하여 "일본측이 한일간의 좋은 분위기를 조성하여야 할 이시기에 돌연히 본인이 당시에 부임한 직후를 택하여 협정을 1년간이나 연장한 것은 매우 유감스럽다"고 말하고 구두 항의를 하고, 북송 협정의 연장과 동시에 발표된 "시마즈" 일적 사장의 담화에 언급하여 일본 측이 빠른 시일 내에 북송을 중지하도록 요구하였음. 이에 대하여 "이세끼"는

---

6) 제재

"시마즈"의 담화는 일본 정부의 지시에 의하여 발표된 것이라고 말하고 그 담화가 나오게 된 이유를 JW-0813호로 보고한 바와 같이 설명하고, 일본정부로서는 언제까지나 북송을 계속할 의사는 없고 가능한 한 북송을 스피드업하여 조속히 완료할 생각으로 스피드 업의 방법을 구체적으로 관계당국에서 연구하고 있으며 아직 북송 희망자 수를 정확히 파악하지 못하고 있으므로 언제까지에는 꼭 북송을 완료 하겠다고 말할 수 없으나, 지금 분명히 말할 수 있는 것은 북송 협정의 유효기간내로 희망자 수를 감안하여 적당한 시기에 북송을 중단할 것이며 중단할 때에는 북한 괴뢰측과 협의함이 없어 일방적으로 결정하겠다고 말하고 1년간 연장을 한데에 대하여 한국측이 매우 유감으로 생각하는 사정은 알 수 있으나 일본측으로서는 상기한바와 같은 의도로 1년간 연장에 의한 것이며 이 문제에 관하여 성의가 없는 것은 아니라고 말하였음. (현재 추산으로는 앞으로 이미 등록한자 약 1만 5천명을 포함하여 약 3만명의 북송 희망자가 있는 것 같다고 하며, 스피드 업의 구체적 방법으로는 예전에 승선을 연기하는 자는 한두번은 허락하고 그후에는 승선치 않을 경우에는 북송 자격을 박탈할 것 등을 고려하고 있다고 함).

2. 일어선의 평화선 침범 문제.

이 문제에 관하여도 우리측이 "한일간에 좋은 분위기를 조성하여야 할 이시기에 특히 최근에 침범 어선이 격증하고 있는 것은 매우 유감이다"라고 말하고 일어선이 침범치 않도록 조치를 취할것을 요구하였음. 이에 대하여 "이세끼"는 지금 시기가 바로 어기이므로 침범어선이 많아진 것이고 그 이외의 이유가 있는 것은 아니라고 말하면서 일본정부 당국으로 서는 업자에게 자숙할 것을 지시하고 있으나 그 이상의 강력한 조치를 취할 수는 없으므로 침범하게 되는 것이라고 하였음. 이에 대하여 우리측은 지금과 같이 침범을 하였으면 나포하지 않을 수 없으며 그렇게 되면 자연히 한일간의 분위기가 악화될 것이니 아무쪼록 침범을 삼가도록 조치할것을 거듭 요구함. 이에 대하여 "이세끼"는 특히 이국 경비정의 발표에 언급하면서 절대로 인명 손상 같은 것이 없도록 주의하여 달라고 말함. 이에 대하여 우리측은 지금까지도 조준사격을 한 사실은 없으며 다만 일어선이 도주하므로 이를 제지하기위하여 위협 사격을 한일은 있을 것이라고 말하였음.

3. 주한 일본 대표부 설치 문제:

본건에 관하여는 우리측이 정부의 방침에 따라 그 설치가 부적합함을 설명하였음. 이에 대하여 "이세끼"는 서울에 대표부를 설치하고자 한 것은 한국의 사정을 직접 일본 정부가 파악할 방법이 없으므로 한 것이며, 일본측으로서는 한국측 사정이 곤란하다면 반드시 대표부라는 명칭을 고집하는 것은 아니고 진술한 목적만을 말할 수 있다면 되는것이니 일본측의 담당관이 한국에 출장하고 싶을 때에는 언제든지 한국측이 이를 허가한다는 보장을 주면 만족할 것이라고 말하였음. 이에 대하여 우리측은 불원 "마에다" 과장이 방한케 되었으니 그 때에 충분히 한국 실정을 직접 파악할 기회가 있을 것이 아니냐고 말하고 군사혁명 이후의 한국의 실정을 설명하여 주었음.

4. 경제 협력 문제:

"이세끼"는 일본은 미국, 독일, 이태리 등과 같이 한국의 경제안정 및 부흥을 위하여 경제협력을 행할 것은 신중히 생각하고 있다고 말하면서 한국측의 이에 대한 입장을 타진하고자 하므로 한국으로서는 국교정상화 이전에 구체적으로 경제협력을 받아들이기는 곤란하다고 말하였음. 이 문제에 관하여는 오늘은 많은 토의는 하지 않았음.

5. 한일회담 재개문제:

우리측이 한일 회담의 재개를 조급히 서두르고 있다는 인상을 주지 않기 위하여 오늘은 우리측은 이에 대한 언급은 일체 피하고 상기한 바와 같은 북송문제, 평화선 침범 문제등에 언급하면서 이 시기에는 한일간의 좋은 분위기 조성에 노력하여야 할 것이라고 강조함에 끝이고 한일회담 재개 교섭에 앞서 일본측이 성의표시를 하여야 할것을 암시 촉구하였음

주일공사

6. 외무부공문(발신전보)–재일한인 북송문제에 관한 건

대한민국 외무부
번호
일시
발신 외무부 장관
수신 주일공사

제목 재일한인 북송문제에 관한 건

　　　　머리에 건에 관하여 다음과 같이 지시하오니 일본측과 교섭하시와 이에 대
한 일본측의 반향 및 결과에 관하여 보고하시기 바랍니다.
　　　　기
　　　　1. 일본적십자사는 소위 북송 협정을 1년간 연장하는데 대하여 동의하였으
나, 동협정 연장에 관하여 일적의 시마즈 사장이 앞으로 동연장기간 중이라도
필요에 따라서는 한시라도 북송업무를 완료할 것이라고 언급한 바를 유의하시
고, 일본 정부가 북송협정의 연장 이후 3개월 내지 6개월 이내에 북송업무를
완료하는 방책을 강구하도록 교섭하시고, 일본 정부로부터 이에 대한 구두언질
이라도 받도록 노력하시앞.
　　　　2. 한국민 전체가 거족적으로 반대하고 있는 한인의 북송을 재차 1년간이나
연장한 것은 매우 유감된 일로서 이는 한국민의 대일 감정을 일층 자극하는 결
과가 되었으며, 이와 같은 북송협정의 연장은 국교정상화를 위한 한일 회담을
앞으로 재개하는데 있어서 적지 않은 장해가 될 것이라는 점을 일본정부에 대하
여 지적하여 강조하시앞.
　　　　3. 본 북송문제의 중요성에 감하여 앞으로 한일회담의 재개에 관한 제의 또
는 교섭에 관하여는 일체 언급을 하지 않으시기 바라며, 만일 동문제에 관하여
일본측과 교섭 또는 논의할 필요성이 있을 적에는 반드시 사전에 본부에 품신하
시앞.

7. 외무부공문(착신전보)—북송협정 연장에 관한 건

대한민국 외무부
번호 JW-0843
일시 031800
발신 주일공사
수신 외무부 장관
제목 북송협정 연장에 관한 건

연: JW-0813

일측의 북송협정 연장 조치에 대하여는 본인이 이미 구두로 항의한 바 있아오나 문서에 의한 구비의 반대의사의 표명은 기록상 필요한 것으로 생각되며 또 그 시기는 금명간을 택하지 않으면 너무 늦어지는 감이 있아오니 연호전문으로 건의한 데에 대하여 시급 지시하여 주시기 바람.

8. 외무부공문(착신전보)—신문 보고

대한민국 외무부
번호 JW-0846
일시 031810
수신시간 1961.AUG.4. AM12:22
발신 주일공사
수신 외무부 장관

북한 괴뢰 적십자사 승선 대표단장 김주영은 제70차 귀환선 노리리스구호 선상에서 3일 아침에 니이가다7)에서 기자회견을 가졌다는 바 8월 3일자 일본 각신문사 석간은 이 사실을 보도하게 있으므로 동경신문 8월 3일자 석간에 게제된 것을 번역 보고함.
1. 귀환협정의 2년 연장은 일조 양 적십자사의 왕복 전보로 정식 성립하였다고 생각한다 그러나 일본측이 희망한다면 협정서에 조인하여도 좋다.
2. 일본적십자사에서는 재연장 않는다고 하고 있으나 귀국동포가 있는 이상 중단한다는 것은 생각할 수 없다.

9. 외무부공문(발신전보)—항의문 발송 시행 알림

대한민국 외무부
번호
일시
_____

7) 니가타

발신 외무부장관
수신 주일공사

　　대: JW-0812호 및 0843호 전문
　　대호 전문으로 품신하신 북송협정 연장에 대한 대일본정부 항의문 발송에
관하여는 귀대표부 안에 의거 시행하시앞.

10. 외무부공문(발신전보)-항의문 발송 지시

대한민국 외무부
번호
일시
발신 외무부 장관
수신 주일공사

　　대: JW-0812호 및 0843호 전문
　　대호 전문으로 품신하신 북송협정 연장에 대한 대일본정부 항의문 발송에
관하여는 다음과 같이 시행하시기 바랍니다.
　　기
　　(별첨)

별첨-항의문

　　The Korean Mission in Japan presents its compliments to the Ministry
of Foreign Affairs and, under instructions from Its home Government 9 has
the honour tn make the following representation with regard to the
extension of validity of the "Calcutta Agreement" signed on August 13, 1959:
　　1. The Government of the Republic of Korea is greatly disappointed by
the announcement that the Japan Red Cross Society, with the approval of
its Government, reached agreement with the Red Cross Society of the north

Korean puppet regime to further extend the deportation accord for another year in the face of the repeated protests on the part of the Korean Government to end at an earlier date the deportation of Korean residents in Japan to the communist slavery in the northern part of Korea

2. The Korean Government, following the Military Revolution In last May, has made step-up efforts to bring about friendly and good neighbourly relations with the Japanese Government, hoping that the two countries would stand side by side as vanguards of the Free World in the Far East in the protection of Democracy. Thus the Government of the Republic of Korea has shown every sincerity to the Government of Japan: It has sent a mission to Japan to convey the goodwill of the Korean people and Government, called for an earlier settlement of all the outstanding Issues on a reasonable and mutually beneficial basis with a view to normalizing the relations between the tvo countries, and decided to permit the Japanese residents in Korea to travel to Japan for a temporary visit during the period of one year; it also accepted and gave every possible conveniences to the Japanese Government officials who came to Korean for The observation tour of Korean sisuation.

3. The Government of the Republic of Korea has persuaded the Japanese Government on numerous occasions to put an end to the expulsion of the Koreans in Japan to the north and was certain that the Japanese Government would be sincere enough to discontinue the deportation operation at the end of the present term of the agreement, in reciprocating the sincerity shown by the Korean Government. On the contrary, the Japanese Government has given its aprroval to the prolongation of the deportation.

Under the circumstances, the Government of the Republic of Korea is obliged to make a strong representation to the Japanese Government against such an unfriendly action and to request the latter to seriously reconsider Its position on the matter.

4. In conclusion, the Mission, inviting the attention of the Ministry to

the remarks by Mr. Tadatsugu Shimadzu, President of the Japan Red Cross Society, that "although the accordis now extended for one more year, we may finish the operation at any time during the course of period if the situation so requires,* has the honour to ask the Ministry to see to it that the operation of the deportation Is brought to an end at the earliest possible date, preferrably within three or six months, if not feesible to renounce the "Calcutta Agreement" at this stage of time. This, the Mission believes, would help ameliorate the bad feeling caused by the extention of inhumane derortation work of the Korean residents In Japan to the communist tyranny.

11. 외무부공문(발신전보)-대일본정부 항의문 재기안 알림

대한민국 외무부
번호
일시
발신 정무국장 전상진
수신 주일대표부 문철순 참사관

JW-0812호 및 0843호 전문으로 품신하신 북송협정 연장에 관한 대일본정부 항의문에 관하여는 귀 대표부에서 작성하신 안을 그대로 시행하려고 하였사오나, 그후에 사례의 진전도 있었으므로, 동 대표부의 안을 수정하여 재기안하게 된 것이니 이점 양지하시기 바랍니다.

12. 외무부공문(발신전보)-항의문 시행 보류 알림

대한민국 외무부
번호
일시

발신 정무국장 전상진
수신 주일대표부 문철순 참사관

　　북송협정 연장에 대한 대일본정부 항의문에 관하여서는 본부에서 작성한 안의 시행을 당분간 보류하기로 하였으니 그리 양지하시기 바라오며, 따라서 본건에 관하여 금주에 보내드린 써-비스 전문도 취소하여 주시기 바랍니다.

13. 외무부공문(발신전보)–한일 국교 조정 문제 및 재일교포 북송문제에 관한 건

대한민국 외무부
번호
일시
발신 장관
수신 주미, 주영, 주불 대사
제목 한일 국교 조정문제 및 재일교포 북송문제에 관한건

　　1.　……………..
　　　　……………..8)
　　2. 지난 7월 31일 일본은 적십자와 북한 괴뢰 적십자사사와의 전보 교환으로서 주일 교포 북송협정을 다시 1년간 연장하는데 합의하였으니 참고하시고 북송 문제에 대하여서도 우리 정부의 입장이 지지를 받도록 활동하십시오. (이 문제도 각 대사와의 회답시 언급되었음)
　　　　(1) 한일회담 재개를 앞두고 양국은 우호적인 분위기 조성에 노력하여야 하는바 일본의 이러한 처사는 그러한 분위기 조성에 악영향을 줌
　　　　(2) 자유진영 국가의 하나인 일본이 자국 내에 거주하는 외국인을 공산지역에 계속 송환한다는 것은 일본 자체의 국제적 지위에 불리할 것임.
　　　　(3) 북한 괴뢰는 이 문제를 가지고 일본과 한국 사이를 이간할려고 하는데 양국은 이 함정에 빠져서는 안될 것임.

---

8) 공란 상태임.

(4) 일본은 인도적이라는 미명하에 재일교포를 북송하고 있으나, 북송되어 가는 사람의 대부분은 원래 이남 각도에서 도일한 자들이니 북한으로 보내는 것은 송환이 아니고 추방이라고 할 수 있음.

(5) 북송 희망자의 등록과 절차에 일정한 기한이 없이 계속 한국 교포를 공산지역에 강제 송환한다는 것은 역사적 유예가 없는 일일 뿐만 아니라 자유와 민주주의 원칙에 위배되는 처사임.

14. DEPORTATION LIST

DEPORTATION LIST
(By s/s KRYLION & TOBLSK)

Shipment	Date	Deportees	Household
1.	Dec.14,1959	975	238
2.	Dec.21,1959	976	316
3.	Dec.28,1959	991	227
4.	Jan.15,1960	998	221
5.	Jan.22,1960	999	215
6.	Jan.29,1960	998	286
7.	Feb.5,1960	1,002	231
8.	Feb.12,1960	1,015	222
9.	Feb.19,1960	1,015	240
10.	Feb.26,1960	1,024	242
11.	Mar.4.1960	1,020	240
12.	Mar.11,1960	1,046	270
13.	Mar.18.1960	1,000	236
14.	Mar.25,1960	1,004	245
15.	Apr.1,1960	1,067	250
16.	Apr.8,1960	1,059	311
17.	Apr.8,1960	1,076	246
18.	Apr.22,1960	1,093	250
19.	Apr.29,1960	1,061	295
20.	May.7,1960	1,041	280
21.	May.13,1960	1,039	240

22.	May.20,1960	1,073	236
23.	May.27,1960	1,131	292
24.	Jun.3,1960	1,114	302
25.	Jun.10,1960	1,085	295
26.	Jun.17,1960	1,048	247
27.	Jun.24,1960	1,107	252
28.	July.1,1960	1,065	268
29.	July,8,1960	1,100	307
30.	July.15,1960	1,030	357
31.	July.22,1960	1,037	260
32.	July.29,1960	1,094	351
33.	Aug.5,1960	1,023	276
34.	Aug.12,1960	981	261
35.	Aug.19,1960	1,066	276
36.	Aug.26,1960	1,059	289
37.	Sep.2,1960	1,070	310
38.	Sep.16,1960	1,027	253
39.	Sep.23,1960	997	258
40.	Sep.30,1960	987	245
41.	Oct.7,1960	1,049	308
42.	Oct.14,1960	1,1742	315
43.	Oct.21,1960	1,037	357
44.	Oct.28,1960	1,083	246
45.	Nov.4,1960	1,073	295
46.	Nov.11,1960	971	217
47.	Nov.18,1960	968	232
48.	Nov.26,1960	882	232
49.	Dec.3,1960	820	194
50.	Dec.9,1960	668	167
51.	Dec.16,1960	653	159
52.	Jan.13,1961	883	227
53.	Jan.20,1961	669	186
54.	Jan.29,1961	751	168
55.	Apr.14,1961	901	
56.	Apr.28,1961	1,145	350
57.	May.6,1961	1,112	417

58.	May.12,1961	1,125		299
59.	May.19,1961	1,068		289
60.	May.26,1961	1,027		284
61.	Jun.2,1961	1,187		397
62.	Jun.9,1961	931		278
63.	Jun.16,1961	1,125		270
64.	Jun.24,1961	988		305
65.	Jun.30,1961	887		240
66.	July.7,1961	878		257
67.	July.14,1961	763		204
68.	July.21,1961	659		208
69.	July.28,1961	424		120
70.	Aug.4,1961	737		186
71.	Aug.11,1961	861		257
72.	Aug.25,1961	507		165
73.	Sep.1,1961	492		141
74.	Sep.8,1961	672		198
75.	Oct.6,1961	493		144
76.	Oct.13,1961	693		
77.	Oct.20,1961	299		103
78.	Oct.27,1961	430		110
79.	Nov.3,1961	351		99
80.	Nov.10,1961	228		106
81.	Nov.17,1961	96		39
82.	Nov.25,1961	141		40
83.	Dec.1,1961	32		18
84.	Dec.9,1961	122		60
85.	Dec.16,1961	124		51
86.	Jan.19.1962	87		
87.	Feb.10.1962	75		34
88.	Feb.23,1962	75	38	
89.	Mar.10,1962	66	31	
90.	Mar.25,1962	233	91	
91.	Apr.7,1962	227	121	
92.	Apr.21,1962	351		
93.	May26,1962	272		

					TTL
94.	June.9.1962		337	130	
95.	June.23,1962		278	104	
		Total	76140		
96.	July.4,1962		186	63	76,921
97	July.21,1962		164	55	77,085
98	Oct.4,1962		203	84	77,288

15. 신문기사

Koreans to N. Korea

Japan Plans to End

Repatriation' in Nov

TOKYO, May 24 (AP)─The foreign office said Thursday Japan intends to terminate the north Korea!

repatriation program when it expires November 12.

A spokesman said this was the reply given Masahar Hatanaka, director of the pro-Pyongyang Japan-Kore, association, when he called on the foreign office to request that the program be lextended another year.

So far 75,472 Korean residents in Japan have gone to north Korea under the repatriation program which started in late 1959. Another 29,609 have applied to go.

The foreign ministry said the agreement will not be extended for two reasons:

1. The number of Koreans! gathering at the Niigata repatriation center has been decreasing every week.

2. There are other ways for Korean residents here to1 go to north Korea on and individual basis such as sailing to Nahodka, Soviet Union, and travelling from there overland by railway.

The original repatriation program called for two shiploads of about 1,000 every week. The Soviet Union provided two ships.

Since January, the foreign office said* north Korea asked to reduce the tempo to| one ship every second week.:

Hatanaka was quoted by! newspapers as saying the! foreign office's refusal to! extend the agreement was) politically motived because | of the Tokyo-Seoul talks expected in August.

16. 외무부공문(착신전보)–특별정세보고

대한민국 외무부
번호 JW-06020
일시 020947
수신시간 1962.JUN.2. AM10:27
발신 주일대사
수신 외무부장관

특별정세보고.

1. 일본정부는 작 1일 외무, 법무, 후생, 일적등 관계각성 연석회의를 열고, 11월 12일에 실효되는 재일한인 북송협정의 처리방법에 관하여 협의하였음. 작일 회의에서는 동협정을 다시 연장할 것인가의 여부에 대하여는 결론을 얻지 못하고, 이 문제는 다시 회의를 열어, 정부의 최종적인 태도를 결정하기로 하였다는 바, 그러나 각성이 다같이 협정을 다시 연장하지 않는 것이 좋다는 의사를 표명하였다 하며, 협정이 실효된 후의 대책이 이날 회의의 논의중심이 되었다 함. 그 결과 협정실효 후에도 적절한 방법으로 송환을 인정하자는 점과, 북한 측을 자극하지 않기 위하여 송환업무를 원만히 타결하는 것이 좋겠다는 점에 거의 의견이 합치하였다함. 따라서 일본 정부로서는 앞으로 협정실효 후 실질적으로 송환업무를 어떠한 방법으로 행할 것인가 하는 문제를 검토할 것으로 보임. 일방 근간 송환자의 수는 격감하고 있는데, 일본정부로서는 금후 수년간은 여름철에 100명 내지 200명의 송환희망자가 나올 것으로 예상하고 있다 함.

2. 일본정부는 중요시책에 대한 국민의 의견을 돕기 위하여, 내각 공보실이 중

심이 되어, 작1일 국정모니타제도를 발족시켰음. 그간 일본정부가 위촉한 "모니타"는 전국에 약 400명인데, 작원에는 우선 동경의 "모니타" 24명중 15명이 수상 관저에서 "국정모니타 간담회"를 열고 동제도를 발족시켰음. 정부는 금후 계속 각지에서 동양의 회의를 열고 물가정책 등 중요시책에 관하여 그들의 의견을 청취할 계획임.

17. 외무부공문(발신전보)–정보 조사 지시

대한민국 외무부
번호 WJ-0622
일시 021250
발신 장관
수신 주일대사

    동경 6월 1일발 "유.피.아이" 통신이 전하는 바에 의하면 일본 정부가 소위 재일교포 북송협정 연장을 고려하는 듯 한데, 그 사실 여부를 조사 보고 하시앞. (정아)

18. 외무부공문(착신전보)–조사 지시에 대한 회신

대한민국 외무부
번호 JW-06034
일시 021323
수신시간 1962.6.2 PM4:02
발신 주일대사
수신 외무부장관

대: WJ-0622호

대호전문지시에 관하여는 당부전문 JW-06020호를 참조하시길 바람. 본건에 관하여는 금후 발전에 관하여 수시로 보고위계임. (정아)

19. 신문기사

政府、新協定も考慮

北朝鮮帰還 最小限の援護措置

政府は、さきに在日朝鮮人の北朝鮮帰還協定を今年限りで延長しない方針をきめたが、現協定が期限切れとなる今年十一月十二日以後も北朝鮮帰還希望者が残るので、現協定失効後新たに日朝両国赤十字間に新協定を結ぶことを考慮している。

帰還協定について、日朝協会、帰還協力会等はその延長を強く要求しているが、外務省はじめ政府関係各省は、最近帰還希望者が激減し、送還船の就航もわずかになっているので、今年十一月十二日で協定を打ち切る方針をきめた。

しかし日本赤十字社の一部には現協定を修正して延長し、赤十字国際委員会や日本赤十字社の代表者立会いの下に送還を行う案も出ている。

たいとの強い要望もあり、また実際上現協定失効後の帰還希望者中の就職者の取り扱いは人道上無視できないので、外務省はじめ政府部内には政府の立場上、現協定の延長は認めないが、必要最小限の援護措置を規定した新協定は結んでもよいのではないかとの意見が強まり、近く外務、厚生、法務、警察の各省庁及び日赤の間で会合しその方針やとりきめることになるようである。

政府筋の観測では、現協定失効後も、毎月六十人ないし百人の北朝鮮帰還希望者が続くものとみられ、個人的に帰還できる富裕者は少なく、大部分は生活保護者や国際難民会の財政援助をうける者が多いので、北朝鮮は送還船を準備し、日本側はその新協定で①帰還持帰り者に必要な宿泊施設②帰還希望者が一定数に達した場合、北朝鮮は送還船を準備し、日本側は新潟港内に適当な宿泊施設や新潟市内に確保することなど、必要最小限の人道的措置のみを規定することを考慮しているようである。

朝鮮来往在日朝鮮人と政府関係の間のトラブルも予想される。

このため日赤では帰還業務の監督のため赤十字国際委員会の日本駐在員が引き続き駐在し、両国間のトラブルの調停にあたることを希望している。

このため関係各省間では新協定で①の赤十字国際委員会の非在駐停②帰還持帰り者に必要な宿泊施設

20. 외무부공문(착신전보)—특별정세보고

대한민국 외무부
번호 JW-06196
일시 141148
수신시간 1962.Jun.14 PM12:□□
발신 주일대사
수신 외무부 장관

특별정세보고.
1. 일본의 민간경제사절단이 8월 초순 소련을 방문할 예정임. 동 사절단은 "고마쓰" 제작소 사장 "가와이이"씨를 단장으로 하여, 재계 요인 13,4명으로 구성될 것이라는 바, 동 사절단의 방쏘는 작년부터 쏘련 측이 강력히 희망하여 오던 것으로서, 이번 방쏘로 일본과 쏘련간의 경제 제휴가 강화될 것으로 관측됨. (차항 별도로 보고함)
2. 작 13일 "재일조선인 귀국 협력회" 간사장 "호아시"씨는 일본에 체재하고 있는 적십자사 국제위원회의 "구어" 대표 및 "앙그스트" 이사장을 방문하고, 재일 한국인의 북송을 계속하도록 동위원회가 금후에도 일본에 계속 주지하여 달라고 요청하였다 함. 이에 대하여 국제위 측은 북송 업무가 남아있는 한 요청이 있으면 체재하겠다고 말하였다 함. 이미 보고한 바와 같이 북송 협정 연장 문제에 관하여, 일본정부는, 현협정은 연장하지 않고, 11월 13일 이후의 귀환희망자는 일적과 북괴적십자간의 협정으로 송환케 한다는 입장을 취해왔는데, 외무성은 작 13일 동 입장을 재확인하였다고 보도됨.

21. 외무부공문(착신전보)—특별정세보고

대한민국 외무부
번호 JW-06333
일시 251145
수신시간 1962.6.25. PM1:32

발신 주일대사

특별정세보고

1. 6월 23일 일본적십자사는 북괴적십자사로부터 재일한인북송협정을 다시 일
년간 연장하자는 전보를 접수하였음. 이에 대하여 일적은 즉시 후생성과 협의한
결과, 우선 최근 귀환 인원수가 감소하고 있음에 비추어 실정에 맞는 방법을
검토하여 가까운 기회에 회합을 갖자는 요지의 회전을 하기로 결정하였다는 바.
일적으로서는 다시 일본정부 관계성과 구체적인 대책을 검토 후 각의를 거쳐
정식 태도를 표명할 것이다 함.

2. 일본외무성은 7월 2일부터 3일간 멕시코에서 제10회 중남미공관장회의를 개
최할 예정임. 동 회의에는 중남미에 체재하는 11대사, 2임시대사, 2공사, 4총영
사가 참석할 것이며, 본성에서는 안도우 아메리카국장, 이도리 경제국참사관이
참석할 예정임. 동 회의의 의제는 중남미 20개국의 정치, 경제 정세분석, 금후의
대중 남미 외교 정책 등이라 함.

3. 일본의 육상자위대는 금년부터 그 단위 명칭을 종래의 "관구대" "혼성단"에서
"사단"으로 개칭하게 되어, 1월에 이미 8개 사단이 개편되었으며, 남어지 5개사
단은 8월 15일에 개편할 예정이라 함. 이것으로서 13개 사단의 편성이 종료되는
것임. 그런데 3월 15일의 개편 시 "나가사끼"현의 대마도 "이즈하라마찌"에도
제 4사단 제41보통과업대 소속 1개 중대 165명을 파견한다고 6월 22일 방위청
당국이 발표함. 대마도에는 현재 항공자위대 약 200명, 해상자위대 50명이 주둔
하고 있으며 육상자위대의 주둔은 이것이 처음의 것으로, 이것은 도민의 희망에
의하여 행하는 조치라 함. (차항 별도 보고)

4. 라오스 신정권이 발족한데 대하여 외무성은 23일 다음과 같은 비공식견해를
밝힘. 라오스 신정권의 발족은 대단히 즐거운 일이다. 일본은 금후 계속 동 정권
이 동국의 경제안정과 국민복지향상에 노력하여 세계 평화의 유지 발전에 기여
할 것을 기원한다.

5. 중공이 군대를 복건성에 집결시키고 있다고 5월 20일 미국정부가 밝힌데 대
하여 23일 일본외무성은 비공식으로 다음 사실을 밝힘.

(1) 중공군이 복건성에 약 40만 집결하였다는 정보는 일본도 독자적인 조사로
확인하였다.

(2) 동 병력에는 금문, □□ 양도 공격에 필요한 상륙용 함정은 없으므로, 이것

은 전기 양도 공격을 위한 이동은 아닌 것으로 보인다.

(3) 동 이동은 국내사정 또는 자유 중국의 대륙 반격에 대한 대비인 듯 하다.

22. 외무부공문(착신전보)—제95차 북송선 출항보고

대한민국 외무부

번호 JW-06334

일시 260934

수신시간 1962.6.26. AM9:55

발신 주일대사

수신 외무부 장관

제95차 북송선 출항보고.

1. 제일한인 278명 (104세대)를 태운 제5차 북송선은 6월 23일 1530분 "니이가다"항9)을 출항하였음.

2. 다음 제96차 북송선은 7월 6일에 출항할 예정이라 함.

23. 외무부공문(발신전보)—국제적십자에 자료 제출 후 결과 보고 지시

대한민국 외무부

번호 WZ-0612

일시 260820

발신 장관

수신 주제네바 공사

국제적십자를 방문하고 다음과 같은 요청을 제출한 후 그 결과를 보고하시압.

---

9) 니가타

1. 국제적십자사가 그 대표를 일본에 파견하여 재일교포 북송업무에 참여한 이래 근 8만 명이 북한으로 송환되었음.

2. 이들이 북한에서 모든 자유를 박탈당하고 비참한 생활을 하고 있으며 북한으로 온 것을 후회하고 있다는 것은 본인들 또는 목격자들의 수기를 통하여 명백히 입증되고 있음.

3. 최근 일본 정부는 오는 11월 12일에 소위 칼깟타 협정이 만료되면 이를 연장은 아니하되 실질적으로 송북업무는 계속하기로 하였다 하며 또한 현재 일본에 있는 국제적십자대표는 일적 관계자에게 협정만료 후에도 일본에 계속 체류하여 송북업무를 돕겠다고 말하였다고 함.

4. 국제적십자가 재일교포 송북에 참여하고 있다는 것은 인도주의에 입각한다고 하지만 실질적으로 공산주의자인 비인도적 흉계에 이용당하고 있는 것이나 다름없음.

5. 따라서 국제적십자사에서는 이러한 사정을 현명하게 판단하고 그 일본 주재 대표를 조속히 철수하도록 강력히 요청 바람.(정아)

24. 외무부공문(발신전보)—북송 계속설에 대한 지속적 항의 지시

대한민국 외무부
번호 WJ-06289
일시 281640[62-6-28]
발신 장관
수신 주일대사

근자 보도된 바 일본 정부의 재일교포 송북 계속설에 관하여 다음과 같은 내용으로 일정 당국에 구두로 비밀리에 항의하고 그 결과를 보고 하시압.

1. 일본 정부는 1959년 이래 북한괴뢰와 합작하여 근 8만명의 재일교포를 북송하였다.

2. 북송된 이들 교포들이 북한 공산 폭정하에서 모든 자유를 박탈당하고 비참한 생활을 하고 있다는 것은 본인들이나 목격자들의 수기를 통하여 충분히 밝혀졌으므로 최근에는 소위 송북 희망자의 수도 대폭 감소되었다. 이러한 사실

은 일정당국도 잘 알고 있을 것이다.

3. 그럼에도 불구하고 최근 보도에 의하면 일본 정부는 내 11월 12일에 만료되는 (소위) 북송 협정을 연장은 아니하되 적십자사를 통하여 북송 업무는 계속하기로 하고 그 구체적 방법을 연구 중이라 한다.

4. 한국 정부에서는 그간 수차에 걸쳐서 교포 송북의 즉각 정지를 요청한 바 있거니와 일정당국이 지금에 와서도 어떠한 방법으로든지 북송업무를 애써서 계속하려는 의도를 이해할 수 없다.

5. 한국정부의 견지에서는 일정의 (소위) 북송 협정은 연장 아니한다고 결정은 하였다 하더라도 현재와 다른 형태 또는 방법으로 교포 송북이 계속된다면 이러한 결정은 전혀 무의미한 것이라고 본다. 오는 재일교포의 송북 자체를 즉각 중지하라는 것이 우리의 요구인 것이다.

6. 한일간 현안 문제의 해결과 국교 정상화라는 대국적 견지에서 피차간의 분위기를 최대한도로 호전시키는 것이 요망되는 이 때, 일본정부는 이러한 사정을 현명하게 판단하고 (소위) 북송 협정을 연장 아니 할 것을 결정할 뿐 아니라 교포 북송 업무 자체를 즉시 중지시킴으로써 성의를 표시할 것을 강력히 요구한다 (정아)

25. 외무부공문(착신전보)–우야마 심의관 방문 항의 결과 보고

대한민국 외무부
번호 JW-06396
일시 291834
발신 주일대사
수신 외무부 장관

대: WJ-06289
대호 전문지시에 따라 최참사관은 김정태 서기관과장이 29일 1630시에 우야마 심의관을 방문하고 항의하였는 바 그 결과를 아래와 같이 보고함.
1.대호 전문지시에 따라 일측에 항의하는 동시에 북송의 즉각적인 중지를 요청하였는 바 북송에 대한 종전부터의 입장을 설명하는 동시에 정식 결정이 있는

것은 아니지만 대체로 현 협정은 연장하지 않기로 하되 규모를 적게한 적십자사 간의 협정을 체결하게 될 것이라 하였으며 이에 관한 결정은 7월 초에 있을 것이라 하였음.

2.일측은 북송계속에 관하여 특히 (1). 북송 희망자가 격감한 차제에 있어서는 앞으로 북송될 인원수는 극소수일 것이다. (2). 북송희망자가 격감하여 조총련 측의 입장이 난처해지고 있는 데 북송을 중지하는 등의 무리를 하게 되면 오히려 그들을 도웁는 결과가 된다. (3). 참원선거 등이 끝나면 한일회담이 중대한 단계로 들어가게 되는데 북송문제로 무리를 하게 되면 회담반대파가 더욱 치열한 반대운동을 하게될 것이다라는 점을 들었음. 이에 대하여 아측은 아측입장을 되풀이 설명하는 동시에 북송계속이 한일회담에 미치는 각 영향을 지적하고 특히 일측이 생각하는 규모가 적은 협정은 북송의 길을 무기한에 걸쳐 열어두자는 것이 아닌가 하고 항의하였음. (정아)

26. 대한적십자사 공문–재일교포 북송문제에 관한 건

THE REPUBLIC OF KOREA NATIONAL RED CROSS
번호 한적(섭) 제808호
일시 1962.7.2.
발신 대한적십자사 총재 최두선
수신 외무부 장관
제목 재일교포 북송문제에 관한 건

　　　외정무 619호에 관하여 별첨 사본과 같이 서한을 I.C.R.C와 일본적십자사에 각각 발송하였기에 조량하시기 바랍니다.
유첨: 영문 사본 2통 끝.

유첨-대한적십자사 발송 서한 사본

THE REPUBLIC OF KOREA NATIONAL RED CROSS
32-3KA NAM SAN DONG, SEOUL, KOREA

Telegraph: KORCROSS
Telephone: 20186 20798
June 29, 1962

Mr. Tadatsugu Shimadzu President
Japanese Red Cross Society
5 Shiha Park, Minato Ku, Tokyo, Japan

Dear Mr. Shimadzu:

I am concerned over the recent report that Japanese authorities are planning to continue the shipment of Koreans to north Korea, while it will not extend the Calcutta Agreement. You may no doubt recall that we pointed out time and again that it was against the principle of humanitarianism to deport Korean residents in Japan to north Korea.

As we predicated earlier, these Koreans were derived of all freedom and rights and were treated like slaves. Communications and reports from Korean deport us and other eye－witness in north Korea have disclosed the extent of misery and poverty under which those Koreans have been placed. It is regrettable that, in spite of the miserable condition that these deported Koreans are to face in north Korea, the Japanese Red Cross Society is still determined to continue the deportation in one way or another.

You may be aware that strenuous efforts have recently been made by both the Korean and Japanese Governments to settle various long pending problems and bring about mutually beneficial settlement between the two countries. This is an earnest desire shared by the Korean and Japanese peoples alike. For this end, I am of the opinion that we should do our best to create and maintain a favorable and cordial atmosphere.

I request the Japanese Red Cross Society to re-assess with sincerity the results of its program under which it shipped so many uninformed Koreans to slavery in communist north Korea. I also request the Japanese Red Cross

Society not only to reject the north Korean proposal to extend the so-called Calcutta Agreement, but also to put an immediate and complete stop to the actual shipment of Korean residents in Japan to the northern part of Korea. What is of primary importance to us is not the mere decision to terminate the deportation accord but the assurances that our brethren are no longer sent to communist slavery and bondage in north - Korea.

I hope that this sincere request of the Korean Red Cross Society and of the Korean people will be met with favorable consideration by the Japanese Red Cross Society.

Yours sincerely,
Doo Sun Choi
President

유첨-대한적십자사 발송 서한 사본

THE REPUBLIC OF KOREA NATIONAL RED CROSS
32-3KA NAM SAN DONG, SEOUL, KOREA
Telegraph: KORCROSS
Telephone: 20186 20798
June 29, 1962

Dr. Leopold Boissier President
International Committee of the Red Cross
7 Avenue de la Faix GENEVA

Dear Or. Boissier:
I have learned with concern a report that the Japanese Government is planning to continue the shipment of Korean residents in Japan to north Korea, while it will not extend the so-called Calcutta Agreement which is to expire on November 12, 1962. It has also been reported that an ICRC

official in Japan has given promise to the Japanese authorities that ICBC representative will continue to stay in Japan to help the shipment of Koreans to north Korea.

It is recalled that when the Japanese Government and the north Korean puppet regime had their respective Red Cross societies conclude the so-called Calcutta Agreement in August 1959, the ICRC gave, to the surprise end frustration of Korean people, its endorsement to this virtual deportation of Korean residents in Japan to the northern part of Korea. Since then, the Agreement has been extended twice and nearly 80,000 Koreans have been shipped to the communist slavedom.

In explaining its position, the ICRC stated that it was participating in Japanese scheme solely on the humanitarian ground, a stand which the Republic of Korea National Red Cross Society is still unable to agree on. Evidences indicate that those Koreans who were shipped to north Korea have been, contrary to their expectation, treated like slaves and are reduced to the state of misery and poverty. They have no choice on where to live and what jobs to take. Nor are they permitted to leave north Korea. They are even denied of their human right to express freely how they feel about their situation. I cannot but wonder how a scheme like that, no matter what would be the procedures employed, could be considered humanitarian?

In this connection, I would like to Invite year attention to the Enclosed booklet "Broken Dreams of Paradise" written in Japanese by Mr. Ki-sei Seki. The author was one of these most enthusiastic communists who engaged in the active instigation of Korean residents in Japan to go to north Korea. He, later, had an opportunity to visit north Korea and saw with his own eyes how inhumanely treated by the north Korean communists are these deported Koreans. Upon returning to Japan, he wrote this booklet which gives a succinct picture of the real situation. This is Just an example of many such evidences; and, in cases like this, it is often possible that evidences are not too sufficient to disclose the real situation in north Korea to the fullest extent.

Being deeply concerned over the fate of our suffering brethren who are deported to the Communist north, we are still demanding the Japanese Governments and its Red Cross Society to put an immediate end to what we call a deportation program. To us, whether the so-called Calcutta Agreement is extended for another year or not is only of a secondary importance. What is really important and thus a matter of primary concern to us is the fact that Koreans are sent to the slavery in north Korea, and that the ICRC, in spite of its humanitarian principle, is directly involved in this Japanese scheme of deportation.

In the opinion of the Korea Red Cross Society, it is high time for the ICRC to re-examine the advisability of its participation in the deportation scheme. With the inhumane treatment that north Korean communists gave to the deported Koreans now being known to the world, the number of those expressing consent to go to north Korea have been drastically reduced. Being fully aware of the situation, the Japanese Government has decided not to extend the so-called Calcutta Agreement. The Japanese Government's intention to continue the deportation is new simply to moot the pleasure of the north Korean puppet regime with whom the commercially-minded Japanese are anxious to do some business without realizing the real danger hidden behind such move. If the ICRC would continue its participation in the scheme at this stage, it would, I am afraid, be equivalent to being utilized by the Communists for their benefit.

I urge the ICRC to reexamine the situation cm a new light and basis and to take prompt actions to withdraw its representative from Japan. I hope that this sincere appeal of the Korea Red Cross Society would be met with favorable consideration by the ICRS.

Yours sincerely,
Doo Sun Choi
President

27. 주제네바 대표부 공문

To International Organization in Geneva and office of the Permanent Observer
to the European Office of the United Nation
번호 제 대1029
일시 1962.7.6.
발신 주 제네바 대표부 공사 이한빈
수신 외무부 장관
참조 아주과장
제목 한교 북송에 관한 국적과의 접촉 보고

(WZ-0612)

대호 전문의 지시에 따라 본관은 국제 적십자사 사무총장 Gellopin 씨를 방문하고 본부 지시내용에 따라 우리 정부의 입장을 말하고 국적의 일본 주재 대표를 조속히 철수할 것을 요청하였는데, 동씨는 아국정보의 요청에 대하여 깊은 관심을 갖는다고 말하고 이를 위원회에서 상정 토의할 것이라고 말할 뿐, 국적 일본주재 대표 철수문제에 대하여는 언급하지 않았음. 일방 국적 극동 담당자인 Maunoir씨를 통하여 탐문한바 동씨는

ㄱ. 일본정부는 칼깟타 협정이 만료된 후 이를 연장하지 않고 북송 업무를 계속하기를 원하나 일본 적십자사는 협정을 연장하기를 희망한다하며,

ㄴ. 일본의 조일협회 회장은 국적에 대하여 만일 북송업무를 계속하지 않는 경우 일본 국내에서 일대 데모를 감행할 것이라는 등 위협적인 편지를 보내왔다 하며,

ㄷ. 국적 일본 주재 대표 Durand 씨는 현재 휴가차 당지에 귀가하여 있으며 오는 8월경에 동경에 귀임할 것이라 하는데, 그는 금반 국적 본부에의 보고서에서 북송 업무가 순조롭게 진행되고 있으며 일본과 북한의 북송 업무를 계속 하는 한 이에 국적이 계속 참여할 것을 건의하였다고 하며,

ㄹ. 국적은 전기 듀란 씨의 보고서를 토의할 것인데, 협정 만료 후 국적이 취할 태도에 대하여는 앞으로 곧 있을 일본 적십자사와 북한 적십자사간의 합의 내용을 본 후 늦어도 10월 중순까지는 결정할 것이라고 하며,

ㅁ. 북송 문제에 관한 국적의 태도는 종전과 변동이 없으며, 따라서 칼깟타 협정

이 연장되는 경우 국적이 종전과 같이 참여함은 거의 확실한 것이며, 협정 갱신 없이 북송을 계속하드라도 국적이 지금에 와서 동 업무에서 철수할 대의 명문이 없다고 말함.

현재까지 국적 당국과 접촉한 결과를 종합하여 보건대, 국적이 일단 북송 업무에 관여한 이상 북송이 계속하는 한 동 업무에 참여할 것으로 보이는데, 당 대표부는 앞으로 계속 국적 당국과 접촉하여 그 결과를 수시 보고하겠음을 알리나이다. 끝.

주 제네바 대표부 공사 이한빈

28. 외무부공문(발신전보)– WE–0612 지시사항을 적십자사에 요청할 것을 지시

대한민국 외무부
번호 WZ-0707
일시 071240
발신 장관
수신 주 제네바 공사

재일교포 북송

일본각의는 6일자로 재일교포 북송 협정을 갱신치 않기로 결정하였다는데 이에 따라 북송 업무가 곧 관계 적십자사에 이관 추진케 될 것으로 예상되므로 WE-0612로 지시한 사항은 국제 적십자사에 강력히 요청하시고 그 결과를 조속 보고하시앞. (정동북)

29. 일본적십자사 서한

SOCIETE DE LA CROIX-ROUGE DU JAPON
5 Parc Shiba, Minato KuTOKIO
July 9, 1962

Ref: G-315/62

Mr. Doo Sun Choi President
The Republic of Korea National Red Cross Seoul, Korea

Dear Mr. Choi,

I have read your letter dated June 29, 1962 with deep consideration. I understand quite well the position of your Society which is much concerned about the fate of the Korean residents in Japan, especially those to whom our Society la giving necessary facilities and assistances for their return to North Korea.

In this connection, the point to which I wish to draw your attention is that we have never "deported" any Korean to North Korea.

I think you are well aware of the fact that among the Korean residents in Japan, there are some who consider themselves as citizens of the Democratic People's Republic of Korea and eagerly wish to return to the place which they chose aa their home.

They present themselves to the Window of our Society and ask for the Red Cross help for their return, as there are no diplomatic relations nor regular lines between Japan and North Korea. And our Society, "as the natural intermediary with governments", gives necessary assistance for their return according to the principles of the resolutions adopted at the International Conferences of the Red Cross.

However, in order to prevent any misunderstandings to occur in making their decisions, we thoroughly notify them at the Window that they have a full right to stay in Japan or to go to South or North Korea. We notify them also that even after having made the application for their return to North Korea, they are entirely free to change their will without any explanation or prejudice. And we accept their applications only after the candidates arc fully aware of their rights.

When they arrive at the pert of departure, the same procedure is repeated and this time in the presence of the delegates of the ICRC. Only those who did not change their will are allowed to go to North Korea. Those who have changed their minds or did not come to the port of departure are allowed to stay at any place in Japan. There is not a single Korean who has ever returned to North Korea against his or her own free will. This is not only the attestation of our Society, but also of that of the delegates of the ICRC.

Therefore, nobody can say that such an operation is a "deportation" as stated in your letter.

The natives of the departure are varied, which is only natural. If many Koreans prefer to stay in Japan, we should not be surprised to find that some wish to go to North Korea also. To say exactly, about 1,300,000 Koreans have already returned to South Korea since the end of the war. 80,000 to North Korea and 570,000 remained in Japan. The ratio is 66%, 6% and 30% respectively. There is nothing unreasonable in these figures.

Everybody has the right to choose their home and the place of residence which is a fundamental humanitarian right universally recognized. Should we Intervene in their motives and persuade to choose or designate their home or residence, we may commit a flagrant violation of the human rights and the Red Cross principles.

It seems to me that you are much concerned about their fate after their settlement in North Korea, and, basing on the communication and reports of the returnees or other witnesses, you went so far as to state that they are deprived of all the freedom and rights and treated like slaves, and live in misery and poverty.

What I can say in this connection is that the North Korean side has solemnly promised in the Calcutta Accord to guarantee "all the conditions regarding stabilization of life, dwelling, profession, education, etc, of of the persons after their return" end has published it. However, it Is evident that this kind of guarantees are subject, in any country, to the political and economic conditions of that country. And generally speaking the persons who know those conditions better than anybody else are the returnees themselves. In fact, one of the reasons why the operation of the current repatriation is taking much time is that there are a number of persons who wish to make sure of the situation in North Korea or to see the evolution of the living conditions in Japan or in your country, and full time is given to the Korean residents for such a consideration.

Moreover, we cannot presume that a parson re urns to North Korea only because he thinks that the life in North Korea would be more agreeable for him or because he expects to find more liberty there. Isn't it the human nature to wish to go to one's heme country, however hard the life there may be? Can anybody stop their departuer in such a case?

What we can say with certainty is that to leave a long lived country is a very important question for any person, and nobody makes such a decision lightly. The question is whether a person, after having taken into account all conditions which may affect the future course of his life, is able or unable to express freely his decision to leave or to stay because of the pressure from the outside.

Therefore, the only thing which any concern us, as the Red Cross Institutions, is whether or not the freedom of the will of the returnees is guaranteed and respected. However, I think you may remain assured on this point from what I have already stated concerning the procedure.

As for the political question mentioned in your letter concerning the creation and maintenance of a favorable and cordial atmosphere for the settlement of pending problem between our two countries, we entirely Share your, point of view, and do not hope that the respect of human right regarding the freedom of the choice of the residence, as proclaimed by the UNO, becomes an obstacle for the establishment of cordial relations between our two countries.

Your sincerely,
Tadatsugu Shimazu
President
島津忠承 1903.5.19. 生

③ 일본·북한 간의 재일본 한인 북한송환 협정연장
및 재일본 한인 북한송환, 1965

○ ○ ○

기능명칭: 일본·북한 간의 재일본 한인 북한송환 협정연장 및 재일본 한인 북한송환
분류번호: 791. 25 1965
등록번호: 1686
생산과: 동북아주과
생산년도: 1965
필름번호: P-0003
파일번호: 02
프레임번호: 0001~0030

1. 외무부공문(발신전보)

대한민국 외무부
번호 WJA-08009
일시 021110
발신 장관
수신 주일대사

대JAW-07540
북괴 적십자회에서 7.30 북송협정을 1년간 연장하고자 일본 적십자사에 제의하였다는 보도와 관련하여 시급히 일본정부 당국자와 접촉하여 사실 여부를 확인하는 동시에 한일협정의 비준을 앞둔 중요한 시기임을 고려하여 일측에서 북괴 적십자의 이와 같은 연장 제의를 거부하여 북송협정을 종료시키도록 교섭하고 그 결과를 보고하시기 바람. (외아북)

2. 외무부공문(착신암호전보)

대한민국 외무부
번호 JAW-0823
일시 021715
발신 주일대사
수신 장관

연: JAW07112, 07444, 07473. 대: WJA-08012, 08009
본직 금 2일 예정대로 1600시부터 약 40분간 외무성으로 시이나 외상을 방문 면담하였는바 결과를 아래와 같이 보고함.
1. 외상회담: 본직은 대호 지시대로 일본 측의 회담참가를 강력히 촉구하였음. 시이나 외상은 종래의 일본측 입장을 다시 설명하면서 그 입장에 변경이 있음을 시사하고, 언질을 주려고 하지 아니하였음.
2. 동남아 개발 각료회의: 시이나 외상은 일본이 제의를 하기는 하였으나 아직

까지 구체적인 전망을 가질 수 없는 형편이며 한일조약 비준 후에라야만 가능한 것이라는 점을 시사하면서, 한국이 제안하고 있는 외상회담에 대하여 불리한 영향을 주는 일은 없을 것이라고 명백히 말하였음.

3. 북송문제: 본직은 아측 입장을 강력히 설명하고, 연호 전문 보고와 같이 이 문제에 관하여 이미 외무성 당국에 아측 입장을 표명한 바 있음을 상기시키면서 일본 정부의 방침을 검토하도록 촉구하였음, 본건에 관하여는 별도 전문 JAW-08026호 참조바람.

4. 유엔한국문제: 본직은 일본측이 종전대로 아측을 지지할 것을 ☐☐☐☐☐
☐☐☐☐☐☐☐☐

3. 외무부공문(착신암호전보)

대한민국 외무부
번호 JAW-08026
일시 021819
발신 주일대사
수신 장관

　대:WJA-08009.　연:JAW-07112
대호지시에 관하여 다음과 같이 보고함.　要 : 강경항의
1. 2일 외무성 한국 관계 당국자는 북한 적십자사로부터 지난 7월 30일 일본 적십자사 앞으로 협정 연장제안 전보가 내도하였으며 일보 접십자사[1]는 그 익일인 7.31.일(토) 이를 수락하는 전문을 반송함으로서 협정이 1년간 연장되었음을 확인하였음.
2. 본건에 관하여서는 그간 기회 있을 때마다 일본 측의 관계 당국자들에게 협정 종결 촉구를 하여 왔으며 특히 지난 7.7.일 신임 외무차관 "시로다"씨를 방문하고 이를 강조한 이래 외무성 측에 대하여 계속 촉구하였으나 결국 일측은 태도 변경이 없었던 것임.

---

1) 적십자사

3. 당대표부는 종래 협정2) 연장을 계기로 항상 외무성에 항의 각서를 제시하여 왔으며 금번의 경우에 있어서도 같은 방식으로 본건을 처리하고자 하는 바, 정부로서 특별히 지시하실 사항이 있으면 시급 회시하여 주기바람.

4. 전기 제1항의 협정연장과 관련하여, 외무성 측에서는 정치적 고려하에서 연장 사실을 신문에 발표하지 않도록 조치하고 있다고 알려왔음을 참고로 보고함. (아북)

4. 외무부공문(착신전보)

대한민국 외무부
번호 JAW-08039
일시 031344
발신 주일대사
수신 장관

　　연: JAW-07052
　　제127차 북송은 7.24에 행하여졌으며 인원은 222명, 105세대였다 함. (주일정-외아북).

5. 외무부공문(발신전보)

대한민국 외무부
번호 WJA-08041
일시 031450
발신 장관
수신 주일대사

---

2) 협정

대: JAW-08026

일측이 북송협정을 전격적으로 또 1년간 연장한데 대하여 대호 전문 3의 건의 내용에 따라 일측에 각서로서 항의하되 한일간 제협정이 서명되고 비준을 기다리는 이 시기에 행한 일측의 그와 같은 처사를 가장 강경한 표현으로 항의하시고 그 결과 보고 하시기 바람 (외아북)

6. 기안-북송협정의 1년간 연장

번호 외아북 722.3
기안년월일 1965.8.4.
경유수신참조 대통령비서실장, 국무총리 비서실장
제목 북송협정의 1년간 연장

1. 1959.8.13.에 "칼캇타"에서 서명된 일본 적십자와 북괴 적십자의 간의 소위 북송협정에 관하여 일본측은 1965.7.30.자의 북괴 측의 1년간 연장 제의에 대하여 7.31.자로 이를 전격적으로 수락하여 북송협정을 1년간 연장하였읍니다.
2. 당부에서는 주일대표부를 통하여 한일 간의 제협정이 시행되고 비준을 기다리는 이 시기에 일측이 행한 전격적인 북송협정의 연장에 대하여 가장 강경한 표현의 각서로서 일측에 항의하도록 지시하였읍니다. 끝

7. 외무부공문(착신암호전보)

대한민국 외무부
번호 JAW-08068
일시 041532
수신시간 1965.8.4. PM4:44
발신 주일대사
수신 장관

대 : WJA-08042. 연 : JAW-08026.

1. 당부는 외무성 한국관계 당국자에 대하여 우선 구두로 강력히 항의하였음. 동 당국자는 솔직히 말해서 일본측으로서는 북송되는 자가 생활보호 대상자이기 때문에 일본정부에 부담을 덜어주고 있으며, 어디까지나 자유 의사에 의하여 북송되는 것이며, 북송을 중단하는 경우에는 국내정치적으로 문제가 크며, 일본 정부는 사람의 왕래에 있어서 중공과 북한을 달리 취급하고 있음을 한국 정부는 이해해주기 바란다고 해명하였음.

당부는 대호지시대로 즉시 서면으로 항의위계임.

3. 연호전문 제4항과 같이 일본 측은 현재 본건 북송협정 연장에 대하여 신문 발표를 하지 않는 것으로 되어 있는 바, 아측의 정식 항의와 관련하여 본건에 관한 대외 발표 문제에 대하여 지급 회시바람. (주일정-외아북)

8. 외무부공문(발신전보)

대한민국 외무부
번호 WJA-08089
일시 051600
발신 장관
수신 주일대사

대 : JAW-08068

1. 북송협정의 연장에 관한 사항 및 동연장에 대한 아측의 항의 사실마저도 이제는 가급적 play up 되지 되지 않도록 하여 주시기 바람.

2. 북송협정의 연장에 관하여는 귀 대표부에 이미 알려 드린 바와 같이 금 8.5자 한국일보에 동양통신 기사로 보도된 바 있음. (외아북)

9. 외무부공문(착신암호전보)

대한민국 외무부

번호 JAW-08154
일시 071510
수신시간 1965.8.4. PM4:29
발신 주일대사 대리
수신 장관

대 : WJA-08041
1. 당부는 금 7일 일본 외무성 당국자에게 별첨과 같은 구술서를 전달하는 동시에, 한일간의 제 협정의 비준을 기다리고 있는 현시기에 소위 "칼캇타" 협정의 유효 기한을 연기하도록 한데 대하여 강력히 항의하고, 동 협정의 기한을[3] 연기는 북괴의 정치적 선전 공작을 방조하는 결과가 되고 있음을 지적하면서 일측의 재고를 강력히 촉구하였음.
2. 이에 대하여 동 외무성 당국자는 일본측으로서는 거주지 선택의 자유와 본인의 자유 의사를 존중하지 않을 수 없고 특히 외국인이 일본으로부터 출국하는 것을 저지할 수 없는 입장이라하면서, 북송 문제는 일본 적십자사가 주관하는 문제이나 아측의 항의 내용을 검토하겠다 하였음.
별첨: 당부의 대일항의구술서 내용

별첨-대일항의구술서

PKM-30 NOTE VERBALE

THE KOREAN MISSION PRESENTS ITS COMPLIMENTS TO THE MINISTRY OF FOREIGN AFFAIRS AND, WITH REFERENCE TO THE EXTENSION OF THE EFFECTIVENESS OF THE SO-CALLED CULCATTA AGREEMENT AS CONFIRMED BY THE MINISTRY ON AUGUST, 1965, HAS THE HONOUR TO STATE
AS FOLLOWS:
1. THE KOREAN GOVERNMENT NOTED, WITH DEEP CONCERN, THE FACT THAT THE PROPOSAL MADE BY THE SO-CALLED RED CROSS OF

---

3) 기한의

THE NORTHERN PART OF KOREA ON JULY 30, 1965 TO EXTEND FOR ANOTHER YEAR THE EFFECTIVENESS OF THE SO-CALLED CULCATTA AGREEMENT, WHICH WAS DESIGNED TO DEPORT KOREAN RESIDENTS IN JAPAN TO THE COMMUNIST-OCCUPIED NORTHERN PART OF KOREA, WAS ACCEPTED, WITH THE APPROVAL OF THE JAPANESE GOVERNMENT, BY THE JAPANESE RED CROSS ON JULY 31, 1965.

2. AS THE MINISTRY IS FULLY AWARE THROUGH THE REPEATED PROTESTS LODGED BY THE MISSION, THE KOREAN GOVERNMENT HAS BEEN IRREVOCABLY OPPOSED TO ANY KOREAN RESIDENTS IN JAPAN BEING SENT TO THE NORTHERN PART OF KOREA, AND HAS STRONGLY REQUESTED THE JAPANESE GOVERNMENT TO DISCONTINUE THE DEPORTATION. IT IS A MATTER OF GREAT REGRET, THEREFORE, THAT THE JAPANESE GOVERNMENT AGAIN APPROVED OF EXTENDING THE EFFECTIVENESS OF THE SAID AGREEMENT. IT IS PARTICULARLY REGRETTABLE THAT SUCH A DECISION WAS MADE AT A TIME WHEN THE NORMALIZATION OF RELATIONS BETWEEN THE TWO COUNTRIES ON THE BASIS OF THE TREATY AND AGREEMENTS SIGNED AT TOKYO ON JUNE 22, 1965 IS ALREADY WITHIN SIGHT.

3. THE MISSION IS ONCE AGAIN OBLIGED TO LODGE A MOST ☐ ETIC PROTEST WITH THE MINISTRY AGAINST THE DECISION TO EXTEND THE EFFECTIVENESS OF THE SO-CALLED CULCATTA AGREEMENT, AND STRONGLY REQUESTS THE MINISTRY TO RECONSIDER ITS POSITION AND TO DISCONTINUE FURTHER DEPORTATION OF KOREAN RESIDENTS IN JAPAN TO THE NORTHERN PART OF KOREA.
AUGUST 6, 1965,
TOKYO
(주일정-외아북)

10. 주일대표부 공문-재일한인 북송협정 연장에 대한 항의

주일본대한민국대표부

번호 주일정 725.3-284
일시 1965.8.12
발신 주일대사 김동조
수신 외무부장관
제목 재일한인 북송협정 연장에 대한 항의

연 JAW-08154
대 WJA-08041
연호로 보고한 바와 같이, 일본 측이 소위 "칼캇타" 협정을 1년 연장한데 대하여
당부는 구술서를 일본 외무성에 수교하면서 강력히 항의하였아온바, 동 구술서
사본을 별첨 송부하오니 참고바랍니다.
별첨: 1. 1965.8.6. 자 당부구술서 사본 1부 끝.

별첨-구술서 사본

PKM-30

NOTE VERBALE

The Korean Mission presents its compliments to the Ministry of Foreign
Affairs and, with reference to the extension of the effectiveness of the
so-called Culcatta Agreement as confirmed by the Ministry on August 2,
1965, has the honour to state as follows:

1. The Korean Government noted, with deep concern, the fact that the
proposal made by the so-called Red cross of the northern part of Korea
on July 30, 1965 to extend for another year the effectiveness of the so-called
Culcatta Agreement, which was designed to deport Korean residents in
Japan to the Communist-occupied northern part of Korea, was accepted,
with the approval of the Japanese Government, by the Japanese Red Cross
on July 31, 1965.

2. As the Ministry is fully aware through the repeated protests lodged
by the Mission, the Korean Government has been irrevocably opposed to

any Korean residents in Japan being sent to the northern part of Korea, and has strongly requested the Japanese Government to discontinue the deportation. It is a matter of great regret, therefore, that the Japanese Government again approved of extending the effectiveness of the said agreement. It is particularly regrettable that such a decision was made at a time when the normalization of relations between the two countries the two countries on the basis of the treaty and agreements signed at Tokyo on June 22, 1965 is already within sight.

　　3. The Mission is once again obliged to lodge a most ☐etic protest with the Ministry against the decision to extend the effectiveness of the so-called Culcatta Agreement, and strongly requests the Ministry to reconsider its position and to discontinue further deportation of Korean residents in Japan to the northern part of Korea.

August 6, 1965,

Tokyo

11. 외무부공문(착신암호전보)

대한민국 외무부
번호 JAW-08274
일시 1231105
수신시간: 1965 AUG 13 PM 12 51
발신 주일대사 대리
수신 외무부장관
사본 김동조 대사

　　연 : JAW-08154
금 13일 방희공사는 외무성 "우시로구" 국장에 대하여 교포 북송협정 연장조치에 재차 유감을 표명하고 일본 정부의 본건에 관한 입장의 재검토를 촉구하면서 일본측 입장을 타진하였음.
"우시로구" 국장은 한일 양국간의 조약 비준이 아직 실현되지 못하였기 때문에

금번의 연장조치는 종전방침에 따랐던것이라고 말하면서 한일조약비준이 실현
되면 본건에 관한 일본정부의 입장에 재검토가 가하여질 것이라고 시사하였음.
(주일정-외아북)

④ 재일한인 북한송환, 1966

● ● ●

기능명칭: 재일한인 북한송환, 1966

분류번호: 791. 25 1966

등록번호: 2042

생산과: 교민과

생산년도: 1966

1. 외무부공문(착신암호전보)－밀항자 북한퇴거강제에 관한 방지대책 요구

대한민국 외무부
번호 JAW-02203
일시 111842
수신시간 1966.2.12. AM10:33
발신 주일대사
수신 장관

1. 외무성 우시바 심의관을 금11일 하오 방문, 면담한 자리에서 본직은 밀항자의 북한지역으로의 퇴거강제가 용인될 수 없음을 다시 상기시키고(참조 JAW-021201) 금후 밀항자가 적발될 경우 상세한 정보를 한국정부에 제공해 줄 것을 요구하였음. 본직은, 이와 같은 정보가 한국측의 밀항자 방지 대책을 위하여 필요하다고 강조하였음.

또한 본직은 밀항자뿐만 아니라 재일교포 기타 한국인이 일본 관헌에 의하여 체포된 경우, 그 사실을 즉시 주일한국공관에 통고할 것을 요구하고, 한일 양국간에 통상조약이 없드라도 여사한 통보는 일본정부가 당연히 할 수 있는 문제일 것이라고 말하였음. 우시바 심의관은 이 문제에 관하여 검토해 보겠다고 말하였음.

최근 수일간의 접촉에서 오 정무과장은 외무성 구로다 북동아과장에게 일본 관헌에 의한 한국밀항자 적발 즉시 인적 사항 기타 상세한 정보를 지체없이 제공해 줄 것을 요청하여 왔음. 구로다 과장은 정보 제공에 관하여 적극적인 태도를 보이지 않고, 한일 양국정부가 밀항자 방지를 위하여 상호 협력하는 방안을 강구하는 것이 선결문제이며 이를 위하여 일본측은 한국 당국과 협의하고자 한다고 말하였음. 또한 구로다 과장은 한일 양국정부에 의한 밀항자 방지가 효력을 나타낸다면, 대상이 없어지기 때문에 밀항자를 북한으로 퇴거강제시키는 문제도 자연적으로 이러나지 않게 될 것이라고 주장하였음.

정무과장은 밀항자를 없엔다는 문제와 북한으로 퇴거강제시킨다는 문제는 근본적으로 별개의 문제임을 강조하였음. 정무과장은 밀항자 방지대책을 한국정부가 계속 강구하고 있음을 상기시키고, 그러나 효과적으로 방지하기 위하여는 밀항의 동기중 상당한 부분을 차지하는 이산가족문제 등과 같은 근본문제가

또한 동시에 해결되어야할 것이며 따라서 밀항자를 방지하기 위하여 일본정부
는 보다 더 적극적이고 호의적인 고려가 필요하다고 주장하였음.

3. 이상과 같이 밀항자의 북한 지역으로의 퇴거강제문제, 밀항방지를 위한 정보
교환 및 공동의 협력, 밀항 원인의 철거를 위한 양국의 협력등과 같은 제반문제
들이 논의되었음을 고려하시와, 여사한 문제 전반에 대한 정부의 기본적 방침
또는 일차적 견해를 회시하여 주시기 바람. (주일정-외아북, 외아교)

2. 외무부공문(착신전보/사본)—북송문제와 외국인학교제도 신설 법안에 대한 입관국장 언명 보고

대한민국 외무부

번호 JAW-04529

일시 271649

수신시간 66.4.27. 19:29

발신 주일대사

수신 외무부장관

이문수 총영사는 금26일 신임 인사차 박 제1영사과장을 대동하고 일법무성의
"야기" 입관국장을 예방한 자리에서 앞서 일본신문에 보도된 바 있는 재일교포
의 북송문제와 외국인학교제도 신설법안에 언급하였던 바, 동국장은 요지 아래
와 같이 언명하였음을 보고함.

1. 북송문제

소위 칼캇타협정의 개정 또는 폐기여부는 일본적십자사가 7월말까지는 결정
해야할 것으로 보는데, 특히 폐기결정의 경우는 국제적십자사의 양해를 얻어야
할 것이다. 동 협정 체결시에 국제적십자사의 힘을 입었는데, 일측이 북송희망
자의 격감, 북괴측의 동협정 악용등을 이유로 일방적으로 동협정 폐기를 결정한
다면 차후 필요시에 국제적십자사의 조력을 얻기 어렵게 될지도 모른다.

한편 조총련측은 전례로 보아 7월을 전후하여 "허위" 북송희망자 명단(희망
자수를 늘리기 위하여 승선전에 번의하여도 좋다고 감언이설할 것임)을 작성하
여 일측에 제시하는 전술로 예견되는바, 일측은 동 명단이 전혀 허위라고 단정

할 수도 없을것으로 보임. 일본정부는 동협정이 정부간 협정이 아니기 때문에 일적십자사에 어떠한 지시를 할 수는 없음.

2. 외국인 학교제도 신설 법안:

이에 관련하여 조총계[1]는 이미 활발한 반대공작을 전개하고 있다고 듣고 있다. 문부성은 금차 의회 회기내에 동 법안의 상정을 희망하지만 사회당측의 반대에 봉착할 것이 분명하다. 그러잖아도, 아직 의회의 통과를 보지못한 법안이 근 100건에 달하고 있으므로 동법안의 금회기 상정은 어려울 것으로 본다. (주일영1-외아교)

3. 처리전- 칼캇타협정 폐기 내지 개정문제

외무부 처리전
일시 1966.4.29.

1. 제목 칼캇타협정 폐기 내지 개정문제
2. 의견

1. 일본신문이 보도한 교포북송 칼캇타 협정 폐기 또는 개정에 관한 일측의 의향 타진임.

2. 일측은, 북송되는 인수가 SUBSTANTIAL NUMBER인한 현상대로 시행한다고 하며, 장래 1년은 더 계속될것이라는 사건을 피력함.

3. 일측은, 과격분자를 북송코저 한다 함.

4. 아측은, 북송에 대하여 수의 다과를 불문하고 이를 반대하며, 동협정이 연장되는 일이 없도록 조치할것을 말함.

3. 조치를 요하는 사항(조치완료 예정인 자)

駐日大使에게 소위 Calcatta協定이 延長되지 않도록 從來의 努力을 倍加할것을 別途 指示코저 합니다.

4. 비고

---

1) 조총련

4. 외무부공문(착신암호전보)—북송에 관한 외무성 북동아과장 면담 내용 보고

대한민국 외무부

번호 JAW-04549

일시 281550

수신시간 1966.4.29. AM09:04

발신 주일대사

수신 장관

작27일 하오 오정무 과장은 외무성 "구로다" 북동아과장과의 면담석상에서 지난 4월24일자 마이니찌 신문이 보도한 교포북송 칼캇타협정 폐기 내지 개정운운 기사에 언급한 바, "구로다" 과장은 동 기사를 보지못했다고 말하면서, 외무성 입장으로서 북한으로 가는 사람의 수효가 SUBSTANTIAL NUMBER인한 현상대로 북송한다는 방침이라고 말하고 현재 매월 약 200명 전후의 북송 인원수가 있음을 지적하면서 동 숫자가 SUBSTANTIAL NUMBER로 간주됨을 시사하였음. 아측은 언느[2] 정도로 감소되면 SUBSTANTIAL NUMBER가 아니냐고 말한 바 일측은 이에 대해서 답변할 입장에 있지 않다고 말하였음. 또한 일측은 자기 개인의 감촉으로서는 앞으로 1년 정도는 계속되게 될 것이라고 말하였음.

또한 일측은 RADICAL한 분자를 북한으로 돌려보내고 싶은 것이 일본측의 기분이라고 설명하였음. 이상 일본측 논점에 대하여 아측은, 북송문제에 관한 한국정부 입장은 수의 다과를 막론하고 반대하는 것이며 국교정상화도 되었음에 금후 칼캇타협정이 연장되어 북송이 계속되는 일이 없도록 조치할 것을 주장하였음. (외아북)

5. 외무부공문(착신암호전보)—시모다 차관에게 교포 북송 중지 요청

대한민국 외무부

번호 JAW-04563

---

2) 어느

일시 281751

수신시간 1966.APR.29 AM10:08

발신 주일대사

수신 장관

연: JAW-04549

본직은 금28일 하오 시모다 차관과 북한기술자 입국문제를 논의하는 석상에서, 교포북송을 중지하고 칼캇타협정을 폐기할 것을 강력히 촉구하였음.

시모다 차관은 자기로서는 본직의 주장에 동감이라고 말하고, 한국측에서 주장하는 방향으로 검토하도록 해보겠다고 말하였음. (주일정-외아북)

6. 외무부공문(발신전보)—북송문제 훈령 송부

대한민국 외무부

번호 WJA-06195

일시 101100

발신 장관

수신 주일대사

외아북 722-580 Ⅲ급 비밀(66.6.9)로 재일한인 북송문제에 관한 훈령을 송부하였으니, 이에 따라 일본정부와 교섭하시고 수시 그 결과를 보고하시기 바람. (외아북)

7. 외무부 정세보고처리전

외무부

정세보고처리전

일시 1966.6.13.

발신인 주일대사
요약 및 비고 僑胞北送問題

    1. 吳政務課長과 "黑田"北東亞課長間의 面談內容
    2. 我側은, 橋胞北送을 卽時中斷할것을 促求한데 對하여, 日側은 아직 申請者가 있어 中斷할수 없고, 本件處理에 對하여 警察內部에서 意見이 對立되고 있음을 示唆함
    3. 我側은 至今이라고 北送이 中斷된다면, 我國政府로서는 日本政府에 대하여 appreciate할것을 말함

8. 주일대사관 공문-대사관과의 면담 내용 송부

주일대사관
번호 주일정 722-246
일시 1966.6.10.
발신 주일대사
수신 외무부 장관
제목 교포북송문제

    교포북송문제에 관련하여, 당 대사관과 외무성의 관계자간의 면담 내용을 별첨과 같이 송부하오니 참고하시기 바랍니다.
별첨: 동 면담내용 1부. 끝.

별첨-면담내용

교포 북송 문제에 관한 외무성 "구로다" 북동아과장과 오 정무과장 간의 비공식 회화 기록
1. 일시 1966.5.31.
2. 장소: 외무성 북동아과

3. 대화 내용 요지:

　　오 과장: 북송 협정이 금년에도 연장되는 일이 없기를 바라며, 지금에라도 북송을 중단하라. 국교 정상화 후의 일본 정부의 조치는 매우 중요성을 띄고 있다.

　　"구로다" 과장: 가급적 조속히 종결시킨다는 방침으로 알고 있다.

　　오 과장: 외무성 방침인가?

　　"구로다" 과장: 외무성이라기 보다도, 일반적으로 말해서 그렇다.

　　오 과장: 자연소멸을 기다린다는 말인가?

　　"구로다" 과장: 자연소멸을 기다리는 것은 아니다. 아직도 100여명씩(한 번에)이나 있는데, 가는 사람이 단 5명이라 할지라도 중단시킨다는 것 자체는 의미를 가지는 것이며, 문제화될 수도 있다. 솔직히 말하자면, 현재 경찰 내부에서 의견이 대립되고 있는데, 중단시켜도 좋다는 의견과 중단시키면 크게 문제된다는 의견이 있다.

　　오 과장: 조총련계의 대표가 무서워서인가? 조총련은 정치 활동을 못하지 않는가?

　　"구로다" 과장: 조총련보다도 사회당이 문제다. 민단측에서도 정치적 활동을 하고 있지 않느냐?

　　오 과장: 민단 내부에서 내부 문제로 활동하는 것이 아니겠느냐. 기왕에 북송을 중단시키려면, 지금에라도 해주기 바라며, 그럴 경우 한국 정부로서 더욱 appreciate할 것이 아니겠는가?

　　"구로다" 과장: 한국측에서는, 일본이 당연한 일을 한다고 보지 않겠는가. 솔직이 말해서, 일본이 한국을 위한 무엇을 할 경우 한국측은 당연하다고 생각하고, 그 반면 한국이 일본을 위해서 무엇을 해줄때는 일본이 이를 appreciate해야 한다고 하는 것이 아닌가?

　　오 과장: 솔직히 말해서, 한국인 내의 일부에는 그런 감촉이 있을 지도 모른다. 그러나, 지금 일본 정부가 북송을 중단한다면, 개인 생각이지만, 한국의 주요 지도자들은 이를 appreciate할 줄로 생각된다.

　　"구로다" 과장: (아무말 없이, 수긍하는 태도를 보였음). 끝

신문자료-한국일보 66년 7월 3일

북송협정폐기론

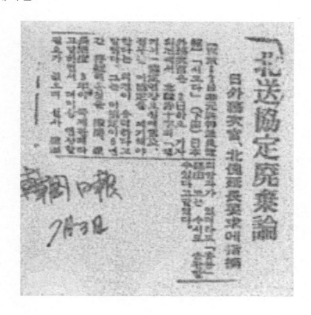

9. 외무부공문(발신전보)—신문보고 확인 요청

대한민국 외무부
번호 WJA-07053
일시 040950
발신 장관
수신 주일대사

　2일 동경 한국특파원발 보도에 의하면, 북괴의 칼캇타협정 연장에 대하여 "시모
다" 외무차관이 일본정부내에는 동 협정을 폐기해야 한다는 의견이 유력하다고
말했다는바, 이에 대하여 상세히 보고 바람. (아북)

10. 외무부공문(착신전보)-138차 북송인원수 및 139차 북송일정 보고

대한민국 외무부
번호 JAW-07070
일시 041132
수신시간 66.7.4. 11:48
발신 주일대사
수신 장관

　　1. 일본 적십자사에 의하면 제138차 북송은 6월24일에 있었으며 인원은 212명,
109세대, 따라서 북송 총수는 85,982명, 24,813세대라함.
　　2. 다음 예정은 7월21일이라함.
　　(주일정-외아교, 외아북)

11. 외무부공문(착신전보)-북측에서 북송 연장 요청 사실 보고

대한민국 외무부
번호 JAW-07074
일시 041147
수신시간 66.7.4. 14:03
발신 주일대사
수신 장관

　　김영휘 서기관이 외무성 북동아과 "구로고지"에게 확인한 바 7월2일 북괴에서는
일본 적십자측에 북송을 1년간 더 연장할 것을 요청해왔다고 함.
　　(주일정-외아교, 외아복)

12. 정세보고처리전−재일한인 북송문제

외무부
정세처리보고전
번호 JAW-07078
일시 1966.7.5.
발신 주일대사
요약 및 비고 在日韓人北送問題

　　1. 2日 北傀赤十字가 Calcutta協定을 延長하자고 提議한데 對하여 日政府內 各省(外務, 法務, 厚生, 警察廳)間 協議를 할 것인바, 政府內에는 向後一年으로 同協定을 廢棄하자는 見解가 있다 함

　　2. 下田外務次官은 이문제로 2日 記者會見에서 말하기를,

　　가. 向後一年內로 歸還希望申請을 시키고, 同業務를 speed up함.

　　나. 同期間이 지난 後는 希望者를 香港經由 또는 一括하며 歸還시키는 方法을 擇하고저함.

　　다. 如何間 定期便의 歸還業務는 끝마치려고, 各 省內에 協議바람

　　3. 自民黨 治安對策特委도, 同協定이 朝聯等에 依해 政治的으로 惡用되고, 日赤과의 共同業務取扱이 안된다는 等 理由를 들어 再檢討의 輿論으로 各省間 協議에 이것이 相當히 影響할 것이라 함.

13. 외무부공문(착신전보)−재일한인 북한송환문제 신문보고

대한민국 외무부
번호 JAW-07078
일시 041336
수신시간 66.7.4. 14:31
발신 주일대사
수신 외무부 장관

신문보고

(재일한인 북한송환문제)

1. 2일 북괴적십자가 일본적십자에 대하여, 금년 11월로 기한이 되는 재일조선
인 귀환협정을 향후1년간 자동연장을 요청해온데 대하여, 일본정부는 가까
운 시일내에 외무, 후생, 법무 및 경찰 각성청간에 구체적인 협의를 할것이
라고 하는바, 정부내에는 향후 1년으로, 동협정을 폐기하여야 한다는 견해가
강함.

시모다 외무차관은 2일의 기자회견에서, 이 문제에 대하여 대체로 다음과
같이 말하였다고함.

제2차 대전후, 귀환협정이라고 하는 것은 띤 예도 있으나, 최장 3년이다. 전
후20년이 지나도록 이런 협정을 계속한다는 것은 너무 길다. 또한 동 차관은
정부내에는,

(1) 향후 1년내로 북한으로의 귀환 희망자를 신청시키고, 귀환업무를 "스피
드앞"해서, 1년간으로 종결시킬것이다 라는 견해.

(2) 1년내로 신청하지 않은자로서 그 기간이 지나서 또한 귀환을 희망하는
자는 홍콩경유로 귀환시키든지, 어느정도 희망자를 모두어서 특별 배선하던
지 하는 방법으로 귀환시킬 것이라는 견해,

(2) 어느 경우이던 정기편에 의한 귀환업무(귀환협정)은 끝일 것이라고 하는
유력한 견해가 나와있다고 하였으며, 조속히 관계성청간 협의를 거쳐 가까
운 시일내에 태도를 결정하고저 하다고 함.

한편 자민당 치안대책 특별위원회도,

(1) 북한귀환자의 신청이나 승선지인 니이가다[3]에의 집결이 사실상, 조련에
의하여 장악되어 일본적십자와 공동으로 업무를 취급한다는 협정이 공문화
하고 있고,

(2) 니이가다에서는 귀환자에 의한 반정부 집회가 개최되어, 북괴의 정책적
선전장으로 이용되고 있으며,

(3) 귀환선이 귀환목적 이외에(예컨데, 물자의 반출)등에 이용되고 있다고
하는 것 등을 지적하여, 폐기하던지 또는 내용을 개정을 재검토하여야 할것

---

3) 니가타

이라고 하고 있다함. 정부내의 강경 의견도, 자민당이 지금까지 보이지 않았던 강한 주장을 배경으로 관계각성의 태도, 협의에 있어서 이러한 것이 상당히 강하게 반영되리라고 보고 있다함.

2. 2일 북괴 적십자가 일본 적십자에 요청한 전보는 다음과 같다고 함.

"조선민주주의 인민공화국에 귀환을 희망하는 조선인은, 아직 다수가 일본에 있음. 귀환협정 제9조에 의거하여, 협정을 현재되로의[4] 유효기간을 새로 1개년 연장할 것을 제안함.

이 문제가 종전과 같이, 전보의 교환에 의하여 해결될 것을 희망함.

귀사의 긍정적 회답을 기대함."

3. 북한 귀환협정은 1959년 8월 칼캇타에서 조인되어, 그 이래 1년식 기한이 연장되어, 현재까지 약 8만 8천여명의 재일한인이 북괴에 귀국하였으며, 현재 전국에 2,000의 귀환희망자가 일적에 귀환등록을 하고 있다고 보도함. (주일정-외아북)

14. 정세보고처리전-Calcutta협정 연장문제

외무부
정세보고처리전
번호 JAW-0798
일시 1966.7.5.
발신 駐日大使
요약 및 비고 Calcutta 協定 延長問題

1. 4日 吳政務課長은 黑田北東亞課長에게 本件의 意見打診을 함.
2. 日側은 各省間에 協議할것이라 하여, 論評을 避함
3. 同課長은, 下田次官 記者會見 內容은 報道內容이 大體로 같다고 함.
4. 日政府가 結論을 냄에는, 2~3週 要할것이라 함.
5. 北傀側의 延長堤議는 例年보다 빠른바, 이는 同協定 中止問題가 論議되었

---

4) 현재대로의

기 때문으로 生覺하며 日側은 特別히 이에 대하여 P.R하지 않는다 함.

6. 下田次官이 말한바, 北送中斷後의 希望者를 香港經由 또는 特別船便으로 歸還기점은 앞으로의 各省 檢討 過程에서 對策의 一環이 될것이라 함.

7. 本件, 日側은 檢討結果를 通報하겠다 함.

15. 외무부공문(착신암호전보/3급비밀)–교포북송문제

대한민국 외무부
번호 JAW-0798
일시 041829
수신시간 1966.7.5. AM09:21
발신 주일대사
수신 장관

교포북송문제
대: WJA-06053 연: JAW-06064, 07078
1. 금4일 하오 오정무과장이 구로다 북동아과장에게, 칼캇타협정 1년연장 제의에 관하여 일정당국의 입장을 타진한 바, 구로다는 구체적 논평을 회피하면서, 곧 관계 각성간에서 협의하여 방침을 정할것이라고 말하였음. 기타 양측간의 대화 내용은 아래와 같음.
2. 시모다 차관의 7월2일자 기자회견 내용에 관하여, 구로다는 대체로 신문보도대로 말한 것 같다함.
3. 일본정부 결론내는데 어느정도의 시일을 요하느냐에 대하여, 일측은 약2, 3주일 보아야 될 것 같다함.
4. 일측은 이번 북한측 연장요청이 예년에 비해 약간 시기적으로 빠르다는 점을 시인하고, 그 이유로서는 북송중지 문제가 논의되고 해서 미리부터 제기하여 온 것으로 추측된다고 말하였음. 아측 타진에 대하여 일측은 또한, 일본측에서 이번에 특별히 피. 알 한 것 없고 예년의 예대로 한 것이며 기자들 질문에 응한 것뿐이라고 설명하였음.

5. 아측은 지난 4월말 일측이 개인 감촉으로 앞으로 1년 더 계속될 것이라고 말한 것을 상기시키고(참조: JAW-04549) 아직도 그런 감촉인지를 타진한 바, 일측은 명확한 의사표시를 회피하면서, 하나의 방안일 수 있음을 시사하였음.

6. 신문보도에서 상금 2,000여 명의 북송희망자가 있다고 한 점에 대하여 일측은 그 근거를 확인해서 알려주겠다 함. 아측 타진에 대하여 일측은, 2,000명 정도의 인원을 한번에 보낼수도 있다고 말하면서, 그러나 준비기간 부족, 기타 인도주의 운운하는 저항이 있을것으로 본다고 말하였음.

7. 시모다 차관이 기자회견에서, 북송 중단의 경우에 그 후의 희망자를 홍콩경 유나 특별선편으로 송환 운운한 점에 대하여, 일측은 이번의 관계 각성간의 검 토과정에서 대책의 일환으로 논의될 것이라고 말하고, 논평을 회피하였음.

8. 구로다는 일본정부 검토결과를 아측에 알려줄 것이라고 말하였음. (아북)

16. 외무부공문(발신전보/3급비밀)—북송 연장 저지 요구 지시

대한민국 외무부
번호 WJA-07084
일시 051120
발신 장관
수신 주일대사

연: 외아북 722-580
대: JAW-07078
    1. 연호로 재일한인 북송을 위한 소위 칼캇타협정이 다시 연장이 되지 않도 록 최선을 다할것을 지시한 바, 대호 보고와 같이 북괴가 동협정의 연장을 제의 하여 온 실정에 비추어 동 협정 재연장 저지를 위한 노력을 일층 강화하여 재일 한인이 북송되는 것을 방지하도록 계속 최선을 다하시기 바람.
    2. 특히 본건에 관한 귀지의 정세 및 귀하와 귀공관의 활동상황을 수시 상세 보고바람.
    3. 본건과 관련하여 일본정부내 관계 각부처와 일본 자민당내의 의견 및 이

와 같은 의견의 저변에 있는 정책적인 고려등도 아울러 가능한한 조사 보고하시기 바람.

17. 외무부공문(착신전보)—교포북송, 신문보고

대한민국 외무부
번호 JAW-07125
일시 051522
수신시간 66.7.5. 16:29
발신 주일대사
수신 외무부장관

교포북송
신문보고(추가)
4일 "스스기[5]" 후생상은 각의에서 북괴적십자사로부터 재일 조선인의 북한송환협정을 1년간 연장할 것을 요청하여 왔다고 보고하였음.
동 대신은 북한 송환협정의 연장에 관해서는 기간연장을 무조건 인정하느냐, 조건부로 인정하느냐, 또는 전혀 인정치 않느냐 등 여러가지 경우에 관하여 신중히 검토하고 싶으며, 연장을 인정한다 해도 1년간의 연장에 그치느냐 또는 배선수를 줄이느냐 여러가지 방법이 있으나 이는 법무, 외무, 후생의 관계 각성간에 신중히 검토한 후 그 태도를 결정하고 싶다고 발언하여, 각의의 양해를 얻었음. 후생성은 동 각의 양해를 기초로 동일 즉시 후생성 원호국에 대하여 관계각성 사무당국간에 여러 각도에서 동문제를 검토할 것을 지시하였다고 함. (주일정-외아북) 끝

18. 외무부공문(발신전보)—신문보도 확인 조사 및 협정 연장 저지 지시

대한민국 외무부
번호 WJA-08352

---
5) 스즈키

일시 191950
발신 장관
수신 주일대사

    1. 동경발 합동통신 보도는 18일 오후의 일본정부 차관회의가 소위 칼캇타 북송협정을 1년 연장후에 중지한다는 결정을 보고 금19일 외무, 대장, 후생, 법무의 각상과 관방장관이 회합하여 결정을 내린뒤 23일 각의에서 이의 승인을 얻기로 하였다고 보도하고 있음.
    2. 전기 보도내용을 조사 확인하시고, 동 협정의 연장 저지를 위한 노력을 더욱 강력히 전개하시기 바람. (외아북)

19. 외무부공문(착신전보)—신문보고

대한민국 외무부
번호 JAW-08563
일시 190927
수신시간 66.8.19. 10:33
발신 주일대사
수신 장관

북송문제, 신문보고(8.19. 조간)
1. 18일 하오 관계사무차관 회의에서 1년만 더 칼캇타협정을 연장하고, 협정 종결후의 문제는 추후 검토한다는 방침을 정하였다 하며, 이를 토대로 금19일 상오 관계각료 협의회에서 정식 결정하고저 하고 있다함. 일부 보도는, 오늘 일단 결정하고, 내23일 각의에서 최종 결정한다고도 하고 있음.
2. 동경 신문은, 북한 기술자 문제가 한국측 희망대로 사실상 해소되었기 때문에 북송협정의 연장에 대한 한국측 반발이 대폭 완화될것으로 판단하고, 지금까지 주저하든 태도를 확정하기에 이르른 것 같다고 보도함. (주일정-외아북)

20. 외무부공문(착신암호전보/3급비밀)―우시바 심의관 접촉 내용 보고

대한민국 외무부
번호 JAW-08568
일시 191052
수신시간 1966.8.19. PM12:02
발신 주일대사
수신 장관

　　1. 북송협정 연장 움직임에 대하여 본직은 금19일 상오 우시바 심의관에게 접촉
하고 연장이 없도록 할 것을 요청하였음.
　　2. 우시바는, 1년만 더 연장하게될 가능성이 가장 크며 내23일에 최종 결정할
것이라고 말하였음. 왜 서두는지에 대한 본직의 말에 우시바는, 조총련의 정치
적 개입을 배제하기 위하여 조속히 결정하기로 하였다고 말하였음. 본직의 타진
에 대하여 그는, 협정을 1년 연장하드라도 북송신청을 내년 한 해 내내 접수한다
는 것은 아니며 어느 시기에 가서 신청접수를 끊게 될 것임을 시사하였음. (아북)

21. 외무부공문(착신전보)―북송협정 관련 각료회의 결과 보고

대한민국 외무부
번호 JAW-08583
일시 191634
수신시간 1966.8.19. 17:24
발신 주일대사
수신 장관

　　대: WJA-08352
　　외무성 북동아과측은 작18일 관계차관회의에서 북송협정 1년만 연장한다는 방
침을 정하고 또한 금19일 상오 관계각료회의에서 역시 동일한 내용에 합의를
보았다고 하는 보도를 시인하였음.

외무성측은 관계각료의 참석범위에 대해서 아직 정확하게 알수없으나 외무, 법무, 후생, 관방이 참석하였을 것으로 생각되며 대장대신이 참가했는지는 듯지 못하고 있다고 말하였음. 또한 외무성측은 금일의 관계각료협의는 비공식 협의로서 동문제에 관한 정식 결정과 발표는 내23일 각의에서 행하여질 것이라고 함.

또한 외무성측은 동 각의에서는 대체로 지금까지 결정된 것을 형식적으로 심의하고 확정하게될 것으로 보인다고 말하였음. (주일정-외아북)

22. 외무부공문(착신전보)–신문보고

대한민국 외무부
번호 JAW-08601
일시 191840
수신시간 66.8.20. 18:02
발신 주일대사
수신 장관

북송문제 신문보고(8.19 석간)

1. 각신문은 일본정부는 19일 각의후 관계각료회의를 개최하고 북조선 귀환협정을 1년만 연장하고 그후는 폐기하나 희망자에게는 편의를 제공한다는 방침을 결정하였다고 크게 보도함. (동경신문은 1면 톱, 기타신문들도 대체로 1면 4단 정도)

이 관계각료회의는 시이나 외상, 이시이 법상, 수수끼[6] 후생상, 시오미 자치상 겸 국가 공안위원회장 및 아이찌 관방장관이 참석하였다고 함. 이 회의에서 결정한 방침으로서는 1) 11월 12일부터 1년간 연장한다 2) 동 협정의 연장은 이번에 한한다 3) 협정종료후에는 자발적으로 귀국을 희망하는 자에 대하여는 정부로서 편의를 제공한다고 하는것임

일본정부에서는 23일의 각의에서 각의 양해사항이라는 형태로 이것을 결정하여

---

6) 스즈키

즉시 일적을 통하여 북괴측에 통고할 것이라고 함. 또한 "보기"라 하며 사후 조치의 구체적 방책에 관해서는 관계각성간에서 조속 검토하여 결정하기로 하였다고 보도함.

산께이는 해설기사에서 앞으로의 문제는 1)북괴측이 어떠한 반응을 보이게 될 것이냐 2) 협정종료후의 조치가 문제가 될것이라고 지적하고 있으며 특히 협정폐기후의 귀환방법의 내용 여하에 대하여는 북괴 및 동계 재일조선인의 강한 반대도 예상되는것이라고 하고 있음.

2. 19일 서울방송을 인용하여 한국외무부 대변인은 19일 일본정부가 협정 1년 연장을 결정한 것에 관하여 한국정부는 주일대사관을 통하여 협정을 파기하도록 일본과 교섭중에 있다는 것을 밝혔다고 보도함. (주일정-외아북)

23. 외무부공문(착신암호전보/3급비밀)-외무성에 북송협정 폐기 촉구 보고

대한민국 외무부
번호 JAW-08606
일시 191921
수신시간 1966.8.20. AM□0:07
발신 주일대사
수신 장관

안광호 공사는 금19일 하오 6시경 외무성 오가와 아세아국장과 접촉하고 북송협정의 폐기를 다시 강력히 촉구한 바 이를 아래와 같이 보고함.

1. 안공사는 금일 관계각료협의에서 1년만 더 연장하기로 하였다고 알려지고 있는데 한국정부로서 매우 난처하다고 말한바 오가와 국장은 아직 결정을 본 것은 아니지만 대체로 그런선에 따라 결정될주로 안다고 말하였음.

2. 이어 안공사는 한일국교정상화 후이며 조약정신 위반이라는 입장에서 즉시 칼캇타협정을 폐기해달라는 과거로부터의 한국정부 주장을 다시 고려해서 최종 결정시에는 그러한 방향으로 낙착되도록 노력해달라고 말하였음. 국장은 자기의 개인적 견해라고 전제하고 1년 기한연장이라는 것은 한일정상화의 정신에

비추어 특별히 조건부로 하는 해결방안으로 생각되며 이 안에 대하여 여러모로 반대가 있지만 그러한 선으로 결정된다면 성공으로 생각된다고 말하였음.

3. 안공사는 1년이란 숫자의 근거가 어디있는지 즉 연장할려면 차라리 두기로 하든 그렇지 않고 파기한다면 금년으로 파기해야할 두 가지 길 뿐이라고 주장하고 우호정신에 비추어 금년으로서 파기하는 것이 타당하다는 정부 입장을 다시 강조하였음. 국장은 이행의 사실을 상부에 보고는 하겠지만 자기 개인생각으로는 1년기한부 연장으로 낙착될 것으로 본다고 말하였음. (주일정-외아북)

24. 외무부공문(착신암호전보/3급비밀)−외무성 북동아과장 면담 내용 보고

대한민국 외무부
번호 JAW-08589
일시 191653
수신시간 1966.8.20. AM11:13
발신 주일대사
수신 장관

1. 오정무과장은 금19일 오전 "구로다" 외무성 전 북동아과장을 인사차 방문한 기회에 북송문제에 관하여 타진하였음. ("구로다"는 16일자 발령 이후 공식 사무는 보지 않고 있음). "구로다"는 1년만 더 연장하게 될것임을 시인하면서, 아직 해결해야할 문제들이 약간 남아있다고 말하면서 내주 화요일 각의에서 정식 결정될 것이라고 말하였음. 그는 그러나, 내주 정식 결정때까지 미결문제를 전부 결정짓게될 것인지 여부는 시사하지 아니하였음. "구로다"가 아직 미결이라고 지적한 것은 (1) 내년에 협정이 종결된 후에, 그때까지 신청되어있는 사람을 어떠한 방식으로 송환할 것인지, (2) 또는 내년 협정종결전에 미리 신청을 마감하고, 그 마감으로부터 내년 종결일자까지 경과적으로 송환해버릴것인지가 결정되지 않고 있으며 (3), 또한 이러한 일본측의 결정 내지 입장에도 불구하고 북한측이 이를 수락할것인지는 아직 모른다고 말하였음. 1년만 더 연장할 경우 신청을 금년11월로서 종결할 것인지에 대한 아측 타진에 대하여 "구로다"는 언급을 회피하면서 전기와 같은 3가지점을 말하였음.

2. "구로다"는 한국측에서 앞으로 북한 실정에 대해서 일본내에서 피·알을 강화하는 것이 효과적인 것이라고 말하고 자기에게 진정을 조청련[7])계에서 많이 해오고 있는데 북한에 가서 잘 살수 없을것이라는 말이 많다고 하였더니 모두 불안해하는 표정이드라고 말하였음(아북)

25. 외무부공문(착신암호전보/3급비밀)—안공사 야기입관국장 방문 면담 보고

대한민국 외무부
번호 JAW-08629
일시 201420
수신시간 1966.8.21. PM3:04
발신 주일대사
수신 외무부장관

1. 안공사는 금20일 상오11시부터 약 한 시간 법무성 야기 입관국장을 방문, 북송협정 연장을 반대하는 아국정부의 입장과 견해를 설명하고, 금년으로서 협정을 파기하도록 강력히 촉구하였음. (이준수 참사관이 동행하였음)
2. 이에 대하여 야기국장은, 금년으로서 협정을 종결시키려면 실은 작년 6월부터 이 문제를 검토해서 금년에 종결시킨다는 취지를 납득시켜 놓아야 될 것인데, 내막적인 사정이야기 같지만, 그러한 방안이 없었기 때문에, 금년에 와서 돌연히 협정을 파기한다는 인상을 일본국민들에게 주게되는 관계상, 충분한 설명자료가 없이, 하는수 없이 인도주의를 주장하는 또는 실질적으로 달갑지 않은 인물들이 돌아가는 것을 환영하는 구룹들의 무기한 연장주장과 타협하지 않을 수 없게되어, 일년만 더 연장하기로 된 것이라고 설명하였음.
또한 야기국장은, 그러나 그러한 방침이 23일 결정되면, 세부실시 요령으로서, 언제까지 신청을 받을것인가를 정하게 될것이고 또한 일단 신청한 자는 1년내로 반듯이 귀환해야 한다는 일본국내 체류기한을 정함으로서 조총련계의 책동을 방지할 생각을 가지고 있다라고 말하였음. 또한 국장은 실정을 보면 신청자

---

7) 조총련

체에 아무런 조건이 부여되지 않았던 관계로 조총련계에서 수를 채우기 위하여 형식적으로 신청을 시키고 니이가다에 가서는 의사 변경으로 했다고 해서 돌아오고 또다시 같은 사람이 신청하는등, 내막에는 여러가지 부정한 일들이 있었던 것으로 알고 있기 때문에 만약에 이번에 전기와 같은 출국기한을 조건으로 신청하도록 할 것 같으면 실제로 출국희망자는 많지 않을 것으로 생각된다고 말하였음. 국장은, 당초의 법무성안은 협정을 금년으로서 종결시키고 경과조치로서 몇 달동안 여유를 두기로 할려고 했던 것이라고 말하였음.

3. 안공사는 협정의 금년 파기를 촉구하였음. 야기국장은 안공사의 방문사실과 한국입장을 상부에 보고하겠다고 말하였음. (아북)

26. 외무부공문(발신전보/3급비밀)–요시다 국장 초치 내용 알림

대한민국 외무부
번호 WJA-08385
일시 201230
수신 주일대사
발신 장관

    연: WJA-08373

    1. 8.20.10:50에 강 아주국장은 "요시다" 일본공사를 초치하고, 일본정부가 18일의 관계 사무차관 회의에서, 소위 칼캇타협정을 1년만 더 연장하기로 하고 이어 19일의 관계각료 회의에서의 동일한 결정에 대한, 우리정부의 입장을 재천명하여 북송이 시행된 이래 일관하여 이를 반대하여온 우리정부의 입장을 상기시키고, 오늘날 한일간에 국교가 정상화된 취지로나 특히, 한국민의 법적지위와 대우에 관한 협정의 규정에 비추어 금반의 연장은 종래에 비하여 그 의의가 다르다는 것을 지적하고 동협정을 연장함이 없이 즉시 폐기할 것을 강력히 촉구함.

    2. "요시다" 공사는, 주한 일본 대사관으로서도 동협정의 폐기를 건의하여 온 바 있으며, 일본정부도 동 협정을 폐기하여야 할것이라는데 의견의 일치를 보고 있으나, 수속상 제 문제, 즉, 2천명에 달하는 북송희망자의 취급문제로 동

협정을 부득이 연장하는 것이라고 말하면서, 현재 등록된 자에 대한 적절한 취급방법이 있으면 알려줄 것을 개인적으로 요청한다고 말한데 대하여, 아주국장은, 우리정부로서는 비록 한사람의 재일한인이라도 공산지역으로 북송되는 것을 반대하여 이 북송은 즉시 중단되어야 한다고 주장하고 금반 일본정부의 처사에 큰 불만을 표시하며, 강력히 항의한다고 말함.

3. "요시다" 공사는 끝으로 23일의 각의 결정까지에는 아직 시간적 여유가 있어 다시 한번 한국정부의 입장을 본국정부에 보고하여 최선의 노력을 다하겠다고 말함. (아북)

27. 외무부공문(착신전보)—북송문제 신문보고

대한민국 외무부
번호 JAW-08639
일시 211727
수신시간 66.8.21. 19:23
발신 주일대사
수신 장관

북송문제 신문보고(8.21)
1. 작20일 석간 및 금21일, 각 신문들은 대체로1, 2면 1단기사로 20일의 서울방송을 인용하여, 한국 외무부의 강영규 아주국장은 요시다 공사를 외무성에 초치하여, 일본 정부가 북송협정을 1년 연장할 방침을 결정한데 대하여 엄중항의를 함과 동시에 동협정을 파기할 것을 일본정부에 요망하였다고 보도함.
2. 아사히는 21일 북송문제와 관련한 까싶[8]을 게제함: 20일 사회당의 "호아시 께이[9]", "가메다 도꾸찌"씨 등이 아이찌 관방을 만나, 북송협정을 1년후에 폐기하는 것은 안된다. 국제신의에 반하여, 우선 사또 내각의 인끼[10]를 떨어뜨릴 뿐이다 라고 한데 대하여, 관방이, 1년 기한의 연장이 관계각료의 협의로 결정한 것이기 때문에 아무말을 않고 있으니까, 호아시게이, 다시, 정부내에는 홍콩 등

---

8) 가십
9) 호아지게이
10) 인기

제3국을 경유하여 송환할 대안을 작성하고 있는 것 같은데, 이것도 안될말, 지금은 연장만을 말하고 그후는 어떻게 할 것을 말하지 않는 것이 득책이라고 조언을 했는데, 과연 이것이 사또 내각의 지지율을 증대할 수 있을것인가 하고 까싶을 냄.

　　3. 21일 일본 경제도 까싶을 게재함. 북송 협정 문제도 일단락하고, 외무부 차관도 남미 방문중이고, 외무성은 겨우 한숨을 돌린듯 하다. 20일, 호아시씨가 다나까 정무 차관을 방문하고, 협정을 1년후 폐기한다는 것은 잘못이라고 항의, 그러나 연일 외무성에 밀려오던 조련계 인사들도 이날은 전혀 보이지 않아 외무성은 오래만에 조용하였다고 함. 오가와 아세아 국장은, 이젠 협정의 표현은 변경할 필요는 없다라고 하면서, 그것보다도 1년후의 "편의 제공"이 어떻게 될 것인지요, 라고 하여 벌써부터 내년 걱정을 하드라고 함. (주일정-외아북)

28. 외무부공문(착신전보)–북송문제 신문보고

대한민국 외무부
번호 JAW-08673
일시 231025
수신시간 66.8.23 11:52
발신 주일대사
수신 장관

북송문제 신문보고(8.23 조간)
1. 쟈판 타임은 금일 일본각의에서 결정될 내용에는 다음의 3가지점이 포함된다고 보도함.
　　(1) 귀환협정은 11월 12일부터 1년간 더 연장함.
　　(2) 협정은 동 1년 기한 만료 후에 종결함.
　　(3) 일본정부는 협정 종결 후에도 북한으로 귀환 희망하는 재일한국인에 대하여 편의를 제공함. 또한 동 신문은 여사한 감정을 일본적십자사가 금일 북한적십자사에 전달할 것이라 함.
당 대사관이 외무성 북동아과에 조회한 바, "쯔까하다" 수석사무관은 실제로 각의 결정이 어떻게 될것인지는 아직 말할 수 없으나 동보도에 내용이 대체로 정확하다는 시사를 하였음.

2. 작22일 사회당, 공산당, 총평, 일중우호협회, 일조협회등 좌파단체들의 대표
자들이 집회하여 협정의 무기한 연장을 결의하고 이를 수상관저에 전달하였다
함. (주일정-외아북)

29. 외무부공문(착신전보)—각의 양해사항 보고

대한민국 외무부
번호 JAW-08680
일시 231342
수신시간 66.8.23. 14:24
발신 주일대사
수신 외무부 장관

　　　1. 북송협정 처리 문제에 관하여, 금23일 상오 외무성 북동아과 "쯔가하라"
사무관으로부터 오정무과장에게 금일 상오 일본 각의를 통과한 "각의의 양해사
항"을 아래와 같이 구두로 알려 왔음. (동 양해사항의 주관은 후생성, 공관은
외무, 법무 양성이라 함)
재일 조선인중 북조선으로의 귀환 희망자의 취급에 관하여(양해사항):
소화 34년 8월에 성립된…협정(귀환협정)에 의거한 북조선 귀환사업은 인도적
입장에서 귀환 희망자를 다수 조속히 귀환시킴을 목적으로 하며, 그간 관계당국
의 노력에 따라 원활히 실시되어 그 성과를 올렸으며, 대체로 소기의 목적이
달성됨. 따라서 금년 11월 12일 본협정 기한이 만료함에 있어서 본 협정의 취급
을 다음과 같이함.
본 협정을 11월 13일부터 1년간 연장함.
본 협정의 연장은 이번에 한함.
협정에 의한 귀환 사업 종료 이후에 있어서도, 본인의 자동적 의사에 의거하여
귀국을 희망하는 자에 대하여는 정부로서도 편의를 제공하는 것으로 함.
　　　2. 일측은 상기 내용은 그대로 발표되는 것이 아니므로 한국측에서도 이에
따라 주기를 바란다고 말하였음. (주일정-외아북)

30. 외무부공문(착신전보)—신문보고

대한민국 외무부
번호 JAW-08693
일시 231858
수신시간 66.8.23. 20:10
발신 주일대사
수신 외무부 장관

북송문제 신문보고(8.23. 석간)

1. 각신문은 일본정부는 23일의 각의에서 북송협정연기에 관한 지난 19일의 관계 각료회의의 결정사항인 (1) 북조선귀환협정을 이번에 한하여 1년간 연장한다. (2) 협정종료후에 있어서도 귀국희망자에게는 편의를 제공한다는 점을 양해하였다고 보도함.

2. 일본적십자사는 23일 간부회의를 개최하고, 오전 11시30분, 북괴적십자사에 타전하였다고 하는바, 타전내용은 다음과 같다 함.

"일적은 귀환협정의 기간을, 현재대로 1년간 연장하고저 한다는 조선민주주의인민공화국 적십자회로부터 7월 2일 접수한 전보에 의한 제안에 동의한다" 산께이는 "연장은 이번에 한하여"라는 각의 양해사항을 타전할 것인가에 대하여는, 23일 다시 간부회의를 개최하여 검토를 계속하고 있다고 보도함. 그러나 아사히 일본경제는 동 내용을 북괴측에 타전할 예정이라고 보도함.

3. 5일부터 각성에 진정과 데모를 계속하고 있는 조총련은 23일 오전 수상관저, 중의원 주변에 약 2,400여명을 동원하여 데모는 하였는바, 이날은 각의에서 정식으로 1년 연장을 결정하기로 되었었기 때문에 최대의견이었다고 보도함. 한편 시오미 자치성대신 겸 국가보안위원장은, 정부의 연장방침이 북괴에 전하여지면, 현재 행하여지고 있는 재일북괴단체의 데모는 중지될것이다 라고 말하였다고 함. (산께이)

4. 스즈끼 후생상은 각의후 기자회견에서, 사후조치를 조속 검토할 것이며, 현재 희망자가 2천여명이므로 이들은 종래대로 매월 200명씩 송환하면 1년간에 처리할 수 있다고 말했다함. (마이니찌) 일부 보도는 사후조치를 1개월내에 관계부처간에 협의하기로 함. (주일정-외아북)

31. 외무부공문(착신전보)—신문보고

대한민국 외무부
번호 JAW-08734
일시 251017
수신시간 66.8.25. 11:04
발신 주일대사
수신 장관

　　북송문제 신문보고(8.25. 조간)
　　"스스끼"[11] 후생대신은 가가와 현지사 선거차 다까마쯔시에서 금후의 북조선
귀환은 케이스 바이 케이스로 한다고 다음과 같이 말하였다 함.
　　북조선 귀환은 현재 희망자 2천명, 수속이 늦어진 자 2, 3백명 정도이며 1년만
가지면 귀환이 완료되기 때문에 이번의 협정도 1년 연기한 것인데 그후 다시
집단적인 희망이 있으면 케이스 바이 케이스로 대처할 것이며 유엔헌장에서 거
주권의 자유는 존중하지 않으면 안되기 때문에 탄력적인 태도로 임한다.
　　(요미우리25일 조간)
　　(주일정-외아북)

32. 외무부공문(착신전보)—신문보고

대한민국 외무부
번호 JAW-08754
일시 260928
수신시간 66.8.26. 10:04
발신 주일대사
수신 장관

---

11) 스즈키

북송문제 신문보고(8.26. 조간)

일본경제는 2면1단으로, 평양발 KCNA 25일 통신을 인용하여 북괴 외무성은 25일 성명을 발표하고, 재일조선인 귀환협정을 1년간만 연장한 후 파기한다는 일본정부의 "불법적인 결정"을 강하게 비난하였다고 보도함. (주일정-외아북) 끝

33. 외무부공문(착신전보)─신문보고

대한민국 외무부

번호 JAW-08780

일시 261847

수신시간 66.8.26 □□:□□

발신 주일대사

수신 장관

사본: 안광호 공사

북송문제

신문보고(8.26. 석간)

1. 산께이 등 일부신문은 140차 북괴귀환선의 북괴적십자사 대표단(단장: 박영식)은 25일 오전 니이가다항 정박중, 동선내에서의 기자회견에서 귀환협정의 무수정 연장을 바란다는 요지 다음과 같은 성명을 발표하였다함.

23일 일적에서 북괴적십자사에 전달된 협정연장은 이번에 한한다고 한 정보는 귀국을 희망하는 대일조선인의 인권을 무시한 것으로 이러한 인도주의에 반하는 조건은 즉시 철회하고 무수정 연장을 요구하는 것이리 하고 귀국협정은 일적과 북괴적십자사가 쌍방의 동의로 성립한 것이데 일방적으로 이를 파기할 수는 없는것이다. 우리는 일본정부의 이러한 현행 귀환사업 이외의 방법은 인정할 수가 없다. 북괴적십자회 중앙회도 우리와 전혀 동의견이다 라고 하였다함.

2. 동140차 귀환선은 동일 오후 70세대 143명을 태우고 니이가다를 출항함. (주일정-외아북)

⑤ 재일교민 북한송환, 1967

○ ○ ○

기능명칭: 재일교민 북한송환, 1967

분류번호: 791. 25 1967

등록번호: 2443

생산과: 동북아주과/교민과

생산년도: 1967

필름번호: P-0004

프레임번호: 0001~0497

1. 외무부공문(발신전보)—신문보도 확인 지시

대한민국 외무부
번호 WJA-02168
일시 111030
발신 장관
수신 주일대사 대리

　　　금 11일 한국일보는 동경 특파원발로, 재일교포 북송 희망자의 격감, 민단에
의 전향교포 증가에 당황한 북괴가, 최근 조총련에 대하여 강권을 써서라도 북
송인원을 증가시키도록 특별지령을 내려 주목된다고 보도하고 있는바, 동 보도
의 사실여부와 금후의 추이에 대하여 보고하시기 바람. (아북)

　　　장관

2. 외무부공문(착신전보)—신문보고

대한민국 외무부
번호 JAW-02236
일시 141332
수신시간 67.2.14. 15:03
수신 외무부 장관
발신 주일대사
사본 중앙정보부장

　　　신문보고
　　　1. 북조선 귀국협력회는 13일, 북조선 귀환협정의 연장을 목표로, 각 지역대표
를 소집 동경에서 총회를 개최하고, 호아시게이(사회당 중의원의원)등 동회 간
사장은 회의 후 외상 후생상 및 관방부 장관등을 순차로 방문하여, 동 협정을
연장토록 요청하였다함.(금조 마이니찌)

2. 작일 석간 마이니찌는 13일 동경발 로이타 통신을 인용하여 13일 평양방송은 김일 제1부 수상을 단장으로 한 북괴대표단이 동일, 소련정부 초청으로 모스코로 향발하였다 한다함.

3. 12 석간 마이니찌는 서울특파원발로, 한국대통령 및 국회의원 선거 중반전이라는 제목으로, 특종기사를 보도하고, 한국내는 이번 선거가 "재미있는 승부"가 될 것이라고 보는 견해가 많고, 최근 여야간에는 상호 선거법등 위반사항을 적발보도 하기에 이르겠다고 함. 한국에서도 작년 삼성밀수사건 이래 "검은안개"에 대해 상당히 민감하다고 함.

4. 존슨 주일미대사는 13일 아세아 조사회 주최 회합에서, 중공문제 및 문화혁명 등에 대하여 미국의 태도 등을 강연하였는바, 1) 미국은 1949년 북경정권 수립 당시 외교관계 수립에 노력하였으나 중공측이 거부하였다. 미중공간 제곤란이 많으나 미측으로부터 문호를 대시하지는 않을 것이다. 2) 중공만이 교조주의에 의하여 역할되고 있음은 유감이나, 이러한 정권을 전복시키는 것 같은 정책은 취하지 않을 것이라고 하고, 문화혁명에 대하여 일본특파원의 활동이 중요 정보원이 되어 있음에 감사를 표하고 중공 내의 현실주의적 세력이 궁극적으로 승리할 것을 기대한다고 함.

5. 금년도 북양의 연어 숭어 및 게 어획량 할당등을 규제하는 제11회 일소어업 교섭이 3.1부터 동경, 외무성에서 개최되는데 일측은 재작년도의 11만 5천톤을 확보하고자한다함.

쏘련은 작년의 일소 비율이 거의 2대1이라는 불리한 것이었기 때문에 이번에 변동을 주장해오는 것이 아닌가고 보고있으나, 금년은 풍어기임으로 소련은 일본의 주장에 엄한 태도로 나오지는 않을 것이라고 보고 있다 함. 작년의 비율은, 일측이 에이, 비 구역에서 각기 8만 8천톤, 9만 6천톤이었음.

6. 사또 수상은 금일 정오부터 원내에서 사회당, 민사당 및 공명당 당수와 각기 개별회담을 순차적으로 갖게 되는바, 이는 사또수상이 제창한 것으로, 이 기회에 국회운영의 정상화 금후의 정치자세 등에 대하여 논의할 것이라함. 한편 수상은 13일 후꾸다 간사장과 협의하고, 국회역원 문제에 대한 야당의 주장도 일단 들어두기로 했다함.

7. 공명단[1]은 13일 제4회 정기대회를 개최하고, 경과보고, 임원개선 등을 하였는바, 위원장에 다께이리 요시가쓰를 선출 통일지방선거 대책등을 발표함.

---

1) 공명당

(아북)

3. 외무부공문(착신전보)—신문보고요약

新聞報告要約

1. 13日, 北朝鮮歸國協力會. 北韓歸還協定의 延長을 目標로 會合을 開催하고 帆足計(社會黨 衆議院) 等 同會幹事長은 外相, 厚生相, 官房長官을 訪問하고 同協定의 延長을 要請했다 함.

2. 12日 夕刊 每日新聞은 로이터通信을 引用하여 金一을 團長으로 한 北傀代表團이 蘇政府招請으로 Moscow로 向發하였다 함.

3. 12日 夕刊 每日新聞은 서울 特派員發로 寒國의 選擧에 對한 特種記事를 報導하고, 이번 選擧가 "재미있는 勝負"이며, 韓國서도 三星密輸事件 以來 "검은안개"에 對해 敏感하다고 함.

4. johnson 美國大使는, 13日 講演에서 1) 美國은 1949年 中共政府 樹立時 外交關係樹立에 努力했으나 中共이 拒否했다. 2) 中共政權을 전복시키는 것 같은 政策은 取하지 않을 것이며 3) 中共만의 現實主義的 勢力이 窮極的으로 勝利함을 期待한다고 말하였다 함.

5. 北洋의 연어 숭어 및 게 漁獲量割當을 規制하는 日蘇魚業交涉이 3.1부터 東京서 開催되는바, 今年은 風魚期임으로 蘇側은 嚴한 態度로 나오지 않을 것이라 함.

6. 15日 正午 佐藤首相 提唱으로 社會, 民社, 公明黨首와 刻期 個別會談을 □□ 國會運營의 正常化, 今後의 政治姿勢等에 關해 論議할 것이라 함.

7. 公明堂은 13日 定期大會를 열고 委員長에 "다케이리"씨를 選出함.

4. 외무부공문(발신전보)—북송협정 연장 요청에 대한 반응 조사 지시

대한민국 외무부
번호: WJA-02228
일시: 151500

발신 장관
수신 주일대사

　　대: JAW-02236
　　대호 전문 1항 호아시게이 등의 북송협정 연장 요청에 대하여 일본 외상,
후생상 및 관방장관등이 어떠한 반응을 보였는지, 가능하면 알아서 보고하시기
바람. (아북)

5. 외무부공문(착신전보)―146차 북송인원 보고

대한민국 외무부
번호 JAW-02416
일시 231713
발신 주일대사
수신 장관(참조: 중앙정보부장)

　　재일교포 북송:
　　일적에 확인한 바 146차 북송선은 명24일 오후 3시경 출발 예정이라고 하는바
현재 북송예상수는 109세대 148명이 될 것 같다고 함. 그러나 명일 북송선이
출발후가 아니면, 정확한 수는 모른다고 함. 명일 확인타전 위계임(주일정-외아
교, 아북)

6. 외무부공문(착신전보)―146차 북송인원 특징 보고

대한민국 외무부
번호 JAW-02454
일시 251156
수신시간 1967.2.25. 12:48
발신 주일대사

수신 외무부 장관

재일교포 북송:
1. 일적에 확인한바 작 24일 오후 3시경 출발한 146차 송환선에는 109세대, 148명이 승선하였다 함. 이로서 지금까지의 총누계는 25,319세대, 86,977명이라함, 다음 북송 예정은 3.24일경으로 예정하고있다 함.
2. 금 146차에는 전번 송환 때보다 다소 인원이 많았는데 일적 담당자 말에 의하면 그 가운데는 학생에 해당되는 연령을 가진 자들이 비교적 많았다 하며, 북괴의 신학기가 4월부터 개시되는 것으로 알고 있는데 이 때문에 학생측의 사람들이 다소 많이 가게 된 것이 아닌가고 보고 있다 함. 또한 예년 봄에는 인원이 많아지는 경향이 있다함.
(주일정-외아교, 외아북)

7. 외무부공문(착신전보)-147차 북송인원 특징 보고

대한민국 외무부
번호 JAW-03505
일시 291017
수신시간 67.3.29. 14:39
발신 주일대사
수신 외무부장관

재일교포 북송:
1. 금월 24일 "니이가타"를 출항한 147차 송환선에는 65세대, 118명이 승선하였다 함. 이로써 지금까지의 총누계는 25,305세대, 87,095명이 북송되었음.
2. 일적 담당자에 의하면 다음 제148차 송환선은 4월 21경에 출발 예정이라 함. 금차 송환된 자의 수가 다소 많은 것은 역시 북한의 4월 학기 개시관계가 아닌가고 보고 있다 함
(주일정-외아교, 외아북)

8. 외무부공문(착신전보)-교포 북송

대한민국 외무부
번호 JAW-04092
일시 061756
수신시간 1967.4.7. AM9:28
발신 주일대사
수신 장관

　교포 북송:
　1. 일적외사부 "기무라" 차장에게 확인한 바, 일적은 금년 11월12일로 만료가 되는 북송협정기한 만료를 기하여, 동 북송협정 효력을 종료할 것이라는 내용을 가까운 시일 내에 북괴측에 통지할 것이라 함. 이러한 일적의 조치는 일본정부의 양해하에 결정한 것이며, 특히 동 차장은 일본 정부 자체도 작년 각의에서 이러한 방침을 결정한 바 있다고 하고 있음.
　2. 동 협정 종료 후의 교포북송에 대하여는 일적으로서는 정부의 새로운 지시가 없는 한 더 이상 관여하지 않을 것이라고 하고 있으며, 그간 일적이 북송협정에 관여한 것도 정부의 지시에 의하였던 것이라고 하고 있음.
　(주일정-아교, 아북)

9. 외무부공문(착신전보)-신문보고

대한민국 외무부
번호 JAW-04373
일시: 201638
발신 주일대사
수신 외무부장관

　교포북송, 신문보고
　금 26일 조간 상게이[2]는 1면 5단으로 정부는 21일 각의에서 북조선, 귀환 협정을 금년 11월로 그치고 재연장하지 않을 것을 확인할 것 같다 함. 동 신문에 의하면 21일의 각의에서는 동 협정을 종료할 것이라는 것 이외에 1) 협정에 기한 귀환 신청을 8.12으로 마감하고, 기한 중에 귀환을 완료시킬 것 2) 협정종 료 후는 일반외국인과 같은 수속으로 귀국할 수 있도록 배려한다는 방침을 결정할 것이라 한다 함. 동 신문은 정부조사에 의하는 것이라고 하여 1959년 협정 성립 이래 현재까지 12만3천명의 귀환희망자 중 8만6천명이 귀국하고 귀국희망을 포기한 자를 제외하면 현재 미귀환자는 4천4백여명이 남아있다함. 협정실효의 문제로서 정부는 일반외국인과 같이 정규의 출국 수속에 의하여 귀국할 수 있도록 배려할 것이라고 하여 일본의 화물선, 소련선에의 송신, 소련선의 북한 기항등의 편의 조치를 취하도록 고려할 것으로 하고있으나 동신문은 북괴측은 협정의 무수정연장을 강력 요구하고 있어 상당한 반발도 예상된다고 하고 있음.

정부의 금년 기한으로 재연장치 않을 방침을 굳힌 것은 1) 귀환 희망자가 적어진 것 2) 귀환 희망자중 생활 보호를 받고있는 빈곤자는 5% 미달로 정부가 보조(년간 9천만원)할 필요가 있게 된 것과 3) 종전 처리전 협정임으로 고쳐야 할 것이라는 것 등이라 함. 일적은 정부가 미방침을 정식으로 결정하면 즉시 북한 적십자사에 연락함과 동시, 귀환 희망자의 접수를 서둘러 기한중 되도록이면 가고저하는 사람을 귀환시킬 생각을 하고 있다 함.(아교, 첨 아북)

10. 외무부공문(발신전보)—신문보도 내용 확인 지시

대한민국 외무부
번호 WJA-04303
일시 211130
발신 장관
수신 주일대사

　　대: JAW-04373

---

2) 산케이

재일교포 북송에 관한 대호 신문보도 보고와 관련하여 아래사항을 우선 조사 보고 바람.

1. 소위 "칼캇타"협정에 의하여 북송되는 자의 여행증명서의 발급처 및 일본 출입국 관리관계 법령과의 관계, 또한 ICRC의 의사 확인 등에 있어서의 개입 정도,

2. 대호와 같이 "칼캇타"협정 종료 후 북괴 지역으로 가고자 하는 재일한인에게 "일반 외국인과 같은 수속"으로 출국시킨다고 가정할 때 소지하게 될 여행증명서의 종류 및 일본 출입국 관계 법령과의 관계(아북)

11. 교포북송문제 (JWA-04379)

僑胞北送問題 (JWA-04379)

1. 日側은 北送에 關하여 20日 次官會議에서 決定하고 21日 閣議에 報告하여 確定 實施한다함.

2. 北送協定을 11.12日까지 마감하고, 8.12까지 北送申請을 接收할것인바, 申請時에 11.12 以前에 出國希望時期를 明記치 않는 것을 接收치 않을것이라함. 5.12에 一齊實施要綱을 公告할 때까지 이는 極秘에 붙일 것이라함

3. 日側은 北送予算은 11月분까지 策定하였으며 共産側으로 하여금 船便을 增加시키더라도 11.12까지 終了할 것이라 함

4. 北送協定 終結後에는 一般外國人의 경우와 같이 取扱할것인 바, 交通便은 貨物船을 利用할 것이라함

5. 日側은 日本政府의 措置에 対하여 韓国側이 어느 程度 滿足하게 生覺하는지 궁금하게 여긴다고 말함.

12. 외무부공문(착신전보)-교포북송문제

대한민국 외무부
번호 JAW-04379
일시 210920

발신 주일대사

수신 장관

교포북송문제

1. 오 정무과장이 20일 하오 3시부터 외무성 노다 북동아 과장과 면담한 자리에서 타진한 결과를 아래와 같이 보고함.

2. 노다는 금일 차관회의에서 방침 결정하였으며 21일 각의에 보고하여 확정 실시하게 될 것이라 하면서 작년 8.23. 각의에서 양해사항으로서 칼캇타 협정을 1년만 연장하기로 방침을 정한데 따라 이번에 이를 실시하기 위한 방침을 정하고저 하며 그 내용은 즉, 북송은 금년 11월12일까지로서 마감하고 이를 위하여 마감 3개월 전인 8월 12일까지만 북송신청을 접수한다는 것이라고 설명하였음. 노다는 이어 북송희망자의 수요는 많은 것처럼 보이려고 허위신고하는 것과 같은 조총련의 책동을 막기 위하여 일본적십자는 금년 5.12.에 일제히 동조하여 6.12까지 신청접수하고 신청자는 11.12.일까지 출국하여야 한다는 점을 밝히는 동시에 향후에는 신청시에 11.12일 이전의 출국희망 시기를 명시하지 않은 것은 접수 않는다는 방침도 공고하게 될것이라고 설명하면서 이점에 관하여는 5.12일에 공고할때까지 비밀로 해두겠음으로 그렇게 취급해달라고 말함.

2. 노다는 5.12일 이전에 접수된 신청자 중 출국 희망시기를 명시하지 않고 있는 자는 일본적십자사가 본인에게 조회하여, 의사표시를 하지 않거나, 11.12일 이후의 출국을 희망할 때는 그 신청을 무효로 간주하여 상대하지 않기로 하였다고 설명함.

3. 노다는 8.12일까지 신청 마감하여 11.12일까지는 북송을 끝낼 작정임을 강조하고, 북송예산은 금년 11월까지분만 책정하였음을 밝히면서, 만약 신청자가 많을 경우에는 공산측으로 하여금 선편을 증가시켜서라도 11.12일까지는 끝내게 할 것이라고 말하였음. 그러나 그는 공산측이 선편 증가에 응하지않을 때 즉, 현재처럼 매월1회를 고집할 때 여하히 할것이냐에 대하여는 신청을 일단 마감시켜보고 그러한 문제도 생각하겠으며 금후의 일에 대하여 현재로서 별도 생각하는 바 없다고 말하였음.

4. 노다는 칼캇타 협정종결 후에는 일반 외국인의 출국의 경우와 같이 취급할 것이라고 하면서 이는 즉 지금까지는 일본적십자사가 "창구"로 되어왔으나 협정 종결 후는 법무성이 "창구"가 된다는 말이라고 설명함. 그는 협정 후에는 보통의

교통편, 화물선등을 이용하게할 것인바 작년 1년 동안 일본화물선의 북한왕래 척수는 200척을 넘는다고 말하였음. 그는 쏘련 정기선편이 북한에 기항하게 되면 좋겠다 함. 작년 8.23 일각의 양해사항에서 협정종결 후에는 "본인의 자발적 의사에 의하여" 북한행을 희망하는 경우 운운하였음을 아측이 지적하고 금후 여사한 의사를 달리 확인하는 절차라도 마련할 생각인지를 타진한바 일측은 별로 의미가 없다는 감촉을 표명하고 특별히 생각하고 있는바 없다고 말함.

5. 상기 면담에서 노다는 협정 종결되면 더 이상 북한으로 가게 될 가능성이 없어져서 재일한국인들이 기쁘게 생각할 줄로 믿는다는 견해를 표명하면서 여사한 일본정부의 조치에 대하여 한국측이 어느정도 만족하게 생각하는지를 궁금하게 여긴다는 시사를 표명하였음. (주일정-외아북)

13. 외무부공문(착신전보)—신문보고

대한민국 외무부
번호 JAW-04390
일시 211620
수신시간 67.4.22. 5:29
발신 주일대사
수신 장관

교포북송, 신문보고

1. 정부는 북조선 귀환 협정이 기한 종료가 되는 11월 이후의 귀환 희망자를 주로 "요꼬하마" "나호토카"간의 정기 소련 객선으로 귀환시킬 생각이며, 동객선이 소련으로 향하는 도중 북한의 청진에 정박하도록 소련 정부에 절충 중이라 함. 소련 정부는 이러한 일본 정부의 요망에 대하여 확실한 태도를 표하고 있지 않으나, 북한이 희망한다면 청진 기항을 고려해도 좋다는 상당히 이해 있는 태도를 보이고 있다 함.
(21 조간 아사히)

2. 일본 정부는 20일의 사무차관 회의에서 북조선 귀환 협정에 대하여 토의한 결과 (1) 동 협정은 연장하지 않고 11월 12일로 폐기한다 (2) 협정에 기한 귀환

신청을 8.12.로 마감하고 기한 중 귀환을 완료시킨다. (3) 폐기 후는 일반 외국인과 같은 수속으로 귀국할수 있도록 한다는 방침을 결정했다함. 한편, 후생, 외무, 법무 각성은 21일 각의에 보고하여 승인을 얻은 후, 즉시 일적을 통하여 북괴 적십자사에 통고할 것이라 함.(주일정-외아북)

14. 외무부공문(착신전보)—신문보도 관련 북동아 확인 내용 보고

대한민국 외무부
번호 JAW-04400
일시 220900
발신 주일대사
수신 장관

연: JAW-04390
연호 제1항과 관련하여 외무성 노다 북동아과장은 금21일 하오 오 정무과장의 보고에 대하여 외무성이 얼마전 쏘련정부에 대하여 극히 비공식으로 요꼬하마, 나오토카간을 매월 5,6차 왕래하는 쏘련 정기 여객선 중의 1편 정도를 북한에 기항시킬 수 있는지를 타진한 바 있으며 그 후 아직까지 쏘련측으로부터 아무런 반응이 없다고 말하였음. 일본측의 여사한 움직임의 이유에 관하여 노다과장은 일본 내에서 설명하기 좋도록 하기 위한 것이라고 설명하였음. (참조: JWA-04379 제4항)
(아북)

15. 외무부공문(착신전보)—북송일정 보고

대한민국 외무부
번호 JAW-04414
일시 221246
수신시간 67.4.23. 1:14

발신 주일대사
수신 장관

재일교포북송
1. 21일(금) 오후5시, 니이가다를 출항한 148차 송환선에는 72세대, 162명이 승선하였다 함. 이로서 지금까지의 누계는 25,456세대, 87,257명이 북송됨.
2. 일적담당자에 의하면 3월 말 현재 북송희망자(연락처가 확실한)는 4,300명 정도라 함. (일정에 대하여 지금까지 북송을 희망해온 총수는 12만 여명이라 함) 금차 송환선은 소련선 "노릴스크"(9,900배수톤)으로서 북한 청진으로 향했다 함.
(주일정-외아교, 외아북)

16. 외무부공문(착신전보)—재일교포북송, 신문보고

대한민국 외무부
번호 JAW-04438
일시 241549
수신시간 67.4.25 16:17
발신 주일대사
수신 외무장관
사본: 중앙정보부장

재일교포북송, 신문보고
23일 아사히 등은 평양 22일발 조선중앙통신을 인용하여, 북조선 외무성은 일본 정부가 21일의 각의에서 재일한인 귀국협정을 금년 11월로 종료할 것이라는 결정을 한데 대하여 대체로 다음과 같이 항의하였다 함.
일본 각의결정은 일조 적십자간 상호 협정제의하여 지[_____] 체적 의무를 일방적으로 포기하는, 인도주의 원칙을 공공연히 짓밟는 행위다. 북조선 정부는 재일조선인의 귀국사업을 불순한 정치적 목적으로 파기하려는 일본정부의 범죄적 행동을 단호히 규탄한다.

귀국협정은 일조 적십자사 간에서 체결된 것으로서 일방이 자의로 파기할 수 있는 것은 아니다.

일본정부는 귀국협정을 일방적으로 파기할 어떠한 근거도 가지고 있지 않으며 아측 동의없이 채택하는 결정은 무효다.(아북. 아교)

17. 북송귀국보고(JAW-05234)(13일자 아사히 신문)

北送歸國報告(JAW-05234)

(13日字 朝日新聞)

1.北送協定이 廢棄되면, 北韓에 歸還하지 못하는 것 아닌가 하고, 在日 韓國人(朝鮮人)이 不安을 갖고 있다고 함. 日政府의 歸還措置가 實現되어도 自費歸國은 困難할 것이라 함

2. 協定後 事後措置로는

　　가. 쏘련 客船에 依한 것-北傀가 反對하고 쏘련이 應하지 않는다 하며

　　나. 香港經由나 北韓貿易의 日貨物船의 利用-英國과 北傀간 國交가 없어 香港經由는 困難하며, 日貨物船 이용도 海運係 常識上 不可能하다고 함.

3. 現在 社會黨 公明黨 等이 協定廢棄에 反對이며 1都 6縣 71市等이 協定延長要請을 決議하였다 함

18. 외무부공문(착신전보)-교포북송, 신문보고

대한민국 외무부

번호 JAW-05234

일시 151315

수신시간 67.5.15. 14:55

발신 주일대사

수신 장관

사본 중앙정보부장

교포 북송, 신문보고

1. 13일 아사히 석간은 사회면에서 크게 재일조선인 가운데는 귀환 협정이 폐기되면 북한에 귀환하지 못하는 것이 아니라고 불안을 가지는 자들이 많고 또한 사후조치로서 일본정부가 제시한 조치가 실현되지 못할 전망이 크고 실현된다 하드라도 자비귀국 등은 대단히 어렵다고 하고 있다고 함. 한편 이들의 귀환의의 귀환에 협력해온 정당이나 노동조합 지방의회 등은 협정 연장을 위한 움직임을 보이고 있다고 함.

2. 동보도는 이 문제에 대한 그간의 경위를 보도하고, 정부는 사후조치로서 "요꼬하마"-"나호타카" 정기 쏘련 객선으로 귀환시키려하고 동선의 도중이 천진에 기항해주도록 쏘 정부에 절충중이며 만일 쏘측이 불응하면 홍콩 경유이든가 북한무역으로 양국간을 왕래하는 일본 화물선을 이용하게 하는 안을 고려 중이라 하며 협정 폐기 후는 각자 선택하는 때에 자비로 귀환하게 한다는 것이라고 하고 그러나 이에 대하여 조총련은 어느 방안도 문제가 많다고 하고 있다고 함. 쏘련 여객선 이용 문제는 북괴가 반대하고 있는데 쏘련이 응할리가 없다는 것이고 홍콩 경유는 북한이 영국과 국교가 없기 때문에 무리일 것이라고 하는 것이며 가령 이런 방법이 해결된다고 하드라도 귀국희망자들은 빈난한 자들이 많이 여비의 곤난을 받을 자들이 나올 것이라함. 무역선에 대하여는 일조 무역회등은 해운계의 상식으로 보아 불가능일 것이라고 하고 있다는 것인데 화물선에 태우면 화물선의 승무원 및 선원들을 증가해야 하며 북송자를 10명 이상 승선 시킬수 있는 선박은 없고 그러하게 귀찮은 일을 선박회사가 하지않을 것이라고 말하고 있다고 함. 동보도는 또한 사회당은 이미 동협정을 무조건 연장해야할 것이라는 태도를 밝히고 있고 공명당도 9일 인도적 견지에서 협정 폐기에는 반대라는 위원장 담화를 발표했다 함. 이밖에 동경도를 위시하여 니이가다, 가나까와현 등 1도6현 71시11구43정6촌 의회가 정부에 협정 연장요구를 결의하고 있다고 함. 동 지에는 특히 동경도에 사는 일과자 제조업자 김상준(62세)부처 및 요꼬하마시의 제화상 양정모(48세)와의 대담내용 들을 보도하고 이들은 협정연장을 강력 요구하고 있다고 함.(외아북, 외아교)

19. 주일대사관 공문-일본 적십자사의 신분증명서 양식 송부

주일대사관
주일정 720-1259
일시 1967.5.15.
발신 주일대사
수신 외무부 장관
참조 아주국장
제목 일본 적십자사의 신분증명서 양식 송부

  연: JAW-05199
    연호 전문으로 보고드린 바와 같이 1965년 12월부터 1966년초에 걸쳐 북한
을 왕래한바 있는 재일교포(2명)에 대하여 일본 적십자사가 발행한 신분증명서
의 양식을 별첨과 같이 송부합니다.
    첨부: 일본 적십자사의 신분증명서 양식1부 및 동사본 1부

첨부-일본 적십자사의 신분증명서 양식

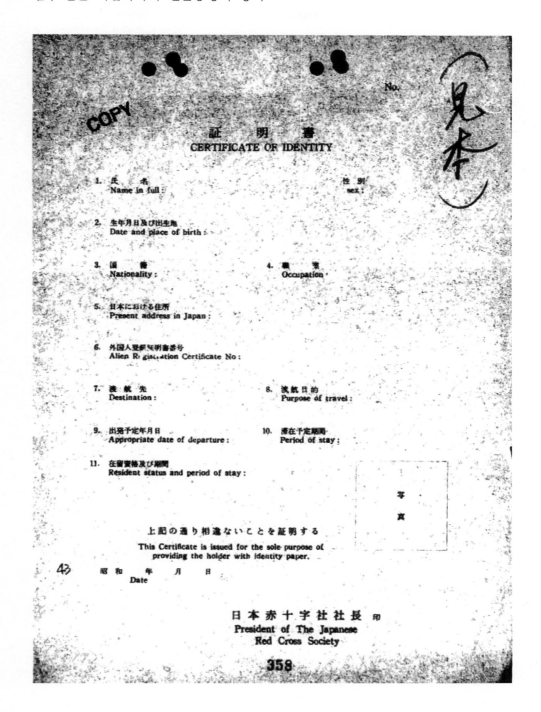

20. 교포북송문제 (JWA-05271)

僑胞北送問題 (JWA-05271)
(安公使와 吉民參事官과의 面談報告)

1. 我側은, 指示에 (WJA-05152)따라 我側立場을 說明하고 如司한 僑胞의 北送自體도 反対한다고 말함
2. 日側은
　　가. 韓國政府가 關心을 가진 것을 잘 알며,
　　나. 北送協定을 長期間 實施한 結果, 여러가지 理由(補助金 支給問題, 安全保障 및 韓日國交正常化의 意義等)을 考慮하여 廢棄키로 하였다고 함
3. 日側은 協定後의 問題로서 歸還希望者를 그대로 日本에 두는 것은 個個事情으로나, 安全保障面에서 困難하며, 이러한 자를 日本國內에서 없에 버리고 싶은 것은 솔직한 心情이라 함
4. 日側은 協定廢棄后의 便宜提供이라지만, 將次 Case by Case로 處理할것이며 北韓으로 가기는 어려웁게 될것으로서 이 점 韓国側이 諒解해 주기 바란다 함.

22. 외무부공문(착신전보)–아세아국 참사관 면담 결과 보고

대한민국 외무부
번호 JAW-05271
일시 171126
수신시간 1967.5.17. PM1:□□
발신 주일대사
수신 장관

　대: WJA-05152
　안광호 공사는 재일교포 북송문제에 관하여 작 16일 상오10시 40분부터 외무성 아세아국 "기타" 참사관과 면담하고 대호 지시에 따라 아국 입장을 천명하고 일본측의 성의를 촉구하였는바, 이를 아래와 같이 보고함.

아측에 오정무과장이 일측에 북동아과 "구로꼬지" 사무관이 배석함.(오가와 아세아국장과의 면담 약속되어 있었으나, 국장이 급히 국회에 나가야할 일이 생겨 기타가 대신에 마중한 것임)

1. 아측은 대호 지시에 따라 입장 설명하고 특히 칼캇타 협정 폐기 후에도 일본정부가 계속 북송을 허용하고 편의 제공 운운을 공언하고 있음을 지적하면서, 여사한 입장에 대하여 아국으로서는 칼캇타 협정에 대한 것보다 더 심각하게 생각하며 한일 국교정상화의 의의에 역행하는 것이라고 간주함을 표명하였음. 아측은 한국정부는 여사한 형태이던 교포북송 자체를 반대함을 상기시켰음.

2. 상기 면담에서 일측은 다음과 같은 견해를 표명하였음.

　가. 한국정부가 관심을 가져온 것을 잘 알고 있음.

　나. 칼캇타협정에 관하여는 그간 상당히 장기간 실시해왔는데 여러가지 이유(1억원의 보조금 지급 필요, 안전보장문제, 한일국교정상화의 의의 등)을 고려하여 이번에 폐기하기로 결정한 것이며 여사한 폐기방침은 금후 변동없을 것임.

　사회당도 이제는 정부의 결심을 알기 때문에 시끄럽게 떠들지 않고 있음.

　다. 협정후의 문제에 관하여는 귀환 희망자를 그대로 일본 국내에 남겨둔다는 것은 개개인의 사정을 보아서도 그렇지만, 일본의 안전 보장의 면에서 곤란하며, 이러한 자들을 일본 국내에서 없애버리는 것이 좋겠다는 것이 솔직한 생각이며, 따라서 북한으로 가는 길은 열어주겠다는 것임. 그 방법으로서는 홍콩으로 가게 하든지 직항 선편이 있으면 이를 이용하게 하든지 한다는 것임. 일본의 국가이익에 관계되므로 그 점은 일본측에 마껴주기[3] 바람. (실은 칼캇타 협정 폐기 대신에 다른 협정을 만들자는 견해도 있었으나, 하나를 없애는 대신에 새로운 것을 또 다시 만든다는 것은 무의미하므로 그렇게 하지 않기로 한 것임.)

　라. 협정 폐기 후에 편의 제공이라고 하지만 아무런 내용 없는 것임. 일본 내에서의 소란을 막기 위하여 그렇게 말하고 있는 것임. 앞으로는 CASE BY CASE로 처리할 것이므로 그렇게 알아주기 바라며, 사실상 북한으로 가기 어렵게 될 것임.

　마. 칼캇타협정 폐기로서 한국측의 희망에도 부합할 것이므로 이상과 같은 일본측 입장을 양해해 주기 바람. (주일정, 외아북)

---

3) 맡겨주기

23. 외무부공문(착신전보)-신문보고

대한민국 외무부
번호 JAW-05277
일시 171512
발신 주일대사
수신 장관
사본 중앙정보부장

교포북송 신문보고
북한적십자사는 10일 일본측으로부터 이정에 토의가 있은 북한기한협정 폐기에 대하여 동협정의 무수정연장을 구하는 전보를 일적에 타전해 왔다 함.
전보(영문)의 요지는 귀환 업무는 일본제국주의의 조선통치구간에 범한 역사적 범죄를 상하는 사업의 일부이며 희망자가 있는 한 일본정부가 최후까지 책임을 져야할 것이며, 일적이 귀환신청의 접수를 8월12일까지 마감하고, 11월12일에 동협정을 폐기할 것이라고 일방적으로 발표한 것은 명백히 협정위반이며 거주지 선택의 자유와 적십자 정신으로부터 보아도 무수정 연장해야 할 것이라고 하는 것이라 함. 이에 대하여 일적은 특히 회답을 낼 의사는 없으나, 폐기 후의 선후책에 대하여는 정부의 양해를 얻은 후 북한측과 회담할 용의가 있다 함. 산께이는 이미 정부결정에 따라 협정폐기를 통고한 바 있어 재연장은 거의 불가능이라고 보여진다고 하고 있음. (주일영-외아북_외아교)

24. 외무부공문(발신전보)-일정부의 북적 접촉에 대한 항의 지시

대한민국 외무부
번호 WJA-08033
일시 020630
발신 장관
수신 주일대사

1. 일본측이 소위 칼캇타 협정의 종료 후의 북송자 처리문제를 협의하기 위하여 북괴 적십자측과 제3국에서 회담을 가지려는 최근의 움직임에 대하여 귀하는 NOTE VERBALE로서 재일한인의 북송에 관한 종래의 정부 입장에 따라 일정부에 귀하가 직접 엄중히 항의하시기 바람.
2. 본건 결과를 보고바람. (아북)

25. 외무부공문(발신전보)–기 지시 재촉

대한민국 외무부
번호 WJA-08043
일시 021935
발신 장관
수신 주일대사

   연: WJA-08033
   연호는 지시는 즉각 시행하시기 바람. (아북)

26. 외무부공문(착신전보)–교포북송, 신문보고

대한민국 외무부
번호 JAW-08039
일시 022042
수신시간 67.8.3. 3:30
발신 주일대사
수신 장관

   교포 북송 신문 보고
   동 문제에 대한 1일의 다나까 법상의 국회 발언에 대하여 한국측은 강화하고 있다고 서울 보도로 보도함.

한국 외무부 소식통에 의하면 일 법무상이 1일 중원 법무위에서 일본은 귀환 협정이 11.12일 만료가 된 후에도 조선인의 북조선 귀국 원조를 계속할 예정이라고 한데 대하여 만일 동 법상의 발언이 일정부의 공식적인 입장의 것이라면 8.9.10의 동경 각료회의의 "(뽀이콧)"을 포함하여 양국 정부의 외교관계는 아마 "중대한 결과"를 초래하게 될 것이라고 하였다 함. 동 소식통은 한국 정부는 일 법상의 발언에서 말라는 원조를 실질적인 원조의 연장으로 생각한다 하고 한국 정부로서는 협정의 여하한 연장에 대해서도 대항 조치를 취할 것이라고 하였다 함. (요미우리2, 석간 1면2단) (주일정-외아북, 외아교)
동북아주과 공람: 1967.08.03.

27.외무부공문(착신전보)-외무성 방문 후 구술서 수교 보고

대한민국 외무부
번호 JAW-08046
일시 031135
발신 주일대사
수신 장관

교포 북송
정부 지시에 따라 본직은 금3. 하오 2:30 외무성 모리 심의관을 방문하고 아래와 같은 구술서를 수교 위계임. (외상 직무대리가 사또수상이고, 우시바 차관이 출하중이기 때문에 심의관과 면담 약속된 것임) 한편 당지 주재 한국특파원들은 현재 지방에서 취재중이어서 본건에 관한 당지 보도가 여의치 못할 것으로 사료됨으로 보도상 필요하시다면 이 점을 참작하셔서 적의 조치바람.
(주일정-아북)

별첨-구술서

PKE-7021
THE EMBAWWY OF THE REPUBLIC OF KOREA PRESENTS ITS

COMPLIMENTS TO THE MINISTRY OF FOREIGN AFFAIRS AND WITH REGARD TO THE DEPORTATION OF KOREAN RESIDENTS IN JAPAN TO THE COMMUNIST-OCCUPIED NORTHERN PROVINCES OF THE REPUBLIC OF KOREA BY MEANSOF THE SO-CALLED CALCUTTA AGREEMENT AND THE REPORTED CONSIDERATION BY THE JAPANESE AUTHORITIES OF CONTINUING SUCH DEPORTATION EVEN AFTER THE TERMINATION OF THE SAID AGREEMENT, THE FOLLOWING REPRESENTATIONS :

1. THE GOVERNMENT OF THE REPUBLIC OF KOREA HAS REPEATEDLY MADE ITS STRONG REQUEST TO THE GOVERNMENT OF JAPAN ON VARIOUS OCCASIONS TO DISCONTINUE AT ONCE THE DEPORTATION OF KOREAN RESIDENTS IN JAPNA, WHICH THE JAPANESE GOVERNMENT CARRIED OUT SINCE 1959. AS POINTED OUT IN EACH REPRESENTATIONS, THE DEPORTATION OF KOREAN RESIDENTS CANNOT BUT BE REGARDED AS AN ACT NOT ONLY UNFRIEOLY TOWARD THE REPUBLIC OF KOREA BUT ALSO CONTRARY TO THE PRINCIPLES OF HUMANITARIANISM.

2. IT IS DEEPLY REGRETTABLE TO NOTE THE FACT THAT THE DEPORTATION TO THE COMMUNIST-OCCUPIED NORTHERN PROVINCES OF KOREA IS STILL PERPETRATED AND THAT THE HAPANESE GOVERNMENT CAME TO MAKE ITS DECISION TO CAUSE THE SO-CALLED CALCUTTA AGREEMENT INEFFECTIVE ONLY IN THE MONTH OF NOVEMBER OF THIS YEAR, STILL DEPARTING FROM THE KOREAN POSITION.

3. THE GOVERNMENT OF THE REPUBLIC OF KOERA, HOWEVER, IS EVEN MORE SERIOUSLY CONCERNED WITH THE REPORT THAT THE JAPANESE AUTHORITIES INTEND OT MAKE ARRANGEMENTS IN ORDER TO EXPEDITE THE DEPORTATION SO THAT AS MANY KOREAN RESIDENTS AS POSSIBLE COULD BE SENT INTO COMMUNIST SLAVERY UNTIL THE SO-CALLED CALCUTTA AGREEMENT IS TERMINATED AND TO CONTINUE THE DEPORTATION IN ONE WAY OR THE OTHER EVEN AFTER THE AGREEMENT IS TERMINATED AND THAT, FOR THIS

PURPOSE, THE JAPANESE RED CROSS IS APPROACHING THE NORTH KOREA PUPPET REGIMES RED CROSS, APPARENTLY UNDER DERECTION OF THE JAPANESE GOVERNMENT.

    4. UNDER THESE CIRCUMSTANCES, THE GOVERNMENT FO THE REPUBLIC OF KOREA, REITERATING ITS CONSISTENT STAND, LODGES A MOST ENERGETIC PROTEST WITH THE GOVERNMENT OF JAPAN AGAINST THE CONTINUED DEPORTATION OF KOREAN RESIDENTS TO THE COMMUNIST-OCCUPIED NORTHERN PART OF KOREA AND STRONGLY REQUESTS ONCE AGAIN THAT NO KOREANS BE SENT INTO COMMUNIST SLAVERY IN THE NORTHERN PART OF KOREA IN ANY MANNER WHATSOEVER.

AUGUST 3, 1967.

28. 주일대사관 공문-외무성 외무심의관에게 수교한 구술서 사본 송부

주일대사관
번호 주일정 720-2127
일시 1967.08.03.
발신 주일대사
수신 외무부 장관
참고 아주국장
제목 교포북송

    대: WJA-08033. 연: JAW-08048
    연호전문으로 보고한 바와 같이 본직이 금 8월3일 하오 일본외무성 "모리" 외무심의관에게 수교한 구술서 사본을 별첨 송부합니다.
    유첨: 구술서 사본 (PKE-7021) 1부. 끝

유첨-구술서 사본

    주일정 720-2127 1967. 8. 3.

대: WJA-08033 연: JAW-08048

PKE-7021

The Embassy of the Republic of Korea presents its compliments to the Ministry of Foreign Affairs and with regard to the deportation of Korean residents in Japan to the communist-occupied northern provinces of the Republic of Korea by means of the so-called Calcutta Agreement and the reported consideration by the Japanese authorities of continuing such deportation even after the termination of the said Agreement, the honour to make, under instructions of its home Government, the following representations:

1. The Government of the Republic of Korea has repeatedly made its strong request to the Government of Japan on various occasions to discontinue at once the deportation of Korean residents in Japan, which the Japanese Government carried out since 1959.

As pointed out in each representations, the deportation of Korean residents cannot but be regarded as an act not only unfriendly toward the Republic of Korea but also contrary to the principles of humanitarianism.

2. It is deeply regrettable to note the fact that the deportation to the communist-occupied northern provinces of Korea is still perpetrated and that the Japanese Government came to make its decision to cause the so-called Calcutta Agreement ineffective only in the month of November of the year, still departing from the Korea position.

3. the Government of the Republic of Korea, however, is even more seriously concerned with the report that the Japanese authorities intend to make arrangement in order to expedite the deportation so that as many Korea residents as possible could be sent into communist slavery until the so-called Calcutta Agreement is terminated and to continue the deportation in one way or the other even after the Agreement is terminate and that, for this purpose, the Japanese Red Cross is approaching the north Korean puppet regime's red cross, apparently under direction of the Japanese Government.

4. Under these circumstances, the Government of the Republic of Korea, reiterating its consistent stand, lodges a most energetic protest with the Government of Japan against the continued deportation of Korean residents to the communist-occupied northern part of Korea and strongly requests once again that the Japanese Government discontinue at once such deportation and that no Koreans be sent into communist slavery in the northern part of Korea in any manner whatsoever.

August 3, 1967

Tokyo

29. 외무부공문(착신전보)-항의 구술서 수교 및 입관국장 면담 내용 보고

대한민국 외무부
번호 JAW-08061
일시 031705
수신시간 67.8.3. 10:46
발신 주일대사
수신 장관

연: JAW-08048
1. 본직은 예정대로 금3일 14 30 모리 심의관을 방문하고 연호 보고의 구술서를 수교하였음. 모리 심의관은 칼캇타 협정폐기의 방침에 변동 없으며, 협정 연장 또는 신규 합의는 없을 것인 바, 다만 11.12까지 송출치 못하는 신청자에 대해서는 필요한 조치를 검토하고 있을 뿐이라고 말하였음.
2. 안 공사는 금3일 법무성 입관국장과 면담하였을 시, 역시 본 문제를 제기하고 일측 입장의 해명을 요구한 바, 모리 심의관과 같은 뜻으로 답변함과 아울러 신청 마감 기일 후에 북송을 희망하는 자가 있을 시에는 조사 후 출국을 허가하여 본인 책임하에 가도록 할 것이라는 동시에 자기책임하에 출국코저 하는 자까지를 막는 것은 어렵겠다는 견해를 표명하였음 (주일정-외아북)

관련자료-신문기사

동아일보 1967.8.3일, 日本의 새로운 韓僑送北計劃

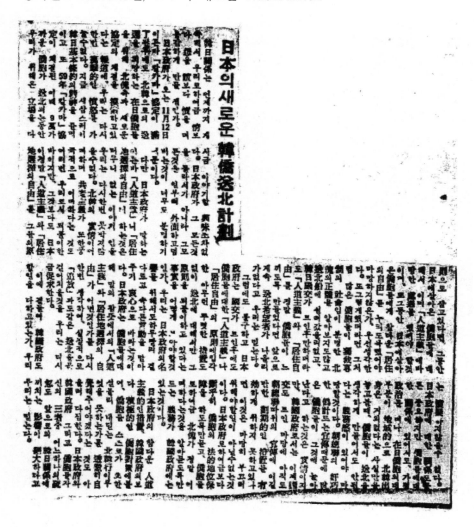

동아일보
「人道」너울쓴「利己」, 左系 政治攻勢에 二重外交 드러내

東亞日報 1967年8月3日 木曜日

日本의 새로운 韓僑送北計劃

1967年8月3日 木曜日

日本의 새로운 韓僑送北計劃

京都新聞 1967年 8月 3日 木曜日

〈社說〉 日本은 또 우리를 背信할 작정인가 -北送延長획책에 붙여-

31. 외무부공문(착신전보)-교포북송, 신문보도

대한민국 외무부
번호 JAW-08113
일시 051138
수신시간 67.8.5. 20:10
발신 주일대사
수신 장관, 부장

　교포 북송
　1. 당지 신문은 외무, 후생, 법무3성이 최근 협정종결 후의 조치에 대하여 협의하고 종결 후는 년3회의 배선을 인정할 것이라는 것에 의견일치를 보았다 함. 따라서 8월 중순에 예정되고 있는 일적과 북괴 적과의 회담에서는 이 선에 의하여 타협될 가망이 커졌다 함.
　한국정부는 동 문제에 있어 만일 일본이 협정을 사실상 연장하는 경우 강경한 태도를 보일것이라는 태도를 표하고 있는데 외무성으로서는 이에 대하여 한국으로부터 공식, 비공식 아무 연락을 받고 있지 않다고 하고 각료회의는 예정대로 개최할 것이라 한다하며 만일 이 자리에서 한국측이 일정부의 조치를 비난한 때는 재차 협정의 연장을 않을 것이라는 것을 강조할 것이라 한다 함.
　2. 일적은 4일 북괴 적십자사에 귀환 협정에 대하여 소련의 "나호토카"나, "모스코"에서 회담하고저 한다는 전문을 보냈다 함 (아북, 아교)

32. 외무부공문(착신전보)-교포북송, 신문보고

대한민국 외무부
번호 JAW-08170
일시 080906
발신 주일대사
수신 장관

교포북송 신문보고

5일 북괴 적십자사는 일본적십자사에 타전하여 일적 대표와 실무자 회담을 부사장급으로 11일부터 모스코에서 개최할 것을 제안함과 동시 동 회의에 장경철 부사장을 단장으로 하는 대표단을 파견할 것을 발표하였다 함. 이는 지난 4일부 일적 전보에 대한 회전의 형식을 취하고 있고 동 전문에서 현 협정을 무수정 연장할 것을 재강조하고 있고, 회담장소도 당사국의 일방에서 함이 합리적이나, 일적이 제3국에서 개최할 것을 제안하기 때문에 "모스코"에 동의한 것이라고 하고 있다 함. (주일정-외아북, 외아교)

⑥ 재일교민 북한송환, 1969

⦿ ⦿ ⦿

기능명칭: 재일교민 북한송환, 1969

분류번호: 791. 25 1969

등록번호: 3357

생산과: 동북아주과

생산년도: 1969

필름번호: P-0007

프레임번호: 0001~0205

1. 외무부공문(착신전보)-교포북송, 신문보고

외무부
번호 JAW-02257
일시 191115
수신시간 69.2.19. 12:33
발신 주일대사
수신 장관

　　교포 북송 (신문보고)
　　1. 일본 정부는 재일 조선인의 북조선 귀환을 재개할 방침을 굳히고 금, 명일
중에라도 일본 적십자사에 대하여 북괴 적십자회와 귀환 문제에 대한 회담을
재개하도록 지시할 것이라고 보도됨. (금 19일 조간 아사히 1면, 기타 신문에는
관련 기사 보이지 않음)
　　일본 적십자사는 이러한 정부의 지시를 얻은 후 금월 하순에라도 "제네바"에서
북괴 측과 회담을 재개할 준비를 추진하고 있다함.
　　2. 일본 정부가 회담 재개의 의도를 굳히게 된 것은 1) 그간 전보에 의하여 일적
과 북괴적 간의 교섭은 무르익어 타협될 예산이 강하게 되었다는 것, 2) 북괴
측은 귀환 희망자가 가장 많은 4월에는 일본선이 배선이 되도록 희망하고 있으
며 준비에 40, 50일 걸릴 것을 생각하여 조급히 회담을 재개할 필요가 있다는
것 등의 이유로 보여진다 함. 3) 그 밖에 그간 일정은 재일조선인의 북한 방문과
일본 재입국을 허가하여 한국 측을 자극한 것이 본 회담의 재개를 지연시키는
하나의 원인으로 되어 있었으나 이 점에 관하여도 북송 문제는 이미 1959년부
터 8년간에 걸쳐 실시되어와, 조련계의 북괴 왕래에 비하여 한국 측에 대한 자
극은 적을 것이라고 하는 것이 정부의 생각인 것 같다고 함.
　　3. 아사히는 본 문제에 대한 그간의 경우에 대하여 다음과 같이 보도하고 있음.
작년 1월 코롬보 회담에서는 1) 이미 신청을 완료한 귀환 희망자에 대하여는
교섭 타결 후 6개월의 잠정기간을 설치하여 칼갓타 협정에 준하여 귀환 업무를
행할 것과 2) 아직 신청을 하지 않은 귀환 희망자는 일단 외국인과 같이 취급을
하나 자비로 돌아갈 수 없는 사람들이 일정부에 달할 때에는 북괴 측의 배신을
인정한다는 두 점에 대하여 사실상 합의를 보았으나 북괴 측이 미신청자의 귀환

수속에 대하여 일정부의 보증을 요구하고, 북송업무로 내일 하는 북괴 측 관계관의 일본 입국 수속에 대한 편의를 도모할 것 등을 주장하였기 때문에 일본 측으로서는 국교가 없는 나라와 법적 구속력을 가지는 것 같은 관계는 맺을 수 없다고 하여 회담은 결렬되었다 함.

그러나 작년 여름 북한을 방문하고 온 미야모토 일본 공산당 서기장이 북괴 측의 의도라고 하여 미신청자의 귀환보증은 일적이라도 좋다라는 것을 전하여 와 교섭 재개의 기운이 높여졌으며 이후 일적과 북괴적 간에는 서한이나 전보 등에 의하여 교섭이 비밀리에 추진되어 왔다 함.

한편 일본 정부 내에는 북괴 관계관의 입국 수속문제에 관하여 관계성에서 의견 조정을 해왔던 바 법무성 측은 입국 허가 대신에 발행하는 신분증명서라도 좋다고 하고 있으며 이 경우 그때 그때 받지 않더라도 유효기간은 1년간으로 한다든가 북한으로부터 제네바에 받으러 가지 않더라도 좋도록 우송을 한다든가 일적이 한꺼번에 받아드려 "니가타"에서 북괴측 관계관에 준다는 등의 편의를 보아주는 방향으로 국제 적십자사 등과 교섭을 진행시키고 있다 함. (아북, 아교, 구주)

2. 외무부공문(착신전보)―북송문제

외무부
번호 JAW-02258
일시 191159
수신시간 69.2.19. 12:47
발신 주일대사
수신 장관

연: JAW-02257
북송문제:
연호 아사히 신문보도와 관련하여 금 2.19 오전 외무성 다테 북동아과장에 타진하였는바 다테는 요지 다음과 같은 설명을 하였음.
1. 동 보도는 정부 SOURCE에서 나온 것은 물론 아니고 일정부의 북송문제에

관한 입장은 누차 한국 측에 대하여 설명하여 온 것에 변화된 바가 없으며 일정부에 어떠한 새로운 움직임이 있어서 새삼스럽게 동 보도가 나온 것은 아닌 것으로 알고 있음.

2. 동 보도에 의하면 제네바에서 금월 하순에라도 회담이 재개된다고 하고 있는데 이에 관하여는 누차 한국 측에 설명하여 온 바와 같이 현재 일적과 북적 간에 전보 등을 통한 교섭(야리또리)는 행해지고 있지만 그러한 교섭이 완결될 단계에 이르면 동 내용을 양측 간에 확인하기 위한 양 적십자사 관계자간 회합은 있을 수 있는 것으로 생각하고 있으며 (다테는 동 회합이 새로운 어떠한 교섭을 위한 것은 절대로 아니고 단지 양측이 그간 교섭한 내용을 확인하기 위한 것이라는 점을 강조하였음) 그러나 거러한[1] 회합이 언제, 어디에서 있을 것인지는 아직 정하여 진 바가 없음(이 점에 대하여는 계속 일측의 태도를 추궁할 생각임)

3. 일정부로서는 잠정 조치 후의 단계에서 특수한 경우 북괴측으로부터의 내선을 인정할 때 북송에 관련된 업무를 다루기 위하여 오게 될 3.4명의 북적관계자의 상륙에 대하여는 과거 스포츠 관계로 (예를 들면 동경 오림픽[2], 가루이자와에서의 스케트 선수권대회) 일부 북괴관계자의 상륙을 인정하였던 경우와 같이 "도항증명서"를 발급하게 될 것임.

따라서 보도된 바와 같이 "귀환업무로 내일 하는 북괴측 계원의 입국 수속 운운이나" "입국허가증 대신에 국제적십자사의 발행하는 신분증명서" 운운은 전혀 근거 없는 것임. (아북, 아교, 구주)

3. 외무부공문(발신전보)-신문기사 확인 지시

외무부
번호 WJA-02228
일시 191450
발신 외무부 장관
수신 주일대사

---

1) 그러한
2) 올림픽

동경발 보도를 인용한 이곳 신문에 의하면 "일 정부는 재일교포의 북송을 재개하기 위한 방침을 결정하고 19-20 양일 중에 일적에 대하여 북괴와의 회담 재개를 하도록 지시할 것이라고 하며, 한편 일적은 정부의 양해를 얻어 2월 하순에 "제네바"에서 북괴적과 회담을 개최할 준비를 하고 있으며, 동 회담이 타결되는 경우 4월에는 북송이 재개될 것이라고 보도하고 있는 바", 이 보도에 대한 일본 정부의 진의 및 동향을 조사 보고 하시기 바람. (아북)

4. 면담기록

69.2.20
北送再開設에關하여
長官께서 2.20日 金山大使를 招致하여 面談하신 內容

면담기록
1. 면담자: 최장관, "가나야마" 대사
2. 면담일시: 1969.2.20. 15:10 ‒ 15:35
3. 장소: 장관실

면담내용
1. 최 장관은 "가나야마" 대사에게 한일의원 간담회 아측 대표들이 2.24. 출발여정임을 알리고, 체일시 잘 협조해 줄 것을 요청한데 대하여 동 대사는 그렇게 할 것이라고 말함.
2. 최 장관은 최근 일본 신문들이 크게 북송 재개 운운의 보도를 하며 특히 제네바에서 재개를 위한 회담을 개최할 것이라는 보도를 함에 따라, 한국 신문들도 이를 전재하여 큰 파문을 이르키고 있는데 대하여, 보도 내용의 사실 여부를 질문한데 대하여 동 대사는 본국에서 통첩은 받았는데, 그러한 보도가 사실과 다른 것 같으며, 제네바에서의 회담 개최에 대해서는 아는 바 없다고 말함.
   동 대사는 이어 15,000명에 대한 잔무처리에 관한 것일 것이며, 실제로 북송되는 자의 수는 이것보다 훨씬 적을 것으로 보는 바, 이 문제는 "코롬보 회담"

결렬 이후 미결로 남아 있던 것이며, 새로운 문제가 아닌 것으로 안다고 말함.

3. 최 장관은 이어 "코롬보 회담" 당시의 일측 입장에 변동이 있었는지를 질문한데 대하여 동 대사는 변하지 않는 것으로 한다고 답변함.

4. 최 장관은 다음과 같은 정부 입장을 제시하고 이를 본국 정부에 전달할 것을 요청하는 동시에 동 대사가 내용에 대해서 충분한 정보를 현재 갖고 있지 않는 것 같으니 본국에 조회하여 수시 알려줄 것을 요청하였는 바, 동 대사는 그렇게 할 것이라고 답변함.

   1) 동 협정과 북송 자체를 반대하는 정부 입장으로 보아, 15,000명에 대한 잔무처리 운운에 대해서도 반대하는 아측 입장에는 변동이 없음을 일측이 알아야 할 것임.

   2) 더욱이나 새로운 북송을 위해서 적십자간이건 아니건 북괴와 접촉하고 회담하는 것은 안될 말이며 강력히 반대하는 바임.

   3) 더욱 유감스러운 것은 그와 같은 일측 움직임이 장 특사 파견, 한·일 협력위원회 개최가 있은데 이어 한·일 의원간담회가 일간 개최되는 등의 일면의 사실을 통하여 양국간의 협조 mood가 고조되고 있는 시기에 일어나 그러한 협조적 기운에 찬물을 끼얹고 있는 사실임. 장 특사 파견 직전에 조련계 6명의 북괴 왕래허가를 한 사실도 있고 하여, 양국이 건설적 방향으로 움직일 때 마다 그러한 협조 방향에 역행되는 처사를 하는 일측의 의도가 무엇인지 의심스럽슴.

5. 면담기록

면담기록
면담자: 김 아주국장, "가미가와" 공사
면담일시: 1969.2.25. 15:00 - 16:10
면담장소: 국장실
면담내용

1. 김 국장은 최장관이 가나야마 대사에게 북송 문제에 관한 일측의 최근의 움

직임에 관하여 상세한 내용을 설명할 것을 요구한 바 있으며, 가나야마 대사는 본국 정부에 조회하겠다는 답변을 한 일이 있음을 상기시키고, 일측이 현재 북송 문제에 관하여 어떠한 입장에 있는지를 설명하도록 요청함.

2. 이에 대하여 가미가와 공사는 요지를 아래와 같이 설명하였음.
   가. 북송 협정 종료전에 신청하였으나 아직 북송 되지 않은 15,000명은 북송 협정에 준하여 처리될 것임.
   나. 15,000명의 문제가 전부 처리된 후에 있어서는 제3국인이 일본국을 출국할 때에 적용하는 절차에 따르게 될 것임. 일본으로서는 외국인의 출국을 인정하여야 하는 원칙에 위반할 수 없는 형편이므로 제3국인의 경우와 동일하게 취급하려는 것임.
   다. 한편 북한 행 희망자가 많이 밀릴 경우에는 북괴로부터의 배선을 인정할 수 있(다)는 입장임. 이러한 배선 인정은 일본의 주권행사로 이루어 지는 것이며 북괴와의 약속에 의한 것은 아님.
   라. 북괴로부터의 배선이 있을 때에는 북괴적 요원이 라고 을것인바, 북송자의 뒤를 돌보기 위하여 이러한 요원 약간 명의 입국을 인정할 것임.
   마. 현재까지의 신문보도에는 사실보다 과장된 점이 있음. 현재의 상황은, 작년 9월에 일적이 일측의 방침을 북괴적에 타전했었는데 대하여 2, 3개의 문제점. 특히 북괴적 요원의 입국 절차를 문의하여 왔으므로 이번에 이에 관한 방침을 관계성 차관 회의에서 결정하고 일적에 통보한 상태임. 일본 정부로서는 북괴적과 일적 간의 회담을 재개한다는 것은 아직 검토도 하지 않은 일이며 따라서 일본 정부가 일적에 회담을 재개하라는 지시를 하였다는 보도는 사실과 다름.

3. 김 국장은 가미가와 공사의 설명에 대하여 아래와 같은 점을 지적하고 일측이 추진하는 앞으로의 북송 문제가 심각한 결과를 초래할 것이라 경고하고 일측의 신중한 처사를 요청하였음.
   가. 15,000명을 북송 협정에 준하여 북송하겠다 함은 북송 협정을 다시 운용하겠다는 것이며, 이는 북송 협정이 종결되었다는 누차에 걸친 일측 언명과 모순된 것임.
   나. 북괴에 대하여 특별 배선을 인정하므로서 북송선이 일본, 북괴간을 정기적 또는 부정기적으로 운항하게 되는 사태는 칼캇타 협정에 의한 배선과 다른 것이 없으며 오히려 무한정의 기간 동안의 배선이 허락될 만큼 전보

다도 악화된 것이라고 하지 않을 수 없으며, 이러한 배선을 인정한 것은 일본 정부가 종전과 같은 북송을 계속 할려는 의사가 있기 때문이라고 밖에는 보이지 않음.

북괴 요원에 대하여 입국 허가를 발급하는 것은 북송 협정에 따라 북괴가 북송 선편으로 입국했던 사태와 다를 것이 없으며 오히려 이러한 북괴 요원의 일본 입국은 세간의 주목을 집중시키므로 더욱 곤난한 것이라 하지 않을 수 없음.

다. 일본은 제3국인의 출국 절차를 적용한다고 한국 측에 설명하여 왔는 바 제 3국인이 일본을 출국할 때에 특별한 배선을 인정하는 등의 제반의 편리를 제공한 일이 있는가 묻고 싶음.

라. 일측은 일측 방침을 확인해 주기 위하여 북괴와 만나는 일은 있어도 회담은 하지 않겠다고 하고 있으나, 일측이 말하는 확인 행위는 약속 행위 이외에 아무 것도 아니며 모든 것을 최종적으로 확정 짓기 위하여 만나는 것은 회담이라고밖에 할 수 없는 것임.

4. 가미가와 공사는 일측의 입장은 외국인 출국자유의 원칙과 일본 북괴 간의 교통 수단이 없다는 특수 사정에 근거하는 것이며 문제를 현실적으로 취급하려는 것 이외에 아무것도 아닌 바, 한국측 입장에서 보는 문제점은 사기로서는 이해할 수 있는 일이라고 하고 본국 정부에 대하여 한국 측 입장을 보고하겠다고 하였음.

6. 외무부공문(착신전보)–교포북송(신문보고)

외무부
번호 JAW-02272
일시 201100
수신시간 69.2.20. 12:07
수신 주일대사
발신 장관

　교포 북송(신문보고)

연: JAW-02258

1. 표기에 관하여 금월말경 교섭이 재개될 것 같다고 대체로 2면 3단 정도로 보도되고 있음. (마이니찌 2면 4단, 요미우리 2면 1단, 니혼케이자이 1면 3단)

2. 북조선 귀환업무를 위한 일본 적십자사와 북괴 적십자회간의 회담 재개는 북조선 귀국자를 일본까지 출영하기 위하여 내일 하는 관계관 (조선적십자회 영접원)의 신분보증에 대한 회답을을 기다리는 형태이었는데 최근 국제적십자로부터 구체적인 회답이 도착하였음으로 20일에라도 "기무라" 관방부장관과 일적 및 각부의 각성차관 간에 검토한 후 최종 방침을 결정하기로 되었다 함. 일본 정부는 최근 있은 국제적십자의 회담을 양해할 생각으로 일조 양 적십자 간의 회담은 월말에라도 제네바에서 재개되어 3월말부터 북송 업무가 재개될 것으로 보여진다고 함.

3. 그간 북송업무는 작년 1월 코롬보 회담 결과 대체로 합의를 본 바 있으나 북괴 측이 동 합의를 일본 정부가 보증할 것과 북괴 측 관계관의 일본 입국문제 때문에 조인은 되지 않고 결렬하였음. 그후 북괴 측은 보증에 있어서는 일적이 보증만으로서 좋다고 하여 왔으며 관계관의 일본 입국문제가 최대의 현안이었는데 일본정부는 그간 2월 초순 접촉에서 입국 허가증 대신에 국제적십자사의 신분증명서로 입국을 인정하는 것으로 하기 위하여 국제적십자의 협력을 요청, 회답을 기다리고 있었던 것이라 함.

최근 도착한 국제적십자의 회답에 의하면 신분증명서의 발행은 할 수 없으나 1) 북괴적십자가 국제적십자에 대하여 입국하는 관계관의 씨명을 문서로 통보하고 이것을 일적에 전송하고, 2) 일적은 그 문서에 의거하여 국내에서 입국허가를 얻을 수 있도록 수속하며 3) 이 서류를 제네바 일본 영사관에 송부하여 정식으로 허가증을 발급하며, 4) 일적은 이를 받아 니이가타에서 북조선 관계관에게 준다는 대안을 표시해왔다 함. 일정부는 상기를 검토한 결과 동안을 받아 드릴 방침을 구힌[3] 것이라 보이며 북괴 측이 이에 응하면 해결되는 것으로 보여진다고 함. (아북, 아교, 구주)

---

3) 굳힌

7. 외무부공문(발신전보)—북송 배선에 대한 대응 지시

외무부
번호 WJA-02236
일시 201300
발신 외무부 장관
수신 주일대사

    대: JAW-02124, JAW-02258

1. 대호에 의하면 일측은 소위 15,000명에 대한 잔무 처리 이후의 조치에 관하여 북괴의 배선을 인정하고, 배선 기간까지 정하려 하며, 북괴 요원의 입국을 도항 증명서 발급 형식으로 허가하려고 하고 있다는 바, 이는 "칼캇타" 협정이 67.11.12. 종결하였음에도 불구하고 그러한 종래의 집단 북송을 사실상 무기한 연장하는 것이라고 할 수밖에 없음.

2. 이는 작년 9월 이래 북송 문제에 있어서 사실상 아무러한 진전이 없다고 한 일측 태도 (JAW-12199 참조)에 반하는 것이며, 특히 작년 1.24. 코롬보 회담 결렬시의 "기무라" 장관 담화문에서도 보는 바와 같이 출국 희망자는 출국 증명서의 발급을 받아 일반 외국인처럼 "보통의 선편에 의하여 개별적"으로 출국시킨다고 한 일측 입장과 크게 다른 것임.

3. 우리 정부는 잔무 처리 형식하의 15,000명 북송에 대해서도 반대하는 바이며, 특히 그 이후에 종래의 협정에 의한 집단 북송과 같은 결과를 갖어오는 북송에 대해서 반대하는 것임.

4. 북송을 반대하는 아측 입장을 천명하고 북송 회담이 재개되리라는 보도에 지대한 관심을 갖고 있음을 지적하고, 여하한 구실하에서도 회담 개가가 없기를 요구하며, 만일 회담이 재개되는 경우에는 이것이 미치는 영향이 중대함을 지적하는 구술서를 일측에 송부하시기 바람. (아북.)

8. 외무부공문(발신전보)—신문 기사 확인 지시

외무부

번호 WGV-0219
일시 201615
발신 외무부 장관
수신 주제네바 대사

1. 최근의 일본 신문들은 일적과 북괴측이 북송 회담 재개 준비를 하고 있으며, 소위 15,000명에 대한 잔무 처리와 그 이후의 북송을 위한 북괴의 배선 등에 관한 합의를 위해 28월 말에라도 제네바에서 회담을 재개하여 3월말부터 북송이 재개될 것이라고 크게 보도하고 있음.
2. 또한 동 보도에 의하면, 북송자를 일본까지 출영하기 위한 북괴 관계자의 일본 입국이 특히 문제가 되며, 일본 정부는 그간 입국 허가증 대신에 국적의 신분 증명서로서 입국을 인정하기 위하여 국적과 절충해 왔었는바, 동 회답이 최근 도착했다는 것임.
3. 상기 보도의 진부, 내용을 국적 측에 타진, 조속 보고 바람. (아북)

9. 외무부공문(착신전보)—신문보고

외무부
번호 JAW-02287
일시 201940
수신시간 59.2.20 20:31
발신 주일대사
수신 장관

교포북송(신문보고)
1. 일본정부는 재일조선인의 북송을 재개할 방침을 굳히고 20일 오후 일본적십자사에 대하여 북괴적십자회와 회담을 재개하도록 지시하였다고, 금일 석간은 대체로 크게 보도하고 있음(아사히, 요미우리 1면 4단, 마이니찌 2면 톱, 동경 1면 1단 기타는 보이지 않음)
일적은 일정부 지시를 받아, 금월 하순에라도 북괴 측과 회담할 것으로 보이는

데 장소는 "제네바"가 될 것 같다고 함. 회담이 성공하면 북송은 4월중에는 재개될 것 같다 함.

2. 본문제의 초점이었던 북괴 관계관의 입국수속에 대하여, 정부는 20일 오후 "기무라" 관방부장관이 외무, 법무, 후생 3성의 사무차관과 회합하고 최종안을 마련하였으며 "기무라" 부장관은 이후 일적대표를 초치하여 동 방침을 전하였다 함.

3. 일본측 안의 내용은 "기무라" 부장관에 의하면 (1) 북괴측이 신분증명서, 사진 등 입국 허가증 발행에 필요한 서류를 국제적십자에 제출하고, 국제적십자사는 "제네바" 일본 총영사관에 송부하며, (2) 일본 총영사관은 이를 일적에 송부하고 일적은 법무성에 입국허가증의 대리신청을 제출하고 (3) 이에 기하여 정부 내에서 필요한 수속을 완료한 후 외무성은 제네바 총영사관에 제네바 국제적십자사에 도항증명서를 북괴 측에 전달하는 것이라 함.

4. 일적은 이러한 방침을 가지고 북괴측과 금월 하순에 회담을 재개하게 될 것인데, 일본 정부 관계자들은 상기와 같은 도항 수속에 관한 일본측의 최종안에 대하여 북괴측도 이의가 없는 것으로 보임으로 회담은 원활히 진행되어 빠르면 4월 중에는 배선이 가능하다는 견해를 하고 있다함.

5. 입국수속에 대한 일본 정부의 상기와 같은 방침결정에 대하여 특히 요미우리는 일본 정부는 국제적십자사를 중계로 하여 북괴 대표를 승인국과 동등히 취급하려고 하고 있는 것이라 하여 동 기사 표제에 있어서도 "대표, 승인국과 같이"라고 보도하고 있음.

(동 부분을 발취인용하면, "..북괴안"에 대한 도항 취급은 국적을 중계로 하여 북괴대표를 승인국 취급할 것으로 하기로 하고, 동일 그 뜻을 일적에 연락, 아울러 북괴적십자와 교섭에 들어가도록 지시하였다…."고 하였는 바 이 기사의 내용은 추궁하는대로 결과보고 하겠음)

6. 대체의 신문은 상기 보도 말미에 1단으로 한국정부는 주일대사관에 회담재개 저지를 훈령하였다 하고 있으며, 특히 지난번 대일 교섭사절단으로서 일본을 방문한 바 있는 장기영 사절에 대하여. 일본 정부측이 동 문제에 대하여 북송을 재개하지 않겠다는 약속한 점을 지적하고 일본 정부에 강경히 항의하도록 지시하였다 함(일정-아북, 아교, 구주)

10. 외무부공문(착신전보)–북송문제(신문보고)

외무부
번호 JAW-04266
일시 211145
수신시간 69.4.21. 12:50
발신 주일대사 대리
수신 장관

　　사본: 엄 주일대사
　　북송문제(신문보고)
　　금 21일 요미우리 조간은 2면 3단 기사로 1) 북괴에 의한 미정찰기 피격사건을
계기로 하여 북괴와의 북송교섭을 일시 연기하여야 한다는 의견이 일정부 내에
강력히 대두하고 있으며 이것은 오끼나와 반환문제와 관련하여 미국과 한국을
자극시키지 않는다는 배려에 의한 것으로서 일외무성은 이를 위하여 금주 중에
이 문제를 검토할 것인 바, 결국 북괴와의 교섭을 서두를 필요가 없다는 결론으
로 낙찰될 것이라 하면서, 2) 이제까지의 북송문제에 관한한[4] 일, 북괴 양측간
의 교섭결과에 언급하고 3) 싸또[5] 수상의 지난 17일의 중원 본회의에서의 답변
에서 북괴의 금번 미정찰기 피격사건을 강력히 비난한 것으로 보아 북괴가 금후
태도를 점점 더 경화시킬것도 생각되어 북송교섭은 경우에 따라서는 사또수상
의 11월 방미 이후까지 연기될 가능성도 있다. 고 보도함.
　　(일정-아북, 교민, 미일)

11. 면담요록

면담요록
1. 일시　1969.5.26. 15:00 - 17:00
2. 장소: 동북아주과

---

　4) 관한
　5) 사토

3. 면담자: 신동원 동북아주국장, 김용권 서기관

　　　　　"다테" 일본 외무성 북동아세아과장,

　　　　　"마에다" 주한 일본 대사관 참사관

4. 면담 내용:

　　가. 제3차 한일 정기 각료회의

　　　　(1) 일측은 금년도 포기회의를 8.26. 과 27일 양일간에 개최하자는 일측
　　　　　　의 제의를 상기시키고, 이에 대한 아측 입장을 문의하고도, 아측은
　　　　　　정부입장이 확정되는 대로 알려 주겠다고 말함.

　　　　(2) 일측은 금년도 회의는 사전에 충분한 예비 교섭을 가져, 상당 기간의
　　　　　　여유를 두고 공동성명 기초작업을 완성하는 것이 어떤가 함에, 아
　　　　　　측은 그렇게 하도록 상호 협조하자고 하였음.

　　　　(3) 아측은 금년 회의시에는 경제문제뿐 아니라 정치문제에 있어서도 몇
　　　　　　가지 미해결 문제를 매듭짓는 방향으로 하는 것이 좋지 않겠느냐는
　　　　　　사건을 피력하고, 일측으로서는 어떤 문제에 특히 관심을 두고 매듭
　　　　　　지어 보고저 하는가를 문의하였음. 이에 대하여 일측은 "화태교포 귀
　　　　　　환문제"를 언급하였음.

　　나. 화태교포 귀환문제

　　　　아측의 문의에 대하여, 일측은 동 문제의 해결 촉진을 위하여 현재
　　　일본 외무성으로서는 아래와 같이 구상하고 있음을 비쳤음.

　　　　(1) 귀환을 희망하는 한국인이 화태에 재류하고 있음을 아직 시인하고
　　　　　　있지 않는 현재의 쏘련측 태도에 비추어, 우선 쏘련측으로 하여금 이
　　　　　　를 시인하도록 하는 것이 선결 문제라고 봄.

　　　　(2) 일본 외무성으로서는 "어디로 가느냐"는 차치하고서라도, 우선 "화태
　　　　　　에서 나오겠다"는 사람들이 있음을 쏘련 당국으로 하여금 인정하도록
　　　　　　하기 위하여 쏘련측과 접촉하고저 함.

　　　　(3) 한편, 한국측으로서도 ICRC를 통하는 등의 방법으로 쏘련측으로 하
　　　　　　여금 시인케 하는 노력을 하는 것이 좋으리라고 봄.

　　　　이에 대하여 아측은 전년도 각료회의 공동 성명서에서 일측이 화태교포
　　　의 출경을 위하여 최대한의 협력을 할 것을 다짐한 바 있음을 상기시키
　　　고, 금년도 각료 회의 시에는 어떠한 매듭이 나타날 수 있도록 일측이
　　　적극적인 노력을 하여 줄 것을 요망하였음.

다. 북송문제

　　8월의 "이스탄불" 국제 적십자사 연맹 총회시에 일적과 북괴적이 북송문제에 관하여 별도 회합을 갖도록 ICRC가 주선 중이라는 보도에 관련한 아측의 질문에 대하여, 일측은 다음과 같이 말함.

(1) 1967년 9월 화란의 "헤그"에서 개최되었던 적십자 연맹 총회시에 북괴측뿐 아니라 쏘련과 "알제리아" 대표가 북송 문제를 제기한 바 있으나 ICRC측은 그 문제는 의제에 없는 문제이며, 별도 개별 접촉을 통하여 논의할 문제라고 하여 그들의 발언을 봉쇄한 바 있음.

(2) 금번의 "이스탄불" 회의에서도 같은 일이 있을 것으로 예상되기 때문에, ICRC로서는 동 총회에서 take up되는 것을 미리 막기 위한 조치로서, 일적과 북괴적 간의 별도 회합 같은 것을 주선하려는 것으로 보이며, 한편 북괴로서는 동 총회에서 발언이 봉쇄될 것을 예상하고 사전에 북송 문제와 관련하여 일측을 비난하는 Circular를 배포한 것으로 보임.

(3) 북괴적과의 별도 회합에 응하냐 여부에 대하여 일본 정부로서는 아직 결정한 바 없음. 외무성으로서는 동 회합에 응하겠다는 적극적인 생각은 아직 없는 바, 기타 관계부처로서는 ICRC의 체면과 입장을 고려하여 송하는 것이 좋겠다는 의견이 나올 수도 있는 것이며, 좀 더 두고 보아야 하겠음.

이에 대하여, 아측은 북괴와의 재접촉 등과 같은 일이 없도록 할 것을 요망하였음.

라. 영양호 사건

(1) 일측은 영양호 사건의 하나의 해결 방법으로 다음과 같은 구상을 제시하였음.

　(가) 법률상의 책임에 의한 배상금이 아니라, 사망자 유가족에 대한 위로금(見舞金) 조로 일정 금액을 지불함. 동 금액은 일본 외무성, "대일본 수산회" 및 "와꼬마루" 선주의 3자가 거출하나, 주로 "수산회"가 담당함.

　(나) 그와 동시에 한국측의 수협과 일측의 "대일본 수산회" 간에서 이 문제는 최종적으로, 완전히 해결되었으며, 더 이상 거론되지 않는다는 취지의 각서를 교환하며, 그 후 문제에 대하여는 양측 각서

교환자가 양국의 사건 당사자에 대한 책임을 지도록 함.

(2) 전기 구상에 대하여 아측은 (가) 현재 영양호 유가족이 청구하고 있는 배상금이 합계 5만불에 달하고 있음에 비추어, 일측이 생각하는 금액이 유가족의 요구에 어느 정도 합치되는가의 문제 및 (나) 금액의 명목이 "위로금"으로 될 경우에 그것을 받았다고 하여 "최종, 완전히" 해결 지을 수 있는가의 문제가 있다고 한데 대하여, 일측은

(가) 금액으로서는 사망자 1명에 대하여 한화(韓貨) 30만원을 고려하고 있으며,

(나) "위로금"을 받았더라도, 민사재판의 진행 등 법률상의 길을 막으려는 것은 아니니, 다만 영양호 유족들이 주한 일본 대사관에 대한 진정, 시위 등 직접 행동을 하지 않으면 된다고 함.

(3) 동 금액 사정 기준등에 대한 아측의 질문에 대하여, 일측은

(가) 전기 30만원은 무과실 책임에 의한 어선 사고시에 "대일본 수산회"가 피해자에게 지급할 수 있는 최고 금액이며,

(나) 영양호-"와꼬마루" 충돌 사건이 일측의 과실로 인한 것으로 단정되지 않고, "와꼬마루"가 "대일본 수산회"의 관할하에 있지 않는 비어선이라는 상황하에서 동 수산회로부터 지급될 수 있는 최종선이라고 설명하였음.

(다) 한편, 침몰된 영양호의 선주 또는 응선주에 대한 구제 방법은 생각하고 있는가의 질문에 대하여, 일측은 "위로금"은 사망자 유족에 대한 것이며, 선주에 대하여는 생각하도 있지 않다고 말함.

(4) 이상의 일측 설명에 대하여 아측은 검토해 보겠다고 말함.

12. 재일한인의 북송 저지 및 기타를 위한 국제적십자 및 일본측과의 교섭

제목: 재일한인의 북송 저지 및 기타를 위한 국제적십자 및 일본측과의 교섭
1. 국제적십자측과의 그간의 교섭 경위
   (1) 재일한인 북송문제
      가. 1952년 카나다 "토론토"에서 개최된 제18차 국제적십자회의에서 "이산가족 재회에 관한 결의"와 거주지 선택의 자유란 소위 인도적 견지

라는 미명하에 1959년 2월 13일 일본 각의에서 북송 희망 교포를 북한으로 송환키로 결정. 국적의 협조하에 실제적인 업무처리는 일적에 일임한다고 발표한 후 일적은 북괴적과 동 문제 결정을 위하여 "제네바"에서 회담을 개최하고 동년 6월 10일 북송 계획 완전 합의 공동성명을 발표하고 동년 8월 13일 인도 "칼캇타"에서 소위 "칼캇타 협정"이란 북송협정을 체결하였던 것임. 동 협정이 체결된 이래 지난 11월 12일 만료시까지 154차에 걸쳐 25,957세대인 88,360명이 북송되었음.

나. 재일한인의 북송을 저지하기 위하여 정부는 1959년 이래 지금까지 계속 직접 당사국인 일본측에 대하여 강력한 외교적 압력을 가하여 왔음. 이와 같이 아측의 계속적인 항의로 북송 희망자 수가 격감하였던 것이며 특히 국교 정상화 이래 일정부는 양국간의 기본 조약정신에 입각한 아측의 기본입장을 이해하여 동 협정을 67년 11월 12일로 종결한다는 방침을 결정하고 67년 8월에 개최되었던 한일 정기각료 회담에서도 동 사실을 재확인하였던 것임.

다. 한편 인도주의의 미명하에 국적당국이 북송문제에 대하여 소위 "칼캇타 협정" 성립에 직접, 간접으로 협조함에 대하여 정부는 1959년 국적에 대해 동 북송안을 승인치 않도록 요청한 것을 비롯하여 기회있을 때마다 국적의 개입 중단을 요구하였으며 또한 한국 적십자사에서도 동 북송의 부당성을 지적하는 서한을 수차에 걸쳐 발송하고 국적측의 행정을 촉구하여 왔던 것임.

(2) 화태교포 문제

가. 제2차 대전중 일제에 의하여 강제로 징용되었다가 종전과 더불어 화태에 억류된 교포 중 일부는 6.25 동란후 북한에 송환되고 일부는 일인과 혼인하여 일본에 이주하고 잔여자 약 4만명 (1958년 당시)이 억류되고 있음.

나. 이들 4만명의 귀환문제에 대하여 화태 귀환자로 가입된 "재일 제2차 대전시 한국인 희생자 연합회"가 1958년 일적을 통하여 국적측의 알선을 요청하였음.

이에 대하여 국적은 이들의 행방조사 또는 문안소식 전달과 귀환 알선에까지 협력할 의향을 표명하였고 특히 이들의 가족들이 개별적인 귀환신청 또는 소식 전달신청을 하던 그 추진에 더 유리함을 지적하였음.

다. 그후 1960년 아측 적십자사는 상기 연합회로부터 화태교포에 관한 명단을 수교 받았으나 그 명단은 가족으로부터의 신청명단이 아니고 화태에 억류되고 있는 2,084명에 대한 명단이었음. 동년 8월 국적 대표의 방한시 화태교포의 가족으로부터의 귀환 신청 유고에 대한 문의가 있어 아측 적십자사는 상기 명단을 근거로 약 1,000명 정도의 재한 가족이 그 신청을 희망한다고 표명하였음. 그후 국적측은 이들 1,000명에 대한 가족의 귀환신청 또는 소식 전달 신청를 송부하여 줄것을 요청하여 왔으나 아측 적십자사는 지금까지 이에 응하지 못하고 있음.

라. 현재 억류되어 있는 교포의 재한 가족들이 동 억류교포의 조속한 귀환이 실현되도록 정부 요로에 많은 진정서를 보내고 있는 실정임. 특히 화태에 억류되고 있는 교포가 직접 남한에 거주하고 있는 가족에게 서신을 보내어 조속한 귀환을 희망하는 애절한 뜻을 표명하고 있는 실정에 있음.

마. 또한 재일교포로서 구성된 "화태 억류 귀환 한국인회" 회장인 박노학 씨가 화태교포 구출을 위한 진정서를 대통령 각하에게 보내어 정부의 적극 교섭을 호소하고 있음.

2. 문제점의 검토

　(1) 북송문제

　　가. 일본은 소위 "칼캇타 협정"은 지난 11월 12일로서 종결되었다는 입장이나 협정 종결전의 북송 신청자 17,000명에 대하여는 일정한 기간을 소위 잔무 처리기간으로 하여(일본은 명년 3월말까지, 최근에는 7월 말까지 신제안했으며, 북괴는 최소한 향후 2, 3년 기한을 주장하고 있음) 협정 방식에 따라 계속 송출하겠다는 입장이며, 그 이후의 새로운 북송희망자에 대하여도 일반 외국인 출국 방식에 의하여 출국을 허용하겠다는 입장을 취하고 있음.

　　나. 한편 국적측으로서는 "칼캇타 협정"의 성립 전후에 직접, 간접으로 관여하여 왔음으로 적어도 전기의 소위 잔무처리에 대하여는 계속 관여할 가능성이 많으며, 이를 위하여 국적의 동경 주재원을 계속 잔류

시킬 것으로 보임.

　　라. 아국으로서는 이의 지지를 위하여 일본 정부 양국과 일적 당국에 대한 외교적 압력을 계속함은 물론 국적측의 북송관여를 반대하는 입장에서 국적에 대한 외교적 압력을 계속하여야 할 것인 바. 그 방법에 있어서는 지금까지의 항의 위주 방식을 지양하고 새로운 교섭방안을 강구하여야 될 것임.

　(2) 화태교포 문제

　　가. 이 문제에 관하여는 국적측과의 교섭이 정체 상태에 들어간 이후 특히 한일 국교정상화를 계기로 일본 정부측과의 교섭을 강화함으로서 그간 어느 정도의 진전을 보여왔고 현금도 한일 양국간의 현안문제의 하나로 추진되고 있음.

　　그러나 문제의 성격으로 보아 일본정부측과의 교섭에 병행하여 국적측의 적극적인 개입을 얻는 것은 문제

별첨

1. 재일교포 북송 경위

1959.1.30　주일대표부, 일본정부의 재일교포 북송문제 결정에 대하여 외무성에 항의

1959.1.31　정부, 북송문제로 일정부에 엄중 항의

1959.2.13　일정부, 교포북송문제 각의에서 결정

1959.4.13　제네바에서 일, 북괴 양적십자사대표가 북송협정에 대하여 협의

1959.8.13　인도 "칼캇타에서 칼캇타 협정 조인"

1959.9.21　일측, 북송희망자의 신청 접수 개시

1959.10.29 정부는 국적에 대하여 북송안을 승인 않도록 요청

1959.12.5　일본, 니이가다 사무소 개설

1959.12.11 정부는 일정부에 대하여 교포북송문제 경고 각서 전달

1959.12.14　제1차 북송선 출항.2차에 238세대 975명 북송
　　　　　　(이상 1961.11.10까지 매주 1회 2척의 북송선 출항)

1960.6.21　정부는 일본 정부의 "칼캇타 협정" 연장계획을 엄중 항의

1960.7.23　북괴적은 북송희망자의 증가를 이유로 협정 수정 연장 제안

1960.10.7　정부는 국적에 대하여 북송 개입 중지를 요청

1960.10.27　일, 북괴적 협정 기간 1년 연장 동의

1960.10.28　정부는 일정부의 북송협정 연장에 대하여 엄중 항의

1960.11.4　외무부 대한 적십자사와 연석회의 개최

1961.7.29　북괴적, 협정의 1년 연장 제안

1961.7.31　일적, 이에 동의

1961.11.17　제81차 북송선부터 1회 1적으로 됨

1962.1.18　일, 북괴적간에 2월이후 북송선을 2회로 합의

1962.6.28　북괴측 협정을 현행 그대로 1년 연장 제안

1962.7.6　일본 각의에서 북송희망자 취급에 대하여 "북송장의 격감으로 보아
　　　　　협정의 기간 만료후의 취급은 적십자사 원측에 따라 처리한다"고
　　　　　발표

1962.11.6　동 처리방법에 대하여 니이가다 회담을 개최. 협정의 1년 연장. 대
　　　　　일의 북송자수는 약 200명 정도로 합의

1963.8.2　북괴적은 협정의 1년 연장 제안에 대하여 일적이 동의

1964.6.16　니이가다 지진으로 일적 사무소가 피해를 입어 북송업무 임시 중단

1964.7.28　북괴적으로부터 협정 1년 연장 제안

1964.7.30　일적 이에 동의

1964.9.26　일적 니이가다 사무소 북국, 북송 재개

1965.7.2.　북괴적 협정 1년 연장 제의

1965.　　　8.23 일본 각의에서 북송희망자 취급에 대하여 결정
　　　　　1. 협정을 11월 13일부터 1년 연장
　　　　　2. 연장은 금번에 한한다
　　　　　3. 협정 종료후에는 북송희망자에 대하여 편의를 제공한다

1965.8.23   일적 협정의 1년 연장 동의

1967.4.21   일본 각의에서 1. 북송 신청은 8월12일에 마감하고 협정 기간 중에 북송신청자의 북송을 끝마친다.
2. 신청마감후에는 일반 외국인과 같이 임의로 출국할 수 있도록 배려한다 라고 함

1967.8.26   협정 연장문제에 관하여 모스코에서 일, 북괴 양적십자사 대표가 회담 개시

1967.10.16 북괴적은 협정의 무수정 연장과 회담 재개를 요망

1967.10.20 협정에 의한 최종의 북송선이 니이가다 항을 출항

1967.11.12 칼캇타 협정 만료

13. 외무부공문(착신전보)

외무부
번호 JAW-11127
일시 111739
수신시간 69.11.12. 8:56
발신 장관
발신 주일대사

신문보고
    1. 북송문제를 둘러싼 소위 일조협회의 내분:
소위 일조협회는 8일부터 3일간 당지에서 14회 전국대회를 개최하였으나 운동방침의 승인을 둘러싸고 사회당계열과 공산당계가 대립, 운동방침이 다수결에 승인된 것을 불만으로 생각한 사회당 계열 역원들이 총사퇴를 표명함으로서 대외는 혼란한 중에 상회하였음. 이는 북송문제를 둘러싼 양당의 대립이 표면화된 것이지만 사회당측은 동협회 자체를 탈퇴할 것 까지는 고려하지 않고 각가운[6] 시일내에 사태 수습의 움직임이 일어나지 않을가 보고 있음. 작년 년말경 코롬

------

6) 가까운

보에서 소위 일조 양적십자사가 회담을 하고 잠정조치로서 이미 귀국을 신청한 사람은 협정이 종료하였음에도 불구하고 협정에 준한 형태로서 송환할 것을 합의하였으나 북송선을 가지고 오는 소위 조선 적십자 대표의 일본입국 수속문제를 둘러싸고 의견의 일치를 보지 못한 채 회담이 결렬되고 말았음. 양적십자사는 절충을 계속하고 있으며 공산당측은 작년 가을 이래로 코롬보회담에서는 조적 대표의 입국 수속을 간소화하는데까지는 합의하였음으로 먼저 잠정조치에 따라서 신청한 17,000인의 북송을 재개하고 이와 병행하여 입국수속문제를 코롬보 회담의 합의를 내세워서 해결해야 할 것임이라고 주장하고 있으며 이에 대하여 소위 조총련은 금년 봄 이래로 입국 수속문제를 해결하지 못한 채 잠정조치에 응하면 일정부는 잠정조치만 이행하고 송환사업을 영구적으로 중지하고 말 것이라고 주장함. 사회당측은 이러한 조총련의 주장을 지시하여 공산당과 의견을 달리하였음.

   2. 김일성 전기 광고

   금일 아사히 조간은 3면 4단 기사로 서울에 있는 안노가티 특파원 발로 파문을 이르킨 김일성 쩐기[7]라는 제목으로 테레타이프 라는 란에 아래와 같은 기사를 보도함. "조선은 20세기의 영웅을 낳았다" 라는 제목의 어떠한 전기의 영역본 광고가 뉴욕 타임즈 및 런던 타임에 근래 차례로 게재되었음. 이것이 원인이 되어 한국의 매스콤은 큰 소란을 이르키고 있음. 이것은 이 영웅이 김일성 북조선 수상이기 때문임. 한국의 양대 조간지인 한국일보와 조선일보가 9일자 지면에 워싱톤 특파원 전보를 게재하였음. 동보도는 서방세계의 권위자와 광고임으로 문제다. 금후 대미 대영관계에도 영향이 있을는지도 모른다. 라고 경고하고 있음. 한국외무부도 그냥 두어서는 안된다고 하여 주영주미대사에게 광고가 난 경위를 조사 보고하라는 긴급 훈령을 내었음. 정부 대변인인 신범식 문화공보부 장관은 비공식이지만 "현지 공관장을 통하여 신문사에 항의할 방법이 있음"라고 말하였음. 조선일보에 게재된 홍종인 동화통신사 회당의 논문은 광고도 기사임, 다만 내면 어떠한 광고도 내용의 검토 없이 게재할 수 있느냐 라고 영미지의 조치에 불신감을 피력하였음. 일방 한국일보의 원시통 특파원은 금번 광고는 영역본을 작성한 일본 출판사가 광고 대리점을 통하여 낸 것이며 북괴의 피알을 한 것이 중요한 점이다. 라고 하였음. 또한 전기 특파원은 "우리들이 놀란 것은 북괴의 선전기관과 일본의 상혼이 결탁한 것 마니 아니고 서방세계 최대의 권위

---

7) 전기

자"라고 일컫는 뉴욕 타임즈의 태도임" 이라 한 후 "금후 이러한 광고가 다시 나온 경우 범죄조직의 광고도 낼 것인가 및 프에브토 사건의 경우에도 주문이 있으면 북괴의 주장을 게재할 것인가라는 질문 공세를 받을 것" 이라고 하였음. 한국이 북괴의 대외 매스콤을 통한 선전에 대하여는 신경을 돋우는 것은 있을 수 있는 것임. 금번은 특히 뉴욕에서 개최중인 유엔 총회에서 한국문제가 토의 되려는 때에 생겨난 일이기 때문에 즉각적인 반응을 보인 것일 것임.

또한 전기보도는 주표시를 하고 문제의 원저작자는 북조선의 백봉이 저작하였으며 전 3권이라고 일본어판 제2권까지 출판되어 있으며 영역본은 제1권이 동경의 모출판사에 의하여 발간되었음이라고 보도함.

3. 사또수상 방미를 앞둔 야당 수뇌들과 사또수상의 회담:

사또수상은 10일 오후 수상관저에서 민사당 위원장 및 공명당 위원장과 개별적으로 회담하였음. 이 회담은 10.14.일의 제1회 회담에 계속하여 열려진 것이며 수상은 오끼나와 문제에 대한 양당의 협력을 요청하고 양당위원장은 "핵 제거 본토와 동등한 반환"을 명확히 하여 국민을 안심시켜 주기 바란다고 요망하였음. 귀국후의 정치일정에 관하여서는 양당 당수도 조기 해산을 강력하게 말하였으나 수상은 회답을 피하였음. 이날의 회담에서 미일 교섭의 초점으로 되어 있는 핵제거의 명시에 관하여 질문이 집중하였으나 사또수상은 이점에 관한 정부의 견해는 큰 틀림이 없음이라고 말하였음. 이와 관련하여 아이찌 외상도 반환시에는 오끼나와에 핵이 없다는 것을 확실히 하고 싶음이라고 하여 교섭에 임하는 결의를 표명하였으나 한편 공동 코뮤니케의 핵의 최근에 관하여는 아직 결정된 것이 아니어서 최종적으로 수뇌회담에서 결정될 것이 밝혀졌음. 또한 양당수는 1) 오끼나와 시정권의 반환과 경제문제를 혼동하지 말 것 2) 핵확산방지 조약의 조인은 신중히 고려할 것을 요망하였으며 특히 공명당 위원장은 오끼나와 기지의 축소를 공동성명에 명기해달라고 요청하였음. (아북, 정보, 미일)

14. 외무부공문(착신전보)—신문보고

외무부
번호 JAW-11177
일시 131748

수신시간 69.11.14 7:54
발신 주일대사
수신 장관

신문보고:
1. 북송문제를 둘러싼 소위 일조협회 내외공산, 사회당계의 대립:
　　금일(13) 일 마이니찌 조간은 표기 건에 관하여 2면 4단기사로 아래와 같이
보도함 (본건에 관하여는 지난 11일자 아사히 신문에도 대체로 같은 내용의 보
도가 있었으므로 JAW-11127로 이미 보고한바 있음) 사회당을 2일 중앙집행위
원회에서 북송문제에 관한 사회당과 공산당의 의견 조정이 될 때까지 소위 일조
협회로부터 사회당계 역원직을 탈퇴할 방침을 결정하였음. 이로 인하여 소위
일조협회 내에서의 사회당계와 공산당계의 대립이 결정적으로 되었으나 사태수
습의 움직임도 있으므로 동협회의 분렬은 피할 수 있을 것으로 봄 분규의 시초
는 지난 10일 소위 일조 협회 대회에서 북송문제에 관한 공산당의 주장이 관철
된 대로 방침이 결정되었으므로 사회당이 강경한 태도를 취한 것임
2. 오끼나와 교섭:
　　당지 도쿄 신문은 금 13일 조간은 다까사끼 서울 특파원 발로 하여 오끼나와
교섭에 한국의 배려를 요망함이라는 표제하에 2면 2단 기사로 보도함. 가나야마
주한대사는 12일 오후 오끼나와 반환교섭에 관한 한국정부의 입장을 외무성에
보고하기 위하여 귀국하였음 가나야마 대사는 귀국에 앞서 11일 오후 한국외무
부 진필식 외무차관을 방문 회담하였으며 동석상에서 진차관은 오끼나와 반환
에 한국의 안전 보장에 마이나스가 되지 않는 방향으로 해결되도록 배려하여
주기를 바란다고 한국측의 입장을 가나야마 대사에게 말하였다고 함. 한국외무
부측에 의하면 한국정부는 19일 부터의 사또 닉슨 회담에서 오끼나와가 일본의
주장데로 "본토와 동등, 핵 제거 72년 반환"의 선에서 미. 일간에 합의가 이루어
진다고 하여도 북괴와 대결하고 있는 한국의 긴장 상태를 고려하여 베트남 자유
중국 및 한국을 포함한 지역에서 분쟁상태가 발생할 경우 오끼나와에 주둔하고
있는 미군 기지를 직접 사용할 수 있도록 일측에 강력하게 요망하고 있음.
3. 수상 방미에 대비한 하네다 공항 경비.
　　경시청은 사또수상 방미 당일 공항 경비에 관하여 특별기 출발에 3시간전부
터 국내선 발착은 금지하고 환송객 단체의 공항 입장두 제한한다는 등의 5개

항목을 운수성에 요청하였다라고 말하였음.

4. 10.21일 국제반전 일 관자 기소:

동경지검 특별처리부는 12일 사건 관련자로 체포된 자 중 427인(여자20명)을 흉기 준비 집합. 공무집행 방해죄 등으로 기소하였음.

5. 중국 대표권 문제에 관한 규제총회 표결결과에 대한 외무성의 평:

외무성 후지야마 정보문화국장은 12일 기자회견에서 표기건에 관하여 다음과 같이 말함 1) 유엔총회 표결결과는 외무성이 예상한데로 임. 중요상황 지정방식에 찬성표가 감소된 것은 정변이 있는 리비아, 모로코, 적도 기니아, 말레이지아 등이 태도를 변경했기 때문임 한편 알바니아 결의안에 관한 찬성이 증가된 것은 이태리 벨지움 칠리 등이 위원회 방식 제안을 중지하고 알바니아 안에 기권(작년에는 반대하였음) 하였기 때문이라고 봄. 2) 그러나 이러한 경향이 일방화하여 알바니아안 지지 경향이 계속될 것으로는 보지 않으며 대세로 보아서는 변함이 없다고 생각함. 또한 표기 건에 관하여 쓰르오까 주유엔대사는 뉴욕에서 "양경의 안의 표결경과는 대체로 예상한 것과 같으며 놀라운 것은 없음" 라고 말하였음.

(아북 방연 미일)

15. 외무부공문(발신전보)-일조협회 방침 결정 배경 조사 지시

외무부
번호 WJA-11168
일시 150945
발신 장관
수신 주일대사

대: JAW-11177, 11127

1. 북송문제에 있어서 1차적인 이해 당사자인 조총련이 반대하는 가운데에 우선 잠정 조치에 응한다는 방침이 일조 협회 전국 대회에서 결정되었다 함은 비정상적인 사태라고 생각되는 바, 어떠한 사정으로 그런 결론이 난 것인지를 탐문 보고 바람.

2. 일조 협회 방침 결정에 따라 잠정 조치만이 실시될 것인지의 여부 등에 관한
   장래의 전망을 관찰 보고 바람. (아북)

부록
역대 외무부 장관과 주일대사 명단, 대사관 정보

해방이후 재일한인 외교문서 해제집

▌제3권▌(1945~1969)

1. 역대 외교부장관 명단

정부	대수	이름	임기
이승만 정부	초대	장택상(張澤相)	1948년 8월 15일 ~ 1948년 12월 24일
	2대	임병직(林炳稷)	1948년 12월 25일 ~ 1951년 4월 15일
	3대	변영태(卞榮泰)	1951년 4월 16일 ~ 1955년 7월 28일
	4대	조정환(曺正煥)	1956년 12월 31일 ~ 1959년 12월 21일
허정 과도내각	5대	허정(許政)	1960년 4월 25일 ~ 1960년 8월 19일
장면 내각	6대	정일형(鄭一亨)	1960년 8월 23일 ~ 1961년 5월 20일
국가재건최고회의	7대	김홍일(金弘壹)	1961년 5월 21일 ~ 1961년 7월 21일
	8대	송요찬(宋堯讚)	1961년 7월 22일 ~ 1961년 10월 10일
	9대	최덕신(崔德新)	1961년 10월 11일 ~ 1963년 3월 15일
	10대	김용식(金溶植)	1963년 3월 16일 ~ 1963년 12월 16일
제3공화국	11대	정일권(丁一權)	1963년 12월 17일 ~ 1964년 7월 24일
	12대	이동원(李東元)	1964년 7월 25일 ~ 1966년 12월 26일
	13대	정일권(丁一權)	1966년 12월 27일 ~ 1967년 6월 29일
	14대	최규하(崔圭夏)	1967년 6월 30일 ~ 1971년 6월 3일
제4공화국	15대	김용식(金溶植)	1971년 6월 4일 ~ 1973년 12월 3일
	16대	김동조(金東祚)	1973년 12월 4일 ~ 1975년 12월 18일
	17대	박동진(朴東鎭)	1975년 12월 19일 ~ 1980년 9월 1일
전두환 정부	18대	노신영(盧信永)	1980년 9월 2일 ~ 1982년 6월 1일
	19대	이범석(李範錫)	1982년 6월 2일 ~ 1983년 10월 9일
	20대	이원경(李源京)	1983년 10월 15일 ~ 1986년 8월 26일
노태우 정부	21대	최광수(崔侊洙)	1986년 8월 27일 ~ 1988년 12월 5일
	22대	최호중(崔浩中)	1988년 12월 5일 ~ 1990년 12월 27일
	23대	이상옥(李相玉)	1990년 12월 27일 ~ 1993년 2월 26일
김영삼 정부	24대	한승주(韓昇洲)	1993년 2월 26일 ~ 1994년 12월 24일
	25대	공로명(孔魯明)	1994년 12월 24일 ~ 1996년 11월 7일
	26대	유종하(柳宗夏)	1996년 11월 7일 ~ 1998년 3월 3일

김대중 정부	27대	박정수(朴定洙)	1998년 3월 3일 ~ 1998년 8월 4일
	28대	홍순영(洪淳瑛)	1998년 8월 4일 ~ 2000년 1월 14일
	29대	이정빈(李廷彬)	2000년 1월 14일 ~ 2001년 3월 26일
	30대	한승수(韓昇洙)	2001년 3월 26일 ~ 2002년 2월 4일
	31대	최성홍(崔成泓)	2002년 2월 4일 ~ 2003년 2월 27일
노무현 정부	32대	윤영관(尹永寬)	2003년 2월 27일 ~ 2004년 1월 16일
	33대	반기문(潘基文)	2004년 1월 17일 ~ 2006년 11월 9일
	34대	송민순(宋旻淳)	2006년 12월 1일 ~ 2008년 2월 29일
이명박 정부	35대	유명환(柳明桓)	2008년 2월 29일 ~ 2010년 9월 7일
	36대	김성환(金星煥)	2010년 10월 8일 ~ 2013년 2월 24일
박근혜 정부	37대	윤병세(尹炳世)	2013년 3월 13일 ~ 2017년 6월 18일
문재인 정부	38대	강경화(康京和)	2017년 6월 18일 ~ 2021년 2월 8일
	39대	정의용(鄭義溶)	2021년 2월 9일 ~ 2022년 5월 11일
윤석열 정부	40대	박진(朴振)	2022년 5월 12일 ~ 현재

2. 역대 주일대사 명단

정부	대수	이름	임기
제3공화국	초대	김동조(金東祚)	1966년 01월 07일 ~ 1967년 10월
	2대	엄민영(嚴敏永)	1967년 10월 30일 ~ 1969년 12월 10일
	3대	이후락(李厚洛)	1970년 02월 10일 ~ 1970년 12월
	4대	이호(李澔)	1971년 01월 21일 ~ 1973년 12월
제4공화국	5대	김영선(金永善)	1974년 02월 09일 ~ 1978년 12월
	6대	김정렴(金正濂)	1979년 02월 01일 ~ 1980년 08월
	7대	최경록(崔慶祿)	1980년 09월 26일 ~ 1985년 10월
제5공화국	8대	이규호(李奎浩)	1985년 11월 14일 ~ 1988년 04월
노태우 정부	9대	이원경(李源京)	1988년 04월 27일 ~ 1991년 02월
	10대	오재희(吳在熙)	1991년 02월 19일 ~ 1993년 04월
김영삼 정부	11대	공로명(孔魯明)	1993년 05월 25일 ~ 1994년 12월
	12대	김태지(金太智)	1995년 01월 20일 ~ 1998년 04월
김대중 정부	13대	김석규(金奭圭)	1998년 04월 28일 ~ 2000년 03월
	14대	최상용(崔相龍)	2000년 04월 17일 ~ 2002년 02월
	15대	조세형(趙世衡)	2002년 02월 06일 ~ 2004년 03월
노무현 정부	16대	라종일(羅鍾一)	2004년 03월 05일 ~ 2007년 03월 17일
	17대	유명환(柳明桓)	2007년 03월 23일 ~ 2008년 03월 15일
이명박 정부	18대	권철현(權哲賢)	2008년 04월 17일 ~ 2011년 06월 06일
	19대	신각수(申珏秀)	2011년 06월 10일 ~ 2013년 05월 31일
박근혜 정부	20대	이병기(李丙琪)	2013년 06월 04일 ~ 2014년 07월 16일
	21대	유흥수(柳興洙)	2014년 08월 23일 ~ 2016년 07월 01일
	22대	이준규(李俊揆)	2016년 07월 08일 ~ 2017년 10월 27일
문재인 정부	23대	이수훈(李洙勳)	2017년 10월 31일 ~ 2019년 05월 03일
	24대	남관표(南官杓)	2019년 05월 09일 ~ 2021년 01월 17일
	25대	강창일(姜昌一)	2021년 1월 22일 ~ 현재(2022년 6월 기준)

3. 주일 대사관 및 총영사관 창설 시기

주일본 대한민국 대사관	1965년 도쿄에 창설
주고베 총영사관	1966년 5월 창설, 1974년 5월 7일 총영사관 승격
주나고야 총영사관	1966년 5월 창설, 1974년 5월 총영사관 승격
주니가타 총영사관	1978년 4월 창설
주삿포로 총영사관	1966년 6월 총영사관 창설
주센다이 총영사관	1966년 9월 창설, 1980년 5월 총영사관 승격
주오사카 총영사관	1949년 사무소 창설, 1966년 총영사관 승격/현재 임시 청사
주요코하마 총영사관	1966년 5월 25일 창설
주히로시마 총영사관	1966년 5월 시모노세키 총영사관 창설 및 폐관(1996년 12월), 1977년 1월 히로시마 총영사관 개관
주후쿠오카 총영사관	1946년 9월 사무소 개설, 1966년 1월 총영사관 승격

4. 주일 대사관 및 총영사관 소재지

주일본 대한민국 대사관	東京都 港区 南麻布 1-7-32 (우106-0047)
주고베 총영사관	兵庫県 神戸市 中央区 中山手通 2-21-5 (우650-0004)
주나고야 총영사관	愛知県 名古屋市 中村区 名駅南 1-19-12 (우450-0003)
주니가타 총영사관	新潟市 中央区 万代島 5-1 万代島ビル 8階 (우950-0078)
주삿포로 총영사관	北海道 札幌市 中央区 北2条 西12丁目 1-4 (우060-0002)
주센다이 총영사관	宮城県 仙台市 青葉区 上杉 1丁目 4-3 (우980-0011)
주오사카 총영사관	大阪市 中央区 久太郎町 2-5-13 五味ビル (우541-0056)
주요코하마 총영사관	神奈川県 横浜市 中区 山手町 118番地 (우231-0862)
주히로시마 총영사관	広島市南区翠5丁目9-17 (우 734-0005)
주후쿠오카 총영사관	福岡市 中央区 地行浜 1-1-3 (우810-0065)

저 자 약 력

이경규	동의대학교 일본어학과 교수, 동아시아연구소 소장
임상민	동의대학교 일본어학과 조교수
이수경	도쿄가쿠게이대학 교육학부 교수
소명선	제주대학교 일어일문학과 교수
박희영	한밭대학교 일본어과 조교수
김웅기	한림대학교 일본학연구소 HK교수
엄기권	한남대학교 일어일문학과 강사
정영미	동의대학교 문헌정보학과 교수
이행화	동의대학교 동아시아연구소 연구교수
박미아	동의대학교 동아시아연구소 연구교수
이재훈	동의대학교 동아시아연구소 연구교수

이 저서는 2020년도 정부(교육부)의 재원으로 한국연구재단의 지원을 받아 수행된 연구임. (NRF-2020S1A5C2A02093140)

해방이후 재일한인 외교문서 해제집
▌제3권▐ (1945~1969)

초판인쇄	2022년 06월 20일
초판발행	2022년 06월 25일

편 자	동의대학교 동아시아연구소
저 자	이경규 임상민 이수경 소명선 박희영 김웅기 엄기권 정영미 이행화 박미아 이재훈
발 행 인	윤석현
발 행 처	박문사
등록번호	제2009-11호
책임편집	최인노

우편주소	서울시 도봉구 우이천로 353 성주빌딩
대표전화	(02) 992-3253(대)
전 송	(02) 991-1285
전자우편	bakmunsa@hanmail.net

ⓒ 동의대학교 동아시아연구소 2022 Printed in KOREA

ISBN 979-11-92365-17-6   94340   **정가** 48,000원
       979-11-92365-14-5   (Set)